WESTEND

© privat

Patrik Baab ist Politikwissenschaftler und Journalist beim NDR und hat u.a. an den ARD-Filmen »Der Tod des Uwe Barschel – Skandal ohne Ende« (2007), »Der Tod des Uwe Barschel – Die ganze Geschichte« (2008) sowie »Uwe Barschel – Das Rätsel« (2016) mitgewirkt. Er ist Lehrbeauftragter für praktischen Journalismus an der Christian-Albrechts-Universität Kiel und an der Hochschule für Medien, Kommunikation und Wirtschaft in Berlin.

© privat

Robert E. Harkavy ist emeritierter Professor für Politikwissenschaft an der State University Pennsylvania und Gast-Professor an der Uni Kiel mit einer Förderung der Alexander-von-Humboldt-Stiftung. Er hat mehrere Bücher über Waffenhandel, Kriegsführung in der Dritten Welt und Verteidigungspolitik geschrieben, war Berater des Pentagon und hat zum Zeitpunkt des Mordes an Olof Palme für das Stockholm International Peace Research Institute (SIPRI) in Stockholm gearbeitet. Er hat einen Doktortitel in »Internationale Beziehungen« der Universität Yale.

Patrik Baab, Robert E. Harkavy

IM SPINNENNETZ DER GEHEIMDIENSTE

Warum wurden Olof Palme, Uwe Barschel und William Colby ermordet?

WESTEND

Mehr über unsere Autoren und Bücher:
www.westendverlag.de

Die Deutsche Nationalbibliothek verzeichnet diese Publikation in der Deutschen Nationalbibliografie; detaillierte bibliografische Daten sind im Internet über http://dnb.d-nb.de abrufbar.

Die Kapitel von Robert E. Harkavy wurden von Sarah Eichhoff aus dem Englischen übersetzt.

Den Autoren sind sämtliche Klarnamen bekannt.

FSC www.fsc.org MIX Papier | Fördert gute Waldnutzung FSC® C083411

ISBN 978-3-86489-250-9
Überarbeitete und erweiterte Neuausgabe 2019

Umschlaggestaltung: Buchgut, Berlin
Satz: Publikations Atelier, Dreieich
Druck und Bindung: CPI – Clausen & Bosse, Leck
Printed in Germany

Inhalt

Vorwort

Dieses Buch trifft beim akademischen Mainstream weithin auf demonstrative Ignoranz. Geschadet hat es ihm nicht. Das Interesse der Leserinnen und Leser hält an. Deshalb haben die Autoren die Ehre und das Vergnügen, eine vierte, ergänzte und überarbeitete Auflage zu präsentieren. Seit Veröffentlichung der ersten Auflage 2017 hat der Gegenstand dieser Studie – politische Morde und ihre Vertuschung – nichts von seiner Bedeutung verloren. Ganz im Gegenteil: Selten war dieses Thema so aktuell wie heute. Das zeigen die Ermordung des Journalisten Jamal Kashoggi – dessen Onkel Adnan Kashoggi auch eine Schlüsselrolle in unserer Recherche zukommt – am 2. Oktober 2018 im saudischen Konsulat in Istanbul, die Polonium-Vergiftung des ehemaligen FSB-Agenten und späteren Mitarbeiters des MI6, Alexander Litwinenko, am 1. November 2006 in London oder der Giftgasanschlag am 4. März 2018 in Salisbury auf Sergej Skripal, den früheren Offizier des russischen Militärgeheimdienstes GRU und Doppelagenten, der beim MI6 vom späteren Chef des Unternehmens »Orbis Business Intelligence Ltd.« Christopher Steele, geführt wurde. Vieles an diesen Fällen ist bis heute ungeklärt. Das zeigt: Vertuschungsmaßnahmen und interessengeleitete Irreführung der Öffentlichkeit sind Teil des Spiels. Im Hintergrund treffen aber in allen drei Fällen politische Interessen, Machtspiele und geheimdienstliche Intrigen aufeinander. Die spätere Wissenschaftlerin am Stockholm Peace Research Institute Connie Wall fragte als junges Mädchen ihren Vater, den hochrangigen CIA-Offizier Robert Bullock, warum der Dienst Menschen umbringe. Seine Antwort war: »Das machen alle!«[1]

Bei zahlreichen Lesungen, Diskussionen und Interviews haben wir die Ergebnisse dieses Buches vorgestellt: Nicht nur im Fall Palme, sondern auch beim Tod von Uwe Barschel und William Colby handelt es sich um Mord. In allen drei Fällen waren keine Einzeltäter unterwegs, sondern Killerteams. Es handelt sich also um organisierte Kriminalität. In allen drei Fällen sind Geheimdienste verwickelt. Die Befehlsketten enden jeweils in der Politik. Es handelt sich also nicht nur um organisierte Kriminalität, sondern um politische Verbrechen – um Staatskriminalität. Alle drei Fälle hängen miteinander zusammen, sind eingebettet in denselben historischen Kontext – die Iran-Contra-Affäre. In allen drei Fällen haben wir es in der Folge weniger mit einer Ermittlung als vielmehr mit einer Vertuschung zu tun.[2] Bislang sehen wir keinen Anlass, daran etwas zu korrigieren. Vielmehr werden unsere Überlegungen durch weitere Recherchen und neuere Ermittlungsergebnisse bestätigt. So fand der amtierende schwedische Generalstaatsanwalt Krister Petersson, seit Februar 2017 auch Voruntersuchungsleiter der Palme-Ermittlungen, heraus, dass der nach dem Mord an Olof Palme am 28. Februar 1986 beschuldigte angebliche Einzeltäter Christer Pettersson gar nicht am Tatort war, Belastungszeugen von Polizeibeamten bestochen und zahlreiche Spuren nicht verfolgt worden waren. Christer Pettersson könne also nicht der Mörder gewesen sein. Der schwedische Chefermittler sieht eine militärische Elitegruppe hinter dem Mord.[3] Damit bricht die Einzeltätertheorie – erstmals auch amtlich bestätigt – in sich zusammen.

Wie nicht anders zu erwarten, sind auch wir Autoren in die Nähe von »Verschwörungstheoretikern« gerückt worden. Davon betroffen war Robert E. Harkavy schon vor Jahren, als er im sogenannten »Leopold-Report« als »Desinformant, der die Palme-Ermittlungen sabotieren wolle«[4] bezeichnet wurde. Die »intellektuelle Konfektionsindustrie«[5] kann wohl nicht anders, als alles auszuscheiden, was über die herrschende Meinung hinausweist. Genau das Gegenteil ist richtig, wie auch im Falle des Waffenhändlers William Hermann.[6] Was Robert E. Harkavy betrifft, so weiß es der schwedische Generalstaatsanwalt Krister Petersson besser: »In den Ermittlungsakten wird Harkavy als Nachrichtenfälscher bezeichnet. Aber ich fälle mein eigenes Urteil. Anders als der offizielle Ermittlungsbericht gehe ich nicht davon aus, dass Harkavy ein CIA-Agent ist.«[7]

Den Kritikern halten wir entgegen: Das meiste, was wir hier zusammengetragen haben, ist längst bekannt, wenn auch einem breiteren Publikum bislang schwer zugänglich, und unter Fachleuten keineswegs umstritten. Dies zeigt die Fülle der zitierten Studien und Belege. Lediglich an einigen entscheidenden Schnittstellen konnten wir neue Dokumente oder Zeitzeugen einführen. Die Erschließung dieser Quellen ist nicht dem Anklicken von Suchmaschinen, sondern gründlicher Vor-Ort-Recherche an einer Vielzahl von Schauplätzen geschuldet.

Für diese mehrjährige Suche haben sich zwei Autoren zusammengetan, die manches unterscheidet. Der eine, Robert E. Harkavy, ordnet sich politisch dem konservativen, republikanischen Lager zu. Der andere, Patrik Baab, sieht sich im politischen Spektrum der Vereinigten Staaten eher auf der demokratischen Seite. So war dem Autorenteam die Möglichkeit zur permanenten Gegenrecherche gegeben – und damit die Chance, Politisch-Tendenziöses zu vermeiden. Was uns über die Grenzen der politischen Standpunkte hinweg eint, ist das Wissen, dass russische, polnische, britische, französische, kanadische und amerikanische Soldaten mit ihrem Blut Deutschland Hitlers Willkürherrschaft entrissen haben – ein Beispiel für einen gelungenen Regime-Wechsel. Auch steht für beide Autoren das Existenzrecht des Staates Israel außerhalb jeder Diskussion.

Anders als der frühere Fraktionsgeschäftsführer der CDU im schleswig-holsteinischen Landtag, Günther Potschien, der insbesondere Beobachtungen aus gelebter Zeitgenossenschaft schildert und versucht, aus den charakterlichen Schwächen von Uwe Barschel dessen Freitod abzuleiten, führen wir unsere in zahlreiche Organisationen reichenden Netzwerke zusammen und bemühen uns um eine multiperspektivische Darstellung, die eine Vielzahl von Zeitzeugen und geheimdienstlichen Dokumenten einbezieht. Dies erlaubt es, auch jene Dimensionen des historischen Geschehens zu beleuchten, die sich dem Auge des zeitgenössischen Betrachters entzogen haben. Für uns ist deshalb die Mordtheorie kein Versuch, von Barschels Fehlverhalten abzulenken. Ganz im Gegenteil: Sein brennender Ehrgeiz und seine Skrupellosigkeit erscheinen uns als Voraussetzungen seiner geheimdienstlichen Verstrickung und seines Doppellebens, in dem die Motive für seinen gewaltsamen Tod zu suchen sind.[8]

Dem schwedischen Journalisten Jan Stocklassa fällt das Verdienst zu, zum Mordfall Olof Palme erstmals den Nachlass des Autors Stieg Larsson ausgewertet zu haben. Darüber hinaus stützt er sich auf persönliche Recherchen und eine Reihe von Zeitzeugen vor allem in Schweden und Südafrika.[9] Seinen Überlegungen zur Identifizierung eines neuen, bislang nicht berücksichtigten Einzeltäters folgen wir nicht. Vielmehr scheinen uns geheimdienstliche Dokumente zu belegen, dass der schwedische Ministerpräsident einer von höchster Stelle befohlenen geheimdienstlichen Operation zum Opfer fiel.

Natürlich ist uns bewusst, dass der Verweis auf eine Vielzahl von Zeitzeugen mit durchaus gegensätzlichen Einschätzungen und auf Belege aus mehreren Geheimdiensten die Kritiker nicht zufriedenstellen wird. Wenn in akademischen Zirkeln, in der Presse oder im Umfeld der Bundesregierung von »Verschwörungstheorien« gesprochen wird[10] dann geht es meist um etwas Anderes: strategische Kommunikation. Dabei spielen immer auch persönliche Interessen eine Rolle. Diese verbinden sich meist mit einem materiellen Hintergrund, wie der Suche nach Bündnispartnern für die Gewinnung von Drittmitteln, mit politischen Loyalitäten oder transatlantischen Seilschaften. Immer geht es auch um ein »Wording«, von dem man sich einen Schub für die eigene Karriere verspricht. Selbstverständlich werden diese Parolen von keinem »verschwörerischen Zentralkomitee«, so Guillaume Paoli, gesteuert: »Die Antwort ist (…) womöglich schlimmer: Es liegt an dem gleich formatierten Denkrahmen.«[11] So entsteht das Meinungskartell einer recherchefernen Konsenskultur, das sich nicht scheut, unliebsame Positionen auszugrenzen – vorauseilender Gehorsam im Zuge der Selbst-Gleichschaltung.

So entsteht ein Ausgrenzungsdiskurs mit dem Ziel, eine informelle Kontaktsperre gegen jene zu verhängen, die unliebsame Rechercheergebnisse vorlegen oder dabei helfen, sie in die Öffentlichkeit zu tragen. In solchen Szenarien der Kontaktvermeidung nimmt die fachliche und politische Auseinandersetzung einen viralen Charakter an. Sie wird in den Kategorien von Ansteckung und Kontamination geführt. Alle, die im Mainstream nicht mitziehen, werden in eine Art Sippenhaft genommen für die tatsächlichen oder angeblichen Verfehlungen anderer.

Deshalb all jenen, die mit falsifikatorischem Killerinstinkt zur Jagd auf vermeintliche »Verschwörungstheorien« blasen, zum Geleit: Der Begriff »Verschwörungstheorie« wurde 1948 von dem Philosophen Karl Popper in die akademische Diskussion eingebracht – für ihn ein Beispiel für irrationale Gesellschaftstheorien. Er verstand darunter die Vorstellung, einflussreiche Machtgruppen seien für gesellschaftliche Missstände wie Weltwirtschaftskrisen verantwortlich.[12] Damit ist Poppers Ansatz geeignet, alle sozialen Kausalketten zu vernebeln, die nicht in sein eigenes Weltbild passen. 1967 wurde der Begriff »Verschwörungstheorie« im Zusammenhang mit dem Mord an John F. Kennedy in die politische Diskussion eingeführt – von der CIA. Der Geheimdienst verfolgte damit das Ziel, in der Öffentlichkeit Hinweisen entgegenzuwirken, der beschuldigte Lee Harvey Oswald könne nicht als Einzeltäter gehandelt haben. Vielmehr seien Mitarbeiter der CIA selbst in den Mord verwickelt gewesen.[13] Ein Befund, der Jahre später durch die Studie von Lamar Waldron bestätigt wurde.[14] Es handelt sich also – wie schon bei Popper – um einen politischen Kampfbegriff. Seine analytische Reichweite ist dabei gering. Denn es wird nicht gesagt, wer sich mit wem gegen was zu welchem Zweck verschworen haben soll.

Der Begriff »Verschwörungstheorie« ist analytisch unscharf und eignet sich daher nicht zur erkennungsdienstlichen Behandlung der Wirklichkeit. Versteht man aber unter einer Verschwörungstheorie die Vorstellung, dass eine unsichtbare Hand im Hintergrund das Geschehen im sozialen Raum lenkt, ohne dass die Akteure dies merken, dann bleibt dieses Buch davon unberührt. Denn die Autoren nennen Handlungsträger, Befehlsketten, Hintermänner und ihre Interessen.

Die Qualität einer Theorie misst sich für uns daran, wie genau sie die Realität beschreibt. Man darf also unterscheiden zwischen einer Verschwörungstheorie und einer realen Verschwörung. Die Iran-Contra-Affäre – um die es hier im weiteren Sinne geht – ist eine reale Verschwörung gewesen. Dies hat eine Untersuchungskommission des US-Parlaments klar belegt.[15] Im Kern beschreibt die Iran-Contra-Affäre eine komplexe politische Intrige zur Umgehung von Parlamentsbeschlüssen und internationalem Recht. Ihr Ziel war es, in Teheran festgehaltene amerikanische Geiseln dadurch frei zu bekommen, dass umfangreiche Waffenlieferungen, insbesondere Panzerabwehrraketen vom Typ TOW, gemeinsam mit Israel an die Islamische Republik Iran durchgeführt wurden. Der Iran befand sich zu dieser Zeit im Krieg gegen den Irak. Dies geschah verdeckt, denn die Vereinten Nationen hatten ein Waffenembargo gegen Teheran verhängt. Die Einnahmen aus den geheimen Waffenverkäufen an den Iran wurden an die rechtsgerichteten Contra-Rebellen in Nicaragua weitergeleitet, um sie im Kampf gegen die sandinistische Regierung zu unterstützen. Diese Waffengeschäfte liefen zu Tarnungszwecken zum großen Teil über Drittländer. Dazu gehörten Südafrika sowie eine Reihe europäischer Staaten, darunter auch Schweden und die beiden deutschen Staaten. Der historische Kontext selbst liefert also den Stoff für eine Verschwörung. Einer »Verschwörungstheorie« bedarf es hier nicht.[16]

Vielleicht mag auch der weiterführende Hinweis hilfreich sein, dass es in der Welt der Geheimdienste nicht nur um Spionage geht. Die meisten Dienste haben einen umfassenden Kampfauftrag. Für den Mossad ist dieser umfassende Kampfauftrag quasi Gründungsvoraussetzung.[17] Für die CIA bildet sich dieser Auftrag in den Direktiven des Nationalen Sicherheitsrates NSC 4/A (Dezember 1947), NSC 10/2 und

10/5 (Juni 1948 und Oktober 1951), NSC 158 (Juni 1953) und NSC 5412 (März 1954) gleich nach der Gründung des Geheimdienstes ab. Dem umfassenden Geheimdienstkrieg kam im letzten Jahrzehnt des Kalten Krieges noch einmal besondere Bedeutung zu.[18] Zu einem Gesamtbild gehört aber auch: Selbst die gezielten Tötungen dieser Geheimdienste können nicht verglichen werden mit dem stalinistischen Terror[19] und dem industrialisierten Massenmord der nationalsozialistischen Vernichtungsmaschinerie.[20] Die Opfer des sowjetischen Innenministeriums NKWD gehen in die Millionen[21] und werden nur noch überragt von den Massenmorden unter Beteiligung von Reichssicherheitshauptamt, SS und SD.[22] Wenn heute irgendwo auf der Welt Geheimdienste kontrolliert werden, dann in den Vereinigten Staaten. Insbesondere in der Bundesrepublik Deutschland gibt es nichts Vergleichbares zum Bericht des US-Senats über die Folterpraktiken der CIA.[23]

Bei unseren Betrachtungen berücksichtigen wir durchgehend alternative Erklärungsmodelle. Wir greifen auf Dokumente und Zeitzeugen aus einer ganzen Reihe von Geheimdiensten zurück. Ermittlungsakten aus mehreren Ländern kommen dazu. Zusammen wird so ein Blick in die Schattenwelt der Geheimdienste möglich. Doch das Gesamtbild bleibt unklar und verschwommen.

Seit Veröffentlichung der ersten Auflage haben sich weitere Quellen gemeldet, kritische Leserinnen und Leser gaben wichtige Hinweise. Die Autoren selbst haben weiter recherchiert und versucht, den veränderten Forschungsstand vor allem in Europa und den USA zu berücksichtigen. Wir bitten alle, die der vierten Auflage ihr Interesse entgegenbringen, um weitere Informationen. Denn wenn fast alle Beteiligten ein Interesse an einer Vertuschung haben, werden wichtige Zusammenhänge von der Geschichte meist totgeschwiegen.

Patrik Baab und Robert E. Harkavy, April 2019

Einleitung

Dieses Buch erzählt von Schattenkriegern und ihren Opfern. Es führt den Leser in jene verbotene Zone der Geheimdienste, in der nicht nur diskret spioniert, sondern die Drecksarbeit erledigt wird. Wir öffnen ein kleines Fenster in den Maschinenraum des Kalten Krieges und blicken dahin, wo er zu einem heißen, schmutzigen Krieg geworden war. Für Journalisten, Politikwissenschaftler und die Öffentlichkeit sind die CIA, der Mossad, der Bundesnachrichtendienst, das Ministerium für Staatssicherheit der DDR, der tschechoslowakische STB, die schwedischen Geheimdienste, der frühere KGB (heute FSB) oder der sowjetische Militärgeheimdienst GRU eine solche verbotene Zone. Dies gilt in besonderer Weise für ihre verdeckten Operationen. Alle diese Machenschaften sind streng geheim. Die Namen jener Schattenkrieger, die sie ausführen, bleiben weitgehend unbekannt. Nur in seltenen Fällen gelangen die Akteure solcher Geheimaktionen ans Licht der Öffentlichkeit, und das meist nur durch dummen Zufall. Selbst dann wird selten mehr als ein kleiner Teil des wirklichen Geschehens enthüllt.

Wir lenken den Blick auf drei ungeklärte Todesfälle in der Endphase des Kalten Krieges: auf einen Mord, der nie aufgeklärt wurde; einen angeblichen Suizid, der schwerlich einer gewesen sein kann; einen mysteriösen Unfall, der sich so nicht zugetragen haben kann. Diese drei Beispiele – Olof Palme, Uwe Barschel, William Colby – zeichnen wir nach vor dem Hintergrund einer weltweiten Verschwörung, die nie ganz aufgeklärt wurde: der Iran-Contra-Affäre.

In dieser Schattenwelt sieht der Leser keine James-Bond-Figuren, die mit der Waffe in der Hand den Kommunismus bekämpfen. Er schaut auf Männer in Schlips und Kragen und Frauen im Kostüm, die hinterm Schreibtisch über Leben und Tod anderer entscheiden. Es sind jene Geheimdienstbürokraten, die Falschinformationen streuen, Briefkastenfirmen gründen, Drogengelder waschen, Kriegswaffen schmuggeln, die Ziele von Marschflugkörpern auswählen, Staatsstreiche planen,

Mordaufträge erteilen – und die manchmal selbst dabei absahnen. Wir begeben uns tief in die menschlichen Niederungen von Machthunger und Gier, von Skrupellosigkeit und Zynismus. Alle Staaten dieser Welt werden nicht müde zu beteuern, dass ihre Dienste sich an Recht und Gesetz halten. Und doch gibt es diese verbotene Zone nicht nur da, wo der Mossad ein Mordkommando hinschickt.

Politische Morde – das sind Morde, die von politisch Verantwortlichen in Auftrag gegeben werden. Es sind Morde aus politischen Motiven. Und oft sind andere politisch Verantwortliche das Ziel. Es sind Täter, die zu Opfern werden. Und manchmal werden auch Opfer zu Tätern. Die Opfer verstricken sich – oft aus politischer Überzeugung, manchmal aus Gewinnsucht und Eitelkeit, aus dem Bedürfnis nach Macht oder Machterhalt. Und manchmal ist es auch die Versuchung des Intellektuellen, im Hintergrund die Fäden zu ziehen. Auch unsere drei Protagonisten – Palme, Barschel, Colby – waren überzeugt, einer guten Sache zu dienen.

Am 28. Februar 1986 wurde Olof Palme erschossen. Es geschah kurz vor Mitternacht am Sveavägen, einer Hauptstraße im Zentrum von Stockholm, als er mit seiner Frau aus dem Kino kam und nach Hause ging. Unbegleitet von Sicherheitskräften hatten sich Olof und Lisbet Palme zusammen mit ihrem Sohn und dessen Freundin einen Film angesehen. Der Mörder war aus dem Eingang einer Kunstwarenhandlung getreten. Nach der Tat floh er zu Fuß durch eine schmale Gasse und über einen langen Treppenaufgang in die Seitenstraßen. Es ist unklar, ob dort ein Fluchtfahrzeug auf ihn wartete. Manche wollen dicht am Tatort Männer mit Funkgeräten – Handys gab es noch nicht – gesehen haben. Aber auch das ist ungeklärt. Etliche Passanten wurden Zeuge des Mordes, doch ihre späteren Beschreibungen des Täters blieben unscharf und wichen stark voneinander ab. Trotz intensiver Suche wurden am verschneiten Tatort erst mit großer Verspätung zwei Kugeln entdeckt. Möglicherweise waren sie dort erst nach dem Mord abgelegt worden. Und die Tatwaffe blieb verschwunden.

Später wurden diverse Theorien über Hintergrund und Motiv des Mordes präsentiert. Es ist gut möglich, dass der Mörder nur am Ende einer langen Kette von Mittelsmännern stand und gar nicht wusste, für wen er arbeitete. Möglicherweise hat er Helfer gehabt. Als Drahtzieher im Hintergrund wurden die unterschiedlichsten Kräfte ins Spiel gebracht, darunter die CIA, der Mossad, das Ministerium für Staatssicherheit der DDR, der russische Geheimdienst KGB, Südafrika, Iran, Irak, der chilenische Diktator General Pinochet, Kroaten, die militante Kurdische Arbeiterpartei PKK, Anhänger des rechten US-amerikanischen Politaktivisten Lyndon LaRouche, rechtsextremistische Polizisten aus Stockholm, Auftragskiller des schwedischen Rüstungskonzerns Bofors, belgische und französische Waffenhändler oder auch ein psychisch gestörter Einzeltäter. Buchstäblich alle diese Kräfte gerieten zeitweise in den Fokus polizeilicher Ermittlungen. Sie dauern seit 30 Jahren an – ohne Ergebnis.

1988 wurde Christer Pettersson, ein psychisch gestörter, alkohol- und drogenabhängiger Straßengangster, dessen Strafregister auch Körperverletzung und eine vorsätzliche Tötung umfasste, festgenommen. 1989 wurde er vor Gericht gestellt und verurteilt. Manche Beobachter sahen darin ein abgekartetes Spiel verzweifelter Ermittlungsbehörden, andere nur einen Ausdruck von Frust und Stümperei. Denn in zweiter Instanz wurde er freigesprochen. 1997 ging die Staatsanwaltschaft in Berufung. Doch das Hohe Gericht lehnte eine neue Verhandlung ab, da keine neuen Beweise vorlagen.

Die ganze Affäre wurde in Schweden zum Gegenstand beinharter Auseinandersetzungen und sorgte noch jahrelang für Schlagzeilen. Eine Theorie, ein Gerücht, ein Beweisstück folgte dem anderen. Und allmählich wurden die Schweden des Falles überdrüssig. Dennoch bleiben bis heute ernste Zweifel, ob es vielleicht doch eine vom Regierungsapparat gesteuerte Vertuschungsaktion gegeben hat – mit dem Ziel, die Ermittlungen massiv zu behindern.

Uwe Barschel war der kometenhafte Aufsteiger der CDU in Schleswig-Holstein. Manche sahen den jungen Ministerpräsidenten auf bestem Weg ins Kanzleramt. Aber er verstrickte sich während des Landtagswahlkampfs 1987, in dem es um seine Wiederwahl ging, in einen schmutzigen Politskandal. Die Barschel-Pfeiffer-Affäre sorgte für das vorzeitige Ende seiner politischen Karriere. Am 2. Oktober trat er von seinem Amt zurück. Danach flüchtete er zusammen mit seiner Frau zu einem Kurzurlaub auf Gran Canaria, wo er seinen Auftritt vor dem parlamentarischen Untersuchungsausschuss in Kiel vorbereiten wollte. Von Gran Canaria flog er allein weiter nach Genf. Am 11. Oktober 1987 wurde er in Zimmer 317 des noblen Hotels Beau Rivage tot in der Badewanne gefunden – neunzehn Monate nach dem Mord an Olof Palme. Sehr bald schon ging die Genfer Polizei von Selbstmord aus, vermutlich auch unter dem Druck bundesdeutscher und amerikanischer Stellen, die offenbar ein nachdrückliches Interesse an dieser Darstellung gehabt haben. Möglicherweise hatten sie allen Grund zu befürchten, Uwe Barschel könnte reden über jene geheimen und rätselhaften Aktivitäten, an denen er teilhatte, insbesondere über seine Rolle als Kontaktmann zwischen dem Bundesnachrichtendienst und der CIA auf der einen Seite und dem Staatssicherheitsdienst der DDR und dem tschechoslowakischen STB auf der anderen Seite bei geheimen Waffengeschäften hinter dem Eisernen Vorhang und dem illegalen Transfer von U-Boot-Technologie in den Apartheidstaat Südafrika, gegen den die Vereinten Nationen ein Embargo verhängt hatten. Zahlreiche heimliche Reisen über die schwer bewachte Grenze zwischen der Bundesrepublik Deutschland und der DDR, insbesondere nach Rostock-Warnemünde, aber auch nach Jena und ins Heilbad Piešt'any in der damaligen ČSSR sind bekannt geworden. Augenzeugen berichten, dass er in Rostock unter anderem mit Vertretern des Ministeriums für Staatssicherheit verhandelte, das im nahegelegenen Kavelstorf ein großes Waffenlager unterhielt. So bizarr, wie das alles erscheint – manches spricht dafür, dass es sich um klandestine Operationen der CIA gehandelt hat, von denen auch das Bundeskanzleramt wusste.

Klar ist eines: Barschel führte ein ausgeprägtes Doppelleben. Er war in geheimdienstliche Operationen verstrickt und spielte eine Rolle im illegalen Waffenhandel. Wir werden darauf zurückkommen und dann versuchen, hierzu neue Rechercheergebnisse anzubieten und teilweise zu einer Neuinterpretation im internationalen Zusammenhang zu gelangen.

Der Fall Barschel und seine Langzeitwirkung stellen ohne Frage einen der größten Politskandale in der Geschichte Nachkriegsdeutschlands dar. Der mysteriöse Tod hat – genauso wie der unaufgeklärte Mord an Olof Palme – eine unübersehbare Fülle kontroverser Debatten ausgelöst. Auch diese Theorien werden wir vergleichend analysieren. Presseberichte, Filme und Bücher drehen sich vor allem um die Frage, ob es sich beim Tod in Genf um Selbstmord oder um Mord gehandelt hat. Die meisten Autoren, die dem Fall nachgegangen sind, gehen mittlerweile davon aus, dass Barschel mit an Sicherheit grenzender Wahrscheinlichkeit ermordet wurde. Offen bleibt auch hier die Frage: von wem und warum? Als mögliche Auftraggeber wurden auch hier abwechselnd die CIA, der Mossad, die Stasi und der Iran verdächtigt – allesamt Kräfte, die in den Iran-Contra-Waffenhandel verwickelt waren. Und dem BND wurde unterstellt, voll im Bilde gewesen zu sein und bei der Vertuschung geholfen, wenn nicht sogar bei dem Mord sekundiert zu haben. Aber die offizielle Version, beim Tod von Uwe Barschel habe es sich um Selbstmord gehandelt, wurde niemals ganz aufgegeben.

Manches spricht dafür, dass ein dritter Mord im April 1996 mit jenem an Olof Palme und dem Tod von Uwe Barschel in Verbindung steht. Es handelt sich um das mysteriöse Ende des früheren CIA-Chefs William Colby. Auch hier schossen zahlreiche Spekulationen, Kontroversen und unterschiedliche Theorien ins Kraut. Auch hier wurden weder Mörder noch Mordwaffe gefunden. Und hier besteht nicht einmal Klarheit darüber, wie Colby umgebracht worden ist. Er kann vergiftet, erdrosselt oder zu Tode gefoltert worden sein.

Zwanzig Jahre zuvor war Colby auf Druck des damaligen US-Außenministers Henry Kissinger von Präsident Gerald Ford als CIA-Direktor gefeuert worden. Seither lebte der inzwischen 76-Jährige ruhig und zurückgezogen in einem schlichten Wochenendhaus, einer alten Austernfischerhütte in Rock Point im US-Bundesstaat Maryland, gelegen am Potomac kurz vor dessen Mündung in die Chesapeake Bay, die ihm als Zweitwohnsitz diente. An jenem 27. April 1996 hielt sich Colby dort alleine auf. Seine Frau, eine leitende Mitarbeiterin des Außenministeriums, besuchte gerade ihre Mutter in Houston. Der offiziellen Version zufolge brach Colby in der Dämmerung zu einer Paddeltour mit seinem Kanu auf, ließ eine angebrochene Mahlzeit und ein halbleeres Glas Wein auf dem Tisch stehen und ebenso den eingeschalteten Computer zurück – ein seltsames Verhalten für einen Mann, der als ordentlich und penibel galt.

Einige Tage später wurde sein Kanu am Strand ganz in der Nähe seines Hauses gefunden. Trotz eines Großeinsatzes rund um die Uhr mit Booten, Hubschraubern und Suchtrupps tauchte seine Leiche erst acht Tage danach auf, nur 40 Meter von der Stelle entfernt, an der das Boot angetrieben worden war. Die Polizei vor Ort und die zuständige Gerichtsmedizin sprachen von einem Bootsunglück. Colby habe einen Herzinfarkt erlitten und sei aus dem Kanu gestürzt. Weder die Bundespolizei FBI noch die CIA wollten eigene Ermittlungen aufnehmen.

Erst einige Zeit später gelang mehreren Journalisten trotz der amtlichen Nebelkerzen der Nachweis, dass es sich um einen Mord gehandelt haben muss. Denn Colbys Kanu war mit Sand gefüllt, damit es nicht auf See hinaustreiben konnte. Seine Leiche wurde acht Tage später an einem Platz gefunden, der bereits mehrfach abgesucht worden war, und er konnte offensichtlich nicht die ganze Zeit über im Wasser gelegen haben. Rettungsweste und Paddel blieben verschwunden, und ein rätselhaftes Abschleppseil war noch am Kanu befestigt. Aber auch hier bleibt die Frage offen, wer der Mörder war und welches Motiv er gehabt haben mag.

Colby war alles andere als ein unbescholtener Mann. In seiner aktiven Zeit fungierte er als Leiter der berüchtigten Operation Phoenix in Vietnam, bei der – je nach Quelle – zwischen 20 000 und 50 000 angebliche Vietcong-Anhänger, Dorfälteste und andere Funktionäre ermordet worden waren. Er selbst gestand mindestens 20 000 Morde ein und hielt dies für bedauerlich, aber in einem schmutzigen Krieg für unvermeidlich.[1] Möglicherweise ist das Mordmotiv darin zu suchen, dass er sich in der CIA unbeliebt gemacht hatte, als er eine ganze Reihe von Agenten feuerte und bei seinen Auftritten vor mehreren Untersuchungsausschüssen des Kongresses die Abgeordneten über verdeckte Operationen der Agency informierte: Bestechung ausländischer Politiker[2], Mordkommandos, die Mitwirkung bei politischen Umstürzen, und so weiter.

Vielleicht sollte man bei der Suche nach Motiven und Gründen jedoch eher Colbys Spätphase genauer unter die Lupe nehmen, jene Jahre nach seinem Ausscheiden aus der CIA, in denen er sich in ein angeblich ruhiges, anonymes Leben als Rechtsanwalt zurückgezogen hatte. Denn so ruhig dürfte dieses Leben gar nicht gewesen sein. Colby war tätig als generalbevollmächtigter Rechtsanwalt der berüchtigten australischen Nugan Hand Bank. Als sie 1980 zusammenbrach, wurde einer der beiden Geschäftsführer in Australien ermordet, während der andere spurlos verschwand und erst 2015 unter falschem Namen in Idaho wieder auftauchte. Viele der Figuren, die später in die Iran-Contra-Affäre verwickelt waren, wie der legendäre CIA-Mann Ted Shackley – auch er tief verstrickt in das Phoenix-Programm in Vietnam –, hatten in unterschiedlicher Weise Verbindungen zur Nugan Hand Bank. Durch seine Position als generalbevollmächtigter Anwalt konnte Colby tiefe Einblicke in die Waffen- und Drogengeschäfte der Bank gewinnen. Er machte auch Deals mit dem früheren KGB-General Oleg Kalugin, genauso wie Vincent Cannistraro, der Oliver North und anderen Beteiligten an der Iran-Contra-Affäre nahestand.[3] Alles deutet darauf hin, dass es bei Colbys Tod – ähnlich wie im Falle Barschel – darum ging, jemanden zum Schweigen zu bringen, von dem zu befürchten war, er könne – aus Gewissensgründen oder aus Kalkül – etwas ausplaudern.

Auf den ersten Blick scheinen die drei Todesfälle nichts miteinander zu tun zu haben. Sie wurden in verschiedenen Ländern begangen, zwischen dem ersten und dem letzten liegt ein Zeitraum von zehn Jahren. Dennoch gibt es bestechende, spannende Verbindungslinien. Tatsächlich sind in den ersten beiden Fällen mögliche Zusammenhänge schon ansatzweise beschrieben worden. Was die vorhandenen kausalen Zusammenhänge verbindet, ist der Iran-Contra-Skandal. Am US-Kongress vorbei wurden Iran in einem komplizierten Geflecht politischer Geheimoperationen Waffen verkauft und die Erlöse genutzt, um die antisandinistischen Contra-Rebellen in Nicaragua mit Waffen zu versorgen, während gleichzeitig US-Geiseln in der Hand der Hisbollah im Libanon freigelassen werden sollten. Diese Geschäfte wurden zu Geheimhaltungszwecken meist über Drittländer abgewickelt. Die Forschung dazu ist kaum noch übersehbar, und doch bleiben weite Teile der Verschwörung bis heute im Dunkeln.

Welche besondere Rolle haben die drei Akteure Palme, Barschel und Colby im Rahmen der Iran-Contra-Affäre gespielt? War William Colby gar zentrales Glied einer Befehlskette in Washington, an deren anderem Ende Uwe Barschel und Teile seines Umfelds in Kiel, aber auch höchste Regierungskreise in Stockholm standen? Und war, wie der US-Journalist Kenneth R. Timmerman behauptet, ihr Tod die Blutspur einer weltweiten »Säuberungsaktion«, mit der unliebsame Zeugen und abtrünnige Helfer einer politischen Verschwörung aus dem Weg geräumt werden sollten, weil ihre Enthüllungen die politische Zukunft von US-Präsident Ronald Reagan und vor allem die seines Vizepräsidenten George H.W. Bush hätten gefährden können?

Im Fokus steht hier der Zusammenhang des Mordes an Olof Palme mit dem Tod von Uwe Barschel in Genf und der Rolle von William Colby. Dennoch zog die Affäre weitere Kreise, die nicht ausgeblendet werden sollten. Natürlich gibt es in weiten Teilen der Literatur und der Internet-Blogs über »Verschwörungstheorien« die Tendenz, unendlich viele wirre Zusammenhänge herzustellen, bis buchstäblich alles mit allem irgendwie zusammenhängt. Manchmal jedoch mag es sich lohnen, Entlegenes und Disparates miteinander zu kombinieren. So stellt die Literatur zum Mord an John F. Kennedy Verbindungen her zum Vietnamkrieg, zum Schweinebucht-Desaster, zu den Anschlagsversuchen auf Fidel Castro, zu geheimdienstlichen Intrigen im Kalten Krieg, Machtkämpfen innerhalb der Mafia, der Rolle des organisierten Verbrechens in Hollywood und Las Vegas sowie zu seiner Affäre mit Marilyn Monroe. Dies trifft auch auf den Palme-Barschel-Colby-Nexus zu. Soweit es Belege für diese Spuren gibt, werden wir dem nachgehen; dagegen lassen wir aus, was offensichtlich an den Haaren herbeigezogen erscheint.

Es gibt auch Hinweise, dass in den Jahren nach dem Mord an Palme und Barschels Tod in Genf eine Reihe von Personen in deren Umfeld auf mysteriöse oder überraschende Weise ums Leben kam. Das ist durchaus eine Parallele zum Kennedy-Mord. Auch hier wurden in der Folgezeit fünfzehn bis zwanzig Personen ermordet oder zumindest sehr wahrscheinlich ermordet. Teilweise kamen sie durch Schusswaffen, andere bei Unfällen, durch Herzinfarkte, Krebserkrankungen oder bei angeblichen Suiziden ums Leben. Einer davon könnte möglicherweise auch William Colby gewesen sein. In keinem einzigen Fall wurde jemand angeklagt oder verurteilt. Ähnlich liegen die Dinge im Fall Barschel. Hier sei nur der Schweizer Detektiv Jean-Jacques Griessen erwähnt, der nach eigenen Angaben kurz davor war, den Tod des ehemaligen Ministerpräsidenten aufzuklären. Er erlitt angeblich einen Herzinfarkt im Zimmer einer Zürcher Prostituierten, eine Version, die kaum ein Kenner von Griessen glaubt. Der Filmemacher Allan Francovich, der in einer bemerkenswerten Dokumentation die Rolle der CIA beim Lockerbie-Attentat beleuchtete und einen weiteren Dokumentarfilm über den Palme-Mord plante, starb an der Gepäckausgabe des Flughafens von Houston/Texas. Angebliche Todesursache war auch hier eine Herzattacke. Die schwedische Journalistin Cats Falck, die den Waffengeschäften Schwedens mit der DDR und damit der Nord-Süd-Pipeline auf der Spur war, wurde zusammen mit einer Freundin in ihrem Wagen aus dem Stockholmer Hammarby-Kanal gezogen. Auch hier deutet einiges eher auf einen Mord als einen Unfall hin.

Bei unseren drei Fällen handelt es sich um drei der wichtigsten politischen Morde (dazu zählen auch die Anschläge auf die Kennedy-Brüder John F. und Robert sowie der auf Martin Luther King) in der westlichen Welt im vergangenen Jahrhundert. Alle drei – darin dem Mord an John F. Kennedy vergleichbar – sind bis heute nicht aufgeklärt. Wie wir zeigen werden, folgten ihnen massive Vertuschungsaktionen von Seiten der jeweiligen Regierungen, in unseren Fällen insbesondere der Regierungen Schwedens, Westdeutschlands und der Vereinigten Staaten. Sie mögen losgelöst voneinander und unverbunden erscheinen, aber es gibt gute Gründe anzunehmen, dass sie allesamt zu den Ausläufern der Iran-Contra-Affäre gehören. Insoweit existiert ein innerer Zusammenhang zwischen ihnen: Sie sind Teil einer einzigen Geschichte.

In allen anderen politischen Mordfällen in der westlichen Welt des vergangenen Jahrhunderts – wir nehmen hier einmal Staatsstreiche und Putschversuche aus – ist etwas über die Mörder und ihre politischen Motive im Hintergrund bekannt. Dies trifft beispielsweise auf den Mord am deutschen Außenminister Walter Rathenau 1922 in Berlin zu, aber auch auf Reinhard Heydrich, der 1942 in Prag von tschechischen Partisanen ermordet wurde, auf den Anschlag auf den österreichisch-ungarischen Thronfolger Erzherzog Franz Ferdinand 1914 in Sarajewo, auf Leo Trotzki, den Stalin 1940 in Mexiko mit einem Eispickel erschlagen ließ, oder auf den Chilenen Orlando Letelier und dessen Freundin Ronni Karpen Moffitt, die die Geheimpolizei des Diktators Pinochet 1976 in Washington ermordet hat. Mit Blick auf die Dritte Welt wären die Mordanschläge auf Anwar as-Sadat 1981 in Ägypten, auf König Abdullah von Jordanien 1951 in Jerusalem, auf Jitzchak Rabin 1995 in Tel Aviv, auf Indira und Rajiv Ghandi 1984 in Neu-Delhi und 1991 bei Madras, auf Benazir Bhutto 2007 in Rawalpindi, auf den irakischen König Faisal II. und seinen Premierminister Nuri-as Said 1958 in Bagdad sowie die Flut von Attentaten auf höchster Regierungs- und Militärebene in Japan vor Beginn des Zweiten Weltkrieges zu erwähnen. In allen diesen Fällen konnten die Täter ausfindig gemacht und die politischen Motive geklärt werden. In Afrika fanden zahlreiche Staatsstreiche statt, die mit Mordanschlägen in Verbindung standen. Aber die drei von uns ausgewählten Fälle ragen heraus. Denn so wie beim Attentat auf John F. Kennedy konnten hier die Täter nie ausfindig gemacht, kein Schuldiger zur Verantwortung gezogen, die politischen Motive hinter den Morden nie ganz geklärt werden. Sie waren nicht einmal Gegenstand ernsthafter Debatten. Dies soll sich mit diesem Buch ändern.

Tote können nicht mehr sprechen. Das ist in allen drei Fällen der Grund, warum sie sterben mussten. So bleiben als Quellen Dokumente, Zeitzeugen und Weggefährten. Wir haben streng vertrauliche Dokumente mehrerer Geheimdienste herangezogen und ausgewertet. Wir haben mit Geheimdienstlern, Ex-Spionen und Geheimdienstkontrolleuren aus sieben verschiedenen Staaten gesprochen. Kaum einer war bereit, vor Mikrofon und Kamera Auskunft zu geben. Die meisten wollten anonym bleiben, manche nicht einmal indirekt zitiert werden. Ihre Hinweise und Informationen gehen in dieses Buch auch da ein, wo eine Quellenangabe fehlen muss. Wenn auch die Herkunft als geheim gestempelter Dokumente rückverfolgbar ist, so kann ihre Echtheit letztendlich nicht überprüft werden. Dies ist das Dilemma einer Studie über die Schattenwelt der Geheimdienste. Aus vielen kleinen Teilen und Versatzstücken setzt sich ein Puzzle zusammen, und wir glauben, ein Gesamtbild zu erkennen. Aber der Leser sollte immer im Auge behalten, dass noch viele Teile fehlen und uns verborgen bleiben. Wir wissen nicht, welche und was sie zeigen. Das Bild als Ganzes – es existiert noch nicht.

Kapitel 1

Olof Palme

Eine sonderbare Begegnung

Am späten Nachmittag des 24. Dezember 1989 verlässt Robert Harkavy die Penn State University und fährt nach Hause. Wie immer zur Weihnachtszeit ist es bereits dunkel in Pennsylvania, die Straßen sind verschneit. Auf der East College Avenue hält er noch einmal an zum Tanken. Beim Bezahlen kauft er noch eine *New York Times* und schaut aufs Titelblatt. Der Aufmacher ist ein Artikel von Michael Wines: »Portrait of Pan Am Suspect: Affable Exile, Fiery Avenger« (»Porträt des Pan-Am-Verdächtigen: freundlicher Flüchtling und Racheengel«). Es geht um den mutmaßlichen Täter des Flugzeugattentats von Lockerbie am 21. Dezember 1988. Daneben ein Foto – angeblich der arabische Terrorist Mohammed Abu Talb (siehe Foto 1 auf Seite 384). Robert Harkavy erkennt den Mann sofort. Dieses Gesicht hatte er schon einmal gesehen, damals in Stockholm. Aber war das wirklich Abu Talb?

Es war im August 1985 in Stockholm. Die Weißen Nächte waren schon vorbei. Trotzdem wurde es nachts kaum dunkel. Kurz nach Mitternacht verlässt Robert Harkavy seine Wohnung und läuft die Döbelnsgatan entlang Richtung Bolaget, einem beliebten Nachtcafé, das erst gegen 4:00 Uhr schließt. Mit einem Fulbright-Stipendium arbeitet er am Stockholm International Peace Research Institute (SIPRI) – der erste amerikanische Konservative, der bei SIPRI einsteigt. Bereits die Umstände, unter denen Robert E. Harkavy zu dem als amerikakritisch geltenden Institut kommt, sind bemerkenswert.

Im Frühjahr 1985 arbeitet Harkavy als Gastprofessor an der Universität Kiel. Dort erreicht ihn ein Anruf von Frank Blackaby. Der SIPRI-Direktor bittet Harkavy, nach Stockholm zu kommen.[1] Blackaby steht unter Druck. Einer seiner Mitarbeiter, der linksgerichtete Neuseeländer Owen Wilkes, hatte im Rahmen eines Forschungsprojektes über Militärbasen im Ausland einen Artikel über OMEGA, ein Kommunikationssystem für U-Boote, geschrieben. Dabei befasste er sich auch mit US-Stützpunkten in Übersee. Owen Wilkes wollte herausfinden, ob Schweden den Vereinigten Staaten die Nutzung einige seiner Militärbasen gestattete. So reiste er auch auf die Insel Gotland, wo er Radarstationen fotografierte. Wilkes wurde verhaftet und – obwohl andere SIPRI-Mitarbeiter wie Connie Wall deutlich machten, dass er alles andere als ein Spion war – wegen geheimdienstlicher Agententätigkeit für die Sowjetunion angeklagt. So geriet auch SIPRI-Chef Frank Blackaby unter Verdacht, ein Sympathisant Moskaus zu sein, und versuchte sich mit einer dezidiert konservativen Stellenbesetzung abzusichern. Dafür schien ihm Robert E. Harkavy der richtige Verteidigungsexperte, denn der Amerikaner gehörte zum Kreis der Neo-Konservativen um Paul Wolfowitz und schrieb an einem Buch über exterritoriale Militärbasen.[2]

Als Harkavy bei einem Empfang von Neocons in Washington erwähnte, dass er ein Angebot von SIPRI habe, stieß dies nicht gerade auf Begeisterung. Er ging trotzdem – und setzte die Arbeit von Owen Wilkes fort. Gestützt auf dessen Unterlagen, fand er heraus, dass die USA tatsächlich schwedische Militärstützpunkte nutzten, insbesondere Karlskrona und Muskö, eine streng geheime Basis für U-Boote und Zerstörer. Wie vor ihm der Neuseeländer kam auch Harkavy zu dem Ergebnis, dass das offiziell neutrale Schweden heimlich in die NATO-Strategie integriert war. Owen Wilkes kam später ums Leben, angeblich durch eigene Hand. Die näheren Umstände sind nicht geklärt.

An jenem Sommerabend im August 1985 in Stockholm findet sich Robert E. Harkavy an der Bar des Bolaget neben einer jungen Frau und einem Araber wieder. Man kommt ins Gespräch. Die Frau ist eine Schwedin, etwa 24 Jahre alt, sehr schlank, blond, die fließend Englisch spricht. Der Araber ist etwa 30 Jahre alt, sein Englisch ist schlecht, er hinkt, und er gibt sich als Marokkaner aus. Als das Bolaget schließt, diskutieren die drei noch eine Zeitlang auf der Straße weiter. Dem Araber – vielleicht war er angetrunken – rutscht heraus, er arbeite »für das amerikanische Militär und die NATO«. Ein junger Araber im neutralen Schweden, der für das US-Militär und das westliche Bündnis arbeitet? Eine seltsame Sache. Ein Taxi kommt, der Araber und die junge Schwedin steigen ein, Harkavy geht nach Hause. Ein halbes Jahr später wird Olof Palme ermordet. Ein Zeuge berichtet, der Mörder sei ein Araber, der hinkt.

Am Silvestertag 1989 sucht Robert Harkavy die schwedische Botschaft in Washington auf. Dort, in einem Restaurant im Watergate Building, spricht er mit zwei Sicherheitsleuten über den Araber im Bolaget und das Foto. Ein paar Wochen später trifft er den schwedischen Botschafter Anders Thunborg. Kurz darauf meldet er sich bei der CIA, um seine Beobachtung auch dem Geheimdienst mitzuteilen. In Washington trifft er zweimal einen Offizier, der sich David Bresset nennt. Dann redet er im Marriott Key Bridge Hotel auf halbem Weg nach Langley, dem Sitz der CIA-Zentrale, mit Vincent Cannistraro, dem Chef der Antiterrorgruppe. Der wirkt nicht glücklich, als er die Geschichte mit dem Treffen im Bolaget hört. Später erfährt Harkavy von Freunden beim Geheimdienst, er habe einen Alarm ausgelöst und sei auf einer »burn list« der CIA gelandet.

Ein paar Monate später besucht Harkavy wieder Stockholm. Im Hauptquartier der Stockholmer Polizei in der Polhemsgatan 30 will er die seltsame Sache mit dem Araber und dem Foto nun auch zu Protokoll geben. Er wird von drei Beamten vernommen. Der eine, Kent Rasmussen, war von der SÄPO, der Sicherheitspolizei, an die CIA »ausgeliehen« worden und machte sich später mit einer Sicherheitsfirma selbständig. Die beiden anderen sind Bengt Odmark und ein »Roger«. Lange Zeit später hört Harkavy, im Abschlussbericht der Palme-Kommission sei er erwähnt worden als »amerikanischer Professor, der die Ermittlungen behindert und im Auftrag der CIA missgeleitet habe«. Die schwedische Polizei spannt auch die Presse ein, um Harkavy als Schwindler hinzustellen.

Lange vorher schon hat der *Dagens Nyheter*-Reporter Olle Alsén Harkavy ein Polizeifoto von Abu Talb gegeben, der seit 1989 wegen zweier Bombenanschläge in Kopenhagen und Amsterdam in Schweden eine lange Freiheitsstrafe verbüßte (siehe Foto 2 auf Seite 384). Doch dieses Foto von Abu Talb zeigt offenbar einen anderen Mann. Harkavy will sichergehen und besucht die Redaktion von Reuters in Stockholm. Dort soll das Original des Fotos aus der *New York Times* zu finden sein, das angeblich Abu Talb zeigt. Doch schockiert kehrt eine Reuters-Mitarbeiterin aus dem Archiv zurück. Das Originalfoto ist verschwunden: »So etwas hat es hier noch nie gegeben!«

1994 sieht Robert Harkavy den Dokumentarfilm *The Maltese Double Cross* von Allan Francovich. Der macht die CIA für den Bombenanschlag von Lockerbie mitverantwortlich. Auch ein Foto von Abu Talb taucht in dem Film auf. Darauf ähnelt er weniger dem Mann auf dem Reuters-Bild in der *New York Times*, sondern eher dem auf dem Fahndungsfoto der schwedischen Polizei. Harkavy nimmt Kontakt zu Francovich auf.

Auch der recherchiert jetzt den Mord an Olof Palme. Die beiden bleiben in Verbindung. Kurz vor seinem Tod am 23. März 1997 schickt er Robert Harkavy einen Brief. Darin befindet sich ein Foto, das einen offenbar aus dem Nahen Osten stammenden Mann zeigt (siehe Foto 3 auf Seite 384). Francovich hat Hinweise, es handle sich um den Mörder von Olof Palme. Auf der Rückseite des Fotos eine handschriftliche Notiz: »Hamid Dadashnijad, geboren 1953 in Teheran«.

Blut im Schnee

Olof Palme wurde 1986 in einer eiskalten Nacht Ende Februar auf einer Hauptverkehrsstraße in der Stadtmitte von Stockholm erschossen (siehe die Karte auf Seite 381). Nach einem Kinobesuch war er gerade mit seiner Frau auf dem Nachhauseweg.[3] Der Mörder floh in eine Gasse, lief eine lange Treppenflucht hinauf und verschwand in einem alten Stockholmer Viertel voller enger Straßen. Er wurde von einigen Personen gesehen, doch zumeist nur aus großer Entfernung. Die Mordwaffe blieb verschwunden. Vor einem Zivilgericht angeklagt wurde ein betrunkener oder von Drogen betäubter Psychopath namens Christer Pettersson. Der Schuldspruch stützte sich lediglich auf Indizienbeweise. Das Urteil wurde später durch Berufung an einem höheren Gericht aufgehoben. Inzwischen ist er längst tot, möglicherweise ermordet.

Seither schossen eine Fülle von Theorien über den Hintergrund des Mordes aus dem Boden: ein »einsamer verrückter Killer«, rechte »Faschistenbullen«, Kurden, Amerikaner, Israelis, Chilenen, Süd-Afrikaner, Iraker, Iraner, Kroaten, Auftragskiller der schwedischen Rüstungsindustrie, Waffenschieber, die Haubitzen nach Indien verkauften. Die gesamten Ermittlungen wirken im Nachhinein so, als ob sie wie von einer unsichtbaren Hand behindert und blockiert worden wären. Die meisten Schweden hatten schon die Hoffnung aufgegeben, jemals eine Antwort zu erhalten. Doch im Februar 2018 erklärte der schwedische Generalstaatsanwalt und Palme-Ermittler Krister Petersson, dass sich der damals angeklagte Christer Pettersson gar nicht am Tatort befunden habe und die Einzeltätertheorie damit in die Irre gehe. Die Zeugen, die Pettersson belastet hatten, seien von offizieller Seite dafür bezahlt worden: »Bei diesen Ermittlungen gibt es viele Merkwürdigkeiten. Im Falle Christer Pettersson muss man sich fragen, ob die Polizei ein Motiv hatte, ihn zu belasten. Sie hat Zeugen manipuliert, und beim Blick in die Akte erkennt man, dass sie sich eine gute Geschichte zurechtgelegt hatte. Aber ein schlüssiges Gesamtbild ergibt sich daraus nicht.« Damit bricht die Einzeltätertheorie in sich zusammen. Krister Petersson wird so möglicherweise zum ersten Ermittlungsleiter im Fall Palme, der nicht Teil einer Vertuschung ist.[4]

Fast alle Aktivitäten und Geschäftstermine von Olof Palme an diesem schicksalhaften 28. Februar 1986 sind analysiert worden. Der Ministerpräsident ging abends mit seiner Frau ins Kino. Sie trafen sich dort mit einem ihrer Söhne und dessen Freundin. Der chronologische Ablauf vom Zeitpunkt des Mordes um 23:21:20 Uhr bis zur Abfahrt des Krankenwagens um 23:27:50 Uhr wurde auf die Minute bzw. Sekunde genau untersucht. Detailliert sind auch die Rollen und Handlungsweisen zahlreicher Zeugen, der Polizei und des Krankenwagenpersonals betrachtet worden.

Am Morgen seines letzten Tages nahm Olof Palme um 11:00 Uhr einen Termin von womöglich entscheidender Bedeutung wahr: ein Treffen mit dem irakischen Botschafter Muhammad as-Sahhaf. Mehr als anderthalb Jahrzehnte später, im Frühjahr 2003, wurde dieser Botschafter als Saddam Husseins Propagandaminister wegen seiner irrwitzigen Falschmeldungen über den Verlauf der US-Invasion unter dem Namen »Bagdad Bob« oder »Comical Ali« bekannt. Das Treffen mit Palme dauerte eine Stunde. Nach 13:00 Uhr erschien Palme zu spät zu einem anderen Termin. Das war ungewöhnlich für ihn. Er wirkte durcheinander. Laut Bondeson soll er, an seinem Bürofenster stehend, gewitzelt haben: »Man weiß nie, was vielleicht da draußen auf mich wartet.«[5] Hatte das etwas mit seinem Treffen mit dem irakischen Botschafter zu tun? Hatte sich der Botschafter etwa über Berichte beklagt, denen zufolge es heimliche Waffenlieferungen des schwedischen Rüstungskonzerns Bofors an den Iran gab, obwohl die doch offiziell gestoppt worden waren? Aber Palme kann nach diesem Treffen auch einfach weitere Telefonate geführt haben, die ihn aus irgendeinem Grund irritiert und beunruhigt haben.

Am Abend gegen 18:30 Uhr entschloss sich Palme kurzfristig zu einem Kinobesuch. Im Kino Grand wollte er sich *Die Gebrüder Mozart* ansehen. Es gibt Presseberichte, denen zufolge Palme unmittelbar vor dem Verlassen seiner Wohnung noch mit seiner angeblichen Geliebten Emma Rothschild in Boston telefoniert haben soll.[6] Einige Polizeiermittler und Journalisten sind davon überzeugt, dass, wer auch immer Palme getötet haben mag, sein Telefon abgehört haben muss. Denn der

Täter musste wissen, in welches Kino Palme gehen würde, wenn er einen Anschlag vorbereiten wollte. Einige behaupten, es sei die schwedische Polizei selbst gewesen, die sein privates Telefon abgehört hat. Dazu gehört auch Ole Dammegard. Er macht sogar eine besondere Gruppe von Polizisten, die »Anti-Palme-Polizei«, für die Tat mitverantwortlich. 1986 war es wahrscheinlich nur den USA und der UdSSR möglich, Telefongespräche über Satelliten zu belauschen. Natürlich kann auch das Telefon von Emma Rothschild in Boston verwanzt gewesen sein. Wenn man einmal absieht vom Christer-Pettersson-Szenario, also dem Szenario eines Mordes durch einen psychopathischen Einzeltäter, und einen geplanten Anschlag voraussetzt, dann ist offensichtlich, dass ein gründlich vorbereiteter Mord von der genauen Kenntnis von Palmes Weg zum Kino abhing. Über ein verwanztes oder von Satelliten abgehörtes Telefon kann die Verabredung mit seinem Sohn mitgehört worden sein.

Palmes Apartment lag in der Stockholmer Västerlånggatan, einer engen Straße in einem dichtbesiedelten Viertel der Altstadt voller Restaurants und Geschäfte. Von dort gingen Palme und seine Frau eine kurze Strecke bis zur U-Bahnstation Gamla Stan. Presseberichten zufolge sollen ein oder mehrere verdächtige Männer am Eingang ihres Wohnhauses gesehen worden sein. Diese Information kann aber auch nur reines Hörensagen sein. Dammegard schreibt, Zeugen hätten Männer mit Handfunkgeräten in der Nähe von Palmes Apartment gesehen. Mobiltelefone gab es damals noch nicht. Andere Zeugen berichteten von einem weiteren Walkie-Talkie-Mann in der U-Bahnstation.

Die Palmes kamen ohne Zwischenfälle bis zum Kino und reihten sich in die Schlange an der Kinokasse an wie jeder andere auch. Was dann geschah, wurde von Bondeson in all seiner Komplexität und Variantenvielfalt detailliert wiedergegeben. Spätere Berichte reden von einem seltsamen Mann, der sich vor und während der Vorstellung vor dem Kinoeingang herumgetrieben haben soll (siehe die Karte auf Seite 382) Bis heute ist unklar, ob es ihn wirklich gegeben hat. Er wurde später nach dem Namen des Kinos als »Grand-Mann« bezeichnet. Manche leiteten daraus ab, dass er der Killer gewesen sein muss. Diesem Ansatz zufolge soll sich der Grand-Mann bereits zuvor eine Waffe besorgt haben und sei nun Palme nach Verlassen des Kinos gefolgt, um ihn ein paar Häuserblocks weiter zu töten. Andere Theorien besagen, der Grand-Mann sei der Späher eines Killerteams gewesen. Denn sein Aussehen unterschied sich Zeugen zufolge von dem des Täters. Dieser Späher habe mit dem Mörder kommuniziert, sobald die Palmes aus dem Kino gekommen seien und es ersichtlich wurde, dass sie zu Fuß nach Hause gehen und nicht die U-Bahn nehmen würden. Bondeson und Dammegard gehen nicht auf die weiteren unzähligen Berichte von Walkie-Talkie-Männern in der Nähe des Kinos ein. Wenn sie existiert haben, ist es durchaus möglich, dass sie zu einem Mordkommando gehört haben. Dammegard zählt eine Reihe von Zeugenberichten über Polizeiautos auf, die um den Tatort herum gesichtet wurden. Einige davon sollen mit aufwendigen Kommunikationssystemen ausgestattet gewesen sein. Auch wenn wir davon ausgehen, dass der Grand-Mann nicht der Mörder war, spielt er trotzdem eine Schlüsselrolle bei der Beantwortung der Frage, ob Palme von einem Einzeltäter oder von einem Mordkommando getötet wurde, das möglicherweise aus politischen Gründen auf ihn angesetzt worden war.

Die Palmes liefen die Hauptverkehrsstraße Sveavägen hinunter und wechselten dann auf die andere Straßenseite. Vielleicht wollte sich Lisbet Palme ein Schaufenster ansehen. Die kommende Stichstraße hieß Tunnelgatan. Dort befand sich die nächste, ihrer Wohnung näher liegende Haltestelle der U-Bahnlinie, die sie auf ihrem Hinweg genommen hatten. Als sie sich dieser Straße näherten, tauchte plötzlich aus dem Dunkel ein Mann vor dem Dekorima auf, einem Geschäft für Künstlerbedarf. Er holte die Palmes von hinten ein. Dann feuerte er den ersten tödlichen Schuss, dann den zweiten, der Lisbet Palme angeblich streifte. Der Palme-Experte Lars Borgnäs betont – wie auch der Ermittler Roland Segerman –, dass der Mörder genau in eine bestimmte Stelle des Rückenmarks traf. Palme war sofort tot – ein Indiz für die Tat eines Profis: «Es war ein geplanter Auftragsmord. Der Mörder entfernte sich gehend, weil er sich sicher fühlte. So verhält sich ein Profikiller oder ein Soldat. Er war sich sicher, dass er die tödliche Stelle genau getroffen hatte. Das deutet auf einen Angehörigen von Spezialkräften.«[7]

Mehrere Zeugen haben die Tat beobachtet: ein Taxifahrer, Personen in einem parkenden Auto, die gerade auf einen am Geldautomaten stehenden Mitfahrer warteten, und einige Fußgänger, die auf dem Sveavägen hinter den Palmes hergingen. Einige Zeugen haben später ausgesagt, dass sich Palme dort mit jemandem getroffen habe. Wenn es so war, dann stellen sich auch Fragen zu seinem Treffen mit dem irakischen Botschafter am Vormittag, insbesondere zu seiner Nervosität, seiner Verspätung beim Folgetermin und seinem teilweise paranoiden

Verhalten am Nachmittag. Es ist auch nicht klar, warum die Palmes in dieser eiskalten Nacht zu Fuß gegangen sind. Wollten sie tatsächlich nur etwas frische Luft schnappen? Warum hatte Palme zuvor seine Leibwächter weggeschickt? Und warum wählten die Palmes bei diesem ungemütlichen kalten Wetter nicht einfach den kürzesten Weg nach Hause?

Bondeson kommt zu dem Schluss, Palme habe sich mit jemandem dort verabredet. Diesem Szenario zufolge lief der Mörder einen kurzen Weg mit Palme, legte seinen Arm um seine Schulter und erschoss ihn dann plötzlich.[8] Mehrere Zeugen haben die Tat beobachtet: ein Taxifahrer, Personen in einem parkenden Auto, die gerade auf einen am Geldautomaten stehenden Mitfahrer warteten, und einige Fußgänger, die auf dem Sveavägen hinter den Palmes hergingen. Einige Zeugen haben später ausgesagt, dass sich Palme dort mit jemandem getroffen habe. Wenn es so war, dann stellen sich auch Fragen zu seinem Treffen mit dem irakischen Botschafter am Vormittag, insbesondere zu seiner Nervosität, seiner Verspätung beim Folgetermin und seinem teilweise paranoiden Verhalten am Nachmittag. Es ist auch nicht klar, warum die Palmes in dieser eiskalten Nacht zu Fuß gegangen sind. Wollten sie tatsächlich nur etwas frische Luft schnappen? Warum hatte Palme zuvor seine Leibwächter weggeschickt? Und warum wählten die Palmes bei diesem ungemütlichen kalten Wetter nicht einfach den kürzesten Weg nach Hause?

Der Tatort ist ein Albtraum für jeden Ermittler. Mehrere Zeugen haben den Mord gesehen, darunter ein Taxifahrer, eine Person im Auto, ein Mann und zwei junge Frauen, die hinter den Palmes hergingen. Ein anderer Mann kam aus einer Seitengasse und versuchte, dem Täter die Stufen der Tunnelgatan hinauf zu folgen. Zwei weitere Personen sahen den Killer weiter oben auf der Treppe laufen. Bei der Notfallzentrale und bei der Polizei gingen Anrufe ein. Zwei Polizeiautos erreichten dicht nacheinander den Tatort. Ein weiterer Einsatzwagen mit vier Polizisten parkte oben an der Treppe. Als der Mörder die Treppe hinaufgelaufen kam, waren sie gerade erst weggefahren.

Wie unter diesen Bedingungen nicht anders zu erwarten, herrschte unmittelbar nach dem Mord Verwirrung und Chaos. Die Ereignisse folgten blitzartig aufeinander. Das zeigen die Zeitleisten, die Bondeson, Dammegard und der spätere Ermittlungsleiter Hans Holmér angelegt haben. Der erste Polizeibus erreichte den Tatort nur vier Minuten nach dem Mord. Der Krankenwagen wurde etwas mehr als zwei

Minuten nach der Tat gerufen. Eine Minute später wurde der Polizeialarm ausgelöst. Kurz danach erreichte der Krankenwagen den Tatort. Er verließ ihn nur sechseinhalb Minuten nach den Schüssen. Alles ging sehr schnell. Nicht nur Dammegard kommt zu dem Ergebnis, dass gerade wegen des kurzzeitigen Durcheinanders und der Verzögerungen bei den Einsatzkräften die Polizei in den Mord verwickelt gewesen sein muss. Allerdings scheint uns die Ankunft des ersten Polizeifahrzeugs nach weniger als vier Minuten keine Verzögerung zu sein.

Eher könnte man vielleicht der Einsatzleitung der Polizei vorwerfen, nicht alle Polizeibezirke gleichzeitig und effektiv alarmiert zu haben. Immerhin reagierten aber einige Kriminalbeamte, die gerade Dienst hatten. Über Funk gaben sie an alle Taxi- und Busfahrer in Stockholm-Mitte Informationen über den Mord weiter. Auch eine grobe Täterbeschreibung wurde durchgegeben. Schwerwiegender mag gewesen sein, dass die Polizei versäumte, Straßensperren auf allen aus Stockholm führenden Hauptverkehrsachsen zu errichten. Es wurden auch keine Kontrollen in abgehenden Zügen oder auf Fähren Richtung Finnland durchgeführt. Der öffentlich-rechtliche Fernsehsender SVT wurde erst sehr spät informiert und brachte in seinem Nachtprogramm weiterhin Rockmusik. Aber natürlich hätte der Mörder gefasst werden müssen, bevor er in den engen Straßen der Stockholmer Altstadt verschwand. Der Türsteher einer Szene-Bar in der Nähe des Tatorts hat einem der Autoren später erzählt, ein Einsatzteam der Polizei sei auf der Suche nach dem Mörder in den Laden gestürmt. Sie hatten einen Tipp bekommen – falscher Alarm. Der Täter war im Schutz der Nacht längst verschwunden. Ob oder wie lange er seine Waffe noch bei sich hatte, ist unbekannt. Dammegard zufolge hat er seinen Revolver an den rechtsextremen Polizisten Carl Ostling weitergereicht. Dann habe der Mörder in einem Fluchtauto entkommen können.

Es ist erstaunlich, wie sehr allein die Beschreibungen des Mörders voneinander abweichen, wie er aussah und wie er gekleidet war. Dies trifft ebenfalls auf den Grand-Mann zu, wobei völlig unklar ist, ob der überhaupt etwas mit dem Mord zu tun hatte. Einige der Zeugen beschreiben diesen Mann als eher klein und untersetzt, andere hingegen als eher schlank. Und die Beschreibungen des Täters verweisen zumeist auf einen großen, kräftigen Mann dunklen, vermutlich arabischen Typs in den Dreißigern, bekleidet mit einem dunklen schwarzen oder blauen Mantel und einer vielleicht beigen Tellermütze, was sich mit Dammegards Überzeugung deckt, der Mörder müsse arabischer Herkunft sein.

Eine Frau, die ihm am oberen Ende der Treppe begegnete, glaubt allerdings fest, einen Nordeuropäer gesehen zu haben. Trug er eine kleine Tasche, um die Waffe zu verstecken? Trug er ein Pistolenhalfter? In einigen Presseberichten wurde behauptet, dass er beim Laufen gehinkt habe. Andere Zeugen sagen aus, er sei aufgestampft wie ein Elefant. Wieder andere erklärten einfach, er sei »irgendwie komisch« gelaufen, weil die Gehsteige und Straßen vereist waren.

Ob er nun hinkte oder nicht – das ist dann von Bedeutung, wenn die Spur zu einem Verdächtigen mit verletztem Bein oder angeborenem Gehfehler führt. Man kann sich natürlich fragen, warum ausgerechnet jemand mit einer Beinverletzung oder einer Gehschwäche für einen Mord hätte ausgewählt werden sollen, bei dem es darauf ankam, schnell wegzulaufen und 89 Treppenstufen zu erklimmen.

Im Mittelpunkt steht natürlich immer die Frage: Handelte es sich um einen Einzeltäter oder um eine Verschwörung? Der einzige Verdächtige, der namhaft gemacht und angeklagt wurde, war Christer Pettersson – in erster Instanz verurteilt, in zweiter freigesprochen. Wenn er tatsächlich der Täter gewesen wäre, hätte sein Motiv nichts mit Politik zu tun gehabt. Aber sogar in der schwedischen Polizei bezweifeln viele, dass irgendwer die Tat ganz alleine geplant und vorbereitet haben könnte. Dies wäre auch für einen nicht drogenabhängigen, klar denkenden Täter nicht so einfach möglich gewesen. Sogar die Ermittlungsbeamten der schwedischen Polizei pflegten über die Version vom »einsamen Irren« ihre Witze zu machen. In Wahrheit hätte im Lauf der Zeit den Ermittlern wohl nur noch das nachträgliche Geständnis eines von Gewissensbissen getriebenen Täters weiterhelfen können. Vielleicht nicht einmal das: An die 130 Personen legten am Telefon falsche Geständnisse ab.

Demgegenüber gehen viele Beobachter davon aus, dass bei einem so groß angelegten politischen Mord ein Team von mindestens drei bis fünf Personen beteiligt gewesen sein muss. Diese Vermutungen leiten sie auch aus anderen Mordfällen ab, wie zum Beispiel dem Attentat während der Olympischen Spiele in München 1972. Aus diesem Grund scheint auch die These eines Einzeltäters, der im Auftrag einer ausländischen Macht oder einer Organisation innerhalb Schwedens handelt, kaum haltbar zu sein.

Im Hinblick auf mögliche Strippenzieher auf Staatsebene beispielsweise in den USA, Israel oder Südafrika erscheint die Identität des Mörders als fast nebensächlich. Wenn hinter dem Mord tatsächlich ein staatlicher Auftraggeber gesteckt haben sollte, stand derjenige, der diesen Mord ausführte, nur am Ende einer langen Befehlskette von »Subunternehmern«. Es ist möglich, dass er gar nicht wusste, für wen er im Endeffekt arbeitete. Es kann auch sein, dass er im Nachhinein selber ermordet wurde – vielleicht Stunden, einen Tag oder mehrere Monate später.

Dammegard nennt den Mörder Abdul. Es ist ein falscher Name, der aber seine Überzeugung verdeutlicht, dass es sich bei dem Täter um eine Person aus dem Mittleren Osten handeln muss. Ihm zufolge war dieser Abdul nur die Spitze des Eisberges. Er glaubt, dass Menschen vieler Länder in die Aktion verwickelt waren, zum Beispiel aus Deutschland, Schweden, Chile, Italien und Südafrika.[9]

Für die Polizei und die Staatsanwaltschaft wurde auch Lisbet Palme ein ziemlich schwieriger Fall. Sie hatte am Tatort unter Schock gestanden und war hysterisch geworden.[10] Über ihre psychische Entgleisung wurde nach dem Mord viel geschrieben. Sie war handgreiflich geworden gegenüber einer jungen Frau, die versuchte, ihren Mann wiederzubeleben. Weitere theatralische Szenen spielten sich im Krankenhaus und später beim Pettersson-Prozess ab. Dazu kommen noch ihr Oberklassen-Snobismus und die gänzlich fehlende Kooperationsbereitschaft gegenüber den Behörden. Schließlich identifizierte sie Pettersson bei einer polizeilichen Gegenüberstellung als den Täter. Vielleicht hatte man ihr das vorher eingeflüstert. Jedenfalls basierte die Anklage gegen ihn hauptsächlich auf ihrer Aussage.

Direkt neben dem Tatort befindet sich das Skandia-Gebäude, in dem Schwedens größter Finanzdienstleister residiert. Dort hat der PR-Mitarbeiter Stig Engström Überstunden gemacht. Später wird er »Skandia-Mann« genannt. Seiner Stechkarte zufolge hat er das Gebäude Sveavägen Nr. 44 genau um 23:21 Uhr verlassen. Er gibt an, nach ein paar Schritten einen Schuss gehört zu haben und dann noch einen zweiten Knall. Er hilft, das Opfer in Bauchlage zu bringen. Engström fragt die verwirrt umherlaufende Lisbet Palme, wohin der Täter geflohen ist. Sie zeigt auf die Stufen der Tunnelgatan und beschreibt den Mörder als einen Mann mit dunkelblauer Steppjacke. Auch auf sie sei geschossen worden. Die Polizei weigert sich zunächst, Stig Engströms Aussage aufzunehmen. Ermittlungsleiter Hans Holmér droht ihm und bezeichnet ihn als »Elefant im Porzellanladen«. Erst Monate später, im Juni, wird er befragt. Der Journalist Sven Anér macht Zweifel an der Glaubwürdigkeit von Engström geltend. Denn später stellte sich heraus, dass ein Hintereingang des Skandia-Gebäudes während und nach dem Mord offen gelassen und das Alarmsystem ausgeschaltet war. Dennoch rät der schwedische Chefermittler Krister Petersson zur Vorsicht: »Für mich ist die unverschlossene Hintertür kein schlagender Beweis. Denn nach dem Kinobesuch überlegte das Ehepaar Palme zunächst, bei ihrem Sohn noch eine Tasse Tee zu trinken. Erst im allerletzten Moment entschieden sie sich, nach Hause zu gehen. Die Frage ist: Wer konnte das wissen? Deshalb ist die offene Hintertür für mich eine kalte Spur. Zudem waren damals – im Jahr 1986 – Überwachungskameras häufig außer Betrieb. Bislang existieren keine Beweise dafür, dass Überwachungskameras verdächtige Personen aufgezeichnet hätten.«[11]

Klar ist aber: Viele Jahre befand sich im Skandia-Gebäude das Hauptquartier der NATO-Geheimarmee »Stay-behind«, die in den 1950er Jahren auch im offiziell neutralen Schweden von der CIA aufgebaut worden war. Das Haus könnte also neben dem schwedischen Arm der Guerillatruppe auch ein CIA-Verbindungsbüro beherbergt haben.[12] Deshalb stellt sich die Frage, ob ein Komplize des Täters oder der Täter selbst den Hinterausgang des Skandia-Gebäudes benutzt haben könnte. Aber es wurde nie untersucht, ob der Skandia-Mann mit »Stay behind« in Verbindung steht. Einem der Autoren wurde von einem ehemaligen Mossad-Agenten die Information zugespielt, dass die CIA dieses Gebäude als eine Kommandozentrale für den Mord benutzt haben soll. Quelle ist der in New York lebende Sicherheitsexperte Juval Aviv, der die Firma Interfor leitete und nach eigenen Angaben für den israelischen Geheimdienst tätig gewesen sein will. Aviv behauptete gegenüber Robert E. Harkavy, der leitende CIA-Offizier Vincent Cannistraro sei während des Mordes in Stockholm gewesen und habe die Überwachungsoperation vom Skandia-Gebäude aus geleitet. Cannistraro bestreitet aber, jemals in Schweden gewesen zu sein.[13] Das Problem ist immer wieder die Frage, wie mögliche Täter gewusst haben können, dass die Palmes nach dem Kino genau diesen Weg wählen würden. Denn genau dies haben die beiden wahrscheinlich erst spontan beschlossen.

Der schwedische Journalist Lars Borgnäs vermutet, dass Stig Engström an einer Überwachungsoperation der SÄPO oder einer Stay-behind-Gruppe teilgenommen hat, die mit dem Mord an Palme im Zusammenhang steht. Dies habe von den Ermittlern nicht publik gemacht werden dürfen, weil es den Mordverdacht auf die Sicherheitskräfte selbst gelenkt hätte. Borgnäs hält es sogar für möglich, dass Engström die Person war, die über die Stufen der Tunnelgatan floh, gleichsam als Ablenkungsmanöver. Ein Zeuge will gesehen haben, dass der Fliehende eine Mütze trug – wie Engström in jener Nacht. Nach dieser Version könnte der Mörder durch den Hintereingang des Skandia-Gebäudes verschwunden sein.[14] Allerdings zieht Lars Borgnäs Berichte in Zweifel, Stig Engström selbst könne der Mörder des Ministerpräsidenten gewesen sein.[15]

Bondeson schreibt bezüglich des »Skandia-Mannes«: »Allein die Anzahl von Zufällen und unbeantworteten Fragen zur Skandia-Verbindung hätte die Aufmerksamkeit der Polizei auf sich ziehen müssen.«[16]

Dies alles wirft natürlich Fragen zur Lauterkeit der polizeilichen Ermittlungen auf.

Die Mordwaffe wurde nie gefunden. Es wurden auch keine Patronenhülsen entdeckt. Gegen 1:50 Uhr in der Nacht sucht die Polizei mit einem Metalldetektor nach den Kugeln – vergebens. Eine Schneefräse räumt die Straße, der Abraum wird ins Hauptquartier der Polizei gebracht. Am nächsten Morgen um 6:42 Uhr findet der Journalist Alfred de Tavares im geräumten Areal vor dem Gebäude Sveavägen Nr. 29 auf dem Gehsteig die erste Kugel – nur 36 Meter vom Tatort entfernt. Die zweite Kugel wurde am 2. März, also 37 Stunden nach dem Mord, um 0:20 Uhr von Elisabeth Belich nur knapp 6,5 Meter neben der Blutlache entdeckt – hinter einem Zementpfeiler. Es handelte sich um Munition vom Typ Winchester-Western Kaliber 357. Ballistiker halten es für ausgeschlossen, dass Kugeln dieses Kalibers so nah am Tatort landen. Rückschauend äußert sich der schwedische Generalstaatsanwalt Krister Petersson sehr vorsichtig: »Spezialisten des Bundeskriminalamtes in Wiesbaden haben die Kugeln untersucht und fanden auch einige Spuren. Die offizielle Version lautet: Diese Kugeln sind auf Palme abgefeuert worden. Aber es bleiben Zweifel. Alles hängt davon ab, wie man die Arbeit der Polizei betrachtet. Haben polizeiliche Ermittler möglicherweise versucht, ein falsches Bild zu zeichnen?«[17]

Chefermittler Hans Holmér erklärt, die Tatwaffe sei eine Smith & Wesson .357 Magnum. Aber das Schwedische Forensische Institut SKL in Linköping widerspricht: Es könne sich auch um einen anderen Waffentyp gehandelt haben. Die Polizei machte zehn Magnum-Revolver ausfindig, die alle kurz vor dem Mord als gestohlen gemeldet worden waren. Bis auf einen, den sogenannten Sucksdorff-Revolver, hat sie alle gefunden. Dieser Revolver ist nach dem schwedischen Filmemacher

Arne Sucksdorff benannt. Derjenige, der ihm die Waffe gestohlen hatte, war ein Freund des Drogendealers Sigge Cedergren. Er behauptete, er habe die Waffe zwei Monate vor dem Mord an Pettersson verliehen. Außerdem fand man in einem See die sogenannte Mockfjord-Pistole. Sie wurde anhand ihrer Seriennummer als die Waffe identifiziert, die 1983 beim Überfall auf eine Postfiliale benutzt worden war. Die nachträgliche Untersuchung einer der Patronen des Raubüberfalls ergab, dass sie dieselben isotopischen Verbindungen aufwies wie die am Tatort des Palme-Mordes gefundenen Kugeln. Daraus konnte man schließen, dass diese Patronen zusammen hergestellt worden waren. Leider blieben die Labortests ohne Ergebnis, denn die Pistole war bereits zu sehr verrostet. Eine offene Frage ist, ob der Mörder, sobald er den Tatort verlassen hatte, seine Waffe auseinandergenommen haben kann, um sich ihrer Teile in diversen Wäldern und Gewässern zu entledigen.[18] Klar ist nur eins: Die Mordwaffe ist nie aufgetaucht.

Trotz all dieser Rätsel, Widersprüche und Ungereimtheiten ließen die meisten Analytiker das Grundschema des Mordablaufes unangetastet. Nach dieser allgemein anerkannten Version gingen die Palmes auf der Sveavägan nach ihrem Kinobesuch nach Hause. Der Premierminister wurde von einem Mann, der plötzlich aus dem Eingang des Dekorima-Kaufhauses heraustrat, in den Rücken geschossen. Der Täter lief daraufhin eine nahe gelegene lange Treppenflucht hoch und verschwand in den engen Gassen.

Doch nicht alle Beobachter haben sich diesem Grundschema des Tathergangs angeschlossen. So ist Jan Bondeson davon überzeugt, dass Palme eine Verabredung, vielleicht ein geplantes Treffen, mit dem Mörder hatte. Dabei stützt er sich – wie andere Chronisten – auf zwei Augenzeugen, die zu Protokoll gegeben haben, dass das Ehepaar Palme und der Mörder einen Moment lang nebeneinander hergelaufen seien. Sie schienen den Beobachtern zufolge dabei in eine freundschaftliche Unterhaltung vertieft zu sein und vermittelten den Eindruck eines harmonischen Dreiergespanns. Umstritten ist auch die Frage, ob der Mörder beim zweiten Schuss auf den bereits getroffenen Palme zielte oder auf seine Frau.

Das mysteriöse Umfeld des Mordes

Ole Dammegard hat mit seinem doppelbändigen Werk *Coup d'Etat in Slow Motion* die längste und ehrgeizigste Abhandlung über den Palme-Mord geschrieben. Sie ist mit Interviews und dokumentarischen Nachweisen nur so gespickt. Dammegard sieht ein ausgefeiltes Netzwerk von Polizisten und anderen Sicherheitsbeamten in den Fall verwickelt. Dahinter steht ihm zufolge ein multinationales Mordkommando, an dem vor allem auch Südafrikaner beteiligt waren und das womöglich geleitet und unterstützt wurde von der CIA oder doch zumindest von deren Operation »Enterprise«.

Die Menge an Beweismaterial, die Dammegard anhand von Interviews und Dokumenten zusammengetragen hat, ist geradezu überwältigend. Damit deckt er den Verlauf des ganzen Tages bis zum Mord am späten Abend ab: die Chronologie des Mordgeschehens, die sogenannten Walkie-Talkie-Männer, die Bewegungsprofile zahlreicher Polizeistreifen, den Fundort der beiden Kugeln, die Autopsie von Olof Palme, die fragwürdige Rolle von Lisbeth Palme, die grundlegende Frage, ob Palme in den Rücken oder in die Brust geschossen wurde, und vieles mehr.[19]

Dammegard sind dabei eine ganze Reihe rätselhafter oder gar verdächtiger Aktivitäten aufgefallen (siehe die Karte auf Seite 383). Sie begannen offensichtlich schon Tage oder sogar Wochen vor dem Mord. Palmes Wohnung lag in einer engen Straße in einem touristischen Viertel der Altstadt. Dort sind lange vor der Tat mysteriöse Männer aufgefallen, die im Umfeld herumlungerten. Einige Zeugen beschrieben »Walkie-Talkie-Männer« mit Funkgeräten. Anscheinend versuchte jemand, in den Dachboden eines nahe gelegenen Hauses einzubrechen, das einen Blick auf Palmes Wohnung bot. Andere Zeugen berichteten von der Anlieferung von Kommunikationsausrüstung vor einem Wohnhaus in Sveavägen unweit des späteren Tatorts. Um 18:00 Uhr am Abend des Mordes wurden fremde und im Nachhinein als »unheimlich« beschriebene Männer in der Nähe von Palmes Wohnung gesehen. Zwischen 19:30 und 20:30 Uhr zeichneten Überwachungskameras auf dem Bahnsteig der U-Bahnstation Gamla Stan mehrere Walkie-Talkie-Männer auf. Von dieser Station aus fuhren die Palmes mit der U-Bahn ins Kino. Zur selben Zeit wurde ein Walkie-Talkie-Mann in der Nähe des späteren Tatorts an der Ecke von Sveavägen und Tunnelgatan gesehen. Es gibt Berichte von Männern in der U-Bahn zwischen Gamla Stan und Radmansgatan, dem

Ziel der Palmes drei Stationen weiter, die ihnen aus der U-Bahn gefolgt sein sollen. Ein weiterer verdächtiger Mann ist in der Warteschlange am Kino aufgefallen. Während der Filmvorführung sahen weitere Zeugen um 21:20 Uhr noch einen weiteren Mann an der Kreuzung von Sveavägen und Kammakagatan, nur einen Häuserblock vom Kino entfernt. Ein anderer Mann mit einem Walkie-Talkie wurde in der Nähe von Tunnelgatan gesehen. Die zahlreichen Augenzeugenberichte aus der Tatnacht über Männer mit Funkgeräten sind in ihrer Häufung auffällig. Gegen 20:35 Uhr, weniger als eine Stunde vor dem Mord, beobachteten Passanten mehrere Polizeifahrzeuge in der Nähe des Nachtclubs Alexander. Sie schienen den Verkehr zu blockieren und Fußgänger auf Distanz zu halten. Ein auffälliger Pkw Marke Renault soll auf Wallingatan – direkt neben dem Friedhof, auf dem Palme später begraben wurde – und in der Nähe des Tatorts geparkt haben. Ein anderer auffälliger Mann wurde an der Adolf-Fredriks-Kirche beobachtet. Einige Zeugen berichteten von mehreren Männern, den Aussagen zufolge vermutlich Arabern, die vor dem Kino an einer Telefonzelle standen. Weitere Zeugen erwähnen mysteriöse Männer, die auf dem Johannesfriedhof und an der Johanneskirche herumliefen, sowie ein rotes Auto im Leerlauf. Der verwegen aussehende »Grand-Mann«, der vor dem Kino Grand stand, stämmig gebaut und nordeuropäischen Typs, wurde von zwei Personen beobachtet – von einem Fluglotsen, der in der Nähe parkte, und von einer Krankenschwester, die sich im Vorraum des Kinos befand.

Und es geht noch weiter. Ein mit funktechnischem Equipment ausgestattetes Polizeiauto fuhr in der Nähe der Drottningsgatan in Richtung Norra Bantorget. In der Olofsgatan wurde ein Mann mit einem Walkie-Talkie beobachtet, der kurz mit den Insassen eines stehenden Polizeiautos sprach. Eine Frau sah einen Streifenwagen, der langsam an dem bereits erwähnten roten Auto mit zwei Insassen in der Nähe der Johanneskirche vorbeifuhr. Noch ein anderer Walkie-Talkie-Mann wurde gesehen, als er auf der Malmskillnadsgatan in sein Gerät sprach. Das war in der Nähe der späteren Fluchtstrecke des Mörders.

Um 23:12 Uhr, also nur zehn Minuten vor dem Mord, beobachtete ein Mann eine Kolonne von fünf oder sechs Polizeifahrzeugen, die in Richtung Stadtzentrum fuhren. Es wurde später nie geklärt, was es damit auf sich hatte. Um 23:15 Uhr wurden drei Personen – eine davon mit Walkie-Talkie – auf der Apelbergsgatan gesehen, nicht weit entfernt vom Tatort. Zeugen sahen eine Reihe im Nachhinein verdächtiger Autos ganz in der Nähe der Adolf-Fredriks-Kirche, unweit des Mordschauplatzes. Eine weitere Augenzeugin behauptete, nur 45 Meter vom späteren Tatort entfernt jemanden mit einer Waffe gesehen zu haben. Kurz vor dem Mord beobachtete ein Stammkunde des Restaurants Karelia einen leerstehenden grünen Wagen – vielleicht ein japanisches Auto oder ein VW Passat –, der neben dem Tunneleingang der Snickarbacken parkte. Es ist möglich, dass es sich dabei um den – oder einen der – wartenden Fluchtwagen handelte. Auf dem Sveavägen, wo die Palmes die Straße überquerten, um sich die Schaufenster anzusehen, sah ein Augenzeuge einen Mann, der ungefähr zehn Meter hinter dem Ehepaar herlief. In der Nähe der Plastik »Svampen« (Giftpilz), ein populärer Treffpunkt in Stockholm, wurde ein parkender Streifenwagen mit ausgeschalteten Scheinwerfern bemerkt. Möglicherweise hatte auch er etwas mit einem geplanten Fluchtweg zu tun. Wenige Minuten vor dem Mord wurde ein Streifenwagen auf der Kungsgatan am Rand des Platzes Hötorget geparkt, ebenfalls in der Nähe des Tatorts. Ein Mann wurde beobachtet, der in der Nähe der Kreuzung Sveavägen/Tunnelgatan, also dem Tatort, Wache stand. An der Shell-Tankstelle von Norra Bantorget sahen Zeugen mehrere Streifenwagen. Nur einer davon konnte identifiziert werden.

Auch Krister Petersson sind die Walkie-Talkie-Männer suspekt: »Es gab eine Vielzahl von sogenannten Spottern. Viele Zeugen meldeten sich bei der Polizei und gaben entsprechende Hinweise. Aber sind sie auch glaubwürdig? Die von ihnen genannten Standorte dieser Walkie-Talkie-Männer sind nicht sehr logisch. Mein größtes Problem bleibt: Wer konnte gewusst haben, dass Palme genau diesen Weg wählen würde? Wollte er vor dem Skandia-Gebäude möglicherweise jemanden treffen? An der Tunnelgatan gab es ein Restaurant, in dem oft Sozialdemokraten zu Gast waren. Auch das werden wir untersuchen.«[20] Für den Journalisten Lars Borgnäs gibt es tatsächlich Indizien für ein geplantes Treffen: »In der Nacht des 28. Februar 1986 war die U-Bahnstation Hotörget geschlossen. Dennoch lief das Ehepaar Palme direkt auf den gesperrten U-Bahn-Eingang zu. Hätten die beiden wirklich nach Hause fahren wollen, so hätten sie den U-Bahn-Eingang auf der gegenüberliegenden Straßenseite nehmen müssen. Das ist ein starkes Indiz für ein mögliches Treffen.«[21]

Mysteriös ist auch die Geschichte von Sigge Cedergren, dem Besitzer des Oxon, einer Spielhalle und Bar. Später wurde er verdächtigt, Christer Pettersson die Mordwaffe besorgt zu haben. Cedergren behauptet, auf der Einbahnstraße Luntmakargatan in der falschen Richtung gefahren zu sein. Dort sei ihm der Weg von einem Volvo versperrt worden. Auch dies muss ganz in der Nähe des Tatortes geschehen sein. Cedergren will die Schüsse gehört und versucht haben, erneut durch die Straße zu fahren, die gerade eben noch blockiert war. Diesmal aber sei sie frei gewesen.

Nach dem Mord kursierten noch mehr verdächtige Berichte. Eine Frau, die aus der Garage des Skandia-Gebäudes fuhr, bemerkte ein rotes Auto, das in Schlangenlinien sehr schnell auf der Tegnergatan fuhr. Eine andere verdächtige Person wurde auf der Olofsgatan in der Nähe der Adolf-Fredriks-Kirche beobachtet: Sie lief über die Straße und sprang in ein Auto, das dann den Sveavägen entlangfuhr. Nach dem Mord fielen die Wege eines Streifenwagens auf, in dem Polizei-Superintendent Christian Dalsgaard saß. Dammegard verdächtigt ihn, an dem Mordkomplott beteiligt gewesen zu sein. Augenzeugen wollen einen Mann gesehen haben, der in den Hof des Gebäudes lief, in dem angeblich der südafrikanische Spion Craig Williamson lebte. Ein anderer Zeuge berichtet von einem Mann an der Kreuzung Olofsgatan/Tunnelgatan, der aufgeregt auf Deutsch in ein Walkie-Talkie sprach. Gleichzeitig sah dieser Zeuge ein rotes Auto, vielleicht einen Ford Escort, das langsam auf den Sveavägen zufuhr. Ganz in der Nähe des Tatortes wurden zwei weitere Männer mit Walkie-Talkies beobachtet, die sich mit Pfiffen und Handzeichen verständigten. Ein Pressefotograf der Zeitung *Dagens Nyheter* bekam, als er den Polizeifunk abhörte, eine Unterhaltung mit, in der es um den Mord an Palme ging, bevor dieser überhaupt öffentlich bekannt wurde.

Nach der Tat gab es also viele gute Gründe, die Frage zu stellen, ob die Polizei vor Ort tatsächlich ernsthaft versucht hatte, den Mörder zu stellen. Direkt nach dem Mord berichteten im Umfeld des Tatortes mehrere weitere Augenzeugen über laufende oder schnell gehende Walkie-Talkie-Männer. Einige beobachteten einen blauen VW Passat, der vor dem Haus Snickarbacken 5 wartete. Wahrscheinlich handelte es sich dabei um den Fluchtwagen. Ein Mann sprang vor dem Restaurant Karelia in dieses potentielle Fluchtauto. Der Wagen fuhr schnell davon, als Polizisten die Treppen hinuntergelaufen kamen. Aus unerfindlichen Gründen war trotz Videoüberwachung eine der Hintertüren des Skandia-Gebäudes, der Ausgang zur Luntmakargatan, eine Parallelstraße des Sveavägen, von 22:55 bis 23:30 Uhr unverschlossen. Die Befragung der Sicherheitsbeamtin des Gebäudes wurde später als vertrauliche Information eingestuft und geheim gehalten. Augenzeugen sahen weitere Walkie-Talkie-Männer kurz nach dem Mord etwa 900 Meter vom Tatort entfernt, im Shopping-Center Gallerian. Ein anderer Mann wurde beobachtet, als er sich auf der Barnhusgatan schnell vom Tatort entfernte und auf der Norra Bantorget in ein mit drei Antennen ausgestattetes Auto sprang. Schließlich gab es noch Hinweise auf einen möglichen Autotausch als Teil des Fluchtplans. Dabei soll ein blauer Volvo eine Rolle gespielt haben, der an der Bergshamra wartete, sieben oder acht Minuten von einem möglichen ersten Treffpunkt auf Snickarbacken entfernt. Der Fluchtweg verlief vermutlich über die Birger Jarlsgatan, den Roslagsvägen und den Enskopingsvägen. Auf diesem Weg gab es ausreichend Zeit für einen Kleidungswechsel oder einen Wechsel der Identität.

Dammegard präsentiert also eine stattliche Palette von Augenzeugenberichten vor und nach dem Mord. Sie beginnen mit dem Weg der Palmes zur U-Bahnstation und der Fahrt zum Kino und beschreiben zahlreiche Walkie-Talkie-Männer, die vom Tatort weglaufen, sowie auffällige Polizeiautos teilweise mit komplexer Kommunikationsausrüstung. Diese Augenzeugen berichten von blockierten Straßen in geringer Distanz zum Tatort und von verdächtigen Männern, die in fremden Sprachen sprechen, darunter auch auf Deutsch. Wenn die von Dammegard genannten Augenzeugenberichte stimmen oder auch nur im Entferntesten richtig liegen, dann waren mehr als 20, vielleicht bis zu 40 Männer an der Aktion beteiligt. Hier kann man sich natürlich fragen, wie man sicherstellen konnte, dass ein so großes Hit-Team dichthält, wie Fehler nach der Tat vermieden werden konnten und wie man verhindert hat, dass Mittäter der Versuchung erlagen, die hohe von der Regierung ausgeschriebene Belohnung einzustreichen.

Ermittlung oder Vertuschung?

Die schwedische Kriminalpolizei hat all diese verdächtigen Bewegungs- und Kommunikationsprofile für bedeutungslos oder nicht existent erachtet. Dammegard zufolge scheinen zahlreiche Zeugen tatsächlich bedrängt oder bedroht worden zu sein, andere wurden als geisteskrank hingestellt. Die Polizei bestand darauf, ihren eigenen Spuren zu folgen. Dabei handelte es sich zuerst um den Waffennarren und Rechtsextremisten Victor Gunnarsson, der seinerseits 1993 in North Carolina ermordet wurde. Schließlich rückte sie hartnäckig und wutentbrannt dem unglückseligen vermeintlichen Einzeltäter Christer Pettersson zu Leibe.

Als Robert Harkavy mit Ermittlern des Palme-Mordes in deren Hauptsitz in der Polhemsgatan 30 sprach, erfuhr er, dass wenigstens einer der Ermittler eine kroatische Spur verfolgte. Es wurden aber keine weiteren Details genannt.[22] Tatsächlich gibt es in Stockholm eine starke ex-jugoslawische Mafia, die in vielen Kneipen und Spielkasinos mitmischt. Bestand etwa der Verdacht, dass kroatische Kriminelle von jemandem angeleitet wurden, um die Tat zu vollbringen?

Am Anfang der polizeilichen Untersuchungen konzentrierte sich Ermittlungsleiter Hans Holmér stark auf die Rolle der militanten kurdischen Untergrundorganisation PKK, die ihren Hauptsitz im libanesischen Bekaa-Tal hatte.[23] Dieser Verdacht basierte auf zwei Überlegungen. Zum einen gingen die Ermittler von der Hypothese aus, Palme sei ermordet worden, weil er dem PKK-Anführer Abdullah Öcalan politisches Asyl verweigert hatte. Für dessen schwedische Anhänger könnte daraus ein Motiv entstanden sein. Die zweite Hypothese besagt, die PKK sei vom Iran für den Mord angeheuert worden. Die Gründe dafür wurden wiederum darin gesehen, dass Palme die Waffenlieferungen an den Iran blockierte. Sein langjähriger Freund, der Verleger Ebbe Carlsson, präsentierte Robert Harkavy kurz vor seinem Tod eine weitere Version, der zufolge Israel PKK-Mitglieder für den Mord angeheuert habe, um den Ursprung der Tat zu verschleiern.

Halten wir abschließend fest, dass diejenigen, die die PKK-Spur verwerfen, darunter die Kurden selber, darauf bestehen, dass Palme ein Freund und Unterstützer der Kurden war. Insofern ist die PKK-Hypothese eine eher unwahrscheinliche Spur im Zusammenhang des Palme-Mordes.

War all dies Teil einer weitverzweigten und langwierigen Vertuschungsaktion? Falls dies stimmt, waren folgende Personen als Schlüsselfiguren beteiligt: der erste Ermittlungsleiter Hans Holmér, sein Nachfolger Hans Ölvebro, Ebbe Carlsson – Holmérs Freund und Hauptvertreter der PKK-Spur – und der ehemalige SÄPO-Leiter Per G. Näss, der offenbar das Bindeglied zur CIA und zum Mossad war.

Insbesondere Hans Ölvebro war stark auf die Einzeltäter-Theorie fokussiert. Robert E. Harkavy hörte bei seinem Besuch bei der SÄPO in der Polhemsgatan Nr. 30 von seinen Vernehmern: »Ölvebro ist überzeugt, dass Pettersson der Mörder ist, und er will nichts anderes hören.« Ein Treffen mit Harkavy lehnte Ölvebro ab.

Von allen mysteriösen Begebenheiten rund um den Palme-Mord ist der vielleicht merkwürdigste Vorfall jener, der von Dammegard und anderen als »Borlänge-Betrug« bezeichnet wurde. Der Polizeipräsident und spätere Ermittlungsleiter Hans Holmér soll am Tag des Mordes angeblich auf dem Weg zum traditionellen jährlichen Vasa-Skirennen gewesen sein. Ein Augenzeuge – der Polizeiinspektor Rolf »Dallas« Dahlgren, Bodyguard und Fahrer für hohe Politiker – behauptet jedoch, er habe ihn direkt nach der Schießerei am Tatort vorbeigefahren! Folglich haben wir Dammegard zufolge »tatsächlich die seltsame Situation, dass der Ermittlungsleiter im Mordfall des Premierministers für die Nacht des Verbrechens ein Alibi braucht, aber keines vorweisen kann«. Holmérs Alibi lautete, dass er und seine Geliebte in der Mordnacht in dem Borlänger Hotel Scandic übernachtet hätten. Am nächsten Tag wollten sie angeblich Ski fahren, er sei aber, nachdem er am frühen Morgen von dem Mord erfahren habe, nach Stockholm zurückgerufen worden. Sie konnten jedoch niemals eine glaubwürdige Hotelquittung vorweisen. Außerdem wollte der Hotelmanager Holmérs Alibi nicht bestätigen.

Sollte Dahlgrens Geschichte stimmen, war der spätere Leiter der Mordermittlungen selbst an der Mordverschwörung beteiligt, ganz zu schweigen von den darauffolgenden Vertuschungsaktionen und der Verbreitung der entsprechenden Fehlinformationen. Dahlgren jedenfalls geriet ins Visier der Polizei-Aufsicht und wurde schließlich aus dem Dienst entlassen. 1994 fand man ihn tot in seiner Wohnung. Offiziell war die Rede von »gewohnheitsmäßigem Alkoholmissbrauch« – ein weiterer mysteriöser Tod im Zusammenhang mit dem Mord an Olof Palme und ein äußerst bedeutsamer.

Allerdings hält Ermittlungsleiter Krister Petersson den »Borlänge-Betrug« für ein Medienmärchen: »Das ist eine Erfindung der Presse. Wir haben ermittelt, dass Holmér am Tag nach dem Mord in Borlänge seine Kreditkarte benutzt hat. Das Hotelpersonal gab ihm ein Alibi, und sein Fahrer war Alkoholiker und hat – wie man in seinem Kalender sieht – in der fraglichen Nacht nicht gearbeitet.« Doch auch Petersson wundert sich: »Ich muss zugeben, dass in den ersten vier Wochen der Ermittlungen viele Merkwürdigkeiten auftauchten. Entweder war Hans Holmér – inzwischen längst verstorben – total unfähig, oder es gab andere Gründe für seine Fehlleistungen.«[24]

Die Hinweise auf mysteriöse Vorgänge in der Kommunikationszentrale der Polizei sind zu komplex, um sie alle hier wiedergeben zu können. Im Mittelpunkt stehen dabei meist die Vorwürfe des mittlerweile verstorbenen Polizeibeamten Gosta Söderström. Er kam mit seinem Auto als Erster am Tatort an. Später war er davon überzeugt, dass die Polizei in das Verbrechen verwickelt war. Er glaubte, dass an Magnetaufzeichnungen herumgepfuscht wurde, Anrufe nicht sofort beantwortet wurden, Computer nicht funktionierten, Meldeketten und Sofortmaßnahmen verzögert wurden sowie ein landesweiter Alarm aufgeschoben wurde, um Zeit zu schinden und dem Mörder Gelegenheit zur Flucht zu geben. Im Zentrum der Kontroverse stand der Polizeibeamte und Leiter der Kommunikationszentrale Hans Koci. Alle Auseinandersetzungen laufen am Ende in der Frage zusammen, ob das Ermittlungsgeschehen, das unter großem Stress für alle Beteiligten stattfand, mit reiner Inkompetenz und schlecht gewarteten Computernotsystemen erklärt werden kann oder ob es sich um schuldhaftes Zögern im Rahmen einer Mordverschwörung handelte.

Umstritten blieb außerdem die Autopsie, eigentlich eine sachlich objektive Prozedur. Doch in diesem Fall gab es einige schwer erklärbare Vorfälle. Die Umstände ähnelten auf makabre Weise den Autopsien von John F. Kennedy im Jahre 1963 und von William Colby 1996. Ein verdächtiger Punkt ist, dass der Autopsiebericht als geheim eingestuft wurde. Angeblich hätte eine Veröffentlichung die Angehörigen verletzen und die vorbereitenden Ermittlungen stören können. Verantwortlich für die Autopsie war Milan Valverius, ein bereits seit 40 Jahren tätiger Gerichtsmediziner, der für seine Integrität bekannt war und in professionellen Kreisen einen guten Ruf genoss. Doch Valverius kam zu einem erstaunlichen Befund: Palme sei in die Brust und nicht in den Rücken geschossen worden. Auch Per Näss und Hans Holmér beteiligten sich am Streit um diesen Befund. Dabei tauchten auch Hinweise auf, der Leichnam sei nach dem Mord für längere Zeit unbewacht geblieben. Im Februar 1994 wurden Valverius und seine Frau Sonja tot aufgefunden, er 69 Jahre alt, sie 62 Jahre. Offenbar starben sie gleichzeitig. Die Totenscheine vermerken Krebs, Giftpillen und attestieren Selbstmord.

Merkwürdigkeiten gibt es auch im Zusammenhang mit Lisbet Palme. In der Literatur zum Mordfall Palme wird überwiegend davon ausgegangen, dass der Mörder nach dem tödlichen Schuss auf den Premierminister einen zweiten Schuss abgefeuert hat, der Lisbet Palme entweder schwer oder nur leicht an der Schulter verletzte. Dann habe Palme beim Fallen seine Frau mit auf den Boden gerissen. Der zweite Schuss, der sie entweder töten oder ihren Mann ein zweites Mal treffen sollte, habe ihre Schulter gestreift. Dammegard weist aber darauf hin, dass es keine gerichtsmedizinischen Beweise dafür gibt, dass Lisbet Palme tatsächlich angeschossen wurde. Kein Arzt im Krankenhaus hörte von einer Wunde und nichts wies auf starke Blutungen in Folge einer Schussverletzung hin. Ihre Kleidung wurde »klassifiziert«, also als geheim eingestuft, und mit der Kleidung ihres Mannes in einem Bunker mit dicker Stahltür weggeschlossen. Der für die Autopsie verantwortliche Milan Valverius behauptete, die Löcher in ihrer Kleidung seien nachträglich im Polizeilabor entstanden.

Als Lisbet Palme am Tatort in den Krankenwagen stieg, trug sie einen Wildledermantel mit Pelzkragen. Als sie am Krankenhaus Sabbatsberg ausstieg, war sie – so zeigt es das Bild eines Fotografen, der zufällig dort gewesen sein will – plötzlich in einen ganz normalen Mantel mit einer Kapuze und einem kurzen Raffgürtel am Rücken gekleidet. Wie ist das möglich? Außerdem ist Lisbet Palme in einem Krankenwagen vom Tatort abgefahren. Die Aufnahme zeigt, wie Lisbet Palme am Sabbatsberg Hospital aus einem Polizeiauto aussteigt. Auch dafür fehlt jede Erklärung. Liegt der schwedische Chefermittler Krister Petersson richtig, wenn er Zweifel hat, ob der Fotograf Lisbet Palme tatsächlich am Tag des Palme-Mordes fotografiert hat?[25] Oder war sie in der Zwischenzeit einem »Briefing« unterzogen worden?

Eine weitere Ungereimtheit stellt der sogenannte Chamonix-Betrug dar. Palmes jüngster Sohn Mattias befand sich im Skiurlaub im französischen Chamonix. 75 Minuten nach der Tat erreichte ihn die Nachricht vom Tod seines Vaters. Es heißt, die französische Regierung habe ein Flugzeug zu einem Flughafen in der Nähe von Chamonix geschickt, um Mattias Palme dort abzuholen. An Bord seien der schwedische Botschafter Carl Lidbom und der Verleger Ebbe Carlsson, ein guter Freund von Olof Palme, gewesen. Mattias soll nach Genf gebracht worden sein, wo er einen Flug nach Stockholm nahm. Es existieren jedoch andere Versionen, denen zufolge Mattias über Paris nach Stockholm flog oder dass Lidbom von der französischen Regierung eine Mystère 20 gemietet habe, Mattias abholte und ihn nach Paris brachte, von wo er über Kopenhagen nach Stockholm flog. Dazu gibt es schriftliche Dokumente, die später als geheim eingestuft wurden. Mattias gab schließlich zu, bezüglich des Fluges von Genf nach Stockholm gelogen zu haben. Er behauptete, er sei mit dem Flugzeug des französischen Präsidenten geflogen. Noch mehr Verwirrung entstand um die Frage, ob sein Bruder ihn am Flughafen von Stockholm abgeholt hatte.

Warum beteiligten sich Lidbom und Carlsson an der Fälschung von Beweismaterial? Manche Beobachter vermuten, dass beide am Rande in die Mordverschwörung verwickelt waren. Lidbom ist seit langem verstorben. Von ihm stammt die berühmte Aussage, es sei »für alle Beteiligten besser, wenn der Mord an Olof Palme nie aufgeklärt« werde.

Weitere mysteriöse Begebenheiten ranken sich um Marten Palme, der mit seiner Freundin Ingrid seine Eltern ins Kino begleitete. Nach dem Film sollen die beiden zu Fuß bis zu Ingrids Wohnung in der Vanadisplan gegangen sein, etwa 1,5 Kilometer nördlich des Kinos. Marten behauptete, sie hätten gerade heißes Wasser für Tee aufgesetzt, als seine Mutter Lisbet anrief und sagte, man habe »auf sie geschossen«. Damals gab es keine Mobiltelefone. Von wo aus hat sie also telefoniert? Vom Krankenhaus? Marten und Ingrid nahmen ein Taxi zur Wohnung der Palmes in der Västerlanggatan und nicht – was logischer gewesen wäre – zum Krankenhaus.[26] Hatte ihn seine Mutter gebeten, in die Wohnung zu gehen? Wenn ja, warum? Ein Nachbar ließ sie mit einem Ersatzschlüssel hinein. Marten kann außerdem den Anruf nicht in Ingrids Wohnung erhalten haben, denn er befand sich zum angeblichen Zeitpunkt des Anrufs bereits in der Västerlanggatan. Einige Beobachter hegen den Verdacht, Marten und Ingrid seien in die Wohnung der Eltern gefahren, um etwas daraus zu entfernen. Dammegard findet »den unglaublich frühen Besuch von Marten und seiner Freundin in der Västerlanggatan in der Tat sehr seltsam«.

Viele dieser Unmstimmigkeiten und Betrugsmanöver sind Hinweise auf gezielte Vertuschungsaktionen. Eine der wichtigsten Verschleierungs- und Säuberungsaktionen fand möglicherweise knapp drei Jahre nach dem Mord an Olof Palme statt.

Bernt Carlsson und das Lockerbie-Attentat

Von allen sonderbaren Geschichten rund um unsere Mordfälle ist der mysteriöse Tod des schwedischen Diplomaten Bernt Carlsson vielleicht der interessanteste Fall. Carlsson war einer der 259 Insassen, die am 21. Dezember 1988 bei der Bombenexplosion an Bord der Pan Am 103 über dem schottischen Lockerbie starben. Er gehörte zu Palmes engsten Vertrauten und politischen Weggefährten und war Mitglied seiner Clique. Zur Zeit seines Todes lebte er in New York und arbeitete dort als UN-Kommissar für Namibia. Als die Pan Am 103 abstürzte, befand er sich gerade auf dem Weg nach New York. Auch seine Schwester Inge Musser und deren Mann Harold lebten damals in den USA – in State College, Pennsylvania.

Wer hinter dem Lockerbie-Attentat stand, ist bis heute umstritten. Das Fazit der britischen und amerikanischen Regierungsuntersuchungen lief eindeutig auf Libyen hinaus. Es habe sich um einen Racheakt für die amerikanische Bombardierung von Tripolis im April 1986 gehandelt. Gegen diese offizielle Version setzen Kritiker der CIA eine andere: Die Bombe sei bereits in Malta von einem Drogenschmuggler als Transitgepäck an Bord einer Zubringermaschine geschmuggelt worden, um dann mit den anderen Gepäckstücken umgeladen zu werden und auf dem Weg von Frankfurt nach London zu explodieren. Eine Alternativtheorie besagte, die Bombe sei erst in Frankfurt an Bord gebracht worden, und zwar über eine Drogenstrecke, die in Zypern ihren Ausgangspunkt hatte. Beides seien Drogenstrecken der von Syrien und dem Iran unterstützten Hisbollah gewesen, welche die CIA mitgenutzt habe. Der arabische Terrorist und Waffenhändler Monzer al-Kassar und Ahmad Dschibril, der Anführer der militanten Volksfront zur Befreiung Palästinas, seien darin verwickelt.[27] Die USA wollten aus politischen Gründen von der Schuld Syriens und dessen Alliierten, dem Iran, ablenken. Es hieß, der Iran habe an dem Attentat mitgewirkt, um sich für den im Juli 1988 erfolgten Abschuss eines iranischen Passagierflugzeuges, das nach Mekka unterwegs war, durch von der *USS Vincennes* abgefeuerte Raketen zu rächen. Der Streit um die Schuldfrage dauerte Jahre und ist bis heute nicht eindeutig geklärt

Im Hintergrund lauert auch die Frage, ob die Bombe an Bord der Pan Am 103 geschmuggelt wurde, um Bernt Carlsson zu töten. Der CIA-Whistleblower Chip Tatum geht davon aus, dass die USA und Israel selbst hinter dem Attentat steckten und die Bombe tatsächlich für Carlsson bestimmt war. Sie sei im Namen der Amerikaner vom britischen Geheimdienst in London heimlich an Bord der Pan Am 103 gebracht worden.[28]

Bernt Carlsson hatte mehreren Personen erzählt, er kenne die Hintergründe des Palme-Mordes. Dazu zählten zwei Freundinnen, eine frühere und eine aktuelle: die schwedische TV-Journalistin Ritva Rönnberg und Sanya Popovic, eine Tochter des ehemaligen jugoslawischen UN-Botschafters, damals Studentin an der New Yorker Columbia-University. Rönnberg berichtete, dass Carlsson um sein Leben fürchtete. Einmal stieß er sie sogar in einen Schneehaufen am Rand einer belebten Stockholmer Straße, weil er glaubte, ein heranfahrendes Auto wolle sie beide überfahren.[29] Als die Pan Am 103 abstürzte, bereitete Sanya Popovic gerade ihren Umzug in Carlssons New Yorker Apartment vor. Auch sie bestätigt, er habe beteuert, »die wahre Geschichte« hinter Palmes Tod zu kennen.

Kurz nach dem Lockerbie-Unglück erhielten Carlssons Schwester Inge Musser und ihr Mann Harold in Pennsylvania einen Telefonanruf vom schwedischen Außenminister Sten Andersson, einem engen Vertrauten sowohl von Palme als auch von Carlsson. Andersson bat sie, in Carlssons Apartment in New York alle schriftlichen Dokumente zu entfernen. Ein oder zwei Tage später rief er wieder an und sagte, es sei nun nicht mehr nötig, das Apartment aufzusuchen. Inge und Harold Musser machten sich trotzdem auf den Weg, zusammen mit Carlssons Freundin Sanya Popovic. Bei der Ankunft mussten sie feststellen, dass bereits alle Dokumente aus dem Apartment verschwunden waren. Die Kleider waren aus den Schränken gerissen und lagen mit herausgezogenen Taschen auf dem Boden verstreut herum.[30] Jahre später erfuhr Robert Harkavy von einem Kriminalbeamten aus dem Palme-Ermittlungsteam, dass der schwedische Nachrichtendienst SÄPO in Palmes Apartment eingebrochen war. Der Kriminalbeamte nannte es ein »Routineverfahren«.[31] Das Interesse der SÄPO dürfte dabei weniger Namibia, der beruflichen Domäne Carlssons, gegolten haben.

Richard Reeves, ein langjähriger Reporter der *New York Times*, schrieb für deren Magazin vom 1. März 1987 einen Artikel unter dem Titel »The Palme Obsession«. Im Zuge seiner Recherchen hatte er mehrere schwedische Regierungsangehörige in Stockholm interviewt. Einer von ihnen war Bernt Carlsson. Carlsson übergab ihm eine Liste von sieben oder acht Personen, er selbst mitinbegriffen, von denen er sagte, sie wüssten etwas über den Palme-Mord. Jahre später erzählte Reeves Harkavy am Telefon, dass diese Liste in seiner Garage in Los Angeles unter Stapeln von Papier begraben läge. Zu diesem Zeitpunkt arbeitete er nicht mehr bei der *New York Times*, sondern war Professor für Journalismus an der Universität von Südkalifornien. Trotz der vereinten Bemühungen von Harkavy und dem Herausgeber des *Dagens Nyheter*, Bo G. Andersson, rückte Reeves diese Dokumente nie heraus.[32]

Nach dem Attentat reiste Sanya Popovic nach Lockerbie, wo sie mit Beamten und Ortsansässigen sprechen wollte. Dabei fand sie heraus, dass Carlssons Koffer und seine Aktentasche offiziell nie an der Absturzstelle gefunden worden waren.[33] Sie erfuhr ebenfalls, was auch Allan Francovich in seinem Dokumentarfilm erwähnte: Kurz nach dem

Unglück flog eine Reihe von Hubschraubern über die Absturzstelle. Wahrscheinlich handelte es sich um Einsatzkräfte des britischen Geheimdienstes.

Die Geschichte hat noch einen weiteren mysteriösen Aspekt. Ingemar Dörfer, ein Beamter des schwedischen Geheimdienstes und ehemaliger Sicherheitsberater des schwedischen Außenministeriums während der konservativen Regierung von Carl Bildt, erzählte Harkavy, er habe ein paar Monate nach Palmes Tod, aber eine gewisse Zeit vor dem Lockerbie-Attentat auf dem Rückflug aus den USA beim Umsteigen am Flughafen von Reykjavik auf Island Bernt Carlsson gesehen. Der sei in ein Gespräch mit Linton Brooks vertieft gewesen, einem Beamten des National Security Council, der dort mit Oliver North zusammenarbeitete. Carlsson war linksorientiert und Mitglied der Sozialistischen Internationale. Carlsson und Brooks – ein seltsames Paar. Dörfer erinnert sich, er sei von Carlsson, den er gut kannte, geradezu weggeschickt worden. Linton Brooks hingegen leugnete später, jemals auch nur mit Carlsson gesprochen zu haben.[34]

Ein weiteres vielleicht wichtiges Detail wurde den Autoren von Chip Tatum zugetragen. Er will in der CIA mitbekommen haben, dass der auf Namibia-Angelegenheiten spezialisierte Carlsson von namibischen Uranlieferungen an den Iran wusste. Namibia stand damals unter südafrikanischer Kontrolle. Dabei sollen die Briten mit im Spiel gewesen sein. Zusätzlich zu seinen möglichen Kenntnissen über den Palme-Mord könnte dies – so Tatum – ein weiterer Grund gewesen sein, Carlsson zum Schweigen zu bringen.[35]

Die Spuren am Sveavägen in Stockholm ergeben kein klares Bild des Mordes an Olof Palme. Die Ermittlungen sind offenbar nicht in alle Richtungen durchgeführt worden. Stattdessen gibt es zahlreiche Hinweise auf Vertuschungsaktionen. Das Motiv für die Tat muss aber in jedem Fall aus dem Leben und den Entscheidungen des Politikers Olof Palme erwachsen sein.

Die Suche nach dem Motiv

Es gibt eine Vielzahl von Theorien zu der Frage, wer Olof Palme ermordet hat. Die meisten Versionen basieren darauf, aus politischen Ereignissen mögliche Tatmotive abzuleiten. Die schwedische Linke verdächtigte Neonazi-Gruppen in der Polizei mit potentiellen Verbindungen nach Südafrika, in die USA oder nach Israel. Die schwedische Rechte glaubte überwiegend an die Schuld des armen Sündenbocks Christer Pettersson. Nur diese Einzeltäter-Theorie erlaubt es, den politischen Hintergrund komplett auszublenden.

Wenn aber ein Killerkommando die Tat begangen haben sollte, so stand es wahrscheinlich nur am Ende einer langen Befehlskette. Möglicherweise wussten die Täter selbst nicht einmal, für wen sie eigentlich arbeiteten. Es kann durchaus sein, dass sie direkt nach dem Mord selber für immer zum Schweigen gebracht wurden. Folglich tauchte auch schnell der Verdacht auf, die USA hätten den Mossad oder Südafrika beauftragt. Nach diesem Szenario soll der Mossad irgendeine mafiose Organisation angeheuert haben, die den Auftrag wiederum an eine kleine Eliteeinheit von Killern weitergegeben hat. Theoretisch gibt es da viele Möglichkeiten. Ole Dammegard geht davon aus, dass der Mord durch die USA in Zusammenarbeit mit Südafrika und rechtsextremen schwedischen Polizeigruppen sowie mit Unterstützung von Einzelpersonen aus Deutschland, Chile, Italien und vielleicht dem Iran begangen worden sein muss.

Jan Bondeson schreibt in seinem Buch *Blood on the Snow*, dass Palme 1928 in »einer wohlhabenden und vornehmen Oberklassenfamilie« geboren wurde. Er besuchte eine der führenden Privatschulen, ging dann zum Kenyon College in Ohio und zur Universität von Stockholm und »versuchte« sich danach »in Recht und Journalismus«.[36] Er wurde Mitglied der Europäischen Studentenliga, schloss sich der sozialdemokratischen Partei an und wurde ein Gefolgsmann des langjährigen Premierministers Tage Erlander. Diese Partei stand nach damaliger Auffassung deutlich weiter links als jegliche Partei in den USA, was sich allerdings seit 2008 geändert haben mag. Bondeson schreibt, diese Entscheidung sei vielleicht von »Karrieregeilheit« motiviert gewesen, aber Palme war offenbar trotz seiner Herkunft aus gutsituierten Verhältnissen von den Übeln des Kapitalismus und des Imperialismus überzeugt.[37]

Bondeson lässt allerdings einige wesentliche Dinge aus. Dennoch können sie von Bedeutung sein. Dazu gehört die Behauptung, Palme sei als Student in Kenyon von der CIA rekrutiert worden. Dies steht aber teilweise in Widerspruch zu späteren Anschuldigungen, er sei amerikafeindlich – ein Vorwurf, den er und andere stets zurückgewiesen haben. Andere Quellen geben an, er sei zum Teil jüdischer Abstammung. Aber ob dies sein Bild des Mittleren Ostens geprägt hat, ist unbekannt. Während seiner Zeit als Regierungschef standen allerdings einige seiner engsten Partner wie Pierre Schori und Außenminister Sten Andersson Israel offen feindlich gegenüber. Dies ist vielleicht von Bedeutung für die Mossad-Spur, also für alle Überlegungen, die den israelischen Geheimdienst für den Mord verantwortlich machen. Palme selber war klar anti-israelisch eingestellt und unterbrach vor seinem Tode offensichtlich die geheimdienstliche Zusammenarbeit mit Israel.[38]

Seine Frau Lisbet kam ebenfalls aus einer aristokratischen Familie. Die beiden scheinen sich große Mühe gegeben zu haben, Palme das populäre Image eines Mannes aus dem einfachen Volk zu verschaffen, der in einem bescheidenen Haus lebt und mit dem Motorroller zur Arbeit fährt. Dies ist deshalb erwähnenswert, da er später zu einer Hassfigur vor allem jener Parteianhänger wurde, die nicht der Politik- und Finanzelite zugerechnet werden. Bondeson gibt an, Palme sei von den Konservativen als Klassenverräter gehasst worden. Aber »seine eigenen Parteifreunde verloren nie ganz das Misstrauen bezüglich seiner Oberklassenabstammung und seiner Universitätsausbildung«.[39] In der Sprache der amerikanischen politischen Soziologie mag er wie ein »Limousinenliberaler« gewirkt haben, also ein »Salonsozialist«. Nicht gerade ein schmeichelhaftes Image, und er gab sich alle Mühe, ihm zu entkommen. Diese Hinweise sind vor allem dann von Belang, wenn man davon ausgeht, dass sein Mord innenpolitisch motiviert war. Potentielle Täter werden bei diesem Ansatz unter rechtsextremen Polizeibeamten, Lyndon-LaRouche-Anhängern oder anderen neofaschistischen Gruppen oder Einzelpersonen gesucht.

Die Frage, wie Palme zu den Vereinigten Staaten stand und wie er – im Gegenzug – von den maßgebenden US-Außenpolitikern gesehen wurde, ist möglicherweise von großer Bedeutung für seine Ermordung. Denn zur Zeit seines Todes waren in Washington konservative Republikaner unter der Führung von Ronald Reagan an der Macht. Die meisten Beobachter glauben, dass Palme im Grunde pro-amerikanisch war. Immerhin hatte er vier Jahre lang in den USA studiert. Andererseits beteiligte er sich an Demonstrationen gegen die US-Politik in Vietnam, Nicaragua, Südafrika und machte sich stark für die Belange der Dritten Welt sowie für Rüstungsbeschränkungen der Supermächte. Einmal abgesehen von der hohen Politik kann man aber feststellen, dass die meisten Amerikaner, die – wie einer der Autoren – in Schweden gelebt haben, erfahren konnten, dass die Amerika-Freundlichkeit hier stärker ausgeprägt ist als in anderen Ländern, einschließlich Großbritannien und sogar Kanada. Dies steht in gewissem Widerspruch zu dem Bild, das die meisten Amerikaner von Schweden haben. Mit Blick auf Schwedens politische Linie war Palmes Einstellung damals tatsächlich ein Paradox.

Schweden im Kalten Krieg

Zur Zeit der Ermordung Palmes dauerte der Kalte Krieg noch an. Fast niemand konnte ahnen, dass er nur wenige Jahre später ein abruptes Ende finden würde. Die Reagan-Regierung war dabei, ihr Verteidigungssystem massiv auszubauen. Dies zielte – erfolgreich, wie sich erweisen sollte – darauf ab, den Sowjets einen Rüstungswettbewerb aufzuzwingen, der ihre wirtschaftliche Leistungskraft überforderte. Nach dem Ende des Kalten Krieges hat man auf der Basis russischer Quellen errechnet, dass der Anteil der Verteidigungskosten in der Sowjetunion auf über 20 Prozent der Wirtschaftsleistung gestiegen war. Unter der Führung von Marineminister John Lehman verbesserten die USA außerdem ihre Seestrategie. Die Marine wurde auf 600 Schiffe aufgerüstet, für den Fall einer ernsten Krise wurde ein vernichtender Erstschlag auf den sowjetischen Marine-Stützpunkt in der Nähe der Halbinsel Kola vorbereitet.[40] Erst später wurde bekannt, dass die Sowjets vor einem möglichen Präventivkrieg der USA gewarnt waren. Was »offizielle« Rüstungsbeschränkungen anging, hatte die Reagan-Regierung in der Zwischenzeit ihre Bemühungen weitgehend eingestellt. Auf inoffizieller Ebene hielten sie sich an den vom US-Senat niemals ratifizierten SALT II-Vertrag, der von Reagans Vorgänger Jimmy Carter verhandelt worden war. 1987 verpflichteten sich die beiden Atommächte durch den INF-Vertrag – den Vertrag über nukleare Mittelstreckensysteme –, die Stationierung von Atomraketen in Europa zu beschränken, zum Beispiel Pershings II und Marschflugkörper auf amerikanischer und SS-20 auf sowjetischer Seite.

Unterdessen bemühten sich die USA entsprechend der Reagan-Doktrin, den sowjetischen Einfluss in der Dritten Welt zurückzudrängen. Die Vereinigten Staaten unterstützten Sowjet-Gegner in Afghanistan, Nicaragua, Angola, Mozambique und Äthiopien. Damit reagierten sie auf die sogenannte Breschnew-Doktrin von der beschränkten Souveränität der sozialistischen Staaten, die vereinfacht besagte: »Was uns gehört, gehört uns für immer, was euch gehört, ist Verhandlungssache.« Die amerikanische Unterstützung von Sowjet-Gegnern in Afghanistan sowie die Hilfe von Saudi-Arabien, Ägypten und Pakistan waren vielleicht ausschlaggebend für die Implosion der Sowjetunion. Das Eingreifen der USA in Nicaragua und in Südafrika steht möglicherweise in Zusammenhang mit dem Fall Palme. Wir werden später darauf zurückkommen.

Auf der anderen Seite der großen Kluft, die der Kalte Krieg aufgerissen hatte, veränderte sich auch die Sowjetunion, allerdings ohne sichtbare Anzeichen für die bevorstehende Implosion. Drei sowjetische Führer starben kurz nacheinander: Breschnew, Andropow und Tschernenko. Nur wenige Monate vor Palmes Tod brachte dies Michail Gorbatschow als Generalsekretär der KPdSU an die Macht. Gorbatschow initiierte die Liberalisierung der sowjetischen Gesellschaft unter den Schlagwörtern »Glasnost« (Öffnung) und »Perestroika« (Restrukturierung). Er strebte politisch eine Demokratisierung und ökonomisch eine Verbesserung der wirtschaftlichen Leistung an. Im Februar 1986, nur wenige Tage vor dem Mord an Olof Palme, wurden entsprechende Reformen beim 27. Kongress der KPdSU in Gang gesetzt. Die Entspannungspolitik und die Bemühungen um atomare Abrüstung führten schließlich im Oktober 1986, einige Monate nach Palmes Tod, zum Abrüstungsgipfel von Reagan und Gorbatschow in Island. Gleichzeitig übten die USA jedoch weiterhin Druck auf die Sowjetunion aus, und dies nicht nur in Afghanistan. Sie unterstützten verdeckt die wachsende Gewerkschaftsbewegung Solidarność in Polen, die auch von Palme im Zuge »sozialistischer Solidarität« gefördert wurde. Dies ließ später die Frage aufkommen, ob die Sowjetunion in den Mord an Olof Palme verwickelt sein könnte. Diese Spur halten allerdings die meisten Beobachter für abwegig.[41]

Ab Mitte der 80er Jahre nahm die europäische Einigung ihren Lauf. Die USA unterstützten diesen Prozess, trotz der Gefahr, dass ein vereintes Europa stärker auf Distanz zu den USA und der NATO gehen und ein strategischer Gegner werden könnte. Die Bundesrepublik setzte ihre Ostpolitik auch unter der konservativen CDU/CSU-Regierung von Helmut Kohl fort. Der bayerische CSU-Vorsitzende Franz Josef Strauß wirkte dabei aktiv mit. Wie wir später bei der Untersuchung des Mordes an Uwe Barschel sehen werden, war all dies mit verdecktem Waffenhandel verknüpft. Auf der einen Seite des Eisernen Vorhangs waren Westdeutschland und die USA, auf der anderen Seite Ostdeutschland, Polen und die Tschechoslowakei daran beteiligt. Der Mord an Olof

Palme steht im Zusammenhang mit diesen weitläufigen Waffenschiebereien aus Schweden über Ostdeutschland, die Tschechoslowakei, Österreich und Jugoslawien in den Iran.

Doch in Skandinavien tat sich auch innenpolitisch einiges. Kurz vor dem Mord an Palme gab es mysteriöse und bislang weitgehend ungeklärte U-Boot-Sichtungen in schwedischen Küstengewässern, ganz in der Nähe der schwedischen Marineeinrichtungen von Karlskrona und Musko, einer komplett unterirdischen Basis. Die meisten Autoren glauben, dass die Sowjets versuchten, Schweden einzuschüchtern, oder dass es sich um Erkundungstouren für einen möglichen sowjetischen Einfall in Schweden im Falle eines dritten Weltkrieges handelte. In der Theorie hätte ein solcher Schlag einen sowjetischen Angriff über Schweden bis zur strategisch wichtigen norwegischen Küste nach sich ziehen können. Solche Überlegungen sind der Anlass gewesen für amerikanische Marine-Operationen in Richtung der Halbinsel Kola. Einige schwedische Rechercheure kommen jedoch zu dem Ergebnis, dass es sich um gezielte Täuschungsmanöver der NATO gehandelt habe.[42] Was das Thema mysteriöse U-Boot-Sichtungen betrifft, wurde Palme von einigen übertriebene Passivität vorgeworfen. Man kann sich fragen, ob er diesen Punkt vielleicht mit Gorbatschow bei seinem bevorstehenden Besuch in Moskau – welcher aufgrund seines Todes nicht zustande kam – besprechen wollte.

Immer wieder gab es auch Hinweise, dass bei diesem geplanten Treffen mit der Sowjetführung auch über eine nordische atomfreie Zone gesprochen werden sollte. Diese Option hätte zur Folge gehabt, dass Norwegen zu einem neutralen Land geworden wäre und die USA ihre Atomwaffen aus diesem NATO-Mitglied hätten abziehen müssen. Eine solche Vereinbarung wurde damals von der skandinavischen Linken befürwortet, und sie wurde darin von den Friedensforschungsinstituten SIPRI und PRIO in Stockholm und Oslo unterstützt. Die Reagan-Regierung lehnte diese Überlegungen natürlich ab, denn das hätte die Verteidigungslinie der NATO in Nordeuropa unterbrochen.

Palme war vor seiner zweiten Amtszeit bis 1982 eine Zeit lang als offizieller UN-Mediator im Iran-Irak-Krieg tätig. Dieser Krieg begann 1980 und endete 1988 mit einem Quasi-Sieg des Irak, wenn auch ohne territoriale Veränderungen. Auch hier gab es heftige Auseinandersetzungen um Palmes Position. Die meisten Beobachter glaubten, dass er zur iranischen Seite tendierte. Eine Minderheit widersprach dem allerdings. Ein schwedischer Reporter – ein enger Weggefährte von Palme –

hat einem der Autoren berichtet, der Politiker habe dem Vorstandsvorsitzenden von Volvo, Pehr Gyllenhammar, persönlich nahegestanden. Vor diesem Hintergrund wird plausibel, dass in aller Stille Volvo-Lastwagen im Wert von etwa zwei Milliarden US-Dollar an den Iran verkauft werden konnten. Dieser Lkw-Export wurde nicht als Waffenlieferung, sondern als Verkauf von Mehrzweckfahrzeugen deklariert.[43] Daneben gab es noch andere Waffenlieferungen an den Iran, zum Beispiel Flugabwehrraketen vom Typ RB-70 oder Boghammar-Patrouillenboote. Dies verstärkt den Eindruck, dass der Iran von Palme bevorzugt wurde.[44] Die israelische Regierung war, wie wir noch sehen werden, zum großen Teil pro-iranisch eingestellt. Auf amerikanischer Seite unterstützte die Reagan-Regierung den Irak und stellte ihm heimlich Ergebnisse von US-Aufklärungssatelliten zur Verfügung. Gleichzeitig belieferten die USA den Iran mit Waffen. Offiziell übten sie aber Druck auf andere Länder aus, Waffenexporte an den Iran einzuschränken. Was diesen Konflikt zwischen offizieller und inoffizieller US-Politik betrifft, aber auch was die Beziehungen zu den USA und Israel angeht, so verschwimmt Schwedens Rolle in einem Sumpf der Verwirrung.

Für Schwedens Außenpolitik war auch der indisch-pakistanische Konflikt von Interesse. Seit langem – und bis heute – verkaufte Schweden Waffen an beide Seiten. Gleichzeitig beteuerte Stockholm dabei, Waffenverkäufe in »Konfliktzonen« auszuschließen. In den 70er Jahren versuchte Schweden, seine Jagdflugzeuge vom Typ Saab Viggen an Indien zu verkaufen. Denn der Verkauf ins Ausland war und ist wichtig, um die Ausgaben für Entwicklung und Produktion wieder einzunehmen. Bei der Viggen wurde jedoch zum Teil US-Technologie verwendet. Deshalb blockierte die amerikanische Regierung den Verkauf durch Endnutzerbeschränkungen. Vielleicht taten die USA dies auch deshalb, weil Indien damals politisch zu den Sowjets tendierte, während Pakistan mit Washington und Peking verbündet war. Doch vor allem waren Palme und der indische Premierminister Rajiv Ghandi seit vielen Jahren eng befreundet. Diese Freundschaft wurzelte in der Sozialistischen Internationale und Palmes offensichtlicher Sympathie für die Bewegung der blockfreien Staaten in der Dritten Welt. Indien kaufte nicht nur die meisten seiner Waffen in Moskau, sondern nutzte auch deren Marinestützpunkte. Umgekehrt verkaufte die UdSSR Haubitzen an Indien – natürlich ohne amerikanische Lieferbeschränkungen.

Eine der Haupttheorien im Fall Palme baut auf dem sogenannten Indien-Bofors-Deal auf. Vor dem Mord an Olof Palme verhandelten die indische und die schwedische Regierung über die Lieferung von 410 155mm-Haubitzen. Dieses Geschäft war mit einem Volumen von etwa 1,2 Milliarden US-Dollar der größte Waffenverkauf der schwedischen Geschichte. Darüber hinaus waren Folgeaufträge vorgesehen. Das Geschäft wurde weniger als einen Monat nach Palmes Tod unter seinem Nachfolger Ingvar Carlsson abgewickelt. Bofors hatte den Auftrag in einem Bieterwettbewerb gegen die französische Firma SOFMA erhalten, obwohl Letztere ein besseres Angebot gemacht hatte. Immerhin bewährten sich die Bofors-Haubitzen 1999, im sogenannten Kargil-Krieg zwischen Indien und Pakistan.

Ein gutes Jahr nach Palmes Tod wurde offenbar, dass Bofors an den indischen Premierminister Rajiv Ghandi und zahlreiche andere indische Politiker und Beamte des Verteidigungsministeriums Bestechungsgelder in Millionenhöhe gezahlt hatte. Ein Teil dieses Geldes dürfte in die Kassen von Ghandis Kongresspartei geflossen sein. Martin Ardbo, einer der Hauptverantwortlichen von Bofors, wurde damals mit den Worten zitiert: »Es wäre nicht möglich gewesen, irgendetwas nach Indien zu exportieren, ohne Schmiergelder an zahlreiche Personen zu zahlen.«[45]

Bondeson vermutet, dass der irakische Botschafter beim Treffen mit Palme an dessen Todestag mit seinen »guten Insider-Verbindungen im Waffenhandel« erwähnt haben könnte, dass in Waffenhändlerkreisen über die Schmiergeldzahlungen von Bofors an die Inder gesprochen werde. Palme habe dann möglicherweise einen Bofors-Vertreter damit konfrontiert und darauf bestanden, den Waffenhandel mit dem Iran endlich zu beenden. Das hatte er bereits im Vorfeld angeordnet.[46]

Aber auch in diesem Punkt herrscht bis heute keine Klarheit.

Pakistan hatte Mitte der 80er Jahre enge Beziehungen zu Saudi-Arabien und wurde finanziell stark von den Saudis unterstützt. Saudi-Arabien hielt sich in Riad eine pakistanische Prätorianer-Garde. Sie diente dem Schutz der Monarchie und ermöglichte den Transit amerikanischer Waffenlieferungen – es handelte sich zumeist um ehemalige ägyptische bzw. PLO-Waffen sowjetischen Ursprungs – an die Mudschahedin. Letztere bekämpften die sowjetische Armee in Afghanistan.

Währenddessen war Schweden auch tief in die südafrikanische Innenpolitik verstrickt. Stockholm unterstützte den Afrikanischen Nationalkongress (ANC), der später das Apartheid-Regime der Buren ablöste. Dabei ging es sowohl um finanzielle als auch um politische Hilfen. Palme war – wie die gesamte europäische Linke – ein Gegner der Apartheid und als solcher weltbekannt. Dies bildet die Grundlage für eine der wichtigsten Spuren im Mordfall Palme. Denn daraus erwächst die Frage, ob die Tat vom südafrikanischen Regime oder doch zumindest mit südafrikanischer Beteiligung ausgeführt wurde. Eine weitere Frage ist, ob dabei direkt oder indirekt im Auftrag der Regierung gearbeitet wurde. Erwähnenswert sind hier ebenfalls die Verbindungen von südafrikanischen Geheimagenten und Söldnern zu rechtsextremen Gruppen in Großbritannien und den USA und ihre vielleicht noch wichtigeren Verbindungen zu Israel. Israel und Südafrika waren in den 80er Jahren Teil einer »Paria«-Achse, die auch Taiwan einschloss. Es ging dabei um geheimdienstliche und politische Zusammenarbeit, Waffenverkäufe, die Lieferungen von südafrikanischem Uranerz nach Israel sowie um atomare Zusammenarbeit, besonders um Atomversuche.[47] Diese Achse ist eine der möglichen »theoretischen« Erklärungen für den Mord an Palme, denn er stand sowohl Israel als auch Südafrika feindlich gegenüber. Dabei muss man die entscheidende Bedeutung der israelischen Waffenverkäufe an den Iran im Auge behalten. Wichtig ist außerdem die Rolle, die Israel bei den schwedischen Waffenlieferungen an den Iran spielte.

Dann spielte auch die Nicaragua-Frage eine Rolle. Das Land war mit der Geschichte Kubas und den USA eng verbunden, ebenso mit dem Geschehen in Costa Rica, Honduras, El Salvador und Panama. Palme und seine Vertrauten standen wie die gesamte europäische Linke auf Seiten der Sandinisten. Sie waren gegen die Unterstützung der Contras durch die USA und gegen die Reagan-Doktrin insgesamt.

Iran-Contra

Einer der Gründe, warum die Beziehungen zwischen Washington und dem Schweden Palmes so verwirrend sind, ist der Bruch, der durch die damalige amerikanische Politik gegenüber dem Iran und Irak führte. Dieser Bruch war so tief, dass Teile der US-Regierung tatsächlich gegeneinander arbeiteten. Dasselbe galt auch für Israel. Das US-Außenministerium und die CIA verfolgten überwiegend einen pro-irakischen Kurs, der hauptsächlich auf saudi-arabischen Druck und im saudischen Interesse zustande gekommen war. Die Neokonservativen hingegen, die von einigen Mitgliedern des Nationalen Sicherheitsrates unterstützt wurden, waren pro-iranisch. Auch Israel hatte seine Pro-Irak- und Pro-Iran-Fraktionen. Der frühere Mossad-Topagent Ari Ben-Menashe hat sehr klarsichtig analysiert, dass Israel die Hoffnung hegte, mit dem Iran die alten Beziehungen wieder aufzubauen, die beide Länder während des Schah-Regimes verbunden hatten. Dies war eine vergebliche Hoffnung, wie sich später herausstellte. Eine tiefe Trennlinie war entstanden um die Streitfrage, wer langfristig der gefährlichere Feind ist – der Iran oder der Irak.

Während der Reagan-Jahre galten so gut wie alle leitenden Beamten und Organe des amerikanischen Außenministeriums, des Pentagons und der CIA außenpolitisch als »Falken« im Kalten Krieg. Es gab natürlich gewisse Abstufungen, Nuancen und Unterschiede, beispielsweise was die Frage der sowjetischen Gaspipelines nach Westeuropa anbelangte. Doch wenn es um den erbitterten und mörderischen Krieg zwischen dem Iran und Irak von 1980 bis 1988 ging, den ersten Golfkrieg, verliefen tiefe Brüche durch die konservativen Reihen, sogar unter jenen, die eigentlich beim Thema Kalter Krieg sonst immer einer Meinung waren. Dieser Riss war häufig identisch mit dem Gegensatz zwischen pro-israelischen und pro-arabischen Positionen. Damals wie heute ist dieses Thema in Washington ein großer Streitpunkt. Im Allgemeinen kann man sagen, dass die pro-arabischen Kräfte auf Seiten des Iraks standen, die pro-israelischen auf Seiten des Irans. Dieselben Kräfte wirkten wieder gegeneinander beim Streit um den zweiten Golfkrieg 1990/91 nach der irakischen Besetzung Kuwaits, und der Konflikt wiederholte sich 2003 beim dritten Golfkrieg, dem amerikanischen Angriff auf den Irak.

Die pro-irakischen Kräfte kamen hauptsächlich aus dem Außenministerium und der CIA. Sie standen unter dem Einfluss von Saudi-Arabien und anderen pro-irakischen Golfstaaten und meist der sunnitischen Religionsgemeinschaft. Die USA bezogen von diesen Ländern Öl zu günstigen Preisen und versuchten so, die sowjetische Wirtschaft zu schwächen, die damals wie heute von Öl- und Gasexporten abhängig ist. Als Gegenleistung belieferten die USA Saudi-Arabien und die anderen Golfstaaten mit großen Mengen Waffen. Pakistan war so eng mit Saudi-Arabien verbunden, dass es sogar eine Art Prätorianergarde zum Schutz der saudischen Monarchie zur Verfügung stellte. Islamabad erlaubte den USA, ihre Waffen- und Materialtransporte nach Afghanistan zu den dortigen Mudschahedin über Pakistan laufen zu lassen. Dies führte am Ende zur sowjetischen Niederlage in Afghanistan und trug erheblich zum Zusammenbruch der Sowjetunion bei. Teil dieser Strategie war es, ursprünglich sowjetische Waffen in großem Stil von Ägypten nach Afghanistan zu transportieren. Finanziert wurde dies von Saudi-Arabien.

Ein Teil der Reagan-Regierung galt ebenfalls als pro-israelisch, darunter im Pentagon zahlreiche Mitarbeiter wie Fred Iklé, der die treibende Kraft bei der Ausrüstung der afghanischen Widerstandskämpfer mit Stinger-Raketen war, und Richard Perle, einem entschiedenen Verfechter diverser US-Militäreinsätze und damals bekannt als »Fürst der Finsternis«. Auch Außenminister Alexander Haig gehörte dazu, ebenfalls Bud McFarlane, Reagans nationaler Sicherheitsberater, sowie eine geschlossene Gruppe im Nationalen Sicherheitsrat, die von seinem Amtsvorgänger Richard Allen dort platziert worden war. Reagan selber kann als pro-israelisch gelten, selbst wenn seine Regierungspolitik häufig in eine andere Richtung wies. Dies geht auf den oben bereits erwähnten politischen Druck zurück. Denn wegen der günstigen Öllieferungen und ihrer Politik in Afghanistan waren die USA auf das Wohlwollen von Saudi-Arabien angewiesen. Die Reagan-Regierung rechtfertigte diese Politik mit dem Hinweis, der Fall der Sowjetunion käme auch Israel zugute.

Die pro-israelischen Kräfte in Washington wollten den Iran gegen den – wie sie meinten – irakischen Angriff unterstützen. Sie teilten diesen Standpunkt mit einer Mehrheit in der israelischen Regierung. Beide teilten auch die Hoffnung, ein erneuter politischer Umschwung im Iran könnte wieder eine Regierung ans Ruder bringen, die den USA und Israel näherstünde – was sich allerdings als Illusion erwies. Wenigstens hofften sie, dass der erste Golfkrieg sich so lange wie möglich hinziehen möge, um die Aufmerksamkeit des Irak von Israel abzulenken.

Die pro-irakischen Kräfte, an deren Spitze das schon immer stärker pro-arabisch ausgerichtete Außenministerium stand, schafften es allerdings, eine eher irakfreundliche Politik durchzusetzen. Dabei ging es vor allem um nachrichtendienstliche Unterstützung. Zum Beispiel wurden dem Irak die Ergebnisse der amerikanischen Spionagesatelliten mit zur Verfügung gestellt. So erhielt der Irak Informationen über iranische Truppenbewegungen und wurde vor bevorstehenden Angriffen gewarnt. Teil dieser eher irakfreundlichen Politik war auch die diplomatische Offensive eines Teams um den Ministerialdirektor Richard M. Fairbanks, die Operation Staunch. Sie bestand darin, ein gutes Dutzend Länder zu nötigen, Waffenverkäufe an den Iran einzustellen. Zu diesen Ländern zählten Schweden und andere europäische Länder, aber auch Kanada und Argentinien. Der diplomatische Druck war, so Peter Burleigh, ein ehemaliger Beamter des Außenministeriums, ziemlich erfolgreich.[48] Dies kann einer der Hauptgründe, wenn nicht gar der entscheidende Grund für Palme gewesen sein, 1985 weitere Waffenlieferungen an den Iran einzustellen. Damals wurde sogar ein Schiff zurückgerufen, das bereits mit einer Waffenlieferung auf dem Weg zum Iran war und sich schon vor der afrikanischen Küste befand.[49] Dem stand die Iran-Contra-Operation entgegen, bei der es um amerikanische Waffenlieferungen an den Iran mit dem Ziel ging, Teheran werde im Gegenzug US-Geiseln freilassen, sowie um die Finanzierung der Contra-Rebellen in Nicaragua durch die USA. Im Zusammenhang mit dem Mord an Olof Palme ist bei dieser Affäre von Bedeutung, dass die Pro-Iran/Israel-Fraktion in der amerikanischen Regierung die Iran-Contra-Transaktionen vorangetrieben hat. Eine wesentliche Rolle spielte dabei die sogenannte »October Surprise« von 1980. Damit ist gemeint, dass am Tag der Amtseinführung von Präsident Ronald Reagan die iranische Regierung überraschend die Entlassung von US-Geiseln bekannt gab. Seinem Vorgänger Jimmy Carter war es trotz intensiver Verhandlungen nicht gelungen, die 52 Mitarbeiter der US-Botschaft in Teheran freizubekommen, denn er lehnte die vom Iran verlangten Waffenlieferungen ab. Schnell kam der Verdacht einer verdeckten Einflussnahme des Wahlkampfteams Reagan-Bush auf. Eine ehemalige Mitarbeiterin der republikanischen Kampagne, Barbara Honegger, aber auch andere

Historiker sehen viele Anhaltspunkte dafür, dass in einer Reihe von Geheimverhandlungen die Freilassung verzögert und Waffenlieferungen zugesagt wurden – trotz des offiziellen Embargos und unter Umgehung des Kongresses. Dies blieb das Paradigma für viele Jahre und der Ursprung der Iran-Contra-Affäre: Waffen gegen Geiseln. Vermittler waren dabei zunächst die Israelis.[50] Tatsache ist, dass Verteidigungsminister Caspar Weinberger, bekannt als Israel-Gegner, die israelische Regierung beschuldigte, die USA in den Iran-Contra-Schlamassel hineingezogen zu haben. Später wurde er selber im Zusammenhang mit den Iran-Contra-Verwicklungen strafrechtlich verfolgt.

Der CIA-Whistleblower Gene »Chip« Tatum gibt an, Palme habe im Zusammenhang mit Waffengeschäften 1986 in New York zwei Strippenzieher der Iran-Contra-Affäre getroffen, Oliver North und Donald Gregg: »Die entscheidende Frage ist doch, was Palme und George Bush miteinander zu tun hatten (…). Im Zusammenhang mit Palmes Ermordung steht auch ein Treffen zwischen ihm, Mr. North und Don Gregg. Denn für all die Waffen, die verkauft werden sollten, mussten Endverbleibszertifikate beschafft werden, mit denen belegt werden konnte, dass die Lieferungen nicht aus den Vereinigten Staaten kamen. Denn das Boland-Amendment untersagte Waffenlieferungen in bestimmte Länder. Man trat an Palme heran und erläuterte ihm diesen Plan. Aber er entschied sich, dabei nicht mitzumachen. Ein paar Wochen später war er tot.«[51] Bei dem Treffen in New York haben Gregg und North offenbar versucht, Palme zu überreden, die Pipeline für Waffenlieferungen an den Iran weiter offen zu halten. Er sollte das aus ihrer Perspektive »Richtige tun«, vor allem was die damit verbundene Fälschung von Endnutzerzertifikaten anging.[52] Der schwedische Diplomat Jan Eliasson berichtete, das Büro des Premierministers habe Kontakt zur CIA gehabt. CIA-Direktor William Casey sei in dieser Sache nach Schweden gekommen.[53] Die Tatsache, dass Palme diesen Bitten nicht nachgegeben hat, kann also der Grund oder wenigstens einer der Gründe für seinen Tod gewesen sein.

Die CIA und der Waffenschmuggel

Auf der Liste der möglichen Täter können auf amerikanischer Seite die CIA oder die Enterprise Group des Nationalen US-Sicherheitsrates stehen, also jene Gruppe, die auch für die Iran-Contra-Affäre verantwortlich war. Des Weiteren gibt es Versionen, die abwechselnd Israel, Südafrika, den Iran, den Irak, die Sowjetunion, Kroatien, die kurdische Untergrundorganisation PKK, Chile, die ostdeutsche Stasi, rechtsextreme schwedische Polizisten mit verbündeten Helfern oder Waffenschieber hinter dem Mord sehen. Natürlich besteht auch die Möglichkeit, dass der Täter ein »einsamer Irrer« war, der ohne politischen Hintergrund und nur aus persönlichen Motiven gehandelt hat. Wir werden einige dieser Optionen Schritt für Schritt untersuchen.

Betrachten wir zunächst die USA. Nach den Anhörungen zweier Untersuchungsausschüsse, des Church- und des Pike-Komitees, die sich in den 70er Jahren mit der Aufsicht des Geheimdienstes CIA befassten, hatte Präsident Ford mit einer präsidialen Anordnung politische Morde im Auftrag der US-Regierung ausdrücklich und offiziell verboten. Der ehemalige Geheimagent Chip Tatum findet eine solche Anordnung aber lächerlich und von der Realität widerlegt. Er ist sich sicher, dass die CIA und der militärische Nachrichtendienst Defense Intelligence Agency (DIA) von dieser Anordnung ausgenommen waren. Denn beide Geheimdienste führten nach den politischen Aufständen in zahlreichen Ländern in den 70er Jahren viele Undercover-Aufträge aus. Gerade dies hatte zur Folge, dass die Aktivitäten der CIA stärker von den beiden Geheimdienst-Ausschüssen des Kongresses sowie von dem Beirat des Präsidenten für die Auslandsgeheimdienste im Weißen Haus kontrolliert wurden. Während der Reagan-Regierung lagerte CIA-Chef William Casey in aller Stille einige Undercover-Aktivitäten des Dienstes zur NSA und damit zu verbündeten »Geschäftspartnern« aus. Schlüsselfiguren waren dabei unter anderen Oliver North, Vincent Cannistraro, damals Mitarbeiter des National Security Council (NSC), und der Marineoffizier Linton Brooks. Möglicherweise wirkte dabei auch Donald Gregg aus dem Büro des Vize-Präsidenten mit. Diese Personen standen mit ehemaligen CIA-Funktionsträgern in enger Verbindung. Dazu zählen unter anderen Ted Shackley und sein »Secret Team«, darunter Thomas Clines, Edwin Wilson und Félix Rodríguez, der für die Folterung und Ermordung von Che Guevara 1967 in Bolivien mitverantwortlich war, aber auch eine lose Gruppe, die unter dem Namen »The Enterprise« in Waffen- und Drogenhandel, Geldwäscherei und möglicherweise auch politische Morde verwickelt war. Dabei ist wichtig, dass Vize-Präsident George H. W. Bush einmal CIA-Chef war und von seinem Sitz im Weißen Haus aus inoffiziell weitere Operationen des amerikanischen Geheimdienstes leitete, offenbar auf Geheiß von Präsident Reagan selbst.

Welche Motive könnte also die Enterprise-Gruppe innerhalb der CIA gehabt haben, Olof Palme auszuschalten? Wenn man die bestehende Literatur durchkämmt, kommen drei zentrale Handlungsstränge zum Vorschein. Einmal die Iran-Contra-Deals, also die heimlichen Waffenlieferungen an den Iran. Zum Zweiten alle Fragen, die mit der Politik des Kalten Krieges zusammenhängen. Palme strebte eine atomwaffenfreie Zone in Skandinavien und im Ostseeraum an. Er plädierte für den Austritt Dänemarks und Norwegens aus der NATO. Und zum Dritten war da Palmes starke Unterstützung der Anti-Apartheid-Gruppen in Südafrika. Dieses Engagement könnte mit geopolitischen Interessen der USA in Konflikt geraten sein, wie zum Beispiel dem Zugang zum Flottenstützpunkt von Simonstown, einer Marinebasis, die ganz in der Nähe des wichtigen Seewegs vom Persischen Golf um Afrika herum und bis nach Europa und Amerika liegt.

Die erste dieser Spuren – Iran-Contra – erscheint dabei als die wichtigste. In der Tat glauben die meisten, die den Fall untersucht haben, dass der Tod von Olof Palme auf irgendeine Weise mit Waffenverkäufen an den Iran zusammenhing. Eine wichtige Rolle spielte dabei die amerikanische Unterstützung der Contras in Nicaragua gegen die regierenden Sandinisten.

Treten wir nun einen Schritt zurück und schauen wir uns das äußerst verworrene Netz der amerikanischen Waffenverkäufe an den Iran an. Es begann mit dem Sturz des Schahs 1979. Gegen Ende seiner Regierungszeit waren die USA Irans Hauptlieferant für Waffensysteme. Die USA versuchten, den Iran als bestimmende Regionalmacht am Persischen Golf und Verteidiger amerikanischer Interessen zu etablieren. Deshalb erhielt das Land die damals nagelneuen F-14-Kampfflugzeuge und das dazugehörige Raketenarsenal, vor allem Phoenix-Raketen, die zeitgleich an die amerikanische Marine und an Teheran ausgeliefert wurden.

Im Januar 1979, gegen Ende der Amtszeit von Jimmy Carter, führte die iranische Revolution zur Absetzung des Schahs und danach in die Geiselkrise. Nach einer Übergangszeit übernahmen Ruhollah Khomeini und seine Anhänger die Kontrolle im Iran. Im September 1980 hatte der Irak seine Angriffe auf den Iran begonnen. Es war der Beginn eines mörderischen Krieges, der bis 1988 andauern sollte. Doch durch die Revolution war der Iran offiziell von den amerikanischen Waffen- und Ersatzteillieferungen abgeschnitten. Daher sagten Reagan und sein Team dem Iran zu, nach dem Einzug ins Weiße Haus die Waffenlieferungen heimlich fortzusetzen. Der Großteil dieser Lieferungen ging über Israel. Es waren also die Israelis, die den Iran mit US-Waffen und Ersatzteilen versorgten. Die eigenen Vorräte konnten in aller Stille wieder von den USA aufgefüllt werden.[54] Die CIA ist während der Amtszeit von Präsident Reagan tief in diese heimlichen Deals verstrickt gewesen. Darauf weist jedenfalls Robert Parry vom Public Broadcasting Service der USA hin, einer der führenden Vertreter der October-Surprise-Theorie. Ben-Menashe bezeichnete unter anderen folgende Personen als Schlüsselfiguren: den iranischen Waffenhändler Cyrus Hashemi, der später ermordet wurde, die CIA-Offiziere William Casey, Donald Gregg und Robert Gates, den Nationalen Sicherheitsberater Robert McFarlane, der zugleich einer der Hauptakteure der Iran-Contra-Affäre war, schließlich Ronald Reagan und George H.W. Bush.[55] Zwar wurden die »October-Surprise«-Vorwürfe von den späteren Anhörungen des US-Kongresses nicht bestätigt, damit aber nicht aus der Welt geschafft. Sie wurden weiterhin etwa von Pierre Salinger, dem ehemaligen Pressesprecher von John F. Kennedy, sowie dem ehemaligen Leiter des französischen Geheimdienstes, Alexandre de Marenches, vertreten.

Von 1980 bis hin zur Iran-Contra-Affäre um 1985 bis 1987 wurden große Mengen Waffen in den Iran geschafft. Organisiert wurden die Lieferungen zumeist von einem israelischen Netzwerk, das mit der CIA unter einer Decke steckte. Am präzisesten beschreibt Ari Ben-Menashe in seinem Buch *The Profits of War* diese komplizierten Geschäfte. Alles begann – noch in der Amtszeit von Jimmy Carter – mit der Lieferung von 300 Ersatzreifen für die F-4 Jagdbomber der iranischen Luftwaffe. Tatsächlich wurde im Herbst 1980 ein gemeinsamer Ausschuss für die iranisch-israelische Zusammenarbeit gebildet. Er bestand aus Vertretern des israelischen Militärgeheimdienstes Aman und des Mossad. Von da an hatte laut Ben-Menashe »der gemeinsame Ausschuss die Aufgabe, den Iran mit Waffen für seinen Krieg gegen Saddam Hussein zu versorgen«. Für Israel bedeutete dies, einen Feind eines seiner Hauptfeinde, nämlich des Irak, mit Waffen zu versorgen. Damals konnten die Israelis die Gefahr, die der Iran einmal für sie selber darstellen sollte, noch nicht vorhersehen. Auf israelischer Seite gehörte unter anderen Rafi Eitan zu diesem Ausschuss. Er war damals Anti-Terror-Berater des Premierministers. Auf amerikanischer Seite war Robert Gates, der William Casey und Bush nahestand, in dieses Netzwerk der geheimen Waffenlieferungen an den Iran eingebunden. Jahre später sah die israelische Regierung in Gates eher einen Gegner, denn in den späten 80er Jahren unterstützte er die US-Waffenlieferungen an den Irak. Darunter sollen auch chemische und nukleare Waffentechnologien gewesen sein.[56]

Nach dem Amtsantritt von Ronald Reagan lieferte zunächst Israel mit stillschweigender Unterstützung der USA Equipment im Wert von etwa einer Milliarde Dollar. Dabei handelte es sich um Elektronik und Ersatzteile für F-4-Kampfflugzeuge, 300 000 122-mm-Artilleriegeschosse, 51-mm-Granatwerfer und Raketen für die Infanterie, 100 000 AK-47-Kalaschnikows, Luft-Boden-Raketen, deutsche Motoren für die britischen Chieftain-Panzer, C-130-Transportflugzeuge und Ersatzteile für die Boeing 747. Die Artilleriegranaten wurden mit dem Schiff vom israelischen Aschdod in die iranische Hafenstadt Bandar Abbas verfrachtet. Außerdem verließen um die 40 als argentinisch gelistete Frachtflüge den Flughafen Tel Aviv. Eine dieser Maschinen wurde von den Sowjets an der sowjetisch-türkischen Grenze abgeschossen. Von da an gingen die Flüge über die Türkei. All diese Lieferungen wurden abgeschattet durch israelische Endverbleibszertifikate. Damit gingen die Waffen offiziell nur nach Israel und nirgendwo anders hin.

Die betreffenden Absprachen standen offenbar im Zusammenhang mit Waffenverkäufen und Drogengeschäften in Zentralamerika. Dies spülte Unmengen von schmutzigem Geld nach Israel. Ben-Menashe zufolge liefen die Beträge über 200 Bankkonten bei 27 angesehenen Banken in der ganzen Welt. Australien, Guatemala, Peru, Kenia, Paraguay und Südafrika wurden für die ausgeklügelten Umwege des Waffenhandels als Deckmantel oder Zwischenstationen benutzt. Auch aus Europa kamen Waffen, unter anderem aus Österreich, Belgien, Großbritannien und Schweden. Sie alle stellten Endverbraucherzertifikate aus, die Israel fälschlicherweise als Endziel deklarierten. Ben-Menashe war einer der Händler und Organisatoren. Er schreibt: »Zwischen 1981 und 1987 gab es einen Deal nach dem anderen, so viele, dass man sie gar nicht aufzählen kann.«[57] Laut Ben-Menashe benötigten alle Abkommen eine ausdrückliche amerikanische Erlaubnis. Sie wurde oft von Robert Gates erteilt.

Verkauft wurden auch Panzerabwehrraketen vom Typ TOW. Das war eine wichtige Waffe für den Iran, denn diese Raketen konnten gegen die angreifenden irakischen Panzer eingesetzt werden. »Sobald die ersten 4000 Stück aufgebraucht waren«, so Ben-Menashe, »wurden weitere 4000 Raketen aus NATO-Reserven in Europa geschickt und ebenfalls 4000 aus den USA. Sie wurden über Guatemala und Australien verschifft.«[58]

Er hat ausgerechnet, dass

> »der Iran von März 1981 bis Ende 1987 die unglaubliche Summe von mehr als 82 Milliarden US-Dollar für Material aus den Vereinigten Staaten, Israel, Europa, Südamerika – vor allem Brasilien und Argentinien – und Südafrika ausgegeben hat. (…) Alte Panzer, Flugzeuge, unter anderem französische Mirages aus Argentinien, Kettenfahrzeuge, Elektronik, Radarsysteme, Kleinwaffen, Artillerie, HAWK Boden-Luft-Raketen, chinesische Silkworm-Raketen, nordkoreanische SCUD-Raketen, Katyusha-Granaten, die Israel im Libanon erbeutet hatte, Kanonen, usw.«[59]

Als Jitzchak Schamir 1983 Premierminister wurde, eröffnete sich auf der Anbieterseite unerwartet ein neuer Markt. Es war weithin bekannt, dass Schamir bestrebt war, neue Bande mit der UdSSR und anderen Ostblockstaaten zu knüpfen, um Israel teilweise aus seiner Abhängigkeit von den USA zu befreien. 1984 war Viktor Chebrikov Leiter des KGB. Ihm waren diese neuen israelischen Ambitionen sehr willkommen, und so willigte er in diese Geschäfte ein. Am Ende waren darin Polen, Nordkorea und Vietnam verwickelt. Die Waffen wurden mit der

Erlaubnis von Robert Gates über eine Tarnfirma zu den Contras in Nicaragua weitergeleitet. Allein Polen lieferte den antisandinistischen Rebellen 5000 automatische Gewehre AK-47, mehrere Millionen Schuss Munition, 60mm- und 81mm-Granatwerfer inklusive Munition sowie Antipersonenminen und Katyuscha-Raketen. »Wenn wir Ausrüstung von europäischen Ländern kauften«, so Ben-Menashe, »wurden diese nicht freigegeben ohne israelische Endverbleibszertifikate, mit denen sie die Deals vor ihren eigenen Parlamenten verbergen konnten – sogar wenn sie wussten, dass das Material an den Iran ging. Die beteiligten Länder waren Österreich, Belgien und Schweden – bis dessen Premierminister Olof Palme die Geschäfte untersagte.»[60]

Ben-Menashe erwähnt Schweden nur im Zusammenhang mit Palmes ablehnender Haltung zu diesen amerikanischen Waffendeals und seiner Weigerung, weiter israelische Endverbleibszertifikate für Waffen ausstellen zu lassen, die in Wirklichkeit in den Iran weitertransportiert wurden. Doch Schweden spielte bei diesen Geschäften eine wichtige Rolle.

Auch die israelische Innenpolitik spielte mit hinein. Damals regierte in Israel eine Große Koalition aus Likud- und Labor-Partei. Zunächst wurde sie vom Vorsitzenden der Arbeiterpartei Schimon Peres geleitet, dann ab 1985 von Likud-Parteichef Jitzchak Schamir. Ben-Menashe schreibt, dass der Peres-Führung der riesige Schmiergeldfonds missfiel, der von der Likud-Führung im Zuge ihrer weitläufigen Waffenverkaufsnetzwerke angelegt worden war. Deshalb machten sich die Peres-Leute daran, eine Konkurrenzorganisation zu schaffen, eine Art »zweiten Kanal«. Der erste Kanal, also vor allem der gemeinsame Ausschuss für die iranisch-israelische Zusammenarbeit, der aus Mossad, Rafi Eitans Netzwerk und Verbindungsleuten zu Gates und der CIA bestand, lief parallel weiter.[61] Der neue Kanal unter der Leitung von Amiram Nir, einem unerfahrenen Anti-Terror-Berater von Peres, wurde immer aktiver und konnte sich dabei wesentlich auf Oliver North, John Poindexter und Robert »Bud« McFarlane stützen, allesamt Nationale Sicherheitsberater von Reagan.

All dies fand verdeckt im Rahmen einer Hinwendung der US-Politik zum Irak statt. Die Reagan-Regierung betrachtete damals Saddam Hussein als den Mann, der das Vakuum füllen konnte, das nach dem Sturz des Schahs entstanden war. Für die USA ging es darum, einen neuen, regionalen Hegemon am Persischen Golf auf die eigene Seite zu ziehen. Das Waffenembargo gegen den Irak wurde aufgehoben. Bagdad erhielt die Auswertungen der US-Satellitenüberwachung, um iranische Angriffe abzuwehren. In Washington hielt man Saddam Hussein für nützlich, um ein arabisch-israelisches Friedensabkommen zu erreichen. Laut Ben-Menashe bestand ein Teil des Deals auch darin, dass die USA den Irak mit atomarer und chemischer Waffentechnologie unterstützten.[62] Zugleich bemühte sich das US-Außenministerium darum, etwa ein Dutzend Länder zu veranlassen, keine Waffen mehr an den Iran zu verkaufen. Darunter befand sich auch Schweden. Diese »Operation Staunch« wurde von Richard M. Fairbanks, einem hohen Beamten im US-Außenministerium, geleitet.

Unabhängig davon verschob der zweite Kanal von Amiram Nir und Oliver North weiterhin Waffen in den Iran und finanzierte mit den Erträgen Waffenlieferungen an die nicaraguanischen Contras, was nach amerikanischem Recht zwar illegal, aber insgesamt sehr erfolgreich war.

Karl-Erik Schmitz und der schwedische Waffenhandel

In diesem Rahmen spielte der Schwede Karl-Erik Schmitz eine wichtige Rolle. Er war Waffenhändler und Vertreter des israelischen Rüstungskonzerns Israel Military Industries (IMI): »Die schwedische Tageszeitung *Dagens Nyheter* hat am 8. November (1987, d. A.) behauptet«, so Kenneth Timmerman, »der bekannte schwedische Waffenhändler Karl-Erik Schmitz habe 1985/86 Waffen an den Iran verkauft, und zwar mit dem Wissen der CIA und des Nationalen Sicherheitsrates. Schmitz hat zugegeben, illegale Waffen an den Iran verkauft zu haben, darunter Hunderte von Tonnen militärischen Sprengstoffs und Munition im Wert von bis zu 600 Millionen US-Dollar.«[63] Schmitz kaufte die Waffen und Munition für den Iran von einem Kartell europäischer Hersteller. Dazu zählten SNPE (Frankreich), Muiden Chimie (Niederlande), Nobel Explosives (Schottland), PRB (Belgien), IMI (Israel) – und vor allem auch Bofors (Schweden).[64]

Die logistischen Wege dieses sogenannten Munitionskartells waren unterschiedlich, doch für Bofors, den Hauptlieferanten der Munition, existierte eine Hauptstrecke. Das Artilleriepulver wurde von Bofors in seinem Hauptwerk im mittelschwedischen Karlskoga produziert. Züge oder Lastwagen transportierten es bis zu den großen Häfen von Trelleborg und Malmö. In Malmö hatte die Scandinavian Commodities Corp. von Karl-Erik Schmitz ihren Sitz. Das Material wurde dann über die

Ostsee bis zum DDR-Hafen Rostock-Warnemünde gebracht. Weiter ging es anschließend per Zug oder Lastwagen durch Ostdeutschland, die Tschechoslowakei und Österreich zum jugoslawischen (heute montenegrinischen) Hafen Bar und dann mit dem Schiff durch den Suez-Kanal bis zum iranischen Hafen von Bandar Abbas.[65]

Nicht ganz aufgeklärt, aber sicher mit Blick auf den Mord an Palme (und vermutlich auch auf den Tod von Barschel) von Bedeutung ist die Tatsache, dass sich in Rostock-Warnemünde unterschiedliche Lieferwege kreuzten. Einerseits verlief dort der Nord-Süd-Lieferweg, auf dem die Munitionslieferungen von Karl-Erik Schmitz transportiert wurden. Andererseits gab es Waffenlieferungen in Ost-West-Richtung, die vom Depot der IMES Import-Export GmbH in Kavelstorf bei Rostock aus verschickt wurden. Offensichtlich wurde dort ein Großteil der ursprünglich sowjetischen Waffen aus dem Ostblock gelagert. Die meisten kamen wahrscheinlich aus Polen über den gemeinsamen Ausschuss, also über Kanal Nummer eins. Die Stasi und Schalck-Golodkowskis Bereich Kommerzielle Koordinierung haben bei den Aktionen im Hafen Warnemünde und im Depot Kavelstorf mitgewirkt.

Die Hauptroute des Munitionskartells, die über Trelleborg, Warnemünde, die Tschechoslowakei, Österreich und Bar nach Bandar Abbas verlief, war allerdings nicht die einzige, die von Schmitz benutzt wurde. Es gab auch einige Geschäfte, die über die Dynamite Nobel Germany Corporation in Westdeutschland abgewickelt wurden. Dazu gehörten unter anderem 70 000 Sprengkapseln, die im Oktober 1984 wahrscheinlich über den Luftweg von Frankfurt nach Teheran gelangten. Dem *Executive Intelligence Review* (*EIR*) zufolge wurden im Hafen von Nordenham an der Wesermündung Schiffe mit 80 Tonnen Schießpulver für den Iran beladen. Im April 1985 transportierten zwei deutsche Frachter, *Frauke* und *Katya*, mehrere 100 Tonnen Schießpulver für die iranische Artillerie. Beide Frachter gehörten der Paul Heinrich GmbH in Steinkirchen in der Nähe von Hamburg an der Elbe. Weitere Materialtransporte gingen über die Deutsche Seeverkehr AG Midgard, ebenfalls in Nordenham.[66] Dann gab es noch die Fritz Werner Industrie Ausrüstungen GmbH (FWAR) in Geisenheim, das in der Nähe von Rüdesheim am Rhein liegt. Sie war tief in die illegalen Lieferungen von Waffen und anderem Kriegsmaterial an den Iran verstrickt. [67] Wenn man die einschlägigen Dokumente liest, gewinnt man den Eindruck, dass Karl-Erik Schmitz Deutschland zur Drehscheibe eines illegalen Waffenhandelsnetzwerkes gemacht hat, das in ganz Westeuropa agierte.

Es steht außer Zweifel, dass Schmitz ein riesiges Unternehmen aufgebaut hat.

Im Ergebnis nehmen wir vor dem Hintergrund dieser komplexen Gemengelage an, dass Palme auch wegen seiner Verstrickung in den Waffenhandel mit dem Iran ermordet wurde. Dies ist in der Tat die Meinung der meisten Experten, die sich mit diesem Mordfall beschäftigt haben. Diese Hypothese ist allerdings aufgrund der fragmentierten, widersprüchlichen und fast schizophrenen Politik von Israel und den USA sowie ihrer wechselseitigen Beziehungen alles andere als eindeutig. In beiden Ländern gab es außenpolitische Vorgänge, die sich widersprachen und in Konkurrenz zueinander standen. Umstritten war vor allem die Frage, ob man den Iran oder den Irak unterstützen sollte. Im Falle von Israel wollte man außerdem dafür sorgen, dass der Krieg zwischen Iran und Irak so lange wie möglich weiterging. Nebenbei konnte mit den Waffenlieferungen an Iran und Irak eine Menge Geld verdient werden. Viele, die in diese Waffen- bzw. Geldtransaktionen verstrickt waren, wurden getötet.

Auch mag in diesem Zusammenhang das Misstrauen der USA gegenüber Palmes politischer Einstellung eine Rolle gespielt haben. Palme wurde schon lange als anti-amerikanisch eingestuft. Er selbst bestritt das stets und verwies dabei auf seine Zeit als Student in Ohio. Er hatte allerdings den Krieg der USA in Vietnam scharf kritisiert, war ein Führer der Sozialistischen Internationalen und der Bewegung der blockfreien Länder und unterhielt gute Verbindungen zu Führern der Dritten Welt, die – wie Indien oder die Sandinisten in Nicaragua – als USA-feindlich galten. Andererseits unterstützte Palme die Gewerkschaftsbewegung Solidarność in Polen, was der Reagan-Administration entgegenkam.

Das eigentlich neutrale Schweden Olof Palmes wurde als stilles 16. Mitglied der NATO angesehen – trotz seiner auf Neutralität und Rüstungskontrolle abzielenden Politik.

Interessanterweise waren kurze Zeit vor Palmes Tod mehrmals mysteriöse U-Boote in schwedischen Gewässern gesichtet worden, bei Karlskrona und der Basis Musko im Archipel von Stockholm. Die Gründe dafür wurden nie wirklich herausgefunden. Einige Berichterstatter sahen darin sowjetische Provokationen und Einschüchterungsversuche gegenüber Schweden, insbesondere wegen der unterschwelligen Bindungen des Landes an die NATO und der klaren NATO-freundlichen Haltung eines Großteiles des schwedischen Militärs. Im Pentagon hielt man es damals für möglich, dass im Falle eines weiträumigen Krieges die sowjetischen Truppen in Schweden einfallen, das Land durchqueren und Teile der norwegischen Küste unter ihre Kontrolle bekommen würden in der Absicht, die US-Seefahrtsstrategie zu gefährden. Einige Berichterstatter glaubten nun voller Besorgnis, Palme wolle mit den Sowjets einen Tausch aushandeln: die Neutralität Skandinaviens gegen das Ende der sowjetischen U-Boot-Provokationen in schwedischen Gewässern. Auch aus dieser Besorgnis könnte das Motiv für einen Mord entsprungen sein.

Dagegen versucht Dirk Pohlmann den Nachweis zu erbringen, dass es sich um U-Boote der NATO italienischer Bauart gehandelt habe; eine Operation des US-Geheimdienstes unter falscher Flagge mit dem Ziel, Palme wegen der angeblichen sowjetischen Bedrohung von seinem geplanten Besuch bei Gorbatschow in Moskau im Frühjahr 1986 abzuhalten.[68] Dabei stützt er sich auch auf die Recherchen von Ola Tunander vom International Peace Research Institute in Oslo. Danach räumten britische U-Boot-Kapitäne geheime Operationen in den Schären ein, und Caspar Weinberger, US-Verteidigungsminister von 1981 bis 1987, bestätigte westliche »Test«-Operationen in schwedischen Gewässern. Tunander sieht darin einen »geheimen Krieg« der USA und des Vereinigten Königreichs. In der Folge stieg die Zahl der Schweden, die in der UdSSR eine Bedrohung sahen, von 5-10 Prozent im Jahr 1980 auf 45 Prozent drei Jahre später. Ein riskantes Manöver – aber vielleicht die erfolgreichste verdeckte Operation des Kalten Krieges.[69]

Israel, Iran, Irak und die Stasi

Auch der israelische Regierungsapparat ist kein monolithischer Block gewesen. Deshalb ist es durchaus denkbar, dass einzelne Gruppen innerhalb des Apparats am Mord beteiligt waren, »verbrecherische« geheimdienstliche Netzwerke oder Waffenhändler, die nicht vollständig unter der Kontrolle der Regierung standen.

Immerhin war Israel tief in den verdeckten Waffenhandel mit dem Iran verstrickt. Vor diesem Hintergrund schadete Palme Israel, als er 1985 die schwedischen Waffenverkäufe an den Iran unterbunden oder zumindest einen Versuch in diese Richtung unternommen hat. Denn dies brachte finanzielle Verluste und gleichzeitig politisch-militärische Nachteile bei der Eingrenzung des Irak. Israel strebte danach, Bagdad zu schaden und den Irak weiter durch den Krieg in Atem zu halten.

Möglicherweise kann Israel auch ein strategisches Motiv gehabt haben. Hinweise darauf verdanken wir einem Israeli mit engen Verbindungen zum Mossad: Der Informant machte geltend, dass Israel nach 1980 für die USA die Rolle des Waffenlieferanten übernommen hatte. Eine Menge Geld stand auf dem Spiel, aber auch das strategische Ziel, den Iran gegen den Irak zu unterstützen.

Des Weiteren berichtete der ehemalige Waffenhändler William Herrmann dem Autor Robert Harkavy, er habe von einem israelischen Waffenschieber namens Eli Katzir gehört, dass Israel in der Tat hinter dem Palme-Mord stecke.[70] Ari Ben-Menashe äußerte in einem Gespräch mit Harkavy, Nachum Admoni, der damalige Leiter des Mossad, sei in den Mord verstrickt gewesen. Keine dieser Behauptungen konnte bislang von anderen Quellen bestätigt werden. Allerdings ist belegt, dass Eli Katzir tatsächlich als hoher Beamter im israelischen Sicherheitsapparat mit solchen Fragen zu tun hatte. Im Jahr 2001 arbeitete Katzir in der Terrorbekämpfungseinheit beim Büro des israelischen Ministerpräsidenten. Dort leitete er eine Gruppe israelischer Antiterrorexperten, der auch Geheimdienstler und Polizeioffiziere angehörten, beim Besuch in Indien, wo sie sich unter anderem in Kashmir mit den Sicherheitsproblemen Indiens vertraut machten und eine Antiterrorkooperation einleiteten.[71]

Ein weiterer Aspekt macht eine Mitwirkung des Mossad wahrscheinlich: Patrick Seale weist in seinem Buch über den palästinensischen Terroristen Abu Nidal darauf hin, dass der israelische Geheimdienst dessen Organisation vollständig mit Doppelagenten infiltriert und teilweise kontrolliert habe. Diese Doppelagenten stammten Seale zufolge überwiegend aus Marokko, wo sie auch ausgebildet worden seien. Denn die marokkanische Regierung habe zusammen mit der CIA ein geheimes Trainingscenter geleitet, an dem auch der Mossad mitgewirkt haben soll. Dort seien in Europa rekrutierte junge Araber geschult worden, um sie später als Spione in Diensten des Mossad und der CIA zurückzuschicken. Einige dieser jungen Marokkaner habe man speziell für gezielte Tötungen trainiert.[72] Wir erinnern uns: Der Mann, den Robert E. Harkavy nachts im Bolaget getroffen hat, bezeichnete sich als Marokkaner.

Die Ermittlungen von Krister Petersson berücksichtigen dabei auch den schwedischen Waffenhandel: »Schweden war eingebunden in zwielichtige Geschäfte mit dem Iran und Indien. So lieferte man an den Iran Schießpulver und Patrouillenboote. Ich will herausfinden, wie das zu dem Bild passt, dass die Israelis mit dem Mord zu tun hatten.«[73]

Schließlich sollte nicht unerwähnt bleiben, dass es in den 1970er und 1980er Jahren sehr enge Verbindungen zwischen Israel und Südafrika gab. Ihre jeweiligen Geheimdienste arbeiteten eng zusammen. Israel bezog den »Yellow Cake«, ein pulverförmiges Uranverbindungsgemisch, aus Südafrika und handelte sich dafür die stillschweigende Billigung des Apartheidregimes für seine Atomtests vor der dortigen Küste ein. Ein Beispiel dafür war die Testsprengung im Jahr 1979 etwa 400 Meilen südöstlich von Südafrika im Indischen Ozean. Israel verkaufte auch Waffen an Pretoria, darunter raketenbestückte Patrouillenboote. Dies geschah unter Missachtung des UN-Embargos gegen Südafrika. Vor diesem Hintergrund erwächst die Frage, ob die zwei Paria-Staaten beim Mord an Olof Palme zusammengearbeitet haben. Dammegard zufolge waren südafrikanische Agenten direkt in die Tat verstrickt. Es gibt aber auch Hinweise darauf, dass der Mossad zumindest am Rande eingebunden war. Anfang der 2000er Jahre traf Robert Harkavy Prof. Menachem Amir von der Hebrew University in Jerusalem, dessen Tochter eine hochrangige Mossad-Mitarbeiterin war und der selbst den israelischen Geheimdienst beriet. Beide diskutierten die Frage einer möglichen israelischen Beteiligung am Palme-Mord. Einige Zeit später erhielt Harkavy einen Brief. Darin schrieb ihm Amir: »Meine Quellen sagen, dass jeder, der den Mord an Palme zu klären sucht, nur seine Zeit verschwendet.«[74] Dies kann zumindest als Hinweis auf eine israelische Mitwisserschaft gewertet werden. Denn die Israelis lieferten dem Iran Waffen, und im Gegenzug habe Teheran iranischen Juden, überwiegend Frauen und Kindern, die Ausreise erlaubt: »Vor der Machtübernahme durch Chomeini«, so Menachem Amir zu Robert E. Harkavy, »lebten 80 000 bis 90 000 Juden im Iran. Einige Jahre später waren es nur noch 25 000.«[75] Daneben war Israel auch in die Leitungsgremien der NATO-Geheimarmee Stay-behind eingebunden.

Iran und Irak können als potentiell treibende Kräfte beim Mord an Olof Palme zusammen abgehandelt werden. Denn im historischen Prozess handelt es sich um zwei Seiten derselben Medaille, wie beispielsweise deutlich wird beim Blick auf die schwedischen Waffenverkäufe an den Iran. Waffenverkäufe an den Irak sind nicht nachgewiesen. Der Iran hatte – wie bereits geschildert – ein Interesse an der Fortsetzung der Lieferungen. Folglich kann man der iranischen Seite unterstellen, dass Palmes Entscheidung Verärgerung ausgelöst hat, sollte er wirklich die schwedischen Waffenverkäufe an den Iran unterbunden haben.

Denn sie umfassten hauptsächlich Robot-70 Boden-Luft-Raketen, Boghammar-Patrouillenboote, vor allem aber die vom Munitionskartell und Karl-Erik Schmitz gelieferten Artilleriesprengstoffe.

Es ist belegt, dass Palme kurz vor seinem Tod Besuch von einer iranischen Delegation erhalten hat. Anscheinend haben sich die Iraner bei ihm über den Lieferstopp beschwert und ihn ersucht, diesen aufzuheben.[76] Erwähnenswert ist auch, dass Schweden neben Waffen und Munition auch Volvo-Lkw in großen Stückzahlen an den Iran geliefert hat. Diese Verkäufe wurden nicht als Militärgüter deklariert, die Lkw waren aber eindeutig militärisch nutzbar.[77] Wenn Palme am Lieferstopp festgehalten hat, dann könnte auch der Iran als Haupttäter in Frage kommen. Denkbar wäre in diesem Falle, dass der Mord von »Subunternehmern«, vielleicht sogar unter Einbindung Israels, ausgeführt wurde.

Palme hatte am Morgen seines letzten Tages ein einstündiges Gespräch mit dem irakischen Botschafter in Schweden, mit Muhammad as-Sahhaf. Es ist möglich, dass der Botschafter ihn traf, um sich über die Waffenlieferungen an den Iran zu beschweren, die ja trotz des angekündigten Stopps fortgesetzt wurden. Vielleicht kritisierte er auch Palmes Unfähigkeit, den angekündigten Stopp der Waffenlieferungen tatsächlich durchzusetzen. Wer weiß, wie dieses Gespräch ausging? Palme ist jedenfalls von seinen Mitarbeitern als nach diesem Treffen ungewöhnlich nervös und in Gedanken versunken beschrieben worden.

Der Iran war durch seine Revolutionsgarde und ihren Führer Mohsen Rafiq-Dust schon seit langem an Morden in Europa beteiligt. Meistens waren die Opfer iranische Dissidenten und Regimegegner, doch auch Operationen wie das Bombenattentat von 1994 auf eine Zentrale der jüdischen Gemeinde in Buenos Aires gehörten dazu.

Dennoch sind alle diese Verdachtsmomente nicht zwingend. Viele Analytiker des Falles Palme sind davon überzeugt, dass der Mord nur durchgeführt werden konnte, weil Palmes Festnetztelefon abgehört wurde. Jemand muss die Telefongespräche mit seinem Sohn und mit Emma Rothschild über den geplanten Kinobesuch mitgehört haben. Wären der Iran oder der Irak dazu imstande gewesen? Das ist zu bezweifeln. Solche Eingriffe wären viel eher den USA, Israel, England, der UdSSR, dem Staatssicherheitsdienst der DDR oder auch der schwedischen Geheimpolizei SÄPO zuzutrauen. Falls es eine gemeinsame Tat mehrerer Länder war, könnte der Iran auch von seinen Partnern informiert worden sein, zum Beispiel von den USA oder Israel. Dammegard und andere Experten sehen jedoch keine Belege dafür, dass der Iran an der Mordoperation teilgenommen hat.

Obwohl der Irak der Hauptleidtragende der schwedischen Waffenlieferungen an den Iran war und trotz des rätselhaften letzten Zusammentreffens zwischen dessen Botschafter und Palme, das eventuell die Waffenlieferungen an den Iran zum Thema hatte, wird der Irak so gut wie nie als Akteur beim Palme-Mord genannt. Nur Ruth Freeman beschreibt ihn in einem Roman als treibende Kraft der Aktion.[78]

Stärker als bislang vermutet kann der Arbeitsbereich Kommerzielle Koordinierung des DDR-Geheimdienstes mit seiner Firma IMES, welche Waffenverkäufe abwickelte, ein Motiv gehabt haben, Palme zu töten oder an seiner Ermordung mitzuwirken. Es ist belegt, dass die IMES unter der Leitung von Alexander Schalck-Golodkowski beim Transport von Artilleriepulver des Munitionskartells von Schweden über Ostdeutschland bis in den Mittleren Osten eine zentrale Rolle spielte. Die mit Schießpulver und möglicherweise auch mit Zündern beladenen Schiffe fuhren vom schwedischen Trelleborg und von Malmö zum ostdeutschen Warnemünde. Diese Transporte liefen über den zweiten Waffentransport-Kanal. Das Depot in Kavelstorf war ein wichtiger Stützpunkt für die Ost-West-Pipeline von Ostdeutschland bis nach Nicaragua. Mehreren Quellen zufolge hatte der Erlös aus diesen IMES-Transaktionen einen großen Anteil an den Deviseneinnahmen der DDR-Regierung. Sie waren für Ostdeutschlands Wirtschaft unverzichtbar. Wir wissen nicht, wie viel Schmitz und sein Munitionskartell an die DDR für die Zwischenlagerung und den Weitertransport des Materials zahlten. Es dürften aber hohe Beträge gewesen sein. Wenn also Palme diesen Hahn zugedreht hat, müssen die Ostdeutschen einen großen finanziellen Verlust zu verzeichnen gehabt haben. Auch hieraus kann ein Motiv für einen Mord erwachsen sein.

Eine junge schwedische Reporterin war diesen Geschäften auf der Spur: Cats Falck. Sie starb einen mysteriösen Tod in ihrem Wagen. Es gibt gute Gründe, in diesem Falle einen Mord in Betracht zu ziehen, der vertuscht werden sollte.[79] Im November 1984 ging Cats Falck abends mit ihrer Freundin Lena Grans im Süden von Stockholm essen. Nach dem Essen verschwanden beide spurlos. Monate später, im Mai 1985, wurde ihr Auto mit den Leichen auf dem Grund des in der Nähe liegenden Hammarby-Kanals gefunden. Keine von beiden hatte im Restaurant Alkohol getrunken. Es ist aufgrund der Gegebenheiten nur schwer vorstellbar, dass es sich dabei tatsächlich um einen Unfall gehandelt haben kann. Viel wahrscheinlicher erscheint es, dass beide im Restaurant vergiftet wurden, eine andere Person ihren Wagen bis zum Kanal gefahren und ins Wasser gerollt hat, wo es bis auf den Grund sank. Cats Falck wurde am Steuer des Autos ihrer Freundin gefunden, obwohl sie keinen Führerschein hatte. Dennoch fiel der Polizei nichts Besseres ein, als einen Unfall zu melden.

Später stellte sich heraus, dass Cats Falck an einer brisanten Geschichte arbeitete. Ihren Kollegen und Freunden zufolge handelte es sich um eine »große Sache«. Es ging offenbar um die Pipeline des Munitionskartells von Bofors und Karl-Erik Schmitz nach Ostdeutschland. Andere Berichte behaupten, sie habe an einer Geschichte über das Elektrotechnikunternehmen ASEA (Allmänna Svenska Elektriska Aktiebolaget) und eine illegale Lieferung von Atomtechnik nach Ostdeutschland gearbeitet. Diese Hinweise erscheinen aber nicht sonderlich belastbar, denn die DDR verfolgte kein eigenes atomares Waffenprogramm. Das hat die Sowjetunion nicht zugelassen, und für Moskau dürfte ein solcher Techniktransfer auch überflüssig gewesen sein.

1997 erhielt der schwedische Geheimdienst SÄPO einen anonymen Brief aus Deutschland, dem zufolge die Stasi Cats Falck und Lena Grans ermordet haben soll. Danach seien zwei ehemalige Stasi-Offiziere und vier weitere ostdeutsche Regierungsmitarbeiter in die Tat verwickelt gewesen. Drei davon hätten dem Mordkommando angehört. Als Motiv wurden Falcks Recherchen über die geheimen Geschäfte von Bofors und die verdeckten Waffenschiebereien genannt.

Außerdem wurde die Stasi in dem anonymen Schreiben für den Tod von Carl-Frederik Algernon verantwortlich gemacht, den Hauptermittler im Bofors-Skandal von 1986, bei dem es um Schmiergeldzahlungen bei Waffenverkäufen an Indien ging. Am 15. Januar 1987 hatte sich Algernon in der Stockholmer U-Bahnstation T-Centralen angeblich vor einen Zug gestürzt. Wegen der anonymen Hinweise war die schwedische Polizei gezwungen, den Fall Algernon erneut zu bearbeiten. Sie forderte die ostdeutschen Ermittlungsbehörden auf, eigene Untersuchungen einzuleiten. 2003 wurde der Deutsche Jürgen Grothe unter dem Verdacht verhaftet, Mitglied einer Gruppe gewesen zu sein, die von 1976 –1987 eine Reihe von Morden im Auftrag des Ministeriums für Staatssicherheit verübt haben soll. Mehrere deutsche Zeitungen zählten auch den mysteriösen Tod von Cats Falck und Lena Grans dazu. Jürgen Grothe wurde jedoch aus Mangel an Beweisen wieder auf freien

Fuß gesetzt und die Akte 2006 geschlossen.[80]

Wenn man Hinweisen folgt, dass sowohl die schwedische als auch die ostdeutsche Polizei und Regierung daran beteiligt waren, den Mord an Palme zu vertuschen, dann liegt es vor dem geschilderten Hintergrund nahe, dass es sich beim mysteriösen Tod von Cats Falck und Lena Grans ebenfalls um Morde handelt, die vertuscht werden sollten. Nach Recherchen des Reporters Mikael Olander aus Malmö gibt es zahlreiche Beweise dafür, dass die Stasi in den 80er Jahren in Schweden aktiv war. Vor diesem Hintergrund wirkt die oben genannte Darstellung durchaus glaubwürdig.[81]

In Betracht zu ziehen ist hier auch die massive finanzielle Bedeutung dieser heimlichen Geschäfte für die IMES und für die DDR. Allerdings kann ausgeschlossen werden, dass die Stasi etwas mit dem Mord an Olof Palme zu tun gehabt hat. Denn der DDR-Geheimdienst bildete einen »Sonderstab Palme-Mord«. Dies zeigt, wie ernst das Ministerium für Staatssicherheit den Anschlag nahm. Die Stasi hatte auch einen Tatverdächtigen im Blick. Das Phantombild brachte die Offiziere auf die Spur eines in Uppsala lebenden Exil-Iraners: Amir Heidari. Er wies große Ähnlichkeit mit dem ersten veröffentlichten Bild auf, auch Alter und Größe passten. Ein Abgleich mit den Passdokumenten sämtlicher Grenzpassagen aus Skandinavien in die DDR nach dem Mord ergab: Heidari war am 3. März 1986 aus Schweden kommend über den Flughafen Berlin-Schönefeld nach Westberlin gereist. Bei Interpol galt der Iraner als Kopf einer der größten Schlepperorganisationen Europas. Bereits im Vorjahr war er deshalb in Ostberlin festgenommen worden. Die Stasi fand heraus, dass Heidari angeblich zu einer geheimen iranischen Widerstandsorganisation gehörte, die mit ehemaligen Agenten des Schah-Geheimdienstes SAVAK durchsetzt sei und Verbindungen zu BND und CIA unterhalte. Der Sonderstab hielt auch mögliche Motive fest. In Frage kamen für die Offiziere die iranfreundliche Politik Schwedens, Palmes Vermittlerrolle im Iran-Irak-Krieg, aber auch die Maßnahmen der schwedischen Regierung gegen den Menschenschmuggel. Heidari wurde im Oktober 1986 in Uppsala festgenommen, er wurde mehrfach wegen seiner Schleusertätigkeit zu Gefängnisstrafen verurteilt und 2010 schließlich ausgewiesen. Wegen des Palme-Mordes wurde er nie belangt.[82] Dass er aber weiter in Schweden lebte, spricht gegen seine Beteiligung an einem so exponierten Mord.

Die Südafrika-Spur

Die Südafrika-Spur hat in der schwedischen Presse und Fachliteratur große Aufmerksamkeit gefunden.[83] Das Regime in Pretoria arbeitete schließlich eng mit Israel zusammen. Dammegard erwähnt in diesem Zusammenhang auch die engen Verbindungen von Mitarbeitern des südafrikanischen Geheimdienstes mit Vertretern der schwedischen Polizei.

Palme war seit langem einer der prominentesten Apartheid-Gegner. Noch am 21. Februar 1986, eine Woche vor seinem Tod, hielt er in Stockholm eine flammende Rede vor einem Tribunal gegen die Apartheid. Im Publikum saßen Hunderte von Rechtsanwälten, leitende Persönlichkeiten des Afrikanischen Nationalkongresses (ANC) und der Anti-Apartheid-Bewegung, darunter auch Oliver Tambo. In seiner Rede hieß es: »Ein System wie die Apartheid kann niemals reformiert, es kann nur abgeschafft werden.«[84] Die schwedische Regierung verlieh diesem Bekenntnis Nachdruck durch großzügige finanzielle Unterstützung des ANC. Für weiße Südafrikaner gab es also gute Gründe, Palme zu hassen und zu fürchten. Auch daraus kann ein Motiv für einen Mord erwachsen sein. Es ist allerdings nicht klar, ob Palmes Engagement letztlich das Ende der Apartheid beschleunigt hat. Im Rückblick erscheint diese Entwicklung allein schon aus demographischen Gründen als unabweislich: Die Weißen stellten nur 20 Prozent der südafrikanischen Bevölkerung.

1996, zehn Jahre nach dem Mord an Olof Palme, sagte der ehemalige südafrikanische Polizeioberst Eugene de Kock vor dem höchsten Gericht in Pretoria aus: Palme sei ermordet worden, weil er »sich entschieden gegen das Apartheidregime stellte und weil Schweden wesentliche Beiträge an den ANC zahlte«.[85] Er behauptete, der Superspion Craig Williamson habe den Mord organisiert. Dammegard hat diese Anschuldigungen in seinem Buch dargelegt. Später gab Williamsons ehemaliger Vorgesetzter Brigadegeneral Johannes Coetzee den ehemaligen rhodesischen Selous Scout Anthony White als Palmes tatsächlichen Mörder aus. Letzterer stand mit dem südafrikanischen Geheimdienst in enger Verbindung. Wiederum eine andere Person wurde von Peter Casselton, einem Geheimdienstmitarbeiter, als Mörder genannt: der in Nordzypern lebende Schwede Bertil Wedin, ein Mitglied von Coetzees Mordkommando, das dem Mord an Olof Palme den Decknamen »Operation Long Reach« gegeben hat.

Schwedische Ermittler reisten extra nach Südafrika, konnten allerdings keine Belege für de Kocks Anklage finden. 2010 nannte Tommy

Lindström, der ehemalige Leiter der schwedischen Spionageabwehr, Südafrika als Hauptverdächtigen des Palme-Mordes. Das Schwurgericht hat seine Arbeit an dem Fall immer noch nicht abgeschlossen.

Klar ist aber inzwischen: Am 15. Oktober 1985 fertigte der südafrikanische Militärgeheimdienst auf der Basis älteren Materials einen streng geheimen Bericht für den State Security Council SSC an. Darin ging es um die finanzielle Unterstützung des African National Congress durch Schweden. Sie belief sich dem Report zufolge auf insgesamt 890 Millionen Kronen (ca. 50 Millionen Pfund). Damit kam die Hälfte der finanziellen Unterstützung für den ANC aus Schweden. Der Bericht weist eindringlich auf die Gefahren hin, die von der gegen die Rassentrennung gerichteten schwedischen Politik für das Apartheid-Regime in Südafrika ausgingen. Daneben habe Palmes angebliche Sympathie für die UdSSR große Sorgen in Schweden ausgelöst. Sein politischer Kurs hätte schädliche Folgen für den Einfluss Moskaus in Europa und Afrika. Der südafrikanische Autor Robin Binckes hat in seinem Buch über die Mordkommandos des Apartheid-Regimes die entsprechenden Dokumente abgedruckt.

Der Militärgeheimdienst kommt zu dem Ergebnis, dass Olof Palme eine Bedrohung für Südafrika darstelle und »nun als Staatsfeind betrachtet werden muss.«[86] Die Schlussfolgerung der Geheimdienstler: »Die vorgeschlagene Operation gegen Mr. Palme sollte nun dringend Beachtung finden.« Daneben findet sich der handschriftliche Vermerk: »Einverstanden!«[87]

Der State Security Council billigte eine Operation mit dem Decknamen »Slingervel« (Steinschleuder) und informierte Craig Williamson und die Operation Longreach. Die schriftliche Genehmigung wurde erteilt durch einen Brief, der im Namen von General Neels van Tonder aufgesetzt und in seinem Namen von Tolletjie Botha unterschrieben wurde. Das Schreiben sollte die Genehmigung der Operation »von höchster Stelle« ausdrücklich bestätigen. Sie sollte zum Zeitpunkt der für 1986 geplanten Anti-Apartheid-Konferenz in Stockholm stattfinden. So könne die Aktion anderen Gruppen in die Schuhe geschoben werden: »Sie steht unter dem direkten Befehl von CSI: Operations. Die geeigneten Kräfte wird die Operation Longreach abstellen (…). Die abschliessenden Planungen wird Brüssel durchführen. Die Ausrüstung stellt die regionale Vertretung des National Intelligence in Bonn. Die ausführende Person wird unverzüglich ein intensives Training absolvieren, eine vergleichbare Übungswaffe stellt die Zentrale des National

Intelligence. Die ausführende Person wird im letztmöglichen Moment ins Operationsgebiet gebracht, um maximale persönliche Sicherheit herzustellen. Der Name der Operation ist ›Slingervel‹. Es wird bestätigt: Das direkte Ziel der Operation ist die Person ›OP‹«.[88] Die Kommunikation sollte streng geheim über den Militärgeheimdienst laufen.[89]

Auf der Rückseite des Dokuments finden sich handschriftliche Bemerkungen. Dazu gehören die Initialen »RA«. Sie könnten dem ausgewählten Täter zuzuordnen sein und für »Roy Allen« stehen. Weiter findet sich der Satz: »Bitte informieren Sie Williamson wie es getan werden muss.« Dies bezieht sich vermutlich auf die vorbereitende Tätigkeit eines militärischen Leitungsstabes. Mit Williamson dürfte Craig Williamson gemeint sein, der über keine militärische Ausbildung verfügte und deshalb wohl keine militärische Aufsicht vor Ort haben wollte. Die Person, welche die Einträge auf der Rückseite des Dokuments machte, muss dies gewusst haben und wollte sicherstellen, dass Williamson über die Arbeitsweise der Leitungsgruppe unterrichtet war. Es ist nicht belegt, aber sehr wahrscheinlich, dass diese Notizen entweder von General van Tonder selbst oder von Vize-Admiral Dries Putter stammten, der eine solche Operation überwacht haben könnte.[90]

Vom 21. bis zum 23. Februar 1986 fand in Stockholm eine große Konferenz gegen die Rassentrennung statt. Es kamen mehr als tausend Delegierte aus der ganzen Welt, darunter Vertreter des Schwedischen Volkskongresses gegen Apartheid und Exilführer des ANC wie Thabo Mbeki und Oliver Tambo. Die südafrikanische Regierung hatte Agenten eingeschleust. Olof Palme hielt eine Rede, welche die Gemüter der Anwesenden erhitzte. Er klagte die Politik des Apartheid-Regimes an und forderte die Freilassung von Nelson Mandela. Es gab keinen Zwischenfall.

Der Journalist De Wet Potgieter schreibt in seinem Buch *Total Onslaught*, dass der Mörder von Olof Palme am Morgen des 24. Februar 1986 in London landete und die zwei folgenden Nächte im Grosvenor Hotel am Hyde Park verbrachte. Am 26. Februar vormittags habe er die Fähre nach Amsterdam genommen. Von dort sei er nach Dänemark gereist und habe in einem Gästehaus übernachtet. Am 27. Februar schließlich sei er weiter gefahren nach Schweden, wo er im Wellington Hotel in Stockholm übernachtet habe. Dort habe er wahrscheinlich Kontakt zum Voraus-Team der Operation »Slingervel« sowie zu rechtsextremen Schweden hergestellt und an einer Einsatzbesprechung teilgenommen. Dabei muss die Entscheidung gefallen sein, den Anschlag auf Olof Palme am nächsten Tag auszuführen.[91]

Möglicherweise hat der Täter das Land sofort wieder verlassen. Er verbrachte wahrscheinlich die Folgenacht wieder in einem Gästehaus in Amsterdam und nahm dann die Fähre zurück nach England. Nach dieser Version blieb er in der Nacht des 2. März im Yacht Hostel in London. In der darauffolgenden Nacht flog er zurück nach Johannesburg. Zwei Wochen später reichte er bei der Operation Longreach eine Reisekostenabrechnung ein. Sie wurde von Craig Williamson im Auftrag von Riaan Stander genehmigt. Ein entsprechendes Dokument präsentiert Robin Binckes in seinem Buch.[92]

Unterzeichnet ist die Reisekostenabrechnung mit dem Namen »Captain Roy Allen«. Dieser Roy Allen gehörte tatsächlich der Todesschwadron des südafrikanischen Geheimdienstes BOSS »Z-Squad« an. Ihm wurden Binckes zufolge von südafrikanischen Ermittlern auch andere Morde zur Last gelegt, wie der an Robert und Jean Smit am 22. November 1977. Robert Smit war ein führender Politiker der National Party. Offenbar hatte er Informationen über Korruption und Geldwäsche in Regierungskreisen, die er an die Öffentlichkeit bringen wollte. Allen, der 2017 von Australien nach Südafrika zurückgekehrt ist, hatte Verbindungen zu Smit, bestreitet jedoch jede Tatbeteiligung.[93]

In der von Allen unterzeichneten Reisekostenabrechnung werden Ausgaben vom 29. und 30. Februar 1986 geltend gemacht. Dies kann nicht stimmen. Denn 1986 war kein Schaltjahr. Der Februar hatte nur 28 Tage. Nur ein Irrtum – oder doch eine Fälschung?

Craig Williamson dementiert jegliche Beteiligung am Anschlag auf Olof Palme, entgegen der eidesstattlichen Erklärung von Eugene de Kock vor der Wahrheitskommission, mit der er Williamson schwer belastete.[94] Auf Williamson zeigen viele Indizien: Er gehörte seit 1971 der Sicherheitspolizei an und wurde als Undercover-Agent in verschiedene linke Studentenorganisationen eingeschleust, um den ANC auszuforschen. Später gehörte er dem Vorstand der National Union of South African Students an. Als Vizepräsident und Spendensammler dieses Verbandes war er viel im Ausland unterwegs. So kam er auch in Kontakt zum International University Exchange Fund (IUEF), für den Williamson schließlich arbeitete. Der IUEF war eine schwedische Initiative, die aus dem Büro von Olof Palme gesteuert wurde. So lernte Williamson Schweden kennen, baute Verbindungen nach Stockholm auf und erfuhr Details über die Verhaltensmuster und Gewohnheiten von Olof Palme. Als Leiter der Operation Longreach des südafrikanischen Militärgeheimdienstes und der Sicherheitspolizei soll Williamson, so Binckes, Tötungsoperationen gegen Apartheid-Gegner in Südafrika, Westeuropa und Großbritannien gesteuert haben. Er berichtete direkt dem State Security Council SSC. 2018 leitete Williamson die einzige Zigarettenfabrik in Botswana, Benson Craig (Pty) Ltd.[95] Jan Stocklassa schreibt: »1986 ist Craig Williamson fraglos der qualifizierteste Agent, um einen internationeln Einsatz wie den Mord an Olof Palme durchzuführen.«[96]

Was bedeutet die Nennung von Brüssel in dem zitierten Dokument? Es gibt zwei Möglichkeiten. Entweder ist damit die Niederlassung des südafrikanischen Geheimdienstes in der belgischen Hauptstadt gemeint. Oder »Brüssel« meint den Sitz der NATO-Geheimarmee Stay-behind, die dort ihre Zentrale hatte. In diesem Falle wäre dies ein Hinweis auf eine »joint operation« der Südafrikaner mit den NATO-Geheimdiensten, der Organisation Stay-behind in Schweden und rechtsextremen schwedischen Polizisten. Dies würde sich decken mit dem Inhalt eines streng vertraulichen Dokuments des Special Operations Planning Staff der NATO-Geheimarmee, das wir weiter hinten vorstellen.

Die schriftliche Genehmigung der Operation »Slingervel« lässt beide Möglichkeiten offen. Der schwedische Chefermittler Krister Petersson jedenfalls geht der Südafrikaspur weiter nach.

Interessant ist, dass der damalige südafrikanische Außenminister Pik Botha und einige seiner Beamten den Pan-Am-Flug 103 seltsamerweise in letzter Minute storniert haben. Am 21. Dezember 1988 kamen alle 259 Passagiere und Besatzungsmitglieder dieser Maschine durch einen Bombenanschlag über dem schottischen Lockerbie ums Leben. An Bord war hingegen Palmes Vertrauter Bernt Carlsson, Schwedens Anti-Apartheid-Beauftragter. Waren die Südafrikaner gewarnt worden? Von wem? Und warum?

Einige Rechercheure des Falles Palme haben auch Chile als potentiell Mitwirkenden beim Mordgeschehen ins Spiel gebracht. Dammegard nennt einen gewissen Michael Townley als einen der Geheimagenten, die in der Nacht vom 28. Februar 1986 vor Ort agiert haben sollen. Townley gehörte der Geheimpolizei des chilenischen Diktators Augusto Pinochet an, hat aber wohl auch für die CIA gearbeitet. Er hatte bereits für das Bombenattentat am 21. September 1976 in Washington D.C., bei dem der Diplomat und Pinochet-Gegner Orlando Letelier und seine Freundin Ronnie Moffit ums Leben gekommen waren, eine mehrjährige Haftstrafe verbüßt. Doch es erscheint fragwürdig, warum das Pinochet-Regime eine Aktion gegen Palme geplant haben soll, selbst wenn er – wie damals alle Linken – diese Militärdiktatur nach dem Sturz Salvador Allendes von Grund auf verabscheute. Andere Experten behaupten, der chilenische Faschist Roberto Thieme habe beim Mord an Palme eine Rolle gespielt. Thieme leitete damals die Patria y Libertad, eine rechtsextremistische politische Organisation, die angeblich von der CIA finanziert wurde. In diesem Zusammenhang hieß es auch, dass Palme getötet wurde, weil er vielen linksgerichteten Chilenen nach dem Sturz Allendes 1973 politisches Asyl gewährte.

Auch wenn sich keine weiteren Belege für eine Verwicklung der Pinochet-Diktatur in Chile in den Palme-Mord finden – wieder führt die Spur zurück zu den US-Geheimdiensten. Dass Roberto Thieme beim Anschlag am Sveavägen eine Rolle gespielt haben soll, lässt sich nicht belegen. Anders sieht es allerdings bei Michael Townley aus. Dammegard geht davon aus, dass er in seiner Rolle als Auftragnehmer der CIA am Mord an Olof Palme beteiligt war.

Die Befehlskette: Pegasus

Zu den dargelegten politischen Hintergründen passen die Hinweise des früheren CIA-Agenten Gene »Chip« Tatum. Im Januar 1971 war er von William Colby in Vietnam angeheuert und gefördert worden. In seinem Berufsleben nahm Chip Tatum an einer Reihe von geheimen Kommando-Operationen teil. Der aus Florida stammende und heute in Kolumbien lebende Tatum diente zunächst in Vietnam bei den US-Spezialkräften. 25 Jahre lang war er dann tätig als Undercover-Agent für die CIA. Bei der US-Invasion in Grenada im Oktober 1983 flog er als Army-Pilot verdeckte Operationen. Im Rahmen der Iran-Contra-Affäre schmuggelte er mit seiner Maschine tonnenweise Kokain, das als medizinisches Hilfsgut deklariert war. Er war – nach eigener Darstellung – in den Jahren 1986 bis 1992 ebenfalls Teil der sogenannten Pegasus-Gruppe. Dabei handelte es sich um eine geheime Einheit innerhalb der CIA, zu der auch ein Killerteam gehörte. Tatum wurde Mitte der 90er Jahre zum Whistleblower, nachdem er eine Gefängnisstrafe wegen Landesverrats hätte verbüßen müssen, die später herabgestuft wurde zu einem schlichten Betrugsfall – ein bemerkenswerter Vorgang. Übrig blieben 15 Monate Haft. Im März 1996 wurde er erneut zu 27 Monaten Haft verurteilt, diesmal wegen Unterschlagung. Sein Anwalt, der auf die Vorladung von 80 von Tatum benannten Zeugen verzichtete, gab später zu, vom US-Außenministerium unter Druck gesetzt worden zu sein. Chip Tatum selbst erklärte, man habe ihn nach seinem Ausscheiden aus der Operation Pegasus diskreditieren wollen. Zur Begründung gab er an, im Jahr 1994 sei er bei einer Telefonkonferenz mit Oliver North, dem Geheimdienstmajor Félix Rodríguez und dem früheren CIA-Direktor William Colby davor gewarnt worden, Geheimdokumente weiterzugeben, die er als »Lebensversicherung« für seine alten Tage zur Seite geschafft hatte. Man habe damit gedroht, ihn »auf übelste Weise« zu beseitigen.

Nach seinen Gefängnisaufenthalten entschloss sich Tatum, die Kommandostruktur der Pegasus-Gruppe offenzulegen. Es war wiederum William Colby, der Tatum 1983 in die Kooperation mit Oliver North eingeführt hatte. Es gibt zahlreiche Hinweise darauf, dass die Enterprise-Gruppe zusammen mit den Contra-Rebellen in Nicaragua Kokain in die USA schmuggelte, um mit dem Erlös Waffenkäufe zu finanzieren. Auch Tatum machte entsprechende Angaben. Danach habe die Enterprise-Gruppe nicht nur Drogenlabore in Kolumbien aufgebaut, sondern auch die Schmuggelwege in die USA kontrolliert. Teil dieser Operationen war auch die Pegasus-Gruppe. Sie setzte sich zusammen aus den hinter der Iran-Contra-Verschwörung stehenden Offizieren der Enterprise-Gruppe, aus Angehörigen der Drug Enforcement Agency (DEA) und dem Bureau of Alcohol, Tobacco and Firearms sowie Geheimdienstlern mehrerer europäischer Länder, Israels und der Türkei, die eingebunden waren in Drogenschmuggel, Mordanschläge, Geldwäsche und andere geheimdienstliche Spezialoperationen. In seinem »Pegasus File«[97] weist Chip Tatum darauf hin, dass der CIA-Offizier Ted Shackley eine dieser Unterabteilungen leitete. Auf der Führungsebene seien sowohl George H.W. Bush als auch Henry Kissinger verantwortlich gewesen. Tatum gibt an, er habe ab 1983 Drogenflüge durchgeführt. Dabei habe er von Oliver North, Major Félix Rodríguez sowie Amiram Nir, dem früheren Mossad-Agenten und Berater von Bush senior, seine Befehle bekommen. Ausgangspunkt seiner Pegasus-Missionen sei die Ilopango Airbase in El Salvador gewesen, wo auch die CIA-Fluggesellschaft Corporate Air Services ihre Basis hatte.

Von einem Freund erhielt Tatum eine Liste der »Boss Hogs« (Oberschweine), welche für die Waffenlieferungen an die Contras verantwortlich waren – die von ihm so genannte Pegasus-Gruppe: CIA-Direktor William Casey, Clair Elroy George, der zentralamerikanische CIA-Chef , Vizepräsident George H.W. Bush, die früheren Außenminister Henry Kissinger und Alexander Haig, Sicherheitsberater Donald Gregg, der CIA-Offizier Duane »Dewey« Clarridge, Josef Fernandez, der CIA-Chef in Costa Rica, das NSC-Mitglied Oliver North, der Armeegeneral John Singlaub, der frühere CIA-Chef William Colby, Ex-General und CIA-Mann Richard V. Secord, William Weld, der Chef der Abteilung für Kriminalität im US-Justizministerium, der CIA-Offizier Félix Rodríguez und General Leonard H. Perroots von der Defense Intelligence Agency. 1986 gründete Tatum in ihrem Auftrag eine Reihe von Briefkastenfirmen und Tarnunternehmen zur Geldwäsche in Watertown, New York. Dies alles wird hier nur erwähnt, um die Glaubwürdigkeit von Tatum zu bekräftigen.

Bei seinen Pegasus-Operationen hat Chip Tatum nach eigenen Angaben vierköpfige Killerteams im Hubschrauber zu ihren jeweiligen Einsatzorten geflogen. So sei er 1989 an der Ermordung von General Gustavo Álvarez Martínez, dem Armeechef von Honduras, und 1991 auch an der des nicaraguanischen Contra-Führers Enrique Bermúdez (»Commander 380«) beteiligt gewesen.

Tatum beteuert, der Mord an Palme sei von der CIA und der Enterprise-Gruppe geplant und organisiert worden. Er sieht in der dahinterstehenden Befehlskette auf Leitungsebene in aufsteigender Reihenfolge Oliver North, Ted Shackley, William Colby und George H.W. Bush. Tatum macht auch Angaben zur Entstehung und Geschichte von Pegasus. Die Organisation sei während der Präsidentschaft von Dwight D. Eisenhower in den 50er Jahren gegründet worden als eine geheime Gruppe innerhalb der CIA, die für den Präsidenten den Geheimdienst ausspionieren sollte. Nach der Ermordung von John F. Kennedy habe sich Pegasus verselbständigt und sei zunehmend von einer internationalen Direktorengruppe geführt worden, der auch George H.W. Bush und Henry Kissinger angehört hätten. Deren Leitungstreffen, so Tatum, sollen einmal jährlich nach den G-7-Konferenzen stattgefunden haben. Im Jahr 1981 ermächtigte Präsident Reagan mit der National Security Decision Directive Nr. 3 (NSDD-3) den Vizepräsidenten, die Special Situation Group (SSG) ins Leben zu rufen, eine Abteilung des National Security Council (NSC). Eine Unterabteilung der SSG bildete ab April 1982 die Terrorist Incident Working Group (TIWG), in der der Direktor der CIA, Vertreter des Verteidigungsministeriums, des FBI, des NSC und weiterer Behörden zusammenarbeiteten. Im April 1984 genehmigte Reagan mit der National Security Decision Directive 138 (NSDD-138) der SSG die Bildung von Operations Sub Groups (OSG), die bei regulären Geheimdienstoperationen im Verborgenen tätig sein sollten. Tatum wörtlich:

»Ich war Agent der OSG von April 1986 bis Januar 1992. Als ich für die OSG tätig war, unterstand ich direkt der OSG und nicht der CIA oder DIA. Dieser geheime Regierungsapparat, den Bush in den Jahren 1981 bis 1986 aufgebaut hatte, konnte jederzeit Kräfte der CIA, des Verteidigungsministeriums oder von Privatunternehmen anfordern. Diese Klausel zur Auftragsvergabe an Dritte ermöglichte es dem Sicherheitsberater des Vizepräsidenten Donald Gregg, Vertreter des britischen und des israelischen Geheimdienstes zuzuziehen. Ich habe dieser Gruppe selbst den Namen ›Pegasus‹ gegeben, um ihre wahre Identität nicht eher zu enthüllen, bis ich in Sicherheit sein würde.«[98]

Tatum hat die Existenz von drei Operations Sub Groups aufgedeckt. OSG-1 wurde geleitet von Ted Shackley, einem der höchstdekorierten CIA-Oberen, und war die Anti-Drogen-Einheit, die allerdings genau das Gegenteil tat und bei der Shackley seine Erfahrungen aus dem Drogenhandel während des Vietnamkrieges einbringen konnte. OSG-2 bildete die Anti-Terror-Gruppe unter Oliver North und OSG-3 die Koordinierungsgruppe unter dem Kommando von General Richard Secord. Als 1987 die Verwicklung von North in die Iran-Contra-Affäre öffentlich wurde, legte er die Leitung der OSG-2 nieder und wurde durch Richard Secord ersetzt. Ihm folgte Tatum als Leiter der OSG-3. »Unsere Aufgabe bei Pegasus war es«, so Tatum, »ausländische Regierungschefs, Bankiers oder ganze Staaten auf Linie der US-Politik zu bringen. Dazu griff man zunächst zu diplomatischen Mitteln. Wenn das nicht reichte, wurde die Sache an Pegasus übergeben. Dann bearbeiteten wir das mit den Mitteln, mit denen wir uns am besten auskannten: Erpressung, Einschüchterung und Mord.«[99]

In einem Interview mit dem Journalisten Peter Ford antwortete Tatum auf die Frage, ob auch Bush hinter einem bestimmten Mord in Schweden stecke: »Olof Palme, der schwedische Premierminister (…) Ich habe die Information erhalten, dass die OSG hinter dem Mord steckte und sich dabei professioneller Killer aus Südafrika bediente.« Gefragt, warum Palme »neutralisiert« wurde, erwiderte er:

»Eine große Bedeutung für die Iran-Contra-Affäre hatten Endverbleibszertifikate von Ländern, an die Waffen legal geliefert werden konnten, damit die Transporte rund um die Welt funktionierten. Ohne diese Endverbleibszertifikate war es sehr schwer, die Waffenlieferungen auszuführen, ohne internationales Recht zu verletzen und dafür ins Gefängnis zu kommen. Schwedens Rüstungsindustrie hatte Zugang zu legalen Empfängerstaaten, und dies wollte sich North zunutze machen. Soweit ich mitbekommen habe, wollte er den Premierminister für diesen Plan gewinnen.« – North stand im Auftrag von Bush in direktem Kontakt mit Olof Palme und dachte, die illegalen Waffenschiebereien von Bofors über Drittländer wie Südkorea und Nigeria in den Iran seien mit der Regierung abgestimmt. – »Aber der Premierminister hatte damit nichts zu tun und wollte die Vereinten Nationen von diesen illegalen Geschäften in Kenntnis setzen.«[100]

Die Darstellung von Chip Tatum wirkt sehr glaubwürdig, da er dem Journalisten David Guyatt stapelweise Dokumente vorgelegt hat, die seine Angaben untermauern.

Der Hebel: Stay-behind

Es ist nicht bekannt, ob es eine Verbindung der Pegasus-Gruppe zum Special Operations Planning Staff (SOPS) der NATO gab oder gibt. Aber die Angaben von Chip Tatum korrespondieren auf frappierende Weise mit einem Geheimdokument der NATO-Geheimdienste. Es handelt sich dabei um ein Besprechungsprotokoll des Allied Clandestine Committee (ACC)/Special Operations Planning Staff (SOPS) vom 15. Dezember 1985. Dieses Dokument ist eingestuft als »Cosmic – Top Secret«, der höchsten Geheimhaltungsstufe der NATO. Es belegt gemeinsame Geheimoperationen der CIA und des britischen Dienstes MI6.[101] Beide Organe – ACC und SOPS – sind Leitungsgremien der Organisation Gladio bzw. des »Stay-behind«-Netzwerks, also der NATO-Geheimarmee für inszenierten Terror und verdeckte Kriegsführung. Stay-behind hatte eine doppelte Funktion. Zum einen sollte die Geheimorganisation im Falle einer sowjetischen Invasion einen Guerillakrieg hinter den feindlichen Linien anzetteln. Zum anderen gehörte es zu ihren Aufgaben, bei einem nationalen Notstand militärisch im Inneren einzugreifen– was immer das heißen mag. Dies belegt ein streng geheimes Dokument des italienischen Militärgeheimdienstes SIFAR vom 1. Juni 1959.[102] Im ACC stimmten sich die nationalen Vertreter der geheimen »Stay-behind«-Armeen unter Führung der CIA ab. Führende Geheimdienstler der NATO-Länder tauschten oder tauschen Informationen über verdeckte Operationen, aber auch Personal und Ausrüstung aus. Über das ACC leitet der US-Geheimdienst den Special Operations Planning Staff, der die verdeckten Operationen ausführt. Die Existenz von SOPS ist belegt durch Dokumente aus dem norwegischen Verteidigungsministerium. Im SOPS treffen sich – wie im ACC – jeden Monat Vertreter der NATO-Geheimdienste. Eine drittes Koordinierungsgremium, das Intelligence Tactical Assessment Centre (ITAC), unterstützt den SOPS mit Informationen und stellt die Finanzmittel für die geheimen Operationen zur Verfügung. Die Vertreter des ACC und des SOPS treffen sich jeden Monat im Hauptquartier in Brüssel, aber auch im belgischen Mons, in Norwegen, Dänemark oder dem Vereinigten Königreich.

Allerdings macht das westliche Militärbündnis zur Existenz dieser beiden Gremien wie auch der gesamten NATO-Geheimarmee keine Angaben. Aber der frühere Erste Direktor des BND Wolbert Klaus Smidt bestätigte die Existenz der Stay-behind-Organisation – und bestätigte ebenfalls, dass dem Allied Clandestine Committee Länder angehörten, die nicht NATO-Mitglieder waren.[103]

Obwohl Schweden als ein neutrales Land der NATO nicht angehört, war es in das Stay-behind-Netzwerk eingebunden und auch in den Lenkungsorganen ACC und SOPS vertreten. Der schwedische Arm war von dem späteren CIA-Chef William Colby aufgebaut worden. Ihm gelang es, Anfang der 50er Jahre aus der 1941 von Otto Hallberg gegründeten rechtsextremen Waffenbrüderschaft Sveaborg, die ihrerseits ein Ableger der faschistischen Vereinigung Schwedens Sozialistische Sammlung war, eine Untergrundorganisation aufzubauen. Etwa 1 200 Kontaktpersonen, viele ehemalige Armeeangehörige, sollten als Guerillas eine potentielle sowjetische Invasion bekämpfen und mutmaßliche Unterstützer der Sowjets ausschalten. 1953 deckte die schwedische Polizei die Organisation auf. Hallberg wurde in einem Geheimverfahren freigesprochen. Seine Organisation soll aber noch bis 1989 weiter existiert haben.Das SOPS-Dokument erwähnt als Vertreter des offiziell neutralen Schweden bei ACC/SOPS Konteradmiral Carl Fredrik Algernon, der geheimdienstliche Verbindungen hatte und dem ebenfalls genannten Chef des norwegischen Militärgeheimdienstes Konteradmiral Ingebritsen nahestand.[104]

Der wichtigste Punkt in dem erwähnten SOPS-Abstimmungsprotokoll vom 15. Dezember 1985 ist die sogenannte Operation Tree. Der investigative Filmemacher Allan Francovich und der schwedische Journalist Göran Beckerus kommen übereinstimmend zu dem Ergebnis, dass es sich dabei um den Code für den Mord an Olof Palme handelt. Ihre Quelle hierfür ist der ehemalige CIA-Agent Oswald LeWinter, der seinen eigenen Angaben zufolge bis 1984 Leiter des ITAC und deshalb über die Geheimoperationen von SOPS im Bilde gewesen war.[105] Oswald LeWinter gibt an, dass an den geheimen SOPS-Treffen auch Per G. Näss, der Chef der Operativen Abteilung des schwedischen Sicherheitsdienstes (SÄK), und Alvar Lindencrona (gestorben 1981), der ehemalige Gladio-Chef in Schweden und frühere Direktor der Skandia-Versicherungen, teilgenommen haben. Das Skandia-Haus in Stockholm soll die Zentrale der Stay-behind-Netze gewesen sein. Ganz in der Nähe wurde Olof Palme erschossen.

Bemerkenswert sind auch weiterführende genaue Angaben der Quelle LeWinter. So bestätigte er Presseberichte, dass der chilenisch-amerikanische Auftragsmörder Michael Townley den Auftrag zur Beseitigung von Palme bekommen habe und eine Woche vor dem Mord in der schwedischen Hauptstadt eingetroffen sei, und zwar »nicht als Tourist«.[106] Townley arbeitete auch für den chilenischen Geheimdienst DINA. Diese Spur wurde von den Ermittlern schnell zu den Akten gelegt, obwohl Palme in den 70er Jahren offenbar auf der Abschussliste der DINA stand. Zur Zeit des Mordes in Stockholm war Townley auf Bewährung frei. Was er zwischen dem 25. Februar und dem 2. März 1986 getan hat, ist nicht geklärt.

Das SOPS-Protokoll nennt zwei Motive für die Tat. Zum einen – das zeigen dieses und weitere SOPS-Dokumente – hatte ein schwedisches Schiff angereichertes Uran 235 via Kiel nach Neu-Delhi transportiert. Palme hatte – auch dies kam durch Oswald LeWinter an die Öffentlichkeit – bei seinem Besuch in Indien Rajiv Gandhi Plutonium für den Bau einer indischen Atombombe im Gegenzug für den Kauf von Bofors-Geschützen versprochen – ein Milliardendeal. Der Transport war mit falschen Ladungspapieren deklariert, um seine Herkunft vor der Internationalen Atomenergiebehörde zu verbergen. Der US-Repräsentant beim SOPS bestätigte den Transport. Die NATO lehnte damals eine eigene indische Nuklearstreitmacht ab und wollte die Pläne von Palme unterbinden, Neu-Delhi »LG QUAN WG 235« (d.h. Large Quantities of Weapons Grade 235), also waffenfähiges Uran 235 zu liefern. Zum Zweiten verwies der britische Repräsentant auf die »Bedrohung der nördlichen NATO-Flanke«. Hier ging es um den geplanten Besuch von Olof Palme in Moskau und seine Idee einer atomwaffenfreien Zone in Mitteleuropa sowie eines neutralen Skandinavien. Im SOPS war man alarmiert von Geheimdienstberichten, Gorbatschow könnte sowjetische Garantien für ein blockfreies Nordeuropa aussprechen. Der belgische Vertreter schlug vor, Palmes Büros abzuhören und so Details in Erfahrung zu bringen. Als Ergebnis hält das Protokoll fest: »Die jetzige Lage macht es unbedingt erforderlich, dass ›Operation Tree‹ erfolgreich durchgeführt wird.«[107] Der schwedische Vertreter besteht allerdings darauf, dass Palme als innerschwedisches Problem betrachtet wird, was die Versammlung begrüßte – solange der Umgang mit dieser »Bedrohung« erfolgversprechend erscheine.

Das Dokument gibt einen weiteren wichtigen Hinweis. Es verweist auf ein zentrales Thema beim »nächsten Yggdrasil-Treffen, das im Januar 1986 in einem Landhaus in Wiltshire, Großbritannien, stattfindet (...). Der wichtigste Punkt der Tagesordnung wird der Bericht über die Beirut-Aktivitäten von Näss bzgl. des schwedischen Premierministers sein«. Was dies genau bedeutet, wird durch die Folgesätze klarer: »SOPS hat sichergestellt, dass ein selbständiger Subunternehmer eingeschaltet wird, damit eine Beteiligung an der Aktion jederzeit abgestritten werden kann. Die Projektsteuerung läuft vor Ort, die Techniker reisen ein. SOPS verlangt, dass die Feinabstimmung so auf die einzelnen Bereiche verteilt wird, dass jeder nur die Informationen bekommt, die er für seine Arbeit zwingend braucht.« Dem schwedischen Journalisten und Palme-Experten Lars Borgnäs zufolge beschreibt das SOPS-Protokoll hier, dass der Chef der schwedischen SÄPO, Per G. Näss, selbst nach Beirut gereist sei, um dort einen Auftragsmörder zu suchen. Dieser »Subunternehmer« sollte sicherstellen, dass man eine Beteiligung glaubhaft dementieren konnte. Deshalb sollte das Killer-Team, die »Techniker«, einreisen, während die Steuerung der Operation »vor Ort« zu laufen hatte.[108]

Bei »Yggdrasil« handelt es sich dem britischen investigativen Journalisten Duncan Campbell sowie dem ehemaligen CIA-Agenten Trowbridge Ford zufolge um ein internationales Kartell von Rüstungsunternehmen, die verdeckte Waffentransporte im Rahmen von Iran-Contra durchführten.[109] In der nordischen Mythologie bezeichnet Yggdrasil eine Esche, die als Weltenbaum den gesamten Kosmos verkörpert. Offensichtlich war das Kartell der Waffenschieber und Geheimdienstler also historisch gebildet. Die Wahl des Codenamens zeigt auch: Man dachte durchaus ambitioniert. Hinter der Tat sehen Ole Dammegard und Allan Francovich – gestützt auf Informanten der amerikanischen und israelischen Geheimdienste – einen von der CIA ausgebildeten professionellen Killer, der den Mord an Olof Palme ausgeführt haben soll. Wenige Wochen nach dem geplanten Treffen der Arbeitsgruppe Yggdrasil in Wiltshire – am 28. Februar 1986 – wurde Palme erschossen.

Das SOPS-Protokoll ist ein Durchbruch – wenn es echt ist. Umso wichtiger ist deshalb, Licht in die Historie des Dokuments zu bringen. Ola Tunander schreibt: »Oswald LeWinter, der dieses Dokument an Olle Alsén in Schweden weitergab, war mit Sicherheit Angehöriger der CIA. Einige Angaben des Dokuments konnte nur jemand mit besonderem Zugang bekommen. Le Winter behauptet, dass ITAC – das Intelligence Tactical Assessment Center – mit ACC in Verbindung stand und einen amerikanischen CIA-Mitarbeiter zu dessen Treffen entsandte – LeWinter selbst. Ingemar Engman, der im schwedischen Verteidigungsministerium für verdeckte Kontakte zuständig war, traf ihn zusammen mit Alsén und hielt ihn für glaubwürdig. LeWinters Beschreibung der schwedischen Teilnehmer war richtig. Er musste mehrere Treffen mit ihnen gehabt haben. Er war kein Schwindler.«[110]

Als Erster bezieht sich öffentlich der schwedische Journalist Göran Beckerus 1992 in einem Artikel für *Dagens Nyheter* über den Palme-Mord auf das SOPS-Papier: »Der zweite Mann der CIA in Europa und Chef des Intelligence Tactical Assessment Center, ein gewisser Oswald LeWinter, hat Dokumente vorgelegt, die beweisen sollen, dass Palme im Zuge einer ›Operation Tree‹ ermordet werden sollte.« Dabei soll auch »der ehemalige Stay-behind-Chef und frühere Skandia-Versicherungsdirektor Alvar Lindencrona teilgenommen haben«.[111]

Oswald LeWinter war eine schillernde Gestalt. Geboren am 2. April 1931 in Wien als Kind jüdischer Eltern, gelangte er 1939 – nach dem »Anschluss» Österreichs ans Deutsche Reich – durch eine Rettungsaktion für jüdische Kinder in die Vereinigten Staaten. Während große Teile seiner Familie in den Konzentrationslagern der Nazis ermordet wurden, gelang seinen Eltern die Flucht. Louis und Regina LeWinter trafen ihren Sohn Ende 1939 in New York wieder. Dieses doppelte Drama der Kindheit prädestinierte ihn zum Whistleblower, kann es doch erklären, warum die CIA – als innere Repräsentantin des US-Staates – zu einer Art Ersatzfamilie werden konnte, diesen Platz aber wieder räumen musste, als ihm die öffentliche Preisgabe der Wahrheit wichtiger wurde. Es ist die Geschichte eines Doppellebens. LeWinter studierte und lehrte Literaturwissenschaften, ließ aber in den späten 60er Jahren die Universität hinter sich und stieg ins Geschäftsleben ein.[111a] In Deutschland unterrichtete er US-Militärs in Psychologie. 1984 wurde er wegen Drogenhandels verhaftet, in die USA ausgeliefert und zu sechs Jahren Haft verurteilt. Tatsächlich hat er aber als Undercover-Agent des FBI den Drogenring infiltriert und geholfen, die Verbrecher zu verhaften.

Nach seiner Entlassung bereits nach zwei Jahren kehrte er nach Deutschland zurück und arbeitete als Psychoanalytiker. 1988 machte LeWinter Bekanntschaft mit Barbara Honegger, die vor Reagans erster Wahl zum Präsidenten dessen Wahlkampfteam angehört, sich aber bald darauf von ihm abgewandt hatte, und wurde eine wichtige Quelle für ihr Buch *October Surprise*, in dem sie darlegte, wie das Team von Ronald Reagan einen Deal mit dem Iran zur späteren Freilassung von US-Geiseln arrangierte, um Jimmy Carter leichter besiegen zu können. LeWinter stellte sich als CIA-Offizier vor und behauptete, für eine Reihe geheimer Treffen von Abgesandten Teherans mit dem späteren CIA-Direktor William Casey, dem Kandidaten für das Amt des Vizepräsidenten George H.W. Bush und dem CIA-Offizier Donald Gregg in Paris das Sicherheitsmanagement übernommen zu haben. 1993 jedoch bezeichnete er unter Eid seine October-Surprise-Informationen als frei erfunden.[112] In den Jahren 1992 bis 1994 taucht LeWinter in Dokumentarfilmen von Allan Francovich als Verbindungsoffizier des US-Geheimdienstes und CIA-Mitarbeiter von 1968 bis 1985 auf. CIA und FBI bezeichneten ihn allerdings als notorischen Fälscher.[113]

Nach dem Tod von Lady Diana und ihrem Freund Dodi al-Fayed bei einem Autounfall in Paris im August 1997 bot LeWinter dessen Vater Mohammed für vier Millionen Dollar angebliche CIA-Dokumente an, denen zufolge der britische Geheimdienst MI6 die beiden ermordet haben soll. Bei der geplanten Übergabe in Wien wurde er – offensichtlich auf eine Direktive aus Washington hin – verhaftet und wegen Betrugs für zweieinhalb Jahre ins Gefängnis geschickt. Seine Dokumente wurden als Fälschung eingestuft. Terry Lenzner bezeichnete LeWinter bei seiner Untersuchung im Auftrag von Mohammed al-Fayed als Geschichtenerzähler. Auch die CIA zeichnete das Bild eines Scharlatans, schickte aber einen hohen Offizier zur Vernehmung und nahm ihn also weit ernster als man glauben machen wollte.[114]

Aber diese offizielle Version erklärt nicht, wieso LeWinter über verdeckte Geheimdienstoperationen so gut im Bilde war. Trowbridge H. Ford hält daher die Angabe von LeWinter für glaubwürdig, er sei Leiter des Intelligence Tactical Assessment Centre (ITAC) der NATO und enger Mitarbeiter des Chefs der CIA-Europaabteilung Duane Clarridge gewesen, speziell zuständig für die Verbreitung von Fake-Informationen.[115] Rätselhaft ist auch, warum US-Ermittler keine Untersuchung einleiteten, als LeWinter die CIA für den Mord an Olof Palme verantwortlich machte. Der Washington-Korrespondent des *Spiegel*, Martin Kilian, erfuhr 1988 aus Kreisen der deutschen Politik, LeWinter sei tatsächlich ein inoffizieller CIA-Agent gewesen. Er selbst berichtete Kilian, 20 Jahre lang für die CIA gearbeitet zu haben. LeWinter selbst gibt an: »Ich habe einiges erzählt, das wahr ist, und einiges, das nicht wahr ist. Ich wurde von US-Geheimdienstlern angeworben, um Behauptungen über die October Surprise aufzustellen, welche die Wahrheit so verdrehen, dass man sie leicht entlarven kann.«[116] Man muss davon ausgehen, dass die Angaben von LeWinter zumindest teilweise richtig sind. Mit Sicherheit kann er als bezahlter Desinformant der CIA gelten, der allerdings so nah bei der Wahrheit bleibt, dass die Tatsachen mitsamt seinen Fälschungen als Lügenkampagne denunziert werden können.

Die Angaben von LeWinter rund um die Operation Tree wurden später von weiteren Quellen bestätigt. Dazu gehören Eugene Mac Falkirk, ein Agent des britischen Geheimdienstes MI6 in Stockholm, und ein US-Oberst, der ebenfalls für das ITAC arbeitete. Eugene Mac Falkirk gab an, seiner Kontaktperson sei es gelungen, die Tagesordnung von Palmes Moskaubesuch zu kopieren.[117] Die Überlegungen für ein blockfreies Skandinavien, so Mac Falkirk, seien der auslösende Faktor für das Mordkomplott gewesen. Er sei nicht vom MI6-Büro in Stockholm, sondern von einer geheimen MI6-Niederlassung im norwegischen Kolsas aus geführt worden.[118]

Neben seinen Angaben über die October Surprise und die Operation Tree hat LeWinter in zwei weiteren Fällen nachweisbar die Wahrheit gesagt: zum Ersten, was die Zusammenarbeit der italienischen Geheimloge Propaganda Due (P2) mit der CIA betrifft, und zum Zweiten bei der Aufklärung des mysteriösen Todes des portugiesischen Premierministers Francisco Sá Carneiro und seines Verteidigungsministers Adelino Amaro da Costa.

Als LeWinter 1984 in den USA seine – vergleichsweise milde – Haftstrafe wegen Drogenhandels verbüßte, steckte man ihn in eine Zelle mit dem italienischen Geheimdienstler Francesco Pazienza. Pazienza war in den USA verhaftet worden. Die italienischen Behörden verlangten jedoch seine Auslieferung, weil dort gegen ihn ermittelt wurde wegen seiner Rolle in der P2-Loge, im Gladio-Netzwerk und bei einer Reihe von Terroranschlägen, insbesondere wegen des Attentats auf den Bahnhof von Bologna 1980, der 85 Menschen das Leben kostete. Pazienza hatte Kenntnis von amerikanischen und italienischen Geheimdienstoperationen und diversen verdeckten Aktivitäten der Republikanischen Partei. Deshalb galt er der CIA als Sicherheitsrisiko. Man darf davon ausgehen, dass LeWinter seinen Zellengenossen Pazienza beobachten und abschöpfen sollte. Pazienza war ja nicht nur Agent des italienischen Geheimdienstes SISMI, sondern zeitweise auch die rechte Hand des Faschisten Licio Gelli, der die Loge P2 gegründet hatte. Dies gewinnt auch Bedeutung für den Mordfall Palme. Denn wenige Jahre später, 1990, berichtete LeWinter über umfangreiche Kapitalflüsse von der CIA zur P2 in Italien, die dieses Geld an terroristische Gruppen zur Finanzierung von Anschlägen weitergeleitet habe. Dies sei der erwünschte Vorwand gewesen, vor der »Roten Gefahr« zu warnen und die Kommunistische Partei aus der Regierung in Rom herauszuhalten. Im Jahre 1990 wurde auch die Verbindung zwischen der P2 und dem Gladio-Netzwerk in Italien sowie zur CIA bekannt. Wiederum stellten sich im Nachhinein die Angaben des angeblichen Desinformanten als richtig heraus. LeWinter brachte den Vorsitzenden der Loge, Licio Gelli, in Verbindung mit dem Mordfall Palme und zitierte aus einem angeblichen Telegramm, in dem dieser erklärt haben soll: »Der schwedische Baum muss gefällt werden – Grüße an unseren guten Freund Bush.«[119]

Ein Gericht in Rom sah es als erwiesen an, dass Pazienza auch für den französischen Geheimdienst gearbeitet hatte und in direktem Kontakt zu dessen Leiter Alexandre de Marenches stand. Ebenso konnte ihm nachgewiesen werden, dass er gute Beziehungen zu US-Außenminister Alexander Haig unterhielt. Pazienza arbeitete eng mit Michael Ledeen zusammen, einem Berater des National Security Council (NSC). Der nun wiederum stand in enger Verbindung sowohl mit dem Mossad als auch mit dem Weißen Haus, was Pazienza erst recht zu einem Sicherheitsrisiko werden ließ.

Klar ist wiederum, dass LeWinter politisches Asyl in Portugal beantragte. Am 24. Juli 2002 sagt er vor dem Untersuchungsausschuss des portugiesischen Parlaments zur Aufklärung des mysteriösen Absturzes einer Cessna nahe der Ortschaft Camarate in der Umgebung von Lissabon aus, bei dem am 4. Dezember 1980 der portugiesische Ministerpräsident Francisco de Sá Carneiro und sein Verteidigungsminister Adelino Amaro da Costa ums Leben gekommen waren. Nachdem die Ermittler viele Jahre von einem Unfall ausgegangen waren, gelangte dieser Untersuchungsausschuss unter dem Vorsitz von Nuno Melo in seinem Abschlussbericht 2004 zu dem Ergebnis, dass der Absturz durch einen Sprengsatz verursacht worden war.

Im Jahre 2006 gestand der ehemalige Sicherheitsbeamte José Esteves, dass er die Brandbombe mit Kaliumchlorat, Zucker und Schwefelsäure hergestellt und an Bord platziert habe. Dafür habe ihm der CIA-Agent Frank Sturgis einen Betrag von 200 000 Dollar bezahlt.[120] Im Jahre 2011 gab einer der Hauptverschwörer, Fernando Farinha Simões, in einem 18-seitigen Geständnis zu Protokoll, die CIA habe ihn mit dem Anschlag beauftragt und dafür 750 000 Dollar bereitgestellt. Aus dieser Summe sei auch José Esteves bezahlt worden. Oliver North wird in diesem Zusammenhang als einer der Hauptstrippenzieher genannt. Bereits im Jahr 2001 hatte Ricardo Sá Fernandes, der Anwalt der Hinterbliebenen, ein Buch veröffentlicht, in dem er den Anschlag in Zusammenhang mit der Iran-Contra-Affäre bringt. Insbesondere Verteidigungsminister Adelino Amaro da Costa habe Kenntnis von geheimen US-Waffenlieferungen an Teheran gehabt.[121] Nuno Melo erklärte nach Einsicht in geheime Armeedokumente, Verteidigungsminister da Costa habe am 2. Dezember 1980 die Armee aufgefordert, die Waffenlieferungen an den Iran einzustellen. Bereits kurz nach dem Attentat seien die Zuständigkeiten geändert und die Transaktionen am 9. Dezember durchgeführt worden. Der Untersuchungsbericht stellt fest, dass insbesondere in den Jahren 1980 und 1981 Portugal als Zwischenhändler für Waffenlieferungen an den Iran diente.

LeWinter bestätigte vor dem Untersuchungsausschuss in Lissabon, dass die CIA das Attentat in Auftrag gegeben habe. Er erklärte, es habe zuvor mehrere geheime Treffen zwischen Henry Kissinger und ranghohen portugiesischen Staatsbediensteten gegeben: »Kissinger war kein Freund des portugiesischen Präsidenten Mário Soares und sah ihn als Feind an.« Die Darstellung von LeWinter deckt sich weitgehend mit dem von der Kommission festgestellten realen Geschehen. In diesem Zusammenhang erklärte LeWinter, die CIA habe auch Olof Palme umgebracht. Diese Angaben versuchte er mit der Vorlage von Geheimdokumenten zu stützen, zu denen auch das ACC/SOPS-Dokument gehört.[122] Eine plausible Erklärung kann also sein, dass LeWinter echte Dokumente vorlegt und viel Wahres berichtet, um dies anschließend mit Hinweis auf seine Unglaubwürdigkeit als Fälschung darstellen zu können – eine besonders trickreiche Form der Desinformation. Oswald LeWinter war ein Agent provocateur: der fleischgewordene Versuch der CIA, ihre Kritiker dazu zu bringen, das Kind mit dem Bade auszuschütten.

Einer der Autoren, Robert Harkavy, stand in engem Kontakt zu Oswald LeWinter. Als ehemaliger Professor der Penn State University weiß Harkavy, dass LeWinter wegen nachgewiesener Plagiate die Universität verlassen musste. Allein deshalb dürfte es für ihn kaum möglich gewesen sein, bei der CIA den Status eines Geheimnisträgers zu bekommen. Zudem hat die CIA jahrzehntelang keine Juden in Führungspositionen befördert, weil dem Dienst mögliche persönliche Verbindungen zu Israel suspekt erschienen waren. Allerdings verfügte Oswald LeWinter nach Angaben seines Freundes Abraham Melzer über eine Fähigkeit, die ihn für den Geheimdienst attraktiv gemacht haben dürfte: Er hatte ein fotografisches Gedächtnis. Daneben hatte er auch ein Motiv: Oswald LeWinter brauchte dringend Geld für die Pflege seines behinderten Bruders. So könnte er für eine Zusammenarbeit mit der CIA gewonnen worden sein.[123]

In den Dokumentationen von Allan Francovich ergreift LeWinter daneben auch Partei für Israel. Dies sind Hinweise darauf, dass LeWinter nicht nur für die CIA, sondern möglicherweise auch für den Mossad gearbeitet hat. Die Autoren halten es deshalb für möglich, dass er seine Hinweise über die P2-Loge in Rom und das Attentat der CIA auf den portugiesischen Premier und seinen Verteidigungsminister sowie das SOPS-Dokument im Auftrag des Mossad an die Öffentlichkeit gebracht hat. Israel war in den Waffenhandel mit dem Iran genauso eingebunden wie in das ACC und den SOPS. Deshalb ist denkbar, dass es den Israelis darum ging, den USA die Verantwortung an politischen Morden zuzuweisen, bevor Israel selbst ins Zentrum der Verdächtigungen rücken konnte, und dass der Mossad dafür Oswald LeWinter als williges Werkzeug nutzte.[124] Dies aber bedeutet, dass LeWinter ein Doppelagent gewesen sein kann, der sowohl von der CIA als auch vom Mossad für Sonderaufgaben eingesetzt wurde. Zu seinem zwiespältigen Charakter und dem doppelten Trauma seiner Kindheit würde das passen. Aber auch dies liefert keine plausible Erklärung dafür, dass er in mehreren Fällen Insiderkenntnisse über streng geheime Spezialoperationen hatte, die sich später als richtig herausgestellt haben. Plausibel erscheint uns deshalb die Vermutung von Ole Dammegard, dass die CIA versuchte, LeWinter nach seinem Ausscheiden und seiner Wandlung zum Whistleblower unglaubwürdig zu machen, und ihn loswerden wollte, koste es, was es wolle.[125] All dies spricht auch dafür, dass die hier zu bewertende Akte von ACC/SOPS vom 15. Dezember 1985 echt ist.

Wir haben das SOPS-Dokument aus anderer Quelle. Soweit zurückzuverfolgen ist, steht diese Quelle nicht in Verbindung zu Oswald LeWinter, aber durchaus zu den geheimdienstlichen Aktivitäten auf NA-

TO-Ebene. Auch dies spricht für die Echtheit des SOPS-Files. Der BND lässt erklären, dass es sich bei diesem Papier um eine Fälschung handelt, die wahrscheinlich auf den KGB zurückgeht.[126] Was sonst hätte er auch schreiben sollen? Hier handelt es sich wohl eher um eine Schutzbehauptung. Der Friedensforscher Ola Tunander vom Peace Research Institute Oslo (PRIO) schrieb 2018: »Ich weiß nicht, ob dies ein echtes Dokument von ACC/SOPS ist oder nicht. Aber zumindest ist es möglich, ernsthaft darüber zu diskutieren (…). Ich sprach darüber mit dem früheren Chef des norwegischen Militär-Geheimdienstes, Konteradmiral Jan Ingebritsen (…), der in dem Dokument erwähnt wird (…). Er hält es für echt.«[127] Dagegen schließt der US-Journalist und Waffenhandelsexperte Kenneth R. Timmerman nicht aus, dass es sich um eine Fälschung handeln könnte.[128] Einer der besten Kenner des Mordes an Olof Palme, Ole Dammegard, hält das Dokument hingegen für »hundertprozentig echt. Danach habe ich 30 Jahre lang gesucht!«[129] Auch der schwedische Generalstaatsanwalt Krister Petersson legt nahe, dass dieses SOPS-Potokoll belastbar ist: »Möglicherweise wurde es von Francovich an die Öffentlichkeit gebracht. Ich bin mitten in einem laufenden Ermittlungsverfahren und darf keine Details nennen. Ich kann also auch nicht sagen, wie wir das Papier bewerten. Aber es ist sehr interessant.«[130]

Für das ACC und den SOPS stellte Olof Palme eine besondere Gefahr dar. Denn bereits in den 50er Jahren erhielt er als Mitarbeiter des schwedischen Verteidigungsministeriums Einblicke in das geheime Netzwerk der NATO, da er in der Folge der Prozesse gegen den schwedischen Rechtsextremisten Otto Hallberg 1952 die Organisation Stay-behind begutachten musste. Ebenso gibt es Hinweise, dass er als schwedischer Premierminister – genauso wie sein Vorgänger Tage Erlander – selbst an den Treffen der Gladio-Führer im Skandia-Haus in Stockholm teilgenommen hat.[131] Thomas Kanger und Oscar Hedin zitieren einen hochrangigen Mitarbeiter des schwedischen Armes der NATO-Geheimarmee mit den Worten: »Olof Palme hatte sein Interesse an Stay-behind verloren, sobald er Premierminister geworden war.«[132] Der Schweizer Historiker und Publizist Daniele Ganser deutet dies als Hinweis darauf, dass sich Palme mit der klaren Absicht trug, die schwedische Geheimorganisation aufzulösen und die klandestine Zusammenarbeit mit der NATO zu beenden.[133]

Es ist völlig klar, dass die Mitarbeiter des Special Operations Planning Staff antikommunistische kalte Krieger waren. Die Zusammenarbeit der CIA mit der italienischen Geheimloge P2 haben wir im Zusammenhang mit Oswald LeWinter bereits dargestellt. Hier sollten wir noch einmal in Erinnerung rufen, dass auch italienische Geheimdienstler an den SOPS-Treffen teilnahmen. Gleichzeitig gehörten viele italienische Geheimdienstoffiziere wiederum der P2 an. Nach der Enttarnung dieser Geheimloge im Jahr 1981 fanden Ermittlungsrichter heraus, dass sie mindestens 962 Mitglieder hatte, von denen 422 mächtige Funktionen im öffentlichen Dienst bekleideten, vor allem in den Geheimdiensten und beim Militär. Der italienische Rechtsterrorist und Gladio-Angehörige Vincenzo Vinciguerra erklärte nach seiner Verurteilung und während der Verbüßung seiner Gefängnisstrafe, dass die P2 zusammen mit der NATO in einem antikommunistischen Netzwerk mitwirkte: »Sie hat eine genau festgelegte Rolle in diesem Kampf gegen den Kommunismus gespielt. Ich denke, die P2 bildete eine jener Parallelstrukturen, die zu Gladio gehörten. Sie hatte keine militärische Rolle, aber eine wichtige Bedeutung bei der internationalen Zersetzung von Staaten.«[134] Bereits kurz vor der Enttarnung der Gladio-Geheimarmee in Italien behauptete der CIA-Agent Richard Brennecke im Sommer 1990, dass die CIA die Geheimloge finanziert hatte und dass sie in den Mord an Olof Palme eingebunden war: »Ich kannte die P2 seit 1969 und hatte bis Anfang der 80er Jahre mit ihr zu tun ... Die US-Regierung zahlte bis zu zehn Millionen Dollar monatlich an die P2. Ein paar Mal traf ich auch Terroristen. Sie wurden als Mittel zum Zweck für die Vereinigten Staaten betrachtet. Palme war buchstäblich das Haar in der Suppe. Deshalb nutzten wir die P2, um ihn auszuradieren.« Wie Gene Tatum ging auch Brennecke davon aus, dass George H.W. Bush, der damalige CIA-Direktor unter Präsident Ronald Reagan, direkt in die Geheimoperation eingebunden war: »Der damalige CIA-Chef Bush wusste nicht nur Bescheid, er war sogar der Strippenzieher im Hintergrund.«[135] Die CIA wies diese Darstellung umgehend zurück.

Der Nachfolger von Hans Holmér im Amt des Palme-Chefermittlers Hans Ölvebro erklärte, diese Spur sei nicht neu, und man habe jahrelang vergeblich versucht, entsprechende Hinweisgeber ausfindig zu machen. Tatsächlich hatte die schwedische Polizei die Spur verfolgt, allerdings ohne greifbare Ergebnisse. In der Folge griff die schwedische Zeitung *Dagens Nyheter* die CIA-Spur auf und schrieb unter Bezug auf das ACC/SOPS-Protokoll, dass offenbar bei einer Reihe von Treffen dieses Geheimdienstorgans der Mordplan unter dem Decknamen Operation Tree geschmiedet worden war. Ohne Zweifel verfügte ACC/SOPS über die logistischen Möglichkeiten zur Durchführung eines politischen Mordes, wie ihn das vorliegende Dokument beschreibt, mit einer »Projektsteuerung vor Ort« und einem »eingereisten Techniker«, also einem ausländischen Mörder. Denn Stay-behind besaß Transportkapazitäten, Trainingsmöglichkeiten, Unterstützernetzwerke, Rückzugsräume und Verstecke.

Anfang 1997 begann der Dokumentarfilmer Allan Francovich, Hinweisen nachzugehen, dass der schwedische Arm von Stay-behind zusammen mit der NATO in den Mord an Olof Palme verwickelt war. Auch er griff auf ACC/SOPS-Unterlagen zurück, denen zufolge Palme eine Bedrohung für die NATO-Nordflanke darstelle und deshalb die Durchführung der Operation Tree als gemeinsamer Schlag von CIA und MI6 zwingend sei. Wie in dem Protokoll vom 15. Dezember 1985 beschrieben, sollte die Beteiligung des westlichen Militärbündnisses und seiner Geheimdienstspitzen dadurch verborgen werden, dass man einen ausländischen professionellen Killer einsetzte. Weiter setzte Francovich die Puzzleteile der Operation so zusammen, dass bei dem erwähnten Geheimtreffen in Wiltshire im Januar 1986 der Vertreter des italienischen Geheimdienstes deutlich machte, dass die antikommunistische Geheimloge P2 unter Licio Gelli »Interesse an einer Lösung« bekundet habe. Der parlamentarische Untersuchungsausschuss zur Ermittlung der Machenschaften von P2 beschlagnahmte später das bereits erwähnte Telegramm von Licio Gelli an das Logenmitglied Philip Guarino und das United States Republican National Committee vom 25. Februar 1986, also drei Tage vor Palmes Tod, in dem mit Grüßen an George H. W. Bush dargelegt wird, dass der schwedische Baum gefällt werden müsse.[136] Francovich war davon überzeugt, dass Stay-behind den Mörder von Palme nach Schweden brachte und ihn direkt nach der Tat wieder herausholte. Danach handelte es sich um einen in den USA lebenden, von der CIA trainierten professionellen Hitman, der für den Schah-Geheimdienst SAVAK gearbeitet hatte. Francovich hatte auch den Namen, die Adresse und ein Bild des Mannes. Seine Arbeit konnte er jedoch nicht beenden. Auf dem Weg zu dem ehemaligen CIA-Offizier, der ihm den Täter genannt hatte, starb er am 18. April 1997 auf dem Flughafen von Houston/Texas. Angeblich erlitt er eine Herzattacke, als er den Zoll passieren wollte.

Ende 1990 räumte der schwedische Generalstabschef General Bengt Gustafsson die Existenz einer geheimen Untergrundarmee in Schweden ein, bestritt aber eine Beteiligung der CIA. Dies konnte bald als Lüge entlarvt werden. Der frühere CIA-Offizier Paul Gabler, der zweimal längere Zeit in Schweden im Einsatz war, bestätigte, dass die CIA Stay-behind-Operationen in Westeuropa geleitet hat, auch in Schweden. Die Regierung in Stockholm sei genauso beteiligt gewesen wie namhafte Persönlichkeiten des Landes außerhalb der Politik.

Die im SOPS-Dokument von 1985 entfalteten Tatmotive decken sich auch mit den Hinweisen, die der frühere Mossad-Agent und Waffenhändler Ari Ben-Menashe beschreibt. Ben-Menashe schildert die Struktur dieser Waffengeschäfte und die Rolle von Olof Palme:

»Anfangs stellte die CIA für die Waffen israelische Endnutzerzertifikate aus. Aber ab Mitte 1982 war damit Schluss. Wenn wir Equipment von europäischen Ländern kauften, wurde die Ware allerdings nur dann freigegeben, wenn die Regierungen diese Lieferungen mit Hilfe israelischer Endverbleibspapiere vor den eigenen Parlamenten verheimlichen konnten, auch wenn sie den wahren Bestimmungsort Iran kannten. Unter den beteiligten Ländern waren Österreich, Belgien und Schweden – bis dessen Premierminister Olof Palme sein Veto einlegte.«

Dies deckt sich mit den Kenntnissen, die wir über die Iran-Contra-Affäre aus anderen Quellen haben. Im November 1985 versuchte Oliver North, im Gegenzug für die Freilassung amerikanischer Geiseln in Teheran 80 Hawk-Raketen und Raketenteile in den Iran zu liefern. Dabei nutzte er in Israel Amiram Nir und den Waffenhändler Manucher Ghorbanifar. Die Lieferung musste aus naheliegenden Gründen über ein Drittland laufen. Die Firma Bofors in Schweden hatte noch eine offene Lieferstrecke in den Iran. Aber im November 1985 verwehrte Schweden die Erlaubnis. Fieberhaft versuchte Oliver North im Januar und Februar 1986, einen Transportkanal zu öffnen. Am 11. März 1986, wenige Tage nach dem Mord an Olof Palme, notiert er in sein Tagebuch: »11. März 09:00. Anruf von (Amiram) Nir. G(h)orba(nifar) will dass Nir die Artikel mit ihm (G) zu einem schwedischen Hafen bringt. Das wichtigste ist jetzt, loszulegen und zwei (Häfen) zu haben. Soweit es Goode (Oliver North) betrifft, er kann nicht arbeiten bis sie das durchführen. Nach Februar ist wieder alles möglich.«[137]

Oliver North benutzte den Alias-Namen »William P. Goode« bei zahlreichen Gelegenheiten. Unmittelbar nach dem Mord an Olof Palme waren Transitlieferungen durch Schweden wieder möglich. Im April notiert North, am 18. des Monats »wird ein privates US-Flugzeug Hawk-Raketenteile aufnehmen«. Er fliegt nach Teheran und die Raketen kommen dort an. Ende April 1986 bereitet sich North auf einen Besuch in Stockholm für Anfang Mai vor: »Reise nächste Woche, am 6. und 7. Mai, nach Schweden. Jan Eliasson (…) vertritt Palme in Teheran.«[138] Das bedeutet, dass North nach dem Treffen mit Amiram Nir und Ghorbanifar in London am 6. Mai 1986, wo ihm von dem iranischen Waffenhändler die Freilassung der Geiseln versprochen worden war, nach Stockholm flog. Dort traf er Jan Eliasson, der von Palme zum Beauftragten für die Iran-Irak-Friedensgespräche ernannt worden war.

Eliasson war nicht Palmes erste Wahl, denn er hatte gute Kontakte in die Vereinigten Staaten und galt als Amerika-Freund. Palme hätte wohl Rolf Ekéus vorgezogen, doch der war nicht verfügbar. Möglicherweise wollte Palme für die Iran-Irak-Gespräche auch einen guten Draht zu den Amerikanern behalten. Im Oktober 1983 reiste CIA-Direktor William Casey nach Stockholm. Dort telefonierte er mit Palme und traf sich mit einem Mitarbeiter des Premierministers. Nach Angaben von Palmes Staatssekretär Ulf Larsson handelte es sich wahrscheinlich um Eliasson. Eliasson machte später Erinnerungslücken geltend, was beide Treffen angeht. Er gab an, dass er »sich nicht daran erinnern könne, William Casey oder Oliver North 1983 beziehungsweise 1986 getroffen zu haben«.[139]

Aus Palmes Nein zu den verdeckten Waffenlieferungen an den Iran erwächst wiederum genau jenes Motiv, das auch im SOPS-Protokoll genannt ist: Für das filigrane Netzwerk des von der CIA koordinierten Waffenhandels wurde er zu einem so großen Problem, dass eine Notfall-Operation gemäß den Aufgaben von »Stay-behind« gerechtfertigt erschien. Ben-Menashe fährt fort:

> »Auch Großbritannien war eingebunden, aber die Regierung von Margaret Thatcher bevorzugte in der Durchführung einen etwas anderen Weg. Unbemerkt von der britischen Öffentlichkeit lieferte die Regierung jahrelang militärische Ausrüstung an Südafrika. In den Unterlagen des Mossad finden sich zahlreiche Beispiele von in Liberia registrierten Schiffen, die, beladen mit Artilleriegranaten und Elektronikteilen für Kampfflugzeuge, Southampton Richtung Südafrika verließen. Premierministerin Thatcher gab nun dieselben Lieferwege für Transporte in den Iran frei. Die Ladungen umfassten in erster Linie Ersatzteile für Chieftain-Panzer, später auch Marconi-Radargeräte und Elektronikteile für die iranischen F-4-Kampfflugzeuge aus US-Produktion.«[140]

Die Beteiligung der Briten an den heimlichen Waffenlieferungen an Teheran lässt die Überlegung von Trowbridge H. Ford plausibel erscheinen, dass der amerikanische und der britische Geheimdienst das SOPS-Treffen vom Januar 1986 in Wiltshire kaperten, um den Eindruck zu erwecken, Yggdrasil habe die Operation Tree verantwortet. Das von LeWinter vorgelegte Besprechungsprotokoll aus dem Dezember 1985 habe, so Ford, die Funktion gehabt, die SOPS-Untergruppe zum Sündenbock für den Mord an Palme zu machen. Beim Treffen in Wiltshire hätten CIA und Briten den Anwesenden deutlich gemacht, dass die Operation Tree zwingend durchgeführt werden müsse. Sie hätten dabei auf das geplante Treffen von Palme und Gorbatschow am 1. April 1986 verwiesen, bei dem es auch um die Idee einer atomwaffenfreien Zone in Skandinavien gehen sollte. Allerdings bleibt Ford Belege für seine Variante schuldig. Deshalb ist offen, ob es sich hier um geheime Insiderkenntnisse handelt oder um eine freie Interpretation. Immerhin weisen die Angaben von Ben-Menashe und Ford in dieselbe Richtung, die auch das SOPS-Dokument darlegt. Diese spricht für die Belastbarkeit des Protokolls.

Wenn das Abstimmungsprotokoll vom 15. Dezember 1985 aber echt ist, dann ist dies der Beleg, dass der Mord an Olof Palme von westlichen Geheimdiensten unter Führung der CIA und des MI6 über die Gladio-Kommandozentrale ACC/SOPS von »Stay-behind« geplant und organisiert wurde. Führt man die Angaben in diesem Dokument zusammen mit jenen von Gene Tatum und den Recherchen von Ole Dammegard, dann ergibt sich eine Befehlskette, die von George H.W. Bush über die Enterprise-Gruppe zu ACC und SOPS auf NATO-Ebene führte und von dort zu einem Team professioneller Hitmen, bestehend aus Logistikern des südafrikanischen Geheimdienstes und einer Gruppe rechtsextremer schwedischer Polizisten bis hin zum ausführenden Täter im juristischen Sinne. Ein Auftragsmörder mit nahöstlichem Hintergrund macht vor diesem Hintergrund durchaus Sinn. Denn das Ziel war »to keep it on arms length to assure deniability«, also die eigentliche Tat an einen Subunternehmer zu vergeben, um eine Beteiligung jederzeit glaubwürdig bestreiten zu können.

Deshalb kreisen auch die Überlegungen des schwedischen Chefermittlers Krister Petersson um die Rolle der NATO-Geheimarmee beim Mord an Olof Palme: »Bei meinen Ermittlungen bin ich sehr interessiert an der Spur, die zur CIA und zur NATO führt (…). Bislang habe ich noch keine Belege dafür, dass Palme Dänemark und Norwegen veranlassen wollte, die NATO zu verlassen. Nun versuchen wir herauszufinden, was genau bei seinem geplanten Besuch in Moskau im Frühjahr 1986 auf der Agenda stand. Klar ist, dass seine geplante Moskaureise in Schweden und in den Vereinigten Staaten die schlimmsten

Befürchtungen auslöste. Aber noch habe ich die Tagesordnung nicht gesehen. Ein Untersuchungsausschuss konnte belegen, dass es auch in Schweden eine Stay-behind-Organisation gab. Sie wurde geführt von Lindencrona, und die Zentrale befand sich im Skandia-Gebäude (…). Aber die Beteiligten behielten ihre Geheimnisse für sich. Im Vorfeld des geplanten Besuchs von Palme in der Sowjetunion schrieben schwedische Marine-Offiziere einen Artikel in einem rechtsextremen Blatt. Darin ist die Rede davon, dass der Premierminister Schweden an Moskau verkaufen wolle. Dies waren Personen, die Zugang zu Waffen hatten.«

In Schweden setzte sich Stay-behind tatsächlich aus einer ganzen Reihe von Organisationen zusammen. »An der Spitze stand Lindencrona«, so Krister Petersson, aber es muss auch eine Gruppe für verdeckte Operationen gegeben haben. Wennerström rief damals eine Einheit namens Barbro-Gruppe ins Leben. Es ist belegt, dass sie in Stockholm Leute überwacht haben. Und es gibt einige Hinweise darauf, dass die Barbro-Gruppe in der Mordnacht aktiv war (…). Wenn wir einmal festhalten, dass die Gruppe der Marine-Offiziere verhindern wollte, dass Palme nach Moskau fliegt, dann kann es eine Verbindung geben zwischen jenen, bei denen Palmes Besuchspläne Entsetzen auslösten, und dieser Barbro-Gruppe.«[141]

Das Mordkommando

Die Befehlskette Pegasus und der Secret Operations Planning Staff von Stay-behind haben den Mord also nicht selbst ausgeführt, sondern man bediente sich verschiedener Subunternehmer. Dabei konnte die CIA auf eingebettete, antidemokratische Machtstrukturen innerhalb der schwedischen Regierung, in den NATO-Geheimdiensten und im Apartheidsregime in Südafrika zurückgreifen. Die Vertreter dieses »tiefen Staats« jenseits verfassungsgemäßer Verfahren sind international miteinander vernetzt – nicht im Sinne einer Weltverschwörung, sondern im Sinne real vorhandener Verbindungen zwischen Personen und Organisationen.

Zwischen der CIA und der schwedischen Sicherheitspolizei SÄPO gab es diskrete, aber durchaus enge Kontakte. Sie existierten auf allen Ebenen.

So hatte Ingemar Dörfer, der Sicherheitsberater der schwedischen Regierung, enge Verbindungen zur CIA und zum Pentagon. Der Polizeibeamte Kent Rasmussen, mit dem Robert Harkavy im Hauptquartier der SÄPO in der Stockholmer Polhemsgatan diskutierte, gibt an, er habe längere Zeit bei der CIA in Langley gearbeitet und unterhalte weiter gute Verbindungen zum US-Geheimdienst. SÄPO und CIA unterhielten ein Verbindungsbüro in Langley – ein weiteres Indiz, dass das neutrale Schweden inoffiziell in die NATO eingebunden war. Dies ist nicht weiter verwunderlich. Denn nach dem Tod des ersten schwedischen Stay-behind-Chefs Alvar Lindencrona im Dezember 1981 wurde die Organisation in die SÄPO überführt.[142] Der investigative Journalist Allan Francovich weist darauf hin, dass der Ermittlungsleiter im Mordfall Palme, Hans Holmér, einer Geheimorganisation von Führungskräften der Polizei, des Militärs und der Dienste angehörte – »zweifellos eine Unterabteilung von Stay-behind«.[143]

Holmér war auch der Gründer der sogenannten Baseball-Gang, einer zivilen Spezialeinheit der Stockholmer Polizei zur Bekämpfung der Gewalt- und Drogenkriminalität, deren »A-Team« überwiegend aus Rechtsextremisten bestand. Holmérs Fahrer Rolf Dahlgren gab an, seinen Chef unmittelbar nach dem Mord am Tatort vorbeigefahren zu haben. In diesem Zusammenhang ist auch Lars Christianson, der Superintendent der Polizei, von Interesse. Er war in der Tatnacht im Dienst: »Als der Alarm ›Schüsse an der Ecke Tunnelgatan/Sveavägen‹ ausgelöst wurde, waren wir in der Nähe der amerikanischen Botschaft und sind direkt zum Tatort gefahren.«[144] Doch diese Darstellung ist falsch. In Wahrheit forderte er seinen Fahrer Hans-Erik Rehnstam auf, zuerst zum Viertel um die Johanneskirche zu fahren – ganz dicht am Fluchtweg des Mörders. Was Lars Christianson in der Tatnacht tat und wo genau er sich aufgehalten hat, ist nicht ermittelt. Der Zeuge Jörgen B., in den Ermittlungsakten »Bertil« genannt, hat sechs Wochen vor dem Mord, am 16. Januar 1986, an einem geheimen Treffen von fünf bis sechs Führungskräften von Polizei und Militär im fünften Stock der Polizeistation Norrköping teilgenommen – an einem von mehreren: »Sie sagten, dass etwas geschehen wird im Zusammenhang mit Palmes bevorstehender Reise nach Moskau. Ich hatte den Eindruck, dass sie entweder Vorbereitungen für einen Staatsstreich treffen, gegen etwas Bedrohliches, das die Sicherheit des Landes gefährdet, oder dass sie etwas unternehmen wollten, um Palme wegen seiner geplanten Reise loszuwerden.«[145] Weil er kein Vertrauen zur SÄPO hatte, informierte Jörgen B. einen alten Bekannten, den Stadtverordneten Henry Eriksson, der den Hinweis nicht ernst nahm und für sich behielt. Hans Ölvebro, Untersuchungsleiter von 1988 bis 1997, sah sich nicht in der Lage, gegen die SÄPO zu ermitteln. Stattdessen warnte er Bertil: Er solle zweimal nachdenken, bevor er so schwere Anschuldigungen erhebe.

Auch der norwegische Rechtsextremist und Söldner Ole Christian Olstad hatte Verbindungen zu der Stay-behind-Organisation. Zusammen mit einem weiteren Norweger, Torbjörn Bjerkeseth, traf er den südafrikanischen Agenten Craig Williamson. Williamson behauptet, Schweden nach 1978 nicht mehr besucht zu haben. Er wurde aber kurz vor dem Mord an Palme in Stockholm gesehen. Olstad und Bjerkeseth trafen Williamson in einem China-Restaurant in Stockholm, wo sie ihm – nach Schimpftiraden gegen Palme – einen Koffer mit 200 000 Kronen übergaben. Einer von Olstads schwedischen Freunden war der Polizeioffizier Carl Gustav Östling, Mitglied der Baseball-Gang, ein überzeugter Rechtsextremist und späterer Waffenhändler. Die mittelschwedische Tageszeitung *Dala-Demokraten* fand heraus, dass Olstad einer Geheimorganisation namens Alfa angehörte, die eng mit der SÄPO zusammenarbeitete – offensichtlich eine unabhängige norwegische Gruppe, die Stay-behind eng verbunden war. Dammegard hält Olstad für ein Mitglied des Hit-Teams.[146]

Fregattenkapitän Hans von Hofsten gehörte zu einer Gruppe von Marineoffizieren, die gegen den politischen Kurs von Olof Palme aufbegehrten. Er bestätigte später, dass es Gespräche von Angehörigen dieser »Offiziers-Revolte« mit rechtsextremen Polizeioffizieren gegeben habe. Dabei ging es darum, den Premierminister aus seinem Amt zu entfernen. Allerdings, so von Hofstens Vorgesetzter Kommodore Cay Holmberg, habe man bezüglich Palme »nicht über spezielle Tötungsmethoden diskutiert«.[147] Palmes Staatssekretär Ulf Larsson erklärte, dass der Premierminister und er selbst 1985 über diese heimlichen Treffen ins Bild gesetzt wurden: »Ungefähr 25 Personen nahmen daran teil. Ich merkte mir, dass die den Hitlergruß zeigten.«[148] Einer der Teilnehmer war der Polizeioffizier Carl-Gustav Östling, ein Hauptverdächtiger der Palmeermittlungen. Als der britische Wissenschaftler John Erickson im schwedischen Fernsehen erklärte, dass Palme nach Verhandlungen mit Moskau ein sowjetisches U-Boot freigab, wurde Östling zornig und platzte heraus: »Palme verkauft Schweden an die Sowjets.«[149]

Östlings »Stockholmer Club der Verteidigungsschützen« (Försvarsskytteförening) testete die Sicherheitsvorkehrungen im Verteidigungsstab in einer Weise, wie dies auch Spezialkräfte tun. Seine Kollegen, gekleidet in Polizeiuniformen, hatten den schwedischen Sicherheitsapparat bis ins Verteidigungsministerium infiltriert. Ola Tunander schreibt: »Verteidigungsminister Thage G. Peterson und Außenminister Sten Andersson berichteten, dass Mitarbeiter von Militär und Sicherheitskräften Palme zum Ziel erklärten.«[150] Alf Enerström, so Tunander weiter, habe eine Medienkampagne mit gekauften Artikeln gegen Palme eingeleitet, die von schwedischen Industriellen wie Peter Wallenberg und Lars-Erik Thunholm bezahlt wurde, und im schwedischen Fernsehen erklärt, dass Offiziere einen Staatsstreich planten: »Wir haben 500 Mann. 250 davon übernehmen das Amt des Premierministers und die anderen 250 Rundfunk und Fernsehen.«[151]

Doch damit nicht genug. In der Tatnacht – und nur in dieser Nacht – wurde die Einsatzzentrale der Polizei von Ulf Helin geleitet, ein enger Kollege von Östling. Helin schickte einen Streifenwagen mit ihrem Kollegen Claes Djurfeldt. Der lief hinter dem flüchtenden Täter die Stufen zur David Bagares Gatan hinauf. Die letzte Person, die Djurfeldt dort gesehen hat, erklärte später, der Polizist sei hinter einem Auto verschwunden. Genau dieser Pkw, so stellte sich später Tunander zufolge heraus, sei Djurfeldts Privatwagen gewesen. Dieses Fahrzeug habe direkt vor dem Gebäude gestanden, in dem Östling und sein Ex-Kollege Ingvar Grundborg ein kleines Büro für ihre künftige Firma angemietet hatten. Sechs Wochen vor dem Mord war Major Grundborg in eine Position bei dem Telekommunikationsunternehmen Televerket Radio gewechselt. Von hier aus war er in der Lage, die komplette Kommunikation der Funkgeräte zu verfolgen und das Telefon von Olof Palme abhören zu lassen. Am Tag nach dem Mord verließ er Televerket Radio und gründete zusammen mit Östling eine Waffenfirma namens Strateg Protector, die enge Kontakte nach Südafrika unterhielt und die Palme-Ermittlungen mit Bodyguards und Waffen ausstattete.

Östling und einer seiner Freunde, der Polizist Stellan Akebring, waren zentrale Figuren der Nazigruppe in der Stockholmer Polizei. Östling erhielt von seinem Freund und Kollegen Per Arvidsson ein Alibi, doch es erstreckt sich nur auf den frühen Abend des Mordtages. Ola Tunander schreibt: »Östling, Grundborg, Djurfeldt und Helin, und die Polizeibeamten, die später die Kugeln analysierten, Sonny Björk und Per Arvidsson, gehörten alle zum Stockholmer Club der Verteidigungsschützen, der aus ungefähr 15 Personen bestand und vermutlich eine Tarnorganisation für die Stockholmer Stay-behind-Organisation oder eine Parallelorganisation war.«[152]

Kurz nach dem Mord an Palme quittierte Östling seinen Dienst und startete die oben erwähnte Sicherheitsfirma Strateg Protector. Als Zollbeamte seine Wohnung durchsuchten, fanden sie zahlreiche Gewehre, Pistolen und eine Panzerfaust, dreizehn Fotos, auf denen Östling und sein Kollege Grundborg den Hitlergruß zeigten, eine Liste mit Südafrikakontakten und genau dieselbe Munition, die beim Mord an Palme benutzt worden war. Daneben hatte Östling Abhörausrüstung gekauft und als Lieferadresse die Botschaft von Südafrika in Stockholm angegeben.[153]

Östling und Grundborg rechnet Dammegard dem Killerteam zu, Östling soll möglicherweise die Tatwaffe vom Mörder übernommen haben. Des Weiteren nennt er den Polizisten Leif Tell, Mitglied der sogenannten Baseball-Gang, Deckname »Stuart«, der in der Tatnacht nicht im Dienst war, aber mit einem Funkgerät nahe dem Tatort unterwegs war – möglicherweise der große Mann am Grand-Kino, der sogenannte Grand-Mann. Zum Killerteam zählt Dammegard außerdem den Polizisten Anti Avsan, der von Hinweisgebern als der Mann am Dekorima-Kaufhaus identifiziert wurde, der sogenannte Dekorima-Mann. Weiter nennt Dammegard dessen Kollegen Thomas Piltz, der in der Nähe des Tatorts und im Bus Nr. 43 mit einem Funkgerät gesehen wurde. Genannt wird ferner der Polizeibeamte Stefan Svensson, ein Rechtsextremist, der ebenfalls der Baseball-Gang angehörte und Südafrika besucht hatte. Zunächst hieß es, Svensson habe in der Tatnacht Koordinierungsaufgaben wahrgenommen. Später fand die Polizei heraus, dass er an einer Wehrübung teilgenommen und dabei ein geschichtsträchtiges Ereignis am laufenden Wochenende angekündigt habe. Schließlich erwähnt Dammegard den SÄPO-Offizier Alf Karlsson. Der Chef der Anti-Terror-Abteilung war in der Tatnacht für Palmes Bodyguards verantwortlich und betrieb ab 1987 mit dem früheren Chef der SÄPO Per Gunnar Vinge – und später mit Hans Holmér – die Sicherheitsfirma Vinge Integrated Protections. Über Hans Holmér hatten alle erwähnten Polizisten Kontakt zu Stay-behind. »Dem Ermittlungsbericht zufolge,« so Krister Petersson, »fanden sich in der Polizei eine ganze Reihe von zwielichtigen Figuren. In diesem Punkt sind die Ermittlungen nicht sehr weit gekommen. Aber das ist eine interessante Gruppe. Ich gehe nicht davon aus, dass eine ganze Polizeiabteilung in die Tat eingebunden war. Aber ich kann nicht ausschließen, dass bestimmte Polizeioffiziere beteiligt waren.«[154]

Doch die Baseball-Gang handelte offenbar nicht allein. Dammegard geht auch Hinweisen nach – unter anderen wiederum von Oswald LeWinter –, dass der amerikanisch-chilenische Auftragsmörder Michael

Townley dem Killerteam angehört oder gar selbst geschossen haben soll. Tatsächlich ist Townley zur Tatzeit in Stockholm gesehen worden.

Völlig ungeklärt ist die Rolle von Alf Enerström. Er gehörte zu jenen schwedischen Sozialdemokraten, die eine innerparteiliche Opposition gegen Palme gebildet hatten. Jan Stocklassa nennt ihn den »Palme-Hasser.«[155] Anders als Palme war diese innerparteiliche Opposition der NATO, den Vereinigten Staaten und den Interessen der schwedischen Industrie verbunden. Sie legte Palme einen Ausverkauf schwedischer Interessen an die Sowjets zur Last. Der Bericht der Prüfungskommission des Palme-Mordes von 1999 zitiert ihn mit den Worten: »Derjenige, der Palme umlegt, wird sicher einst im Himmel ausgezeichnet. Wer Palme tötet, tut Gott und dem ganzen Land einen Gefallen.«[156] Durch seine Hände flossen große Summen der Gelder, die für eine Kampagne gegen Palme bestimmt waren. Enerström wurde nach eigenen Angaben von einem Agenten der SÄPO, dem Exil-Tschechen Milan Heidenreich, aufgefordert, eine Gruppe aufzubauen mit dem Ziel, Palme loszuwerden.

Heidenreich war offenbar nicht der einzige. Alf Enerström gibt an, zwischen 1982 und 1985 ständig von Vertretern des schwedischen Establishments angesprochen worden zu sein, die ihm auch finanziell helfen wollten, Palme aus dem Weg zu räumen – unter anderem von einer Gruppe von Lehrern, leitenden Polizeibeamten und Soldaten: »Darunter waren auch bekannte Militärs, die mich baten, so etwas wie einen Staatsstreich anzuzetteln (…). Kein einziger Soldat, kein Offizier von Militär oder Polizei stand hinter dem Verräter Palme.«[157] Jan Stocklassa verweist darauf, dass seine Frau Gio Petré Alf Enerström ein Alibi gegeben habe, und kommt zu dem Ergebnis, er habe seinen Vertrauten Jakob Thedelin zu der Tat angestiftet. Doch im Ergebnis bleibt es nur ein Verdacht. Lars Borgnäs kommentiert: »Ich gebe nicht viel auf Stocklassas Theorie, dass Jakob Thedelin der Mörder sei. Ich kenne ihn seit fünfzehn Jahren und halte ihn für völlig unfähig zu einer solchen Tat. Aber sein Freund und Mentor Alf Enerström, den ich mehrfach getroffen habe und ebenfalls gut kenne, ist eine interessante Figur. Er kann über die Pläne zur Ermordung von Palme genau informiert gewesen sein. Denn er hatte gute Kontakte zur SÄPO. Die Tatsache, dass er am Tag des Mordes spät abends ohne plausiblen Grund seine Wohnung verließ, ist eine genaue Betrachtung wert.«[158]

Eugene de Kock, der frühere Leiter der südafrikanischen Todesschwadronen, nannte den Chef der Sektion C, Craig Williamson, als

Kopf hinter dem Palme-Mord. Williamson selbst gibt an, er sei zum Tatzeitpunkt nicht in Schweden gewesen. Doch etliche Zeugen haben ihn Ende Februar 1986 in Stockholm gesehen, am Flughafen und vor Palmes Haus. Zwei schwedische Polizisten sagten unabhängig voneinander aus, er habe in den Tagen vor dem Mord und in der Mordnacht unter einem Decknamen im Gästehaus der International Police Organization übernachtet. Dem eingereisten Hit-Team rechnet Dammegard noch weitere Mitarbeiter des südafrikanischen Geheimdienstes zu: Anthony White wurde von dem früheren Chef der Todesschwadronen Dirk Coetzee genannt. Zwei schwedische Polizisten gaben an, ihn in der Nähe des Tatorts gesehen zu haben. Weiter nennt er Riian Stander, der möglicherweise in der U-Bahnstation Gamla Stan mit einem Funkgerät gesehen wurde. Der Deutsche Franz Esser, Deckname »Holger«, arbeitete ebenfalls für die Südafrikaner und kannte Craig Williamson gut. Zeugen zufolge soll er einen der Täter im VW-Bus von München nach Stockholm gefahren und später am Steuer des Fluchtautos gesessen haben. Der Schwede deutscher Abstammung Heine Hüman, Deckname »Heinz«, der ebenfalls als Agent für das Apartheid-Regime tätig war, ist offenbar in der Tatnacht mit einem Funkgerät gesehen worden. Möglicherweise hat er in seiner Villa in Björklinge den Mörder versteckt.

Wichtig für die Südafrika-Verbindung ist auch der Schwede Bertil Wedin. Er arbeitete zeitweise in Den Haag für die NATO und betrachtete Palme als einen Verbündeten des Kommunismus. Craig Williamson hatte ihn für den südafrikanischen Geheimdienst rekrutiert. Wedin arbeitete jahrelang für die Südafrikaner, für die schwedische SÄPO und – wenig überraschend – für die CIA.[159]

Der südafrikanische Soldat Brian Davies gibt 1996 an, er sei im Rahmen seiner Tätigkeit fürs Militär auf die Operation Long Reach – das war der Code für den Palme-Mord – gestoßen. Seine Angaben werden von Eugene de Kock bestätigt. Ein enger Freund von Craig Williamson, der CIA-Agent Vernon Gillespie, habe den eigentlichen Mörder, einen türkischen Kurden, kontaktiert. Dieser habe auf direkte Anweisung von Craig Williamson gehandelt. Das Motiv sei der Waffenschmuggel gewesen, den Palme entdeckt habe. Bemerkenswert ist das Geflecht dreier Geheimdienste: SÄPO, BOSS und CIA. Nur das SOPS-Komitee von Staybehind ist in der Lage gewesen, eine so komplexe Operation auf die Beine zu stellen.

Das Personal für solche Operationen konnte man selbst trainieren: Sowohl die U.S. Army als auch die CIA unterhielten und unterhalten entsprechende Trainingseinrichtungen. Das International Military Education and Training der Defense Security Cooperation Agency[160] bietet Ausbildungs- und Kooperationsprogramme für mehr als hundert Länder an, vor allem für jene, die amerikanische Waffen kaufen.[161] Nach Angaben von Robert Harkavy, der viele Jahre Berater des Pentagon war, werden nicht nur Ausbildungsteams entsandt, sondern auch Trainingsprogramme am U.S. Army War College in Carlisle, Pennsylvania, für ausländische Militärs angeboten. Auch das Naval War College, das Air War College, die National Defense University und das Command and General Staff College in Fort Leavenworth, Kansas führten ähnliche Lehrgänge durch.[162] Die CIA unterhält in Langley Verbindungsbüros verbündeter Länder. Der Rüstungs- und Geheimdienstexperte Kenneth R. Timmerman geht davon aus, dass der Geheimdienst ausländische Geheimdienstoffiziere auf die Durchführung gemeinsamer verdeckter Operationen vorbereitet. Er nennt in diesem Zusammenhang Geheimdienstvertreter aus dem Irak, aus Jordanien und Afghanistan. Wer Handwerk und Ausrüstung beherrsche werde als Verbindungsmann der CIA eingesetzt. Timmerman hat keinen Beleg, dass Angehörige ausländische Geheimdienste auch in der CIA-Ausbildungsstätte Camp Perry (»The Farm«) bei Williamsburg, Virginia, trainiert werden. Klar sei aber, dass die U.S. Spezialkräfte Angehörige ausländischer Spezialkräfte in den USA und vor Ort ausbilden, quasi als Teil ihres Kampfauftrags. So sei zum Beispiel einer der Leibwächter von Osama Bin Laden, Ali Mohamed, in seiner Zeit als ägyptischer Armeeoffizier in Fort Bragg in North Carolina trainiert worden.[163]

Deshalb will Ermittlungsleiter Krister Petersson herausfinden, ob die Vereinigten Staaten ein Training für ausländische Angehörige einer Operationseinheit organisiert haben, die im Zusammenhang mit dem Mord an Olof Palme zum Einsatz kam: »Eine ganze Reihe von ausländischen Geheimdienstoffizieren war zur Tatzeit hier vor Ort, und für eine solche Operation braucht man eine kleine Eliteeinheit. Wenn zu viele Leute Bescheid wissen, bleibt das Vorhaben nicht geheim.«[164]

Wer aber ist dieser Kurde, von dem so oft die Rede war? In einem anonymen Brief behauptet ein Mann, unter dem Decknamen »Abdul Kassem« mit anderen zusammen den Mord an Palme begangen zu haben. Die Palme-Ermittler haben zahlreiche solcher Schreiben erhalten. Allan Francovich gelang es, den richtigen Namen des eingereisten Killers zu erfahren, der schließlich den Mord an Olof Palme beging. Die Identität des Mannes wurde ihm von drei voneinander unabhängigen

Quellen bestätigt, alles ehemalige Angehörige der amerikanischen und israelischen Geheimdienste. Danach handelt es sich beim Mörder von Olof Palme nicht um Abdul Kassem, sondern um einen 1953 in Teheran geborenen iranischen Kurden, der dem SAVAK, dem früheren Geheimdienst des Schah, angehörte und später von der CIA trainiert wurde. Francovich nennt den Namen: Hamid Dadashnijad. Das ist der Mann auf dem Foto, das Allan Francovich kurz vor seinem Tod an Robert Harkavy geschickt hat – und möglicherweise auch derselbe Mann, den Harkavy im August 1985 zufällig im Nachtcafé Bolaget traf.

Kapitel 2
Uwe Barschel

Ein Tatort, der nicht existiert

Genf, 11. Oktober 1987, gegen 12:30 Uhr mittags. Der *Stern*-Reporter Sebastian Knauer entdeckt die Leiche von Uwe Barschel. Im Interview erinnert er sich an jenen Sonntag in Zimmer 317 des Genfer Hotels Beau-Rivage:

»Also, ich habe sehr laut geklopft, habe dabei gerufen: Hallo, ist da jemand? Keine Reaktion, nichts, und habe dann die Tür runtergedrückt, und zu meiner Überraschung war die Tür offen. Das Zimmer war abgehangen, also es war, der Vorhang war halb zu, so, es war so etwas dämmrig. Auf dem Bett lag ein Buch von Jean-Paul Sartre, Lutschbonbons, also es waren komische Signale, weil ich nicht wusste: Was wird denn hier gespielt? Ich bin dann zwei, drei Schritte vorgegangen, um mir einen Überblick zu verschaffen, was eigentlich los ist. Ich habe auch an die Badezimmertür geklopft, hab auch wieder laut gerufen: Hallo, ist da jemand? Keine Reaktion. Ich habe die Badezimmertür gedrückt, die Tür ging auf, und da kam mir schon so eine Wärme entgegen, und ich hatte da schon irgendwie ein ungutes Gefühl und sah dann auch über den Spiegel, dass da irgendwas mit der Badewanne ist, und sah diesen leblosen Körper in der Badewanne liegen. Diese total stille Wasseroberfläche, die mitgeteilt hat: Da ist irgendwas ganz zum Stillstand gekommen. Das ist tot. Ich habe reflexartig auf die Kamera gedrückt und habe, ich glaube, vier Fotos in diesem Badezimmer gemacht. Bin dann raus in den Vorraum und habe nochmal dieses Bett, diesen Flur und die Ablage des Koffers fotografiert. Es waren also sieben Negative, die ich gemacht habe, mit der Nikon-Kamera. Und habe dann relativ schweißgebadet, weil ich schon wusste, du bist hier jetzt ziemlich in Trouble, das Zimmer verlassen und bin runter in die Lobby.«[1]

Doch die Geschichte ist komplizierter.

Am Vorabend war Knauer von Hamburg nach Genf geflogen. Eigentlich wollten er und der *Stern*-Fotograf Hanns-Jörg Anders Barschel auf Gran Canaria treffen, wohin sich der Ex-Ministerpräsident am 6. Oktober 1987 zusammen mit seiner Frau zurückgezogen hatte. Es war ihnen nicht gelungen. Das *Stern*-Team weiß, dass Barschel am 10. Oktober nach Genf aufgebrochen ist, im Beau-Rivage ein Zimmer gebucht hat und dort auch angekommen ist. Das haben Knauer und Anders durch den Schweizer Journalisten Frank Garbely erfahren, der für den *Stern* versucht hat, Barschel am Flughafen in Genf zu interviewen. Gegen 16:30 Uhr war Garbelys Suche nach Barschel erfolgreich. Er stellt fest, dass Barschel im Beau-Rivage eingecheckt hat, und informiert die Redaktion. Da sind Knauer und Anders schon unterwegs. Bei einer Zwischenlandung in Frankfurt versucht Knauer, Barschel telefonisch im Hotel zu erreichen. Doch niemand hebt ab. Nach der Landung in Genf treffen Knauer und Anders gegen 22:30 Uhr im Beau-Rivage ein. Nach »ersten vergeblichen Nachforschungen« gehen beide um Mitternacht auf ihre Zimmer im zweiten Stock – nicht ohne vorher eine Etage darüber an Uwe Barschels Zimmer Nr. 317 vorbeizugehen. Dort hängt ein rotes Schild »Ne pas déranger« am Türgriff, also »Bitte nicht stören«.

Am nächsten Morgen lassen sie sich gegen 6:00 Uhr wecken. Um 7:00 Uhr sitzen beide beim Frühstück. Anders hat zuvor an der Tür von Nr. 317 immer noch das rote Schild »Bitte nicht stören« gesehen. Barschel steht im Frühstücksraum auf der Gästeliste. Aber er kommt nicht. Anders bucht einen Leihwagen, den er gegen 9:00 Uhr abholt. Knauer bucht einen Rückflug nach Hamburg in der Maschine, die Barschel offenbar nehmen will, Abflug 14:45 Uhr. Er geht mehrfach in die dritte Etage und wählt ab 9:30 Uhr auch mehrmals die Nummer 317. Niemand hebt ab.

Knauer will Klarheit. Gegen 12:00 Uhr klopft er, so erzählt er später, an Barschels Zimmer und ruft »Hallo«. Keine Antwort. Er öffnet die Tür und schaut in den Vorflur. Dabei, so sagt er später aus, sei das Türschild »Ne pas déranger« heruntergefallen, und es sei möglich, dass er es mit der grünen Seite nach vorne wieder angehängt habe. Auf der rechten Seite sieht er einen Koffer, dann einen Schuh. Ein Notizblock liegt auf dem Nachttisch, daneben auf dem Bett ein Schlafanzug und ein Buch. Überrascht zieht Knauer die Tür wieder zu und berichtet Anders, was er gesehen hat. Der hat Bedenken. Knauer ruft in der *Stern*-Zentrale in Hamburg an. Ressortleiter Dieter Degler schlägt vor: »Geht rein, fasst nichts an, fotografiert alles. Dann holt die Polizei und schafft vorher die Filme beiseite.«[2] Gegen 12:15 Uhr ruft Knauer bei Garbely an und bittet ihn, ins Beau-Rivage zu kommen. Dann bittet er Anders um dessen Nikon-Kamera. Er geht nach kurzem Warten erneut in den dritten Stock, öffnet die Tür, betritt Zimmer 317, zieht sie hinter sich zu. Bei seinem zweiten Eindringen macht er Fotos von Schlafzimmer, Bett und Flur, auch von der Stelle, an der der Schuh liegt. Garbely ruft noch einmal zurück, erfährt, dass die beiden Reporter schon ausgecheckt hätten, und lässt sich zum Zimmer von Uwe Barschel durchstellen. Der Mann, der dort abhebt, ist Sebastian Knauer. Mit der mitgebrachten Nikon-Kamera kann man keine Dokumente fotografieren. Knauer nimmt deshalb einen handschriftlich beschriebenen Block, einen Zettel und ein danebenliegendes Telex an sich. Die Dokumente werden in der zweiten Etage unter einer Wandlampe mit einem hochempfindlichen Film fotografiert.

Knauer dringt gegen 12:43 Uhr ein drittes Mal in das Zimmer ein und bringt die Unterlagen wieder zurück. Vor dem Verlassen von Zimmer 317 macht er einen Schritt in das Badezimmer, schaut in den Badezimmerspiegel, spürt die Feuchte, sieht das Licht. Dann sieht er den reglosen Körper in der Wanne liegen, die Haut blass und aufgedunsen. Nur der Kopf und ein Arm ragen aus dem Wasser. Um das rechte Handgelenk ist ein Frotteehandtuch gewickelt. Die andere Hand liegt auf der nassen Hemdbrust. Knauer macht die Fotos, die später um die Welt gehen. Nach etwa zehn Minuten verlässt er das Zimmer. Anders hat den Eindruck, dass Knauer lange in Barschels Zimmer geblieben ist. Der Fotograf hat unterdessen die Umgebung kontrolliert und verweilt bei einer Sitzgruppe in der Lobby. Als Knauer endlich kommt, ist er schweißnass und kreidebleich. Dann geht er mit Anders nach draußen: »Der ist tot. Er sieht furchtbar aus. Ich weiß gar nicht, ob er es ist.« Er berichtet, dass er Fotos gemacht hat. Anschließend verständigen Knauer und Anders die Rezeption. Gegen 13:20 Uhr alarmiert Rezeptionschef Alain Aupoix die Polizei. Er registriert kurz darauf, dass Hanns-Jörg Anders einem Pressekollegen, den er vom Sehen kannte, einen durchsichtigen Plastikbeutel mit Filmrollen übergibt. Der Journalist verlässt das Hotel. Nach Darstellung von Chefermittler Heinrich Wille handelt es sich um Frank Garbely, der die Filme in seiner Baskenmütze nach draußen schmuggelt.[3]

Die fünf Filmrollen gelangen heimlich per Kurier auf dem Luftweg über Frankreich nach Hamburg.

Das Handeln der Journalisten war illegal. Aber sie haben die einzigen existierenden Fotos des toten Uwe Barschel gemacht und die letzten Notizen des Verstorbenen dokumentiert.[4]

Doch woher wissen wir, ob sich die Ereignisse tatsächlich so zugetragen haben? Die Beschreibung beruht in weiten Teilen auf den Angaben der Reporter selbst. War Knauer tatsächlich dreimal in Zimmer Nr. 317? Hat er das rote Türschild so belassen oder wurde es gedreht? Lagen Barschels Notizen tatsächlich auf dem Nachttisch oder vielleicht doch auf dem Bett? Wo genau lag ursprünglich das Fernschreiben, das Knauer ebenfalls mit nach draußen nahm? Ist Knauer vielleicht unabsichtlich über den Schuh im Flur gestolpert? Hat er die Leiche, wie er angab, wirklich nicht berührt? Welche Spuren hat Knauer hinterlassen, welche – vielleicht unabsichtlich – verändert? Waren beim Tod von Uwe Barschel oder danach noch andere Personen im Zimmer? Haben diese Personen selbst Spuren hinterlassen, andere beseitigt? Und war vielleicht doch noch ein Funken Leben in Barschels Körper? Hätte der Reporter nicht als Erstes einen Arzt rufen müssen? Es ist ein wichtiger Grundsatz der Kriminologie, dass die Spuren am Tatort gesichert werden müssen. Sie sind der Ausgangspunkt jeder polizeilichen Ermittlung. Vor allem hier können Beweismittel gefunden und Rückschlüsse auf den Täter gezogen werden. Diese Spuren führen zu weiteren Ermittlungsansätzen oder gar einer Überführung des Täters. All das war im Falle Barschel nicht möglich. Der Genfer Journalist Frank Garbely erklärte 2007: »Der Tatort sieht aus, als wären zehn Hühner über den Tatort gelaufen. Der Tatort – den gibt es eigentlich nicht. Der ist nie richtig aufgenommen worden. Das können Sie nachher nicht mehr wieder gutmachen.«[5]

Hotel Beau-Rivage, Zimmer 317 am Mittag des 11. Oktober 1987: ein Tatort, der nicht existiert.

Schlampige Tatort-Arbeit

Schon Stunden nach seinem Tod verfestigt sich in der Öffentlichkeit der Eindruck: Barschel hat sich das Leben genommen. Doch bis heute ist die wichtigste Frage nicht geklärt: Wie ist Uwe Barschel gestorben?

Am 11. Oktober 1987 um 13:45 Uhr treffen die ersten Kriminalbeamten im Hotel Beau-Rivage ein. Nach und nach erscheinen 15 Beamte am Tatort, darunter die Untersuchungsrichterin Claude-Nicole Nardin, die gerade Bereitschaft hat. Sie stellen fest, dass die Zimmertür nicht abgeschlossen ist, und sehen außen das Schild »Ne pas déranger«. Der Schlüssel steckt von innen im Schloss. Der Genfer Erkennungsdienst fotografiert den Tatort. Das Zimmerfenster ist geschlossen, die Gardinen sind zugezogen, das Bett ist unbenutzt. Daneben fein säuberlich gefaltet ein hellblauer Schlafanzug, darauf aufgeschlagen ein Buch mit Erzählungen von Jean-Paul Sartre. Auf dem Nachttisch die karierten Blätter mit Notizen, mit Kugelschreiber verfasst, sowie ein kleiner Block mit Bleistiftnotizen. Auf dem Schreibtisch liegt das Telex. Barschel hatte das Fernschreiben noch auf Gran Canaria an Hanns-Günther Hebbeln, den Leiter der Kieler Staatskanzlei, geschickt und darin seine Reiseplanung für die Rückkehr nach Kiel angekündigt. Die Asservate werden in Tüten gesichert. Die Spurensicherung findet im Eingangsbereich, vor der offenen Tür zum eigentlichen Zimmer, einen geschnürten braunen Schuh. Am linken Pfosten liegt ein abgerissener Hemdknopf mit einem Stück Faden. Im Schrank hängt unter anderem eine olivgrüne Jacke mit einem Lufthansa-Täschchen, in dem sich Tickets für Flüge von Frankfurt nach Las Palmas, von Las Palmas nach Genf mit Iberia und von Genf über Frankfurt nach Hamburg und zurück nach Frankfurt mit Lufthansa befinden. In der Jackentasche steckt Barschels Diplomatenpass. In seinem halbgeöffneten Koffer auf der Ablage finden sie eine Schachtel Valium mit zehn Tabletten, außerdem zwei eingepackte Puppen und die Kalender der Jahre 1986 und 1987. Im Badezimmer machen sich Gerichtsärzte und Spurensicherung an die Untersuchung der Leiche. Der Tote liegt bekleidet auf dem Rücken in der Wanne. Sein Kopf ruht auf der rechten, mit dem Handtuch umwickelten Hand außerhalb des Wassers. Die Augen sind geschlossen, das Haar ist feucht. Die Uhr zeigt immer noch die exakte Zeit an. Die Füße ragen ohne Schuhe aus dem Wasser. Der andere der beiden Schuhe liegt geöffnet auf dem feuchten und verschmutzten Badeteppich neben der Wanne. In einem Papierkorb unter dem Waschbecken finden die Spurensicherer ein zerbrochenes Weinglas, eine Plastikfolie und ein Fläschchen Whisky aus der Minibar, das ausgespült und wieder verschlossen worden war. Das zweite Weinglas steht beim Waschbecken. Dann untersuchen sie die Kleidung des Toten. Er trägt ein weißes Hemd mit geöffnetem Kragen. Der zweite Hemdknopf ist abgerissen, darüber eine gelockerte grüne Krawatte mit Streifen. In den Hosentaschen findet die Kripo Kredit- und EC-Karte, spanisches Geld, Portemonnaie, Kamm, zwei Schlüssel, Quittungen, Notizzettel und Taschentuch, ebenso ein Tablettenröhrchen des Antidepressivums Tavor.[6]

Die Ermittler durchsuchen das Zimmer 317 nach Fingerabdrücken, finden aber keinerlei Gleitspuren an Türen oder Türpfosten. Sie stellen Haare sicher. Ein Beamter entdeckt ein Stück vom Verschluss der Weinflasche. Die Polizei schwärmt aus und durchsucht die Nachbarzimmer, die Umgebung des Hotels, den Müll. Was die Ermittler nicht finden, ist die Weinflasche und den Rest der Flaschenkapsel. Sie entdecken auch keine Medikamentenpackungen. Ein Zettel aus Barschels Jackett bleibt zunächst unbeachtet. Auf ihm steht eine längere Nummer, die mit den Ziffern 8220 endet. »Viel später erst«, so Michael Mueller und seine Co-Autoren, »wurde entdeckt, dass die Notiz von hinten nach vorne gelesen einen Sinn ergab. Es war die Rufnummer des Direktanschlusses eines unbekannten Mitarbeiters in der israelischen Vertretung in Bonn. Der Hinweis auf die Verbindung zu einem israelischen Regierungsbediensteten wurde auch später nicht mehr ernsthaft ermittelt.«[7]

Doch die Körpertemperatur des Toten, ohne die der Todeszeitpunkt nicht festgestellt werden kann, wird nicht gemessen. Ebenfalls nicht gemessen wird die Temperatur des Wassers in der Badewanne. Der Ermittlungsbericht, der eigentlich am Folgetag vorliegen soll, hält dreieinhalb Monate später lediglich fest: »Lauwarm.« Auch eine Wasserprobe wurde nicht sofort entnommen. Nach dem Ablassen des Wassers nahmen die Ermittler Abstriche an der Wanne vor, spülten sie und nahmen dann erst eine Wasserprobe. Von den am Tatort belichteten Filmen der Polizeifotografen war angeblich nicht eine einzige Aufnahme brauchbar.

Lückenhafte Vernehmungen

Die anschließenden Vernehmungen ergeben folgende Erkenntnisse.

Am 10. Oktober gegen 18:30 Uhr bringt Zimmerkellner Jean-Pierre Vergori eine Flasche Beaujolais »Le Chat Botté« und zwei Weingläser auf Barschels Zimmer. Der öffnet ihm und bittet ihn auf Englisch herein. Vergori öffnet die Flasche, Barschel probiert und erklärt, er wolle selbst einschenken. Etwa um 19:00 Uhr nimmt Katja Drugmueller in der Telefonzentrale den Anruf einer französisch sprechenden Frau entgegen. Die Anruferin will wissen, ob Barschel ein Zimmer gebucht habe. Sie wird abgewiesen. Ihre Identität ist nicht geklärt. Am Abend nimmt Barschel auf seinem Zimmer ein Ferngespräch entgegen. Auch dieser Anrufer wird nicht identifiziert. Am frühen Abend wird der Service »de la couverture«, bei dem die Zimmermädchen die Tagesdecke vom Bett nehmen, nicht erledigt. An der Tür hängt das Schild »Ne pas déranger«. In der Nacht auf den 11. Oktober wird gegen 4:00 Uhr morgens der Nachtportier Alain di Natale durch großen Lärm geweckt. Er vermutet, dass der Lärm vom zweiten oder dritten Stockwerk kommt: »Ich habe ein starkes, dumpfes Geräusch gehört, als wenn etwas gefallen wäre.«[8] Es habe sich angehört, als ob ein Körper über den Flur geschleift worden sei. Später, so Chefermittler Heinrich Wille, gibt di Natale zu: Seine Aussage war eine Lüge. Er wollte sich interessant machen, denn er war pleite und hoffte, von Uwe Barschels Bruder Eike Geld zu bekommen.[9]

Auch sein Kollege Ramush Ramadani wacht auf. Er nimmt ein Klopfen wahr, schaut nach, ob der Reinigungsdienst schon gekommen ist, und legt sich dann wieder hin. Gegen 7:00 Uhr geht er an den Zimmern der dritten Etage entlang, um die Frühstückszettel einzusammeln. Vor Zimmer 317 registriert er am Türgriff kein Schild »Ne pas déranger«, das Anders und Knauer kurz darauf jedoch gesehen haben wollen. Gegen 10:50 Uhr kommt das Zimmermädchen Anna Maria Estevez an der Tür von Nr. 317 vorbei. Sie bemerkt, dass das Türschild seine grüne Seite zeigt. Als sie eine halbe Stunde später zurückkommt, ist das Schild umgedreht und zeigt rot. Zwischen 11:00 und 11:30 Uhr betritt der Hotelangestellte Ludovic Erba das Zimmer von Uwe Barschel. Kein Schild »Ne pas déranger« hält ihn davon ab. Er geht durch den kurzen Flur an der geschlossenen Badezimmertür vorbei zur Minibar und ergänzt das fehlende Fläschchen Jack Daniels. Eine volle oder leere Weinflasche fällt ihm nicht auf. Dann verlässt er das Zimmer wieder, ohne etwas Ungewöhnliches bemerkt zu haben. Etwa um diese Zeit geht Knauer an der Zimmertür vorbei und sieht das Schild mit der roten Seite nach vorne.

Am 15. Oktober 1987 meldet sich bei der Firma EVB eine Frau, dic sich Bernadette Ricoh nennt. Sie gibt an, sie arbeite aushilfsweise im Beau-Rivage, sei Ausländerin und habe große Angst, ihren Job zu verlieren. Sie behauptet, vor den Reportern in Zimmer 317 gewesen zu sein, und habe »Barschel in der Wanne liegend gesehen, seitlich. Gesicht unter Wasser.«[10] Das im *Stern* veröffentlichte Foto sei anders gewesen.

Dieser Hinweis, die Position der Leiche, die feuchten Haare, das lauwarme Wasser – lässt dies die Vermutung zu, der Körper Barschels sei arrangiert, vielleicht sogar in die Wanne gelegt worden? Doch weder im Hotel noch anderswo kann die Polizei eine Person namens Bernadette Ricoh finden.

Die Zimmernachbarn von Uwe Barschel werden zunächst nicht vernommen. Raum 316 war in der Tatnacht gebucht von der US-Staatsbürgerin Dolly Warner, geboren am 23. Juni 1930 in Riga, wohnhaft in Scarsdale im Bundesstaat New York, ohne Berufsangabe. Raum 318 war in der Nacht vom 10. auf den 11. Oktober belegt von Suzanne B. Mayer, ebenfalls eine US-Staatsbürgerin, geboren am 14. November 1923 in Lyons, Colorado, nach ihren eigenen Angaben Rentnerin. Auf Ersuchen der Genfer Behörden werden beide von Interpol Washington befragt. Dolly Warner gibt an, sie sei am Freitag, dem 9. Oktober, gegen 14:00 Uhr im Beau-Rivage angekommen und am 11. Oktober gegen 17:00 Uhr abgereist. Während ihres Aufenthalts sei sie bei ihrer Tochter Dana Miller zu Besuch gewesen. Etwas Ungewöhnliches habe sie nicht wahrgenommen. Zur Befragung von Suzanne Mayer am 27. Oktober 1987 schickt Interpol Washington am 13. November einen »Narrative Report«, dem zufolge auch sie nichts wahrgenommen habe.[11]

Auch der polizeiliche »Erstangriff« am Tatort ergibt mehr Fragen als Antworten. Hat jemand das Türschild abgenommen und wieder hingehängt, während oder nachdem drinnen ein Todeskampf stattfand? Warum wurden weder Körper- noch Wassertemperatur gemessen? Was ging schief mit den Tatortfotos? War es wirklich ein Versehen, dass der Polizeifotograf den Schalter von »Elektronenblitz-Synchronisation« auf »Blitzlichtbirne« umlegte und so grünstichige Bilder ohne großen kriminalistischen Wert lieferte? Warum wurden Knauer und Anders weder Fingerabdrücke abgenommen, noch wurden sie durchsucht? Warum wurden die Hotelgäste von Zimmer 316 und 318 nicht sofort eingehender befragt? Warum überhaupt ist Barschel nach Genf gekommen? Das Zimmer Nr. 317 im Hotel Beau-Rivage – vielleicht war dies gar nicht der Tatort, sondern nur der Ort, an dem die Leiche gefunden wurde? All diese Fragen sind bis heute ungeklärt.

Die Kieler Affäre

Klar ist nur: Uwe Barschel stand im Landtagswahlkampf 1987 mächtig unter Druck. Die CDU, seit 1950 in Kiel ununterbrochen regierend, drosch mit ungewöhnlicher Härte auf den Gegner ein, um eine Niederlage abzuwenden. Der sozialdemokratische Herausforderer Björn Engholm – ein Medienliebling und Frauenschwarm – schien die besseren Karten zu haben. Zudem war Barschel angeschlagen durch einen Flugzeugabsturz auf dem Flughafen Lübeck-Blankenese im Mai 1987, den er nur knapp überlebt hatte. Barschel – ein von Angst getriebener Machtmensch – verfiel zunehmend der Medikamentenabhängigkeit, vor allem dem Angstlöser Tavor. Da kam ihm ein Helfer wie der dubiose Journalist Reiner Pfeiffer, empfohlen vom Springer-Verlag, wie gerufen. Als Medienreferent in der Staatskanzlei entfachte er eine Schmutzkampagne gegen Björn Engholm. Der Oppositionskandidat wurde von Privatdetektiven ausspioniert. Er sollte durch einen fingierten Anruf eines angeblichen Arztes mit dem Verdacht erschreckt werden, er habe AIDS. Eine anonyme Steueranzeige gegen Engholm ging ein. Pfeiffer versuchte, eine Wanze zu beschaffen, um die Aktion dann der Opposition als Bespitzelungsversuch des Ministerpräsidenten unterzuschieben. Bis heute ist nicht geklärt, ob diese Maßnahmen Barschel bekannt oder gar von ihm veranlasst waren oder ob der Medienreferent systematisch Spuren legte, die auf Barschels Mittäterschaft hindeuteten.

In seinen Artikeln vom 7. und 14. September 1987 spricht der *Spiegel* von »Barschels schmutzigen Tricks«. Zumindest der erste Artikel könnte noch die Wahl beeinflusst haben, die am 13. September stattfindet und ein Patt zwischen CDU/FDP und SPD/SSW ergibt. Das Magazin stützt sich dabei auf Reiner Pfeiffer als Kronzeugen und löst in Schleswig-Holstein eine politische Krise aus. Ob und wann genau der Medienreferent die Seiten gewechselt hat oder ob er gar Barschel untergeschoben wurde, ist ebenfalls nicht ganz aufgeklärt. Am 18. September 1987 erklärt Barschel in der sogenannten »Ehrenwort«-Pressekonferenz gegen den Rat seines Referenten Herwig Ahrendsen: »Meine Damen und Herren, über diese Ihnen gleich vorzulegenden eidesstattlichen Versicherungen hinaus gebe ich Ihnen, gebe ich den Bürgerinnen und Bürgern des Landes Schleswig-Holsteins und der gesamten deutschen Öffentlichkeit mein Ehrenwort, ich wiederhole: Ich gebe Ihnen mein Ehrenwort, dass die gegen mich erhobenen Vorwürfe haltlos sind. Ich danke Ihnen.«

Bald darauf stellt sich heraus, dass die eidesstattlichen Versicherungen in wesentlichen Teilen unzutreffend sind; politisch verantwortlich für die Aktionen aus der Staatskanzlei ist Barschel als Ministerpräsident allemal. In der Öffentlichkeit steht er nun nicht nur als Initiator der Schmutzkampagne gegen den Herausforderer Engholm, sondern auch als Lügner da.

Seine eigene Partei, die CDU, lässt ihn fallen. Am 25. September kündigt er seinen Rücktritt als Ministerpräsident zum 2. Oktober an. Noch im Herbst richtet der Landtag in Kiel einen Untersuchungsausschuss ein. Am 6. Oktober tritt Barschel zusammen mit seiner Ehefrau einen Urlaub auf Gran Canaria an. Zuvor erklärt er seinem Arzt, er wolle am Montag, dem 12. Oktober, dem Untersuchungsausschuss zur Verfügung stehen. Am 10. Oktober unterbricht Barschel seinen Urlaub und fliegt nach Genf.

Eine fragwürdige Obduktion

Einen Tag später, am 11. Oktober 1987 gegen 18:00 Uhr, obduziert der Chefarzt des Gerichtsmedizinischen Instituts der Universität Genf, Oldrich Fryc, Barschels Leichnam. Als zweite Sachverständige steht ihm die Assistenzärztin Christiane Margairaz zur Seite, die auch am Tatort gewesen ist. Fryc notiert als Auskunft der Polizei: »Wahrscheinliche Todesursache: Selbstmord.« Fryc macht sich an die äußere Beschreibung der Leiche: »Der rechte Stirnbereich weist 2,5 cm über der Augenbraue ein blasses Hämatom von violetter Tönung, undeutlich abgegrenzt und 2,5 × 3 cm groß, auf. Im mittleren Stirnbereich zeigt die Haut eine 1 cm breite und 4,5 cm horizontal ausgedehnte Rötung.« Fryc kann keinerlei Kopfverletzungen, aber eine merkwürdige pergamentartige Stelle auf dem Rücken feststellen. Waschhautbildung an Händen und Füßen führt er darauf zurück, dass der Körper sich längere Zeit im Wasser befunden hatte. Bei der inneren Leichenschau findet er im Magen »zahlreiche kleine punktförmige, frisch aussehende Hämorraghien (Blutungen)« und notiert, dass die Harnblase erheblich erweitert und prall gefüllt war. Es findet sich im Protokoll nichts zur Körpertemperatur des Toten. So konnte nicht festgestellt werden, wann genau Uwe Barschel gestorben war. Auch der Mageninhalt wurde nicht näher untersucht. Fryc diktiert: »Die Todesursache ist auf der Obduktionsbasis nicht festgestellt worden. Die mit den polizeilichen Erkundigungen verbundenen Obduktionsergebnisse lassen an einen Tod als Folge einer Vergiftung denken. (...) Im Hinblick auf eine toxikologische Untersuchung haben wir Blut-, Urin-, Gallenflüssigkeits- und Mageninhaltsproben sowie Leber und Nierenteile entnommen.«[12]

Dieser Obduktionsbericht, von dem der Öffentlichkeit am 14. Oktober einige Details mitgeteilt werden und der erst Ende November vollständig vorliegen sollte, vermerkt, dass in Barschels Magen und Blut die Reste von fünf verschiedenen Medikamenten gefunden wurden: an erster Stelle das Barbiturat Cyclobarbital, ein sehr starkes Schlafmittel;

dann das Sedativum Pyrithyldion, ebenfalls ein beruhigendes, hypnotisches Schlafmittel; als dritter Wirkstoff Diphenhydramin, das Erbrechen verhindert; weiter Perazin, ein ruhigstellendes Medikament, das auch als »chemische Zwangsjacke« bezeichnet wird; außerdem geringe Spuren von Diazepam und Nordiazepam, Reste von Medikamenten gegen Flugangst, die Barschel regelmäßig einnahm. Fryc erwähnt die »beachtliche Menge von Cyclobarbital«. In der Ergänzung des Obduktionsberichts heißt es: »Allein diese Menge kann bereits zum Tode führen. Die Pyrithyldion-, Diphenhydramin- und Perazinanteile sind zwar weniger bedeutsam, mussten aber eine zusätzliche Wirkung für den tödlichen Ausgang gehabt haben. Die Gesamtheit aller von uns zusammengefassten Begebenheiten erlaubt es, den Tod des Herrn Uwe Barschel einer schweren Arzneimittelvergiftung zuzuschreiben.«[13]

Interessant ist, dass Pyrithyldion in der Bundesrepublik – anders als in Osteuropa – seit 1983 nicht mehr zugelassen war. Auch auf Gran Canaria war es 1987 nicht mehr erhältlich. Das Präparat wurde im kriminellen Milieu auch als K.-o.-Tropfen eingesetzt. Offen bleibt: Hat Barschel diese Medikamente gleichzeitig aufgenommen oder nacheinander? Hat er sich die Präparate selbst zugeführt oder hat jemand nachgeholfen?

Der mysteriöse Robert Roloff

Am Abend des 11. Oktober erscheint der inzwischen verständigte Eike Barschel, der Bruder des Toten, von seinem Wohnsitz in Yens im Kanton Waadt kommend, auf eigene Initiative im Genfer Justizpalast. Eike Barschel berichtet, Inspektor Paul Fleury habe ihm eine Liste der Rufnummern vorgelegt, die der Hotelcomputer von den Gesprächen aus dem Zimmer 317 am Vorabend aufgezeichnet hat. Eike Barschel identifiziert seine eigene und die seiner Schwester Folke Junker. Sein Bruder habe ihn am Vorabend zweimal angerufen, und zwar zwischen 18:15 Uhr und 18:30 Uhr, das zweite Gespräch habe also zehn Minuten nach dem ersten stattgefunden. Seine Nummer tauchte allerdings dreimal auf der Liste auf. Allerdings hatte sich Barschel beim ersten Mal verwählt. Er vergaß eine Null der Vorwahl. Den Ermittlern fiel das nicht auf. Sie registrierten drei Telefonate mit Eike Barschel, um 18:19 Uhr, um 18:28 Uhr und um 19:08 Uhr. Das erste Gespräch fand also um 18:28 Uhr statt. Von Eike Barschel erfahren die Ermittler von der Vermutung seines Bruders, Opfer eines politischen Komplotts geworden zu sein, und von dessen Ziel, in Genf einen Kontaktmann mit entlastendem Material treffen zu wollen. Eike Barschel berichtet, dass es in dem ersten Telefonat nach den Worten seines Bruders um ein beabsichtigtes zweites Treffen mit dem Kontaktmann im Restaurant des Hotels Noga Hilton International gegangen sei. Man sei für den Zirkus verabredet gewesen, und Uwe habe gesagt, dass es bei ihm später werden könne. Zehn Minuten später habe Uwe Barschel erneut angerufen und von einer beginnenden Transaktion im Hilton gesprochen. Dieses zweite Telefonat fand aber nicht zehn, sondern 40 Minuten später statt. In zehn Minuten kann wenig passieren. In 40 Minuten schon.

Auf Nachfrage habe Uwe Barschel erklärt, der Kontaktmann solle ihm ein Foto geben, auf welchem man Pfeiffer in Gemeinschaft mit einem Mann sähe, von dem er versichert, ihn nicht zu kennen. Später am Abend, spätestens aber zum Frühstück, habe Barschel in Yens vorbeikommen wollen. Eike Barschel erwähnt als Namen des mutmaßlichen Informanten »Roloff« oder »Ruloff«. Dieser habe seinen Bruder angeblich nach Genf bestellt und mit ihm am Informationsschalter des Flughafens Verbindung aufnehmen wollen. Roloff habe bereits in der Ferienanlage auf Gran Canaria angerufen und sich dort als Angehöriger der schleswig-holsteinischen Regierung ausgegeben. Auf Nachfrage erklärt Eike Barschel: »Ich schließe nachdrücklich aus, dass mein Bruder Selbstmord begangen haben könnte, und zwar trotz des politischen Skandals, der ihn umgab. Er war eher ein kämpferischer Typ in derartigen Situationen. Von solcherlei Dingen würde er sich niemals moralisch unterkriegen lassen«.[14] Eike Barschel erinnert sich, in einem der beiden Telefonate seinen Bruder gefragt zu haben, wo er sei. Uwe Barschel habe geantwortet: »Wo bin ich hier eigentlich? Ich bin im Hilton.« Hat er gelogen? Stand er unter dem Einfluss von Tabletten und war durcheinander? Hat Eike Barschel fehlerhafte Angaben gemacht? Irgendetwas stimmt jedenfalls nicht an seiner Darstellung. Möglicherweise hat ihm die Polizei falsche Angaben zum Zeitpunkt der Telefonate vorgelegt, weil sie fälschlicherweise davon ausging, dass der erste Anruf nicht ins Leere ging, sondern angekommen ist.

Um 17:41 Uhr hat Uwe Barschel als Erstes seine Frau auf Gran Canaria angerufen und ihr von dem Treffen mit Roloff erzählt. Sie erinnert sich: »Er schien glücklich und erleichtert.«[15] Er erwähnt, er werde am Abend mit seinem Bruder Eike und den Kindern den Zirkus Knie besuchen. Doch woher wusste er das, wenn die Brüder nicht schon vorher miteinander telefoniert haben? Um 18:01 Uhr folgt ein langes Gespräch mit seiner Schwester Folke. Er könne jetzt beweisen, dass ein Komplott gegen ihn geschmiedet worden sei, soll er gesagt haben, und am Abend folge noch ein »Knüller«: Der Informant werde ihm ein Foto übergeben, das seine Unschuld beweise. Dann »habe er sich noch mit unserer Familie in Genf treffen wollen«. Dann erst – um 18:28 Uhr – ruft er seinen Bruder an. Das Gespräch dauert nur drei Minuten. Kann Barschel da schon die ganze Roloff-Geschichte erzählt haben?

Tatsächlich erwähnt Barschel in seiner von Anders und Knauer abgelichteten siebenseitigen »Notiz auf Flug LPA-Genf ca. 12.00 Unterlage für UA« einen anonymen Anruf am Sonntag, dem 26. September, bei ihm zu Hause. Am Apparat sei – bereits zum zweiten Mal – eine anonyme männliche Person gewesen: »Gibt an, er wisse Genaueres über Pfeiffer. Will sich wieder melden. Sage meiner Frau nichts.« Auf dem zweiten Blatt heißt es: »Anrufe kommen noch zweimal. Immer zu Hause (…) Spreche auch darüber mit niemandem (…) Möglich, daß ich gelegentlich L. daran (davon?) erwähne.« Am Freitag, dem 9. Oktober, sei auf Gran Canaria ein weiterer Anruf eingegangen: »Anrufer gibt (sogar auch?) Namen preis. Robert Ro(h)loff. Habe den Eindruck, Name stimmt nicht. Will mir helfen gegen Pfeiffer.« Zunächst ist in den Notizen von einem Treffen in Madrid die Rede, dann von Genf: »Pfeiffer hat mind. 1 Hintermann. Der hat ihn (Roloff) betrogen. Rache. Ist nicht bereit, zur Polizei zu gehen. Material, das er mir im Flughafen Genf (Internationaler Info-Punkt ist Treffpunkt) geben will, soll reichen. Wer weiß. Ob er kommt. Glaube nicht so recht daran.« Dann heißt es auf Blatt 5:

»17.10. Hotel Beau-Rivage Treffen mit ›R.R.‹ hat geklappt. Tatsächlich. Er hat mir viel erzählt. Er hat Pfeiffer nur 2 o 3 × kurz gesehen. Hat ihn im Fernsehen wiedererkannt. Sein Name damals Gelsenberg. R. kennt Pfeiffer-Gelsenberg über einen ›Freund‹. Name nennt er nicht. Der ist ausgebildeter Passfälscher. P. behauptet, dieser oder weitere sind die Hintermänner Pfeiffers. Er weiß von seinem ›Freund‹, daß Pfeiffer im *Spiegel*-Konzern sein Unwesen treiben sollte. Es soll um Erpressung der Firmenleitung gegangen sein mit echten o. gefälschten Dokumenten. Daraus wurde nichts, weil Pf. zur Pressestelle kam. Dann wurde Pfeiffer auf mich angesetzt.«

Und weiter auf Blatt 6:

»Da bei mir nichts zu holen war (kein Geld) ›Überwechseln‹ zu SPD/*Spiegel*. Genaue Einzelheiten weiß R.R. auch nicht. Hat seine Informationen aus Gesprächen mit ›Freund‹. Den kann er nicht nennen, weil sonst selbst in Gefahr. Der hat ihn

> betrogen. R.R. will mir ein Bild geben, daß Pfeiffer + Freund zeigt. Freund seit ca. 4 Wochen verschwunden. (…) Beinahe wäre alles geplatzt. Als ich ausstieg, wurde ich von *Weltwoche*-Journalist empfangen + fotografiert. Tat, es sei Irrtum. Bestieg Taxi, fuhr ein paarmal um Flughafen und traf dann ungestört R.R. Er erkannte mich sofort. Gespräch dauerte ca. 20 Min. Spaziergang in Flughafennähe.«

Barschel beschreibt den Informanten »ca. 178 cm, kein Bart, dunkelblonde Haare. Sportlich, Jeans, blauer Pullover und eine Popeline Jacke. Scheint Rheinländer zu sein. Wirkt ängstlich + misstrauisch.«[16]

Beinahe zweifelsfrei, so die Ermittler, stammen diese Notizen von Uwe Barschel. Suizidgedanken finden sich nicht. Ebenso fehlt eine persönliche Rechtfertigung oder eine Abrechnung. Als Vorbereitung auf eine Befragung durch einen Untersuchungsausschuss taugen diese Notizen aber auch nicht, denn Barschel nimmt Bezug auf einen Informanten. Kann Barschel das alles erfunden haben? Dies ist bis heute ungeklärt. Mit L. ist möglicherweise sein Freund und Bauunternehmer gemeint, in dessen Ferienanlage auf Gran Canaria Barschel zu Gast war. Daneben tauchen Informationen auf, die nachweislich stimmen, ohne dass Barschel dies wissen konnte. Bei dem »Freund« von R.R., einem »ausgebildeten Passfälscher«, kann es sich um den Hochstapler Gert Postel alias Dr. Dr. Bartholdy gehandelt haben, den Barschel mit hoher Wahrscheinlichkeit nicht kannte. Der vermeintliche Postbeamte war ein manischer Betrüger, der in Flensburg unter dem falschen Namen Dr. Dr. Bartholdy als stellvertretender Amtsarzt praktizierte. Über diesen Fake hat ein Freund von Postel ein Buch geschrieben: Reiner Pfeiffer. Vor dem Untersuchungsausschuss in Kiel erklärte Postel, er habe in Genf im Hotel de la Paix gewohnt und Barschel gegen 18:00 Uhr getroffen. Doch im Hotel de la Paix gibt es für den fraglichen Zeitraum keine Gästelisten mehr, und die genannte Zeit kann nicht stimmen, denn zwischen 17:41 Uhr und 19:13 Uhr hat Barschel von seinem Hotelzimmer aus telefoniert.[17] Offen ist, ob damit auch die restlichen Angaben vom Postel erfunden sind.

Ankunft in Genf

Für die Existenz einer Person namens »Roloff« gibt es bis heute keinen Beweis. Kann Barschel eine solche Person überhaupt getroffen haben?

Pünktlich um 15:10 Uhr landet am 10. Oktober 1987 Flug IB 554 auf dem Flughafen Cointrin bei Genf. Dort wird Barschel von Frank Garbely, freier Mitarbeiter des *Stern* und der *Weltwoche*, erwartet. Sein Fotograf Angelo Guarino macht die letzten Bilder vom lebenden Barschel. Garbely soll ihn interviewen:

»Das Unglaubliche für uns war, dass er sich weigerte, deutsch zu sprechen, er hat nur englisch gesprochen: ›What do you want? I don't understand.‹ Vier, fünf Mal wiederholt. Er machte einen verträumten, verschlafenen Eindruck. Keiner war da, er hat keinen gesucht, ist einfach durchgelaufen (…) Dann ist er beim Taxistand in das erste Auto eingestiegen und weggefahren. Ein Fotograf und ich, wir versuchten mit einem anderen Auto ihm zu folgen. Der Chauffeur hat sich geweigert, und dann haben wir ein bisschen Zeit verloren, bis wir ein Taxi gefunden haben, und da hatten wir ihn verloren.«

Der Taxifahrer Pietro Gattuso behauptet bis heute, er sei es gewesen, der Barschel gefahren habe: »Am Flughafen war ich gerade auf den ersten Platz in der Taxischlange vorgefahren, da kam er auch schon raus. Er hatte nur einen kleinen Koffer. Er forderte mich auf, ihn zum Hotel Beau-Rivage nach Genf zu bringen. Und dann habe ich ihn direkt zum Beau-Rivage gefahren.«[18] Gattusos Angaben können nicht stimmen. Denn er behauptet, Barschel zweimal vom Flughafen aus gefahren zu haben, und zwar zuerst zwischen 15:30 Uhr und 15:45 Uhr und dann gegen 17:50 Uhr. Dies widerspricht aber den Aufzeichnungen des Hotelcomputers, denen zufolge Barschel um 17:41 Uhr mit seiner Frau und um 18:01 Uhr mit seiner Schwester telefoniert hat. Gattuso gibt später zu, von einem Reporter der Illustrierten *Quick*, Wolfgang Sturmius Partz, ein Informantenhonorar, etwa 2000 bis 3000 D-Mark, für seine Aussage bekommen zu haben. Außerdem stand nach Ansicht der Ermittler Gattusos Wagen in der Taxischlange viel weiter hinten, noch hinter dem Wagen von Mohammed Al-Kaar, dessen Wagen Garbely bestieg und der sich zunächst weigerte, Barschels Taxi zu folgen. Al-Kaar meint sich aber an das Taxi erinnern zu können, in das Barschel eingestiegen ist: die Nr. GE 40 von Roger Beauverd. Doch Roger Beauverd kann sich weder an seinen Fahrgast noch an eine Tour zum Beau-Rivage erinnern. Er weiß so wenig, dass bei seiner Vernehmung der Eindruck entsteht, er wolle mit der Polizei nicht zusammenarbeiten. Sein Fahrtenschreiber weist aus:

- 15:09–15:22 Uhr: Beauverds Taxi GE 40 wird am Stand des Flughafens angehalten.

- 15:22–15:37 Uhr: Beauverd fährt mit 40 km/h los auf einer Strecke von etwa 4,4 km.
- 15:37–15:40 Uhr: Das Taxi GE 40 hält an.
- 15:40–15:50 Uhr: Beauverd fährt mit einer durchschnittlichen Geschwindigkeit von 50 km/h los auf einer Fahrstrecke von etwa 5,5 km.

Die Strecke zwischen dem Flughafen Cointrin und dem Hotel Beau-Rivage beträgt fast sieben Kilometer. Deshalb schließt die Polizei aus, dass Beauverd Barschel gefahren hat. Diese Schlussfolgerung macht aber nur unter der Annahme Sinn, dass sich Barschel direkt zum Hotel hat fahren lassen – und wenn man seine Aufzeichnungen nicht ernst nimmt. Geht man aber davon aus, dass Barschel tatsächlich in der Nähe des Flughafens ein Treffen gehabt hat, dann wäre dies mit den Daten von Beauverds Fahrtenschreiber in Übereinstimmung zu bringen. »Ein paar Mal um den Flughafen« – das kann auch bedeuten, dass Barschel sich lediglich in Flughafennähe bewegt hat. De facto ist weder der Taxifahrer ermittelt noch die Strecke, die Barschel gefahren ist. Aber dafür, dass ihn irgendwer – vielleicht Beauverd – irgendwo am Flughafen abgesetzt hat, spricht auch ein anonymer Anruf eines Taxifahrers bei der Zeitung *Tribune de Genève*. Der Unbekannte will einen Mann, der wie Barschel aussah, am Park Plein Palais aufgenommen und zum Hauptbahnhof Cornavin gefahren haben: »Dort wurde er von zwei Herren erwartet. Es war klar, daß sie sich kannten.«[19] Auch diese Spur verläuft im Sand.

Ein Passagier namens R. Gates

Seit seiner Abreise aus Kiel am 6. Oktober bleiben die letzten Tage des Uwe Barschel mysteriös. Die Barschels fliegen über Genf und Malaga nach Las Palmas. Uwe Barschel glaubt wohl, durch die Zwischenstopps potentielle Verfolger leichter abschütteln zu können. Offenbar keine ganz unbegründete Befürchtung: Ebenfalls auf die Maschine nach Genf gebucht war ein besonders interessanter Passagier. Es handelt sich um einen aus London angereisten Amerikaner namens Robert Gates. In ihrem Ermittlungsbericht notieren die Lübecker Staatsanwälte: »Ein Mister Gates befand sich am 6. Oktober 1987 in derselben Maschine der Lufthansa, mit der Dr. Barschel mit seiner

Frau von Frankfurt nach Genf flog.«[20] Robert Gates ist zum damaligen Zeitpunkt bereits als CIA-Direktor nominiert. Möglicherweise ist es ihm deshalb nicht mehr möglich, unter Decknamen zu reisen. Möglicherweise handelt es sich aber nur um eine Namensgleichheit. Das Ticket der betreffenden Person erhielten die Ermittler vom Kapitän der Lufthansa-Maschine. Pilot Reiner Dethmers, so schreibt der ehemalige Vizechef der *Welt* Wolfram Baentsch, habe eigene Recherchen zu dem Fall aufgenommen, die ihm nicht gut bekamen: »Seine Telefongespräche wurden abgehört; er stellte Manipulationen an seinem Auto fest; im Sicherheitsbereich von Flughäfen wurde er beschattet; auf der Autobahn wurde er bei Tempo 190 von der Fahrbahn abgedrängt; seine Post wurde gefilzt; seine Familie erlebte Telefonterror und Drohanrufe; sein Sohn wurde von einem später nicht auffindbaren Messerstecher lebensgefährlich am Hals verletzt …«[21] An Bord der Maschine seien weitere Geheimdienstler gewesen, die Barschel beschattet hätten: eine Dame mit dem Decknamen Kolb, deren Flugschein bis Malaga ausgestellt war; zwei weitere Begleiter, die ihre Flugscheine mit den Nummern 491 und 492 in einem Reisebüro in der Frankfurter Kaiserstraße gekauft hatten. In einer vertraulichen Nachricht an die Lübecker Staatsanwaltschaft bestreitet die CIA, dass es sich bei dem Passagier um Robert Gates, den damaligen Deputy Director der CIA und späteren Verteidigungsminister gehandelt habe.

Gran Canaria

Auf Gran Canaria, in dem Küstenort Bahía Feliz, erholt sich Barschel von den Strapazen der Kieler Affäre im Hause seines Freundes L., eines Bauunternehmers. Gisela Sanchez, die Leiterin der Ferienanlage beim Hotel Orquídea, kennt ihren Gast seit Jahren: »Der war immer so komisch steif und formell – auch im Urlaub (…) Und im Meer gebadet hat er auch nie.« Sie holt die Barschels vom Flughafen ab und bringt sie zur Anlage Villas Atlanticas, wo sie die Nr. 12 beziehen: »Ein bißchen gestresst sah er schon aus.«[22] Den ganzen 7. Oktober über war Barschel nicht zu sehen und nicht erreichbar: Das Telefon war kaputt. Seine Frau berichtet, er habe sich entspannt, schlecht geschlafen und Tavor eingenommen. Tavor ist ein viel stärkeres Präparat als Valium. Seine Durchschnittsdosis betrug zu dieser Zeit vier Tabletten am Tag, eine Dosis, die Medizinern zufolge von schwerer Abhängigkeit zeugt.

Barschel war Stammgast in Bahía Feliz. Er gehörte zu einer Herrenrunde um den Baulöwen L., zu der man unter anderem den Barschel-Freund und Manager der Hamburger Kosmetikfirma Schwarzkopf GmbH Karl-Josef Ballhaus rechnete. Sein Haus hat hier auch der Musiker und Dirigent Justus Frantz, mit dem Barschel 1985 das Schleswig-Holstein Musikfestival gegründet hatte. Der weltbekannte Waffenhändler Adnan Kashoggi unterhält hier einen Wohnsitz, Hotelportiers wollen ihn zusammen mit Barschel gesehen haben, und spanische Ermittler wollen wissen, dass Barschel einmal einen Geldkoffer von hier aus mit seinem Diplomatenpass in die Schweiz gebracht habe. 1987 gründete die DDR über ihren Funktionär und Stasi-Mitarbeiter Claus-Dieter Junge eine Firma in Las Palmas. Auch der deutsche Agent Werner Mauss hatte öfter auf der Insel zu tun. Hier versuchte er, im Auftrag deutscher Ermittler Terrororganisationen zu unterwandern. Ein illustres Figurenarsenal.

Am 8. Oktober 1987 wird Barschel früh am Morgen von den Ereignissen überrollt. Die Presse berichtet an diesem Tag, dass der schleswig-holsteinische Finanzminister Roger Asmussen einräumt, Barschel habe sich schon im Februar bei seinem Staatssekretär Carl Hermann Schleifer nach der anonymen Steueranzeige gegen Engholm erkundigt. Damit steht Barschels eidesstattliche Versicherung auf der »Ehrenwort«-Pressekonferenz in Frage, er habe davon erst aus der Zeitung erfahren. Am selben Tag, so erinnert sich Barschels Freund, Dolmetscher und Telefonist Oscar Jessen Ramirez, habe ein Mann aus der Schweiz angerufen, der aber Hochdeutsch sprach, nach Barschel verlangt und um Rückruf gebeten. Barschel habe dann aus einem geschlossenen Büro telefoniert, und zwar mit dem Chef der Staatskanzlei, Hanns-Günther Hebbeln, und vermutlich mit dem unbekannten Anrufer aus der Schweiz. War dies jener Roloff, von dem Barschel in seinen Notizen spricht? Oder sein Bruder Eike? Oscar Jessen weiß über die Telefonate nichts, erinnert sich aber an ihre Wirkung auf Barschel: »Der wirkte etwas fertig.«[23] Er bat Gisela Sanchez, sich um einen Flug nach Zürich – und wahrscheinlich weiter nach Hamburg – zu bemühen, weil er, so erinnert sich die Sekretärin Rena Helene Menke, jemanden in der Schweiz treffen müsse. Es sei aber möglich, dass Barschel das erst am Nachmittag erzählt hat. Er schickt ein Fernschreiben an Asmussen, in dem er beklagt, dass weder Asmussen noch Schleifer mit ihm über ihre Vorwürfe gesprochen hätten. Er bestreitet, sich bei Schleifer nach der fingierten Anzeige gegen Engholm erkundigt zu haben. Ziemlich schnell, so Jessen, sei ein Telex zurückgekommen – Barschel hat es mit Durchschlag verschwinden lassen. Telefonisch wird er von seinem Anwalt Professor Erich Samson über das Ausmaß des Kieler Desasters in Kenntnis gesetzt: falsches Ehrenwort, falsche eidesstattliche Erklärungen, Strafverfahren, sogar drohender Parteiausschluss. Barschel habe geweint. In der Mittagspause besorgt er sich in einer Apotheke Tabletten. Er erhält das Schlafmittel Noctamid. Heinrich Wille zufolge spricht das gegen Suizid, denn dies zeige, dass er die Medikamente nicht mit sich führte, sondern erst mühsam besorgen musste.[24]

Dann erscheint Barschel bei Rena Helene Menke, die ihm mitteilt, dass die Samstagsflüge nach Zürich ausgebucht seien. Barschels Antwort: »Egal, dann eben ein Flug über Madrid oder Genf, der, den ich treffen will, kommt überall hin.« Also bucht Menke einen Iberia-Flug IB 554 am 10. Oktober um 10:30 Uhr ab Las Palmas nach Genf und einen Weiterflug am Folgetag um 11:00 Uhr mit Lufthansa LH 1855 nach Frankfurt. Niemand in der Ferienanlage kann ein Telefonat mit einem Roloff bezeugen. Gisela Sanchez glaubt, »dass der hier ein Verwirrspiel mit allen gemacht« und »den Roloff doch nur erfunden« hat. Deshalb habe sie »die ganze Sache gleich als Selbstmord abgelegt«.[25] Nur Freya Barschel sagt, ihr Mann habe von Roloff erzählt.

Dann lässt Barschel ein Fernschreiben an Hebbeln absetzen, in dem er über seine Flugzeiten informiert. Ein weiteres Telex geht an den Kieler CDU-Fraktionsvorsitzenden Klaus Kribben: »Leider bin ich in meinem Kampf für die Erhellung der vollen Wahrheit fast auf mich allein gestellt, aber ich werde kämpfen. Aufgrund einer Information, die ich vor wenigen Tagen erhalten habe und der ich am Wochenende persönlich nachgehen werde, könnte ich vielleicht schon am Montag einen wesentlichen Beitrag zur Aufklärung leisten.« Ganz anders dann telefonisch gegenüber dem Bonner *Bild*-Redakteur Hans-Erich Bilges: »Glaubt mir denn niemand mehr? Was soll ich denn machen?« Dabei gab es in Kiel Neuigkeiten, die Barschels Version hätten stützen können, er sei Opfer eines Komplotts geworden. Dort mussten der SPD-Landesvorsitzende Günther Jansen und sein Pressesprecher Klaus Nilius vor Journalisten einräumen, dass sie von Reiner Pfeiffer schon vor der Landtagswahl gewusst haben. Im Anschluss lassen sich Uwe und Freya Barschel nach Las Palmas zum Reisebüro Kuoni fahren, um das Ticket für den Flug nach Genf abzuholen. In Las Palmas kommen sie spätestens um 11:40 Uhr an. Freya Barschel zufolge gehen sie unverzüglich ins Reisebüro und anschließend essen. Aber ein Angestellter des Reisebüros,

Björn Rustad, erinnert sich anders: Barschel habe erst um 14:30 Uhr das Reisebüro betreten – ohne seine Frau, aber in Begleitung eines »wohl spanischen« Mannes um die dreißig. Der Begleiter habe sich schweigend in einen Sessel gesetzt, während Barschel das Ticket bezahlt habe. Dann habe der Mann Barschel die Tür aufgehalten, und beide seien mit unbekanntem Ziel verschwunden. Auf dem Ticket stand:

»Las Palmas/Genf: 10. Oktober 10:30 Uhr
Genf/Frankfurt: 11. Oktober 14:45 Uhr
Frankfurt/Hamburg: 11. Oktober 17:15 Uhr«[26]

So steht es aber nicht im Telex an Hebbeln und auch nicht in seinem Terminkalender. Da ist ein Weiterflug nach Hamburg um 11:00 Uhr auf LH 1857 notiert. Barschel muss also umgebucht haben. Wollte er mehr Zeit in Genf für seinen Informanten? War Barschel zweimal im Reisebüro, einmal mit seiner Frau und dann zum Umbuchen mit einem Unbekannten? Oder betrieb er ein Verwirrspiel mit der Umbuchung, weil er von Beginn an plante, sich in Genf das Leben zu nehmen? All dies ist nicht geklärt.

Inzwischen aber wird das Telex an Kribben in die laufende Fraktionssitzung hineingereicht. Die Fraktion entzieht ihm per Beschluss das Vertrauen. Einem Fotografen des *Stern* gelingt es, das Fernscheiben aus Gran Canaria zu fotografieren. Ein anderer *Stern*-Mann findet Zugang zu einem Buchungscomputer der Lufthansa. Die Jagd beginnt.

Ein deutscher Agent

In Genf landet um 13:32 Uhr aus Frankfurt kommend ein Jet der Düsseldorfer Charterfirma Evex mit dem Kennzeichen D–CD RB. Drin sitzen der deutsche Geheimagent Werner Mauss und seine Frau Ida. Der Pilot Dieter Büscher erinnert sich an einen dritten Fluggast: einen Libanesen, der schon öfter mit Mauss gereist sei. Zumindest der Libanese steigt aus. Dann fliegt die Maschine nach Zürich weiter. Noch am selben Tag kehrt sie mit Mauss an Bord nach Genf zurück.

Mauss ist früh in Verdacht geraten, in den Fall Barschel verwickelt zu sein. Denn in Genf haben Ida und Werner Mauss Zimmer im Beau-Rivage reserviert. »Im Hotel Beau-Rivage«, so Werner Mauss, »haben wir auch eine Zeitlang gewohnt, wir hatten sogar in der Zeit das Zimmer gebucht, als Barschel dort ankam.« Aber diese Zimmer hätten seine Frau und er nicht bezogen: »Das ist dadurch verhindert worden, dass die Personen, die wir getroffen haben, uns am Flughafen abholten und schon Zimmer reserviert hatten im Richemond, in dem sie auch gewohnt hatten. (…) Das waren Kontaktpersonen aus dem Libanon.«[27] Handelt es sich bei dem dritten Fluggast also möglicherweise um Ali Hijazi, der dem US-Reporter Kenneth R. Timmerman zufolge einer der zentralen Mittelsmänner europäischer und amerikanischer Unterhändler bei den Verhandlungen mit terroristischen Gruppen im Libanon über die Freilassung von Geiseln gewesen ist – und derjenige, der auch das Lösegeld für zwei im Libanon verschleppte Deutsche, den Hoechst-Vertreter Rudolf Cordes und den Ingenieur Ralph Rudolf Schray, überbringen sollte? Belegt ist, dass Mauss mit Ali Hijazi in Verbindung stand.[28] Auch Mauss wird an dem Wochenende, an dem Barschel stirbt, in der Nachbarschaft des Beau-Rivage Verhandlungen führen. Es geht ebenfalls um die Freilassung des Hoechst-Managers Rudolf Cordes, der im Libanon seit Monaten als Geisel festgehalten wird.

Mauss bestreitet, dass er etwas mit dem Tod von Barschel gleich nebenan zu tun hat: »Ich kenne den Barschel nicht. Den Mann habe ich nie in meinem Leben gehört oder gesehen. Wir haben überhaupt keine Zeit gehabt. Wir haben in dieser Zeit uns in Genf aufgehalten. Mit dem Fall Barschel hat das nichts zu tun. Daraus jetzt so was zu entwickeln, da muss einer viel Phantasie haben.«.[29] Tatsächlich mieten sich Ida und Werner Mauss in der Juniorsuite im Richemond ein – das allerdings nur wenige Meter vom Beau-Rivage entfernt ist. Einem Bericht des *Spiegel* zufolge hat der Bundesnachrichtendienst Mauss bei den Verhandlungen rund um die Uhr observiert – was der BND dementiert.

Später erzählt der Kronzeuge Reiner Pfeiffer, in den 60er Jahren Mauss in Essen kennengelernt zu haben. Auf einem Foto von 1965 sind beide Männer zu sehen. Dazu erklärt Mauss, ihm sei nicht bewusst gewesen, dass der Redakteur, den er um 1965 im Ruhrgebiet einige Male getroffen habe, mit Pfeiffer identisch sein könnte.

Mauss wohnt im Hotel Richemond unter dem Aliasnamen Lange. Am Abend des 10. Oktober gegen 20:00 Uhr sitzt er mit seiner Frau beim Essen. Sein Flugzeug startet am 11. Oktober 1987 kurz vor der Entdeckung der Leiche von Genf nach Frankfurt und landet wenige Stunden später wieder in Genf. Mauss sei aber nicht an Bord gewesen, erklärt sein Anwalt, er habe lediglich veranlasst, seine Kinder abzuholen. Doch

Pilot Dieter Bürscher erinnert sich anders: »Ich bin mir eigentlich hundertprozentig sicher, daß am Mittag des 11.10.87 Herr Mauss von Genf mit uns nach Frankfurt geflogen ist.«[30]

Mauss hat vor Ort Helfer wie den Genfer Privatdetektiv Jean-Jacques Griessen, mit dem er in der Geiselfrage zusammenarbeitet. Auch der Polizeioffizier Louis Demartin zählt dazu, wie Mauss selbst erklärt.[31] Er erhält später eine Disziplinarstrafe, weil er Mauss pflichtwidrig zugearbeitet hat. Ausgerechnet Demartin wird die Todesermittlungen im Fall Barschel leiten. Reiner Zufall?

Timmerman rechnet Werner Mauss die Decknamen Lange, Richter, Faber, Möllner, Reinhardt, Fischer zu – und Roloff. Stefan Aust schreibt, dass nach einer Entscheidung des Landgerichts München über die hektischen Flugreisen von Werner Mauss nicht berichtet werden dürfe.[32]

Festzuhalten bleibt allerdings: Über die Darstellung von Werner Mauss selbst hinaus gibt es keine verlässlichen Angaben darüber, was der Agent in Genf getan hat. Aber als sich Werner Mauss 2016 und 2017 vor dem Landgericht Bochum wegen Steuerhinterziehung in Millionenhöhe verantworten muss, behauptet er, ein Geheimbund namens »Westliche Sicherheitsbehörden« hätte 1985 in Panama ein Konto mit 23 Millionen Dollar für ihn eingerichtet und ihm das Geld treuhänderisch für seine Arbeit überlassen. Der frühere Geheimdienst-Koordinator der Bundesregierung, Bernd Schmidbauer (CDU), bestätigte dies. Er sei Anfang der 1990er Jahre vom damaligen Chef des Bundesamtes für Verfassungsschutz, Gerhard Boeden, über die Existenz einer »früheren Reserve« zur Finanzierung von Mauss informiert worden. Er grenzte auch die Geldgeber so ein, dass sie zu identifizieren waren: Israel und die USA. »Wenn Sie die nennen«, so Schmidbauer, »kann ich dem nicht widersprechen.«[33] Für den aufmerksamen Beobachter sind das ein paar Zufälle zu viel.

Hans-Georg Wieck, BND-Präsident von 1985 bis 1990, lehnte eine Zusammenarbeit mit Werner Mauss ab. Angesprochen auf den von Israel und den USA gespeisten Fonds von Mauss vermutet Wieck, dass sich der Agent zum Todeszeitpunkt von Uwe Barschel auch im Auftrag ausländischer Geheimdienste in Genf aufgehalten haben könnte.[34] Der Genfer Generalstaatsanwalt Bernard Bertossa sagt mit Blick auf Ort und Zeit von Barschels Tod: »Ich meine, daß die Anwesenheit von Herrn Mauss nicht von vornherein als bloßer Zufall betrachtet werden kann.«[35]

Auf Gran Canaria versucht Barschel unterdessen, sich mit Schlafmitteln einzudecken. Wollte er einen Vorrat anlegen? Plante er seinen Freitod und besorgte er auf dem grauen Markt in Las Palmas jene Barbiturate, die in Westeuropa keine Zulassung mehr hatten, die aber später in seinem Körper gefunden wurden?

Am Abend des 9. Oktober führt Barschel zwei Telefonate mit seiner Schwester Folke und mit seinem Freund L., der auf einer Dienstreise von Bad Reichenhall aus anruft. Beiden erzählt Barschel von dem geplanten Treffen mit Roloff. Seine Schwester rät ihm von der Reise nach Genf ab. Sie erinnert sich an die Bemerkung ihres Bruders beim letzten Zusammentreffen, dass »Killer käuflich sind«.[36]

An diesem 9. Oktober 1987 geschieht in München etwas, was erst später Bedeutung gewinnt. Morgens um 10:35 Uhr wird der Pkw mit dem Kennzeichen STA – K 370 von einer automatischen Kamera an der Olympiastraße geblitzt. Der polizeilichen Verwarnung zufolge hat er »die Haltelinie 0,7 Sekunden nach dem Umschalten auf Rot überfahren«. Das Verwarnungsgeld beträgt 20 D-Mark. Doch statt einer Überweisung geht das empörte Schreiben des Halters ein. Josef Messerer aus Stöcking bei Starnberg erklärt, sein Auto sei an diesem Tag nicht in München, sondern in Genf gewesen. Messerer, der nach eigenen Angaben im Waffenhandel tätig gewesen ist, schickt als Beweis eine Kopie seines Terminkalenders vom 9. Oktober mit. Dort ist ein Termin mit prominenten Waffenschiebern eingetragen: »Prof. Chong Li«, darunter »Rafi-Dust« und »Mojahedi«, dann »Ahmed Khomeini«, ein Sohn des iranischen Ayatollahs, darunter »Barschel« mit einem Pfeil auf die Spalte des 10. Oktober und handschriftlich »Ende«.[37] Messerer erklärt allerdings, dass er den Namen Barschel erst hinterher eingetragen habe, als ihm die Zusammenhänge klargeworden seien: Uwe Barschel sei in Waffengeschäfte mit dem Iran verstrickt gewesen. Nach dem Ende seiner politischen Karriere in Kiel habe er zehn Millionen Dollar von Teheran gefordert, um finanziell abgesichert zu sein. Nach diesem Erpressungsversuch sei er vom iranischen und vom nordkoreanischen Geheimdienst gemeinsam ermordet worden. Vom Todesgeschehen sei ein Schmalfilm gedreht worden. Darauf könne man erkennen, wie Barschel Geld betrachte, wie in den Rotwein und in eine Flasche Whisky aus der Minibar Gift eingebracht wird und wie Barschel in die Wanne gelegt werde. Der Film läge im Bundeskanzleramt und bei ihm zu

Hause. Diesmal reagierten die Ermittler sofort und führten bei Messerer eine Hausdurchsuchung durch. Ergebnis: kein Film. Aber ein Aufschneider und Scharlatan ist Messerer deswegen noch lange nicht. Denn in dem Whiskyfläschchen wurde tatsächlich Gift gefunden – und dies war zum Zeitpunkt seiner Aussage noch nicht bekannt. Tatsächlich liegt dem Bundesnachrichtendienst »seit Mai 1992 ein nicht verifizierbarer und nicht bewertbarer Hinweis einer nachrichtendienstlichen Verbindung« vor, dem zufolge »sich Dr. Uwe Barschel mit Ahmad Khomeini (…) und 3 weiteren Personen (1 US-Staatsbürger, 1 Israeli und 1 Araber), bei denen es sich um Waffenhändler gehandelt habe, am 10.10.1987 in einem Genfer Hotel getroffen haben soll«. Dabei soll es zu »ernsthaften Meinungsverschiedenheiten« zwischen Barschel und Khomeini gekommen sein, bei denen Barschel gedroht habe, »die ganze Angelegenheit auffliegen zu lassen«, sollten seine Forderungen nicht erfüllt werden. Noch an diesem Abend »soll Ahmad Khomeini den Befehl erteilt haben, Barschel aus dem Weg zu räumen«.[38]

Flug in den Tod

Am Morgen des 10. Oktober 1987 verlässt Barschel die Ferienanlage bereits gegen 8:00 Uhr. An der Rezeption des Hotels Orquídea bestellt er sich ein Taxi. Die Fahrt zum Flughafen dauert etwa 20 Minuten. Sein Flugzeug wird erst um 10:30 Uhr starten. Was hat Barschel in den dazwischenliegenden zweieinhalb Stunden getan? Der Flughafen liegt auf halber Strecke zwischen Bahía Feliz und Las Palmas, dazwischen Ödnis, nirgendwo Cafés oder Dörfer. Wenn Barschel direkt zum Flughafen gefahren wäre, hätte er dort zuerst eingecheckt. Er kommt aber erst kurz vor Abflug zum Gate und wird zusammen mit einem zweiten Nachzügler namens D. Théraulaz ohne Bordkarte ins Flugzeug gewinkt. Diese zweite männliche Person haben die Ermittler Jahre später identifiziert, aber nicht vernommen – der Mann hielt sich in Asien auf. Warum kam Barschel so spät? Eine Erklärung wäre, dass er noch einmal in Las Palmas war. Besorgt er sich dort Medikamente? Trifft er jemanden, mit dem er dunkle Geschäfte betreibt, oder besorgt er Schmuggelware, Geld oder Dokumente, die er mit seinem Diplomatenpass unkontrolliert in die Schweiz schaffen will? Oder hat er nur die beiden Puppen besorgt, die später in seinem Koffer gefunden wurden, vielleicht ein harmloses Geschenk für die Kinder in Genf?

Barschel erreicht als einer der letzten Passagiere die vollbesetzte Maschine und erhält nicht etwa einen der unbeliebten Mittelplätze, sondern den Sitz 12 C, einen Gangplatz mit Beinfreiheit. Es lässt sich nicht klären, ob ihm jemand diesen Platz freigehalten hat. Denn als am 15. Oktober die Passagierliste von Interpol in Madrid nach Genf gefaxt wird, fehlt eine Seite. Sie bleibt verschwunden. Auf die Reise nach Genf nimmt Barschel seine Terminkalender des laufenden Jahres 1987 und des Vorjahres, 1986, mit. Das spricht dafür, dass er sich auf seinen Auftritt vor dem Untersuchungsausschuss vorbereiten will, vielleicht Vorgänge mit anderen – dem Informanten Roloff? – durchsprechen will. Das spricht allerdings dagegen, dass Barschel seinen Freitod plant. Dafür braucht man keine Kalender.

Auf dem vierstündigen Flug muss Barschel mit seinen Aufzeichnungen begonnen haben. Dass er diese Notizen mit einem Reklamekugelschreiber mit der Aufschrift »Renata« selbst verfasst hat, daran hegen Kriminaltechniker keinen Zweifel. Barschel schreibt, Roloff habe am Freitag in der Ferienanlage Bahía Feliz angerufen. Er habe sich wegen des Fernschreibens an Kribben im Büro befunden, die Spanierin in der Zentrale habe das Gespräch in einen freien Raum gelegt. Bei dieser »Spanierin« handelt es sich um die Niederländerin Marta van Geeteruyen, die Telefondienst hatte: »Den ganzen Vormittag ist kein Anruf gekommen, den ich an Herrn Barschel vermittelt hätte.«[39] Barschel muss das gewusst haben. Wenn seine Aufzeichnungen erfunden wären, hätte er eine so leicht überprüfbare Darstellung vermieden. Es kann also nur eine Verwechslung sein. Vielleicht kam der Anruf schon am Vortag an. An diesem Donnerstag hat er zwar kein Telex an Kribben, aber an Finanzminister Roger Asmussen geschickt, und nicht Marta van Geeteruyen, sondern Oscar Jessen hatte auf der Ferienanlage Telefondienst. Aber tatsächlich kam an diesem Donnerstag der rätselhafte Anruf aus der Schweiz, den Jessen entgegennahm. Das würde auch erklären, wieso Barschel im Telex an Kribben am Freitag das angeblich von Roloff offerierte Entlastungsmaterial erwähnte. Aber Jessen erinnert sich, dass der Anrufer aus der Schweiz Hochdeutsch gesprochen habe. Warum sollte der sich mit »Landesregierung Kiel« melden? Ein offensichtlicher Widerspruch. Hätte Barschel die Geschichte erfunden – das müsste ihm aufgefallen sein. Seine Notizen machen nur Sinn, wenn er eine wahre Begebenheit verkürzt dargestellt hat. Thomas Darnstädt schlussfolgert: »Gerade weil Barschel etwas Halbwahres geschrieben hat, kann es nicht erfunden sein.«[40]

Nach der Ankunft des Fluges IB 554 um 15:10 Uhr in Genf beginnt das bereits beschriebene Verwirrspiel am Taxistand. Spätestens um 16:30 Uhr hat Barschel sein Zimmer im Beau-Rivage bezogen. Ab 17:41 Uhr dann die diversen Telefonate, bei denen wiederum Ungereimtheiten auftauchen. Schließlich wird, so die Telefonistin in der Hotelzentrale, dem Gast auf Zimmer 317 »in den Abendstunden« noch ein Ferngespräch durchgestellt. Vielleicht war dies das wichtigste Gespräch. Doch der Anrufer wird niemals ermittelt. Es ist nun 19:00 Uhr vorbei. Niemand hat Barschel das Hotel verlassen sehen. Aber das Foyer des Beau-Rivage ist unübersichtlich, er könnte sich hinausgeschlichen haben. Hat Barschel das Hotel Richtung Noga Hilton verlassen? Um was für ein Foto könnte es beim Treffen mit Roloff gegangen sein? Im Zimmer des toten Barschel wurde ein solches Foto nie gefunden. Doch bei einem Tatort, an dem die Spuren verwischt sind, bedeutet das nicht viel. Ein Foto vielleicht, das Reiner Pfeiffer zusammen mit dem SPD-Landesvorsitzenden Günther Jansen und seinem Pressesprecher Klaus Nilius zeigt, die vor der Landtagswahl mit dem Anwalt des SPD-Spitzenkandidaten Björn Engholm im Lübecker Hotel Lysia die Wahlkampfintrigen der SPD besprachen, und das die Mitwisserschaft der Sozialdemokraten belegt? Oder ein Foto, das Pfeiffer und seinen Freund, den Hochstapler Gert Postel, zeigt, vielleicht der ominöse »P.« in Barschels Notizen, was die Liaison von Pfeiffer mit einem Betrüger belegt? Ein solches Foto gibt es tatsächlich. Vielleicht hat Barschel aber auch das Hotel gar nicht verlassen, sondern bekam Besuch von seinen Mördern? Kurz nach 20:00 Uhr war er jedenfalls nicht im Zimmer – oder er nahm den Hörer nicht ab. Dies war der Zeitpunkt, zu dem Sebastian Knauer bei seinem Zwischenstopp in Frankfurt vergebens versuchte, ihn telefonisch zu erreichen.

Irgendwann an diesem Abend setzt die tödliche Wirkung der Medikamente ein. Wann genau, ist nicht zu sagen. Denn die Spuren, die Rückschlüsse auf einen Zeitablauf zulassen, sind – raffiniert oder aus Unachtsamkeit – verwischt. Vier Wirkstoffe werden im Körper gefunden: Cyclobarbital, Pyrithyldion, Diphenhydramin und Perazin. Später werden noch Spuren von Methyprylon gefunden, wie Pyrithyldion ein Sedativum und Hypnotikum. Daneben entdecken die Toxikologen noch einen ganzen Cocktail von Beruhigungsmitteln, an dem Barschel aber nicht gestorben ist. Nur das leere Whiskyfläschchen gibt Hinweise darauf, wie das Gift in den Körper gelangt sein könnte. Das Fläschchen ist offensichtlich ausgespült worden. Doch die Ermittler finden Spuren von Diphenhydramin, eines Sedativums, das auch bei Übelkeit und Erbrechen eingesetzt wird. Die Pharmakologen errechnen, dass 25 bis 50 Tabletten der damals üblichen Medikamente in Flüssigkeit hätten aufgelöst werden müssen. Die kleine Flasche hatte aber nur fünf Milliliter Inhalt und einen dazu viel zu engen Hals. Das Gift muss also zunächst mit einer Flüssigkeit – vielleicht mit dem Whisky – gemischt und dann in das Fläschchen eingebracht worden sein. Nach dem Genuss des Whiskys, so die Rekonstruktion, wurde die kleine Flasche ausgespült, um die Giftspuren zu beseitigen. Die Verteilung der Gifte im Körper macht es unwahrscheinlich, dass Barschel alle Medikamente zugleich aufgenommen hat. So finden sich große Mengen Cyclobarbital im Magen, viel weniger im Blut, ganz wenig im Urin. Bei den anderen Medikamenten war der Anteil in Blut und Urin viel größer. Der Zürcher Toxikologe Hans Brandenberger kommt 1994 zu dem Schluss, dass »das tödliche Schlafmittel Cyclobarbital wahrscheinlich später zur Anwendung gelangt sei als die anderen drei Schlaf- und Beruhigungsmittel« und dass es daher »sehr unwahrscheinlich« sei, »dass Uwe Barschel bei der Zufuhr von Cyclobarbital noch handlungsfähig gewesen ist« und in der Lage war, dieses Mittel aus eigener Kraft einzunehmen – ein Befund, der sich mit den Ergebnissen der Studie des Ostberliner Toxikologen Walter Katzung vom 02. Dezember 1992 deckt. Katzung gewann seine Resultate aus einer kritischen Betrachtung der Zweitobduktion in Hamburg, während Brandenberger die Erstobduktion von Genf begutachtet hat.[41] Alle Überlegungen, Barschel sei ermordet worden, stützen sich auf Brandenbergers »3+1-Theorie«. Denn wenn er selbst die Schlaftabletten nicht mehr nehmen konnte, muss jemand nachgeholfen haben. Andere Gutachter ziehen diese Schlussfolgerung in Zweifel, dazu seien die Ergebnisse zu ungenau.

Dann tauchen 1995 in einer Kühltruhe der Genfer Gerichtsmedizin noch tiefgefrorene Asservate von der Obduktion des Leichnams auf: Niere, Leber, Urin, Galle, Blut und Mageninhalt des Toten. Der Toxikologe Ludwig von Meyer weist mittels UV-Spektrometrie das Schlafmittel Methylprylon nach. Doch Brandenberger zeigte, dass er Fehler in der Auswertung gemacht hatte. Walter Katzung hatte bereits zuvor auf Methylprylon hingewiesen. Denn Methylprylon kann sich aus Pyrithyldion bilden, da beide die gleiche chemische Grundstruktur haben. Brandenbergers »4+1-Theorie« erlaubt keinen zwingenden Rückschluss auf Mord, gewinnt aber an Brisanz, weil Pyrithyldion in sogenannten K.-o.-Tropfen verwendet wurde. Im Zusammenhang mit Alkohol kann es zur Bewusstlosigkeit führen.[42]

Eine Kombination beider Präparate könnte eine sofortige Bewusstlosigkeit herbeigeführt haben – ein böser Verdacht. Er wird verstärkt durch das Neuroleptikum Perazin. In der Psychiatrie gilt es als »chemische Zwangsjacke« und wird bei aufsässigen Patienten verwendet. Mit Perazin bringt man sich nicht um. Dieses Medikament wird eingesetzt, um jemandem seinen Willen aufzuzwingen. Auch dies nährt die Mordtheorie.

Ungeklärt ist auch das Wechselspiel mit dem Türschild an Zimmer 317: einmal rot, »Ne pas déranger«, dann grün, dann gar keins. Hat Barschel das Schild selbst mit der roten Seite nach vorne hingehängt, damit niemand seine Abwesenheit bemerkt? Ist es ihm heruntergefallen, als er spät in der Nacht von einem Treffen zurück in sein Zimmer kam? Hat Knauer es bei seinem Besuch morgens um 11:00 Uhr wieder hingehängt, weil er glaubte, es sei ihm heruntergefallen, vielleicht mit der grünen Seite nach vorne, um es später wieder umzudrehen? Oder ist einem Fremden beim Verlassen von Barschels Zimmer das Schild heruntergefallen und andere haben es wieder hingehängt? War dieser Unbekannte vielleicht ein Sterbehelfer, der Barschel heimlich aufgesucht hat, um ihm beim Suizid zu helfen? Oder war dieser Unbekannte Barschels Mörder?

Es bleiben weitere Rätsel. In Barschels Terminkalender fehlen die Tage 17., 18. und 19. Januar, 6., 7., 8. Juni und 19., 20., 21. Dezember. Welche Termine waren an diesen Tagen notiert, und wer hat die Seiten entfernt? Der abgerissene Hemdknopf – eine mögliche Spur von Gewaltanwendung? Der Schlafanzug – hat ihn Barschel selbst auf dem Bett arrangiert oder hat er sich auf eine geruhsame Nacht vorbereitet? Barschels linker Schuh lag aufgeschnürt im Badezimmer. Offenbar war er nass, so dass er Farbspuren auf dem Badevorleger und auf einem zusammengeknüllten Handtuch im Flur hinterließ. Die Ermittler finden später Hinweise auf das Lösungsmittel Dimethylsulfoxid, kurz DMSO, das in der Tiermedizin verwendet wird, um Medikamente durch die Hautschicht in den Körper zu transportieren. Für den Lübecker Barschel-Ermittler Heinrich Wille ein klarer Hinweis auf Mord. Er rekonstruiert:

»Aus meiner Sicht ist es am wahrscheinlichsten, dass die Täter sich nicht von vornherein auf einen definitiven Plan festgelegt hatten. Für den Fall, dass eine orale Beibringung mit Hilfe von Wein und Whisky nicht erfolgreich gewesen wäre, hatte man möglicherweise eine weitere Alternative der schnelleren und gleichwohl spurenlosen Beibringung von Wirkstoffen geplant. Ungeplant blieb dann möglicherweise ein Verschütten des DMSO, das ja in einem Gefäß gewesen sein muss. In Barschels Zimmer wurde ein solches Gefäß indes nicht gefunden. DMSO ist ein Mittel, für dessen Einsatz spezielle Schutzhandschuhe erforderlich sind. (…) Auf jeden Fall wurde mittels des Handtuchs eine Reinigung versucht und das Handtuch beim Verlassen des Zimmers achtlos auf die Kofferablage geworfen. Die Identität der Verschmutzungsspuren auf der Bademattte und dem Handtuch ist unstreitig. Eine Verwendung von DMSO im Zusammenhang mit Selbstmord ist bisher nicht bekannt.«

All das ist für Wille ein »wissenschaftlicher Beweis dafür, dass Uwe Barschel durch einen professionellen Mörder zu Tode gekommen sein musste«.[43]

Liegt Wille richtig? Oder tarnte Barschel seinen Freitod als Mord? Diese Version hat den Vorteil, dass man die Akte Barschel ohne weitere Nachforschungen schließen kann. Dennoch hinterlassen die Indizien am Tatort den Eindruck, als habe eine unsichtbare Hand alles durcheinandergebracht. Hat Barschel den mysteriösen Roloff in die Schweiz bestellt, weil er in Genf ohnedies etwas vorhatte – beispielsweise mit seinem Wissen über Waffenhandel Geld für ein neues Leben zu erpressen oder um sich an einem verdeckten Deal zu beteiligen? Dies könnte seine Reise erklären und eine mögliche Verbindung zu Werner Mauss plausibel erscheinen lassen. Alles kommt darauf an, wie die verwirrenden Spuren interpretiert werden, ob sie mehr auf Mord oder mehr auf Selbstmord hindeuten. Für uns deuten sie mehr auf Mord. Und im Doppelleben des Uwe Barschel existieren zu viele Hinweise darauf, dass es eine Geschichte hinter der Geschichte gibt.

Kieler Affäre, zweiter Teil

Eine Geschichte hinter der Geschichte – da kommt natürlich zunächst die Kieler Affäre in Betracht. Kann hier ein Motiv zu finden sein, das in das Geschehen am Tatort mündet, ein Motiv für einen Suizid oder einen Mord?

Seit Jahren steht Barschel unter Medikamenteneinfluss. Er schluckt vor allem Tavor, einen Angstlöser. In seinen letzten Lebensjahren lässt er sich mehr als vier Milligramm täglich verschreiben, eine sehr hohe Dosis. »Er hat sich zwischen 1984 und 87 total verändert«, berichtet die Kieler Journalistin Hannelore Asmus, »er war ein angenehmer, fröhlicher junger Mann, als er begann. Und er war im Grunde – ein Wrack ist zu doll gesagt. Aber er war kaputt. Das liegt wahrscheinlich daran, dass er diese ganzen Psychopharmaka genommen hat, um das durchzustehen. Ich glaube, er hatte Angst, und das wurde dann natürlich ganz besonders schlimm 1987.«[44]

Denn Barschel droht Gefahr. Die CDU, die in Schleswig-Holstein seit 40 Jahren regiert, muss mit einer Niederlage gegen die SPD und deren Spitzenkandidaten Björn Engholm rechnen. Der Wahlkampf, so erinnert sich Gert Börnsen, der damalige Parlamentarische Geschäftsführer der SPD-Landtagsfraktion, wird mit erbarmungsloser Härte geführt: »Engholm war Bundesbildungsminister gewesen, er kam mit einem großen Renommee und mit einer gewissen Attraktivität nach Schleswig-Holstein. Für die CDU gab es nur den Weg, ihn persönlich fertig zu machen.«[45] Barschel sucht Verstärkung für die Pressearbeit der Staatskanzlei. Er findet sie bei Peter Tamm, dem Chef des Springer-Konzerns. Der Verlag hatte Personal aufgestockt für ein neues Boulevardblatt. Doch das Projekt wurde eingestellt. Nun reicht er einen Mitarbeiter nach Kiel weiter: Reiner Pfeiffer. In Bremen, wo Pfeiffer lange unter anderem beim CDU-eigenen Wochenblatt *Weser-Report* tätig war, hat er keinen guten Ruf, denn er ist wegen Verleumdung vorbestraft. Später hat er auch noch sein Abiturzeugnis gefälscht. Pfeiffer sieht sich selbst als Barschels Mann fürs Grobe: »Der Tenor war, die SPD natürlich auseinander zu nehmen. Alle Aufträge kamen von ihm. Er hat gesagt: Das Ziel ist das und das, machen Sie das und das. Überlegen Sie sich, wie Sie das anstellen.«[46] Sicher ist nur: Pfeiffer macht sich gleich an die Arbeit. Er entwirft eine anonyme Steueranzeige gegen den SPD-Spitzenkandidaten, in der Björn Engholm bezichtigt wird, mehrere hunderttausend Mark Steuern hinterzogen zu haben. Er beauftragt Detektive, das Privatleben von Engholm nach vermeintlichen homosexuellen Kontakten und Frauengeschichten auszuspähen. Pfeiffer ruft anonym Engholm an und sucht ihn mit der Behauptung zu verunsichern, er könne sich mit AIDS infiziert haben. Und kurz vor der Landtagswahl versucht er, eine Wanze für Barschels Telefon zu beschaffen. Ein fingierter Lauschangriff soll der Opposition in die Schuhe geschoben werden. Am Tag vor der Landtagwahl, dem 13. September 1987, berichtet der *Spiegel* mit einer Vorabmeldung über die hinterhältigen Aktionen. Der damalige Chefredakteur der Wochenzeitung *Die Zeit*, Theo Sommer, sieht darin eine fragwürdige Form des Kampagnen-Journalismus von *Spiegel*-Herausgeber Rudolf Augstein: »Ich habe ihm vorgeworfen: Der Titel ›Barschels schmutzige Tricks‹ sei eigentlich durch den Text des Artikels nicht gedeckt. Und ich habe ihm auch sehr kritisch vorgehalten, dass die ganze *Spiegel*-Geschichte auf den Zeugenaussagen eines einzigen Mannes, nämlich Pfeiffer, beruhte, von dem auch der *Spiegel* hätte wissen können, dass das ein sehr unzuverlässiger und anrüchiger Zeuge ist.«[47] Doch die CDU verliert bei der Landtagswahl die absolute Mehrheit und wird zweitstärkste Kraft hinter der SPD.

Was wusste Barschel wirklich von Pfeiffers Aktionen? In der »Ehrenwort«-Pressekonferenz am 18. September 1987 streitet er eine Mitverantwortung ab. Er habe von der Observierung Engholms nichts gewusst, keine Steueranzeige veranlasst, keinen Auftrag zur Beschaffung einer Wanze erteilt. Doch sein Ehrenwort gilt bald als spektakuläre Falschaussage. Der Finanzstaatssekretär Carl Hermann Schleifer erklärt, Barschel habe sich schon »Ende Januar/Anfang Februar« bei ihm telefonisch nach der Steueranzeige erkundigt.[48] Damit versetzt er ihm den politischen Todesstoß – obwohl eine solche Nachfrage noch kein Auftrag ist. Es gab auch Hinweise darauf, dass er mit Pfeiffer über eine Wanze gesprochen hat. Seine eidesstattlichen Erklärungen erwiesen sich als falsch. Erst Jahre später, 1995, stellt ein Untersuchungsausschuss, der die sogenannte Schubladenaffäre aufklären soll, fest, dass Barschel keine persönliche Verantwortung nachzuweisen sei, seine politische Verantwortung aber bleibe.

Doch das konnte Barschel 1987 noch nicht wissen. Nach seiner Rücktrittsankündigung vom 25. September schien seine politische Karriere am Ende zu sein. Ein kometenhafter Aufstieg – ein tiefer Fall. Grund für einen Freitod? Das erscheint eher als unwahrscheinlich. Denn Barschel ahnte ja ausweislich seiner letzten Notizen, dass er einer Intrige zum Opfer gefallen war.

Die Schubladenaffäre

Mit dem Wahlerfolg ist auf jeden Fall eine fragwürdige Strategie der SPD aufgegangen. Führende Sozialdemokraten wussten 1987 sehr früh von Pfeiffers Aktionen. Der Medienreferent hatte schon Monate vor der Landtagswahl Kontakt zu SPD-Pressesprecher Klaus Nilius. »Ich habe mich«, so musste Nilius einräumen, »im Juli zum ersten Mal mit Herrn Pfeiffer getroffen.«[49] Führende SPD-Funktionäre ließen Pfeiffer nicht nur gewähren, sondern gingen mit ihm ein Bündnis ein. Es war auch die SPD, die Pfeiffer an den *Spiegel* vermittelte: »Die Sozis«, so der damalige Chefredakteur Erich Böhme, »haben uns Pfeiffer frei Haus geliefert.«[50] Dadurch gerät auch der SPD-Kandidat unter Druck. Wann hat er von

Pfeiffer gewusst? Erst einen Tag vor der Landtagswahl habe er von Pfeiffers Machenschaften erfahren, lügt Engholm im Oktober 1987: »Also, ich bin meinem Herrgott dankbar, dass ich nicht unterrichtet gewesen bin. Ich habe mehrfach gesagt: ›Hätte ich von dem Schmutz konkret gewusst, hätte ich annehmen müssen, dass die Staatskanzlei gegen mich Aktionen und Kampagnen inszeniert, glaube ich nicht, dass ich den Wahlkampf überstanden hätte.‹«[51]

Jahre später stellt sich heraus, dass die Allianz zwischen SPD und dem Informanten Pfeiffer noch enger war als bekannt. Lange nach Barschels Sturz, im November 1988 und 1989, hat sich Klaus Nilius zweimal mit Pfeiffer getroffen und ihm Geld gegeben, jeweils zweimal zwischen 20 000 und 25 000 D-Mark – angeblich deshalb, so Pfeiffer, weil er durch seine Enthüllungen keine Anstellung mehr finden konnte: »Und dann hat er mir gesagt, ein Bauunternehmer, der der SPD wohlgesonnen ist, hat sich bei mir gemeldet und möchte Ihnen helfen. Aber er möchte nicht direkt mit Ihnen in Kontakt treten und hat uns gebeten, das zu übernehmen. Und dann hat er mir einen geschlossenen, so mit braunem Packpapier zusammengeklebten Packen gegeben, und er hat mir auch auf Drängen den Namen nicht gesagt, das sei die Bedingung.«[52] Die SPD-Führung behauptet später, das Geld stamme vom SPD-Landesvorsitzenden Günther Jansen, der es in kleinen Scheinen zu Hause in der Schublade gesammelt habe, um Bedürftigen zu helfen. Eine Schutzbehauptung, so der damalige SPD-Bundestagsabgeordnete Norbert Gansel, die bis heute nicht widerlegt ist: »Die Vorstellung, dass man 40 000 D-Mark in der Küchenschublade hat, um damit bei Gelegenheit Gutes zu tun, die konnte man auch Günther Jansen eigentlich nicht abnehmen. Der nüchterne Beobachter konnte damals zu dem Ergebnis kommen, dass Pfeiffers Manöver eine gar nicht mal so ungewöhnliche Form von Erpressung war.«[53] Offensichtlich wollte Pfeiffer die SPD mit seiner Kenntnis über ihre frühe Rolle in der Affäre erpressen.

Nach dem Bekanntwerden der Zahlungen an Pfeiffer prüft ein zweiter Parlamentarischer Untersuchungsausschuss ab 1993 die Affäre erneut. Die SPD verhindert, dass die Abhörprotokolle des ehemaligen DDR-Geheimdienstes zur Aufklärung herangezogen werden. Aber Marion Herrmann, eine Abhörspezialistin der Stasi vom ehemaligen Stützpunkt »Falke« bei Schwerin, sagt in ihren Vernehmungen vor dem Ausschuss und beim Landeskriminalamt über mitgeschnittene Autotelefongespräche aus: »SPD-Pressereferent Nilius informierte seinen Chef Engholm Ende Januar/Anfang Februar 1987 darüber, daß Barschel unsaubere Wahlkampfmethoden anwende (angebl. Steuerhinterziehung Engholm).«[54] Ihr Kollege Hauptmann Dietrich Laaß vom Stützpunkt »Sperber« bei Gadebusch registriert im März zwei Gespräche, in denen es einmal um die Steueranzeige und dann um den fingierten AIDS-Verdacht geht.[55] Damit liegt nahe, dass Engholm nahezu zeitgleich von Pfeiffers Aktionen Kenntnis erlangte. Die SPD war also viel tiefer in die Affäre verstrickt, als sie zugab. Aber Pfeiffer hatte seine Kontakte zu Nilius erst im April angebahnt. Damit kann er nicht dessen erster Informant gewesen sein. Allerdings durften die Aussagen der beiden MfS-Offiziere vom Untersuchungsausschuss letztendlich nicht verwendet werden.

Engholm streitet später ab, so früh unterrichtet gewesen zu sein. Doch im Frühjahr 1993 muss er einräumen, jahrelang gelogen zu haben. Nun behauptet er, nicht erst einen Tag vor der Wahl im September 1987, sondern schon sechs Tage zuvor über Pfeiffers Machenschaften informiert gewesen zu sein. Am 3. Mai tritt er als Regierungschef in Schleswig-Holstein und Bundesvorsitzender der SPD zurück. Doch auch seine neue Darstellung, so stellt der Untersuchungsausschuss später fest, kann nicht stimmen. Er war nicht sechs Tage, sondern muss mindestens sechs Wochen vor der Wahl unterrichtet worden sein. Und Nikolaus Berger, der damalige Berater der SPD-Landtagsfraktion im Schubladen-Untersuchungsausschuss, hält es für nachgewiesen, dass Engholm schon im Frühjahr von Pfeiffer wusste. Denn der wollte über einen Bekannten, den Bremer SPD-Senator Claus Grobecker, an ihn direkt herantreten: »Nach meiner Überzeugung ist im April von Herrn Grobecker die Information, die er von Pfeiffer bekommen hat, weitergegeben worden in das Umfeld von dem damaligen Oppositionsführer, jedenfalls in das Umfeld, möglicherweise auch direkt.« Und das bedeutet für Engholm: »Er hat noch ein zweites Mal gelogen.«[56]

Mehrere Lügen und ein Rücktritt, das Karriereende für einen politischen Hoffnungsträger, der als sozialdemokratischer Kanzlerkandidat gehandelt wurde – aber warum? »Der wahre Vorwurf in Richtung der Sozialdemokratie ist«, so Bernd Buchholz, der damalige FDP-Landtagsabgeordnete und stellvertretende Vorsitzende des Zweiten Untersuchungsausschusses, »nach der Landtagswahl 1987 strikt alle Kontakte zu Herrn Pfeiffer zu leugnen, übrigens völlig unsinnig zu leugnen, und sich das weiße Westchen des moralischen Opfers, das ausschließlich Opfer ist, umzulegen, damit man für eine weitere Landtagswahl dann mit der bestmöglichen Situation dabei aus der Tür kommt. Das ist das

Vorwerfbare, das letztlich Björn Engholm 1993 auch die politische Karriere gekostet hat.«[57]

Doch genügt das für einen Rücktritt? Es gibt Hinweise, dass die Verstrickung der SPD noch viel weiter reichte. Wurde ein noch viel größeres Rad gedreht, wie der damalige Vorsitzende des Untersuchungsausschusses, der Sozialdemokrat Heinz-Werner Arens, einmal sagte?

Die Stasi und die SPD

Wenn es also zutrifft, dass Reiner Pfeiffer erst im April 1987 über den Bremer Senator Claus Grobecker Kontakt zu Klaus Nilius hergestellt, aber dieser seinen Chef Björn Engholm bereits »Ende Januar/Anfang Februar« über unsaubere Wahlkampfmethoden unterrichtet hat – wie kam dann diese Information zu Nilius? Es spricht einiges dafür, dass sie aus Geheimdienstkreisen kam. Denn das Ministerium für Staatssicherheit der DDR hatte einen Informanten in der Führung der schleswig-holsteinischen SPD. Das wurde 1993 im Prozess gegen Markus Wolf, den früheren Chef des Auslandsgeheimdienstes des MfS, bekannt. Dort erklärte ein Bundesanwalt, dass »eine Quelle aus dem Bundesgebiet ihrer Führungsstelle in der Hauptverwaltung Aufklärung (des MfS) über Treffen zwischen Pfeiffer, Nilius und Jansen berichtet hat« und dass dies bereits vor der entscheidenden Veröffentlichung im *Spiegel* geschehen ist.[58] Dabei handelt es sich um Bernd Michels, der von 1975 bis 1988 für den SPD-Landesvorsitzenden Günther Jansen als persönlicher Referent und Redenschreiber arbeitete und von 1976 bis 1985 Pressesprecher der SPD Schleswig-Holstein war. Als IM »Bernhard« hat er für die Stasi gearbeitet, weshalb er später wegen geheimdienstlicher Agententätigkeit verurteilt wurde. Seine Berichte hatten für die Stasi Gewicht: Bei einem Treffen mit seinen Führungsoffizieren 1979 in Helsinki wurde ihm ein DDR-Verdienstorden übergeben. Wenn sich Bernd Michels mit seinen Führungsoffizieren Rolf Rabe, Peter Eberlein, Klaus-Peter Bigalke und Rolf Wagenbreth in Leipzig, Hamburg, Bremen, Kiel, Budapest, Malmö, Göteborg, Helsinki, Kopenhagen, Amsterdam, Zürich oder Jugoslawien und Griechenland trifft, geht es »bei diesen Zusammenkünften (…) nicht allein um die Entgegennahme der von (…) Michels gelieferten Informationen, sondern auch darum, zur Einflussnahme auf anstehende politische Entscheidungen innerhalb der SPD Bernd Michels mit ›vorgefertigten Argumentationen‹ auszustatten, die er gesprächsweise Günther Jansen und anderen führenden Parteimitgliedern nahebringen sollte«.[59] Dies stützt den Verdacht, dass die Erstinformation über »unsaubere Wahlkampfmethoden« in Barschels Staatskanzlei vom MfS über Bernd Michels zur Kieler SPD gelaufen ist.

Doch es gibt noch andere Stasi-Kontakte in der Führung der Kieler SPD. Klaus Nilius, seit 1983 Engholms Referent, wird vom Beginn der 70er Jahre bis zum Tod seines Leipziger Freundes Egon Fröhde vom MfS als IM »Alster« wissentlich oder unwissentlich abgeschöpft. Als Nilius Pressesprecher wurde, zog die Hauptverwaltung Aufklärung in Erwägung, den eingeschlafenen Kontakt wiederzubeleben. 1983 versuchte ihn ein Ostkurier namens Schmalfuß zu gewinnen – offenbar vergebens.[60] Ungeklärt ist, ob Klaus Nilius verwandt war mit oder Kontakt gehabt hat zu einem von drei Offizieren des MfS, die denselben Nachnamen tragen: Oberst Helmut Nilius, Hauptmann Jens-Uwe Nilius und Norbert Nilius. Ein entsprechender Hinweis findet sich in der Barschel-Ermittlungsakte. Ein Informant gibt bei seiner Vernehmung 1994 zu Protokoll, was ihm frühere MfS-Angehörige berichtet haben:

> »Obwohl Dr. Uwe Barschel aufgrund seiner politischen und privaten Beziehungen zu seinem Bruder Eike Barschel von der DDR gebraucht wurde, habe ich gehört, daß die Stasi in der ›Affäre Barschel‹ die Finger mit drin hatte. Dreh- und Angelpunkt soll die Person Klaus Nilius sein. Klaus Nilius hat verwandtschaftliche Beziehungen in die damalige DDR. Es handelt sich dabei um den Oberst Heinz Nilius, der in der Hauptabteilung I – Militäraufklärung – tätig war. Außerdem war ein Jens-Uwe Nilius in der Hauptabteilung XVIII/8, u.a. zuständig für militärische Forschung Zeiss Jena, beschäftigt. So wie ich gehört habe, wurde Pfeiffer als ›Werkzeug‹ von der Stasi benutzt. Genauere Einzelheiten kann ich nicht angeben. So wie ich aus MfS-Kreisen gehört habe, soll Barschel zu einem Sicherheitsrisiko geworden sein.«[61]

Einen Oberst Heinz Nilius gibt es allerdings nicht. Hier liegt offensichtlich eine Verwechslung vor. Gemeint ist wohl Oberst Helmut Nilius. Klaus Nilius äußert sich dazu nicht. Dazu passen könnte aber die eidesstattliche Versicherung einer Zeugin, die eine »Aktion Wahrheit für Uwe Barschel« an die Staatsanwaltschaft Lübeck übermittelt hat. Sie will Reiner Pfeiffer im Sommer 1981 in einem Verhörlager der DDR gesehen haben.[62]

Könnten die bis zu 50 000 D-Mark, die Klaus Nilius im November 1988 und 1989 in zwei Tranchen an Reiner Pfeiffer übergeben hat, vielleicht doch nicht von einem der SPD nahestehenden Bauunternehmer, sondern von der Stasi gekommen sein? Die Frage scheint berechtigt zu sein: »Handelte es sich um Schweigegeld oder um einen Judaslohn für einen Doppelagenten?«[63]

Auch Björn Engholm selbst hatte belegbar Ostkontakte. Darauf weisen nicht nur seine Aufenthalte im Hotel Neptun in Rostock-Warnemünde hin – dem »Hotel der Spione«.[64] Das Magazin *Focus* hatte 2001 berichtet, Engholm sei von der Stasi 1971 erfasst worden. Dagegen setzte sich Engholm juristisch zur Wehr, sodass Einzelheiten hier nicht ausgeführt werden dürfen. Nach einem Urteil des Berliner Kammergerichts von 2003 darf der *Focus* aber weiter schreiben, dass die Stasi Engholm »in der Kategorie IM-Akte A (Quellen, IM für besondere Aufgaben, Residenten, Führungs-IM, Funker, Werber, Instrukteure, Kuriere, Perspektiv-IM) unter der Registrierungsnummer XV/128/71 und unter dem Decknamen ›Erdmann‹ seit 1971 erfasst hatte«.[65] Daneben finden sich Hinweise auf Kontakte zwischen Engholm und MfS-Mitarbeitern im Hotel Neptun auch in der Barschel-Ermittlungsakte.

Der Bundesnachrichtendienst gibt den Lübecker Staatsanwälten unter Bezug auf eine Quelle noch weitere Hinweise zu Kontakten der SPD-Spitze mit hochrangigen Offizieren des DDR-Geheimdienstes: »Engholm traf sich, wie wir wissen, im Sommer 1987 mit Markus Wolf und Kurt Gailat in Stockholm. Es existiert ein Foto von diesem Treffen, was sich im Besitz seiner geschiedenen Frau Christel befindet. Des Weiteren wissen wir, daß Engholm laut Aussage eines hohen KGB-Offiziers der HV III Referatsleiter für Europa sich 1979 mit Wolf auf der Krim getroffen hat.«[66] Oberst Dr. Kurt Gailat war Leiter der HVA Abteilung II, deren Aufgabe die »Bearbeitung« der Parteien, Jugendorganisationen und Verbände der Bundesrepublik sowie »politisch-ideologische Diversion« war.[67] Ein Hinweisgeber der Staatsanwaltschaft bestätigt die Angaben. Engholm habe sich »1977 mit Markus Wolf in Stockholm getroffen«. Und weiter:

»Über dieses Treffen sollen beim MfS (Kader und Schulung) auch Fotos existieren. Wie ich aus MfS-Kreisen erfahren habe, soll sich Björn Engholm drei oder viermal mit dem ›Warnemünder Kreis‹ im Hotel Neptun getroffen haben. Dieses müßte auch der Hoteldirektor Wenzel bestätigen können. Engholm war damals Oppositionsführer, und offiziell ging es um den Strukturwandel der Werft in Kiel. Man muss dazu wissen, daß die Werften in Rostock und Kiel beide in dem SDI-Programm (Schiffselektronik) eingebunden waren. Soweit mir bekannt ist, wollte Markus Wolf, daß Schleswig-Holstein lieber ein SPD-geführtes Land werden sollte, auf die politischen Verbindungen zu Uwe Barschel wollte er jedoch auch nicht verzichten. Ich habe gehört, daß es wegen dieser Personen u.a. zu Streitgesprächen in den verschiedenen HVA-Abteilungen gekommen sein soll.«[68]

Der Warnemünder Kreis – das war ein Klüngel von Stasi-Leuten um den DDR-Devisenbeschaffer Alexander Schalck-Golodkowski und Claus-Dieter Junge, den Direktor des Außenhandelsbetriebs »Schiffskommerz Rostock«. Was ist dran an Hinweisen auf Schiffstechnologie- und Embargogeschäfte? Eine Stellungnahme lehnen Junge und Hoteldirektor Klaus Wenzel ab, und es bedarf kaum der Erwähnung, dass jenes mysteriöse Foto nie aufgetaucht ist, das Engholm und Wolf in Stockholm zeigen soll. Aber sollte doch an diesen Hinweisen etwas dran sein, dann wäre die Stasi kein monolithischer Block gewesen, sondern eine Geheimdienstbürokratie mit konkurrierenden Seilschaften. Vielleicht gab es tatsächlich intern Streit um den richtigen Kurs in der innerdeutschen Politik – eine Gruppe um Schalck-Golodkowski neigte möglicherweise Franz Josef Strauß, eine andere um Markus Wolf der SPD zu. Belegt ist, dass sowohl Barschel als auch Engholm im Hotel Neptun zu Gast waren. Ungeklärt ist allerdings, ob die Stasi, wie der frühere MfS-Offizier Eckardt Nickol behauptet, an Björn Engholm über eine Tante seiner Frau herangetreten ist. Nach dieser Darstellung soll der DDR-Geheimdienst damit gedroht haben, die von ihr geleitete Tanzschule zu schließen, wenn sie sich weigere, den Kontakt zum Ehepaar Engholm herzustellen.[69]

Björn Engholm weist alle Verdächtigungen dieser Art als hinterhältige, bösartige und infame Unterstellung zurück.[70] Die Glaubwürdigkeit des Hinweisgebers Eckardt Nickol ist umstritten. Thomas Wegener Fries und Helmut Müller-Enbergs problematisieren dessen Aussagen: Nickol habe einen falschen Dienstrang angegeben, und eine »Skandinavien-Linie«, über die das MfS den Westen zu infiltrieren suchte, habe es nicht gegeben. Auch Lisbeth Jessen und Johannes Nichelmann schließen sich in ihrem WDR-Hörfunkfeature dieser Auffassung an.[71] Allerdings gibt es zahlreiche Hinweise auf die Existenz einer »Skandinavien-Linie«, die bis in die Zeit des Zweiten Weltkriegs zurückreicht. Daneben macht eine falsche Angabe zum Dienstgrad eine Auskunftsperson nicht in Gänze unglaubwürdig. In diesem Punkt gibt Nickol selbst an, er sei in eine streng geheime Spezialeinheit berufen worden, deren Angehörige samt Funktion und Rang vollständig abgeschottet worden seien. Seine Angaben decken sich zudem in wesentlichen Eckpunkten mit Angaben aus der Fachliteratur und weiterer Informanten zur Iran-Contra-Affäre.

Vieles spricht dafür, dass die Information über unsaubere Wahlkampfmethoden aus dem MfS über den IM Bernd Michels an Klaus Nilius und die Kieler SPD gelangt ist. Ungeklärt ist hingegen, ob Nilius nicht nur Informationsempfänger war, sondern im Zusammenwirken mit dem MfS eine aktivere Rolle gespielt hat. Wenn die Information über »schmutzige Tricks« aber vom MfS kam, dann muss die Stasi in der Kieler Staatskanzlei eine Quelle gehabt haben, die sehr genau über Pfeiffers (und Barschels?) Aktionen Bescheid wusste. Dafür kommt eigentlich nur einer in Frage: Reiner Pfeiffer selbst. Dabei gibt es zwei Möglichkeiten. Entweder er wechselte schon wenige Wochen nach seinem Einstieg in die Kieler Staatskanzlei die Seiten. Dies kann als unwahrscheinlich gelten, denn Gewissensbisse dürften ihn kaum geplagt haben. »Ich halte ihn«, so Heinz-Werner Arens, einer der damals führenden SPD-Landespolitiker, »für einen Täter. Und ich halte ihn auch nicht nur für den Handlanger, sondern nach dem, was sich mir an Erkenntnissen bietet, bin ich der festen Überzeugung, dass die konkreten Aktionen durch ihn gestaltet und durchgeführt worden sind.«[72] Viel plausibler ist es, dass er bereits geheimdienstliche Kontakte hatte und ein Schläfer war, der zu Beginn des Jahres 1987 aktiviert wurde. Diese Deutung hat den Vorzug, dass damit auch die Herkunft des Geldes für Pfeiffer erklärt werden könnte: Möglicherweise kam es aus der DDR. Hintergrund könnten, so zeigt sich der ehemalige MfS-Major Eckardt Nickol überzeugt, Überlegungen des HVA-Chefs Markus Wolf gewesen sein, einen Regierungswechsel in Schleswig-Holstein zu fördern, um im Westen neue politische Ansprechpartner für engere innerdeutsche Wirtschaftskontakte und für eine Besserung der desolaten wirtschaftlichen Lage der DDR zu gewinnen.[73]

Der geheimnisvolle Roloff – er könnte nach dieser Lesart auch ein Mitarbeiter oder Verbindungsmann des MfS gewesen sein, den Barschel zusammen mit einem Iraner und einer weiteren Person getroffen hat. Dieser Verdacht geht zurück auf die Hinweise der Hotelprostituierten Véronika Gadzinovska. Sie erzählte der Zeitung *La Suisse*, »dass sie Uwe Barschel am Abend vor seinem Tode am Eingang des Beau-Rivage im Gespräch mit drei Männern, von welchen einer ein Araber war, gesehen habe«. Dies steht allerdings im Widerspruch zu ihrer Vernehmung am 12. Oktober 1987, bei der sie angab, das fragliche Wochenende in Lausanne verbracht zu haben.

Nach den Angaben von Véronika Gadzinovska wurde das Phantombild eines Mannes angefertigt. Dieses Phantombild soll Peter Feuchtenberger zeigen, den ehemaligen persönlichen Referenten von Markus Wolf, damaligen Offizier für Sonderaufgaben und späteren stellvertretenden Leiter der Arbeitsgruppe EDV des MfS.[74] So gerät Feuchtenberger in den Verdacht, sich am 10. und 11. Oktober 1987 in Genf aufgehalten zu haben. Mitarbeiter des BND geben später unter Bezug auf einen nicht genannten Informanten an, Feuchtenberger habe sich unter dem Decknamen Robert Roloff mit Uwe Barschel in Genf getroffen.[75] Diese Version wird von einem Hinweisgeber der Staatsanwaltschaft Lübeck gestützt:

> »Zu der Person von Feuchtenberger befragt, kann ich angeben, daß es Zeugen geben soll, die ihn am 11.10.1987 in Genf gesehen haben. Von verschiedenen Personen weiß ich, daß der Deckname von Feuchtenberger ›Robert Roloff‹ war. Nachdem ich die Sendung *Explosiv* vom Sender RTL gesehen habe und ein Phantombild des ›Robert Roloff‹, bin ich mir fast sicher, daß Feuchtenberger ›Robert Roloff‹ ist. Ich glaube jedoch nicht, daß er etwas mit dem Mord an Dr. Uwe Barschel zu tun hat. Es könnte sein, daß Barschel selber Feuchtenberger in seinen Nöten angerufen hat. Es war Dr. Uwe Barschel bestimmt bekannt, daß die Treffen im Hotel Neptun fotografiert worden sind. Somit war Dr. Uwe Barschel auch bekannt, daß Björn Engholm im Hotel Neptun fotografiert wurde. Ich könnte mir vorstellen, daß Dr. Uwe Barschel Feuchtenberger um die Fotos von Björn Engholm gebeten hat. Dieses ist aber alles nur eine Vermutung von mir.«[76]

Feuchtenberger selbst bezeichnete diese Angaben mehrfach als »kompletten Unsinn«: »Vor der Maueröffnung bin ich nie in der Schweiz gewesen. Daher ist dieses total auszuschließen.«[77] Der BND habe Barschel selbst ans Messer geliefert.

Eckardt Nickol behauptet, unter falschem Namen hätten sich zum Todeszeitpunkt drei Mitarbeiter oder Verbindungsleute des DDR-Geheimdienstes in der Schweiz aufgehalten: »Hierzu ist festzustellen, dass sowohl eine eidesstattliche Erklärung einer Person angefordert werden kann, die bestätigt, dass F. (Feuchtenberger, d.A.) zum Zeitpunkt des Todes von B. in Genf war, als auch, dass es aus Unterlagen der HVA ersichtlich ist, dass Oberst Feuchtenberger, Oberst Artur Wenzel und Forgber zum Zeitpunkt des Todes in Genf waren.«[78] Wer waren die beiden Letzteren?

Günther Forgber war einer der wichtigsten Embargo-Händler der DDR im Schmuggel von Hightech-Produkten, die auf der Ausfuhrkontrollliste des CoCom (Coordinating Committee for East West Trade Policy) standen. Er gehörte zum Arbeitsbereich Kommerzielle Koordinierung, wurde vom MfS als IM Martin geführt und trat mit der Firma Forgber in Ostberlin als Einzelkaufmann auf. Zu seiner Unternehmensgruppe zählten zahlreiche ausländische Gesellschaften wie die Export-Contact AG in Zürich, die Export-Contact Handelsgesellschaft in Wien und die Export-Import-Handels AG in Zug in der Schweiz. Er gehörte mit dem Kieler Embargohändler Richard Müller, von dem noch die Rede sein wird, zu einem Beschaffungsring im Westen und hatte Zugriff auf Schweizer Konten.[79] Ein Aufenthalt in Genf ist also durchaus plausibel.

Artur Wenzel war der Leiter der Hauptabteilung XVIII/8 des MfS und zuständig für die nachrichtendienstliche Absicherung des Technologieschmuggels in die DDR. Er erhängte sich am 6. Dezember 1989 in Zelle 106 des Polizeipräsidiums an der Ostberliner Keibelstraße, nachdem ihn DDR-Bürgerrechtler mit 730 000 D-Mark Devisen und zwei Goldbarren aufgegriffen hatten. Sein Stellvertreter Willy Koch übergab Anfang 1990 dem BND ein Paket mit Unterlagen, das alle Embargolieferanten im Westen benennt: 92 Disketten mit dem gesamten operativen Wissen der Hauptabteilung XVIII/8 – Wissen über 13 000 Personen, das heute im Archiv der Stasi-Unterlagen-Behörde (BStU) lagert.

Nickol behauptet weiter, bei Roloff habe es sich um einen IM der Hauptabteilung XVII des MfS gehandelt, um Ottokar Hermann, einen der bedeutendsten Waffen- und Embargoschieber der DDR im Schweizerischen Lugano und Chef der Firma INTRAC, der Barschel Entlastungsmaterial habe übergeben wollen.[80] Tatsächlich wurde Ottokar Hermann, so der abweichende Bericht der Bürgerrechtlerin und bündnisgrünen

Bundestagsabgeordneten Ingrid Köppe im Untersuchungsausschuss Kommerzielle Koordinierung, spätestens seit 1965 von der HVA unter dem Decknamen »Rohloff« als IM geführt und ein Jahr später an Manfred Seidel übergeben, den späteren Stellvertreter von Alexander Schalck-Golodkowski im Bereich Kommerzielle Koordinierung (KoKo).[81] Spätestens seit Anfang der 80er Jahre waren CIA und BND über Ottokar Hermann bestens informiert. Die westlichen Dienste wussten also, dass Hermann und seine Firma INTRAC »auch ›operative nachrichtendienstliche Aufgaben‹ unter anderem bei der Beschaffung von embargobehinderten Elektronikgütern« wahrnahmen. Die INTRAC führte auch Konten für den Bereich KoKo in der Schweiz, unter anderen bei der Schweizer Bankenvereinigung. Hermann arbeitete eng mit der KoKo-Firma Tetren in Wien zusammen, die auch der Geldwäsche diente. IM Rohloff hatte seinen eigenen Angaben zufolge »gute Verbindungen zu maßgeblichen Stellen in Westdeutschland und anderen kapitalistischen Ländern, da praktisch für ihn für den Handel mit der DDR keine Schranken gesetzt sind«. Angesichts der detaillierten Kenntnisse des BND »über die Embargotätigkeit von Ottokar Hermann ist es umso bemerkenswerter, daß die Bundesregierung später sogar dessen Hochtechnologie- und mutmaßlichen Embargo-Exporte in die DDR offiziell genehmigte«.[82]

Wäre es möglich, dass die DDR-Tarnfirmen des Ottokar Hermann vielleicht auch Provisionen aus Embargogeschäften zur »politischen Landschaftspflege« in der Bundesrepublik eingesetzt und verdeckte Zuwendungen auf Geheimkonten westdeutscher Parteien gelenkt haben? Dies würde erklären, warum die Bundesregierung nach dem Ende der DDR die Ermittlung und Beschlagnahme des SED-Vermögens massiv behindert hat. Barschel hat, wie der Politikwissenschaftler Wilhelm Hennis meint, in diesem Zusammenhang eine aktive Rolle gespielt: »Nur in der Skrupellosigkeit der Mittelbeschaffung zur Auffüllung der Kriegskasse unterscheiden sich unsere Parteien allenfalls noch ein wenig. In diesem Krieg hat es schon zwei Tote gegeben: Jürgen Möllemann und Uwe Barschel auf jeden Fall.«[83] Reagieren deshalb die politischen Eliten so gereizt auf das Thema Barschel? Rührt daher das Kartell des Schweigens?

Nun lässt ein Deckname kaum Rückschlüsse auf die dahinterstehende Person zu – sein Zweck ist die Geheimhaltung. Aber im Ergebnis lässt sich sagen, dass Uwe Barschel mit dem in seinen letzten Notizen dargelegten Verdacht, er sei Opfer einer Intrige geworden, so falsch nicht lag. Ein Tatort, der nicht existiert; eine politische Affäre, die nie ganz aufgeklärt wurde; Kontakte in die DDR, die heruntergespielt, geheimdienstliche Verstrickungen, die bestritten werden sowie Verbindungen in die Schattenwelt der Technologie- und Waffenschieber – es gibt eine Geschichte hinter der Geschichte. Aber erwächst daraus ein mögliches Motiv für einen Mord? Die Spuren, so viel ist klar, führen zurück in das Doppelleben von Uwe Barschel.

Der junge Barschel

Vom 10. bis zum 15. Oktober 1985 traf sich die Parlamentarische Versammlung der NATO zu ihrer Frühjahrstagung in San Francisco. Die deutsche Delegation setzte sich wie immer aus Vertretern des Bundestages und der Landesparlamente zusammen. So gehörte auch der damalige schleswig-holsteinische Ministerpräsident Uwe Barschel der bundesdeutschen Delegation an. Seit 1955 ist es die Aufgabe dieser Parlamentarischen Versammlung gewesen, über alle Parteigrenzen hinweg die Beziehungen zwischen den Parlamenten der Mitgliedstaaten zu vertiefen und – wenn auch formal unabhängig von der NATO – den gesetzgebenden Körperschaften ein Forum zu bieten, auf dem gemeinsame Sicherheitsfragen diskutiert werden können.

Aber in einem speziellen Fall wurden diese guten Absichten in ganz besonderer Weise umgesetzt. Wie andere Angehörige der damaligen Delegation, die SPD-Bundestagsabgeordneten Norbert Gansel aus Kiel und Horst Jungmann aus Plön, berichten, ist Uwe Barschel bereits kurz nach der Ankunft in San Francisco spurlos verschwunden. Erst sechs Tage später, unmittelbar vor dem Rückflug nach Deutschland, tauchte er wieder auf.[84] Die anderen Delegierten maßen seinem Verschwinden keine allzu große Bedeutung bei. Sie dachten, Barschel habe die Zeit in den USA weit weg von der Familie und weitgehend frei von sozialer Kontrolle für eine Sauftour oder für Frauengeschichten genutzt. Aber immerhin war der Vorfall so seltsam, dass man ihn sich merkte. Wenig später versuchten Jungmann und Gansel, die CDU damit unter Druck zu setzen. Deshalb nahmen sie Barschels Reisekostenabrechnung unter die Lupe und stellten eine parlamentarische Anfrage. Um eine Spesenaffäre mit öffentlicher Begleitmusik zu vermeiden, machten die Christdemokraten einen Rückzieher: Barschels Reisekosten wurden nicht wie üblich über den schleswig-holsteinischen Landtag, sondern über die Parteikasse der CDU abgerechnet. Was damals wirklich geschehen war, ist bis heute nicht geklärt.

Doch möglicherweise ist der wahre Grund für Barschels Verschwinden in San Francisco viel früher in seinem Leben zu suchen. Vielleicht ist er verborgen in seinen Studienjahren 20 Jahre zuvor.

Eine vielversprechende Nachwuchskraft

Mit einem ausgezeichneten Abitur in der Tasche und straff konservativen politischen Überzeugungen nahm Uwe Barschel 1964 an der Christian-Albrechts-Universität zu Kiel das Studium der Rechte, der Politischen Wissenschaften, der Volkswirtschaft und der Pädagogik auf. Er schloss seine Studien gleich mit zwei Doktorgraden ab. 1970 wurde er in Jura mit einer Dissertation über *Theoretische Möglichkeiten und Grenzen der Strafrechtspolitik einer politischen Partei* und ein Jahr später in Politischen Wissenschaften mit einer Studie über *Die Stellung des Ministerpräsidenten von Schleswig-Holstein unter besonderer Berücksichtigung der Lehre von der Gewaltenteilung* promoviert. Als Barschel die Universität verließ, galt er nicht nur als einer der vielversprechendsten Nachwuchspolitiker der CDU, sondern auch als Teil eines äußerst konservativen Netzwerks, das sich über ganz Deutschland und die Vereinigten Staaten erstreckte. Neben seinen fachlichen Kenntnissen stärkte er beständig seine konservativen politischen Überzeugungen. Dabei hat er auch die dünne Linie zwischen diesen deutsch-amerikanischen konservativen Kreisen und ihren Verbindungen zu den Geheimdiensten in beiden Ländern überschritten. Denn bereits während seines Studiums begann Barschel eine ganz besondere Art des Doppellebens: als Politiker einerseits und andererseits als Geheimdienstmann im Wartestand – ein »Schläfer«, der gleichermaßen dem BND und der CIA verbunden war.

Historische Untersuchungen und journalistische Recherchen zum Fall Barschel haben seine Studienzeit von 1964 bis 1971 kaum oder gar nicht beachtet. Michael Mueller, Rudolf Lambrecht und Leo Müller haben diese Zeit in ihrem Buch *Der Fall Barschel. Ein tödliches Doppelspiel* von 2007 nur am Rande betrachtet. Sie erwähnten wenig mehr als die Titel seiner Dissertationen und seine ausgezeichneten Leistungen. Der frühere *Spiegel*-Redakteur Wolfram Baentsch wies in seinem Werk *Der*

Doppelmord an Uwe Barschel immerhin darauf hin, dass Barschel ein Stipendiat der CDU-nahen Konrad-Adenauer-Stiftung war. Markus Dettmer, Sven Röbel und Britta Sandberg ignorierten in ihrem *Spiegel*-Artikel »Der Tote von Zimmer 317« die Studienjahre komplett, genauso wie die beiden Fernsehdokumentationen von Patrik Baab, Andreas Kirsch und Stephan Lamby *Der Tod des Uwe Barschel – Skandal ohne Ende* und *Der Tod des Uwe Barschel – die ganze Geschichte* sowie der Film von Patrik Baab und Stephan Lamby *Uwe Barschel – das Rätsel*. So scheint der junge Barschel bis heute ein weißer Fleck in den Recherchen zu bleiben. Dies wird aber der tatsächlichen Bedeutung jener Jahre für die späteren Ereignisse nicht gerecht. Denn Barschels Studienzeit war auch die Zeit, in der er mit Geheimdiensten in Berührung kam. Ähnlich wie der frühere hochrangige CIA-Mitarbeiter Duane R. Clarridge, der in seinem Bestseller *A Spy for All Seasons* beschreibt, wie er an der Brown University in Providence rekrutiert wurde, geriet auch Barschel bereits in jungen Jahren ins Visier der CIA. Auch er, Barschel, wurde zu einem »Spion für jede Gelegenheit« – aber in ganz besonderer Weise: als ein Vermittler und Unterhändler bei besonders heiklen verdeckten Geschäften.

In einem Punkt sind sich die erwähnten Autoren aber alle einig: Es gab keinen Zweifel an Uwe Barschels politischer Loyalität. »Die Kulturrevolution der 68er«, so Mueller und seine Co-Autoren, »erlebte er aus der Perspektive des konservativen Establishments.«[85] Schon mit 20 Jahren wurde er Landesvorsitzender des Rings Christlich-Demokratischer Studenten (RCDS) in Schleswig-Holstein; 1967 Landesvorsitzender der CDU-Jugendorganisation Junge Union; ein Jahr später stellvertretender CDU-Kreisvorsitzender im Kreis Herzogtum Lauenburg. 1969, mit gerade einmal 25 Jahren, war er bereits stellvertretender Landesvorsitzender der schleswig-holsteinischen CDU. Zwei Jahre danach war er einer der jüngsten Landtagsabgeordneten und schon mit 29 Jahren Fraktionsvorsitzender. Immer der Jüngste, immer der Schnellste – Uwe Barschel schien ein kometenhafter Aufsteiger zu sein. Aber für eine politische Karriere sind herausragende Leistungen nicht alles. Er bemühte sich auch darum, in persönliche und politische Seilschaften zu gelangen und innerhalb dieser Verbindungen eine wichtige Rolle zu spielen. Besondere Bedeutung gewinnt dies vor dem Hintergrund wachsender sozialer und politischer Gegensätze und der zunehmenden Polarisierung Ende der 60er und zu Beginn der 70er Jahre.

Die 60er waren ein kultureller Wendepunkt. Die zunehmende Polarisierung der politischen Kräfte prägte auch die Studienphase von

Uwe Barschel. In der gesamten westlichen Welt lösten der Krieg in Vietnam und die kulturelle Revolution der 68er-Generation einen Linksruck unter den Studenten und einen Aufschwung der Bürgerrechtsbewegungen aus. Im Kern ging es immer um mehr Partizipation an politischen Entscheidungen – ein Ziel, das die konservative Elite heftig bekämpfte. Auch die Diskussionen in der Kieler Universität waren ein Spiegelbild jener Kontroversen und rissen einen tiefen Graben zwischen beiden Seiten auf. Die Auseinandersetzungen wurden nicht immer so fair und mit solchem Sportsgeist geführt wie in der besonderen Hassliebe zwischen Uwe Barschel und dem aufstrebenden jungen Sozialdemokraten, künftigen Bundestagsabgeordneten und späteren Oberbürgermeister von Kiel, Norbert Gansel. Als Barschel seine Dissertation 1971 in einem akademischen Kolloquium verteidigen musste, bat er Gansel, die Gegenrede zu halten. Hinter den Kulissen tobten harte Positions- und Richtungskämpfe, bei denen es nicht nur um Lehrmeinungen, sondern auch um inneruniversitären Einfluss und Stellenbesetzungen ging. Der ideologische Konflikt war immer auch ein Machtkampf.

Seine Dissertation in Politischen Wissenschaften widmete Barschel 1971 seinem damals schon emeritierten Doktorvater Prof. Michael Freund. Einige Jahre zuvor war dieser Nestor der Politischen Wissenschaften wegen seines Verhaltens während der NS-Diktatur unter Druck gekommen. Michael Freund war in den Jahren 1923 bis 1926 Mitglied der Freien Sozialistischen Jugend gewesen und – wie er selbst bei seinem Entnazifizierungsverfahren erwähnte – von 1926 bis 1933 Mitglied der SPD. Aber 1940 trat er der NSDAP bei, und 1944 gab er unter dem Titel *Der falsche Sieg* eine Anthologie aus den Schriften von Georges Sorel heraus. In seiner ausführlichen Einleitung war auch nationalsozialistisches Gedankengut zu finden. Später warfen ihm linksorientierte Studenten vor, selbst ein Nazi gewesen zu sein. Auch wenn dies übertrieben sein dürfte, ist ihm gewiss ein opportunistisches Verhalten anzukreiden.

Dies alles geschah zu Barschels Studienzeit. Er identifizierte sich mit der Autorität seines akademischen Lehrers, die Faschismusvorwürfe gegen Freund stießen ihn ab. Auch dies zeigt Barschels brennenden Ehrgeiz, selbst zur Spitze der Gesellschaft und zur Elite gehören zu wollen. Denn seine hervorstechende Charakterzüge waren Konformismus, Unterordnungsbereitschaft, Identifikation mit Autoritäten, ein übersteigertes Selbstwertgefühl, Folgsamkeit in Hierarchien – Merkmale einer autoritären Persönlichkeit, wie sie Erich Fromm und Theodor W. Adorno beschrieben haben. Diese charakterliche Disposition machte ihn empfänglich für geheimdienstliche Ansprachen.

Dies gehört zur Vorgeschichte. Der Einstieg in Barschels Doppelleben wurde von anderen Personen begleitet: Werner Kaltefleiter, Ulrike Schumacher und Hans-Michael Moll – dem Vordenker, der Freundin und dem Waffenhändler.

Werner Kaltefleiter – ein Politologe und die Dienste

1971 verschärften sich die inneruniversitären Konflikte. Werner Kaltefleiter folgte Michael Freund auf dem Lehrstuhl für Politische Wissenschaften in Kiel. Der eine war ebenso konservativ wie der andere, wenn auch Kaltefleiter im Unterschied zu Freund für einen stärker empirischen sozialwissenschaftlichen Forschungsansatz stand, der sich auf quantitative Methoden und neue amerikanische Konzepte stützte. Das änderte aber nichts daran, dass schon seine Berufung Gegenstand heftiger studentischer Kritik war und dass er als konservativer Professor, Publizist und Universitätspolitiker weiterhin die Zielscheibe des Protestes linker Studenten blieb.

Uwe Barschel – eins von drei Kindern einer alleinerziehenden Soldatenwitwe – studierte mit einem Stipendium der CDU-nahen Konrad-Adenauer-Stiftung (KAS). Bereits aus diesem Grund war Werner Kaltefleiter einer seiner Vertrauensdozenten. Der Politikwissenschaftler war von 1970 bis 1974 Direktor des wissenschaftlichen Instituts der KAS. Später publizierten Barschel und Kaltefleiter gemeinsam, wie beispielsweise 1974 in dem Buch *Was wir wünschen. Junge Bundesbürger über die Zukunft ihres Staates* oder 1977 in der Festschrift zum 70. Geburtstag des CDU-Politikers Helmut Lemke. Als Barschel ausgewählt wurde für die Beteiligung an der Informationsreise zur Parlamentarischen Versammlung der NATO nach San Francisco, sorgte Kaltefleiter dafür, dass sein Lebenslauf ins Englische übersetzt wurde. Er bat einen Muttersprachler um Hilfe: Robert Harkavy, einen der Autoren dieser Studie. All dies war aber nur die sichtbare Spitze eines viel weiter gespannten deutsch-amerikanischen Netzwerks.

Kaltefleiter kam von der Universität Köln und hatte die Jahre 1968 und 1969 mit einem John-F.-Kennedy-Gedächtnis-Stipendium des Deutschen Akademischen Austauschdienstes in Harvard verbracht, wo er unter anderem bei Henry Kissinger studierte. Wichtiger scheint aber zu sein, dass er in dieser Zeit in Berührung kam mit Vertretern sehr konservativer und der CIA eng verbundener US-Denkfabriken, mit Politikwissenschaftlern wie Robert L. Pfaltzgraff, William van Cleave, Frank N. Trager, Frank Barnett und dem Manager der Scaife Foundation Daniel McMichael. Zwar hatten diese Leute nicht direkt mit Barschels Universitätsausbildung oder seiner politischen Karriere zu tun. Aber dieses Geflecht von Personen steckt den Rahmen seiner späteren Verstrickung ab. So weist Katia Backhaus unter Bezug auf anonyme Zeitzeugen darauf hin, dass Kaltefleiter Beziehungen zum Bundesnachrichtendienst unterhalten habe, der in den 70er Jahren Studenten anzuwerben versucht habe.[86] Ein Zeitzeuge bestätigt, Kaltefleiter sei in den 1970er und 1980er Jahren Zuträger des BND gewesen. Später habe nur noch die CIA zu ihm gehalten.[87]

Kiel und die konservativen US-Netzwerke

Als sich die Proteste gegen den Vietnamkrieg über die gesamten Vereinigten Staaten ausbreiteten, reagierte darauf auch die CIA mit neuen innenpolitischen Operationen. Das National Strategy Information Center (NSIC) setzte einen Teil dieser Maßnahmen um. Diese konservative Denkfabrik, die sich vor allem mit sicherheitspolitischen Strategien befasste, war 1962 gegründet worden und wurde später von Frank Barnett geleitet. Traditionell arbeitete das NSIC mit antisowjetischen Hardlinern zusammen und förderte eine aggressive US-Außenpolitik. Zu seinen Unterstützern und Beratern zählte nicht zuletzt der spätere CIA-Direktor William Casey. Ein Ziel des NSIC war es, akademisches Ansehen für die Geheimdienstarbeit aufzubauen. Das Center war an der finanziellen Förderung von mehr als 200 Lehrstühlen und Dozentenstellen an US-Universitäten und Colleges beteiligt, um nachrichtendienstliche Themen zu unterrichten und zu erforschen.[88]

1967 deckte das *Ramparts Magazine* die Aktivitäten der CIA an US-Universitäten auf. So kam ans Licht, dass die CIA die National Student Association finanziell unterstützte und dass diverse CIA-gesteuerte Stiftungen versuchten, das Image des Geheimdienstes zu verbessern.[89] Später recherchierte die *Washington Post*, dass diese steuerbefreiten Stiftungen Millionen von Dollar für die CIA gewaschen und das Geld an eine vom Geheimdienst erstellte Liste von zivilen und kulturellen Gruppen, Gewerkschaften, Zeitschriften und Verlagen durchgereicht hatten. »Die CIA«, so beschrieb es John Prados, »bezahlte Sommerkurse für Studentenführer und nutzte sie, um begabte Nachwuchskräfte zu rekrutieren.«[90] Dazu zählten auch die außenpolitischen National Education Seminars des NSIC, denen zur Last gelegt wurde, Tarnveranstaltungen der CIA zu sein. Deshalb wurden diese Seminare in den 80er Jahren von Colorado Springs ins bundesdeutsche Kiel verlegt, wo der den USA und vor allem dem CIA-nahen NSIC-Leiter Frank Barnett eng verbundene Werner Kaltefleiter seinen Lehrstuhl hatte. Dort liefen sie von 1981 bis 1998 weiter als »Postgraduate Summer Course on National Security«. Kiel schien ein sicherer Hafen zu sein für Veranstaltungen, die von linken Studenten schlicht als »jährliche Indoktrinations-Camps für kalte Krieger« bezeichnet wurden.[91] Diese von Kaltefleiter initiierten Seminare wurden organisiert und koordiniert von Ulrike Schumacher, der akademischen Direktorin des politikwissenschaftlichen Instituts. Co-Direktoren des Internationalen Sommerkurses 1988 waren die amerikanischen Professoren William van Cleave und Robert Pfaltzgraff. Auch Daniel McMichael nahm des Öfteren teil. Er war Geschäftsführer der Scaife und der Carthage Foundations in Pittsburgh und hat die Sommerkurse, wie wissenschaftliche Mitarbeiter bestätigen, zumindest anteilig auch finanziell unterstützt. Auch leistete er Beiträge zu den Diskussionen und den Publikationen. Bereits bei der Auftaktveranstaltung kamen Teilnehmer aus 36 Ländern nach Kiel. Kaltefleiter erläuterte die wissenschaftliche Stoßrichtung. Für ihn stand das Konzept der Abschreckung im Zentrum sicherheitspolitischen Denkens. Die Entspannungspolitik betrachtete er lediglich als einen Ausdruck der Schwäche. Die jährlichen Ergebnisse wurden in der von ihm und Schumacher herausgegebenen Publikationsreihe »Conflicts, Options, Strategies in a Threatened World« veröffentlicht.

Robert L. Pfaltzgraff war nicht nur ein Teilnehmer der National Education Seminars am College von Colorado und ein wichtiges Mitglied von Kaltefleiters Netzwerk, sondern auch Präsident des Institute for Foreign Policy Analysis, das er 1976 gegründet hatte. Ferner wirkte er seit 1970 als Mitarbeiter und seit 1983 als Professor für International Security Studies an der Fletcher School of Law and Diplomacy, einem Institut der Tufts University in Massachusetts, an dem auch die Harvard Law School beteiligt ist. Er hat Beamte in Schlüsselpositionen bei Themen wie Militärstrategie und Rüstungskontrolle beraten. Außerdem arbeitete er beim International Security Advisory Board des US-Außenministeriums und als stellvertretender Vorsitzender der Unabhängigen Arbeitsgruppe zur Raketenabwehr. Und Pfaltzgraff war nicht zuletzt – wie auch William van Cleave – ein Mitglied des Committee on the Present Danger.

Bis 1988 hat die CDU-geführte Landesregierung von Schleswig-Holstein die Sommerseminare finanziell gefördert und 75 Prozent der Kosten beglichen.[92] Dann löste die SPD die Christdemokraten als Regierungspartei ab und stoppte die Unterstützung sofort. Es ist nicht ganz klar, wer die Kurse nun finanzierte. Andere Geldgeber waren die NATO und das bereits vorgestellte NSIC in New York. Unbestätigten Hinweisen zufolge soll auch die Moon-Sekte Geld zur Verfügung gestellt haben. Immerhin nahmen Kaltefleiter und Schumacher vom 8. bis zum 10. Juni 1987 in Berlin an einem Kongress des International Security Council (ISC) teil. Kaltefleiter unterschrieb dabei zusammen mit dem ISC-Präsidenten Joseph Churba eine »Berliner Erklärung«, die anschließend in der *Washington Times*, einem Blatt der Moon-Sekte, veröffentlicht wurde. Alle Kritik daran war ihm, wie er erklärte, »völlig unverständlich«.[93] Außerdem unterhielt er gute Beziehungen mit William van Cleave, der seinerseits Berater der Moon-Sekte war.

Van Cleave war aber viel mehr als das. Als Multifunktionsträger, der allen möglichen Institutionen und Gremien angehörte, war er eine prägende Figur der nationalen Politik jener Jahre. »Vom Ende der 70er bis in die Mitte der 80er Jahre war sein Einfluss auf die außenpolitischen Debatten und Entscheidungen der US-Politik so groß, dass nur wenige andere Universitätsgelehrte die US-Politik jemals stärker prägten.«[94]

Diese wichtigen und einflussreichen Köpfe des konservativen amerikanischen Netzwerks um Ronald Reagan waren

- Robert Pfaltzgraff, Professor an der Fletcher School und konservativer Sicherheitsberater des US-Außenministeriums,
- Frank N. Trager, Geschäftsführer des CIA-nahen NCIC, Sicherheitsberater des US-Außen- und Verteidigungsministeriums und Organisator der CIA-finanzierten National Education Seminars in Colorado,
- Frank Barnett, der Präsident des NSIC, Mitglied des Committee on the Present Danger und Mitgründer der Summer Seminars,
- R. Daniel McMichael, Geschäftsführer der konservativen Scaife und Carthage Foundations in Pittsburgh und Sponsor der Sommerkurse,
- William R. van Cleave, Professor an der University of Southern California und später an der Missouri State University sowie an der Hoo-

ver Institution, Sicherheitsberater von Ronald Reagan, Angehöriger des »Team B«, eines sicherheitspolitischen Beraterstabes des Präsidenten außerhalb der CIA, und des Committee on the Present Danger, Unterstützer der anti-sandinistischen Contras in Nicaragua und Oliver North eng verbunden.

Sie alle lieferten 2001 Beiträge zu einer Festschrift für Werner Kaltefleiter.[95]

Über Kaltefleiters Lehrstuhl in Kiel kam Robert Pfaltzgraff – ein akademischer Werber für die CIA – auch in Kontakt zu Uwe Barschel. Frederik Petersohn, damals junger Student und Lehrstuhlmitarbeiter von Kaltefleiter, holte Pfalzgraff 1993 einmal am Flughafen Hamburg ab und chauffierte ihn nach Kiel. Während dieser Fahrt erinnerte sich Pfaltzgraff wehmütig an alte Zeiten: »Barschel war eine so vielversprechende Nachwuchskraft!«[96]

In diesen Kreis seiner amerikanischen Freunde führte Werner Kaltefleiter eine junge Frau ein, die sowohl ihm als auch Uwe Barschel sehr nahe stand: Ulrike Schumacher.

Ulrike Schumacher – eine Schattenkriegerin?

Ulrike Schumacher wurde am 10. August 1951 in Niedersachsen als Kind eines wohlhabenden Unternehmers geboren, der eine Firma für Yachtausstattungen leitete. Im Wintersemester 1971/72 nahm sie in Kiel das Studium der Volkswirtschaft auf und machte ihren Magisterabschluss in Anglistik, Slawistik und Politischer Wissenschaft im Dezember 1978. Von 1974 bis 1979 arbeitete sie als wissenschaftliche Assistentin am Institut für Politikwissenschaft der Uni Kiel. Ab 1981 war sie dort als wissenschaftliche Mitarbeiterin beschäftigt und publizierte ihre Dissertation zum Thema *Rüstungskontrolle als Instrument der Außenpolitik*, in der sie ihre konservativen sicherheitspolitischen Überzeugungen darlegte: »In der sowjetischen Militärstrategie spielt im Unterschied zur westlichen Praxis formale Rüstungskontrolle keine entscheidende Rolle. Im Gegenteil betrachtet die Sowjetunion Verhandlungen über Rüstungskontrolle als ein Instrument zur aktiven Unterstützung ihrer globalen Machtinteressen. Im Unterschied zum Westen, wo Rüstungskontrolle als Selbstzweck gesehen wird, hat sie für die Sowjetunion rein instrumentellen Charakter.«[97]

Ihr Doktorvater Werner Kaltefleiter half ihr 1984, ihre Dissertation in der Schriftenreihe des Instituts für Sicherheitspolitik der CAU Kiel zu veröffentlichen. Zusammen mit Kaltefleiter gab sie ab 1981 die »Kiel papers on national security, ie. the collections of papers presented at the International Summer Course on National Security« heraus. Bereits 1983 wurde sie stellvertretende Direktorin des Instituts für Sicherheitspolitik.

Seit 1978 konnte sie bei zahlreichen Forschungsaufenthalten in den USA ihre sicherheitspolitischen Kenntnisse vertiefen. So studierte sie an der Hoover Institution on War, Revolution and Peace, der bereits erwähnten damals konservativen Denkfabrik auf dem Stanford-Campus, wo William van Cleave als Forschungsleiter für Sicherheitspolitik tätig war, und besuchte das Institut für Außenpolitische Analysen in Cambridge sowie die ebenfalls schon genannte und in Verbindung mit Harvard stehende Fletcher School an der Tufts University, wo sie mit Robert Pfaltzgraff näher bekannt wurde.

Die Fletcher School ist die älteste Graduiertenausbildungsstätte für Diplomaten in den Vereinigten Staaten. Wer dort studiert, hat damit gemeinhin eine Karriere im diplomatischen Dienst, im Pentagon oder bei der CIA vor sich. Das dortige Studienprogramm zur internationalen Sicherheitspolitik wurde fast vollständig finanziert durch Stiftungen der Familie des Medienunternehmers und Milliardärs Richard M. Scaife. Im Beirat saß in den 80er Jahren unter anderen R. Daniel McMichael als Bevollmächtigter dieser Scaife-Stiftungen.

Etliche Autoren – wie etwa Jeff McDonnell oder Jonathan Feldman[98] – gehen davon aus, dass die Fletcher School mit der CIA sehr eng verbunden war: als eine Institution, an der einerseits Nachwuchskräfte rekrutiert und andererseits unterstützende Veröffentlichungen verfasst wurden. Ein Zeitzeuge vermutet, dass Pfaltzgraff der »Werber und Kontaktmann des CIA-Nachwuchsprogramms gewesen sein muss«.[99] An der Fletcher School hielt auch der Topspion Ted Shackley Vorlesungen – genau zu jener Zeit, als Ulrike Schumacher in Boston studierte. Nach seinem Ausscheiden aus dem CIA-Dienst wurde er vom NSIC als Referent eingeladen. Der Journalist und Buchautor David Corn weist darauf hin, dass am 5. und 6. Dezember 1980 ein paar Dutzend ehemalige Geheimdienstler, Journalisten, Mitarbeiter des Senats und des Repräsentantenhauses sowie Beamte des Auslandsgeheimdienstes in Washington auf Einladung des NSIC zusammenkamen. Nach dem Regierungsantritt von Ronald

Reagan, so Corn, »standen verdeckte Operationen auf der Tagesordnung: Welche schmutzigen Tricks werden in den 80er Jahren erforderlich sein?«[100] Das war genau zu der Zeit, als Ulrike Schumacher zahlreiche Studienaufenthalte an konservativen US-Denkfabriken verbrachte. In den Jahren 1980 bis 1982 flog sie regelmäßig in die Vereinigten Staaten.[101] Ulrike Schumacher war extrem loyal zur Regierung in Washington und zu den USA. Als vielversprechende und verlässliche Nachwuchskraft kann sie auch für Uwe Barschel als Kontaktperson zur US-Führungselite wichtig gewesen sein. Denn sie kannte den aufstrebenden jungen Politiker bereits seit frühen Studientagen an der Uni Kiel im Herbst 1971, als sie Anfängerin im ersten Semester gewesen war und Barschel der kometenhafte Aufsteiger mit zwei frisch erworbenen Doktorgraden. Sie bewunderte ihn, und bald darauf fanden sie engen Kontakt.

Es war eine persönliche Freundschaft und eine politische Bindung zugleich. Viele Jahre später, seit Anfang 1986, wurde sie Mitarbeiterin der schleswig-holsteinischen Landesvertretung in der damaligen Bundeshauptstadt Bonn und war in dieser Funktion Ministerpräsident Uwe Barschel unterstellt. Als Referentin für Außen- und Sicherheitspolitik erhielt sie ein Tätigkeitsfeld, das speziell für sie geschaffen worden war. Diese Position war sehr ungewöhnlich, denn Bundesländer machen üblicherweise keine eigene Außenpolitik. Frederik Petersohn vermutet, dass sie gerade wegen ihrer USA-Kontakte als Verbindungsglied eine Scharnierfunktion hatte.[102] So deutet einiges darauf hin, dass sie in Bonn eine ganz besondere und einzigartige außenpolitische Rolle für Schleswig-Holstein spielte – nämlich die, eine vertrauliche Verbindung zum innersten Zirkel von Reagans Regierungsmannschaft aufrechtzuerhalten.

Ende Juni 1987 wurde Ulrike Schumacher zurückversetzt in die Kieler Staatskanzlei, wo sie eng mit Barschel zusammenarbeitete. Im September stand die Landtagswahl bevor, und im Wahlkampf gegen den sozialdemokratischen Herausforderer Björn Engholm ging es jetzt richtig zur Sache. Es war absehbar, dass es ein Kopf-an-Kopf-Rennen geben würde. Auch Ulrike Schumacher gehörte dem CDU-Wahlkampfteam an. Sie hatte ihr Büro in Zimmer 103 im Landeshaus und nahm zusammen mit Staatssekretär Gerd Behnke, seinem Stellvertreter Herwig Ahrendsen und dem Pressereferenten Klaus-Dieter Seelig an den Morgenlagen teil, um die PR-Aktivitäten für den laufenden Tag vorzubereiten.

In ihrer Ausgabe vom 4. November 1987 beschrieb die *Süddeutsche Zeitung* die Rolle von Ulrike Schumacher während des ersten Parlamentarischen Untersuchungsausschusses zur Barschel-Pfeiffer-Affäre so:

»An diesem Tag erschienen die meisten Zeugen gut vorbereitet oder – wie Hebbeln – in entscheidenden Punkten sehr vergeßlich. Als bekannt wurde, daß sich die Mitarbeiter der Staatskanzlei im Vorfeld getroffen hatten, löste dies eine Menge Spekulationen aus. Dazu kam die Beobachtung, daß während der Ausschuß-Sitzungen die Mitarbeiter der Staatskanzlei, die offiziell zugelassen waren, anders als andere Zeugen oft hinausliefen und in ihren Büros verschwanden. Insbesondere traf das auf Frau Dr. Schumacher zu, die – was ein offenes Geheimnis unter den Mitarbeitern der Pressestelle war – ein ganz enges Verhältnis zu Barschel hatte. Sie lief an diesem Morgen hin und her zwischen dem Sitzungssaal, der Staatskanzlei und der Pressestelle, wo sich zufällig auch Herwig Ahrendsen aufhielt. Sie wurde beobachtet, wie sie auf Barschels Fahrer Heinrich Scheller einredete, noch wenige Minuten vor seiner Vernehmung. Später druckste der Fahrer an seiner – von Barschel diktierten und schwer haltbaren – Lüge herum.«

Das Interesse des Untersuchungsausschusses an den Aussagen von Barschels Fahrern galt auch heimlichen Reisen – in die DDR, nach Hamburg ins Hotel Vier Jahreszeiten oder in die Schweiz. Ulrike Schumacher scheint für Barschel sehr wichtig gewesen zu sein, auch als Strippenzieherin im Hintergrund.

Ende 1987, nach dem Tod von Uwe Barschel, war klar, dass Ulrike Schumacher ihre Mission erfüllt hatte, als Spin Doctor und Wahlkampfberaterin das Geschehen auch in Barschels Sinne zu beeinflussen. Am 8. Mai 1988 verließ sie die Staatskanzlei und kehrte an die Universität zurück. Dort besetzte sie die gut bezahlte und herausgehobene Stelle einer akademischen Direktorin. Dies löste den Neid anderer, vor allem linker Fakultätsangehöriger aus, von denen einige älter und erfahrener waren oder eine höhere Position hatten. Außerdem hatte Schumacher während ihrer Zeit in der Landesregierung ihre Stelle als stellvertretende Direktorin des Instituts für Sicherheitspolitik und Koordinatorin der Sommerkurse behalten. Dies veranlasste Studentenvertreter, von einem politischen Bandenspiel zu sprechen: »Im christdemokratischen Bermuda-Dreieck geht kein Parteimitglied verloren.«[103]

Zu Beginn der 90er Jahre scheiterte ihre Habilitation, was einen Eklat auslöste. Kaltefleiter hatte diese Arbeit, in der es um Südafrika ging, nachdrücklich unterstützt. Die tiefen politischen Gräben im Kieler Institut für Politikwissenschaft rissen weiter auf. Kaltefleiter und seine linksgerichteten Kollegen stritten sich heftig über die Habilitationsschrift. Kurz vor Ende der Abgabefrist wurde die Arbeit auf einer Sitzung des Fakultätsrats zurückgezogen.

Ulrike Schumacher lebte mit Werner Kaltefleiter in zwei nebeneinander liegenden Zimmern im Kieler Maritim-Hotel bis zu dessen Tod am 17. März 1998 zusammen – als Assistentin, Vertraute und Freundin. Die Nibelungentreue zu den USA schweißte sie zusammen. Normalerweise finden sich im Nachlass eines Intellektuellen unzählige Manuskripte, Entwürfe und Briefe. Doch seltsamerweise war der persönliche Nachlass von Kaltefleiter politisch und fachlich äußerst spärlich. Einige Zeit nach seiner Beisetzung heiratete Ulrike Schumacher William van Cleave und folgte ihm in die Vereinigten Staaten. Kaltefleiters Tod, der Konflikt um ihre Habilitation, die ganze Barschel-Affäre, der Versuch der akademischen Linken, sie zu isolieren – sie muss gespürt haben, dass sie an der Kieler Universität in eine berufliche und persönliche Sackgasse geraten war. In den USA war sie an der Southwest Missouri State University (später Missouri State University) am Lehrstuhl ihre Mannes als Privatdozentin tätig. Sie starb am 25. Juni 2003 in Missouri im Alter von nur 51 Jahren. Bei ihrer Beerdigung in Deutschland wurde ihr, Augenzeugen zufolge, eine besondere Ehre der U.S. Air Force zuteil: Vier Kampfflugzeuge flogen einen Salut über ihr Grab – ein Zufall? Oder eine für eine Zivilistin und Ausländerin, die nie in den US-Streitkräften gedient hat, außergewöhnliche Anerkennung? Wenn dies ein Salut war – dann liegen die Gründe dafür im Verborgenen.

Doch die Frage bleibt offen: Warum war Ulrike Schumacher für die Vereinigten Staaten so wichtig? Lawrence D. Walsh, der Ermittlungsrichter in der Iran-Contra-Affäre, ein Republikaner, der am 20. März 2014 im Alter von 102 Jahren starb, hat hauptsächlich angebliche Gesetzesverstöße in Reagans Regierungsapparat untersucht. Für ihn standen die Aktivitäten im Weißen Haus und im Nationalen Sicherheitsrat im Mittelpunkt. Dabei sparte er den Beitrag von Vertretern und heimlichen Helfern anderer Länder überwiegend aus, die dabei halfen, verdeckt Waffen an den Iran zu liefern, im Gegenzug die Freilassung westlicher Geiseln im Nahen Osten zu erreichen und mit den erzielten Gewinnen die Rebellen in Nicaragua zu unterstützen, obwohl der US-Kongress Hilfen für die anti-sandinistischen Contras verboten hatte. Bis heute ist in weiten Teilen nicht geklärt, wer diese ausländischen Helfer waren und was genau sie taten. Im Abschlussbericht von Walsh sind sie überwiegend unkenntlich gemacht.[104] Aber: Oliver North, William van Cleave, Ulrike Schumacher, Uwe Barschel – sofern es denn eine Befehlskette vom Nationalen Sicherheitsrat nach Kiel gab, dann war sie ganz kurz. Heute ist klar: Uwe Barschel hatte Kontakt zum US-Geheimdienst. Es liegt nahe, dass diese Kontakte hergestellt wurden von einer Person, die selbst eigene Verbindungen hatte zur Führungselite in Washington. Niemand sonst außer Ulrike Schumacher verkörperte eine augenscheinlich so direkte Verbindung zwischen konservativen amerikanischen Netzwerken und den Verantwortlichen der Iran-Contra-Affäre auf der einen und Uwe Barschel auf der anderen Seite. Auch der Kontakt zu Ulrike Schumacher kann einen Mann wie Uwe Barschel, der nicht immun war gegen die Versuchungen von politischer Macht und Statussymbolen, von großem Geld und gutaussehenden Frauen, zu einem dauerhaften geheimdienstlichen Kontakt geführt haben. Ein Zeitzeuge beschreibt sie als eine Frau mit umstrittenem Charakter und massivem Minderwertigkeitskomplex, die mit den Mächtigen am Tisch sitzen wollte, durchaus mit Talent zur Ranküne: »Sie war gerissen, sonst nichts!«[105] Andere dagegen beschreiben sie als gute und verlässliche Partnerin. Die Einschätzungen weichen stark voneinander ab – je nach politischer Position.

Ein mysteriöses Notariat

In den frühen 70er Jahren stieg Barschel zunächst als Gerichtsreferendar und Lehrbeauftragter an der Fachhochschule für Pädagogik ins Berufsleben ein. Im März 1973 lernte er Freya von Bismarck kennen und heiratete sie am 6. Juli desselben Jahres. Der Ehe entstammen vier Kinder. Von 1975 bis 1979 musste er als Vorsitzender die CDU-Landtagsfraktion straff führen, denn nach den Landtagswahlen 1975 hatte seine Partei lediglich eine Mehrheit von einer Stimme.

Schon zuvor hatte er Hans-Michael Moll kennengelernt. Der promovierte Jurist hatte bereits 1960, als 25-Jähriger, den Ring verteidigungspolitisch interessierter Hochschulgruppen mitgegründet, der dann alsbald seine erklärte politische Neutralität hinter sich ließ und sich – finanziell gefördert vom Bundesverteidigungsministerium – zunehmend an einer strikt konservativen Unterstützung der Bundeswehr orientierte. In Schleswig-Holstein war Moll eine schillernde Figur. Als CDU-Stadtrat in Kiel und Wirtschaftsdezernent unterhielt er beste Verbindungen in die Bauindustrie, als stellvertretender Bundesvorsitzender des Reservistenverbandes gute Verbindungen zur Armee. Und er stand im Ruf, mit Waffengeschäften zu tun zu haben.[106]

Moll hatte einen Freund, der wie er selber im Ring verteidigungspolitisch interessierter Hochschulgruppen und später in der Verteidigungspolitischen Gesellschaft engagiert war: Dieter Joachim Haase. Dieser Freund hatte in Würzburg bei dem konservativen Professor Friedrich August Freiherr von der Heydte studiert, der ihn in Kontakt mit dem Bundesnachrichtendienst in Pullach bei München brachte. Weder Moll noch von der Heydte wussten, dass Haase ein Informant der Stasi war. Gleichzeitig war es die Aufgabe von Haase, konservative Studenten für den BND zu werben. »Ich habe darüber mit meinem Freund Hans-Michael Moll gesprochen«, berichtete er später, »und ich weiß von ihm, dass das der Beginn eines fortdauernden, intensiven Kontaktes zwischen ihm und dem Bundesnachrichtendienst war.« Moll hat diese Verbindung »zu einer regelrechten Mitarbeit« ausgebaut, und er habe auch Interessantes berichtet über geheime Waffengeschäfte.[107]

Am 8. Oktober 1971 stieg der 27-jährige Uwe Barschel als Partner in das Notariat und die Anwaltskanzlei von Hans-Michael Moll am Sophienblatt 46 in Kiel ein. Am 29. September 1976 überreichte der schleswig-holsteinische Justizminister Henning Schwarz Barschel die Urkunde für seine Zulassung zum Notar am Oberlandesgericht in Schleswig. Für Barschel war dies ein Teilzeitjob, meist arbeitete er zu Hause. Offensichtlich versprach sich das Notariat durch die junge Nachwuchskraft, die gute Verbindungen in die Politik und ins Geschäftsleben unterhielt, neue Mandanten zu gewinnen. Es ist nicht ganz klar, woran Barschel arbeitete. Nur wenige notarielle Immobiliengeschäfte – wie beispielsweise eines in Aumühle bei Hamburg – sind in den Jahren 1976 und 1977 unter seinem Namen dokumentiert.

Aber was ist mit jenem hochdotierten Geschäft, mit dem sich dem *Spiegel* zufolge der junge Politiker im Landeshaus wichtig machte? Wie Markus Dettmer und andere schreiben, erinnerte sich auch ein früherer Mitarbeiter des Notariats an einen Telefonanruf am Wochenende. Moll und Barschel hätten ihn aufgefordert, sofort nach Hamburg zu kommen für »ein wichtiges Geschäft«, das keinen Aufschub dulde. Man habe sich in Hamburg unter konspirativen Umständen in einem Hotelzimmer getroffen.[108]

»Mit Verschwörermiene« hätten Moll und Barschel einen Stapel Dokumente studiert, in denen es um den Verkauf von Hubschraubern an arabische Länder, möglicherweise an Saudi-Arabien, gegangen sei. Der Mitarbeiter wollte damals gar nichts Genaues über den Deal erfahren, weil er fürchtete, von Staatsanwalt oder Polizei dazu vernommen zu werden. Aber dazu kam es nicht.

Hinweise auf Waffengeschäfte

Das Verzeichnis notarieller Urkunden am Amtsgericht Kiel ist nicht für die Öffentlichkeit zugänglich. Kein Ermittler hat jemals Zugang zu den Unterlagen verlangt. Dies wäre der erste Schritt gewesen, um mehr über Barschels Verstrickung in Waffengeschäfte zu erfahren. Dabei wären die Ermittler möglicherweise auch auf eine andere Spur gestoßen: eine Verbindung nach Libyen. Fünf Personen, die Barschel nahestanden – darunter ein alter Freund, einer seiner Referenten, ein Anwaltskollege, ein Parteifreund und seine Frau –, bestätigten dem *Spiegel*, dass Barschel Geschäfte mit Libyen erwähnt hatte. Der Referent berichtete, dass Barschel ihn einmal bat, einen anwaltlichen Beratungstermin zu übernehmen – er sei unabkömmlich aus geschäftlichen Gründen und müsse nach Nordafrika reisen.

Ein enger Freund von Barschel, der Kieler Politikwissenschaftler Ulrich Matthée, erzählt eine Begebenheit aus seinem eigenen Leben. Barschel habe ihn zum Abendessen in das Restaurant Kieler Schloss eingeladen, um einen ersten großen Geschäftsabschluss als Notar zu feiern. Matthée kann sich erinnern, dass es sich um ein Libyen-Geschäft gehandelt habe. Barschel habe ihm allerdings keine Einzelheiten über den Gegenstand oder seinen Mandanten genannt. So bleiben Details im Verborgenen. Aber Matthée meint: »Da muss es sich um Öl oder um Waffen gehandelt haben!«[109] Es ist nachvollziehbar, dass Barschel nicht allzu viel preisgeben wollte. Aber das Notariat hatte offenbar eine Reihe von Verbindungen in die arabische Welt. So flog ein Mitarbeiter der Kanzlei 1977 – begleitet von einem Kieler Bauunternehmer und einem Ministerialrat – über Rom nach Tripolis. In Begleitung eines Libyers, so berichtet der Anwalt, fuhr man mit einem Mercedes durch die Wüste, inspizierte Rohbauten und prüfte Verträge. Der Rest bleibt im Verborgenen – der frühere Mitarbeiter beruft sich auf die anwaltliche Schweigepflicht.

Fast neun Jahre nach Barschels Tod kamen neue Belege für seine heimlichen Geschäfte ans Licht. Am 1. Juli 1996 berichtete ein CDU-Mitglied aus Bremen der Staatsanwaltschaft in Lübeck von einer merkwürdigen Begebenheit. Er habe in den 70er Jahren Treffen der CDU-Fraktionsvorsitzenden organisiert. Eines Tages, so berichtet der Informant, sagte ihm Barschel auf den Stufen des Bremer Park Hotels, dass er an weiteren Sitzungen nicht teilnehmen könne, weil er »den Verkauf von Lkw nach Libyen protokollieren« müsse.[110] Tatsächlich entdeckten die Ermittler im Archiv der Konrad-Adenauer-Stiftung ein Papier einer entsprechenden Zusammenkunft im März 1977, in der der Name Uwe Barschel gestrichen worden war.

Das weckte die Aufmerksamkeit der Staatsanwälte, und sie fragten Barschels Witwe Freya, ob sie von solchen Geschäften etwas mitbekommen habe. Dem Vernehmungsprotokoll zufolge konnte sich Frau Barschel erinnern, dass ihr Mann ihr einmal von einer lukrativen Beurkundung erzählt habe, bei der es um ein Geschäft mit Staaten in Nordafrika oder im Nahen Osten, entweder Israel oder Libyen, gegangen sei. Aber am Ende sei es nicht zu einer Beurkundung gekommen. Schließlich fiel ihr noch ein, dass dieses Geschäft auch zu tun hatte mit einem Freund ihres Mannes aus Pogeez. An den Namen dieses Freundes konnte sie sich nicht mehr erinnern, aber an sein schönes Anwesen an einem See. Einer der Ermittler fuhr mit ihr nach Pogeez, einem Dorf auf der Westseite des Großen Ratzeburger Sees, aber sie konnte das Haus nicht mehr wiederfinden. Beim Nachdenken kam sie aber auf ein anderes Detail: der wunderschöne Reibeputz im Flur der Villa. Dieser Reibeputz hätte ihrem Mann und ihr selbst so gut gefallen, dass sie entschieden, ihn von demselben Handwerksunternehmen in ihrem eigenen Haus in Mölln anbringen zu lassen. Es war dieser Reibeputz, welcher die Ermittlungen voranbrachte, denn der Handwerker konnte sich an den Eigentümer der Villa in Pogeez genau erinnern: Klaus Reeckmann.

Was nun geschah, gehört zu den Merkwürdigkeiten und Ungereimtheiten der Ermittlungen im Fall Barschel und rund um Molls Notariat. Während die Fahnder vielen toten Spuren nachgingen und auch wirre Hypothesen auf Wahrheitskerne hin überprüften, hakten sie den detektivisch erlangten Hinweis einfach ab: »Da eine Beurkundung nicht zustande gekommen sein soll«, heißt es in den Akten der Lübecker Staatsanwaltschaft, »scheinen weitere Ermittlungen nicht angezeigt.«[111] Dies war gleich ein doppelter Fehler, wie wir sehen werden – zum einen, was Reeckmann angeht, und zum anderen, was den Libyen-Deal betrifft.

Was die Ermittler nicht untersuchten und sicher auch nicht wissen konnten, bezieht sich auf ein weiteres Schlüsselgeschäft mit Libyen, das weit weg von Pogeez eingefädelt wurde. In Washington schienen sich die Kreise zu schließen. Dort kam eine Person zunehmend unter Druck, die mit dem US-Netzwerk von Werner Kaltefleiter – van Cleave, Pfaltzgraff, McMichael, Trager und Barnett – genauso in Verbindung stand wie sicherlich auch mit Oliver North: der leitende CIA-Beamte Ted Shackley. Bei diesem Teil der Geschichte ging es hinter den Kulissen möglicherweise um dasselbe Geschäft, mit dem auch Moll und Barschel zu tun hatten.

Der erst viel später entstandene Ermittlungsbericht des Leitenden Oberstaatsanwalts Heinrich Wille zum Todesermittlungsverfahren Uwe Barschel enthält auch Informationen über den Verkauf von Militärlastwagen an Libyen, ein Geschäft, das vom 3. bis zum 5. März 1976 in Stuttgart oder vom 2. bis zum 4. März 1977 in Rottach-Egern auf den Weg gebracht wurde.[112] Etwa zur gleichen Zeit, ebenfalls Mitte der 70er Jahre, begann ein in der Schweiz ansässiger Waffenhändler namens Georges Starckmann damit, Nachtsichtgeräte und Kanonen an Libyen zu liefern.[113] Der Deal lief über eine Firma in Spanien, die Atlantico mit Sitz in der Villanueva 29 in Madrid, die auch in Stasi-Unterlagen auftaucht. Dies wiederum deckt sich mit einer Information von Theodore Draper in seinem Buch über die Iran-Contra-Affäre[114]: Der frühere CIA-Agent Edwin P. Wilson – ein enger Freund von Shackley und dessen Geschäftspartnern Richard Secord und Thomas Clines – verkaufte Waffen an das Regime von Muammar al-Gaddafi. Er begann seine Operation ebenfalls Mitte der 70er Jahre.

CIA-Seilschaften

In seiner Shackley-Biografie *Blond Ghost* erläutert David Corn, ein Redakteur der Zeitschrift *The Nation*, wie sich die enge Beziehung zwischen Shackley und Wilson entwickelte. Was er ans Licht bringt, wirkt wie eine Farce. Allerdings drehten die Mitspieler ein viel größeres Rad, in das die Pogeez-Geschichte hineinpasst wie eine Speiche. Denn wenn es möglich war, CIA-gesponserte Universitätsseminare an Kieler Wissenschaftler auszulagern, die dem Geheimdienst verbunden waren, dann konnte man gewiss auch ein Notariat, das denselben politischen und geheimdienstlichen Hintergrund hatte, in den Waffenhandel von CIA-Subunternehmen einbeziehen.

Am 12. April 1977 berichtete die *Washington Post* auf ihrer Titelseite, der ehemalige CIA-Beamte Ed Wilson habe beim Mordanschlag auf Orlando Letelier die Zeitzünder für die Autobombe geliefert. Letelier war früher chilenischer Botschafter in den USA. Er war dann von Diktator Augusto Pinochet ausgebürgert und zusammen mit seiner Freundin im September 1976 in Washington ermordet worden. Daraufhin ordnete der von Präsident Jimmy Carter eingesetzte neue Direktor der Agency, Admiral Stansfield Turner, an herauszufinden, welche krummen Dinger dieser Wilson da drehte. Es stellte sich heraus, dass zwei leitende Geheimdienstleute zusammen mit Wilson möglicherweise in illegale Geschäfte verstrickt waren. Der eine war Tom Clines, ein hoher Beamter in einer Ausbildungseinheit, der andere Ted Shackley, der stellvertretende Chef der Abteilung Sonderoperationen (Associate Deputy Director for Operations ADDO). Shackley war im Mai 1976 auf diesen Posten gekommen – vier Monate nachdem Präsident Gerald Ford nach Richard Nixons Rücktritt George H.W. Bush zum CIA-Direktor ernannt hatte.[115]

Das meiste Geld machte Wilson im Waffenhandel. Sein wichtigster Kunde war der libysche Diktator Gaddafi. Wilson behauptete später, es sei der CIA-Mann Shackley gewesen, der ihm empfahl, nach Libyen zu gehen. Jedenfalls schloss Wilson Verträge mit dem Regime über die Lieferung von Uniformen, Munition, Zeitzündern und 20 Tonnen C-4-Plastiksprengstoff.[116]

Am 4. August 1976 traf Shackley den iranischen Geschäftsmann Albert Hakim zum Mittagessen. Wilson hatte das Treffen arrangiert. Der Iran mit seinen reichen Ölvorkommen war ein wichtiges Ziel für die CIA. Sie unterstützte die Diktatur des Schahs und seine Geheimpolizei SAVAK. Shackley wollte an genauere Informationen über die iranische Opposition herankommen und deshalb Hakim als Quelle aufbauen. Der aber war vor allem am Geld interessiert. Folglich, so Corn, »baute er eine Partnerschaft mit Ed Wilson auf, dem Spionage-Geschäftsmann«.[117] Wilson hatte im Dezember 1975 Frank Terpil getroffen – einen weiteren Ex-Agenten, der reich werden wollte. Terpil hatte über einen Cousin von Gaddafi persönliche Beziehungen nach Libyen. Er erklärte, er nutze alte CIA-Kontakte, um über eine Tochtergesellschaft von Hakims Firma Stanford Technology Corporation mit Überwachungsequipment zu handeln. Nun drängte Shackley darauf, Hakim in sein Secret Team aufzunehmen.

Dieses Secret Team war Shackleys ganz persönliche Seilschaft, eine »Boys Group« von Vertrauten aus dem geheimen Krieg in Laos, die es offiziell nie gegeben hat. Sie bestand unter anderen aus Shackley selbst, Tom Clines, Richard Secord, Ricardo Chavez, Rafael Quintero, Albert Hakim und Richard L. Armitage und legte zur Verschleierung ihrer Operationen mehrere Firmen und Untergesellschaften auf der ganzen Welt auf. Mit Hilfe all dieser Briefkastenfirmen wusch das Secret Team Hunderte Millionen von Dollar der geheimen Opium-Deals mit Vang Pao, der als antikommunistischer General in Laos eng mit der CIA zusammenarbeitete.

Zur gleichen Zeit begann die Zusammenarbeit von Wilson und Terpil. Sie schlossen einen Vertrag, der die Lieferung von Plastiksprengstoff und einer halben Million Zeitzünder an das libysche Regime vorsah. In einem anderen Fall suchte Wilson einen Killer und nutzte seine Kontakte zur Agency zur Talentsuche. Denn die Libyer wollten einen in Ägypten lebenden Oppositionellen aus dem Weg räumen lassen. So wurde der Kubaner Rafael Quintero, einer der besten alten Mitarbeiter der CIA-Niederlassung in Miami, nach Washington bestellt. Auf einem Vorstadtparkplatz in Virginia erläuterten ihm Wilson und Terpil seinen Auftrag. Der Kubaner war in dem Glauben, dies sei ein geplanter Mord im Auftrag von Langley, und willigte ein. Er heuerte für Wilsons Killerkommando zwei weitere Kubaner an, Raoul und Rafael Villaverde. Alle drei trafen Wilson und Terpil am 15. September 1976 in Genf, wo sie Näheres über die Reisevorbereitungen für Libyen erfuhren und ihnen eine Prämie von einer Million Dollar in Aussicht gestellt wurde. Den Villaverde-Brüdern war der Deal zu heiß. Auch Quintero wollte sich jetzt absichern und erstattete Clines Bericht. Der musste sich nun selbst schützen. Denn die Kubaner hätten auch anderen davon erzählen können, dass Wilson nicht vor Mord- und Sabotage-Deals für Libyen zurückschreckte. Wilson machte die geplante Mordaktion schließlich rückgängig, und Quintero setzte die Zusammenarbeit mit ihm fort.

Im Herbst 1976 erfuhr das FBI einiges von Wilsons Aktivitäten und bestellte Quintero, die Villaverde-Brüder, Clines und Shackley zur Vernehmung ein. Aber es wurde kein offizielles Ermittlungsverfahren eingeleitet, weil es Shackley offenbar gelang, alle Vorwürfe herunterzuspielen. Admiral Inman, der Chef des Marine-Nachrichtendienstes, kam Jahre später zu dem Schluss: »Die Leute, die da ermittelten, schienen mehr daran interessiert zu sein, eine Wagenburg um Shackley und Clines zu ziehen, als die Wahrheit herauszufinden.«[118] Aber Wilson konnte das alles nicht bremsen. Seit er im September 1976 mit dem Gesetz in Konflikt geraten war, hatte er Gaddafi mehr als 42 000 Pfund

Plastiksprengstoff verkauft und US Green Berets für die Ausbildung einer libyschen Kommandoeinheit angeworben. Außerdem gab er an Libyen Geheimdienstinformationen weiter, die er von einem Mitarbeiter der Defense Intelligence Agency (DIA) erhalten hatte. Dennoch entschied das Justizministerium im Dezember 1977, ihn strafrechtlich nicht zu belangen. Immerhin war Wilson kein Amtsträger der CIA mehr.

Die Wahl von Jimmy Carter zum Präsidenten im November 1976 stieß bei Shackley und seinen Freunden auf wenig Begeisterung. Carter, ein Demokrat aus Georgia, hatte im Wahlkampf versprochen, das Vertrauen der Menschen in die US-Regierung wieder zu stärken, und konzentrierte sich auf drei nationale Schandflecke: Watergate, Vietnam und die CIA. Die Wahl von Carter war zudem ein harter Schlag für Shackleys Aufstiegschancen, denn der neue Präsident ernannte am 9. März 1977 mit Admiral Stansfield Turner einen Außenseiter zum Chef der CIA. Turner leitete sofort eine Untersuchung aller verdeckten Operationen der CIA ein. Möglicherweise stieß er dabei auch auf Shackleys Secret Team. Jedenfalls setzte er im Februar 1978 Shackley als stellvertretenden Vizedirektor der Agency ab und machte ihn zum stellvertretenden Leiter der Aufklärungsabteilung – für ihn eine Degradierung: »Diese Versetzung«, so erinnert sich ein Kollege von Shackley, »war der Tod für Ted.«[119] Trotzdem hatte Shackley die Hoffnung noch nicht aufgegeben, er könne doch noch zum Direktor der CIA berufen werden, und er setzte auf eine Niederlage von Jimmy Carter bei den nächsten Präsidentschaftswahlen 1980. Mehrfach traf Shackley diskret mit George H.W. Bush während dessen Kampf um die Nominierung als Präsidentschaftskandidat der Republikaner zusammen. Zwar siegte schließlich Ronald Reagan bei den Vorwahlen. Er gewann aber die Unterstützung der CIA, indem er Bush zum Kandidaten für die Vizepräsidentschaft machte. Während des Präsidentschaftswahlkampfs, so berichtete Rafael Quintero, traf Shackley fast jede Woche mit Bush zusammen.[120] Seinem Freund Clines wurde klar, dass er unter Turner in der CIA nichts mehr werden konnte. Anfang 1978 kündigte er. Shackley hingegen hoffte weiter auf eine künftige Karriere. Aber die Beförderung kam und kam nicht. Im August 1979 verließ auch Shackley die CIA. Einen Monat später wurde er Berater bei API Distributors, einer von mehreren Firmen, die Clines nach seinem Ausscheiden aus dem Geheimdienst ein Jahr zuvor gegründet hatte – wiederum unterstützt von Wilson, der ein Startkapital von einer Million Dollar zur Verfügung stellte.

Obwohl Wilson der eigentliche Grund für das Karriereende von Shackley und Clines bei der CIA darstellte, war dessen Libyen-Abenteuer keine vollständige Pleite: »Beziehungen sind entstanden, Beziehungen, die Shackley, Secord, Clines und Hakim erst zu Profiten führen sollten – und dann in einen Skandal.«[121]

Uwe Barschel und die CIA

Kann das alles etwas zu tun haben mit dem Notariat von Barschel und Moll in Kiel? Gibt es dafür irgendeinen schriftlichen Beweis? Offensichtlich nicht. Niemand, der in der Grauzone von Geheimdiensten und privaten Waffenschieberfirmen unterwegs ist, würde solche Informationen weitergeben – allein schon aus Angst vor strafrechtlicher Verfolgung. Aber dennoch ist es sehr wahrscheinlich, dass es hier eine Verbindung gibt. Allein schon die zeitliche Übereinstimmung fällt ins Auge.

1976 bringt Ed Wilson ein Waffengeschäft mit Libyen auf den Weg, das drei Jahre später durch die Ermittlungen einer Anklage-Jury gestoppt wird. Gleichzeitig beginnt ein ähnliches Geschäft – Verkauf von Lkw – von Barschel und Moll, das ebenfalls 1979 scheitert. In beiden Fällen handelt es sich um Libyen-Geschäfte, und in beiden geht es um Militärausrüstung. Sowohl die Gruppe um Wilson und Shackley als auch das Team Barschel und Moll operierten in der Grauzone von Geheimdienstlern und Waffenschiebern. Shackley, Clines und Wilson müssen bei der Gründung und Leitung ihrer Briefkastenfirmen Helfer und Partner in anderen Ländern gehabt haben. Eine dieser Briefkastenfirmen – die Compagnie de Services Fiduciaria in der Schweiz – taucht in den Iran-Contra-Ermittlungsakten genauso auf wie in Unterlagen des Ministeriums für Staatssicherheit der DDR. Die Spur dieser Firma führt in die Schweiz und zu geheimen Waffengeschäften hinter dem Eisernen Vorhang nach Rostock. Dorthin – wie auch nach Genf und Zürich – unternahm Barschel zahlreiche heimliche Reisen, um – wie wir noch sehen werden – illegale Geschäfte einzufädeln.

Alle genannten und möglicherweise beteiligten Personen teilten konservative Überzeugungen und gehörten zu einem deutsch-amerikanischen Netzwerk, das Republikaner wie Reagan und Bush unterstützte und Demokraten wie Jimmy Carter ablehnte. Und wie wir gesehen haben, waren die Wege aus dem Weißen Haus zu Barschel und Moll sehr kurz. »Das hat schon etwas miteinander zu tun«, so Trutz

Graf Kerssenbrock, der frühere CDU-Landtagsabgeordnete, Obmann im Barschel-Pfeiffer-Untersuchungsausschuss und Anwalt von Barschels Fahrer Horst Rissmann, »man macht solche Geschäfte nicht, wenn man nicht auch mit Geheimdiensten zusammenarbeitet. Und BND und CIA werden es möglicherweise gewesen sein. CDU-Parteifreunde haben offen darüber gesprochen, dass Moll ein CIA-Kontaktmann gewesen ist. Und wenn man mit der CIA Kontakte hat und wenn man die Iran-Contra-Affäre in den USA berücksichtigt, dann werden möglicherweise Kontakte stattgefunden haben.«[122] Das letzte Glied in der Beweiskette fehlt – aber was mag näher gelegen haben, als Teile des Wilson-CIA-Deals an Barschel und Moll auszulagern?

Als Hans-Michael Moll im April 1986 an Krebs starb, hat ihn als einer der Letzten sein alter Parteifreund und Intimus Karl Dieckelmann im Krankenhaus besucht. Dieckelmann wusste, dass Moll hoch verschuldet war, und er fragte seinen Freund: »Was wird aus deiner Frau mit all diesen Schulden?« Einer eidesstattlichen Erklärung vom August 2007 und zwei voneinander unabhängigen Gesprächsnotizen beider Autoren zufolge hat Moll geantwortet: »Mach dir keine Sorgen. Die CIA wird sich darum kümmern!«[123]

Nun lichten sich die Nebel offenbar ein wenig, und wir können möglicherweise das ganze Bild überblicken: Werner Kaltefleiter – der Professor mit Kontakten zu BND und CIA; Ulrike Schumacher – die gleichermaßen enge Verbindungen hatte zur konservativen Elite in den USA und zu ihrem Studienkollegen und späteren Chef Uwe Barschel; Hans-Michael Moll – der Partner von Barschel, Kontaktmann zur CIA und Waffenhändler. »Es ist ganz eindeutig, dass Uwe Barschel Kontakte zur CIA hatte«, erklärte später Heinrich Wille, der Chefermittler des Todesfalles Barschel. »Dies haben wir im Rahmen unserer Ermittlungen feststellen können. Es wurde uns über das Landesamt für Verfassungsschutz mitgeteilt. Die CIA hat auch schriftlich bestätigt, dass es einen Kontakt gab. Sie hat behauptet, der Kontakt wäre beendet. Ob er wirklich wieder beendet wurde, weiß man nicht, weil sie ja auch nicht gesagt haben, warum sie diesen Kontakt hatten. Es ist also höchst unwahrscheinlich, dass er beendet wurde. Welcher Art diese Kontakte waren, ist uns unbekannt geblieben. Der BND hat damals die Unterstützung verweigert.«[124] Schon zu Beginn seiner Karriere war Uwe Barschel also in jenem Spinnennetz gefangen, in dem er später den Tod finden sollte.

Vor diesem Hintergrund erscheint Uwe Barschels plötzliches Verschwinden während der Informationsreise zur Parlamentarischen

Versammlung der NATO in San Francisco im Oktober 1985 in einem anderen Licht. Vielleicht wurde er von der Delegation fortgebracht zu einer geheimen Dienststelle der CIA für ein Briefing. Denn eine zentrale Schnittstelle für die Iran-Contra-Deals befand sich ebenfalls in Kalifornien, wenn auch 750 Kilometer entfernt.

Ari Ben-Menashe erinnert sich, dass die CIA in dem Indianerreservat Cabazon in Südkalifornien eine Tarnfirma unterhielt.[125] Es handelte sich um eine Niederlassung der Firma Wackenhut, einem Dienstleister der US-Sicherheitsbehörden und Geheimdienste. Seit 1981 wurden die Wackenhut-Büros weltweit als Tarnfirmen der CIA benutzt.[126] Der frühere CIA-Agent Philipp Agee hatte nicht den geringsten Zweifel, dass Wackenhut und die CIA Hand in Hand arbeiteten. William Corbet, viele Jahre CIA-Analyst und später Terrorexperte des Senders ABC, bestätigt: Wackenhut ermöglichte der CIA, Positionen in der Firma zu besetzen und so verdeckte Operationen durchzuführen. Besonders enge Kontakte existierten seit 1981, als der frühere Wackenhut-Anwalt William Casey CIA-Direktor wurde. Während der Amtszeit von Ronald Reagan stiegen die jährlichen Einnahmen der Firma aus Regierungsverträgen um 45 Prozent. Wackenhut war Vertragspartner der technischen Abteilung der CIA. 1981 bildete die Firma eine »Special Projects Division«: Diese Sondereinheit arbeitete eng mit dem CIA-Offizier John Phillip Nichols zusammen, der im Reservat Cabazon eine geheime Produktionsstätte für Sprengstoff, Giftgas, Halluzinogene und biologische Waffen betrieb. Wackenhut machte sich zunutze, dass Cabazon nicht der Justiz des Bundesstaates Kalifornien unterstand und die US-Bundesbehörden bei Spezialoperationen ein Auge zudrückten. So habe man, schreibt John Connolly, von hier aus das Boland-Amendment umgangen und Waffen an die Contras in Nicaragua geliefert.[127] Are Ben-Menashe berichtet, dass die Wackenhut-Niederlassung im Reservat den Zugang zum geheimen Kommunikationskanal »Promis« für das Netzwerk der Waffenhändler eingerichtet hat. Nur eine kleine Gruppe innerhalb der CIA war Ben-Menashe zufolge informiert, auch die NSA ließ man im Unklaren. Geleitet wurde diese Sondereinheit von Robert Gates, der 1991 zum CIA-Chef aufrückte. Damit waren lediglich eine kleine Gruppe in den USA und eine Spezialeinheit in Israel eingeweiht. Als Verbindungsmann zwischen den westlichen Diensten und jenen des Ostblocks fungierte der Geschäftsmann Robert Maxwell.[128]

Erhielt Barschel bei Wackenhut ein Briefing? Wurde er unter Aufsicht von Gates in den geheimen Kommunikationskanal eingewiesen?

Wurde er möglicherweise sogar von Gates geführt? Noch liegt der Grund für Barschels Verschwinden in San Francisco im Dunkeln. Aber wie wir noch sehen werden, gibt es Hinweise auf Verbindungen zwischen Gates und Barschel, genauso wie auf seine Einbindung in ein Netz von Schiebern und Waffenhändlern. Um mehr darüber zu erfahren, müssen wir zurückkehren zu dem wunderschönen Reibeputz in Klaus Reeckmanns Anwesen in Pogeez.

Barschel – ein Doppelleben

Dieser wunderbare Reibeputz, der Freya und Uwe Barschel so gut gefiel, dass sie sich entschlossen, ihn von derselben Handwerkerfirma auch in ihrem eigenen Haus in Mölln anbringen zu lassen, fand sich bei Barschels Geschäftspartner aus Pogeez. Er hätte die Ermittlungen ins Zentrum eines Netzwerks von Waffenschiebern und Embargohändlern führen können. Aber es gehört zu den Rätseln der Barschel-Affäre, dass die Staatsanwälte dem Hinweis keine Beachtung schenkten. Hätten sie die Ermittlungen an diesem Punkt vorwärtsgetrieben, dann hätten sie mehr über das gescheiterte Libyen-Geschäft einerseits und andererseits auch über die Rolle von Klaus Reeckmann im Embargohandel hinter dem Eisernen Vorhang herausfinden können. Des Weiteren wäre ihnen vielleicht aufgefallen, dass diese beiden Spuren zu einem viel weiter gespannten Netz von Waffenschiebern führten, das – neben anderen Ländern – die Bundesrepublik Deutschland und die DDR, Schweden, verschiedene arabische Staaten, Iran und Südafrika umfasste und das ein großes Munitionskartell aus Rüstungsschmieden, zahlreichen diskreten Bankkonten in der Schweiz sowie die mysteriöse Nugan Hand Bank in Australien einschloss.

Spuren in den Embargohandel

Die Biografie von Klaus Reeckmann führt direkt in die Grauzone zwischen Ost und West, wo damals westdeutsche Geschäftsleute halblegale oder komplett illegale Deals mit dem Arbeitsbereich Kommerzielle Koordinierung des DDR-Devisenbeschaffers Alexander Schalck-Golodkowski einfädelten. Reeckmanns Unternehmen hießen Multi-Transoceanic-Trade, Unischiff und Lüdex. Diese Firmen lieferten zum

Beispiel verschiedene westliche Waren zum Inter-Hotel Neptun in Rostock-Warnemünde.

Die *Spiegel*-Redakteure Markus Dettmer, Sven Röbel und Britta Sandberg haben eine frühere Mitarbeiterin von Reeckmann ausfindig gemacht. Sie konnte sich noch gut an einige Anrufe aus Barschels Büro erinnern, erfuhr aber nie, worum es ging.[129] Üblicherweise wurde dann die Bürotür sofort geschlossen. Aber ganz offenkundig schaffte es Reeckmann, mit seinen blockübergreifenden Embargogeschäften ein reicher Mann zu werden. Der Inoffizielle Mitarbeiter der Stasi mit dem Decknamen Tonio Kröger berichtete seinem Führungsoffizier: »Reeckmann protzte mit seinem Reichtum.« Tatsächlich besaß er drei repräsentative Anwesen und eine Sammlung teurer Kunstwerke.

Der lange geheim gestempelte Bericht der bündnisgrünen Abgeordneten Ingrid Köppe über die Ergebnisse des sogenannten Schalck-Untersuchungsausschusses des Bundestages brachte noch mehr über Reeckmanns Geschäfte ans Tageslicht. Lange Zeit war er Partner des Hamburger Geschäftsmannes Peter Lüdemann, der seinerseits Anteile an der Unischiff hielt. Lüdemann war zudem geheimer Informant des Ost-Berliner Ministeriums für Staatssicherheit und wurde vom Direktor des Forum Hotels am Alexanderplatz und Stasi-Major Karl Grossmann geführt: »Peter Lüdemann war von 1967 bis 1988 IM (Inoffizieller Mitarbeiter, d. A.) der HVA (Hauptverwaltung Aufklärung, d. A.) unter der Registrier-Nr. XV/454/68« und dem Decknamen »Kaufmann«.[130]

Reeckmann und Lüdemann handelten mit allem, womit man Geld machen konnte. Aus der DDR importierten sie Lübzer Bier und Werkzeugkisten aus Metall. Die Provisionen aus diesen Geschäften wurden teilweise über Briefkastenfirmen in Liechtenstein und der Schweiz gewaschen. Eine frühere Beschäftigte des Firmengeflechts, an dem Reeckmann Anteile hatte, erzählte dem *Spiegel*, ihr Chef habe mehrere Male illegal Elektroartikel nach Ostberlin geschmuggelt, die unter das Embargo fielen.[131] Nach dem Fall der Mauer ermittelte unter dem Aktenzeichen 2 Js 1378/92 die Staatsanwaltschaft Berlin gegen Lüdemann wegen Verstoßes gegen die Embargobestimmungen – und zwar durch die Lieferung von Hochleistungsrechnern des Modells Microvax III an eine Berliner Tochterfirma der Hauptverwaltung Aufklärung, die F.C. Gerlach. Es kam zwar nie zur Anklage. Aber die Spuren dieser Embargo-Deals im Hightech-Bereich über den Eisernen

Vorhang hinweg führen – wie wir sehen werden – wiederum zurück zu Uwe Barschel.

Der Bericht von Ingrid Köppe bietet noch viel genauere Informationen. So warnte ein hochrangiger Geheimdienstoffizier davor, dass Lüdemann gefährlich werden könne. Jemand, der in der Lage sei, solche Aufträge zu erledigen, könne dies nur getan haben mit Kenntnis und Billigung führender Kreise in der BRD. Daneben habe Lüdemann vermutlich in Zusammenarbeit mit dem Stasi-Obersten Karl Grossmann auch Waffen aus der DDR verschoben. Seine Geschäfte waren Quellen zufolge nur eine Masche, um verdeckten Waffenhandel zu tarnen. Denn: »Lüdemann handelt doch mit Waffen (…)«.[132] Was Lüdemann und einige andere betrifft, kommt Ingrid Köppe zu dem Schluss: »Besonders gravierende Versäumnisse bzw. Begünstigungen früherer KoKo-Seilschaften sind auffälligerweise bei den ehemaligen KoKo- bzw. SED-Parteifirmen festzustellen, über die die westdeutschen Geheimdienste in der Vergangenheit besonders gut unterrichtet waren.«[133]

Gegen Ende der 70er Jahre beteiligte sich Reeckmann an einem Geschäft über den Kauf von sechs DDR-Frachtschiffen des Typs MBC. Es handelte sich um einen Großauftrag im Volumen von mindestens 130 Millionen Mark. In Westdeutschland geriet dieses Geschäft in Verruf, denn die Werften in Hamburg und Kiel steckten in der Krise – die Auftragsbücher waren leer. Aber Reeckmann konnte sich auf seine exzellenten Verbindungen zur schleswig-holsteinischen CDU verlassen. Schließlich wohnten führende Christdemokraten mindestens zweien der sechs Stapelläufe auf der Werft Mathias Thesen in Wismar bei – darunter Landesjustizminister Karl Eduard Claussen und der Minister für Bundesangelegenheiten Henning Schwarz. Reeckmann, so Claussen, »ist ein erfolgreicher, einheimischer Geschäftsmann«, und »natürlich kannte Barschel ihn auch«.[134]

Ein anderer Christdemokrat aus dem Großherzogtum Lauenburg lässt sich mit dem Satz zitieren: »Gut möglich, dass Reeckmann für die CDU gespendet hat und dass Uwe Verträge für ihn beglaubigt hat.«[135] Reeckmann selbst wollte das nicht kommentieren und erklärte, dass er niemals Geschäfte mit Barschel gemacht habe, aber dass der als Notar möglicherweise einige Dinge beglaubigt habe, wie zum Beispiel Immobiliendeals.

Reeckmanns Geschäftspartner Peter Lüdemann stand auch in Verbindung mit einem weiteren Technologie- und Waffenschmuggler, mit Richard Müller, der in den frühen 80er Jahren von den US-Behörden als »Techno-Gangster Nr. 1« auf einer Liste international aktiver Embargohändler geführt wurde. In seiner Heimat Schleswig-Holstein war er bekannt als »Moneten-Müller«.[136] Im Juli 1989 verkaufte ihm Lüdemanns Sohn das Gut Marutendorf am Westensee bei Kiel für mehr als 19 Millionen Mark.[137] Richard Müller machte sein Geld mit dem hochprofitablen Schmuggel von Elektronikartikeln in die Sowjetunion.

In ihrem Abschlussbericht des Schalck-Untersuchungsausschusses widmet Ingrid Köppe Richard Müller ein eigenes Kapitel, in dem sie ihn als KoKo-Geschäftspartner schildert. Die Aktivitäten des Embargohändlers waren dem westdeutschen BND seit Jahren bekannt:

> »Richard Müller war einer der wichtigsten Embargo-Beschaffer für die Sowjetunion in den 70er und 80er Jahren. Nachdem eine illegale Lieferung von VAX–Rechnern beschlagnahmt worden war, setzte sich Müller im Dezember 1983/Anfang 1984 in die DDR ab. Auf Weisung Erich Mielkes (damals Minister für Staatssicherheit, d. A.), der wiederum von der sowjetischen Führung angewiesen worden war, besorgte Schalck Richard Müller ein Grundstück in Ostberlin und ließ für ihn ein Fabrikgebäude für 1,5 Mio. Schweizer Franken aus der Schweiz importieren. Von dieser Firma in Berlin-Pankow setzte Richard Müller seine Embargogeschäfte für die Sowjetunion, aber auch für Beschaffungsorgane der DDR fort. Über den Aufenthalt Richard Müllers in Ostberlin waren die bundesdeutschen Behörden spätestens seit (…) Anfang 1986 unterrichtet. Im Frühjahr 1989 kehrte Müller überraschend in die Bundesrepublik Deutschland zurück. Das Landgericht Lübeck verurteilte ihn am 26.6.1989 wegen Vergehens nach § 34 des Außenwirtschaftsgesetzes zu zwei Jahren auf Bewährung. Die Zusammenarbeit mit östlichen Nachrichtendiensten konnte das Landgericht Müller nicht nachweisen.«[138]

Verteidigt wurde Richard Müller in diesem Verfahren vom damaligen Bundestagsabgeordneten der Grünen und späteren Bundestagsabgeordneten der SPD, dem Rechtsanwalt Otto Schily. Wenn man Quellen aus der Stasi und den Ermittlungsakten der Staatsanwaltschaft Lübeck glauben darf, führt die Spur von Müller auch zurück zu dem illegalen Schmuggel von U-Boot-Technologie in den Apartheidstaat Südafrika. Und Andreas Förster zufolge hat Richard Müller VAX-Computer von der US-Firma Digital Equipment Corporation (DEC) an den sowjetischen Militärgeheimdienst GRU geliefert.[139] Vor Stasi-Leuten brüstete er sich mit seinen guten Kontakten zu DEC. Ende der 70er und Anfang der 80er Jahre hatte Uwe Barschels Bruder Eike eine hohe Position bei dieser Firma. Köppe bezeichnete in ihrem Bericht Digital Equipment als ein Unternehmen, das im Embargohandel tätig gewesen ist.[140]

Eine mysteriöse Maklerin

Diese Welt der halbseidenen Schieber, Embargohändler und geheimdienstlicher Verbindungsleute war das Milieu, in dem das Notariat von Uwe Barschel und Hans-Michael Moll tätig war. Deshalb ist es nicht überraschend, dass auch Moll Verbindungen zu Geschäftsleuten hatte, die hinter dem Eisernen Vorhang tätig waren – und schließlich darüber stolperte. Denn das Notariat geriet Mitte der 80er Jahre in den Fokus der Ermittlungsbehörden. Die Staatsanwälte gingen dem Verdacht illegaler Waffenschiebereien nach. Dazu kamen noch mysteriöse Deals von einer Geschäftspartnerin Molls, der Hamburger Industriemaklerin Gisela Dietrich, die exzellente Verbindungen zu Ostblock-Regierungen hatte. Von 1985 bis 1987 ging ein nichtöffentlich tagender Untersuchungsausschuss des Kieler Stadtrats der Frage nach, ob die Stadt Kiel beim Kauf eines Geländes der Werft HDW für 25 Millionen Mark einen überteuerten Preis bezahlt hatte. Als damaliger Wirtschaftsdezernent war – neben anderen – der Notar und Barschel-Partner Hans-Michael Moll verantwortlich für das Geschäft. Er wurde beschuldigt, die Industriemaklerin Gisela Dietrich eingeschaltet und den Stadtrat dabei übergangen zu haben. Dietrichs Beratungsfirma Industa war für HDW beim Grundstückskauf und bei der späteren Vermarktung tätig.

Die ersten Kontakte zwischen der Stadt Kiel und Gisela Dietrich reichen zurück bis zur Jahresmitte 1980. Zu dieser Zeit unterhielt sie auch ein ständiges Büro in Moskau. Am 29. November 1985 erklärte Moll vor dem Untersuchungsausschuss des Kieler Stadtrats: »Sie hat mir berichtet, dass sie eine eigene Niederlassung in Moskau unterhält und eine Menge großer Geschäfte für deutsche Unternehmen einfädelt ...« Aber Moll wusste noch weit mehr über Gisela Dietrich. Beispielsweise, dass sie vor dem Bau der Mauer aus der DDR in den Westen gegangen war:

»Ich stellte wegen ihrer geschäftlichen Aktivitäten persönliche Nachforschungen über diese Frau an. Denn ich hatte gehört, dass sie die Tochter des stellvertretenden Finanzministers der DDR war.«[141] Hier täuscht sich Moll allerdings: Der Stiefvater von Gisela Dietrich war im Außenministerium der DDR tätig.

Es war völlig klar, dass Gisela Dietrich westliches Know-how und Industrieprodukte in die sozialistischen Länder lieferte und im Gegenzug östliche Bestellungen für Westunternehmen entgegennahm. Zu dieser Zeit waren das heikle Geschäfte, denn aufgrund des NATO-Doppelbeschlusses sollte jeder militärisch verwertbare Technologietransfer tunlichst unterbleiben. Das Resultat dieser Kieler Provinzaffäre war, dass Hans-Michael Moll am 1. März 1985 zurücktrat – auf eigenen Wunsch, wie es hieß. Nach seinem Rücktritt, aber noch vor seinem Krebstod im April 1986 wurde bekannt: Das Notariat von Moll und Barschel hatte das Grundstücksgeschäft beglaubigt – ein Deal zum Nachteil der Stadt mit einer Partnerin, die auch Technologie-Geschäfte über die Blockgrenzen hinweg machte.

Die Zusammenarbeit mit der Industriemaklerin Gisela Dietrich war nicht der einzige bemerkenswerte Kontakt des Kieler Notariats. Embargogeschäfte hinter dem Eisernen Vorhang; eine gescheiterte Lieferung von Militär-Lkw nach Libyen; eine überraschende zeitliche Übereinstimmung mit dem gescheiterten Libyen-Deal des CIA-Schiebers Ed Wilson und seinen Freunden bei der Agency, möglicherweise nur verschiedene Teile von ein- und demselben Vorgang; ein Notariatschef mit augenscheinlich exzellenten geheimdienstlichen Verbindungen zu BND und CIA; ein junger Notar und aufstrebender CDU-Politiker, der offenbar von der CIA angeworben und in ein Netzwerk des US-Geheimdienstes eingeführt wird – das Notariat von Barschel und Moll am Kieler Sophienblatt war mehr als eine Provinzkanzlei mit einem überschaubaren regionalen Mandantenstamm. Hinter den Kulissen war das Team Barschel und Moll offenbar Teil einer weit verzweigten verdeckten Struktur, die bis heute undurchsichtig bleibt. Zeitzeugen geben wichtige Hinweise auf Machenschaften, die noch über halbseidene innerdeutsche Geschäfte und gescheiterte Lkw-Lieferungen an Diktatoren wie Gaddafi hinausgehen.

Barschel – ein Aufsteiger

Hannelore und Rudolf Asmus, ein Journalistenehepaar aus Kiel, haben beide ein Arbeitsleben lang über Landespolitik berichtet und dabei die Barschel-Ära genau beobachtet. Im Jahre 2007 teilten sie uns interessante Beobachtungen mit, die erklären können, was Uwe Barschel in diese dunklen Geschäfte trieb. So erinnert sich Rudolf Asmus:

»Barschel war ein unsteter Ehrgeizling. Als Kind ist er gegen Ende des Zweiten Weltkrieges mit der Mutter aus dem zerbombten Berlin geflohen und hat dann in Schleswig-Holstein schnell Karriere gemacht. Er ist das Produkt einer überzogenen frühreifen politischen Parteilichkeit gewesen. Wir wurden hellhörig, als er als Gymnasiast in Geesthacht zum Schulsprecher kandidierte und einen Konkurrenten mit der Behauptung ausbootete, er sei schwul. Das war eine üble Verleumdung. Barschel wurde Schulsprecher. Dann lud er den früheren Oberbefehlshaber der Nazi-Kriegsmarine und Hitlers Nachfolger Großadmiral Karl Dönitz zu einem Vortrag am Gymnasium ein. Als dies bekannt wurde, nahm sich der Schulleiter das Leben. Das alles zeigt die unausgereifte Persönlichkeit von Barschel.«[142]

Rudolf Asmus meint, dass sich dies in Barschels Politikerleben fortsetzte und zu einer gespaltenen Persönlichkeit führte:

»Er schaute immer auf Karriere nach oben. Er wollte unbedingt etwas darstellen und sich möglicherweise beim deutschen Adel einnisten. Er hing plakativ raus, dass er mit einer Bismarckschen verheiratet war und dass er ein sehr gutes Familienleben führte. Das war ihm sehr wichtig. Den Hintergrund hat er nie preisgegeben: dass er als Fraktionsvorsitzender noch als Anwalt gearbeitet hat. Es ist nie durchgedrungen, was dabei an Waffengeschäften gelaufen ist. Barschel hat ein Doppelleben geführt. Aber nach außen war es das Leben eines CDU-Karrieremannes, der zum Adel strebte.«

Hannelore Asmus ergänzt:

»Ich habe vor seiner Zeit als Regierungschef, also vor 1987, teilgenommen an einer Journalistenreise mit ihm nach Helgoland. Dort fiel mir auf, dass er beim Gespräch mit dem Bürgermeister total abwesend war. Ich dachte: Was ist mit dem Mann los? Möglicherweise hat er damals schon Psychopharmaka genommen. Eine andere Erklärung gibt es nicht. (…) Zu Beginn seiner Karriere war er sympathisch und fröhlich. Aber zwischen 1984 und 1987 hat er sich total verändert. Er war zweischneidig: einerseits ein sympathischer junger Mann, andererseits ein Ekel zu seinen Fahrern oder zu seiner Frau. (…) Auf der einen Seite war er ein kluger Mann, auf der anderen Seite hatte er Komplexe und ein schmales Selbstwertgefühl. Er war auch ein Taktiker, der seine Karriere verfolgt, vielleicht ein Ehrgeiz, der aus seiner Kindheit erwuchs. Er wollte unbedingt etwas werden und zu den oberen Zehntausend gehören. Die Heirat mit Freya von Bismarck war auch Taktik. Er wollte zum Adel gehören. Die vier Kinder, das gehörte auch zu diesem Bild dazu. Diese Eitelkeit und dieser Stolz, er wollte eben der große Mann sein, der alles im Griff hat. Vielleicht hat er auch unter finanziellem Druck gestanden. Er wollte ganz nach oben und war dabei rücksichtslos. (…) Ja, er hatte schon ein Doppelleben.«

Hannelore und Rudolf Asmus charakterisieren Barschel als einen Mann mit zwei Gesichtern: einerseits einnehmend und charmant, andererseits getrieben von brennendem Ehrgeiz. Darüber hinaus wissen sie zu berichten, dass Barschel Schwierigkeiten hatte, seinen repräsentativen Lebensstandard zu finanzieren: »Ich kann nur sagen, dass Barschel auch Geld brauchte. Und bei Rüstungsgeschäften sind nun mal 15 bis 25 Prozent Profit drin. Da gibt es Millionen an Vermittlungsprovisionen. Es war klar, dass Barschel dringend Geld brauchte. Denn er hatte das Anwesen in Mölln gekauft, er musste Hypotheken begleichen. Nach dem Tod seines Partners Moll mussten andere abgefunden werden. Sicher brauchte Barschel mehrere hunderttausend Mark.«

Beide erinnern sich zudem an Hinweise auf ein Treffen von Waffenhändlern im Gästehaus der Landesregierung in Salzau: »Natürlich vermuteten wir schon damals, dass er auch in Waffengeschäfte verstrickt war. Barschel war oft in der DDR. Auch sein Kompagnon Moll war in der DDR. Daneben erreichte uns die Information, dass am 26. Juni 1986 in Salzau ein Waffenschiebertreffen stattgefunden hat. Ein Augenzeuge hat mir berichtet, dass ein Fesselballon dort gelandet ist. Die Insassen sind ausgestiegen und wurden sofort von Wachleuten umringt. Ausweise wurden verlangt. Mir wurde berichtet, dass es sich um ein Treffen von Waffenhändlern gehandelt habe.« Der genaue Charakter dieses geheimnisvollen Treffens ist bis heute nicht geklärt.

Kontakte zu Adnan Kashoggi

Beobachter sprechen von einer Vielzahl schillernder Gestalten, zu denen die Notare in der norddeutschen Provinz beste Verbindungen pflegten. Dazu zählte auch der legendäre Milliardär und Waffenhändler Adnan Kashoggi, einer der zentralen Vermittler von Waffengeschäften in der Iran-Contra-Affäre. Zwar erscheint die Verbindung von profaner norddeutscher Bodenständigkeit und der sagenumwobenen Welt dubioser Geschäfte und unendlichen Reichtums recht abenteuerlich. Doch zahlreiche Hinweise auf Kontakte zwischen Barschel und Kashoggi gibt es sehr wohl.

Der Kieler Anwalt und Notar Trutz Graf Kerssenbrock, ein Parteifreund von Barschel und Moll, erinnert sich: »Ich habe gehört, dass Herr Kashoggi hier im Lande gewesen ist. Das weiß ich, das ist damals gesagt worden. Dies steht auch in Verbindung mit Rüstungsgeschäften im Zusammenhang mit den kriegerischen Auseinandersetzungen zwischen Iran und Irak. Selbst gesehen habe ich ihn nicht. Aber ich weiß, dass er da gewesen sein soll.«[143] Rudolf Asmus präzisiert: »Von einem Mitglied des CDU-Landesvorstandes habe ich gehört, dass Barschel bei Kashoggi in Marbella gewesen ist. Das ist also der europäische Waffenhandelstreffpunkt durch Jahrzehnte gewesen. Dort sei Barschel gewesen und dort habe man Einzelheiten zu Waffengeschäften besprochen.« Hannelore Asmus ergänzt: »Barschel, das weiß ich auch, ist bei Kashoggi zu Gast gewesen. Bei Kashoggi in Marbella. Da hat Barschel mit seiner Familie oft Urlaub gemacht. Er war eingeladen von Kashoggi und hat bei ihm Urlaub gemacht.«[144] Wie wir noch sehen werden, beschränken sich die Belege auf eine Verbindung zwischen Barschel und Kashoggi nicht nur auf das Kieler Umfeld. Auch die Angaben des früheren iranischen Regierungschefs Abolhassan Banisadr[145], des ehemaligen Waffenhändlers Josef Messerer[146] und des Genfer Privatdetektivs Jean-Jacques Griessen, der im Auftrag von Eike Barschel den Fall untersuchte, belegen den Kontakt.[147] In Berichten rund um Barschels Tod in Genf taucht der Name des Milliardärs und Waffenhändlers immer wieder auf.

Adnan Kashoggi ist 1935 in Saudi-Arabien geboren und kam mit 18 Jahren erstmals in die USA. Dort studierte er zunächst an der California State University in Chico und wechselte später zur Stanford University. Seine Studienzeit nutzte er, um einen schwunghaften Handel mit Lkw aufzubauen. Dafür kaufte er amerikanische Kenworth-Lastwagen und verkaufte sie an Kunden in Saudi-Arabien. Später kehrte er in sein Herkunftsland zurück und etablierte ein Geschäftsfeld als Vermittler: Er war tätig als Handelsvertreter und Agent ausländischer Unternehmen und diente dabei sowohl dem Regime als auch sich selbst. Als dann das Ölgeschäft mehr Geld in die saudischen Staatskassen zu schaufeln begann, stieg er in den Waffenhandel ein und wurde damit reich. Der mittlerweile verstorbene Historiker und Sachbuchautor Theodore Draper beschrieb ihn so:

»Wenn Kashoggi nicht der reichste Mann der Welt war, so lebte er, als ob er es wäre. Er war zuhause – oder besser gesagt residierte – an einem Dutzend verschiedener Wohnsitze in New York, Cannes, Paris, Rom, Monte Carlo, Beirut, Riad, Dschidda, auf den Kanaren und im spanischen Marbella. (…) Aber Kashoggi sehnte sich nach weit mehr. Wenn man einem Amerikaner, der für ihn arbeitete, Glauben schenken darf, so mochte es Kashoggi gar nicht, als Waffenhändler bezeichnet zu werden. Das brachte ihn in Rage. Er wollte – genauso wie sein Bruder – anerkannt sein als Makler, Kaufmann und internationaler Geschäftsmann. Immerzu strebte er danach, respektiert zu werden als ein Staatsmann des Handels.«[148]

Als eine solche Persönlichkeit stieg Kashoggi in die Iran-Contra-Affäre ein. Genau diese Welt war es, die Barschel in seiner Kindheit vermisste und in die sich der junge Kieler Karrierist hineinsehnte: die Welt der Schönen, Reichen und Mächtigen.

Es war eine Welt, zu der sich auch zwei andere Figuren Zugang zu verschaffen wussten: die beiden Waffenhändler und CIA-Informanten Cyrus Hashemi und Manucher Ghorbanifar. Zwar ist hier zwischen ihnen und Uwe Barschel kein Kontakt nachweisbar. Aber alle drei – Kashoggi, Hashemi und Ghorbanifar – charakterisierte Theodore Draper als die zentralen Vermittler in der Iran-Contra-Affäre.[149]

Heimliche Reisen hinter den Eisernen Vorhang

Ab Anfang der 80er Jahre entfaltete Uwe Barschel eine heftige Reisetätigkeit – nach Genf, Zürich, Hamburg und insbesondere hinter den Eisernen Vorhang, in die DDR und die ČSSR. Vom 3. bis zum 8. März 1981 begab er sich auf eine offizielle Besuchsreise in die DDR, bei der er Magdeburg und Halle besuchte. Vom 11. bis zum 16. Mai reiste er in den DDR-Bezirk Rostock, und vom 1. bis zum 4. Juni 1982 besuchte er mit einer weiteren offiziellen Delegation die Bezirke Magdeburg, Leipzig, Erfurt und Halle.[150] Irgendwann zwischen dem 18. Oktober und 1. Dezember 1982 begab er sich auf eine geheime Reise nach Rostock. Am 17. Januar 1983 reiste er nach Zürich. Den Akten des Todesermittlungsverfahrens der Lübecker Staatsanwaltschaft zufolge machte er dann am 30. Januar 1983 eine Tagestour in die

DDR.[151] Am 13. Juni 1983 war er wieder in Zürich. Am 11. Juli flog er erneut nach Zürich. An diesem Tag soll er – so schreibt der ehemalige MfS-Major Eckardt Nickol – im Genfer Hotel de la Paix Heinz-Dietrich Leiser, der »als Agent für den Mossad arbeitet«, und Hans J. Siegwart, einen Treuhänder, getroffen haben. Nickol gibt als Quelle Siegwart an. Leiser bestreitet ein solches Treffen. Am 23. August hielt sich Barschel wieder in Zürich auf. Am 30. August 1983 traf er erneut den Treuhänder Siegwart, dieses Mal im Genfer Hotel Noga Hilton.[152] Am 2. September 1983 war er wieder zurück in Zürich. Vom 8. bis zum 10. September befand sich Barschel wieder auf geheimer Mission in der DDR[153] und besuchte Rostock, wo er im Hotel Neptun auf das Zimmer 1624/25 gebucht war, sowie Schwerin, Potsdam und Ostberlin. Am 20. September 1983 war Barschel schon wieder in der DDR. Am 10. und am 15. Dezember 1983 folgte wieder eine Reise nach Zürich. Vom 24. bis zum 28. April 1984 besuchte Barschel Dresden, Karl-Marx-Stadt, Jena und Ostberlin. Im Mai 1984 traf er offenbar in Dierhagen den DDR-Devisenbeschaffer Alexander Schalck-Golodkowski. Ende Juli 1984 befand sich Barschel nach Aussage der Kellnerin Silvia Ritz wieder im Hotel Neptun in Rostock. Am 15., 16. und 30. September 1984 und am 1. Oktober 1984 machte Barschel eine Transitreise durch die DDR über Zarrentin und Staaken. Vom 22. Februar bis zum 15. März 1987 hielt er sich in Pistany in der CSSR auf.

Was steckt hinter dieser für einen Ministerpräsidenten ungewöhnlichen Reisetätigkeit? Darauf gehen wir weiter unten noch ein. Hier geht es zunächst darum, Barschels Pendelbewegung zwischen der Schweiz und der DDR zu dokumentieren.

In diesem Zusammenhang erscheint es als bedeutsam, dass die Steuerfahndung Lübeck am 13. Februar 1995 die Staatsanwaltschaft von einer anonymen Steueranzeige aus dem Jahr 1988 unterrichtete. Darin wird behauptet, Barschel habe Konten in der Schweiz und Österreich unterhalten: »Auf einem Schweizer Konto sollten sich 1,3 Millionen Schweizer Franken befunden haben, auf verschiedenen österreichischen Konten insgesamt etwa 2 Millionen Schilling.«[154] Allerdings gab der Zürcher Vermögensverwalter Beat L. in seiner Vernehmung an, Barschel nicht zu kennen. Das Schweizer Bankgeheimnis machte eine Überprüfung der Hinweise unmöglich. Die Ermittlungen blieben ergebnislos. Dennoch nährt dies alles den Verdacht, dass Barschel möglicherweise als eine Art Treuhänder oder Vermittler gehandelt hat, der sich zwischen Ware und Geld hin- und herbewegte. So wird auch der Kontakt zwischen dem Notar Barschel und dem saudischen Waffenhändler Adnan Kashoggi plausibel, der in der Iran-Contra-Affäre eine vergleichbare Rolle spielte:

»Die Aufgabe von Kashoggi war es, die israelisch/iranischen Deals zu finanzieren. Die war deshalb erforderlich, weil weder die Israelis noch die Iraner einander trauten. (…) Die Israelis gaben Kashoggi die Nummer eines Bankkontos, wo das Geld für die Waffen hinterlegt werden sollte, und Kashoggi zahlte ein. Dann setzten die Israelis die Lieferung in Gang. Ghorbanifar gab Kashoggi eine Ermächtigung für einen Kredit, der nach Lieferung und Überprüfung der Ware im Iran ausbezahlt wurde. Kashoggi war schlicht der Treuhänder, der gewillt war, beiden Parteien zu vertrauen.«[155]

Noch eine Spur führt nach Hamburg – wenn auch nicht direkt zu Uwe Barschel. Sie nimmt ihren Ursprung weitab von Deutschland in Australien. In Sydney gründen 1973 der australische Rechtsanwalt Francis »Frank« Nugan und der frühere Angehörige der US-Armee Michael »Mike« Hand die Nugan Hand Bank. Schon wenige Jahre später, 1980, ging sie in die Insolvenz. Frank Nugan wurde im Juni 1980 in seinem Mercedes in der Nähe von Lithgow, New South Wales, tot aufgefunden, erschossen mit einem Gewehr Kaliber .30. Nugan's Mitgründer Michael Hand verschwand mit Einlagen in Milliardenhöhe spurlos, nachdem er Ende Juni 1980 Wohnsitz und Büro seines Partners durchsucht und eine Menge Dokumente der Bank geschreddert hatte. Jahre später tauchte er unter einer neuen Identität wieder auf. Reporter machten ihn in dem Städtchen Idaho Falls, Idaho, ausfindig, wo er unter dem Namen Michael Jon Fuller friedlich seinen Lebensabend genoss.[156] Drogenermittler der australischen Polizei fassten 1983 in einem Bericht ihre Ermittlungen zusammen. Darin wird festgestellt, dass die Nugan Hand Bank als Tarnfirma der CIA fungiert und zur Finanzierung des Krieges in Laos Drogengelder gewaschen hat. Offenbar wurde die Bank genutzt, um Geld für Geheimoperationen rund um den Globus zu verschieben.[157] Dazu diente auch eine Niederlassung in Hamburg. Dort hatte die Nugan Hand in den späten 70ern die kleine, aber in Deutschland lizensierte F. A. Neubauer Bank gekauft. Nugan Hand machte bekannt, so der Washingtoner Journalist Jonathan Kwitny, dass die Bank mit Sitz in Hamburg »eine neue Sorte von internationalen Anlagen-Zertifikaten für den weltweiten Verkauf anbieten wolle, die durch den deutschen Einlagensicherungsfonds besichert seien«[158]. Noch im Herbst 1978 schickte Hand seinen Mitarbeiter Bernie Houghton nach Hamburg. Dort sollte er die Geschäftstätigkeit der F. A. Neubauer Bank überprüfen. Houghton wandte ein, »dass er weder Deutsch spreche noch das Bankgeschäft in Deutschland kenne«, aber Hand habe ihm gesagt, »dass mein logisches Denkvermögen und meine Urteilskraft genau das seien, was er wolle«[159].

Eine Anfrage bei der BaFin erbrachte kein Ergebnis: Offiziell existieren keine Aufzeichnungen zu dieser Bank. Allerdings ist belegt, dass auch der BND Schattenunternehmen gezielt zu Spionagezwecken gründete und für geheimdienstliche Operationen einsetzte. Insbesondere Banken wurden als Vehikel benutzt.[160] Dies nährt den Verdacht, dass der Firmenmantel der F. A. Neubauer Bank in Hamburg als Scheinfirma der CIA – oder des BND – benutzt und eine geheimdienstliche Operation anschließend vertuscht worden ist, möglicherweise als Teil einer umfassenderen Reinigungsaktion. Hinter der Nugan Hand Bank steckten, wenn man der eidesstattlichen Erklärung des linken Bürgerrechtsanwalts Daniel P. Sheehan glauben darf, Ted Shackley und sein Secret Team.[161] Auch wenn keine Verbindung zum Notariat Barschel-Moll erkennbar ist – die Nugan-Hand-Tochter in Hamburg zeigt doch, dass auch über Deutschland Geldwäsche und die Finanzierung von Geheimoperationen abgewickelt wurden.

Waffen gegen Geiseln

Etwa zur Zeit der verschärften Reisetätigkeit Barschels sprach sich in Washingtoner Regierungskreisen herum, dass das iranische Regime versuchte, TOW-Raketen zu kaufen – eine Information, die ausgerechnet von dem früheren CIA-Beamten Ted Shackley kam. »Die Iraner wollten diese Waffe, eine elektronisch gesteuerte Panzerabwehrrakete, unbedingt in die Hände bekommen«, so Ari Ben-Menashe. »Sie wussten: Die einzige Möglichkeit, die über die Grenze rollenden Wellen irakischer Panzer russischer Produktion zu stoppen, waren die TOWs. Israel hatte 4000 TOWs auf Lager, und sie wurden alt. Die Lieferung von Ersatzteilen sollte in zwei Jahren, 1985, auslaufen.«[162] Israel lieferte zunächst direkt mit einem Schiff unter liberianischer Flagge nach Bandar Abbas, mit ausdrücklicher Erlaubnis von Robert Gates, damals als

Deputy Director of Intelligence einer der führenden CIA-Leute und Vertrauter von George H. W. Bush. Das Schwarzgeld floss über europäische Konten.

Der britische Waffenhändler Michael Aspin arrangierte daraufhin im November 1984 in Hamburg ein Treffen zwischen Oliver North und einem seiner Kollegen: einem anderen Briten indischen Ursprungs namens Ben Banerjee. Es ging um den Verkauf von 1 250 TOW-Raketen im Gegenzug für die Lieferung von jugoslawischen und polnischen Waffen an die nicaraguanischen Contras. Nach seiner Verhaftung erklärte Aspin vor Gericht, er habe für zwei US-Geheimdienstler gearbeitet: Gary S. Howard und Ted Shackley. Er habe nur gemacht, was ihm die beiden befohlen hätten, und im Auftrag der Amerikaner gehandelt. Später bestätigte sein im selben Geschäftsmilieu tätiger Bruder Leslie gegenüber der Iran-Contra-Untersuchungskommission dessen Angaben und ergänzte, CIA-Chef William Casey selbst habe ihn um Unterstützung beim Verkauf der TOW im Austausch mit Geiseln gebeten.[163] Wieder tauchen hier die CIA-Spitze sowie der Ex-Agent Ted Shackley als inoffizieller Bevollmächtigter der CIA auf – und wie wir noch sehen werden, gibt es Hinweise, dass Uwe Barschel in die illegalen Geschäfte mit den TOW-Raketen eingebunden war.

Am 16. März 1984 wurde William F. Buckley, ein diplomatischer Mitarbeiter der US-Botschaft in Beirut und in Wahrheit Leiter der CIA-Außenstelle, von der Hisbollah entführt, einer fundamentalistisch-schiitischen Organisation mit engen Verbindungen zum Khomeini-Regime. Es gibt Belege dafür, dass William Casey, der neue Direktor der CIA, Shackley um Hilfe bat beim Versuch, die Freilassung von Buckley zu erreichen. Beide, Shackley und Buckley, waren alte Kameraden aus gemeinsamer Vietnam-Zeit, wo sie beim Phoenix-Programm und möglicherweise auch im Secret Team zusammengearbeitet hatten. Drei Wochen nach dem Verschwinden von Buckley unterzeichnete Präsident Reagan die von Oliver North aufgesetzte National Security Decision Directive 138: einen Plan, wie die Freilassung der US-Geiseln und zugleich eine »Neutralisierung« der terroristischen Bedrohung in Ländern wie Nicaragua erreicht werden könnte. Eine neue Anti-Terror-Arbeitsgruppe sollte von Shackleys altem Freund Richard Secord, einem pensionierten Generalmajor der Luftwaffe und nunmehrigen Pentagon-Berater, geleitet werden – ein weiterer Schritt in Richtung Iran-Contra-Affäre.

Mitte 1984 flog Shackley nach Los Angeles, wo er eine vielversprechende Quelle treffen wollte: Manucher Hashemi, den schon erwähnten früheren Chef der Spionageabwehr des SAVAK. Hashemi gab später an, Shackley habe sich vorgestellt als ein früherer CIA-Mitarbeiter, der nun als Kaufmann und Geheimdienstberater von Vizepräsident George H.W. Bush tätig war. Er erinnert sich, dass Shackley hoffte, durch ihn Zugang zu Vertretern des Iran zu bekommen, und behauptet habe, die amerikanische Seite strebe bessere Beziehungen zu Teheran an. Auch wenn Shackley später das Gegenteil behauptete, hatte Hashemi den Eindruck, dass sein Gesprächspartner mehr vertrat als nur seine eigene Firma. Beide kamen offenbar gut miteinander klar. Nach dem Treffen in Los Angeles rief Hashemi Shackleys Mitarbeiter Razmara an und berichtete, dass er nun den richtigen Ansprechpartner für Shackley ausgemacht habe, einen über die politische Lage in Teheran bestens informierten Mann. Sie verabredeten eine Zusammenkunft in Hamburg.[164]

Diskrete Treffen im Hotel Vier Jahreszeiten

Am Abend des 19. November 1984 kamen Shackley und Razmara in dem vornehmen Hotel Vier Jahreszeiten in Hamburg an. Shackley, so David Corn, »rief einen Regierungsvertreter an, den er in Hamburg kannte, und fragte, ob irgendwelche bekannten Iraner in der Stadt seien. Shackleys Freund überprüfte dies und berichtete, dass keine erwähnenswerten Iraner zugegen seien.«[165] Am nächsten Morgen traf sich Shackley dann erneut mit Hashemi, der ihn zusammenbrachte mit Manucher Ghorbanifar, eingeführt als Präsident der Bylex Trading Company in Paris. Ghorbanifar erklärte später, Shackley sei aufgetreten als »sehr enger« Mitarbeiter von Bush und habe durchblicken lassen, er werde möglicherweise der nächste CIA-Direktor.

Noch am selben Tag trafen sich Shackley und Ghorbanifar dreimal. Bei der zweiten Zusammenkunft stießen zwei weitere Vertreter des Iran dazu, darunter Dr. Ali Shahabadi, Chef der iranischen Handelsvertretung in Hamburg und angeblich ein Freund von Adnan Kashoggi. Shackley erzählte später den Ermittlern des Kongresses, dass er einfach deshalb nach Hamburg gereist war, weil er mit Iranern in Kontakt kommen wollte, die ihm Insider-Informationen über den Iran-Irak-Krieg liefern konnten. Aber Hashemi erinnert sich anders. Er behauptet, Shackley sei aufgetreten, als ob er in offiziellem Auftrag gekommen sei. Er habe mit den Iranern genauso über eine Erneuerung diplomatischer

Beziehungen zwischen Washington und Teheran diskutiert wie über die Auslieferung von Waffen, die der Schah bestellt und die Washington nach dessen Sturz zurückgehalten hatte. Als das Treffen bekannt wurde, erwähnten ehemalige CIA-Mitarbeiter, Shackley sei in inoffizieller Mission für die Agency nach Hamburg geschickt worden, um die Aussichten für die Freilassung von William Buckley zu untersuchen – eine Freilassung, die nie erfolgte; vielmehr starb Buckley ein gutes halbes Jahr später in der Gewalt der Hisbollah. Shackley selbst bestreitet die Version seiner ehemaligen Kollegen.

Aber wenn Shackley so tat, er sei mehr als ein privater Nachrichtenhändler, dann war dies genau das, was Ghorbanifar hören wollte. Er bot sich selbst als Vermittler an, der helfen könnte, einen Lösegeld-Deal für vier amerikanische Geiseln im Libanon zu verschleiern, und machte darauf aufmerksam, dass Teheran daran interessiert sei, TOW-Panzerabwehrraketen zu kaufen. Für Ghorbanifar lag ein Geschäft in der Luft, und bei diesem Treffen in Hamburg am 20. November 1984 tauchten erstmals die zentralen Themen auf, die ihm nützten und die Amerikaner im Kontakt mit ihm zwei Jahre lang interessierten: ein möglicher sowjetischer Einfluss auf den Iran, die Hinweise auf moderate iranische Kräfte, der Verkauf von US-Raketen an Teheran und das Lösegeld für amerikanische Geiseln. In Hamburg wurde die Idee geboren, Geiseln gegen Waffen zu tauschen. Ghorbanifar erwartete abschließend eine Antwort bezüglich des Lösegeld-Deals bis zum 7. Dezember.

David Corn schreibt, Shackley habe Hamburg am nächsten Tag verlassen und sofort nach seiner Rückkehr in die USA eine Mitteilung an Generalleutnant Vernon Walters, Reagans Sonderbotschafter und Troubleshooter, geschickt, um Ghorbanifar für entsprechende Vermittlungsdienste zu empfehlen.[166] Aber am 11. Dezember 1984 teilte das Außenministerium Shackley mit, man sei nicht interessiert.[167] Folgt man jedoch dem Untersuchungsbericht von Lawrence Walsh, so veranlasste Ende 1984 Richard Secord, der Waffenverkaufsberater des Pentagon, direkt den Ankauf von Waffen aus dem Sowjetblock, in einem Fall sogar den Erwerb einer ganzen Schiffsladung aus China, die an den Iran gehen sollte.

Es gibt keinen eindeutigen Beleg dafür, dass Barschel mit dem Treffen im November 1984 in Hamburg von Shackley und Razmira auf der einen Seite und den Vermittlern Manucher Hashemi, Ali Shahabadi und Manucher Ghorbanifar auf der anderen Seite etwas zu tun gehabt hat. Aber das Figurenarsenal gibt reichlich Stoff für begründete Mutmaßungen. Der frühere SAVAK-General Manucher Ghorbanifar, vor 1979 möglicherweise zugleich auch ein Aktivposten für den israelischen Geheimdienst, lebte inzwischen mit Frau und Kindern in Hamburg und war als Teppichimporteur tätig. Er war der CIA aufgrund eines Hinweises eines europäischen Dienstes wohlbekannt. In Hamburg hatte er, wie wir sehen werden, auch die Bekanntschaft von Adnan Kashoggi gemacht. Ali Shahabadi war Chef der iranischen Handelsvertretung in Hamburg und mit Kashoggi befreundet, der wiederum Verbindungen zu Barschel hatte. Manucher Hashemi, auch er ein früherer SAVAK-General, hatte schon im Iran mit Shackleys Mitarbeiter Razmara zusammengearbeitet und lebte nun in London.

Wie wir gesehen haben, hatte das Notariat von Barschel und Moll enge Verbindungen zu CIA und BND. Insbesondere war Barschel Teil eines Netzwerks mit CIA-Kontakten. Dies macht es möglich, dass er von dem Treffen Kenntnis hatte. Weiter ist bemerkenswert, dass Barschels Kalender zahlreiche Hinweise auf Treffen im Hotel Vier Jahreszeiten enthält – beispielsweise am 19. Januar 1985 um 11 Uhr vormittags oder am 25. November 1985 um drei Uhr nachmittags[168], wobei Angaben zu Gesprächspartnern und Anlässen fehlen: »Wiederholt fuhr er zu Treffen im Hotel Vier Jahreszeiten in Hamburg – niemand wusste, mit wem.«[169]

Zahlreiche Fragen stellen sich hier. Wer war der Regierungsvertreter, den Shackley am Abend des 19. November 1984 angerufen hat? Reiste Shackley wirklich bereits am 21. November aus Hamburg ab? Die einzige Quelle für diese Behauptung ist er selbst gewesen. Wer bereitete das Treffen vor? Hatte Shackley eine Art Quartiermacher vor Ort und kommt Barschel dafür in Frage? Welche Rolle spielte das Hotel Vier Jahreszeiten als häufig gewählter Treffpunkt? Welche Bedeutung hatten Hamburg und Norddeutschland als Schauplatz solcher Begegnungen? Handelt es sich bei dem europäischen Geheimdienst, der die CIA auf den in Hamburg lebenden Geschäftsmann Ghorbanifar aufmerksam gemacht hatte, um den BND – was wiederum eine Verbindung zu Barschel und Moll herstellen könnte? Welche Rolle spielte der mit Barschel in Kontakt stehende Waffenhändler Adnan Kashoggi, der seinen Freund Shahabadi zu dem Treffen geschickt hatte?

In seinen späteren Vernehmungen versuchte Shackley, die Bedeutung des Hamburger Meetings herunterzuspielen. Ist es möglich, dass die notarielle Bürogemeinschaft Barschel und Moll dabei eingebunden gewesen sein könnte, das Treffen vorzubereiten, die Kontakte herzustellen oder die Verabredungen umzusetzen? Aber wie so oft bei Shackley gibt es keine Datenspur. Wieder zeigt er sich als »Blond Ghost«.

Die ursprüngliche Idee, Waffen gegen Geiseln zu tauschen, wurde also in relativ kleinen Zirkeln geboren, zu denen auch Kashoggi, Ghorbanifar und Hashemi gehörten. Sie strebten dabei natürlich überwiegend nach persönlichen und finanziellen Vorteilen. Wenn nun die Hinweise von Trutz Graf Kerssenbrock sowie Hannelore und Rudolf Asmus belastbar sind, dann stand nicht nur Barschel mit zentralen Vertretern der Iran-Contra-Affäre in Verbindung, sondern waren Hamburg und Schleswig-Holstein auch ein wichtiges Spielfeld der Affäre. Das Notariat Barschel und Moll scheint dabei als eine Art Schnittstelle im Zentrum des Geschehens gestanden zu haben.

Diese Version wird gestützt von drei Zeugen, die vor den Lübecker Ermittlern angaben, ein Foto gesehen zu haben, das 1986 im Hamburger Hotel Atlantic aufgenommen worden sein soll und angeblich das damalige Mitglied des Nationalen Sicherheitsrates Oliver North, eine zentrale Figur der Affäre, bei einem Treffen mit Uwe Barschel und dem Stasi-IM Konrad Willi Aggen zeigen soll. Gegen Aggen war ein Ermittlungsverfahren des Generalbundesanwalts anhängig. Er erschoss sich kurz nach seiner Enttarnung als IM am 16. Oktober 1992 hinter der Passkontrollstation Krusau bei Flensburg auf dänischem Staatsgebiet.[170] Das Foto tauchte allerdings nie auf. Klar ist aber: Am 21. Februar 1986 verzeichnet der Terminkalender von Barschels Büroleiter Gerd-Harald Friedersen für 14:30 Uhr: »Treffen Vier Jahreszeiten«.[171] Mit wem sich Barschel getroffen hat, ist nicht vermerkt.

Aktenkundig ist hingegen, dass vom 19. bis zum 25. Februar 1986 eine Reihe wichtiger Gespräche im Airport Hotel Frankfurt stattfanden: Manucher Ghorbanifar kam zusammen mit Vertretern des Iran, mit Oliver North (damaliger Deckname »William Goode«), Richard Secord (der auftrat als »Major General Adams«), Albert Hakim (angeblich ein »Berater« des CIA-Direktors), Tom Twetten (Leiter der Nahostabteilung des US-Geheimdienstes) und Amiram Nir aus dem Stab des israelischen Premierministers. Es drehte sich alles um die Freilassung der Geiseln und die Lieferung der ersten eintausend TOW-Raketen. Weitere Treffen mit zwei Bevollmächtigten des Iran fanden vom 6. bis zum 8. Oktober 1986 in Frankfurt und vom 29. bis zum 30. Oktober 1986 in Mainz statt.[172]

»Geheimakte Mossad«

Auch der ehemalige Mossad-Agent Victor Ostrovsky weist auf Kontakte zwischen Uwe Barschel und Vertretern des Iran hin. Zwar ist Ostrovsky ein Zeuge vom Hörensagen: Was er kolportiert, will er im israelischen Geheimdienst gehört haben. Dennoch wirken seine Ausführungen plausibel. In seinem Buch *Geheimakte Mossad* berichtet er von der »Operation Hannibal«, »ein Waffendeal zwischen Israel und dem Iran, wobei der deutsche Geheimdienst als Strohmann diente«.[173] Dabei sei es um die verdeckte Lieferung von Flugzeugteilen von Israel an den Iran mit Deutschland als Zwischenhändler gegangen. Auch Ari Ben-Menashe berichtet, dass der Iran ab 1980 versuchte, Ersatzteile für Kampfflugzeuge vom Typ Phantom F-4 von Israel zu beschaffen – mit Unterstützung von Robert Gates. Die Zahlungen wurden über die Banque Worms in Genf abgewickelt.[174]

Ein wichtiger Transportweg soll nun Ostrovsky zufolge über Schleswig-Holstein gelaufen sein. Geliefert worden sei per Schiff über den Hafen Ashdod nach Italien, von dort nach Hamburg und schließlich zu einem kleinen Flughafen 20 Minuten von Kiel entfernt. Dabei kann es sich nur um den lediglich acht Hektar großen Flugplatz Hartenholm gehandelt haben, der später von einem iranischen Geschäftsmann aufgekauft wurde.[175] Von dort ging es weiter nach Dänemark, wo die Container wieder auf Schiffe verladen wurden. In Hartenholm seien auch iranische Piloten von den Israelis ausgebildet worden, mit Unterstützung des BND und stillschweigender Billigung der Bundesregierung: »Die Deutschen sagten, daß zur Sicherheit und für den glatten Verlauf der Operation der Ministerpräsident von Schleswig-Holstein in das Geheimnis eingeweiht werden müßte. Sein Name war Uwe Barschel ...« Im Gegenzug wollte der Bund »eine krisengeschüttelte Kieler Werft« finanziell unterstützen. Daneben sei es auch »um einen großen internationalen Flughafen in der Region« gegangen. Doch 1987 habe der dänische Geheimdienst kalte Füße bekommen.

> »Der BND fragte nun bei Uwe Barschel um Erlaubnis an, die Häfen in Schleswig-Holstein für die Überführung der Waffen in den Iran nutzen zu dürfen. Barschel lehnte ab. Der Mossad hatte es nicht für nötig erachtet, Barschel deswegen anzugehen. Der BND wußte allerdings nicht, daß der Mossad sich schon die Kooperation des Verfassungssschutzes gesichert hatte. Deshalb kam es dazu, daß der BND an Barschel herantrat und ihm einiges mehr erzählte, als nötig war. Doch der

BND hatte Barschels Festigkeit in dieser Angelegenheit falsch eingeschätzt. Als Barschel ablehnte, gerieten alle in Panik. Sie erkannten, daß Barschel für sie zu einer Bedrohung werden könnte (…).«[176]

Weitere Belege für die Version von Ostrovsky sind den Autoren bis zum Zeitpunkt der Drucklegung nicht bekannt geworden. Aber Augenzeugen berichten von ungewöhnlichen nächtlichen Flugaktivitäten in Hartenholm. Insider weisen darauf hin, dass Frachtflüge vom Luftfahrtbundesamt genehmigt worden seien. Dem Zoll habe man Kontrollen untersagt: »An Hartenholm sind die Dienste dran!« Deutschland habe so das Embargo gegen den Iran mit Wissen der Bundesregierung unterlaufen.[177] Der Gesamtbericht der Lübecker Ermittler erwähnt, dass Barschel erhebliches Wissen über geheimdienstliche Aktionen gehabt habe, die über Schleswig-Holstein gelaufen seien und in die sowohl Israel als auch der Iran involviert waren.[178]

Abolhassan Banisadr und der Fall Barschel

Am 13. Oktober 1997 wurde der frühere iranische Regierungschef Abolhassan Banisadr von den Lübecker Barschel-Ermittlern in Paris vernommen. Seine Aussage bringt die hier aufgeführten Details in einen Zusammenhang. Banisadr gibt zu Protokoll, dass der Iran nach Ausbruch des Krieges gegen den Irak im Juni 1981 drei Gruppen für den Ankauf von Waffen in Deutschland gebildet habe:

»Ein Ausschuss wurde von Herrn Sadegh Tabatabai geleitet, der in Deutschland studiert hatte und sehr gute Verbindungen zum deutschen Außenminister Hans-Dietrich Genscher unterhielt. Der andere Ausschuss wurde von Herrn Mohsem Rafighdoust geleitet, der damals Leiter des Logistikbüros der Revolutionsgarden war. Nach Juni 1981 wurde der offizielle Ausschuss aufgelöst und die beiden inoffiziellen Ausschüsse wurden offiziell. Herr Rafighdoust wurde somit Hauptwaffeneinkäufer für den Iran; Herr Tabatabai wurde vom Imam Khomeini gezwungen, seinen Platz zu räumen.«

Banisadr zufolge habe auch Alexander Haig, von Januar 1981 bis Juni 1982 US-Außenminister, bei den Waffenlieferungen eine wichtige Rolle gespielt:

»Als ehemaliger Befehlshaber der NATO-Truppen in Europa hatte er viele Verbindungen zu Deutschland. Herr Rafighdoust stellte den Kontakt zwischen Herrn

Haig und Herrn Rafsandjani her. Herr Haig hatte Verbindungen zu Deutschland in Sachen Bewaffnung. So wurde Deutschland Waffenlieferant und ein Zentrum für den Waffenkauf. Der Sohn von Khomeini kontrollierte die Waffenkäufe bis zum Tode seines Vaters. Herr Barschel stand mit dem Sohn des Imam Khomeini, Ahmad, in Verbindung. Letzterer besaß ein Anwesen in der Schweiz, wohin er regelmäßig reiste, um die Waffenkäufe aus Deutschland zu überwachen.«

Quellen in der iranischen Armee und bei den Revolutionswächtern, so Banisadr, hätten ihm erstmals von Barschel erzählt:

»Was mich betrifft, so wurde mir der Name Barschel im September 1984 mitgeteilt, und zwar im Rahmen der Irangate-Affäre. Insbesondere ging es dabei um eine Waffenlieferung auf dem Flughafen von Teheran, die aus deutschen NATO-Lagern stammte. (…) Ich wollte damals wissen, welche Rolle Herr Barschel spielte. Deutschland spielte zwei Rollen, einmal als Vermittler von Waffenkäufen für den Iran und dann als direkter Waffenlieferant. Herr Barschel spielte die Hauptrolle; er spielte offiziell die Rolle eines deutschen Ministers, aber inoffiziell diente er als Vermittler. Genscher spielte den offiziellen Part und Barschel spielte dieselbe Rolle, aber inoffiziell. Barschel stand in Verbindung mit den Amerikanern. Ich weiß, dass die Treffen zwischen Oberst North und unseren Abgesandten in Deutschland stattfanden. Es ist uns klar, dass die Verbindungen über Deutschland liefen. Barschel spielte also die Rolle des Vermittlers von Waffenkäufen. Er traf die iranischen Abgesandten (…) in der Schweiz; dabei handelte es sich insbesondere um die Herren Tabatabai und Rafighdoust.«[179]

Banisadr vermutet, dass Barschel vom Regime der Mullahs bezahlt worden sei.

In diesem Szenario könnte Barschel also der verlängerte Arm eines Strippenziehers im Hintergrund gewesen sein – vermutlich von Ted Shackley, dem Mann, der sein in Vietnam entwickeltes Geschäftsmodell, mit schwarzen Kassen verdeckte Operationen zu finanzieren, nun in Europa und Nahost weiterbetrieb. In dieser Perspektive mag Barschel die Drecksarbeit für die höheren Tiere in der Befehlskette erledigt haben. Unter Präsident Ronald Reagan gehörten dazu: der damalige Vizepräsident George H.W. Bush; der Nationale Sicherheitsberater Robert McFarlane; Oberstleutnant Oliver North, der Angehörige des Nationalen Sicherheitsrates, der wiederum vom damaligen CIA-Direktor William Casey ins Amt gebracht worden war; der damalige stellvertretende Leiter der CIA Robert Gates; der pensionierte CIA-Chef William Colby und Ted Shackley, der aus der CIA ausgeschiedene frühere Chef der Abteilung für verdeckte Operationen. Kurz: »all the President's men«.[180] Es gibt eine Reihe von Belegen, dass Barschels Reisen hinter den Eisernen Vorhang in diesem Licht zu betrachten sind.

Der Iran und die U-Boote

Doch das Notariat Barschel und Moll war offenbar auch jenseits der CIA-Befehlskette im Waffenhandel aktiv – so zum Beispiel bei einem brisanten U-Boot-Deal mit dem Iran.

Als der damalige deutsche Außenminister Hans-Dietrich Genscher im Juli 1984 als erster Vertreter der Europäischen Gemeinschaft nach dem Sturz des Schah nach Teheran reiste, setzte er sich auch für eine Verbesserung der bilateralen Wirtschaftsbeziehungen ein. Vier Monate später, im November 1984, musste sich der für Rüstungsexporte zuständige Bundessicherheitsrat auf Drängen Genschers mit der Lieferung von U-Booten an den Iran befassen. Der Schah hatte 1978 kurz vor seinem Sturz sechs U-Boote der Klasse 209 im Gesamtwert von rund einer Milliarde D-Mark bei HDW in Kiel bestellt. Die neue Führung in Teheran stornierte im Februar 1979 diesen Auftrag, zeigte aber 1983 wieder Interesse. Die Bundesregierung geriet in eine Zwickmühle: Der Iran hatte der chronisch defizitären Werft, die damals zu 74,9 Prozent dem bundeseigenen Salzgitter-Konzern und zu 25,1 Prozent dem Land Schleswig-Holstein gehörte, bereits 231 Millionen D-Mark angezahlt. Doch die Werft durfte nicht liefern: Das Kriegswaffenkontrollgesetz verbietet den Waffenexport in Kriegsgebiete. Zudem sollen 109 Millionen davon als »nützliche Ausgaben« auf ein Schweizer Konto der Schah-Familie weitergereicht worden sein, also als Bestechungsgelder. Der Iran sprach später von Beihilfe bei der Veruntreuung von Staatsvermögen, pochte auf Rückzahlung der 231 Millionen D-Mark plus Zinsen, also von rund 280 Millionen D-Mark, und strengte bei der Internationalen Handelskammer in Paris ein Schiedsverfahren an. Die Richter entschieden: HDW muss zahlen, darf aber die direkten Kosten für Material, Arbeitskräfte und Subunternehmer einbehalten. Die Werft wollte nun den Bund als Bürgen des Deals haftbar machen.[181]

Zeitzeugen weisen darauf hin, dass die Kieler Notare in dieses Geschäft eingebunden gewesen seien. So berichtet die Kieler Journalistin Hannelore Asmus: »Das ging im Kollegenkreis herum, dass da etwas lief. Im Gespräch waren Waffengeschäfte, auch U-Boote. Ich habe gehört, dass der Schah U-Boote haben wollte, aber dann abgelöst wurde.« Rudolf Asmus ergänzt:

»Von einem Mitglied der Kanzlei oder aus dem CDU-Landesvorstand habe ich damals gehört, dass der persische Militärattaché in London nach Kiel kam und dass über U-Boote gesprochen wurde. Das war bekannt und wirkte auch glaubwürdig. Die Londoner Botschaft des Iran sollte im Auftrag der persischen Regierung nachfassen, damit die U-Boote auch geliefert wurden. Und da kommen sofort Riesensummen ins Gespräch. Bei diesem Besuch in Barschels Kanzlei in Kiel ging es darum, zu konkretisieren, wie die U-Boot-Lieferungen für den Schah durchgeführt werden konnten. Deshalb wurde der iranische Militärattaché aus London zu Barschel geschickt.«[182]

Wenn die Hinweise stimmen, so bleibt immerhin unklar, wann genau das diskrete Treffen im Kieler Notariat stattgefunden haben soll und was besprochen wurde. Der Kieler SPD-Bundestagsabgeordnete Norbert Gansel hat bei einer Reise in den Iran Mitte der 80er Jahre auf Bitten von HDW noch versucht, das U-Boot-Geschäft in die Lieferung von Handelsschiffen umzuwandeln – vergebens. Immerhin bestätigt Gansel, dass Barschel mit dem Deal zu tun hatte:

»Das Geschäft lief seit Mitte der 70er Jahre. Die Landesregierung war Miteigentümer der Werft. Der Aufsichtsrat hat sich damit beschäftigt, auch mit dem Scheitern dieses Geschäftes und mit den Schwierigkeiten in den 80er Jahren. Es ging um erhebliche Summen. Darüber wird Barschel zumindest in groben Zügen unterrichtet gewesen sein. Das gehört sicher zu dem, was man im Kabinett bespricht. HDW war der größte Arbeitgeber in Schleswig-Holstein, und der Ministerpräsident brauchte nur aus dem Fenster zu sehen, um die Werft drüben im Blick zu haben.«

Am Ende musste HDW zahlen. »Aus den Produktionsanfängen dieser U-Boote für den Iran«, so Gansel, »ist später dann das U-Boot-Geschäft mit Chile unter Pinochet geworden. HDW musste 200 Millionen D-Mark an den Iran zurückzahlen.«[183]

Insgesamt bleibt die Rolle von Uwe Barschel bei dem U-Boot-Geschäft mit dem Iran unklar. Nicht geklärt ist auch, ob die Annullierung des U-Boot-Geschäfts die Bundesregierung dazu bewog, dem Teheraner Regime an anderer Stelle entgegenzukommen – beispielsweise bei der verdeckten Beschaffung von Waffen.

Ähnlich verhält es sich mit einem weiteren, noch brisanteren U-Boot-Deal. Bei der Lieferung von U-Boot-Blaupausen und Komponenten nach Südafrika ist bis heute strittig, ob Barschel Akteur oder lediglich Bauernopfer war. Am 26. November 1986 berichtete der Journalist Peter Höver in den *Kieler Nachrichten*, dass »U-Boot-Pläne der HDW an Pretoria« für »rund 46 Millionen Mark« geliefert worden seien.[184] Bis heute ist allerdings nicht geklärt, in welchem Umfang das Geschäft tatsächlich durchgeführt wurde.

Der U-Boot-Deal hat eine lange Vorgeschichte. Wie Norbert Gansel am 27. September 1989 vor dem von den Vereinten Nationen zur Südafrikafrage eingesetzten Sicherheitsausschuss in New York erklärte, begannen bereits 1982 Verhandlungen zwischen HDW, der HDW-Tochter Ingenieurkontor Lübeck (IKL), der Nordseewerke Thyssen in Emden und der südafrikanischen Armscor über den Bau von U-Booten.[185] Beim Besuch des südafrikanischen Premiers Botha in Bonn erklärte Bundeskanzler Helmut Kohl am 5. Juni 1984, er wolle sich selbst um die Sache kümmern – obwohl die Bundesregierung kurz zuvor noch erklärt hatte, sie werde das Waffenembargo gegen den Apartheidstaat strikt einhalten. Am 15. Juni 1984 unterzeichneten IKL und HDW sowie die südafrikanischen Unternehmen LSM und Sandock einen Vertrag, der die Lieferung von Bauplänen, personelle und technische Hilfe, die Lieferung eines Modells im Maßstab 1:5 und Lizenzvereinbarungen im Umfang von 116 Millionen D-Mark vorsah. Eine schriftliche Genehmigung wurde nicht beantragt. Man wollte eine mündliche Zustimmung und erhielt sie, wie ein Memorandum der HDW-Leitung ausweist: »Herr Staatssekretär Dr. Schreckenberger hat uns im Auftrag von Herrn Bundeskanzler Kohl telefonisch mitgeteilt, dass der Bundeskanzler und Franz Josef Strauß unserem Projekt IK 97 in der mittleren Lösung, d. h. Blaupausen-Export und Zulieferung von Teilen ihre Zustimmung erteilen.«[186] Die Pläne für einen Auftrag im Gesamtvolumen von 1,7 Milliarden D-Mark gingen auf Mikrofilm in mehreren Tranchen im Diplomatengepäck nach Südafrika.[187]

Finanzminister Gerhard Stoltenberg, immer noch ein mächtiger Mann in der schleswig-holsteinischen CDU, war genauso eingeweiht wie das Kanzleramt und die bayerische Staatskanzlei. Alsbald löste diese Lieferung politischen Wirbel aus. Anfang Dezember 1986 wurde auf Antrag der Opposition ein Untersuchungsausschuss des Bundestages eingesetzt. Stoltenberg ließ die Oberfinanzdirektion in Kiel eine Untersuchung durchführen, offensichtlich in der Absicht, dass dadurch die Beteiligten vor dem Untersuchungsausschuss die Aussage verweigern können sollten, um sich nicht selbst zu belasten. Die Arbeit des Ausschusses wurde von der Regierung massiv behindert.[188]

Barschel selbst erklärte im Februar 1987 vor dem Landtag, er habe von diesem Deal erst aus der Presse erfahren: »Ich habe (…) von dem gesamten Südafrika-Komplex – hier unterscheide ich nicht einmal zwischen dem illegalen und dem legalen Teil; ich nehme diese Differenzierung für mich gar nicht in Anspruch – erst durch die Frage eines Redakteurs der *Kieler Nachrichten* (…) am – so glaube ich – 24. oder 25. November erfahren.« Auch die Darstellungen von Baentsch, Förster und Wille stützen diese Version. Stoltenberg habe Barschel bewusst im Unklaren gelassen. Nur der Kieler Staatssekretär Carl Hermann Schleifer, ein Stoltenberg-Mann, zu dem Barschel ein gespanntes Verhältnis gehabt habe, sei als Vertreter der Landesregierung im HDW-Aufsichtsrat eingeweiht gewesen. Zwischen Stoltenberg und Barschel habe es deshalb einen heftigen Streit gegeben. Der Ministerpräsident habe den Älteren voller Zorn angebrüllt, und Stoltenberg wiederum habe seinem Nachfolger erklärt, ihn deshalb nicht informiert zu haben, weil dies gemäß bundespolitischer Zuständigkeit nicht erforderlich gewesen sei.[189]

Demgegenüber behauptete Carl Hermann Schleifer, den Ministerpräsidenten bereits 1983 informiert zu haben. Michael Mueller, Rudolf Lambrecht und Leo Müller kommen deshalb auch zu dem Ergebnis, Barschel habe nicht die Wahrheit gesagt. Sie stellen den Vorgang genau umgekehrt dar. Stoltenberg habe das illegale Geschäft in letzter Minute stoppen wollen, was Barschel in große Schwierigkeiten stürzte:

> »Für Barschel sah es nun düster aus. Stoltenberg hatte aus der Not eine Tugend gemacht und im Interesse der Bundesregierung und der CDU via Salzgitter-Chef Pieper die Reißleine gezogen. Er hatte sich gegen Barschel durchgesetzt. Barschel aber war nun zum Getriebenen geworden. Das Geschäft lief nicht mehr. Die Südafrikaner, die einen hohen Einsatz in den Schmiergeldtopf geworfen hatten, schauten in die Röhre. Noch blieb alles ruhig. Aber wann würden sie reagieren?«[190]

Bis heute ist nicht geklärt, welche Version der Wahrheit entspricht.

Doch für eine Einbindung von Barschel sprechen auch Informationen aus dem Ministerium für Staatssicherheit. Von einem Überläufer des DDR-Geheimdienstes, so schreibt Ingrid Köppe, die damalige Grünen-Abgeordnete, in ihrem Sonderbericht zum Schalck-Untersuchungsausschuss, kamen Hinweise auf ein innerdeutsches Umgehungsmanöver: »Die Quelle ›Glasschüssel‹, der zuvor beim MfS mit Spionageabwehr befasste Eberhard Lehmann, besorgte für den Verfassungsschutz Stasi-Akten direkt aus dem Archiv.« Am 22. Januar 1991 teilte das Bundesamt für Verfassungsschutz dem Generalbundesanwalt mit: »Quelle Glasschüssel berichtete, daß man in ehemaligen MfS-Kreisen offen darüber spreche, daß Schalck-Golodkowski Waffen- und Embargogeschäfte, auch für Konzerne der Bundesrepublik, in immensen Größenordnungen abgewickelt haben soll. Auch die U-Boot-Affäre sei über Schalck-Golodkowski gelaufen.« Am 13. Februar 1991 meldet der Verfassungsschutz Neues von Eberhard Lehmann: »Quelle Glasschüssel berichtete, zuständig für ›heiße Waffen‹ sei der Stellvertreter von Schalck-Golodkowski, Uhlig, gewesen. In diesem Zusammenhang wies Qu. auf angebliche Aufenthalte des ehemaligen Ministerpräsidenten von Schleswig-Holstein Barschel in Rostock hin. Ungewöhnlich mit Waffenexporten sei ferner (sic!), daß angeblich die Erneuerung des ehemaligen FDGB-Schiffs ›Kap Arkona‹ an Südafrika nicht bezahlt wurde. Ein Zusammenhang mit der U-Boot-Affäre werde vermutet.«[191]

Die U-Boot-Blaupausen und die DDR

Bei den Hinweisen der Quelle geht es um einen komplizierten Deal im Interesse aller drei Beteiligten. Die DDR wollte der südafrikanischen Reederei Safmarine das 1981 von HDW gebaute Kreuzfahrtschiff *Astor* abkaufen, um sie unter dem neuen Namen *Arkona* für Gewerkschaftsurlauber fahren zu lassen. Doch aus politischen Gründen sollte das Geschäft nicht direkt mit dem Apartheidstaat abgewickelt werden. Zudem wollte Ostberlin den Kauf auch nicht in Devisen bezahlen. Südafrika seinerseits wollte das Embargo der Vereinten Nationen unterlaufen und von HDW U-Boote erwerben. Außerdem wurde erwogen, ein neues Kreuzfahrtschiff in Kiel bauen zu lassen. Die CDU-geführte Bundesregierung wollte sich formal an das Embargo halten, aber zugleich der krisengeplagten Werft und der eigenen Partei unter die Arme greifen. Norbert Gansel weist auf Provisionen aus dem U-Boot-Geschäft hin, die an Unionsfreunde oder Parteikonten geflossen sein könnten: »Es ging um

150 Millionen Schmiergelder, die nach Aktenlage bei diesem Geschäft gezahlt werden sollten. Also, es ging um eine ganze Menge.«[192]

Im Ergebnis erhielt die Kieler Staatswerft den Auftrag, für Südafrika ein neues Kreuzfahrtschiff zu bauen. Der Kauf der *Astor II* wurde mit dem Verkauf der alten *Astor* an die DDR auf dem Umweg über eine westdeutsche Reederei als Zwischenhändler bezahlt. Die DDR profitierte davon, dass durch den Umweg über die Bundesrepublik die Transaktion zu einem innerdeutschen Geschäft wurde, bei dem sie in Ostmark statt in Devisen zahlen konnte. Der Deal wurde diskret von Claus-Dieter Junge, dem Generaldirektor des Außenhandelsbetriebes Schiffscommerz Rostock abgewickelt, ein IM des MfS unter dem Decknamen Tonio Kröger. Er gehörte zum sogenannten Warnemünder Kreis, einem Klüngel von Stasi-Leuten um den DDR-Devisenbeschaffer Alexander Schalck-Golodkowski. »Junge ist die graue Eminenz gewesen«, so der ehemalige DDR-Bürgerrechtler Wolfram Vormelker, »der, da bin ich fest überzeugt, hat die Geschäfte gesteuert, zusammen mit Schalck und Wenzel. Wenzel, der im Hotel Neptun Chef war, war so ein Dreh- und Angelpunkt, weil im Neptun sich diese Leute trafen.«[193]

Diese Leute – das war eine im illegalen Embargohandel tätige Gruppe von Stasi-Agenten, die mit ihrem Insiderwissen auch westliche Geschäftspartner erpressten. Andreas Förster rechnet dem Warnemünder Kreis – neben Junge – folgende Personen zu:

- Oberst Artur Wenzel, Chef der MfS-Hauptabteilung XVIII, Abteilung 8, und Chef der Gruppe,
- Roland Wincker, von der Stasi als IM Peter Schumann geführt und lange stellvertretender Generaldirektor des Außenhandelsbetriebes Elektronik Import/Export,
- Hans Jochheim, ein schwedischer Staatsbürger, der eng mit dem Kieler Embargohändler Richard Müller zusammenarbeitete und Osteuropa über Hamburg, Kiel und Skandinavien mit Hochtechnologie aus dem Westen belieferte,
- Günther Forgber alias IM Bergmann, der für die Stasi Konten im Westen führte und eine Art Verbindungsstelle zwischen Wenzel und Schalck darstellte,
- Gerhard Ronneberger alias IM Saale, Vizechef des Handelsbereichs 4 im AHB Elektronik, dem Beschaffungsorgan für Elektronik auf der Embargoliste,

- Dietrich Kupfer alias IM Messing, der im Handelsbereich 4 unter anderem für verdeckte Zahlungen über Auslandsfirmen zuständig war,
- Dieter Uhlig alias IM Luchs, Schalcks Mann für Sonderaufträge wie Waffenhandel,
- Peer Ikier alias IM »Olaf«, Leiter der Ostberliner Außenstelle des Kombinats Carl Zeiss Jena.[194]

Die Liste der Personen, die Eckardt Nickol dem Warnemünder Kreis zuschlägt, weicht davon allerdings in Teilen ab: von Seiten der DDR den Leiter der HA XVIII des MfS, Generalmajor Alfred Kleine, den Leiter der Sonderabteilung XVIII/8, Oberst Artur Wenzel, den Vizechef der Abteilung XVIII/8, Rolf Ungermann, den Leiter der Abteilung XX der HVA und ehemalige Referent von Markus Wolf, Oberst Peter Feuchtenberger, Generalmajor Siegfried Stöckert vom Arbeitsbereich Kommerzielle Koordinierung, Günther Forgber von der Koko und den stellvertretenden Leiter der KoKo Manfred Seidel. Als Kontaktpersonen »von BRD-Seite« nennt Nickol in seinen Aufzeichnungen unter anderen: Uwe Barschel, »einen legendierten Mitarbeiter des BND (also ein Mitarbeiter mit Deckidentität, d. A.)«, daneben »zwei führende Wirtschaftsleute einer Werft in Kiel« und einen »IM des MfS in der Führungsspitze der FDP des Bundeslandes Schleswig-Holstein«.[195] Gäste wie Barschel, die Wert auf Geheimschutz legten, konnten ihre Zimmer im Hotel Neptun direkt über die Koko-Zentrale in Berlin buchen – Schalck hatte ein Sonderkontingent an Zimmern.

Claus-Dieter Junge hatte ausgezeichnete Westkontakte und führte für die DDR auch Tarnfirmen wie die International Atlantica Canaria auf Gran Canaria, mit denen nicht nur DDR-Schiffe vermakelt, sondern auch Embargogeschäfte eingefädelt wurden. Ebenfalls auf Gran Canaria ließ sich, wie bereits erwähnt, wiederum Uwe Barschel oft blicken – bei regelmäßigen feucht-fröhlichen Herrenrunden in der Villa seines Freundes L. Bei HDW wurde die *Astor* generalüberholt und wurde so zur *Arkona*. Der Hinweis der Quelle Glasschüssel, die Rechnung von drei Millionen Euro sei nicht bezahlt worden, legt die Schlussfolgerung nahe, dass der Verzicht der Preis für geheime Gegenleistungen der DDR gewesen sei: mutmaßlich die Überführung des U-Boot-Modells und weiterer Bauteile nach Südafrika.

Der Bericht des BND an die Staatsanwaltschaft Lübeck vom 15. November 1994 stützt dies. Darin heißt es, ein ehemaliger Stasi-Offizier aus der Rostocker Abteilung Volkswirtschaft habe behauptet, »dienstliche Kenntnis« von mindestens einem Gespräch zwischen Uwe Barschel und Claus-Dieter Junge zu haben. Das Gespräch habe in Kiel stattgefunden: »Dem Inhalt des IM-Berichts entnahm ich«, so Walter Rust, der frühere hauptamtliche Mitarbeiter der MfS-Bezirksverwaltung Rostock, »daß mindestens ein weiteres Gespräch dieser Art in Rostock stattgefunden haben muss.« Dies bestätigt Informationen, dass beim U-Boot-Deal mit Südafrika ein DDR-Hafen und vielleicht auch DDR-Transportunternehmen eingeschaltet waren und Uwe Barschel dabei als Unterhändler gedient hat. Auch in den Akten des Schalck-Untersuchungsausschusses des Bundestages finden sich Hinweise auf ein Geschäft von HDW und dem AHB Schiffscommerz vom 24. März 1984 in Höhe von 120 Millionen D-Mark, von denen 30 Millionen durch ein verdecktes Gegengeschäft abgelöst worden sein sollen. Ein ranghoher Stasi-General aus Berlin habe versichert, westdeutsche U-Boot-Komponenten, Spezialstahl und Ähnliches seien über Warnemünde verschifft worden: »Die *Astor I* wurde von einer westdeutschen Reederei für ein paar Wochen von den Südafrikanern gekauft und konnte nach kostenloser Renovierung im Rahmen des innerdeutschen Handels an die DDR ausgeliefert werden. Die DDR brauchte somit keine Devisen für die Lieferung des Schiffes auszugeben. Außerdem entfiel die Peinlichkeit für die DDR, Geschäfte mit Südafrika zu machen. Im Gegenzug verpflichtete sich Schalcks KoKo, westdeutsche Spezialbauteile über ihren Hafen Rostock nach Südafrika zu verschiffen. Deshalb musste die Renovierung der *Astor I*, die 3 Millionen DM kostete, nicht bezahlt werden.«[196] Doch bei seiner Vernehmung durch den Ausschuss bestritt Junge eine Beteiligung an einem solchen Koppelgeschäft genauso wie den Kontakt mit Uwe Barschel: »Ich habe Herrn Barschel nicht gekannt. (…) Ich habe ihn nicht gesehen, und ich wusste auch nichts davon. Es wäre tödlich für mich, wenn es anders wäre.«[197]

Bis heute sind die Details dieser Gegenleistung nicht geklärt. Wenn tatsächlich Schmiergelder auf Parteikonten geflossen sein sollten, stünde Barschel damit zumindest nicht allein. Bereits im Dezember 1990 hatte Klaus Thümer, Oberstleutnant der Spionageabwehr des MfS (Hauptabteilung II/2), bei seiner Vernehmung durch das Bundesamt für Verfassungsschutz erklärt, Schalck-Golodkowski »habe die gesamte CSU-Spitze ›in der Tasche‹, da er sie massiv bestochen habe. Aus dem von F. J. Strauß an die DDR vermittelten Milliardenkredit seien etliche Millionen auf das Konto von Strauß zurückgeflossen.«[198] Dass wesentliche Teile des U-Boot-Deals bis heute im Dunkeln liegen, hat auch mit der Rolle bundesdeutscher Geheimdienste zu tun. Eine ganze Reihe von früheren leitenden MfS-Mitarbeitern hatte sich nach dem Ende der DDR Verfassungsschutz, BND und MAD offenbart und umfangreiches Material übergeben. In ihrem Sonderbericht schreibt Ingrid Köppe: »Auch um die eigenen Mitarbeiter vor einer öffentlichen Enttarnung zu schützen, bezahlten die Geheimdienste an kooperationsbereite MfS-Mitarbeiter Schweigegelder.« Es ging dabei um sechsstellige Beträge. Frühere leitende Mitarbeiter des DDR-Geheimdienstes machten Ex-Kollegen gesprächsbereit: Das Beste sei »›der geordnete, stille Weg, keine weiteren Offenbarungen bei den Massenmedien, sondern nur bei den Geheimdiensten«.[199] Es ist davon auszugehen, dass die bundesdeutschen Dienste weitere Informationen auch über den Fall Barschel in ihren Archiven verwahren, die sie nicht preisgeben. Sie können sich darauf zurückziehen, auf diese Weise wichtige Interessen der Bundesrepublik Deutschland zu schützen.

Am 11. Januar 1988 verfügte die Oberfinanzdirektion Kiel die Einstellung des Ermittlungsverfahrens gegen die früheren HDW-Vorstände Klaus Ahlers und Peter Hansen-Wester. Der Untersuchungsausschuss des Bundestages plagte sich weiter mit Obstruktionen und blieb letztendlich in vielen Punkten ergebnislos. Der Versuch der Steuerfahnder, den Verbleib der Schmiergelder aus dem U-Boot-Geschäft zu klären, scheiterte am Versteckspiel Schweizer Treuhänder. Die Suche nach Konten und Depots von Barschel in der Schweiz verlief im Sande. Die in den Parteibilanzen der CDU ausgewiesenen Beträge stellen nur einen Bruchteil dessen dar, was tatsächlich in die Kassen der Union floss. Offenbar sind Millionen vorbei an den offiziellen Büchern »über Schwarzgeldkonten in Zürich und Vaduz direkt an ihre Wahlkampfhelfer« geflossen, »deren Rechnungen für Werbeaufträge und Inserate-Kampagnen aus der Schweiz und Liechtenstein bezahlt wurden«.[200]

Die verdeckten Aktivitäten von Uwe Barschel scheinen indessen in der Summe den Zustand bundesdeutscher Außenpolitik in der Endphase des Kalten Krieges abzubilden: eng begrenzte operative Selbständigkeit, solange man aktiv mitwirkte an der Generallinie des großen Bruders in Washington.

Dunkle Geschäfte hinterm Eisernen Vorhang

Es war reiner Zufall, dass drei weit auseinanderliegende und scheinbar zusammenhanglose Ereignisse das Spinnennetz der Waffenschieber ans Licht brachten: der Abschuss eines Flugzeugs über dem Nicaraguasee, die Razzia bei einem schwedischen Geschäftsmann in Malmö und die von DDR-Bürgerrechtlern erzwungene Öffnung eines Stasi-Waffenlagers in Kavelstorf bei Rostock. Drei Schlaglichter in drei weit voneinander entfernten Ecken der Landkarte machten es möglich, eine weltweite Verschwörung aufzudecken. Es sind drei Ereignisse, die auch mit Uwe Barschel zu tun hatten. Aber es waren die Geschichten seiner eigenen Fahrer, die von Barschel zur Spur dieser Begebenheiten führten.

Ein Fahrer erinnert sich

Der Chauffeur Horst Rissmann aus Kiel war von Oktober 1982 bis Ende Februar 1983 Fahrer des neu gewählten Ministerpräsidenten. Sein erstes merkwürdiges Erlebnis mit seinem neuen Chef hatte er am Buß- und Bettag 1982.[201] Barschel bestellte seinen Fahrer morgens in sein Haus und erklärte ihm, dass er ihn Richtung Lübeck chauffieren müsse. Der Ministerpräsident nahm eine Aktentasche mit Zahlenschloss mit. An einem Kreisverkehr in Lübeck dirigierte er seinen Fahrer Richtung Grenze zur DDR. Rissmann hatte auch schon Barschels Vorgänger Gerhard Stoltenberg hinter den Eisernen Vorhang chauffiert und kannte die umständliche Prozedur der Reiseanmeldung über die Ständige Vertretung der DDR in Bonn und die komplizierte Abstimmung mit den DDR-Organen. Diesmal aber fuhren sie ohne Visum zur Grenze bei Selmsdorf. Am Übergang Schlutup rollte, so Rissmann in seiner staatsanwaltschaftlichen Vernehmung am 20. August 1996, die Panzerlimousine auf den Schlagbaum zu. »Es verhielt sich so, dass wir nicht die Diplomatenspur, sondern die ganz normale Spur nutzten. An dieser Spur stand schon ein Grenzbeamter, der das von mir geführte Fahrzeug durchwinkte. Wir brauchten nicht anzuhalten. Es erfolgte auch keine Passkontrolle. Nachdem wir die Grenze passiert hatten, teilte Herr Dr. Uwe Barschel mir mit, dass ich Richtung Rostock zu fahren hätte.«[202]

Dort setzte Rissmann seinen Chef vor dem Rathaus ab. Barschel ging mit seiner Aktentasche auf eine Gruppe von Männern zu, von denen er begrüßt wurde.

»Ich bin zunächst mal ausgestiegen und habe in meiner Verzweiflung erst mal eine Zigarette geraucht. Ich war total verzweifelt darüber, dass Herr Dr. Barschel mich wie immer hier total hängen ließ und ich nicht wusste, wie es weitergehen sollte. (…) Nach etwa 15 Minuten, so genau kann ich mich heute daran nicht mehr erinnern, kam aus Richtung dieser Personengruppe vor dem Rathausplatz eine männliche Person, die ich wie folgt beschreiben möchte: zwischen 50 und 60 Jahre alt, korpulent, ich bin heute der Meinung, dass der Mann einen Bart trug. (…) Zu weiteren Einzelheiten seines Gesichts kann ich heute keine Angaben mehr machen. Ich bin mir sicher, dass der Mann einen Anzug trug. (…) Dieser Mann kam gezielt auf mich zu und sprach mich namentlich an (…): ›Herr Rissmann, Sie können nach Schleswig-Holstein zurückfahren, den Ministerpräsidenten bringen wir zurück.‹«[203]

Horst Rissmann war die Extratouren leid. Er hatte ohnehin ein gespanntes Verhältnis zu Barschel. Deshalb folgte er der Anweisung und fuhr los. Es war ungewöhnlich, dass an der Grenze wieder keine Kontrolle stattfand. Bis heute ist auch unklar, wie und wann Barschel nach Hause kam. Noch auf der Hinfahrt hatte dieser seinen Fahrer angewiesen, die Rostock-Reise nicht ins Fahrtenbuch einzutragen. Für Rissmann nicht ganz einfach: Er war grundsätzlich gehalten, jeden Kilometer lückenlos zu belegen, und hatte zudem in der DDR getankt. Nun musste er sich eine Ersatzstrecke ausdenken und einen Ersatzbeleg besorgen.[204] In den Unterlagen, die von der Behörde des Bundesbeauftragten für die Stasi-Unterlagen zur Verfügung gestellt wurden, ist diese Fahrt nach Rostock nicht enthalten. Die inoffizielle Tour war nicht die einzige Reise, die nicht im Fahrtenbuch erscheinen sollte.

Bald darauf begegnete Rissmann dem Mann im Anzug wieder, der ihn in Rostock zurückgeschickt hatte. Es war Ende November, als er Barschel von Kiel aus zum Hamburger Flughafen brachte, von wo der Ministerpräsident nach Bonn fliegen wollte. Beim Aussteigen in Fuhlsbüttel übergab er Rissmann eine kleine schwarze Reisetasche ohne Schloss, die angeblich schmutzige Wäsche enthielt. Rissmann wollte den Umweg nach Mölln zu Barschels Wohnhaus im Feierabendverkehr vermeiden. Doch Barschel wies ihn an, sofort dorthin zu fahren.

»Ich habe daraufhin die Tasche nach Mölln gefahren. Als ich vor der Wohnung eintraf, war es bereits dunkel. Unmittelbar auf der Zufahrt vor dem Haus, bereits auf dem Grundstück, erhielt ich von einer männlichen Person, die dort auf dem Weg stand, Handzeichen, anzuhalten. In dieser Person habe ich diesen Mann wiedererkannt, der mir seinerzeit in Rostock die Anweisung gab, wieder zurückzufahren. (…) Der Mann trat an das Fahrzeug heran und sagte mir fast wörtlich: ›Die Tasche können Sie mir geben.‹ (…) Heute vermute ich, dass dort keine schmutzige Wäsche drin war.«[205]

Der Anwalt von Horst Rissmann war der CDU-Landtagsabgeordnete Trutz Graf Kerssenbrock aus Kiel. Er bestätigt die Angaben des Barschel-Fahrers:

»Ich habe mit ihm ganz intensive Gespräche geführt (…) und sehr viel über die Fahrten Barschels in den Osten gehört. Wohin, wie er dann abgeholt wurde, wie er dann teilweise allein gelassen wurde und Rissmann mit leerem Wagen aus der DDR zurück gefahren ist. (…) Er war ja auch in der Tschechoslowakei, die ja damals ein Ostblockland war, und auch da wohl in Waffengeschäften unterwegs. So hat Herr Rissmann mir berichtet.«[206]

Norbert Gansel, der damalige Bundestagsabgeordnete aus Kiel und ehemalige Parteiratsvorsitzende der SPD, geht davon aus, dass Barschel solche Reisen nicht auf eigene Faust unternommen haben kann.

»Was für mich in der ganzen Affäre eines der größten Rätsel bleibt, das sind die Reisen Barschels in die DDR. (…) Aus meiner Sicht sind einige seiner Besuche in der DDR und ČSSR unerklärbar. Sie passen schlicht und einfach nicht in die Verhaltensweise eines westdeutschen Ministerpräsidenten zur Zeit des Kalten Krieges. Das hat sich offenbar in einem Klima von Vertraulichkeit und Geheimnistuerei ereignet und das ist eigentlich nur möglich mit einer geheimdienstlichen Abdeckung von beiden Seiten. (…) Denn man muss nicht nur rüberfahren, man muss auch wieder zurückfahren. Man muss also zweimal das überschreiten, was damals eine ziemlich streng kontrollierte Grenze war. (…) Da stimmt was nicht. Aber ob das ein Doppelleben war oder nur ein Nebenleben, kann ich nicht sagen.«[207]

Ein Doppelleben, in dem es um heimliche Waffengeschäfte hinter dem Eisernen Vorhang ging – offenbar mit geheimdienstlicher Abdeckung von beiden Seiten. Das aber bedeutet: Barschel muss mit Wissen und Billigung der Bundesregierung und des SED-Regimes gehandelt haben. Für die Staatssicherheit gehörte Barschel zu jenen Personen, die unter die MfS-Dienstanweisung Nr. 2/72 fielen und die aufgrund ihrer Bedeutung für die Interessen der DDR weder kontrolliert noch aktenmäßig erfasst werden mussten. Der Hintergrund dieser Fahrten wurde aber erst klar im Zusammenhang mit ganz anderen Enthüllungen. Sie ereigneten sich weit weg in Mittelamerika. Doch ihre Spur führt wieder zurück in die DDR.

Eugene Hasenfus packt aus

Am 5. Oktober 1986, einem Sonntag, sichtete ein junger Soldat der Sandinisten namens José Fernando Canales Alemán eine Fairchild C-123K-Transportmaschine nahe der Grenze zu Costa Rica im Luftraum von Nicaragua. Von der Schulter aus schoss er mit einer russischen SAM-7 (9 K 32 Strela-2) Boden-Luft-Rakete das Flugzeug ab. Drei Besatzungsmitglieder kamen bei dem Absturz ums Leben. Der vierte überlebte. Sein Name war Eugene Hasenfus, und seine anschließende Gefangennahme durch sandinistische Truppen führte dazu, dass sich das verzweigte Netz namens Iran-Contra-Affäre allmählich zu entwirren begann. Seine Aufgabe war es, während des Fluges über von den Contras kontrollierten Gebieten Nicaraguas Frachtpakete aus der Ladeluke abzuwerfen. Später erzählte Hasenfus seinen nicaraguanischen Kidnappern, er habe mehr als zehn solcher Einsätze geflogen.

An diesem 5. Oktober 1986, so das Protokoll der Luftraumüberwachung, startete die Frachtmaschine C-123 »Provider« von der Ilopango Airbase in El Salvador mit 70 AK-47-Sturmgewehren sowjetischer Herkunft und 100 000 Magazinen, Panzerfäusten und weiterem Nachschub. Nach Eintritt in den Luftraum von Nicaragua ging die Maschine bei San Carlos auf eine Höhe von 2 500 Fuß herunter und folgte dem Lauf des Río San Juan. In diesem Augenblick feuerte der junge Sandinist seine schultergestützte Rakete ab – ihr russischer Name »Strela« bedeutet »Pfeil« –, und das Flugzeug kam ins Trudeln.

Im Unterschied zu seinen Kameraden besaß Eugene Hasenfus einen Fallschirm. Er hatte ihn von einem seiner Brüder geliehen, der Fallschirmspringer war. So überlebte er den Absturz und erzählte seinen Häschern, er vermute die CIA hinter dem Einsatz. Außerdem plauderte er aus, dass zwei Amerikaner kubanischer Herkunft die Operation in El Salvador leiteten. Dieser Hinweis wiederum machte es Journalisten möglich, die beiden Amerikaner als Rafael Quintero und Félix Rodríguez zu identifizieren. Nach und nach kam dann ans Licht, dass Thomas Clines, Oliver North, Edwin Wilson und Richard Secord ebenfalls an diesem Komplott beteiligt waren – mit dem Ziel, Waffen an die Contras zu liefern.

Der Washingtoner Waffen- und Geheimdienstkenner Kenneth R. Timmerman schreibt:

»Als Eugene Hasenfus Ende 1986 über Nicaragua abgeschossen wurde, hatte der Pilot Wallace Sawyer zwei Visitenkarten bei sich. Eine gehörte einem Mitarbeiter der UBS, der Union Bank der Schweiz, der sich um die Finanzen der Iran-Contra-Operation kümmerte. Die zweite gehörte Ali Hijazi. (…) Dieser Hijazi scheint ebenfalls direkt mit Oberst Oliver North und der Contra-Versorgungsaktion zu tun zu haben. (…) Hijazi war einer der wichtigsten Mittelsmänner der US-amerikanischen und europäischen Unterhändler bei den Verhandlungen mit terroristischen Gruppen im Libanon über die Freilassung von Geiseln. Außerdem war er offenbar derjenige, der Millionen von Dollar Lösegeld transportiert hat, das für die Freilassung der südkoreanischen Geisel Do Chae-Seung und der deutschen Geiseln Rudolf Cordes und Alfred Schray sowie des Schweizers Peter Winkler bestimmt war.«

Der Privatdetektiv Jean-Jacques Griessen, ein enger Freund von Timmerman, glaubte, »dass Hijazi das Geld für die südkoreanische Geisel – geschätzte drei Millionen Dollar – von Richard Lawless erhielt, einem CIA-Kollegen von Donald Gregg, der damals Nationaler Sicherheitsberater von Vizepräsident George Bush war. (…) Lawless deponierte das Geld auf einem Nummernkonto der Banque Mediterranée in Genf, auf das Hijazi Zugriff hatte.«[208]

Das alles zusammengenommen bedeutet, dass Hasenfus kein schlichtes Besatzungsmitglied war. Er arbeitete für den CIA-Mann Félix Rodríguez (Deckname Max Gomez), der seinerseits ein Freund und vormals in Vietnam ein Untergebener des späteren Sicherheitsberaters von Vizepräsident Bush, Donald Gregg, war. Rodríguez war außerdem ein Veteran des Fiaskos in der kubanischen Schweinebucht 1961. Er war auch dabei, als 1967 in Bolivien Ernesto Che Guevara aufgespürt und ermordet wurde. Nun arbeitete er heimlich mit dem Leiter der Arbeitsgruppe der CIA für Zentralamerika in Costa Rica zusammen und half mit bei Richard Secords Versorgungsflügen von der Ilopango Airbase in El Salvador. Gregg führte – heimlich und jederzeit dementierbar – die Aufsicht über die Operationen.

Die Spur führt zur »Enterprise«-Gruppe

Als Eugene Hasenfus von den Sandinisten gefangen genommen wurde, so urteilt der frühere Analyst der Spionageabwehr der US-Armee und später in Schweden lebende Autor Trowbridge H. Ford, drohten die wichtigen verdeckten Operationen des Regierungsapparates von US-Präsident Ronald Reagan und der britischen Premierministerin Margaret Thatcher an die Öffentlichkeit zu gelangen. Das hätte für beide das

Risiko einer Amtsenthebung und für viele ihrer wichtigsten Mitarbeiter mögliche Haftstrafen nach sich gezogen. Denn die C-123 »Provider« gehörte zu einer Luftflotte, die Richard Secord, der pensionierte Generalmajor der US Air Force, zusammengestellt hatte. Damit wollte er Oliver North bei seinen Bemühungen im Nationalen Sicherheitsrat (NSC) unterstützen, den Contra-Rebellen gegen das Regime in Managua und zugleich den Mujaheddin gegen die sowjetischen Besatzer in Afghanistan mit den illegalen Profiten aus verbotenen Waffenkäufen an Teheran zu helfen, in der Hoffnung, so die Freilassung von Geiseln der Hisbollah im Libanon zu erreichen. Diese Enterprise-Gruppe setzte sich zusammen aus Waffenhändlern, Geheimagenten, Söldnern und dergleichen – was CIA, Mossad und andere so alles aufboten, um das Verbot einer Finanzierung der Contra-Rebellen durch das Boland-Amendment des Kongresses von 1982 zu unterlaufen. Durch dieses Gesetz wurde eine Beteiligung der CIA förmlich verboten, und North sah sich gezwungen, die Steuerung des Vorhabens an sich zu ziehen.[209]

Der Präsident und sein Regierungssprecher versicherten, dass die US-Regierung keine Verbindung mit dem Versorgungsflug und dem gefangenen amerikanischen Besatzungsmitglied Eugene Hasenfus hätte. Wir haben aber bereits gesehen, dass jede ernsthafte Untersuchung zu einem anderen Ergebnis geführt hätte: nämlich zu einem internationalen Netzwerk von Waffenhändlern, dem der syrische Waffendealer Monzer al-Kassar, der saudische Ölmilliardär Adnan Kashoggi, der iranische Schieber Albert Hakim, der frühere SAVAK-Informant und Verbindungsmann zu seinem Nachfolger Manucher Ghorbanifar, der Leiter einer privaten britischen Sicherheitsfirma, Major David Walker, und eine Reihe von Israelis angehörten, unter ihnen der Waffenhändler Al Schwimmer, Yaccov Nimrodi vom israelischen militärischen Nachrichtendienst Aman sowie die beiden Mossad-Männer Rafi Eitan und Ari Ben-Menashe. Trowbridge H. Ford sieht hier auch einen Zusammenhang mit dem Mord an Olof Palme.

»Würden diese Operationen, besonders der Mord an Olof Palme (›Operation Tree‹), einmal untersucht, so führte die Spur der strafrechtlichen Verantwortung von der CIA-Abteilung Operations zum Director of Central Intelligence William Casey und von dort direkt ins Oval Office. In London kämen dann der Director of Security Service General Anthony Duff und die führenden Antiterror-Beamten von MI-5, besonders Patrick Walker, und MI-6, vor allem der Director of Requirements and Production Colin McColl in Schwierigkeiten, die aber auf Weisung von Kabinettssekretär Robert Armstrong in der Downing Street handelten. Außerdem käme heraus, dass der Anti-Terror-Experte von Simon Peres, Amiram Nir, genauso dazu gehörte wie die Arrangeure des Palme-Mordanschlags, Felipe Vidal (ein kubanischer Auftragskiller der CIA, d. A.), Craig Williamson und Michael Townley.«[210]

Doch Trowbridge H. Ford täuscht sich möglicherweise in einem Punkt: Der CIA-Whistleblower Chip Tatum sieht das Ende der Befehlskette beim damaligen Vizepräsidenten. Und das war George Bush senior.[211]

Zu diesem Netzwerk gehörte auch der Waffenhändler Adnan Kashoggi – und damit jener Vermittler in der Iran-Contra-Affäre, zu dem auch Uwe Barschel Kontakt hatte.

Deutschland – eine Drehscheibe des Waffenhandels

Deutschland war, so der frühere iranische Regierungschef Abolhassan Banisadr, das logistische Zentrum dieser Lieferungen:

»Deutschland hat eine wichtige Rolle bei diesen Waffenverkäufen an den Iran gespielt. Der erste und wichtigste Organisator war Deutschland. Aber es gab neben Deutschland noch viele andere. (…) Ich habe ein Kartell öffentlich gemacht, das Waffen aus Nordeuropa, insbesondere aus Schweden, aus Belgien, Frankreich, Polen, der ehemaligen DDR und der Bundesrepublik Deutschland an den Iran verkaufte. Und Israel war immer der Zwischenhändler. Später waren es auch die Amerikaner, denn ohne ihre Zustimmung wäre das alles nicht möglich gewesen (…) Barschel wusste davon, denn ein Großteil dieser Lieferungen wurde über Schleswig-Holstein abgewickelt. Als Ministerpräsident war er darüber informiert. Meine Informationen besagen, dass er aber nicht nur informiert, sondern auch einer der Organisatoren war. Und er drohte damit, an die Öffentlichkeit zu gehen.«[212]

Diese Darstellung bestätigt Kenneth R. Timmerman mit eindrucksvollen Details:

»Wie von Geheimdienst-Quellen in Frankreich und Deutschland zu hören ist, hat der Oberkommandierende der NATO und der US-Streitkräfte in Europa, General Bernard Rogers, Ende 1986 eine interne Untersuchung über Berichte angeordnet, dass 1985 und 1986 TOW-Raketen – und möglicherweise weitere Militärausrüstung – von NATO-Depots in Westdeutschland abgezweigt wurden an den Iran. (…) General Rogers, so diese Informanten, sei wütend darüber gewesen, dass ohne sein Wissen NATO-Waffen an den Iran verkauft worden waren. Kürzlich hat die Regierung Reagan Rogers von seinem NATO-Kommando nach acht Jahren abberufen. Unterlagen des belgischen Zolls beweisen, dass mindestens 3 000 TOW-Raketen in eine Art Hütchenspiel-Operation einbezogen waren. Gecharterte Transportflugzeuge schafften von Militärbasen in den Vereinigten Staaten die TOW-Gefechtsköpfe heran. Sie wurden im Zollbereich gelagert. Kurze Zeit später brachten andere Frachtmaschinen Raketenmotoren und -rümpfe von NATO-Lagern in Bayern, die direkt daneben platziert wurden. Da die Gefechtsköpfe formal niemals entladen und damit rein technisch nicht nach Belgien eingeführt wurden, wurden auch keine Zollpapiere benötigt. Die Fracht aus Deutschland war gekennzeichnet als ›industrielle Ersatzteile‹ und ›Motoren‹. Sie entgingen so der Aufmerksamkeit belgischer Zollbeamter. Dann wurden die Raketenteile einfach wieder in die US-Chartermaschinen verladen und gingen auf die Weiterreise in den Iran.«[213]

Eckardt Nickol, der ehemalige MfS-Major, geht wie Banisadr davon aus, dass Barschel in den Schmuggel der TOW eingebunden war: »Die Amerikaner und Israelis versuchen krampfhaft, Lösungen zu finden, um ihre Raketen in den Iran zu bringen, ohne dass sie selber auftauchen. Mehrere Versuche misslingen. (…) Ende 1984 tritt der Iraner Moghadam an Barschel heran, ob er bei der illegalen Lieferung der TOW-Raketen helfen könne.«[214]

Iran-Contra und die DDR

Doch die Spur dieser Waffengeschäfte führt auch hinter den Eisernen Vorhang – und damit zurück zu den heimlichen Reisen von Barschel in die DDR. Im Juli 1981 schossen die Sowjets eine argentinische Frachtmaschine ab, die Waffen nach Teheran bringen sollte. Im Dezember begannen die Amerikaner mit der Unterstützung der nicaraguanischen Contras. Ben-Menashe zufolge startete 1982 ein geheimes US-Unternehmen zum Kauf von Waffen im Ostblock, das bis 1985 weiterlief und später in den Iran-Contra-Ermittlungen verschleiert wurde. Dafür nennt er detaillierte Beispiele.

So sei am 1. Oktober 1982 Flug Nr. KY 426 der West African Airline vom DDR-Flughafen Berlin-Schönefeld mit offiziellem Ziel Lagos gestartet und über die ČSSR nach Nicaragua geflogen, laut Frachtbrief Nr. 235/61 mit einer Ladung für die sandinistische Regierung. Gechartert worden sei die Boeing 707 von der St. Lucia Airways, einer CIA-Gesellschaft, die auch Flüge von Sofia und Prag nach Bagdad machte und Munition von Taiwan nach Libyen transportierte. Der Kontakt sei über ein Büro im schweizerischen Basel gelaufen. Die ganze Aktion habe eine Firma mit dem Namen »Clipper International« gesteuert. Für die West African Airline war lediglich ein Flugzeug registriert, unter der Nummer 9 G-ACX in Ghana. Dem Piloten Kapitän Burns seien in Basel von einem Mr. Lobster 5 000 Dollar für jedes Besatzungsmitglied angeboten worden, wenn sie noch am selben Tag einen dringenden Spezialflug durchführen könnten. Sie seien nun von Basel nach Schönefeld geflogen, zusammen mit diesem Mr. Lobster, der drei Pässe gehabt und für die CIA gearbeitet haben soll. Dort hätten sie Fracht der Stasi-Firma IMES aufgenommen und mit einem Zwischenstopp in Lissabon den Dulles International Airport in Washington angeflogen. Am 1. Dezember 1982 habe dieselbe Boeing 707 Nr. 9 G-ACX, von Schönefeld kommend, das Phillips Army Airfield bei Baltimore erreicht. In der Nähe befindet sich der Aberdeen Testing Ground, ein Testgelände der US-Armee und Sitz des Foreign Technical Intelligence Office. Kapitän Burns sei schon von einem Büro der US Air Force in London unterrichtet worden, dass er militärische Hightechausrüstung aus Osteuropa transportieren sollte.

»Damals flog die Boeing der WAAL (West African Airline) mindestens fünfmal zwischen Ostberlin und den Vereinigten Staaten hin und her. Ein Lieferschein weist Techaid International Ltd. als offiziellen Käufer aus, eine Briefkastenfirma in Panama, die im Iran-Contra-Untersuchungsbericht als wichtiger Waffenhändler für die Contras genannt wird und von dem Anwalt Julio Antonio Quijano registriert wurde, der eine Reihe von Tarnfirmen der CIA führte.«[215]

Es waren Waffen aus Osteuropa, speziell aus der DDR. Diese Ost-West-Pipeline wurde also etwa zeitgleich mit dem Beginn von Barschels heimlichen Reisen in die DDR etabliert.

Das Hotel der Spione

Nach Warnemünde ins Hotel Neptun, dem »Hotel der Spione«, führten Uwe Barschel mehrere offizielle Besuchsreisen.[216] So fuhr er in der Zeit vom 11. bis zum 16. Mai 1982 in Begleitung weiterer Politiker aus Schleswig-Holstein in die DDR. Geplant waren Übernachtungen im Neptun in Warnemünde, in Stralsund und in Saßnitz. Natürlich überwachte die Stasi den Besuch. Im Neptun erhielt Barschel das verwanzte

Apartment Nr. 1217. Die Observierer hielten fest, dass Barschel und seine Begleiter dem Alkohol und sexuellen Kontakten nicht abgeneigt seien, und bereiteten für weitere Reisen den Einsatz weiblicher inoffizieller Mitarbeiter vor.[217]

Auch am 8. September 1983 reiste Barschel in Begleitung seines damaligen Cheffahrers Karl-Heinz Prosch und seines persönlichen Referenten Gerd-Harald Friedersen mit der Dienstlimousine in die DDR ein. In Stralsund trafen sie eine 79-köpfige CDU-Besuchergruppe mit Ministern und Landtagsabgeordneten, die bereits vorher eingereist waren. Wieder übernachtete Barschel im Neptun. Auch dieser Besuch wurde von der Stasi genau beobachtet. Aber an einem der folgenden Tage passierte etwas, wozu es erneut entweder keine MfS-Unterlagen gibt oder aber die Bundesbehörde für die Stasi-Unterlagen (BStU) keine Dokumente vorlegt. Allerdings gab später der Fahrer Prosch zu Protokoll:

> »An einem Tage des Aufenthalts dort, jedoch nicht am Anreisetag, wohnten wir im Hotel ›Neptun‹ in Warnemünde. Es war vormittags, und wie Dr. Barschel mir gesagt hatte, hatten wir erst für nachmittags wieder etwas vor. Ich hielt mich beim Wagen (einem BMW 728i) auf dem Parkplatz vor dem Hotel auf. Für mich überraschend kam Dr. Barschel mit zwei mir unbekannten männlichen Personen mittleren Alters aus dem Hotel. Die beiden Männer waren zivil gekleidet. Ich kann sie nicht näher beschreiben. Die beiden Männer stiegen in einen auf dem Parkplatz stehenden braun-beigen Lada, in welchem eine männliche Person am Steuer gewartet hatte. Auch der Fahrer war zivil gekleidet. (…) Dr. Barschel stieg zu mir in den Wagen und wies mich an, dem Lada zu folgen.«[218]

Brisante Aussage der Kellnerin

Dass solche Treffen und Fahrten keine Einzelbeobachtungen der Fahrer waren, zeigt eine Aussage der Aushilfskellnerin Silvia Ritz. Sie erschien am 5. August 1984 zu einem konspirativen Treffen mit der Kriminalpolizei auf einem Parkplatz in Eisenach. Dort berichtete sie, dass sie während der Hauptsaison im Restaurant Teepott in Warnemünde arbeite. Im Juli 1984 habe sie in der Storchenbar in Rostock einen spendablen BRD-Bürger kennengelernt, der viel getrunken und sie in die Bar des Interhotel Warnow eingeladen habe. Dort habe er sich als Ministerpräsident von Schleswig-Holstein, Dr. Barschel, vorgestellt und erwähnt, er habe ein Apartment im Neptun in Warnemünde. Nachts gegen 3 Uhr sei ein DDR-Bürger mit Berliner Akzent erschienen. Barschel und dieser DDR-Bürger hätten sich vor der Tür ca. fünf Minuten unterhalten. Dann sei Barschel zurückgekommen und habe erklärt, sein Freund Kalle sei gekommen, und er müsse ins Hotel. Er wolle sie am kommenden Nachmittag wiedersehen. Silvia Ritz erklärte, sie habe Barschel zunächst »für einen Spinner und Angeber« gehalten, »der sich interessant machen wollte, um mit ihr ins Bett zu gehen«.[219] Am nächsten Morgen habe sie ihre Freundin angerufen, die an der Rezeption des Neptun gearbeitet habe. Diese habe bestätigt, dass Barschel sich streng geheim im Neptun aufhalte. Barschel habe immer Frauen, wenn er im Neptun sei. Tatsächlich, so Ritz weiter, sei ein zweites Treffen im Hotel Warnow zustande gekommen. Dort habe ihr Barschel erklärt, er fahre noch am Abend zu dringenden Geschäften nach Kiel zurück, werde aber demnächst wieder in Rostock sein. Dann habe er gefragt, wie er sie erreichen könne. Silvia Ritz schlug vor, er könne sie im Teepott anrufen und sich als ihr Cousin Bernd melden. Auf Nachfrage erklärte sie, sie könne sich nicht vorstellen, »der Barschel sei ohne Wissen des MfS privat in der DDR«, sondern habe »geglaubt, der B. habe irgendwelche geheimen Aufträge, wie er auch im betrunkenen Zustand gesagt habe, die sie nicht wissen dürfe«. Sie habe »ein wenig Angst bekommen« und wolle keine Konflikte mit der Stasi. (…) Ihre Freundin Marion Schätzle arbeite für das MfS, und daher kenne sie die Stasi-Leute ein wenig.«[220] Der Vernehmer Hauptmann Nowatzki hielt Silvia Ritz für glaubwürdig und schlug vor, sie solle auf die Kontakte eingehen und sich dann sofort bei ihm melden. Er legte eine IM-Vorlaufakte zu Silvia Ritz an und leitete ihre Informationen über den Leiter des Volkspolizei-Kreisamtes (VPKA) Eisenach, Oberstleutnant Wirth, an den Leiter der MfS-Kreisdienststelle, Oberstleutnant Kästner, weiter.

Am 23. November 1984 erschien Silvia Ritz erneut – dieses Mal in der Zentrale der Kripo Eisenach. An dem Treffen nahm der stellvertretende Leiter der Kreisdienststelle des MfS Eisenach, Generalmajor Robus, teil. Die Ergebnisse wurden am Folgetag in einer Leiterinformation festgehalten. Silvia Ritz berichtete, es sei zwar nicht zu einem neuen Kontakt mit Barschel gekommen. Sie habe aber von ihrer Freundin Claudia Richnow, die an der Rezeption des Hotels Neptun arbeite, die Information erhalten, »der Dr. B. sei im Oktober eine Nacht im Hotel gewesen. Das habe die Freundin auch nur durch Zufall erfahren, da eine Zimmerbuchung für Dr. B. nicht erfolgt sei. Nach Aussagen einer

Kollegin sei auch der Hotelleiter von seiner Ankunft überrascht gewesen. Er habe Dr. B. ein Apartment aus dem Sonderkontingent überlassen und dann in Berlin angerufen. Nach Information der Freundin sei kein Hotelmeldeschein ausgefüllt worden. Der Fahrer von Herrn Barschel sei in einem anderen Zimmer einquartiert worden.[221]

Silvia Ritz gibt weiter zu Protokoll, Barschel »habe sich erneut mit den zwei männlichen Personen aus Berlin getroffen, mit denen er schon mehrfach im Hotel zusammengetroffen war. Diese Personen arbeiteten beim Außenhandelsministerium der DDR. Beide hielten sich ohne Anmeldung im Hotel auf. Nach Angaben ihrer Freundin reisten sie mit einem PKW Citrön BX (richtig: Citroën BX, d. A.), dunkelblau, Berliner Kennzeichen an.« Ihre Freundin vermutete, es handle sich um Mitarbeiter des MfS. Der Barleiter, mit dem die Richnow ein Verhältnis habe und der für das MfS arbeite, habe ihr erzählt, »die Stasi habe wenig Interesse, die Besuche des Dr. B. im Hotel würden bekannt«. Barschel »lege immer Wert auf Kontakte zu attraktiven jungen Frauen, die er auch mit auf sein Zimmer nehme«. Der Freund der Richnow »schätzte den Dr. B. als überheblich, geltungssüchtig und geil« ein.[222]

Diese Aussage gewinnt vor allem dadurch an Glaubwürdigkeit, dass sie von zwei weiteren Frauen bestätigt wurde. Eine davon ist Sabine Bergholz. Auch sie lernte Uwe Barschel kennen. Die temperamentvolle blonde Frau arbeitete 1983 als stellvertretende Leiterin des Restaurants Schillerstraße, das zum Neptun gehörte.

»Er wollte sich die Räumlichkeiten in der Schillerstraße anschauen, kam, bevor wir um 17 Uhr öffneten. Abends hat er dann mit CDU-Leuten aus seiner Landtagsfraktion gegessen. Er trank schnell und vertrug wenig. Als ich ihm im Foyer begegnete und wir unbeobachtet waren, griff er mir an die Brust. Er nannte mir gleich seine Zimmernummer im Neptun und wollte, daß ich nachkomme. Ich fand ihn widerlich und bin nach Hause gegangen.«

Sofort interessierte sich die Stasi für Sabine Bergholz. Der Chef der Rostocker Aufklärung kam mit einem Offizier namens Reinhold Wehr in ihre Wohnung im Neubaugebiet Lichtenhagen. Sie sollte eine Verpflichtungserklärung unterschreiben. Sabine Bergholz willigte ein, ließ aber die Pflicht zur Verschwiegenheit streichen. Sie erhielt den Decknamen »Wolf« und wurde am 13. Mai 1984 bei der Feier von Barschels 40. Geburtstag im Russischen Salon in der Schillerstraße auf ihn angesetzt. Wehr »verlangte, daß ich mit Barschel ins Bett gehe«. Etwa 50

Personen feierten den Geburtstag. Am frühen Abend ging der CDU-Politiker mit Sabine Bergholz im Kurhausgarten spazieren. »Er war gleich wieder mit der Hand an meiner Brust. Rief immer: ›Wo ist denn hier die Stasi?‹ Ich fand ihn übel. Er wollte gleich mit mir in sein Zimmer im Neptun. Aber ich konnte ihn noch mühsam zum Restaurant zurücklotsen. Natürlich nur mit dem Versprechen, ich würde mir sein Angebot überlegen. Um 23 Uhr bin ich dann einfach abgehauen.« Danach erklärte Sabine Bergholz ihrem Führungsoffizier: »Für den gebe ich mich nicht her.« Ein Jahr später, im Dezember 1985, stand Barschel vor ihrer Wohnungstür in Rostock. »Ich war nicht zu Hause, kam, als die Autokolonne gerade wegfuhr. Barschel hatte Stunden in einem VW-Bus vom Hotel Neptun vor meinem Haus auf mich gewartet. Die Nachbarn redeten nur noch darüber. Ich war stocksauer. Wo der Kerl meine Adresse her hatte, weiß ich bis heute nicht. Ich habe mich im Hotel beschwert. Daraufhin schenkte mir die Hoteldirektion ein Leder-Taschenset, ich sollte die Sache vergessen. Auch vor der Stasi hatte ich dann Ruhe.«[223]

Bei den geheimen Zusammenkünften im Neptun, so berichtete Silvia Ritz in ihrer Aussage weiter, seien nicht nur die beiden aus Berlin, sondern »auch Personen aus der BRD anwesend, die aber keine Zimmer im Neptun gebucht hätten«. Nach Angaben des Barleiters seien sie aus Süddeutschland. »Einer wurde von Dr. Barschel mit Herr Schreiber angesprochen. Der andere BRD-Bürger habe einen komischen Namen, Huxelberg o. ä. Der wohne jedoch in Frankfurt am Main und habe dort eine Firma.« Bei den Besuchen von Barschel kontrolliere die Stasi nicht wie sonst üblich alles, sondern alle »täten so, als ob es das nicht gebe. Nur Dr. Barschel selber halte sich nicht an die Geheimhaltung. Unter Alkoholeinfluss habe er schon mehrfach seine Identität preisgegeben.«[224]

Der Barchef habe weiter erzählt, es sei mit Sicherheit keine saubere Sache, die da laufe. Die DDR-Leute jedenfalls seien beim MfS. Manchmal würden sie auch mit Barschel wegfahren und kämen erst Stunden später zurück. Auch sei Barschel schon in Gera und Jena gewesen. Dies habe er bei einem Gespräch zwischen Barschel und dem BRD-Bürger Schreiber an der Hotelbar mitbekommen. »Der Freund der Richnow habe einen sehr engen Kontakt zum Leiter des Hotels. Dieser habe ihm im Vertrauen und mit Hinweis auf die absolute Geheimhaltung erzählt, Dr. B. würde illegale Geschäfte mit der DDR im Auftrag der BRD-Regierung vorbereiten. Er vermute, diese laufen über das MfS. Jedenfalls habe er schon gesehen, wie Diplomatentaschen ausgetauscht würden, allerdings nicht mit Dr. B., sondern mit den BRD-Personen.«[225] Der Hotelleiter habe seinen Freund gewarnt. Er solle im Barbereich vorsichtig sein, sonst bekäme er Ärger.

Generalmajor Robus übergab Silvia Ritz am Ende 200 Mark. In seiner Bewertung hielt er fest, dass sie für eine konspirative Zusammenarbeit geeignet sei und keine Probleme damit habe. Ihre Motive hierfür seien Abenteuerlust, materielle Interessiertheit, Hoffnung auf berufliche Unterstützung und eine positive Einstellung zur DDR.[226] Die Information wurde »unter strengster Einhaltung der Konspiration« an die MfS-Kreisdienststelle Eisenach weitergeleitet. Für Silvia Ritz wurde eine IM-Akte angelegt – mit einer wichtigen Einschränkung: »Zum Komplex Dr. Barschel dürfen keinerlei Informationen in der Akte der R. auftauchen.« Silvia Ritz wurde nach innen und außen komplett abgeschattet: keine Treffen im Kreisgebiet oder beim VPKA (Volkspolizei-Kreisamt), alle Kontaktaufnahmen nur nach Rücksprache. Den Beteiligten war die Brisanz des Vorgangs also voll bewusst. Auch die detaillierten Angaben von Silvia Ritz sprechen für ihre Glaubwürdigkeit.

Mit »Herrn Schreiber« könnte der westdeutsche Waffenlobbyist Karlheinz Schreiber gemeint gewesen sein, ein Intimus von Franz Josef Strauß und eine Schlüsselfigur der CDU-Spendenaffäre, der unter anderem den Verkauf von Flugzeugen, Hubschraubern und Panzern vermittelte und in den 80er Jahren von Thyssen für Rüstungsprojekte Provisionen in Höhe von 15 Millionen Euro erhielt. Schreiber hatte auch enge Kontakte zum Bundesnachrichtendienst und nutzte ihn als Türöffner für Waffengeschäfte. Später drohte Schreiber dem BND mit Enthüllungen über die »Nicaragua-Affäre« – gemeint ist Iran-Contra –, als er sich strafrechtlicher Verfolgung ausgesetzt sah.[227] Dies ist ein Hinweis darauf, dass er tatsächlich in die Deals in Rostock eingebunden war.

Die Aussagen von Silvia Ritz zeigen, dass Barschel die Überwachungsmaßnahmen des MfS gleichgültig waren. Er bewegte sich völlig ungeniert und zeigte keinerlei Furcht, in kompromittierenden Situationen observiert und anschließend erpresst zu werden. Dies deutet auf eine spezielle Verbindung zur DDR-Führung hin, die ihm ein Gefühl der Unantastbarkeit vermittelte. Außerdem sind die Informationen von Silvia Ritz zum Kontakt von Schreiber und Barschel weitere Belege dafür, dass dieser zur politischen Absicherung verdeckter Iran-Contra-Aktivitäten beigetragen und bei illegalen Geschäften in der DDR im Auftrag der Bundesregierung gehandelt hat. Wiederum handelt es sich bei den zitierten Dokumenten um Akten, welche die BStU entweder nicht besitzt oder nicht vorgelegt hat.

Die Angaben von Silvia Ritz bestätigte am 15. Dezember 1994 die Journalistin Christina Wilkening in ihrer Vernehmung durch Heinrich Wille, den Leitenden Oberstaatsanwalt in Lübeck. Wilkening war damals freie Mitarbeiterin des WDR, stellte umfangreiche Recherchen in MfS-Kreisen an und hatte aufgrund ihrer Biografie gute interne DDR-Kenntnisse.[228] In der Befragung durch Kriminalhauptkommissarin Pohl-Winterberg bat sie um Zusicherung der Anonymität, da sie den betroffenen Personenkreis als äußerst gefährlich einstufe und mit einer Bedrohung für Leib und Leben rechne. Allerdings gab sie später ihre Aussage als förmliche Zeugenvernehmung frei. Darin ging Christina Wilkening darauf ein, dass sich Barschel MfS-Kreisen zufolge mehrfach im Hotel Neptun aufgehalten habe. Auch sein Freund, der Bauunternehmer L., sei dort ein- und ausgegangen. Der DDR-Devisenbeschaffer Schalck-Golodkowski hatte den Angaben zufolge im Neptun die Zimmer 1724, 1725 und 1726 dauerhaft gebucht. Der Generaldirektor des Hotels, Klaus Wenzel, sei Inoffizieller Mitarbeiter des Geheimdienstes gewesen und habe den Decknamen »Wimpel« geführt. Klaus Wenzel, so heißt es in der Aussage, »soll die Bemerkung gemacht haben: ›Wenn jemand ein Schiff kaufen will, dann rufe ich den Junge an (gemeint ist Claus-Dieter Junge, Generaldirektor der Schiffscommerz, Deckname IM »Kröger«, d.A.). Wenn jemand Waffen kaufen will, dann rufe ich den Seidel an (gemeint ist Manfred Seidel, Stellvertreter von Schalck-Golodkowski, d.A.).‹ Dr. Uwe Barschel soll sich in dem Hotel ›Neptun‹ u.a. mit Manfred Seidel getroffen haben.«[229] Die operativen Geschäfte seien aber mit dem Stasi-Oberst Peter Feuchtenberger abgewickelt worden, der zu dieser Zeit persönlicher Referent von Markus Wolf, dem stellvertretenden Minister für Staatssicherheit, gewesen ist und unbestätigten Meldungen zufolge am Tag von Barschels Tod in Genf gewesen sein soll.[230] Peter Feuchtenberger sei ein Geschäftspartner von Manfred Seidel gewesen. »Die geschäftliche Verbindung zwischen Feuchtenberger und Dr. Uwe Barschel soll im militärisch-technischen Bereich gewesen sein.«[231]

Christina Wilkening hat aber in MfS-Kreisen noch mehr über Waffengeschäfte zwischen West und Ost gehört: »In dem Hotel ›Neptun‹ traf sich regelmäßig ein sog. ›Warnemünder Kreis‹. In diesem ›Warnemünder Kreis‹ wurden auch Waffengeschäfte besprochen.«[232] Klar ist, dass die Angaben zu Claus-Dieter Junge (IM »Kröger«), der dem Warnemünder Kreis angehört haben soll, in seiner Stasi-Akte belegt sind. Danach war Junge für die DDR auch im Westhandel tätig und hat unter anderem Tarnfirmen auf Gran Canaria betrieben. Der Direktor des Hotels, Klaus Wenzel (IM »Wimpel«), wollte sich 2007 zu den Vorgängen nicht mehr äußern und wies darauf hin, dass er nach damals geltendem DDR-Recht keine strafbaren Handlungen begangen habe.[233] In seiner Befragung vor dem Schalck-Untersuchungsausschuss bestritt Wenzel, Barschel je getroffen zu haben. »Wenn ich ihn getroffen hätte, wäre ich doch schon tot!« Zweifel an dieser Einlassung sind nach den Hinweisen von Christina Wilkening durchaus berechtigt: »Außerdem habe ich von MfS-Leuten gehört, daß sich Dr. Uwe Barschel im Hotel ›Neptun‹ mit seinen guten Beziehungen zu verschiedenen Geheimdiensten gebrüstet haben soll. Da im Hotel ›Neptun‹ meistens auch Geheimdienste logierten, sollen diese Bemerkungen von Dr. Uwe Barschel unangenehm aufgefallen sein. Wie ich bereits sagte, müßten diese Angaben von dem Hoteldirektor Wenzel bestätigt werden können.«[234] Wenn die Angaben von Wilkening stimmen, hat Wenzel die Abgeordneten des Bundestages vorgeführt. Er muss gewusst haben, dass seitens der Bundesregierung das Interesse an öffentlicher Aufklärung faktisch nicht vorhanden war.

Es folgt in der Aussage von Wilkening ein weiterer Hinweis auf Waffengeschäfte: »Aus MfS-Kreisen ist mir außerdem bekannt, dass Dr. Uwe Barschel mit einem Michael Wischnewski, FC Gerlach, ebenfalls geschäftliche Kontakte gehabt haben soll. FC Gerlach war eine Firma der HVA (Hauptverwaltung Aufklärung des MfS, d. A.), die parallel zu Schalck Geschäfte mit Waffen tätigte. Diese Geschäfte waren u. a. als Lebensmittelgeschäfte getarnt und wurden über die nordischen Länder abgewickelt.« Ein Hinweis, der ebenfalls als bestätigt gelten kann[235] – und ein Hinweis auf die Nord-Süd-Pipeline der Waffenschieber. Mehrere MfS-Mitarbeiter haben in Vernehmungen diese blockübergreifenden Waffengeschäfte bestätigt und darauf hingewiesen, dass BND-Agenten über diese Deals informiert waren. So sei die Lieferung von Munition über Schweden und Finnland sowohl durch Deutschland und Österreich als auch durch die DDR »mit der Deckung des BND erfolgt«.[236] Nur ein kleiner Personenkreis wusste Bescheid.

Eine Razzia in Malmö

Am 29. September 1985 gelang Ermittlern des schwedischen Zolls ein großer Coup. An diesem Tag durchsuchten sie die Büros des schwedischen Geschäftsmannes Karl-Erik Schmitz. Bei seiner undurchsichtigen Handelsgesellschaft Scandinavian Commodities AB fanden sie eine Schießpulver-Bestellung der Islamischen Republik Iran, unterzeichnet von Ayatollah Khomeini. Sie war datiert auf den 11. August 1983 und betraf 3 000 Tonnen Schwarzpulver im Wert von 26 Millionen Dollar. Mehrere Unternehmen des bereits angeführten europäischen Sprengstoff- oder Munitionskartells hatten sich die Lieferung aufgeteilt. Die Razzia war Teil einer Serie von Ermittlungen gegen schwedische Firmen und deckte ein verzweigtes Geflecht in der europäischen Geschäftswelt auf, das im Zusammenhang mit Oliver Norths Irangate-Netz Waffen an den Iran schmuggelte. Bei diesen Durchsuchungen fielen dem Zoll in Schweden umfangreiche Akten in die Hände, die Verstöße gegen schwedisches Recht – das Waffenlieferungen in Konfliktgebiete streng untersagt – sowie gegen Gesetze fast aller europäischen Länder dokumentierten. »Die ursprüngliche Quelle der Enthüllungen in Europa«, schreibt William Engdahl, »war Schweden.«[237]

Bereits am 28. September 1984 hatte der schwedische Zoll Amtshilfe für deutsche Zollermittler geleistet und die Firma AB Bofors Nobelkrut durchsucht. Sie kontrollierten zweifelhafte Exportbescheinigungen für Eisenbahnwaggons mit 80 Tonnen des Sprengstoffs Pentryl (Trinitrophenylnitraminethylnitrat). Der Güterzug war ein halbes Jahr zuvor, im März 1984, in Passau angekommen. Der deutsche Zoll schöpfte sofort Verdacht. Den Zollerklärungen zufolge sollte die Ladung mit dem Zug an die Armaturen GmbH im österreichischen Schwanenstadt gehen. Nun bestätigten die Ermittlungen in Schweden, dass die Lieferung von Bofors im schwedischen Karlskoga stammte. Ein Telex-Auftrag vom 29. November 1983 zeigte aber klar und deutlich, dass die Ladung für den Seetransport vorbereitet war – angesichts dessen, dass Österreich ein Binnenstaat ist, völlig unsinnig. Am 2. Februar 1984 hatte Bofors eine Exportgenehmigung der Kriegswaffenkontrollbehörde des schwedischen Außenministeriums erhalten, die damals von Konteradmiral Carl Algernon geleitet wurde. Nun zeigten die Bofors-Ermittlungen, dass die Ladung von der Spedition Doubek in Passau neue Frachtpapiere bekommen hatte und dann zur Spedition Elbclearing in Stade an der Unterelbe zurückgeschickt werden sollte. Es war geplant, sie in Stade am 28. März 1984 an Bord der MS Anneliese Olsmann zu bringen. Am 29. April 1984 sollte eine zweite Lieferung auf die MS Nikiforos gehen. Beide Schiffsladungen waren bestimmt für die Firma Établissements Industriels de Défense im syrischen Damaskus.

Die Armaturen GmbH hatte die illegale Lieferung umgeleitet über eine andere Firma, die Panalpina in Hamburg und im österreichischen Linz. Auf dieser Basis stellte der Bezirksstaatsanwalt Stig L. Age im schwedischen Örebro am 20. März 1984 dem schwedischen Zoll einen Durchsuchungsbefehl für AB Bofors Nobelkrut aus. Bei der Razzia fanden Zollbeamte Lieferaufträge der iranischen Regierung und einen Bericht über den Besuch von Firmenvertretern am 5. September 1983 beim Verteidigungsministerium in Teheran. Ein gutes Jahr später, am 17. April 1985, genehmigte Age eine zweite Razzia. Wieder wurde eine große Zahl von Dokumenten aus den Jahren 1980 bis 1985 sichergestellt. Schließlich brachten am 13. Juni 1985 Zollbeamte 50 Tonnen Schießpulver von Bofors auf. Sie sollten über die italienische Firma Tirrena Industriale SPA an den Iran gehen. Diese Beschlagnahme wiederum war für die schwedische Polizei der Anlass für die Razzia in den Geschäftsräumen von Karl-Erik Schmitz in Malmö.

Im November 1984, so schreibt Kenneth Timmerman, durchsuchten Zollbeamte auch die Zentrale von Nobel Chemie. »Wir fanden haufenweise Korrespondenz zwischen Nobel und Iran«, berichtete ein Ermittler, »also haben wir weitere Unternehmen durchsucht, und wir entdeckten eine richtige Schweinerei.«[238]

Bereits die Razzia bei der Scandinavian Commodity AB hatte wichtige Hinweise zu den Geschäften von Schmitz mit Firmen in England, Norwegen, den Niederlanden, Westdeutschland, Belgien, Österreich, Frankreich und Italien ergeben. So kamen Einzelheiten des Sprengstoffkartells ans Licht. Es stellte sich heraus, dass Schmitz einer der wichtigsten Waffenlieferanten des Iran war. Von Südschweden aus hat er Deals für Teheran im geschätzten Umfang von 600 Millionen Dollar auf den Weg gebracht.

Das Netzwerk der Waffenhändler

20 Jahre lang war Schmitz damals schon im Geschäft mit dem Iran unter dem Schah-Regime. Er blieb es auch nach der Revolution. 1982 trat er in schwedischen Unternehmerzirkeln als Verkaufsagent der staatlichen iranischen Ölgesellschaft NIOC auf. Geschäftsleuten kam es

merkwürdig vor, dass ein unbekannter kleiner Händler nun Generalvertreter für iranisches Öl sein sollte. Das weckte den Verdacht, er sei nur der Strohmann für viel weiter reichende Interessen.

Die riesige Nachfrage des Iran nach Artilleriegranaten wollte Schmitz zunächst aus südafrikanischer Produktion befriedigen. Aber im Juni 1984 unterzeichnete Pretoria einen Vertrag mit dem Kriegsgegner Irak und stoppte die Lieferungen. Nun wandte sich Schmitz an ein weithin unbekanntes Kartell, der 1975 in Brüssel gegründeten European Association for the Study of Safety Problems in the Production of Propellant Powder (EASSP). Die EASSP wurde so zu einem Deckmantel für Unternehmen, die nach Ausbruch des Golfkrieges Iran und Irak gleichermaßen belieferten und zu deren Kern 13 große europäische Rüstungsfirmen gehörten, darunter Nobel Chemie in Holland, Forcit und Kemira in Finnland, Rio Tinto und Snia BPD in Italien, Vinnis in der Schweiz und die Vass AG in Westdeutschland. Schmitz registrierte seine Frachter in Dänemark, belud sie mit Schießpulver für den Iran und schickte sie durch den Suezkanal. Damit bei der Passage die ägyptischen Behörden keinen Verdacht schöpften, wiesen gefälschte Frachtpapiere Kenia als Ziel der Ladung aus. Er verkaufte Pulver aus Schweden, Holland und Deutschland an Jugoslawien, kaufte es zurück und verkaufte es weiter an den Iran. Er fälschte Endverbraucherzertifikate und Frachtrechnungen. Er verschleierte beim Grenzübertritt Herkunft und Ziel der Ladungen. Schmitz, so schreibt Timmerman, hatte die Finger in Dutzenden solcher Geschäfte: »Obwohl die Firma Scandinavian Commodities ihren Sitz in Malmö hatte, war er ein Händler auf Weltniveau.«[239]

Die schwedischen Ermittler leiteten die beschlagnahmten Unterlagen an die betroffenen Länder weiter. Doch abgesehen von der Klage einer Friedensgruppe in Bremerhaven gegen Dynamit Nobel Deutschland im Jahr 1987 passierte in der Bundesrepublik nichts; das Außenministerium unter Hans-Dietrich Genscher bremste damals alle Untersuchungen aus. Vielmehr konnte der unter Ermittlungsdruck geratene Schmitz einen Teil seiner Aktivitäten nach Deutschland auslagern. So sagte er den beschlagnahmten Dokumenten zufolge am 1. Oktober 1984 seinem Vertragspartner in Teheran, Oberst M. Ansarian von der staatlichen Organisation für Rüstungswirtschaft, zu, die Bestellung Nr. 160143/1 über 70 000 Zünder von Dynamite Nobel Deutschland in Troisdorf bei Bonn herstellen und liefern zu lassen. Sie wurden mit einer normalen Lufthansa-Frachtmaschine Anfang

Dezember von Frankfurt nach Teheran geflogen. Das damals mehrheitlich staatseigene Unternehmen führte als einzige westliche Fluggesellschaft Linienflüge nach Teheran durch. Dies wirft die Frage auf, ob die Bundesregierung an den Lieferungen direkt beteiligt war. Per Schiff wurden Sprengstoff und Rüstungsgüter ebenfalls via Deutschland ausgeliefert.[240] Auch die Behörden in Österreich und Frankreich ließen sich bei den Ermittlungen Zeit. In Schweden dagegen erhob Bezirksstaatsanwalt Age am 26. Mai 1987 Anklage gegen Schmitz und acht Beschäftigte von Bofors.

Im Dezember 1985 wurde das Kartell auf frischer Tat ertappt. Der schwedische Zoll fing eine Schiffsladung von 26 Tonnen Schießpulver von Nobel Chemie ab. Sie sollte von Trelleborg über die DDR an den Iran gehen. Doch Schmitz, der Strippenzieher der Schwarzmarktgeschäfte, ließ sich nicht stoppen. Auch der Mord an Olof Palme am 28. Februar 1986 hielt ihn nicht auf. Als die Behörden den schwedischen Pulverlieferungen an den Iran 1986 ein Ende setzten, suchte er, so ein Ermittler, in allen Ecken Europas neue Lieferanten: »Schmitz ging nach Holland, Belgien, Spanien, Italien, Griechenland und besonders nach Israel. Er musste weitermachen, um seinem finanziellen Ruin zu entgehen. Denn er hatte Ausfallbürgschaften von 5–10 % des Gesamtwerts seiner Verträge übernommen.«[241] Seit Oktober 1987 operierte Schmitz von der Schweiz aus. Er nutzte das Bankgeheimnis, und anders als in Schweden und anderen europäischen Ländern waren dort Lieferungen an den Iran nicht verboten. Zusammen mit dem Iraner Makhmoud Kaikhosrovi betrieb er eine Briefkastenfirma in Fribourg, wo zur selben Zeit auch die berüchtigten Iran-Contra-Beteiligten Richard Secord und Albert Hakim eine Reihe von Deckunternehmen hielten. Schmitz' Firma Scancom wies Kaikhosrovi als Geschäftsführer aus. Dessen eigene Firma in Fribourg, INCOTRA, hatte ihre Zentrale in Isfahan, wo Schmitz deren Büros mitnutzte.[242]

Über das belgische Unternehmen Distraco SA, das im Brüsseler Branchenführer als eine Import-Export-Firma für Chemikalien gelistet war, hatte Schmitz auch Verbindungen zum israelischen Mossad, der weite Teile der Waffenlieferungen an den Iran kontrollierte.

Die Behörden in der Schweiz waren über die Aktivitäten von Karl-Erik Schmitz genau im Bilde. Anlässlich einer amtlichen Befragung erklärte Schmitz in einer selbst angelegten Aktennotiz, dass seine Gesellschaft Scandinavian Commodity AB seit Anfang 1970 Werkzeuge und Maschinen für die militärische Industrie und Chemikalien für die Herstellung von Munition an den Iran liefert. In zwei ausführlichen Schreiben bezeichnete der schweizer Gesandte in Stockholm, Jean-Jacques Indermühle, den schwedischen Waffenhändler als »ein zwielichtiges Subjekt« und warnt die Regierung in Bern: »Sollte auch nur ein Bruchteil der Schmitz vorgeworfenen Vergehen zutreffen, wäre dessen legale Präsenz auf schweizerischem Boden schlechthin untragbar. Einem der größten internationalen Waffenschieber (...) darf ganz einfach das schweizerische freizügige Wirtschaftssystem nicht zur Verfügung stehen (Schmitz hat sich im Zusammenhang mit ihm in Karlskoga vorgeworfenen Straftatbeständen auch des schweizerischen Bankensystems bedient).«[243] Die Bundespolizei sah allerdings keine Verletzung der schweizerischen Kriegsmaterialgesetzgebung. Die Behörden in Bern ließen Schmitz gewähren.

Karl-Erik Schmitz und die CIA

Daneben gab es noch weitere Verbindungen von Karl-Erik Schmitz zu Oliver Norths Enterprise-Gruppe. Schmitz nutzte Chartermaschinen der St. Lucia Airways zum Waffenschmuggel an den Iran. In Schweden wurden mindestens zwei solcher Aktionen über diese CIA-eigene Fluggesellschaft aus dem Jahr 1985 enthüllt, bei denen er auf seine Briefkastenfirma Cekado AB zurückgriff. So hat Schmitz am 24. Juli 1985 eine Boeing 707 auf dem Flughafen Lesquin bei Lille in Nordfrankreich mit Schießpulver von Bofors/Nobel aus Schweden beladen lassen. Am 14. August 1985 nutzte er erneut die Dienste der St. Lucia Airways. In Lille wurden 33,1 Tonnen Pulver von der belgischen PRB und der niederländischen Muiden Chemie in zwei Maschinen illegal auf den Weg gebracht. Die Fluggesellschaft gehörte formal Allison Lindo, einer Anwältin auf der Karibikinsel St. Lucia. Geschäftsführer war der in Miami lebende Deutsche Dietrich Reinhardt. Diese CIA-Tarnfirma spielte den Iran-Contra-Ermittlungen zufolge eine zentrale Rolle bei den Waffenlieferungen von Secord, North und anderen.[244]

Bis zum September 1985 konnten die Ermittler bei Schmitz Iran-Geschäfte im Volumen von mehr als 200 Millionen Dollar feststellen. Es ist aber auch gut möglich, dass über seine Bücher Milliarden gelaufen sind. Denn das Munitionskartell hat wahrscheinlich den Löwenanteil von Irans Sprengstoffimport im Wert von jährlich mehr als einer Milliarde Dollar geliefert. Darüber hinaus vermittelte Schmitz den Bau einer iranischen Sprengstofffabrik an Pensers Nobel Industries und vermutlich auch die Lieferung von Boden-Luft-Raketen des Typs RB-70 von Bofors. Teil dieses weltweiten Netzwerks der Waffenschieber waren auch Staatsunternehmen des Warschauer Paktes, die wissentlich an den illegalen Rüstungsdeals von Schmitz beteiligt waren. Im Zentrum stand dabei den schwedischen Ermittlungen zufolge die IMES Import-Export in Ostberlin. Mit Wissen der Stasi hat also die DDR dem Schmuggelnetz von Oliver North zugearbeitet.

Barschel und das Lager der IMES

Die Bezeichnung IMES stand für Internationale Messtechnik Import-Export GmbH und war ein Tarnname. Die Firma war durch eine von Honecker abgesegnete Anweisung von Günter Mittag, dem für Wirtschaftsfragen zuständigen ZK-Sekretär, zum 1. Januar 1982 gegründet worden. Sie hatte ihren Sitz im Internationalen Handelszentrum in der Ostberliner Friedrichstr. 26 und handelte mit Waffen, Munition und militärischem Gerät. Die IMES war der Hauptabteilung II der Kommerziellen Koordinierung des DDR-Devisenbeschaffers Alexander Schalck-Golodkowski zugeordnet. Im Unterschied zur ITA (Ingenieur-Technischer Außenhandel), der Waffenhandelsfirma der Nationalen Volksarmee, die mit gebrauchtem NVA-Material handelte, verfügte IMES über fabrikneue Waffen aus DDR-Produktion oder anderen sozialistischen Ländern. Darüber hinaus betätigte sie sich als Zwischenhändler für Staaten in Krisengebieten, die Probleme hatten, Waffen auf dem Weltmarkt zu erwerben. Das zentrale Waffenlager der IMES befand sich in Kavelstorf bei Rostock, von wo aus die Waffen über den Überseehafen Warnemünde gut verschifft werden konnten.

Dieses Waffenlager der IMES in Kavelstorf führt mit an Sicherheit grenzender Wahrscheinlichkeit zu Uwe Barschel. Denn an jenem Septembermorgen 1983, als Barschel vor dem Neptun zu seinem Fahrer Karl-Heinz Prosch in den Wagen stieg und ihn anwies, einem Lada mit zwei Herren aus der DDR zu folgen, da fuhr der Tross über die Landstraße Richtung Bad Doberan. Prosch sagte später aus:

»Ich glaube, dass wir ca. 20 Minuten unterwegs waren. Noch vor Bad Doberan bogen wir nach rechts von der Landstraße ab. Wir befuhren zuerst einen Sand-, dann einen Plattenweg. Es war dort ziemlich einsam. Ich glaube, nur zwei oder drei Siedlungshäuser rechter Hand gesehen zu haben. Wir gelangten an ein mit Maschendraht umzäuntes Gelände. Innerhalb der Umzäunung befand sich eine große, aus Eternit gebaute Halle. Außerhalb der Umzäunung, in der Nähe der Einfahrt, stand eine Holzbaracke, die seltsam blau, weiß und gelb in senkrechten Teilungen gestrichen war. (…) Auf dem Gelände hielten sich mehrere männliche Personen in Zivil auf. Dr. Barschel ging mit den beiden Männern aus dem Lada in die Halle. Der Fahrer blieb, wie ich auch, in seinem Fahrzeug. Da ich wusste, dass solche Leute nicht mit Westpersonen sprechen durften, unternahm ich auch keinen Kontaktversuch. Unser Fahrzeug stand links neben der Halle, sodass ich nicht durch das große geöffnete Tor in die Halle hineinsehen konnte. Nach ca. 20 Minuten kam Dr. Barschel mit den beiden Begleitern aus der Halle, und wir traten die Rückfahrt zum Hotel ›Neptun‹ an, wobei wir wie auf der Hinfahrt durch den Lada gelotst wurden.«[245]

Prosch war sich – zehn Jahre danach – nicht mehr sicher, ob es sich bei der angefahrenen Halle um das IMES-Lager Kavelstorf gehandelt hat. Aber weit und breit gibt es kein anderes Objekt dieser Art. Barschel jedenfalls, so Prosch, habe sich nie zu dieser Fahrt geäußert.

Das Lagergelände am Ortsrand von Kavelstorf war für die Bürger immer absolute Sperrzone gewesen – rund um die Uhr bewacht, hermetisch abgeriegelt und mit Videokameras kontrolliert. Regen Lkw-Verkehr registrierten sie vor allem nachts, obwohl dort angeblich nur Konsumgüter lagerten. Auch über einen gesonderten Gleisanschluss wurden Waren angeliefert und abgefahren. Ein kleines Schild am Drahtgittertor verriet nur, dass eine Firma IMES Import-Export GmbH mit Sitz in Berlin hier ein Außenlager unterhielt. Aber der Wachmann Torsten Wilhelms aus Börgerende, damals ein linientreuer Soldat der NVA und Kind einer Kommunistenfamilie, wusste es besser. In der Nacht vom 13. auf den 14. April 1984 beobachtete er einen besonderen Vorfall:

»Auffällig war für mich der Kontakt zur BRD. Eines Morgens rollten zwei nagelneue Mercedes-Tanklaster ins Lager. Da sollten wir Schusswaffen verladen. Die Tanks der Lkw wurden als Transportbehälter für Waffen benutzt. Tage zuvor war in einem Mercedes Cabrio ein griechischer Waffenhändler ins Lager gekommen. Der wurde in die Halle geleitet. Sie gingen zu dritt in die Halle, es gab eine Waffenprobe, die haben sich das angeguckt. Der Grieche zeigte sich hochzufrieden und verteilte kleine Whiskeyfläschchen an die Wachleute. Da wurde uns gesagt, dass westliche Geheimdienste eigentlich wissen, was wir hier tun, dass wir das eigentlich gegen die eigene Bevölkerung geheim halten.«

Dass Torsten Wilhelms beim Beladen der Lkw helfen musste, machte ihm schwer zu schaffen. Er, der die Parolen von Frieden und Sozialismus immer für bare Münze genommen hatte, fiel von seinem Glauben ab. Der Vorfall führte zu einem Zerwürfnis mit seinem Vater, der als überzeugter Kommunist seinem Sohn die Geschichte nicht glauben wollte.[246]

Auch anderen fiel etwas auf – beispielsweise dem Bauern Hermann Witt aus Kavelstorf. Der saß oft mit Johannes Walter, dem Chef des Lagers, im Garten und trank Büchsenbier. Büchsenbier – das gab es damals nur selten in der DDR. Später erkannte Hermann Witt auf Bildern einen regelmäßigen Besucher wieder: Alexander Schalck-Golodkowski.

Bürgerrechtler besetzen das Waffenlager

Der Restaurateur und Bürgerrechtler Wolfram Vormelker erinnert sich zudem, dass sich auch »Vertreter alliierter Militärmissionen (…) in Kavelstorf herumgetrieben haben, da waren auch Amerikaner erkennbar«.[247] Er war dabei, als aufgebrachte DDR-Bürger während der turbulenten Wendetage am 2. Dezember 1989 das Lager enttarnten:

»Der Termin wurde auf einer Demo in Rostock bekannt gegeben. Es hatte sich herumgesprochen, dass dies eine Tarnfirma des MfS sein soll. Dann kamen da etwa 400 Leute, und wir haben das Lager förmlich besetzt. Der wachhabende Offizier wollte uns nicht hineinlassen. Da habe ich zu ihm gesagt: ›Wenn Sie mich jetzt erschießen, haben Sie nur noch einen weiteren Menschen auf dem Gewissen.‹ Danach gaben die Stasi-Leute nach. Das Tor ging auf. Wir gingen dann in einen Raum mit 27 Stühlen. Für eine Diskussion wurde eine kleinere Maschinenhalle aufgemacht, IMES-Chef Wiechert war da, Lagerleiter Johannes Walter, auch Wachleute von IMES. Es gab ein Gespräch, was die Lagermannschaft eigentlich macht und ob sie diesen Waffenhandel rechtfertigen kann. Dies dauerte mehr als drei Stunden. Dann wollten wir die große Halle sehen. Sie wurde aufgemacht, und wir waren sprachlos. Ich habe noch nie so viele Waffen und so viel Munition auf einem Haufen gesehen. Später stellte man fest: Das waren 1,7 Millionen Schuss Munition – eine unvorstellbare Zahl. Dann habe ich zwei Koffer gefunden, in denen zwei Waffen waren, supermoderne Dinger der westdeutschen Firma Heckler und Koch mit Laserzieloptik, die da sicher nicht nur zum Spaß gelagert waren, sondern als Vorführgeräte. In der kleineren Halle fanden wir dann die zerschnittenen Bögen mit Zollkennzeichen, irakische, türkische, griechische. Da wurden also die Lastwagen umetikettiert. (…) Junge ist die graue Eminenz gewesen, der hat die Geschäfte gesteuert zusammen mit Schalck und Wenzel – Wenzel vom ›Neptun‹, das war der Dreh- und Angelpunkt. (...) Ich denke, dass die BRD bestimmte Dinge, mit denen sie offiziell nicht handeln konnte, über Kavelstorf abgewickelt hat, und dass Barschel dort ein Mittler, wenn nicht sogar der Hauptmittler war. Das ist meine feste Überzeugung.«[248]

Im Mai 1984 gab es nach Recherchen der *Superillu* mindestens eine Begegnung von Uwe Barschel mit Alexander Schalck-Golodkowski, dem Strippenzieher des millionenschweren illegalen Waffenhandels der DDR, im Ostseebad Dierhagen. Das Treffen fand in der reetgedeckten Doppelhaushälfte des geflohenen Intershop-Chefs Asbeck statt, der ein Mitarbeiter von Schalck gewesen war. Dem Bericht zufolge wurde Barschel in den Abendstunden mit dem VW-Bus des Hotels Neptun ins 40 Kilometer entfernte Dierhagen gebracht. Schalck soll schon da gewesen, Markus Wolf später dazugekommen sein. Schalck selbst dementiert diesen Bericht allerdings.[249]

Nur einen Tag nach der Besetzung des Lagers Kavelstorf, also am 3. Dezember 1989, war Alexander Schalck-Golodkowski abgetaucht. Am 6. Dezember teilten bundesdeutsche Behörden mit, dass Schalck bei der West-Berliner Polizei um Schutzhaft ersucht habe. In der DDR war ein Haftbefehl wegen Unterschlagung und illegalen Waffenhandels ausgestellt worden, nachdem Stasi-Offiziere in Rostock beim Versuch gefasst worden waren, sensible Frachtunterlagen der IMES nach Kuba zu schmuggeln. Einen Tag vorher war es ihnen gelungen, eine Lieferung herauszuschaffen nach Rumänien. Die Bundesregierung lehnte eine Auslieferung von Schalck an die DDR ab. Der gestürzte Devisenbeschaffer übergab dem BND mehr als 800 Seiten Informationen, bezog ein Anwesen am Tegernsee und stellte sich unter den Schutz des Bundesnachrichtendienstes. Im Februar 1990 reichte der BND Alexander Schalck-Golodkowski an die CIA weiter. Er wurde in einem »debriefing camp« in der Nähe von Washington gründlich vernommen. Strafrechtlich verfolgt wurde er von den bundesdeutschen Behörden nicht, und die Bundesregierung hält die Aufzeichnungen der Vernehmungen geheim.[250]

Vormelker erwähnt auch, »dass im Frühjahr 1990 ein Stasi-Mann zu mir ins Rostocker Büro des Neuen Forum kam und erzählte, dass er bei der Staatssicherheit zum Observierungsteam Barschel gehört habe. Er erzählte, dass sie oft zurückgepfiffen worden seien, wenn Barschel kam. Dieser sei auch öfter übers Wasser gekommen.«[251]

Vormelker stellte Nachforschungen im Rostocker Hafen an. Unter Transportarbeitern hörte er, dass bestimmte Züge nur von Spezialtruppen verladen werden durften. Vor Pier 7 wurden Güterwaggons aufgefahren, um Sichtkontakt zu verhindern. Von Kavelstorf aus seien die Waffen über den Rostocker Hafen nach Österreich und die ČSSR und dann ins jugoslawische Bar verfrachtet worden und von dort aus unter anderem auch in den Iran. Vormelker meint sich zu erinnern, dass »mit Sicherheit« auch Karl-Erik Schmitz im Neptun logiert habe und »auch in Kavelstorf gewesen« sei. Tatsächlich verlief eine wichtige Lieferstrecke von Schmitz' Scandinavian Commodities – so zeigen die vom schwedischen Zoll beschlagnahmte Dokumente – über Jugoslawien in den Iran.[252]

Die DDR, Schweden und Iran-Contra

Auch wenn sich für Besuche von Karl-Erik Schmitz in Rostock und Kavelstorf keine weiteren Hinweise finden, so belegen die Berichte des Bürgerrechtlers doch, dass sich dort die Ost-West- und die Nord-Süd-Pipeline des Waffenhandels gekreuzt haben, und zwar mit Wissen und Beteiligung westlicher Geheimdienste. Und die Spur der Nord-Süd-Pipeline führt von Rostock zurück zu Karl-Erik Schmitz. Das zeigen die Ermittlungen des schwedischen Zolls, die Ergebnisse des Iran-Contra-Untersuchungsausschusses und noch immer als geheim klassifizierte und damit geschwärzte Dokumente des MfS, die den Autoren in Klarschrift vorliegen.

Im November 1987, als die brisanten Iran-Contra-Enthüllungen das Weiße Haus erreichten, aber noch vor seinem Gerichtsverfahren wegen Waffenschmuggels mit dem Iran, bestätigte Schmitz die Existenz eines geheimen Waffenhändlerkartells, das jahrelang Einrichtungen in NATO-Ländern und in Staaten des Warschauer Paktes umfasste: »Jedermann hat dieses Geheimnis bewahrt, bis der schwedische Zoll wie ein Elefant im Porzellanladen herumtrampelte und alles zerstörte.«[253] Die schwedischen Prozessakten belegen, dass Rüstungsunternehmen wie Bofors-Nobel mindestens seit 1981 die IMES benutzt hatten. Denn im Frühjahr 1981 bahnte AB Bofors Geschäftskontakte mit dem finnischen Unternehmen Sevico Oy in Aabo an. Es ging um ein kompliziertes Dreiecksgeschäft mit der IMES. Ein Vertreter von Bofors-Nobel, Thorbjörn Evardsen, wurde bei Sevico in Aabo platziert und sollte die Transaktionen steuern. Ein weiterer Strang des absichtlich verwirrenden Geflechts führte zur Dynamit Nobel Wien GmbH in Österreich. Weil nach schwedischem Recht Waffenexporte in Kriegsgebiete verboten waren, wurden die Sprengstofftransporte umdeklariert zum Beispiel in »zivile« Sprengstoffe oder »Industriechemikalien« und nach Österreich exportiert, von dort aber re-exportiert nach Fürstenberg an der DDR-Grenze. Von Fürstenberg wurden sie in ein Lager der IMES gebracht, gegen eine hohe Provision erneut umdeklariert und in den Iran verschifft. Im April 1989 bestätigte Schmitz das Verfahren: »Dies ist ein Netzwerk. Es gibt dabei sogenannte ›rote‹ und sogenannte ›grüne‹ Länder. Wenn es verboten ist, in ein ›rotes‹ Land zu exportieren, dann ist es üblich, einfach über ein ›grünes‹ und legales Land zu exportieren. Dann wird das Material weiter verfrachtet in ein ›rotes‹ Land«.[254]

Das weltweit agierende Waffenschmugglernetz des Karl-Erik Schmitz in Malmö war, so John Covici, »vollständig integriert in die Netzwerke des ›Enterprise‹ von North und Secord«. Schwedische Ermittler stellten rundheraus fest, »dass das Netzwerk von Schmitz und jenes von Ollie North ein und dasselbe ist«.[255] Das belegt nicht zuletzt die *Pia Vesta*-Affäre, in der sowohl die CIA als auch die IMES zentrale Schaltstellen sind, worauf wir gleich noch zu sprechen kommen. Dokumente des National Security Council der USA zeigen, dass die geheime Gruppe um Oliver North und John Poindexter am 28. April 1986 zwei Vertreter nach Kopenhagen schickte – Albert »Abe« Hakim und den ehemaligen CIA-Agenten Tom Clines.

Über Willard Zucker, einen Treuhänder in Genf, legten sie drei Gesellschaften auf: Energy Resources International für Waffenkäufe, Lake Resources Inc. in Panama mit einem Konto bei der Genfer Crédit Suisse und Hyde Park Square Corp. Zucker sagte später aus, dass Millionen Dollar über deren Konten liefen – und in die Taschen von Hakim und Secord. Hakim, Secord und Clines schlugen üblicherweise auf den Preis der Waffenladungen 20 Prozent drauf und teilten den Profit unter sich auf. Das Team war perfekt. Drei Männer – ein Ziel: Geld.

Erria *und* Pia Vesta

In Kopenhagen gründeten Clines und Hakim ein Netz von Scheinfirmen: Mit einem dieser Unternehmen, der Briefkastenfirma Dolmy Business Inc. mit Sitz in Panama, kauften sie am 28. April 1986 ein Schiff, die *Erria* – und zwar von der Compagnie de Services Fiduciaires (CSF), die dem US-Steueranwalt Willard Zucker gehörte, einem Repräsentanten der New Yorker Kanzlei Willkie Farr & Gallagher und zugleich Treuhänder für alle möglichen Scheinfirmen in der Schweiz. Zucker managte dem Iran-Contra-Untersuchungsbericht zufolge von Genf aus über seine CSF alle Finanzgeschäfte der Enterprise-Tarnfirmen in der Schweiz.[256]

In diesem Report wird auch festgestellt, dass die *Erria* im Auftrag der CIA Ostblockwaffen für die Contras aus dem polnischen Stettin, dem portugiesischen Setubal und dem israelischen Haifa nach Mittelamerika brachte.[257] In die Aktion waren deshalb auch die Israelis eingebunden. Im September 1986 traf Oliver North den israelischen Verteidigungsminister Rabin, der vorschlug, Ostblockwaffen von Israel mit der Erria zu den Contras zu schaffen – ein Angebot, das auch angenommen wurde. Bei einem zweiten Treffen wollte Rabin wissen, »ob wir irgendeinen Bedarf haben für Ostblockwaffen und -munition, die er bereitstellen könne«. Weiter erkundigte er sich, ob die Erria das Mittelmeer schon verlassen habe. Als er von North erfuhr, dass sich das Schiff in Lissabon befände, empfahl Rabin, es könne doch in Haifa anlegen und »alles aufnehmen, was man aus einer beschlagnahmten Schiffsladung für die PLO zusammenstellen könne«.[258]

Am 6. Mai 1986, eine Woche nach dem Besuch von Clines und Hakim in Kopenhagen, verließ ein anderer Küstenfrachter den Rostocker Hafen: die *Pia Vesta.* Sie war einen Tag zuvor beladen worden mit 32 Militär-Lkw Typ Robur plus Ersatzteilen, 1 500 AK-47-Sturmgewehren und 1 440 RPG-18-Raketen aus DDR-Produktion. Der Wert der Lieferung wurde in einem streng vertraulichen Dokument der IMES mit 3,6 Millionen Valutamark angegeben.[259]

Die *Pia Vesta* verließ Rostock mit Endnutzerbescheinigungen, auf denen die Fracht falsch deklariert war als »Spezialfahrzeuge und Ersatzteile«. Die IMES nannte als Zielort Peru. Besteller war eine Briefkastenfirma in Uruguay namens Marnix, die wiederum im Auftrag der Tarnfirma Star Production in Genf handelte. Zwar hatte die Star Production, die als Hersteller von Kassetten und Kinderfilmen firmierte, die IMES für die *Pia-Vesta*-Lieferung bezahlt, kurioserweise aber kam das Geld von der Banco Arabe Español in Madrid, deren Chef Abdulla A. Saudi war, ein früherer Direktor der libyschen Nationalbank. Unklar ist, warum eine von Gaddafi kontrollierte Bank einen Deal des Nationalen Sicherheitsrats der USA zur Lieferung von Waffen aus Ostblock-Ländern an die Contras finanzierte.

Mysteriös sind auch die Umstände, die zur Rückkehr der *Pia Vesta* auf ihrer Fahrt nach Peru in den Hafen von Balboa in Panama führten. Am 14. Juni 1986 durchsuchten panamaische Regierungsbehörden das

Schiff. Angeblich handelten sie auf direkten Befehl von General Manuel Noriega, der seinerseits vom peruanischen Präsidenten Alan García alarmiert worden sein soll. Sie entdeckten die Waffen und die gefälschten Endverbleibszertifikate und beschlagnahmten die *Pia Vesta.* Eine Untersuchung des Senats von Peru kam zu dem Ergebnis, dass das Schiff eine Waffenlieferung für die Contras in Nicaragua transportierte.

Eingefädelt worden war der Deal von einem Bundesbürger namens Werner Kobbe, Chef der Firma Eurokommerz, als er sich im Frühjahr 1985 im Neptun in Warnemünde aufhielt. In bis heute klassifizierten Unterlagen des MfS heißt es:

»Offensichtlich ist er mit Genossen Wenzel, Direktor des Interhotels, bekannt. Jedenfalls übergab er diesem eine Spezifikation von militärischen Erzeugnissen mit der Bitte, einen Kontakt zu Lieferanten der DDR zu vermitteln. Kobbe hat sein Hauptbüro in Georgia/USA und lebt dort mit einer US-Amerikanerin zusammen, mit der er auch Kinder hat. Genosse Wenzel informierte Genosse Seidel. Genosse Seidel empfahl der Imes, Kontakt zu Kobbe aufzunehmen und sich den Mann anzuhören. Das erste Gespräch mit Kobbe fand am 26.4. im Palasthotel statt und wurde durch Genossen Husemann geführt. Dort erwähnte Kobbe, dass er über umfangreiche geschäftliche Kontakte in vielen europäischen Ländern verfüge. (…) Am 26.4.85 habe er einen Vertrag (…) unterschrieben und wird kurzfristig ein eigenes Büro im IHZ (Internationales Handelszentrum in Ostberlin, d. A.) erhalten.«[260]

Es gibt darüber hinaus weitere Hinweise, dass ein Waffenhändler namens David Duncan in Miami hinter dem Deal stand. Denn ein Memo vom 17. März 1986 von Clines an North erwähnt unter den Lieferanten der Contras im Dienste von Secord auch einen »Peter a.k.a. Pablo Duncan«.[261] Tatsächlich schickte Duncans Firma General Equipment am 28. März 1986 ein Telex an den Zoll von Peru über die Auslieferung und den Weiterverkauf der *Pia Vesta*-Fracht.

Die Presse in Panama druckte ein Telefonat von Duncan wörtlich ab, dem zufolge er für die CIA tätig war. Die Waffen sollten auf einem Transportweg von Richard Secords Tarnfirma Stanford Technologies von El Salvador zu den Contras gebracht hat werden.[262] Man kann den *Pia-Vesta*-Deal deshalb als Inszenierung der CIA bezeichnen. Als Zwischenhändler waren der in Madrid lebende westdeutsche Waffenhändler Heinz Pollmann, ein ehemaliger Angehöriger der Waffen-SS, und sein Schweizer Partner Raymond Bueur eingeschaltet worden, die die Firma VUFAG in Genf unterhielten. Als eine Art Gutachter brachten sie am 15. April 1986 einen José Gomez mit nach Ostberlin. Doch es gab

Komplikationen mit den DDR-Grenzorganen. Der Einreise wurde zwar stattgegeben, aber sein nagelneuer französischer Pass nicht gestempelt. Genau dies wurde zum Problem. Denn José Gomez sollte die Inspektion der Ware durchführen, konnte aber nun wegen des fehlenden Stempels bei seinen Auftraggebern nicht nachweisen, dass er in der DDR war. Als Ersatz erhielt er ein Schreiben der DDR-Fluggesellschaft Interflug, das von der IMES bestätigt wurde. Dies war erforderlich, damit die AREG-Bank in Spanien die Bezahlung der Lieferung freigab.

Barschel – der Treuhänder

Eine Verbindung zwischen Uwe Barschel und der Affäre *Pia Vesta* lässt sich nicht nachweisen. Interessant ist aber die Rolle von José Gomez. Bis heute geheim gestempelte Stasi-Dokumente zeigen, dass es bei solchen Waffengeschäften einen Treuhänder gab, der in der DDR die Ware zu überprüfen und Zustand und Vollständigkeit zu verbürgen hatte. Und genau dies, so der Chefermittler im Falle Barschel, der damalige leitende Oberstaatsanwalt Heinrich Wille, war die Funktion von Uwe Barschel:

»Dass er wirklich als aktiver Waffenhändler gedealt hat, ist nicht belegt. Es ist vorstellbar, es ist möglich oder auch nicht. Nach meiner Theorie ist es so, dass er quasi eine Notar-Funktion hatte. Bei Geschäften dieser Art bedarf es solcher Persönlichkeiten, die dann auch garantieren, dass dieser Austausch funktioniert. Das ist ja ein heikles Geschäft. Da werden Leute unter Umständen auch betrogen. Da muss es jemanden geben, auf den sich beide Seiten verlassen können, und dieses passte aufgrund seiner Kontakte auf Uwe Barschel. Und das gibt auch eine plausible Erklärung für sein Doppelleben.«[263]

Belegt ist, dass Barschel ein Waffenlager aufgesucht hat. Belegt ist auch, dass er im Hotel Neptun an illegalen Geschäften beteiligt war, in die auch der Direktor Klaus Wenzel als Kontaktmann eingebunden war. Weiter wissen wir, dass Barschel Kontakte zur CIA gehabt hat, durch die offenbar der *Pia Vesta*-Deal inszeniert wurde. Belegt ist ferner, dass die Finanzierung über Tarnfirmen und Bankkonten in der Schweiz abgewickelt wurde und dass Barschel sich gerade zu dieser Zeit häufig in der Schweiz aufgehalten hat. Schließlich zeigt die Affäre *Pia Vesta*, dass das Internationale Handelszentrum und das Außenhandelsministerium der DDR in Ostberlin beteiligt waren. Auch dort hat sich Barschel nachweislich aufgehalten. »Erst gegen Ende des Iran-Irak-Krieges, im August 1988«, so Abolhassan Banisadr, »haben mich meine Quellen im Iran informiert, dass eine der Personen, die in die geheimen Waffenverkäufe an den Iran verwickelt waren, Uwe Barschel in Deutschland war.«[264]

Die Staatsanwaltschaft Lübeck hat die umfangreiche Reisetätigkeit von Uwe Barschel in die DDR dokumentiert. Danach konnte die Stasi-Unterlagen-Behörde 19 Fahrten ermitteln: vom 20. bis zum 24. August 1979 als Finanzminister von Schleswig-Holstein in die Bezirke Dresden und Cottbus; vom 3. bis zum 8. März 1981 als Landesinnenminister in die Bezirke Magdeburg und Halle; vom 11. bis zum 15. Mai 1982 ebenfalls als Innenminister nach Rostock und vom 1. bis zum 4. Juni 1982 nach Magdeburg, Leipzig, Erfurt und Halle. Am 17. Januar 1983 folgte eine Reise nach Zürich als Ministerpräsident, direkt darauf, am 30. Januar 1983, dann eine Transitreise Zarrentin–Staaken–Zarrentin mit Besuch in Ostberlin; am 16. Juni eine Reise nach Zürich; am 11. Juli 1983 nach Genf, angeblich zu einem Treffen mit Heinz-Dietrich Leiser im Hotel de La Paix – was Leiser heftig bestreitet. Am 23. August 1983 ging es nach Zürich und am 30. August nach Genf; am 2. September fuhr Barschel wieder nach Zürich, ebenso am 7. September 1983; nur einen Tag später, am 8. und 9. September 1983, folgte eine Reise in die DDR-Bezirke Rostock, Schwerin und Potsdam sowie nach Ostberlin, am 10. September 1983 Grenzübertritt Staaken; am 10. und 15. Dezember 1983 flog Barschel jeweils nach Zürich; vom 24. bis zum 28. April 1984 reiste er nach Dresden, Karl-Marx-Stadt, Gera, Jena, Potsdam und Ostberlin. Am 15. September Zarrentin–Staaken und am 16. September 1984 eine Transitreise Zarrentin–Staaken; dann erneut am 30. September eine Transitreise Zarrentin–Staaken und am 1. Oktober 1984 Staaken Zarrentin. Am 15. Januar 1985 verzeichnet Barschels Terminkalender ein Treffen um 11 Uhr im Hotel Vier Jahreszeiten in Hamburg. Mit wem und aus welchem Grund, ist unbekannt. Am 28. Januar 1985 folgt eine weitere Transitreise Zarrentin–Staaken; am 29. Januar 1985 dann Staaken–Zarrentin. »15.00, HH, 4 Jahresz.« hat Barschels Büroleiter Friedersen in den Kalender des Ministerpräsidenten für den 25. November 1985 eingetragen. Vom 7. bis zum 11. Dezember 1985 reiste Barschel zu offiziellen Terminen in die DDR-Bezirke Rostock, Halle, Magdeburg und nach Ostberlin. Dort traf er am 9. Dezember mit dem für Wirtschaftsfragen zuständigen SED-Politbüromitglied Günter Mittag zusammen. Für den 21. Februar 1986 verzeichnet Barschels Terminplaner, wie bereits erwähnt, wieder einen Geheimtreff – »Gespräche Vierjahreszeiten« in Hamburg um 14:30 Uhr. Am 1. April 1986 fuhr Uwe Barschel über den Grenzübergang Staaken–Zarrentin nach Westberlin, wo er sich mit seinem Bruder Eike traf. Es folgte eine Reise zusammen mit seinem Sohn von West- nach Ostberlin am 5. April 1986. Am Folgetag, dem 6. April, fand eine weitere Transitreise über Staaken–Zarrentin statt. Am 31. Januar und am 2. Februar 1987 fuhr er über Staaken und Zarrentin in die DDR ein und aus. Dazu kamen die beiden oben genannten Reisen, die nirgendwo registriert sind.

Weiter gibt es die erwähnten IM-Berichte (IM »Maria«), denen zufolge Barschel zwei weitere Reisen im Jahre 1984 nach Rostock angetreten hat. Michael Mueller, Rudolf Lambrecht und Leo Müller erwähnen einen Augsburger Kaufmann, »ebenfalls ein Mann der Grauzonengeschäfte«, der im Außenhandelsministerium der DDR, in »einer abgeschirmten Etage«, Uwe Barschel auf der Toilette getroffen haben will. Die Begegnung ist nicht näher datiert. Danach erinnert sich der Augsburger, mit seinem Verhandlungspartner Direktor Dieter Klengel über Barschel gesprochen zu haben. Der ehemalige Stasi-Offizier Eckardt Nickol nennt abweichend das Außenministerium:

> »Ich habe Dr. Uwe Barschel in Ost-Berlin gesehen und zwar im dritten Stock des Ministeriums für Auswärtige Angelegenheiten, Unter den Linden. Dr. Uwe Barschel war zusammen mit Herrn Klengel, einem hohen Mitarbeiter innerhalb des MfAA. Klengel hat mir hinterher erzählt, dass Dr. Uwe Barschel mit dem Hubschrauber aus Rostock geholt wurde und nach der Verhandlung sofort wieder nach Rostock gebracht worden sei. Sein Bruder Dr. Eike Barschel ist über den Checkpoint-Charlie aus Westberlin nach Ostberlin eingereist.«[265]

Sowohl das Außenhandelsministerium als auch das Ministerium für Auswärtige Angelegenheiten waren wichtige Knotenpunkte für Tarngeschäfte der DDR. Es ist unklar, ob Barschels Reisen etwas mit der *Pia-Vesta*-Affäre zu tun haben. Aber auffällig ist die zeitliche Parallele zur Vorbereitung des Deals.

Der mysteriöse Tod des Bernd Barschel

Wenig Beachtung fanden bislang die Beziehungen von Uwe Barschel nach Jena. Dabei kann gerade in Jena ein weiterer Schlüssel zu Barschels Tätigkeit für die CIA gefunden werden. So weist Andreas Förster darauf hin, dass Barschel seinen Großcousin Bernd Barschel, einen Sprachwissenschaftler und Indogermanisten an der Uni Jena, nicht nur besucht habe, um den Familienstammbaum aufzufrischen. Vielmehr konnte sich Barschel-Fahrer Prosch auch an Besuche bei Carl Zeiss in Jena erinnern. Er habe draußen warten müssen, wie in Kavelstorf auch, während sein Chef von Angestellten des Kombinats drinnen herumgeführt wurde. Was hat Barschel dort gewollt? War er in den geheimen Entwicklungslabors, in denen fieberhaft mit westlicher Technik nach einer Antwort auf Reagans SDI-Programm geforscht wurde?

In der Zeit der Wende in der DDR gehörte sein Großcousin Bernd Barschel dem Neuen Forum an und war beteiligt an der Auflösung der Stasi. Im Stasi-Archiv in Gera machte er, wie er einem Freund anvertraute, im März 1990 einen Aktenfund, »den ich nie für möglich gehalten hätte«.[266] Im September 1990 kam er in größerer Runde noch einmal darauf zurück und sprach davon, sein Wissen öffentlich zu machen. Zwei Wochen später war Bernd Barschel tot. Er verstarb völlig unerwartet am 14. Oktober 1990. Über die Todesursache gibt es bis heute unterschiedliche Angaben. Schnell wurde damals ein Stasi-Mord vermutet. Möglicherweise ist Bernd Barschel auf Akten gestoßen, die seine eigene Person betrafen. Die Unterlagen über ihn sind allerdings verschwunden – bis auf eine Karteikarte, in die er von einem Mitarbeiter der MfS-Kreisdienststelle Jena als Gesellschaftlicher Mitarbeiter für Sicherheit (GMS) eingetragen worden war, also als inoffizieller Mitarbeiter minderer Kategorie: staatsloyal, aber nicht konspirativ tätig. Dies irritiert auch deshalb, weil Bernd Barschel 1987 zur Beerdigung von Uwe Barschel in Mölln erschien und darüber sicherlich der Stasi umfassend berichten musste. Eike Barschel erinnert sich: »Ein, zwei Tage vor der Beerdigung fuhr Bernd plötzlich bei uns in Mölln vor. Er erzählte uns, dass er Uwe einmal in Jena kennengelernt hatte. Später gab er mir gegenüber auch noch zu, die Politabteilung seiner Uni habe ihn aufgefordert, zur Beerdigung anzureisen. Ich habe daraufhin den Rest der Familie gebeten, in Bernds Anwesenheit nicht über Uwe und die Todesumstände zu reden. Aber das wurde natürlich nicht durchgehalten.«[267]

Die Tochter von Bernd Barschel will von einer anschließenden Befragung ihres Vaters durch die Stasi zwar nichts wissen, doch das ist nur schwer vorstellbar. Andreas Förster behauptet – von westdeutschen Diensten unwidersprochen –, für das Verschwinden der Akten seien Vertreter des Bundesamtes für Verfassungsschutz verantwortlich, »die noch vor der deutschen Vereinigung die Stasi-Archive mit Rückendeckung des DDR-Innenministeriums nach Barschel-Akten durchforsteten. Wo man nicht fündig wurde, sprach man die Gegner von einst an. Mit bis zu sechsstelligen Beträgen, bezahlt aus Steuergeldern, wurden ehemaligen Stasi-Offizieren die Zungen gelöst.«[268] Die verbliebene Karteikarte wurde bei der Säuberungsaktion offenbar übersehen.

Barschel in Jena

Doch was geschah in Jena wirklich? Frank Döbert hat für die *Thüringische Landeszeitung* die Vorgänge genau recherchiert.[269] Danach besuchte Uwe Barschel in den 80er Jahren dreimal Jena. Zum ersten Mal fuhr er am Mittag des 26. April 1984 vor dem Haus in der Leninstr. 6, heute Sophienstraße, vor. Barschel war inoffiziell in die DDR eingereist und wollte, von Karl-Marx-Stadt kommend, seinen Großcousin Bernd besuchen. Eine Bekannte von Bernd Barschel berichtete später, die beiden hätten Familienerinnerungen ausgetauscht und das gemeinsame Interesse für den Naturschutz entdeckt. Zwischendurch hätten sie sich auf dem Balkon demonstrativ den in einem Pkw wartenden Stasi-Überwachern gezeigt. Diese gehörten zu einer sechs Mann starken Observationsgruppe der MfS-Bezirksverwaltung Gera, Abteilung VIII, die den Aufenthalt Barschels – Deckname »Hecht« – in Jena operativ »absicherte« und in der Leninstr. 19 über einen legendierten Stützpunkt und im Nachbarhaus Nr. 8 über ein konspiratives Objekt verfügte. Dort residierte der hauptamtliche Führungs-IM mit dem Decknamen »Lowa«, der seiner Stasi-Akte zufolge regelmäßig Treffberichte für seinen Führungsoffizier schrieb. Doch ausgerechnet für das Jahr 1984 klafft darin eine Lücke.

Barschel war allerdings nicht wegen seines Großcousins nach Jena gekommen. Wie aus Unterlagen der Universität hervorgeht, hatte das Ministerium für Hoch- und Fachschulwesen der DDR bereits sechs Tage zuvor Rektor Prof. Dr. Bernd Wilhelmi den Besuch Barschels angekündigt und gebeten, »Barschel ab 10:30 Uhr an der FSU (d. h. Friedrich-Schiller-Universität, d. A.) zu empfangen. (…) Barschel wünscht bis 12 Uhr Gespräch mit Ihnen im engsten Kreis.«[270] Was genau im engsten Kreis mit Barschel besprochen wurde, darüber gibt es zumindest Hinweise. So sagte die Journalistin Christina Wilkening bei ihrer Vernehmung durch die Staatsanwaltschaft Lübeck am 15. Dezember

1994 aus, dass sich Barschel während seines Aufenthaltes in Jena im Hotel Bären mit drei Personen getroffen habe, von denen zwei dem MfS angehörten. Und mehr noch:

> »In Wirklichkeit hat er sich (...) laut Angaben von MfS-Mitarbeitern mit dem Sektionsleiter für Laserphysik Dr. Schubert getroffen. Dr. Barschel wurde von Dr. Schubert direkt empfangen. Dafür soll es auch Zeugen geben. Zum damaligen Zeitpunkt war Dr. Schubert im Rahmen des SDI-Programmes mit der Erforschung des CO_2-Laser beauftragt. (...) Dr. Schubert war zu DDR-Zeiten IMS. Er hatte den Decknamen ›Günther‹.«[271]

Nur wenige wussten 1984, dass im Politbüro der SED ein knappes Jahr zuvor der Beschluss gefasst worden war, das Kombinat Carl Zeiss Jena auf Forschung, Entwicklung und Produktion strategisch bedeutsamer Waffensysteme auszurichten. Teil davon war, so schreibt Frank Döbert, das sogenannte Projekt »016«, das an der Entwicklung modernster Waffensysteme auf Grundlage von Basistechnologien zur Abwehr von Bedrohungen des sozialistischen Lagers mitwirken sollte. Im Frühjahr 1985 wurde »016« schrittweise in ein Anti-SDI-Programm mit dem Codename »Heide« übergeleitet. »In diesem Programm spielten nun CO_2-Laser zum Abschuss anfliegender gegnerischer Atom-Raketen eine entscheidende Rolle. BStU-Unterlagen belegen, dass in der Sektion Physik der FSU Ende 1986 eine Forschungsgruppe zur Problematik CO_2-Laser im Auftrag von Zeiss Grundlagenforschung ausführen sollte.«[272] Dieser Gruppe gehörte auch der Sektionsleiter Schubert vom Wissenschaftsbereich Nichtlineare Optik an. Er war seit 1964 als IM »Günther« für das MfS registriert und darüber hinaus als »Auswerter für wissenschaftlich-technische Unterlagen, die durch das MfS beschafft wurden«, von der Hauptverwaltung Aufklärung des MfS, Bereich Wissenschaft und Technik, bestätigt worden. Ab Mitte 1987 wurde der »unter strenger Geheimhaltung über Zeiss importierte Laser« in besonders gesicherten Räumen der Sektion Physik mit dem Ziel des Nachbaus getestet. »Bemerkenswert ist auch die kompakte Konstruktion, die erhebliche mechanische Belastungen aushält«, urteilte Schubert über die Eigenschaften des Lasers.[273]

Der Aussage von Christina Wilkening zufolge ist nun dieser Laser – wie andere Hightech-Geräte auch – unter Umgehung des damals geltenden Technologie-Embargos gegen den Ostblock von der Firma Wild Leitz an Zeiss geliefert worden. Dieses Unternehmen soll für das SDI-Programm der USA unter anderem »Parabolspiegel, Schichtenentwickler, CO_2-Laserwaffen« und »Röntgenlaser« hergestellt haben. Im Vorstand von Wild Leitz saß damals Eike, der Bruder von Uwe Barschel.[274] Diese geheimen Geschäftsbeziehungen zwischen Carl Zeiss Jena und West-Firmen über den Eisernen Vorhang hinweg stellen also einen weiteren Puzzlestein in dem Konglomerat von Rüstungsgeschäften dar, die über Uwe Barschel abgewickelt wurden: »Sicher ist, dass er sich drei Mal in Jena aufhielt, aber nur einmal mit seinem Großcousin Kontakt hatte.«[275]

Wie die Rolle so vieler Figuren in dieser Geschichte, ist auch die von Eike Barschel mysteriös. Nach dem ungeklärten Tod seines Bruders machten sofort Gerüchte über einen Suizid die Runde. Aber Eike Barschel trat diesen Theorien entgegen. Bereits am 12. Oktober 1987 lud er zu einer Pressekonferenz in Genf und reagierte auf die offiziellen Verlautbarungen der Ermittlungsrichterin Nicole Nardin und der Generalstaatsanwaltschaft in Schleswig-Holstein. Mehr als 170 Journalistinnen und Journalisten der internationalen Presse waren anwesend. Er erklärte, dass sein Bruder zum Opfer einer politischen Intrige geworden, dass er ermordet und von seiner eigenen Partei fallengelassen worden sei ohne die Möglichkeit, sich vor dem Untersuchungsausschuss des schleswig-holsteinischen Landtages zu verteidigen. Das weltweite Medienecho habe es unmöglich gemacht, den Todesfall zum Selbstmord zu erklären und die Ermittlungen einzustellen. Aber schnell machten sich Zweifel an der Rolle von Eike Barschel breit.

Zu dieser Zeit arbeitete Eike Barschel noch als Manager des Schweizer Hightech-Konzerns Wild Leitz. Nach Führungsaufgaben in US-amerikanischen Konzernen war er dort als Vertriebsleiter tätig. In der Folge der Pressekonferenz wurde der Topmanager offenbar beschattet und erhielt Personenschutz. Alsbald erschienen in der Boulevardpresse Berichte über eine Komplizenschaft der beiden Barschel-Brüder im internationalen Waffenhandel. Tatsächlich war Wild Leitz mit seinem optoelektronischen Know-how auch im Rüstungsgeschäft tätig. Militärische Produkte machten aber nur etwa fünf Prozent des Gesamtumsatzes aus. Diese Berichte schürten im auf Diskretion bedachten Aufsichtsrat einiges Unbehagen. Auf die Frage nach der Herkunft der Gerüchte bekam Eike Barschel zu hören, dass deutsche und Schweizer Geheimdienste entsprechende Hinweise an die Firma weitergegeben hätten.[276] Damit geriet seine berufliche Karriere ziemlich ins Schlingern. Eike Barschel wurde schließlich seines Postens enthoben.

Jahre später tauchten neue Hinweise auf eine Zusammenarbeit der Barschel-Brüder auf. Sie stammten wiederum von der Journalistin Christina Wilkening. In ihrer Aussage vor der Staatsanwaltschaft Lübeck am 15. Dezember 1994 verwies sie auf ihre Recherchen über Embargo-Geschäfte zwischen der damaligen DDR und der Bundesrepublik und erklärte, dass dem BND sämtliche Unterlagen der HA XVIII/8 vorlägen, in denen Personen und Firmen genannt seien, die im Embargohandel tätig waren. Darunter seien auch die Niederlassung von Wild Leitz in Frankfurt am Main, wo Eike Barschel bis 1988 als Vertriebsleiter gearbeitet habe, und die Telemit Electronic GmbH in München. Beide hätten geschäftliche Kontakte zum AHB (Außenhandelsbetrieb der DDR, d. A.) IMES Import/Export GmbH unterhalten und seien mit der Herstellung von Optoelektronik für militärische Zwecke beschäftigt gewesen. Geschäftliche Verbindungen hätten sie mit VEB Carl Zeiss Jena AHB und der Jena Optik GmbH in Jena unterhalten. Die Telemit in München stehe in Kontakt mit Telemit International in Genf, der Firma Lafico und Mitrotronic München. Bei der Telemit sei eine US-amerikanische Beteiligungsgesellschaft, die International Printing Trust IPT, engagiert. Eine zweite US-Firma namens Digital Equipment Company DEC soll zusammen mit der Firma Telemit Hochleistungsrechner vom Typ VAX 8600 für den Militäreinsatz in der NVA offiziell an das IFA-Kombinat Ludwigsfelde geliefert haben, von wo sie weitergeleitet wurden an das Kommando 019 (gemeint ist Kommando 016, d. A.), SDI-Ost. Die DEC wiederum habe eng mit dem in Kanada ansässigen Unternehmen ASSET zusammengearbeitet, insbesondere bei der Lieferung von Embargowaren in Ostblockländer wie Bulgarien und die DDR. Vor seiner Tätigkeit für Wild Leitz soll Eike Barschel für die DEC gearbeitet haben.[277]

Presseberichten zufolge hat die Telemit regelmäßig hohe Beträge an die FDP gespendet. So berichtete das Magazin *Stern* 1994 über die Zuwendungen der Telemit an die Freien Demokraten.[278] Die Hochleistungsrechner VAX 8600, so Wilkening weiter, seien in die DDR geliefert worden von einem Leopold Hrobsky, Deckname »System«, bei der Firma DEC und einen Günther Garth, Deckname »Sunny«, bei einer

Wiener Computerfirma. Beide hätten nach der Wende eine eigene Firma gegründet. All das müsse der BND wissen.

Vor diesem Hintergrund gewinnen die Besuche von Uwe Barschel in Jena eine noch größere Bedeutung: »Wie ich aus MfS-Kreisen gehört habe, wurde Dr. Uwe Barschel als Kurier für seinen Bruder Eike Barschel eingesetzt (…), in Sachen SDI-Programm.« Bei den Treffen mit dem MfS-Offizier Peter Feuchtenberger und dem Schalck-Stellvertreter Manfred Seidel im Hotel Neptun in Warnemünde sei es auch um die Lieferung des Rechners VAX 8600 gegangen. Damals habe Feuchtenberger dem Betrieb Robotron Dresden angehört, einem Partner von Carl Zeiss Jena: »Die geschäftliche Verbindung zwischen Feuchtenberger und Dr. Uwe Barschel soll im militärisch-technischen Bereich gewesen sein.« Dieser Bereich sei im MfS von der HVA II geführt worden. Waffengeschäfte habe man regelmäßig im sogenannten Warnemünder Kreis im Hotel Neptun besprochen. Dort seien nicht nur Uwe Barschel und einer seiner Freunde, sondern auch ein führender SPD-Politiker empfangen worden. Hintergrund sei, dass die Werften in Rostock im Bereich Schiffselektronik in das SDI-Programm eingebunden gewesen seien und die DDR stark mit der Erforschung eines Abwehrprogramms gegen SDI beschäftigt gewesen sei. Die dazu erforderlichen Hightech-Embargogeschäfte habe Schalck über seinen Bereich Kommerzielle Koordinierung finanziert. Die Embargoware sei über Rostock verschifft worden. Um die nötigen Devisen zu beschaffen, habe man Waffen der NVA an Länder der Dritten Welt verkauft. Wilkening weiter:

> »Von einem Waffenhändler des MfS weiß ich, daß Dr. Uwe Barschel aber auch selber Waffengeschäfte im konventionellen Bereich getätigt haben soll. Dabei hätte er die Provision nicht bezahlt. Außerdem soll sich Dr. Uwe Barschel bis 1987 mit einem Iraner mit dem Namen Moshadan, der in der Bonner Botschaft oder Konsulat tätig war, mehrfach getroffen haben. Wie ich weiter gehört habe, kam der Tod von Dr. Uwe Barschel in Genf mehreren Geheimdiensten gelegen.«[279]

Allerdings bestreiten zwei andere Stasi-Offiziere – beide waren eingebunden in den Waffenexport der DDR –, dass Eike und Uwe Barschel mit Embargogütern handelten: Erhart Wiechert, der Gründer der Firma Wiechert Trading (WITRA), war von 1984 an Direktor der staatseigenen IMES GmbH. 1995 sagte er bei einer staatsanwaltschaftlichen Vernehmung aus: »Ich kann mit Bestimmtheit sagen, daß ich weder Herrn Dr. Uwe Barschel noch seinen Bruder Eike Barschel jemals persönlich getroffen habe oder mit ihnen geschäftlich zu tun hatte.« Lange zuvor hatte sich Wiechert bereits dem BND anvertraut. Am selben Tag wurde in Berlin auch der Zeuge Willy Koch vernommen, der als Offizier der MfS-Hauptverwaltung Aufklärung von seinem plötzlich verstorbenen Vorgänger eine heiße Erbschaft zu übernehmen hatte: den Panzerschrank mit den sensiblen Unterlagen der Hauptabteilung HA XVIII/8, der auch alle Akten zu brisanten Embargogeschäften enthielt. »Die meisten Embargogeschäfte sind, das möchte ich betonen, mit Zustimmung des BND gelaufen.« Auf der Basis der vorliegenden Informationen müsste der BND also in der Lage sein, »darüber Auskunft zu geben, ob Dr. Uwe Barschel oder die Firma Wild Leitz an Waffen- oder Embargogeschäften evtl. beteiligt gewesen sein könnten«.[280] Dem Sonderbericht der Bundestagsabgeordneten Köppe aus dem Schalck-Untersuchungsausschuss zufolge lief Koch im Frühjahr 1990 zum BND über und wurde danach 20- bis 25-mal verhört.[281]

Beide Darstellungen – die von Wiechert und Koch einerseits, die von Wilkening andererseits – können zugleich richtig sein. Denn Wiechert erklärte lediglich, dass er persönlich keine Geschäfte mit Uwe Barschel gemacht habe. Als Geschäftspartner von Barschel werden aber der Schalck-Stellvertreter Manfred Seidel und Peter Feuchtenberger genannt, der von 1977 bis 1986 persönlicher Referent des Chefs der DDR-Auslandsspionage Markus Wolf war. Barschel kann also höher angebunden gewesen sein. Und schließlich tat der Zeuge Willy Koch nichts anderes, als den Ball zum BND weiterzuspielen.

Reagans Wirtschaftskrieg

Die Glaubwürdigkeit von Christina Wilkening dagegen wird vom Sonderbericht der Bundestagsabgeordneten Ingrid Köppe aus dem Schalck-Untersuchungsausschuss gestützt. Sie bezeichnet darin den erwähnten Leopold Hrobsky ebenfalls als einen Embargohändler, der 1990 zusammen mit Günther Garth – hier mit dem Decknamen »Hans« und wiederum der DEC verbunden – eine eigene Firma in der Wallstraße in Berlin-Pankow gründete.[282]

Und noch etwas stützt die Version von Wilkening. Im Januar 1982 hatte US-Präsident Ronald Reagan einen vom CIA-Direktor William Casey initiierten Plan gebilligt, die Wirtschaft der Sowjetunion durch verdeckte Transfers von Technologieprodukten zu schädigen, denen Fehlfunktionen eingebaut worden waren. Dies reichte, so Thomas Reed, ein früherer leitender Beamter und Mitarbeiter des Nationalen Sicherheitsrates, bis hin zu einer Software, die später eine riesige Explosion in einer sibirischen Gaspipeline auslöste.[283] Zu dieser Zeit gab es Anzeichen, dass die Sowjetunion versuchte, ein breites Spektrum westlicher Technologien zu entwenden. Schließlich spielte ein Insider des KGB die »Einkaufsliste« der Sowjets der CIA zu. Nun konnte der US-Geheimdienst der UdSSR unauffällig fehlerhafte Software unterschieben. Den ganzen Umfang der KGB-Begehrlichkeiten in Sachen Technologie bearbeitete die CIA nun in einer Geheimoperation namens »Farewell Dossier«. Die zugespielten Dokumente zeigten, dass die Sowjets wichtige Informationen über Radargeräte, Computer, Maschinenteile und Halbleiter gestohlen hatten. Ein Teil davon war dem Bemühen geschuldet, Reagans SDI-Programm mit einer eigenen Raketenabwehr zu begegnen. »Unsere wissenschaftlichen Erkenntnisse«, so Reed, »unterstützten ihre nationale Verteidigung.«[284] Teile dieser gesamten Operation wurden schon zuvor freigegeben, so zum Beispiel in einem Artikel des Technologie-Experten Gus W. Weiss im Jahre 1996 in *Studies of Intelligence*, einer CIA-nahen Fachzeitschrift: »Die amerikanische Industrie half, Bauteile vorzubereiten, die verschoben wurden an die ›Linie X‹ (so der Deckname des KGB-Programms zur heimlichen Technologiebeschaffung, d. A.). Manipulierte Computerchips fanden so den Weg in sowjetische Militärausrüstung. (…) Das Pentagon speiste so irreführende Informationen über Tarnkappen-Technologie, Weltraumabwehr und Kampfflugzeuge ein. Das sowjetische Weltraum-Shuttle war ein verworfener Entwurf der NASA.«[285] Reed, der von Januar 1982 bis Juni 1983 für den Nationalen Sicherheitsrat arbeitete, erklärte, dass die USA und ihre NATO-Verbündeten später »das gesamte Technologie-Beschaffungsprogramm ›Linie X‹ aufrollten, sowohl in den Vereinigten Staaten als auch im Ausland«. Das Kombinat Carl Zeiss Jena hatte optoelektronische Spezialkenntnisse und wurde deshalb in die sowjetische Anti-SDI-Strategie einbezogen.

Bei eingehender Betrachtung kann man also durchaus zu dem Ergebnis kommen, dass Eike Barschel möglicherweise wissentlich oder unwissentlich dabei geholfen hat, manipulierte Technologie- und Elektronikausrüstung in den Ostblock zu verschieben, und dass sein Bruder Uwe dabei als Verbindungsglied zu BND und CIA diente. Der ehemalige Stasi-Major Eckardt Nickol vermutet, Eike Barschel habe in der »geheimdienstlichen Operation des illegalen militärischen Technologietransfers« und des Waffenhandels »eine herausragende Stellung« eingenommen. Eike Barschel habe die Kontakte der beiden Firmen Wild Leitz und Telemit in München zur AHB IMES Import/Export in der DDR hergestellt.[286] Solche Geschäfte waren ohne geheimdienstliche Abdeckung nicht möglich.

Doch der BND erklärt dazu: »Der Hinweis, Eike Barschel arbeite mit dem Bundesnachrichtendienst zusammen, ist unzutreffend.«[287]

Mysteriöse Kur in der CSSR

Möglicherweise mysteriöser noch als die Reisen nach Jena ist Barschels Aufenthalt in der CSSR. Zusammen mit seinem Freund, dem Bauunternehmer L., weilte er auf dessen Anregung hin vom 22. Februar bis zum 15. März 1987 im slowakischen Pistany zur Kur. Wir erinnern uns: L. war auch Eigentümer des Bungalows in Bahía Feliz auf Gran Canaria, in dem Barschel seinen letzten Urlaub verbrachte. Seit 1985 war er, so seine Aussage 1987, wegen langjähriger Rückenbeschwerden bei dem Arzt Karl-Heinz Drogula in Behandlung – dem Ehemann der Ärztin, bei der Barschel seine Rückenleiden therapieren ließ, die er sich bei seinem Flugzeugabsturz zugezogen hatte. Erst vier Tage vor der Abreise stellte Irene Drogula Barschel ein Kurattest aus. Das war gewiß in Barschels Sinn, weil er seinen Aufenthalt in Pistany in Kiel nicht publik machen wollte.

Doch zu L. gibt es noch weitere Hinweise. Der frühere Stasi-Major Eckardt Nickol behauptet:

> »L. war IM der HVA (Hauptverwaltung Aufklärung, d. A.), später HA XVIII/8, arbeitete im Auftrag der HVA mit dem BND unter dem Decknamen ›Horst Bernett‹ zusammen. L. arbeitete, von der HVA koordiniert, mit dem KGB und der GRU im Rahmen des illegalen Verkaufs von spaltbarem Atommaterial zusammen. (…) B. (Barschel, d. A.) hatte L. während seiner Kur in Pistany eindeutig zu verstehen gegeben, dass er bestimmte Geschäfte nicht mit tragen würde«.[288]

Ob L. tatsächlich vom MfS geführt worden ist, bleibt umstritten. Er selbst macht dazu keine Angaben und erklärte auf Nachfrage bloß, die Beziehung zu Uwe Barschel sei ausschließlich seinem Privatleben zuzuordnen.[289]

Barschel und L. trafen sich am Flughafen Frankfurt und flogen zusammen nach Wien. Dort wartete Barschels Fahrer Karl-Heinz Prosch und chauffierte die beiden mit dem Wagen nach Pistany. L. fand das Kurbad in der Slowakei bei Februarwetter ziemlich deprimierend. Schlammbäder, Wasseranwendungen, Massagen und Ausflüge in die Umgebung wechselten sich ab. Doch steckte noch etwas anderes hinter dieser Kur? Michael Mueller und seine Co-Autoren meinen: nein.

»Verdeckte Treffen mit Vertretern des tschechoslowakischen Geheimdienstes StB im Beisein des Stasi-Residenten in Bratislava und einem Mitarbeiter des sowjetischen KGB soll es gegeben haben, Gespräche über illegale Rüstungsgeschäfte und Provisionen sollen geführt worden sein, vermeintlich authentische Papiere des StB wurden angeboten und angeblich vom BND vom Markt gekauft oder beschlagnahmt. Es gibt freilich nicht einen einzigen Beweis dafür, dass Barschel und L. etwas anderes taten, als in Schlamm zu baden und Wasser zu treten.«[290]

Als jedoch die Lübecker Staatsanwälte Nachforschungen anstellten, brannte ausgerechnet das Lager ab, in dem die alten Gästelisten deponiert waren. Und im Archiv der Prager StB-Zentrale wurde nach der Wende ein Ordner mit der Aufschrift »Barschel – SPD « gefunden. Er war leer.

Darüber hinaus gibt es eine Reihe von Hinweisen, die auf verdeckte Aktivitäten Barschels in der CSSR hindeuten. Zunächst einmal gibt wiederum Christina Wilkening an, der Kurort Pistany sei nur 30 Minuten entfernt von einem Jagdschloss in dem Ort Slušovice, das militärisch gesichert gewesen sei: »In diesem Jagdschloss fanden die Treffen der internationalen Waffenhändler statt. Es war das sogenannte Machtzentrum der Waffengeneräle.« Vertreter der bulgarischen Rüstungsfirma Kintex, hinter der angeblich die dortige Mafia stand, »sollen auch an Treffen in dem Jagdschloss teilgenommen haben«. Dort soll sich

»in einem Berg eine Waffenkammer befunden haben, und neben dem Jagdschloss gab es einen kleinen Militärflugplatz. Von diesem Militärflugplatz sei u.a. L. einmal im Jahr 1987 nach Nowosibirsk geflogen. Angeblich ging es um militärische Forschung zur See, Schiffselektronik. Als L. und Dr. Barschel in der CSSR kurten, sollen sie auch das Jagdschloss besucht haben.«[291]

In die Geschäfte im Jagdschloss sei auch, so Wilkening, ein BND-Mann namens Saumweber eingebunden gewesen, der zum Zeitpunkt der Aussage in Haft in der JVA München-Stadelheim sitze. Mehrfach habe der BND versucht, eine Haftentlassung von Saumweber zu erreichen.

Chefermittler Heinrich Wille sieht zwar diese Hinweise bestätigt: »Es ging ja darum, dass dort eben auch Kontakte von Waffenhändlern am Rande, aber aus Anlass von Kuraufenthalten stattfanden. Dies wurde später beispielsweise durch österreichische Quellen bestätigt, allerdings zu Zeiten, wo wir das gar nicht mehr weiterverfolgen konnten.« Doch dann verlaufen die Spuren im Sande: »Es ist dann zu einem Brand dort gekommen, wo gerade die Anwesenheitslisten der westdeutschen Gäste merkwürdigerweise verbrannt waren, so dass wir das auch nicht weiter festmachen konnten.« [292]

Was jetzt folgt, scheint aus einem schlechten Krimi zu stammen. Der Ermittlungsbericht von Heinrich Wille hält fest, dass ein Hans-Peter Scheel aus Berlin in einem Schreiben an den Generalbundesanwalt berichtet, dass sein Schwager Dr. Wolfgang Saumweber in Slušovice in der CSSR Waffengeschäfte getätigt haben soll. Daraufhin seien Scheel und seine Frau Elisabeth am 15. Februar 1995 in Berlin vernommen worden. Scheel habe in seiner zeugenschaftlichen Vernehmung erklärt, dass bei Treffen in Slušovice unter anderen auch Uwe Barschel teilgenommen habe. Sein Bruder Eike Barschel sei über sämtliche Waffengechäfte informiert gewesen:

> »Insbesondere haben bei Treffen in Slušovice nicht nur Uwe Barschel, sondern auch Eike Barschel teilgenommen. Die letzte Bestätigung hierüber erhielten wir anlässlich eines Treffens mit dem örtlichen Residenten des KGB (…) im März 1994. An den Treffen nahmen (richtig: nahm, d. A.) von Seiten des russischen Geheimdienstes teil: Nikolai Ilguschin (phon.), alias Nikolai Akadev (phon.), auch bekannt als Nikolai Akadevic. Er ist persönlich in Berlin bei der ZERV (das heißt der Zentralen Ermittlungsstelle für Regierungs- und Vereinigungskriminalität, d. A.) bekannt.«.[293]

Gegenüber den Autoren gibt Hans-Peter Scheel an, seine Frau sei nie vernommen worden.[294]

Am 6. März 1995 wurde dann Wolfgang Saumweber in der JVA Landsberg, Außenstelle Rotenfeld, vernommen. Der mutmaßliche Mitarbeiter des Bundesnachrichtendienstes erklärte, dass er noch nie in der damaligen Tschechoslowakei gewesen sei und dass er sich auch nicht mit Uwe oder Eike Barschel getroffen hätte.

Ein brisantes Dossier des StB

Doch das Dementi kam zu spät. Ein früherer Offizier des CSSR-Geheimdienstes StB hatte sich ein Dossier aus dem StB-Archiv, nachbearbeitet vom Bezpečnostní informační služba, des Nachrichtendienstes der Tschechischen Republik beschafft.[295] Darin heißt es:

»Nach Angaben des ehemaligen OSL (Oberstleutnant, d. A.) der XII. Abteilung des StB in Bratislava, Stefan Svoboda, der mit der Person Uwe Barschel in Slušovice im Frühjahr 1987 in Verbindung kam, setzt Uwe Barschel Gelder, die er als Provision für illegale westdeutsche Waffenverkäufe an Chile und in den Nahen Osten bekam, für die Wahlkampfkampagne der CDU in Schleswig-Holstein im Sommer 1987 ein.«

Der Geheimdienstoffizier Svoboda habe dies im September 1987 im Kurheim des Innenministeriums in den Kaspersker Bergen seinem Vorgesetzten erläutert. Barschel sei »mit seinen Provisionszahlungen aus den Geschäften offenkundig sehr unzufrieden« gewesen. Er »begann deshalb von 1985 an zu erpressen« und »drohte, künftige Geschäfte zu verraten«. Offensichtlich habe Barschel auf einem Treffen im Hotel in Slušovice mit einem »Joachim Gerlach, dem Stasi-Repräsentanten OSL (das heißt Oberstleutnant, d. A.) Fleischmann und dem KGB-Residenten Vinogradow« bestanden. Ob der KGB »über diese Geschäfte informiert war oder davon partizipierte, ist schwer zu sagen, später beteiligte er sich jedoch daran«. Barschel wurde dabei durchgehend vom StB observiert. Als er im Frühjahr 1987 nach Pistany reiste, habe ihn der Oberstleutnant Svoboda unter einer Legende von der Grenze an begleitet: »Svoboda fuhr auch an einigen Tagen mit Barschel nach Slušovice und nutzte dabei einen diensthabenden Fahrer des StB mit einem repräsentativen schwarzen Tatra 613, der dem StB gehörte. (…) Bei einem Treffen in Slušovice sollte Barschel eine größere Dividende zugesagt werden.«

Die Herkunft dieses Dossiers und die Präzision der Angaben sprechen für seine Echtheit. Stimmen die darin enthaltenen Informationen, dann wird der Besuch des winterlich-tristen Kurorts im Monat Februar plausibel: Es ging um Embargohandel und illegale Wahlkampffinanzierung.

Daneben präsentiert der Schriftsatz auch ein Motiv für einen möglichen Mord: Barschel drohte zu plaudern. Doch dann wäre mehr aufgeflogen als nur ein privater Deal des CDU-Politikers. Denn ab 1985 versuchte die CIA zunehmend, Waffen im Ostblock zu beschaffen und die anti-sandinistischen Contras damit aufzurüsten. Im März 1985, so schreibt Theodore Draper, traf John K. Singlaub, ein pensionierter Generalmajor der US-Armee und Unterstützer von Oliver North, bei seinem Besuch eines Lagers der anti-sandinistischen Fuerza Democrática Nicaragüense (FDN) »mit Kommandant Enrique Bermudez zusammen und stellte eine Wunschliste von Waffen und Munition zusammen, die er an North weitergab. Der genehmigte sie mit einigen Änderungen. Als Nächstes traf Singlaub in Washington einen Waffenhändler, der militärische Ausrüstung sowjetischer Bauart beschaffen konnte, insbesondere AK-47-Sturmgewehre und SAM-7-Luftabwehrraketen.«[296] Der ehemalige Waffenhändler Ari Ben-Menashe schreibt, der damalige israelische Premierminister Jitzchak Schamir habe 1983 erste Schritte zur Öffnung eines Beschaffungskanals Richtung Ostblock unternommen. Das neue Projekt sei 1984 von KGB-Chef Viktor Chebrikow genehmigt worden: »Das Interesse der Sowjets war es, den Iran-Irak-Krieg am Laufen zu halten, die Iraker zu bewaffnen, in den Markt einzudringen und an arabisches Geld zu kommen. Aber Chebrikow war klar, dass es genauso wichtig war, die Iraner zu unterstützen, wenn der Konflikt fortdauern sollte. Er sah, dass die bisherige sowjetische Politik gescheitert war, und glaubte, dass eine Zusammenarbeit mit Israel vielversprechend sei.«[297] Allerdings habe man wegen Warschaus finanzieller Notlage vor allem Polen als Transitland im Auge gehabt. Noch Anfang 1984 sei er selber, Ben-Menashe, nach Polen geflogen, um die Einzelheiten zu besprechen. Schon Ende desselben Jahres war man im Geschäft. Dreistellige Millionenbeträge flossen gegen einen Kreditbrief der israelischen Rüstungsholding Ora oder einer ihrer Töchter von der iranischen Bank Melli über die Credit Suisse, die Westminster Bank in London oder ein CIA-Tarnkonto bei der International Bank of Luxembourg an die Bank von Budapest in Ungarn, von wo die Dollars auf andere Banken in Osteuropa verteilt wurden.[298]

Als die neue Verbindung zwischen Israel und Warschau gefestigt und die finanziellen Arrangements getroffen waren, kam ein Auftrag der Firma GeoMiliTech, kurz GMT, einer Tarnfirma der CIA in Washington, die Singlaub und seine Freundin Barbara Studley leiteten. Auch der damalige Deputy Director for Intelligence der CIA war eingebunden, ein Mann, der im Fall Barschel immer wieder auftaucht: »Telefonisch fragten wir bei Robert Gates nach, ob es in Ordnung ist, wenn wir mit GMT Geschäfte machen. Er erklärte, er wäre froh, wenn das so liefe.«[299] Die Polen lieferten 1985 RPG-Panzerfäuste, RPG-7-Raketen, AK-47-Munition, SAM-7-Luftabwehrraketen, Mörser und anderes für den Iran. Auch die Bulgaren lieferten: Kalaschnikows, Munition und Flugabwehrraketen. Militärausrüstung kam außerdem aus Israel, China, Nordkorea, Vietnam, Schweden und Belgien.

Dies macht deutlich, dass auch die Russen in die Waffenschiebereien eingebunden waren. Allerdings findet bei Ben-Menashe die CSSR keine Erwähnung. Diesen Hinweis gibt stattdessen der Journalist Andreas Holst 1994. Er nennt die CSSR die »Embargo-Drehscheibe des Ost-Blocks«.[300] Im Jahre 1983 rangierte die CSSR an fünfter Stelle im internationalen Waffenhandel. Auch der Bundesnachrichtendienst war bei den Tschechoslowaken Kunde.[301]

Ein Engagement von Barschel in Waffengeschäften über die CSSR ist also durchaus plausibel und passt wiederum in den internationalen Kontext. Der ehemalige Stasi-Major Eckardt Nickol fasst zusammen: Uwe Barschel habe mitgewirkt bei der »Organisierung der Lieferung der TOW-Raketen aus den USA an den Iran über die DDR zusammen mit Ali Moradian«, der »Organisierung von Komponenten für das Kommando 016, SDI-Ost«, bei der »Organisierung von konstruktiven und baulichen Maßnahmen für Waffenfabriken, insbesondere Giftgasanlagen über das MfS (Spezialbau Berlin) für Libyen«, beim »Handel mit konventionellen Waffen aus den sogenannten Ostblockstaaten nach Irak, Libyen, Iran, Syrien u. für die PLO«.[302] Allein die CIA-Kontakte von Uwe Barschel machen plausibel, dass er in solche Deals als Gutachter oder Notar eingebunden war. Bei der Reise nach Pistany kommen noch Hinweise auf illegale Wahlkampffinanzierung dazu.

Rund um die Reisen von Uwe Barschel hinter den Eisernen Vorhang gibt es also eine Menge Belege dafür, dass er in Embargo- und Waffengeschäfte verstrickt war – Geschäfte, aus denen auch ein Motiv für einen Mord in Genf erwachsen konnte. Abolhassan Banisadr jedenfalls erklärt: »Meine Quellen haben mir gesagt, dass es einen Deutschen namens Barschel gäbe, der in der Schweiz wegen dieser Waffengeschäfte ermordet wurde«.[303] Damit steht er nicht allein. Kenneth R. Timmerman nennt es schlicht: »Iran-contra killing in Switzerland.«[304]

Endspiel

Was geschah am 10. Oktober 1987 nach 19:08 Uhr in Zimmer 317 im Hotel Beau-Rivage in Genf? Darüber wissen wir nichts. Alles, was wir wissen rund um den Tod von Uwe Barschel, mutet bizarr an: Die Spuren am Tatort ergeben kein eindeutiges Bild. Die Ereignisse vor seinem Tod lassen sich nicht lückenlos rekonstruieren. Das Doppelleben des Politikers bleibt in weiten Teilen unaufgeklärt. War es ein selbst gewählter Tod, Sterbehilfe, Mord? Der Streit ist längst zum Glaubenskrieg geworden. Zu viele Wunden haben sich die Akteure geschlagen. Ermittlungen wurden behindert; geheimdienstliche Unterlagen bleiben gesperrt; das Interesse an Vernebelung gilt fort.[305]

Klar ist bloß: Die Genfer Justizbehörden haben nachlässig ermittelt. Die Kriminalpolizei war nicht in der Lage oder nicht willens, Spuren zu finden oder zu sichern. Vom Tatort besteht nur eine Skizze, keine brauchbare fotografische Aufnahme. Es gehört zur Routine bei Leichensachen, mit zwei Kameras zu arbeiten. Es gehört auch zur Routine, die Tatortaufnahmen sofort zu entwickeln und ihre Qualität zu kontrollieren. Notfalls können dann neue Fotografien gemacht werden. Nach Fingerabdrücken und sonstigen Spuren wurde nur oberflächlich gesucht. Tatbestände wie die Wassertemperatur in der Wanne oder die Körpertemperatur des Opfers wurden nicht erfasst. Auf eine gründliche und konfrontative Befragung der Zeugen hat die Polizei verzichtet. Spuren von Gewalteinwirkung – die Hämatome an der Stirn – wurden zunächst übersehen oder falsch gedeutet. Der Obduktionsbericht gibt keine Auskunft über das Volumen des Mageninhalts. Die Toxikologen analysierten, dass Barschel an einer Überdosis Cyclobarbital gestorben ist. Warum finden sich dann drei weitere Präparate – Perazin, Pyrithyldion, Dyphenhydramin – in hoher Konzentration und in unterschiedlichen Abbauphasen in seinem Körper? In der Speiseröhre fanden die Gerichtsmediziner keine Spuren der Medikamente. Wie sie in den Magen gelangt sind, haben sie sich nicht gefragt. Warum wurde das Lösungsmittel Dimethylsulfoxid (DMSO) erst Jahre später nachgewiesen? Das Schlafmittel Pyrithyldion war zum Todeszeitpunkt schon seit Jahren sowohl in der Schweiz als auch in Spanien oder der Bundesrepublik aus dem Verkehr gezogen worden. Die Schweizer Behörden hat das nicht stutzig gemacht. Wo sind die Medikamentenpackungen geblieben? Später wurde ein Großteil des Mageninhalts und des Urins weggeschüttet, was Nachuntersuchungen erschwert. »Die kriminalistischen Befunde«, so der luxemburgische Kriminalist Armand Mergen, »lassen uns im Stich.«[306] Wir wissen nicht einmal, wo Barschel die Nacht verbracht hat.

Ein soeben zurückgetretener deutscher Ministerpräsident kommt unter ungeklärten Umständen ums Leben. Und der Generalbundesanwalt verzichtet darauf, die Ermittlungen an sich zu ziehen.

Variante 1: Selbstmord

Obwohl auch die Behörden zugestehen, dass die Umstände von Uwe Barschels Tod nicht restlos geklärt sind, gehen sie stattdessen sofort von Selbstmord aus. Bereits am 11. Oktober 1987 erklärt ein Polizeisprecher, man habe keine Anzeichen von Gewalt im Hotelzimmer finden können. Die junge Ermittlungsrichterin Claude-Nicole Nardin ist offensichtlich überfordert. Obwohl konfrontiert mit dem Tod eines nicht unwichtigen Politikers, behandeln die Genfer Behörden den Fall bestenfalls wie eine Routineangelegenheit. Sie wollten die Sache möglichst schnell zu den Akten legen. »Als ich den Fall übernommen habe«, berichtet Jacques Barillon, der damalige Anwalt der Familie Barschel in Genf, »kurz nach dem Auffinden der Leiche und dem Beginn der Ermittlungen, da war noch nicht viel passiert. Aber klar war, dass die Ermittler der Selbstmordthese den Vorzug gegeben haben. Das hat den weiteren Verlauf der gesamten Ermittlungen stark beeinflusst.«[307]

Die Frage nach dem »Warum« eines möglichen Freitods ist dann schnell und logisch zu beantworten. Der Politiker Uwe Barschel hatte sich in eine ausweglose Situation hineinmanövriert. Er, der von übermächtigem Ehrgeiz Getriebene, hatte Amt und Ehre verloren, sah sich am Ende seiner politischen Karriere und zahlte dafür mit seinem Leben. Der langjährige Chefredakteur des Magazins *Der Spiegel*, Erich Böhme:

> »Wenn für einen, der so gepolt ist, die Welt total zusammenbricht, wenn er merkt: Mit den Meineiden bist du über das Ziel hinausgeschossen, aus dieser Sache kommst du nie wieder raus und du musst in zwei Tagen vor dem Untersuchungsausschuss in Kiel für all den Quatsch gradestehen, dann kann ich mir vorstellen, dass einer, der so gepolt ist und kein Doppelleben und kein Agentenleben geführt hat, dass der nicht mehr weiter weiß.«[308]

Der Bilanz-Selbstmord als Flucht aus einer unerträglich gewordenen Realität – das könnte zu Barschels Persönlichkeit passen. In dieser Version hätte er den Suizid als Mord kaschiert. Er wollte als Opfer, nicht als verzweifelter Übeltäter sterben, im Tode gleichsam seine Ehre wiederherstellen. Das Durcheinander im Hotelzimmer, die verwirrenden Spuren, das Verhalten Barschels in den Tagen vor seinem Tod – das alles könnte dann als Versuch einer letzten Legendenbildung gedeutet werden. Nach dieser Logik hat Barschel Trugspuren gelegt, einen Tatort konstruiert.

Wenn es Suizid war, dann muss ihn Barschel bereits vor seinem Abflug nach Gran Canaria geplant haben. Dann muss er versucht haben, ein halbwegs perfektes Verbrechen vorzutäuschen – vielleicht ein letzter Versuch, »Herr im Hause« seines Doppellebens zu sein, ein letztes Mal Regie zu führen. Barschel hat tatsächlich mit seinen Notizen und Telefonaten Vorbereitungen getroffen. Wir wissen aber nicht, wofür. Alle Informationen aus seinen letzten Lebenstagen kamen von ihm selbst: ein Ehrenmann, der Opfer einer Verschwörung wurde und nun in Aussicht stellte, vor dem Untersuchungsausschuss in Kiel seine Unschuld zu beweisen, und den der Tod an seiner Rehabilitierung hindert. Das klingt logisch – doch ist nur wieder eine Hypothese. Beweiskraft haben diese Überlegungen nicht.

»Selbstmord kann das Eingeständnis sein«, schreibt Armand Mergen, »das Spiel verloren zu haben. Oder er kann aus Angst erfolgen, als Flucht vor vermeintlichen und echten Verfolgern, auch als Flucht vor sich selbst. Er kann Reaktion auf Ehrverlust sein, wenn der Sturz in die Verachtung so tief ist, daß er nicht mehr ertragen werden kann.«[309] Der Suizid als letzte Karte in einem verlorenen Spiel? Das ist eine Hypothese, mehr nicht. Denn die Indizienkette ist nur dann beweiskräftig, wenn sie andere Indizienketten ausschließt.

Ein mysteriöser Todesfall wird schnell, allzu schnell zum Selbstmord erklärt. Und auch in diesem Fall war das Interesse an einer Aufklärung überschaubar. Aber der Selbstmordhypothese stehen gute Argumente entgegen. Denn wir wissen: Uwe Barschel führte ein Doppelleben. Er hatte Kontakte zu Geheimdiensten und war eingebunden in den verdeckten internationalen Waffenhandel. Doch ob daraus ein Motiv für einen Mord erwächst, bedarf des Beweises. »Die Verstrickung in Waffengeschäfte und die vagen Anhaltspunkte, die ich dafür habe, bedeuten noch nicht, dass Dr. Barschel ermordet worden ist«, so der ehemalige Generalstaatsanwalt von Schleswig-

Holstein, Erhard Rex. »Wir haben viele prominente Politiker dieser Erde, die in Waffengeschäfte verstrickt sind, die in Skandale verstrickt sind, die zurücktreten müssen, aber die deswegen nicht ermordet werden. Und ich bleibe dabei: Die Verstrickung in Waffengeschäfte ist die eine Seite, und die andere Seite ist die, ob Dr. Barschel ermordet worden ist, und dafür habe ich anhand des Tatorts keine Spuren.«[310]

Deutet man den Tod von Uwe Barschel als Suizid, dann ist man viele Komplikationen los. Der Fall kann abgeschlossen werden, ohne Tatort, Tat, Hintergründe und Motive genauer auszuleuchten. Wem nützt es? Jenen, die selbst etwas zu verbergen haben. Hier liegen die Gründe für die Nebel, die sich seit Anbeginn um Barschels Tod nicht lichten wollen. Und hier liegt der Grund, seinen Tod als Suizid präsentieren zu können. So berichtete nur vier Tage nach dem Tod in Genf die *Basler Zeitung* von einer Einmischung deutscher Behörden. Schweizer Ermittler, erinnert sich der Journalist Erich Reyhl, »haben von gewichtiger deutscher Seite den Wunsch übermittelt bekommen, dass es in aller Interesse wäre, wenn man diesen Fall als einen Selbstmord einstufen könnte«.[311] Dies ist der einfachste Weg, mit dem Toten auch die Wahrheit zu begraben.

Doch es gibt objektive Befunde, die der Selbstmordhypothese entgegenstehen. Dies sind vor allem die Ergebnisse der gerichtsmedizinischen und toxikologischen Untersuchungen. Am 29. Januar 1988 besprach die Untersuchungsrichterin Nicole Nardin mit dem Obduzenten Dr. Oldrich Fryc, dem Chemiker Dr. Christian Staub, dem Gerichtsmediziner Dr. Klaus Hubmann und den Kriminalisten Paul Fleury, Jean-Claude Mossier, Robert Wulser und Roman Pfister die Untersuchungsergebnisse. Klar war nur: Barschel ist an einer schweren Medikamentenvergiftung gestorben. Aber zahlreiche Ungereimtheiten können nicht beseitigt werden. So hat Hubmann in den Kleidern und Taschen des Toten keinerlei Spuren von Medikamenten gefunden. Auch in dem zerbrochenen Glas wurden keine Medikamentenspuren nachgewiesen. Der gefundene Hemdknopf wurde von oben nach unten abgerissen, aber Hubmann sieht keinerlei Spur von Gewaltanwendung. Das Whiskyfläschchen aus der Minibar war leer, aber im Blut der Leiche befand sich kein Alkohol. Oldrich Fryc erklärt die Hämatome an Barschels Stirn damit, dass der Kopf infolge von Spasmen auf der Badewanne aufgeschlagen sei. Das passt aber nicht zum Befund. Denn in Barschels Körper befanden sich krampflösende Mittel. Auch die Lage der Hämatome passt nicht zu diesem Erklärungsversuch. Denn unter der Hutkrempenkante entstehen normalerweise keine Blutergüsse durch Aufschlagen, sondern durch Fremdeinwirkung. Eine 2,8 cm^2 große, gut abgegrenzte rötliche Fläche auf der rechten Rückenseite wird gar nicht erklärt, war aber offenbar post mortem entstanden.[312] Trotzdem kommen die Ermittler bereits am 26. Oktober 1987 zu dem Ergebnis, »daß alles nach derselben Richtung hinausläuft, nämlich der des Selbstmordes«.[313] Doch Prithylion, Diphenhydramin und Perazin wurden bereits im Urin nachgewiesen. Das Pyrithyldion und das Cyclobarbital befanden sich noch im Magen in der Resorptionsphase. Armand Mergen: »Es ist anzunehmen, daß die verschiedenen Stoffe nicht zusammen, sondern nacheinander über eine relativ lange Zeit hindurch in Uwe Barschels Körper gelangten. Es bleibt schwer vorstellbar, daß ein bewußtloser oder am Rande der Bewußtlosigkeit taumelnder Mensch bekleidet in eine mit Wasser gefüllte Badewanne steigt, um sich dort zu vergiften.«[314]

Aber noch Jahre später gibt es beim runden Tisch der Toxikologen bei der Staatsanwaltschaft Lübeck keinen Konsens: Bestimmte Wirkstoffe könnten schneller, andere langsamer abgebaut worden sein. Deshalb kann Selbstmord nicht mit Sicherheit ausgeschlossen werden.

2. Variante: Sterbehilfe

Doch das nachträgliche Ausspülen des Whiskyfläschchens – es wäre im Falle eines Suizids sinnlos gewesen. Viel wahrscheinlicher erscheint es, dass ein anderer Diphenhydramin in die kleine Flasche eingebracht hat und mit dem Ausspülen die Spuren beseitigen wollte. Heinrich Wille schreibt im *Gesamtbericht*:

> »Sofern der Wirkstoff also in unmittelbarer Verbindung mit dem Whisky aufgenommen wurde, hätte er in einer zuvor hergestellten konzentrierten Form mit dem Whisky vermengt werden müssen. Dafür liegen keine konkreten Anhaltspunkte vor. Es wurden jedoch von den Gerichtsmedizinern im Körper Dr. Barschels auch keine Tablettenrückstände vorgefunden. Wenn man die vorherige Vermengung des Wirkstoffs Diphenhydramin mit Whisky zugrunde legt, lässt sich nur auf eine planvolle Vorgehensweise zumindest einer weiteren Person schließen, die mit nicht unerheblichem Aufwand vorgegangen sein müsste.«[315]

All diese Ungereimtheiten legen den Schluss nahe, dass noch mindestens eine weitere Person in Zimmer 317 gewesen ist. »Meine Einschätzung ist«, so der Genfer Journalist Frank Garbely, »er konnte nicht allein gestorben sein. Jemand muss ihm geholfen haben. Es war zumindest Sterbehilfe. Jemand muss ihm geholfen haben beim Sterben. Ob das ein Freund war oder sonst jemand, kann ich nicht beurteilen.« Damit steht Garbely nicht allein. Auch Hans Leyendecker, damals beim *Spiegel*, heute bei der *Süddeutschen Zeitung*, schließt sich dem an:

»Die Tatsache, dass, so glaube ich, noch jemand im Zimmer war und dass es kein gewaltsamer Tod gewesen ist, deutet daraufhin, dass Barschel in seiner Verzweiflung in der letzten Stunde jemand an seiner Seite gehabt hat, der ihm einfach geholfen hat. Es muss eine ihm nahe stehende Person gewesen sein. Es ist nicht belegt, aber es ist von allen Theorien, die ich sehe – also bei allen Fragestellungen, bei jeder anderen Theorie: Mord, Selbstmord, ist es die wahrscheinlichste, dass es Sterbehilfe gegeben hat.«[316]

Eine ihm nahestehende Person – wer kann dies gewesen sein? Der Verdacht, so sieht es Trutz Graf Kerssenbrock, der 1987/88 als CDU-Landtagsabgeordneter dem ersten Kieler Untersuchungsausschuss zur Aufklärung der Barschel-Affäre angehörte, fällt auf den Bruder:

»Ich bin bis heute überzeugt, dass es ein Bilanz-Selbstmord von Barschel gewesen ist. (…) Barschel stand vor dem Ende seiner privaten, persönlichen Existenz – und seiner politischen Existenz im Übrigen auch. Dass jemand dabei gewesen sein kann bei einem Selbstmord, das ist auch denkbar. Ich kann aber über die Rolle Eike Barschels selbst konkret nichts sagen. Ob er tatsächlich auch für die Spuren, die da gelegt gewesen sind, nicht aufgeklärt worden sind, verantwortlich war, das weiß ich auch nicht. Aber es wäre erklärbar.«

Nachfrage: »Halten Sie es für möglich, dass er ihm assistiert hat?« Antwort: »Ja, das halte ich für möglich.«[317] Doch auch für diesen Verdacht finden sich bis heute keine Beweise.

Dieser Ansatz bietet auch weder für die Hämatome unterhalb der Hutkrempenlinie noch für die verschwundenen Medikamentenpackungen eine Erklärung an. Er erklärt nicht die schleifenden Geräusche auf der dritten Etage des Hotels oder die Belegung der Nachbarzimmer mit Rentnerinnen aus den USA, die ausgerechnet in der Tatnacht woanders weilten.

Und noch etwas anderes spricht sowohl gegen Suizid als auch gegen Sterbehilfe: der Nachweis von Dimethylsulfoxid (DMSO). Die Verwendung eines Lösungsmittels, das Gifte durch die Haut befördert, macht bei einem Freitod keinen Sinn. Für Heinrich Wille ist dies der Beweis für einen Mord. Er hält es für

»am wahrscheinlichsten, dass die Täter sich nicht von vornherein auf einen definitiven Plan festgelegt hatten. Für den Fall, dass eine orale Beibringung mit Hilfe von Wein und Whisky nicht erfolgreich gewesen wäre, hatte man möglicherweise eine weitere Alternative der schnelleren und gleichwohl spurenlosen Beibringung von Wirkstoffen geplant. Ungeplant blieb dann möglicherweise ein Verschütten von DMSO. (…) Auf jeden Fall wurde mittels des Handtuchs eine Reinigung versucht und das Handtuch beim Verlassen des Zimmers achtlos auf die Kofferablage geworfen. Die Identität der Verschmutzungsspuren auf der Badematte und dem Handtuch ist unstreitig.«[318]

Wenn das stimmt, kann es sich nicht um einen geheuerten Kleinkriminellen gehandelt haben, sondern um ein professionelles Killerteam.

3. Variante: Mord

Freya und Eike Barschel fällt das Verdienst zu, vom ersten Augenblick an allen Widerständen ihre Überzeugung entgegengesetzt zu haben, dass ihr Gatte und Bruder ermordet worden ist. Dies haben sie bereits unmittelbar nach dem Geschehen im Beau-Rivage vor 50 Journalisten und Fotografen am Montag, dem 12. Oktober 1987, zusammen im Genfer Hotel Interconti deutlich gemacht. Freya Barschel erinnerte sich an die Äußerungen ihres Mannes:

»Uwe hatte Angst. Angst und Hoffnung. Wir hatten auch Angst, weil Uwe allein war. Wir befürchteten, dass es eine Falle sein könnte. Aber Uwe hat uns zweimal beruhigt. Zunächst sagte er, dass er die Verabredung am Flughafen habe, also an einem öffentlichen Ort, wo er glaubte, kein Risiko einzugehen. … Später rief er uns an. Er war Samstagnachmittag, und er war gerade im Hotel angekommen. Er schien sehr zufrieden über das Gespräch mit seinem Informanten zu sein. Bei diesem Anruf sagte er uns, er habe am Abend noch ein zweites Gespräch mit demselben Mann. Danach haben wir nichts mehr von ihm gehört.«

Sie wirft den Genfer Behörden indirekt vor, etwas zu vertuschen: »Dieses Foto, die Beweise, die Robert Roloff Uwe sicherlich gegeben hat, sind äußerst wichtig. Warum wollen die Polizei und die Genfer Gerichtsbarkeit uns nicht empfangen? Warum erlauben sie uns nicht, die Leiche meines Mannes zu sehen?«[319] Eike Barschel kündigt an, eine zweite Autopsie machen lassen zu wollen:

»Glauben Sie wirklich, dass es möglich ist, einen natürlichen Herztod zu sterben, angezogen im Badezimmer zu stehen, ins Bad zu fallen, in die mit Wasser vollgelaufene Wanne, und dann dort mit dem Rücken nach unten liegen zu bleiben? Das ist die Frage. Wir sagen ganz eindeutig: Das ist Fiktion. So bleibt Mord. Das ist die einzige Version, die wir uns vorstellen können.«[320]

Aber wenn es Mord war: Wer war der Mörder? Und wo liegt das Motiv? Beide Punkte lassen Freya und Eike Barschel an diesem Tag offen.

Tatsächlich tauchen später Hinweise auf, dass Barschel für andere zu einer Bedrohung geworden sein muss. »Wenn die Bonner mich fallen lassen, lernen die mich kennen!« Diesen Satz gibt Uwe Barschel etwa zwei Wochen vor seinem Tod von sich. Er telefoniert aus seinem Dienstwagen mit einem Gesprächspartner aus der CDU Schleswig-Holsteins. Quelle ist die Zeugin Marion Herrmann, eine frühere Stasi-Offizierin, die sein Autotelefon abgehört hatte. Wer genau Barschels Gesprächspartner war – daran kann sie sich nicht mehr erinnern. Bei ihrer Vernehmung am 13. Februar 1995 vor dem sogenannten Schubladen-Untersuchungsausschuss in Kiel erklärte die ehemalige Abhörspezialistin vom Horchposten des MfS in Schwerin, Barschel sei bis Anfang 1987 ohne besondere Höhepunkte routinemäßig bearbeitet worden. Danach sei er wegen der bevorstehenden Landtagswahl interessanter geworden. Deshalb konnte sich Marion Herrmann an den Satz noch gut erinnern: »Für mich hörte es sich so an, als wenn er etwas auszupacken hätte.«[321] Die Vernehmung der ehemaligen MfS-Offizierin war nötig geworden, weil die SPD die Abhörprotokolle führender Sozialdemokraten in Schleswig-Holstein hatte sperren lassen. Bis heute sind sie in den Archiven der BStU verborgen.

Aber was hatte Uwe Barschel auszupacken?

Die Südafrika-Spur

Sofort nach Barschels Tod in der Nacht vom 10. auf den 11. Oktober 1987, so die Dokumentation der damaligen grünen Bundestagsabgeordneten Uschi Eid und ihres Mitarbeiters Reinhard Krämer von 1989, wurde sein Ableben mit dem größten Rüstungsskandal in der Geschichte der Bundesrepublik in Verbindung gebracht: dem U-Boot-Deal mit Südafrika. Denn »die Lieferung der U-Boot-Pläne nach Südafrika erfolgte mit Wissen und Billigung der Bundesregierung« und verstieß klar gegen das Embargo der UNO. Sie hat außerdem »dafür gesorgt, dass die Verantwortlichen der Firmen IKL und HDW bislang straffrei ausgegangen sind«. Daneben gäbe es »eine Fülle von Indizien dafür, daß das U-Boot-Geschäft mit Südafrika in verdeckter Weise fortgeführt wird, um Südafrika den Bau eigener U-Boote zu ermöglichen«.[322] In diesem Zusammenhang gingen Eid und Krämer davon aus, dass der ehemalige Ministerpräsident von Schleswig-Holstein ermordet worden ist:

> »Seitdem sind die Gerüchte nicht verstummt, daß sein Tod im Zusammenhang mit Waffengeschäften bzw. konkret der U-Boot-Affäre gestanden haben könnte. Unbestritten ist, daß Barschel entgegen seinen eigenen Verlautbarungen intime Kenntnisse über das U-Boot-Geschäft gehabt hat. Er war bereits seit 1983 über Einzelheiten des Geschäfts informiert. Als die Pfeiffer-Barschel-Affäre begann, verpflichtete er seine engsten Mitarbeiter zum Stillschweigen über seine Kenntnisse.«[323]

Bei diesem Geschäft sind Schmiergelder in Millionenhöhe geflossen, und es spricht einiges dafür, »daß sich ein Teil der aus Südafrika geflossenen Gelder über Umwege in den Parteikassen von CDU, CSU oder FDP wiedergefunden haben« könnte.[324]

Der ehemalige CSU- und spätere FDP-Bundestagsabgeordnete Siegfried Zoglmann, ein alter Freund von Franz Josef Strauß, trat als Lobbyist von HDW auf. Ein Beratervertrag berechtigte ihn zum Empfang von rund fünf Prozent Provision auf den Endbetrag, zahlbar vom Kunden, der südafrikanischen Regierung. Zoglmann soll zwischen 600 000 und 17 Millionen D-Mark erhalten haben. Ein weiterer Strauß-Freund, Karl-Friedrich Albrecht, ansässig in Südafrika und dort tätig als Vermittler des staatlichen Rüstungskonzerns Armscor, hatte bereits 1981 einen Beratervertrag mit dem IKL über die Lieferung des U-Boot-Mutterschiffes SAS *Drakensberg* sowie der U-Boote abgeschlossen. Vereinbart waren als Provision auch hier fünf Prozent der Vertragssumme. Albrecht erhielt mindestens 2,2 Millionen D-Mark, die über den Zürcher Rechtsanwalt Peter Alther am 2. Mai 1985, am 28. Juni 1985 und am 14. Oktober 1986 nach Südafrika transferiert wurden. Für Albrecht selbst waren allerdings nur 500 000 D-Mark bestimmt. Die Zahlung an ihn als Südafrikaner macht nur Sinn, wenn er als Strohmann die gesamte Summe auf andere Kassen fließen lassen sollte.[325]

Barschel als Opfer des illegalen U-Boot-Deals – diesen Ansatz verfolgen vor allem Michael Mueller und seine Co-Autoren. Sie zeigen minutiös, dass Barschel in das Geschäft eingebunden war. Bereits vom 22. September bis zum 2. Oktober 1983 habe er seinen Wirtschaftsminister Jürgen Westphal, der auch bei HDW im Aufsichtsrat saß, mit Unternehmern nach Südafrika geschickt, wo er sich bei einem Gespräch im Verteidigungsministerium für das U-Boot-Geschäft einsetzte und die Unterstützung durch die schleswig-holsteinische Landesregierung versprach.[326] »Ich kann mir nicht vorstellen, dass ich mit Barschel nicht über das U-Boot-Geschäft gesprochen habe«, erklärte Westphal später.[327] Damals war klar: Wenn HDW den Auftrag nicht bekommen würde, stünde die Kieler Werft vor dem Aus – Tausende Arbeitsplätze gingen dann vermutlich verloren.

In der heißen Verhandlungsphase 1983 häuften sich Barschels geheime Reisen in die Schweiz. Er flog achtmal nach Zürich und zweimal nach Genf. »Ein leitender Manager eines großen deutschen Rüstungskonzerns«, so Mueller et al., »erfuhr damals von seinem südafrikanischen Geschäftspartner in Diensten des Staatsunternehmens Armscor, dass Uwe Barschel in die geheimen Verhandlungen über das U-Boot-Geschäft eingeschaltet war.«[328] Jahre später enthüllte der frühere MfS-Offizier Eberhard Lehmann, der zum Verfassungsschutz übergelaufen war und als »Quelle Glasschüssel« geführt wurde, dass der Kauf der *Arkona* für die DDR vermutlich im Zusammenhang mit der U-Boot-Affäre gestanden und dass Barschels Reisen nach Rostock damit zu tun gehabt hätten.[329]

Die südafrikanischen Attachés und Geheimdienstmitarbeiter Jan Albertus Steenkamp und Primslov holten die Baupläne beim Ingenieurkontor Lübeck ab. Am 16. Januar 1986 will ein Oldenburger Ingenieur und Spezialist für Tarnanstriche in der südafrikanischen Botschaft Aktenvermerke mit den Unterschriften von Kohl, Stoltenberg, Strauß und Barschel gesehen haben.[330] Der Treuhänder Hans J. Siegwart, den Barschel am 30. August 1983 im Genfer Noga Hilton traf, soll auch »als Gelddrehscheibe in Dreiecksgeschäften zwischen Südafrika, der DDR und westeuropäischen Ländern« fungiert haben. Außerdem ist unbestritten, dass Barschel öfter mit dem Stasi-Mitarbeiter Claus-Dieter Junge aus Rostock zusammen war, der das Koppelgeschäft, den Kauf der *Astor I*, der späteren *Arkona*, eingefädelt hat. »Diese Zeugnisse«, so die Autoren, »deuten darauf hin, dass Barschel in eine Schattenlinie involviert war, die neben der offiziellen Gesprächsebene zwischen Kiel, Bonn und Pretoria verlief.«[331] Und er soll zudem von den Schmiergeldzahlungen an Firmenvertreter und Parteien profitiert haben: »Auch Barschel soll mit einer Millionensumme aus dem südafrikanischen Geldtopf bedient worden sein. Rüstungsmanager A. V. sagte, er habe von seinen südafrikanischen Gesprächspartnern die Information bekommen, dass sich Barschel in das U-Boot-Geschäft eingeschaltet und sich für die Lieferung der notwendigen Komponenten verbürgt habe. Die Südafrikaner hätten gezahlt, um Barschel und seine Partei an der Macht zu halten.«[332] Nach dem Bekanntwerden des Deals habe Barschel mit Ernst Pieper, dem Vorstandsvorsitzenden der staatseigenen Salzgitter AG – die eine Mehrheit an HDW hielt –, und HDW-Konzernchef Klaus Ahlers gemeinsam beraten. Im Ergebnis zeigte sich, so ein Abhörprotokoll des MfS, Ahlers bereit, die Verantwortung für den illegalen Verkauf der U-Boot-Konstruktionsunterlagen an Südafrika sowie daraus resultierende mögliche Sanktionen allein auf sich zu nehmen und damit das Management zu entlasten – gegen eine Abfindung natürlich.[333] Südafrika hatte mindestens 45 Millionen D-Mark im Voraus bezahlt, vermutlich aber sehr viel mehr. Ein Gewährsmann der südafrikanischen Regierung, so Mueller und seine Co-Autoren, habe Jahre später erklärt, im Zusammenhang mit dem U-Boot-Kompensationsgeschäft seien Schwarzgeldmillionen mit israelischer Hilfe an die CDU geflossen. Die Südafrikaner kooperierten damals in Rüstungsfragen mit Israel.[334] Damit war das Geld dann weg. Liegt hier ein Motiv für einen Mord?

Die Autoren zitieren einen anonymen deutschen Rüstungsmanager, der mit Geschäftsleuten aus Südafrika, darunter auch dem als Diplomaten getarnten Geheimdienstmitarbeiter Steenkamp, zu tun gehabt habe:

»Die Aussagen der Südafrikaner liefen darauf hinaus, dass Barschel vom südafrikanischen Geheimdienst umgebracht worden war. (…) Barschel sei Gift in die Fußsohlen gespritzt worden, was nicht entdeckt worden sei. (…) Die südafrikanischen Gesprächspartner sagten, dass Uwe Barschel von Südafrika für den Wahlkampf Geld erhalten habe gegen das Versprechen, dass er für eine Genehmigung des Geschäftes sorgen werde. Nach der verlorenen Wahl konnte er die eingegangenen Verpflichtungen nicht mehr einhalten. (…) Barschel sei in Genf zur Rede gestellt worden, wie es denn jetzt weitergehe. Da das Geld für den Wahlkampf ausgegeben war, konnte er es nicht zurückzahlen. Er habe Zusagen nicht einhalten können und sei deshalb liquidiert worden. Die Südafrikaner, die aus sicherheitspolitischen Gründen unbedingt U-Boote haben wollten, fühlten sich von Barschel verraten.«[335]

In diesem Licht war der abgehalfterte Politiker zur Bedrohung geworden. Seine Geheimdienstakte sei zwei Jahre später geschlossen, zahlreiche Dokumente seien vor dem Ende des Apartheidregimes vernichtet worden.

Diese Darstellung ist logisch und durchaus glaubwürdig, können doch die Autoren auf zahlreiche Morde des südafrikanischen Geheimdienstes verweisen. Sie können auch glaubwürdig nachweisen, dass die Südafrikaner mit Kontaktgiften experimentierten. Zudem könnte der am Schmuggel der Blaupausen beteiligte Geheimdienstmann Primslov identisch sein mit jenem Jacob Prinsloo aus dem Ermittlungsbericht von Heinrich Wille. Der Schwarzkopf-Manager und Barschel-Freund Karl Josef Ballhaus will ihn 1988 im Zusammenhang mit einer Safari kennengelernt haben. Bei seiner Vernehmung erklärte Ballhaus, Prinsloo habe offengelassen, ob er beim Geheimdienst sei. »Auf meine Frage, was er meinte, ob Dr. Barschel Selbstmord gemacht habe oder ermordet worden wäre, sagte er wie aus der Pistole geschossen: ›Ich meine, es war Mord.‹ Auf meine Frage, woher er das denn wisse, sagte er, daß ›sie in Südafrika gute Verbindungen zum Mossad hätten‹.«[336] Den Ermittlern gelang es aber nicht, Prinsloo ausfindig zu machen.

Im Ergebnis wirkt die Südafrika-Spur plausibel, aber nicht zwingend. So verzichten die Autoren darauf, die bestätigten Kontakte von Uwe Barschel zur CIA und die zahlreichen Hinweise auf Verbindungen zu Angehörigen der US-Dienste zu integrieren. Auch die heimlichen Reisen in die DDR, vor allem jene nach Jena, und die Reise in die CSSR passen nicht recht zu diesem Ansatz. Allerdings enthält die Aussage von Karl Josef Ballhaus einen wichtigen Hinweis: den auf den Mossad. Denn die Geheimdienste von Israel und Südafrika arbeiteten eng zusammen. So entwickelte das Apartheid-Regime in Pretoria Atomwaffen in Kooperation mit Israel. Im März 1975 führten die damaligen Verteidigungsminister beider Länder Gespräche über den Verkauf israelischer Atomwaffen an Südafrika. Dabei soll Israel Raketen vom Typ »Jericho« in »drei verschiedenen Größen« angeboten haben. [337]

Immer wieder gab es auch Hinweise, dass es sich beim sogenannten Vela-Zwischenfall am 22. September 1979 um einen Kernwaffentest

Südafrikas mit israelischer Beteiligung gehandelt habe. Um 5 Uhr früh dieses Tages erfasste der amerikanische Verla-Satellit 6911 über dem Südatlantik, vor den Prince-Edward-Inseln, einen Doppelblitz, wie er charakteristisch für nukleare Explosionen ist. Ein US-Untersuchungsausschuss kam zwar in seinem Abschlussbericht vom April 1980 zu dem Ergebnis, dass dieses Signal wahrscheinlich nicht von einer nuklearen Explosion stammte.[338] Doch es bleiben Zweifel: Der US-Geheimdienst DIA stellte in einer Studie fest, dass eine Atomwaffe gezündet wurde. 1997 bestätigte der südafrikanische Vize-Außenminister Aziz Pahad einem Artikel der israelischen Zeitung *Ha'aretz* vom 20. April 1997 zufolge, dass das Flimmern über dem Indischen Ozean von einem Atomtest stammte. Der Artikel legt zudem nahe, dass Israel beteiligt war: Israel habe Südafrika beim Bau der Bombe im Austausch gegen Uran geholfen. Pahads Büro dementierte das Statement in dieser Form. Doch ein Memorandum der CIA, das 1993 unter dem Informationsfreiheitsgesetz teilweise geschwärzt veröffentlicht wurde, geht von einem gemeinsamen südafrikanisch-israelischen Atomtest aus.

Falls es sich tatsächlich um einen israelischen Test gehandelt hat, wäre eine südafrikanische Teilnahme oder zumindest Beobachtung naheliegend gewesen, allein schon angesichts der engen militärischen, nuklearen und geheimdienstlichen Zusammenarbeit beider Länder. 1986 erreichten Informationen über den Stand des israelischen Atomwaffenprogramms die Öffentlichkeit. Danach, so schreibt Amin Aboufalezi, befand sich die Entwicklung in einem so weit fortgeschrittenen Stadium, dass dieses Niveau ohne Test nicht hätte erreicht werden können. Ein Atomtest in Israel oder vor seiner Küste erscheint aber ob der geringen Größe des Landes unwahrscheinlich, während die Prince-Edward-Inseln vor Südafrika dafür gute Voraussetzungen bieten. Bereits im Februar 1980 hatte der Sender CBS einen Bericht seines Israel-Korrespondenten Dan Raviv veröffentlicht, nach dem die Explosion von einer israelischen Bombe stammte, die bei einer gemeinsamen israelisch-südafrikanischen Übung gezündet wurde.[339] Einer der Autoren, Robert E. Harkavy, konnte in geheime Unterlagen Einsicht nehmen, aus denen hervorgeht, dass es sich bei dem Ereignis 400 Meilen südlich von Südafrika tatsächlich um einen Atomtest gehandelt hat.[340] Später sprach Harkavy mit einem Physiker der Universität Illinois, der das Thema erforschte und überzeugt war, dass es sich um eine Unterwasserexplosion gehandelt habe, möglicherweise um den Test einer Neutronenwaffe.

Zumindest teilweise erforscht ist die verdeckte Hilfe der Bundesrepublik Deutschland beim Aufbau des südafrikanischen Atomwaffenprogramms.[341] Es gibt Hinweise darauf, dass es in diesem Bereich eine geheime Kooperation zwischen israelischen Forschern und der Gesellschaft für Kernenergieverwertung in Schiffbau und Schiffahrt mbH (GKSS) in Geesthacht gab, wo in Forschungsreaktoren mit hochangereichertem Uran gearbeitet wurde. Hier soll Uwe Barschel ein- und ausgegangen sein.[342] Wenn diese Informationen stimmen, erhärten sie die Angaben des südafrikanischen Agenten Dirk Stoffberg, der auf eine Verwicklung von Uwe Barschel in den Transfer von Atomwaffentechnologie beziehungsweise Kernbrennstoff hingewiesen hat.[343]

Die Mossad-Spur

Ein Team des Mossad, so der frühere Mitarbeiter des israelischen Geheimdienstes Victor Ostrovsky, habe Barschel auf Gran Canaria angerufen und ihn nach Genf bestellt. Der BND habe ihnen die Telefonnummer besorgt. Der Mossad-Agent mit den Decknamen »Ran« und »Robert Oleff« habe Barschel Informationen angeboten, die angeblich helfen sollten, seinen Namen reinzuwaschen. Barschel habe gezögert. Doch Ran habe ihn gelockt mit dem Hinweis auf einige vor Ort anwesende Iraner, die in die Operation Hannibal verwickelt seien: in die Waffengeschäfte zwischen Israel und dem Iran, die über den schleswig-holsteinischen Flugplatz Hartenholm abgewickelt worden seien. Im Beau-Rivage hätten sich zwei Kidon-Einsatzteams eingemietet – eines im vierten Stock, das andere im dritten Stock direkt neben Zimmer 317. Weitere Teams aus dieser Mossad-Spezialabteilung, die bekannt ist für ihre unter schärfster Geheimhaltung durchgeführten Attentate, hätten das Umfeld abgedeckt. Der Chef des Mossad habe ganz in der Nähe im Hotel Des Bergues unter dem Namen »P. Marshon« eingecheckt. Ran habe Barschel auf seinem Zimmer getroffen. Er habe ihn überredet, seinen politischen Sturz zu akzeptieren, und ihm eine großzügige finanzielle Entschädigung angeboten. Doch Barschel sei hart geblieben. Er habe sich an Geld nicht interessiert gezeigt und auf den Beweisen für ein Komplott bestanden. Da sei Ran klargeworden, dass er den Mann nicht umstimmen könne. Er habe das Zimmer unter dem Vorwand verlassen, diese Belege zu holen. In Abstimmung mit dem Mossad-Chef sei beschlossen worden, Barschel zu beseitigen, denn er sei eine Gefahr für die noch laufende Operation Hannibal und die beteiligten Mossad-Leute gewesen. Den für Barschels Zimmer bestimmten Beaujolais habe bereits ein Kidon-Mitglied mit einem starken Schlafmittel präpariert. Andere Mossad-Leute hätten unterdessen Eisbeutel auf ihre Zimmer geschafft. Der Bundesnachrichtendienst habe die Operation flankiert. Ein BND-Mann habe Barschel angerufen und erklärt, man werde die Dinge zurechtrücken. Nun habe der Mossad gewartet, bis Barschel von dem Mittel im Wein eingeschlafen sei.

Dann präsentiert Victor Ostrovsky seine Version des Mordes an Uwe Barschel – die er im Mossad gehört haben will:

»Dann drangen sie in sein Zimmer ein. Barschel lag auf dem Boden rechts neben dem Bett. Er war offenbar ohnmächtig geworden und aus dem Bett gefallen. (…) Ein zusammengerolltes Handtuch wurde ihm unter den Nacken gelegt, als ob er eine Mund-zu-Mund-Beatmung bekommen sollte. Fünf Leute befanden sich zu dem Zeitpunkt im Raum. Vier kümmerten sich um das Opfer, und einer füllte die Badewanne mit Wasser und Eis; das Geräusch würde jedes andere übertönen. Ein langer, gut geölter Gummischlauch wurde dem schlafenden Mann in den Hals geschoben, langsam und vorsichtig, um ihn nicht zu ersticken. (…) Sobald der Schlauch den Magen erreicht hatte, brachten sie am oberen Schlauchende einen kleinen Trichter an, durch den sie nun verschiedene Pillen einführten, dazu ab und zu etwas Wasser, damit sie auch tatsächlich den Magen erreichten. Danach wurden dem Mann die Hosen heruntergezogen. Zwei Männer hielten seine Beine hoch, und ein Dritter führte ihm rektal Zäpfchen mit einem starken Sedativ und einem fiebererzeugenden Mittel ein. Die Hosen wurden ihm wieder hochgezogen, und die Leute warteten auf die Wirkung der Medikamente. (…) Nach einer Stunde hatte er hohes Fieber bekommen. Er wurde dann in das Eisbad gelegt. Der Schock rief starke Körperzuckungen hervor. Der plötzliche Temperaturwechsel im Verein mit der Wirkung der Medikamente erzeugte so etwas, was wie eine Herzattacke aussah. Nach ein paar Minuten stellte das Team fest, daß er wirklich tot war, und begann das Zimmer aufzuräumen, um keine Spuren zu hinterlassen. Sie merkten, daß sie den Fehler gemacht hatten, den Mann nicht auszuziehen, bevor sie ihn in die Wanne legten. Aber es war zu spät, das noch zu ändern. Sie merkten auch, daß die Ersatzweinflasche, die sie mitgebracht hatten, zwar ein Beaujolais war, aber nicht die richtige Marke, so daß sie keine Flasche hatten, um sie dazulassen. Die Lage war gespannt. Sie hatten mehrere Stunden in dem Raum zugebracht, und einige von ihnen waren mehrmals hinausgegangen und wiedergekommen. (…) Nachdem sie das Zimmer verlassen und das Schild ›Bitte nicht stören‹ angebracht hatten, ging jeder seiner Wege. Zwei Leute verließen das Hotel noch am selben Abend, das zweite Paar erst am folgenden Morgen. Die übrigen Mitglieder des Teams hatten die Stadt schon in derselben Nacht mit dem Wagen verlassen und fuhren zurück nach Belgien in die Sicherheit des Mossad-Hauptquartiers in Europa.«[344]

Dies ist die bislang genaueste Schilderung des mutmaßlichen Tathergangs.

Victor Ostrovsky ist, wie bereits erwähnt, ein Zeuge vom Hörensagen. Aber ausgerechnet der Toxikologe Hans Brandenberger gibt dieser Schilderung 2010 neue Nahrung. Er schreibt, dass die Darstellung von Ostrovsky erstaunlich gut zu seinen eigenen toxikologischen Befunden passe. Schon 1994 war er in seinem Gutachten für die Genfer Justiz zu dem Ergebnis gekommen, dass Barschels Körper das tödliche Cyclobarbital erst viel später als die Beruhigungs- und Schlafmittel aufgenommen hatte. Der Organismus hatte gerade erst begonnen, die Substanz abzubauen. Nun stellt er ein Medikament ins Zentrum seiner Überlegungen, das schon vor Jahren in Barschels Urin nachgewiesen wurde, aber in der gutachterlichen Diskussion eine nachgeordnete Rolle gespielt hat: das starke Schlafmittel Noludar. Brandenberger fragt nun, warum dieses Noludar in der Blase nicht in seiner abgebauten (metabolisierten) Form vorlag und warum es im Urin, nicht aber im Magen zu finden war:

»Die chemischen Befunde indizieren einen Mord, wobei: 1. mit Sicherheit feststeht, dass das todbringende Cyclobarbital nach stark sedierenden Wirkstoffen in den Körper gelangt ist, sehr wahrscheinlich im Zustand der Handlungsunfähigkeit; 2. das starke Hypnotikum Noludar mit an Sicherheit grenzender Wahrscheinlichkeit kurz vor Todeseintritt rektal verabreicht wurde, was mit der Hypothese eines Selbstmordes mit fremder Hilfe (…) unvereinbar ist; 3. aufgrund der Komplexität des Mordgeschehens davon ausgegangen werden muss, dass ein Profiteam am Werk war, nicht eine Einzelperson.«[345]

Das wirkt wie eine wissenschaftlich fundierte Bestätigung der Mossad-Spur.

Allerdings gibt es auch Ungereimtheiten, die Heinrich Wille veranlasst haben, von einer förmlichen Vernehmung von Victor Ostrovsky abzusehen.[346] Dazu gehört, dass der plötzliche Temperaturwechsel im Eisbad und die Wirkung der Medikamente mit der daraus resultierenden Herzattacke nicht mit dem Ergebnis der gerichtsmedizinischen Untersuchungen vereinbar sind. Denn danach ist auszuschließen, dass Barschel an einem Herzinfarkt gestorben ist. Zudem gingen die Mediziner übereinstimmend davon aus, dass Barschel mehrere Stunden in einem komatösen Zustand im Wasser gelegen hat. Zudem weist Brandenberger darauf hin, dass zur Tatzeit Noludar nicht als Zäpfchen im Handel gewesen sei. Allerdings könne eine rektale Zufuhr auch mit einem mit K.-o.-Tropfen getränkten Wattebausch geschehen. Schließlich hat der Genfer Gerichtschemiker in seinem Bericht nicht erwähnt, dass im Magen des Opfers Rückstände von Pillenresten entdeckt worden seien. Allerdings schloss er das auch nicht aus. Überprüfen lässt sich das nicht mehr: Der größte Teil des Mageninhalts wurde einfach weggeworfen.

Interessant ist, dass Ostrovsky den BND als Handlanger einführt. Dies deckt sich mit dem Hinweis des früheren Stasi-Offiziers Peter Feuchtenberger, der BND habe Barschel selbst ans Messer geliefert. Auch die Darstellung von Udo Ulfkotte passt dazu:

> »Barschel wurde ermordet. Wer auch immer die Täter waren, sie machten Fehler: Von einem Weinglas, aus dem Barschel vor seinem Tod getrunken haben muß, wischten sie die Fingerabdrücke, auch die des Kellners, der das Glas gebracht hatte. Nun könnte Barschel die Fingerabdrücke ja selbst abgewischt haben, doch es fand sich noch ein halber Fingerabdruck des Ringfingers an diesem Glas in einer Stellung, in der Barschel das Glas unmöglich gehalten haben konnte. Der Abdruck muss nachträglich angebracht worden sein. Und auch einer von Barschels Schuhen wurde offenkundig nicht von diesem, sondern von einem Unbekannten im Hotelzimmer gereinigt. Wer immer diesen Schuh gereinigt hat, müßte davon angefärbte Finger gehabt haben. (…) Barschel hatte aber saubere Finger. (…) In der Mordnacht soll sich nach Angaben eines ranghohen Bonner Beamten mindestens ein BND-Mitarbeiter der Abteilung I (operative Aufklärung) in Barschels Hotel aufgehalten haben, möglicherweise sogar mehrere. Es muß somit eine Barschel-Akte beim BND über die Vorkommnisse in der Mordnacht geben.«[347]

Der BND hat die Darstellung von Ulfkotte umgehend zurückgewiesen. Es hätten sich in der fraglichen Zeit keine Mitarbeiter des Bundesnachrichtendienstes in Barschels Hotel aufgehalten.[348]

Daneben bietet Ostrovsky eine Gesamtschau auch der Kieler Affäre an. Nachdem Barschel dem BND die Erlaubnis verweigert habe, die Häfen in Schleswig-Holstein für die Überführung der Waffen in den Iran zu benutzen und die Ausbildung iranischer Piloten durch Israelis fortzusetzen, habe der Mossad seine Beseitigung geplant. Der Dienst habe verdeckt Kontakt mit dem Oppositionsführer hergestellt, der seine Kooperation zugesagt habe. Ein Mann mit dem Spitznamen »Whistler« sei unter Druck gesetzt worden. Er sei der Misshandlung einer Hamburger Prostituierten beschuldigt worden, habe aber einer förmlichen Anklage entgehen können. Ein Mossad-Agent mit dem Decknamen »Ran«

»schlug ihm dann vor, daß er beim Sturz Barschels helfen solle. Ran war überrascht, mit welcher Begeisterung ›Whistler‹ diesem Vorschlag zustimmte. (…) Ihm wurde darüber hinaus gesagt, daß man sich finanziell großzügig um ihn kümmern werde, falls diese Operation seine politische Zukunft gefährde. (…) Während dieser ganzen Zeit fütterte der Mossad den Verfassungsschutz des Bundeslandes mit falschen Informationen über Barschels angeblich geheime Waffengeschäfte und sonstige illegale Transaktionen, an denen sein Bruder beteiligt sei, quasi als Strohmann Barschels«.[349]

Mossad-Leute hätten sich von Whistler als Detektive anheuern lassen und bei der Überwachung des Oppositionsführers amateurhaft und auffallend agiert – eine Schmutzkampagne. Erst kurz vor der Wahl habe sich Whistler als Urheber präsentiert: »Er gab an, daß er dazu von Barschel beauftragt worden sei, wodurch er endgültig die Karriere eines Politikers beendete, der sich nicht kooperativ zeigte, und einen Mann ans Ruder brachte, der dazu bereit war.« Nach seiner Niederlage bei der Landtagswahl habe Barschel gedroht, das Fehlverhalten des BND offenzulegen, wenn der Dienst nicht alles tun würde, um seinen Namen reinzuwaschen. Dann habe der BND den Mossad um Hilfe gebeten:

»Der BND-Kontaktmann sagte dem Mossad-Verbindungsoffizier, daß innerhalb weniger Tage einige Anhörungen vor einem Untersuchungsausschuß stattfinden würden, und würde Barschel vorher nicht Genüge getan, würde er auspacken. Der Zeitrahmen war zu knapp für den Mossad, um die Operation auf den beiden Flugfeldern abzubrechen und die israelischen Mannschaften mitsamt ihrem Material rechtzeitig herauszuholen. Barschel mußte gestoppt werden, bevor er als Zeuge aussagen konnte.«[350]

Die Darstellung von Ostrovsky ist in sich schlüssig. Dazu passt auch, dass in Barschels Jackett im Beau-Rivage ein Zettel gefunden wurde mit einer Zahlenreihe, die rückwärts gelesen die Rufnummer eines Mitarbeiters der israelischen Botschaft in Bonn ergibt.[351] Sie deckt sich auch mit den Angaben von Ari Ben-Menashe, dass die Israelis seit September 1979 den Iran im Krieg gegen den Irak trotz des Handels- und Waffenembargos der USA mit Waffen und Ersatzteilen versorgten: »Es würde im israelischen Interesse sein, den Iran mit Militärausrüstung zu fluten, aber wir mussten vorsichtig sein. Diese Waffen wurden über Südafrika geleitet, und ihren Transport übernahmen Logistikteams des südafrikanischen Geheimdienstes.«[352] Ein Hinweis auf Norddeutschland oder Hartenholm findet sich bei Ben-Menashe allerdings nicht. Klar ist aber, dass dieser Flugplatz in iranischer Hand war.

Eindeutige Beweise für die Darstellung von Ostrovsky fehlen. Ronen Bergmann weist allerdings darauf hin, dass der damals in Kanada lebende Mossad-Aussteiger Ostrovsky mit seinen Publikationsplänen 1990 erheblichen Wirbel innerhalb des Geheimdienstes auslöste. Denn ein solches Buch war ein Bruch mit den Geheimhaltungsregeln. Bergmann zufolge versuchte der Mossad, Ostrovsky von seinem Vorhaben abzubringen, doch der weigerte sich. Agenten, so Bergmann, brachen in das Verlagsbüro ein und entwendeten die Setzschiffe. Wie sich herausstellte, »enthielt das Buch eine Vielzahl von teils durchaus zutreffenden Informationen über den Mossad, einschließlich vieler Seiten über Aktionen, die er gegen das irakische Atomprojekt und irakische Wissenschaftler durchgeführt hatte«.[353] Ostrovskys Ausbilder sei ins Büro des Direktors bestellt und befragt worden. Der junge Geheimdienstoffizier Jossi Cohen, »der Ostrovsky in der Ausbildung kennengelent hatte, legte dem Mossad-Chef einen detaillierten Plan zur Eliminierung Ostrovskys vor.«[354] Doch Ministerpräsident Schamir habe abgelehnt unter Verweis auf die Regel: »Wir töten keine Juden.« Stattdessen bat der Mossad Kanada und die USA, die Veröffentlichung des Buches zu verbieten. Doch die Gerichte entschieden anders. Das Ganze brachte dem Buch nur zusätzliche Publicity. Die Frage ist nun: Wenn an Ostrovskys Darstellungen nichts dran gewesen sein soll – warum dann das ganze Gewese? Tatsächlich stützt dieses massive Vorgehen die Glaubwürdigkeit von Ostrovskys Schilderungen.

Die Mossad-Spur hat dennoch einen Schönheitsfehler: Kontakte von Reiner Pfeiffer und Björn Engholm zum Mossad sind nicht nachgewiesen. Und die größte Schwäche der Version von Ostrovsky ist, dass die Reisen von Uwe Barschel hinter den Eisernen Vorhang als Desinformation des Verfassungsschutzes abgetan werden. Dazu ist das Gerüst der Hinweise aber zu dicht.

Die Stasi-Spur

Gerade Barschels heimliche Aktivitäten in Rostock, Berlin, Jena und in der CSSR legen aber nahe, Motive und Begründungszusammenhänge für seinen Tod hier zu suchen. Der Staatsanwaltschaft Lübeck liegen seit 1993 entsprechende Hinweise von journalistischer Seite vor. So berichtet das Magazin *Stern* unter dem Titel »Die Mörder vom Dienst« über die Methoden, die das Ministerium für Staatssicherheit angeblich zur Tötung mit Giften entwickelt haben sollte.[355] Danach zeigte das MfS 1987 besondere Eile, an die Genfer Obduktionsergebnisse zu gelangen. Das Gutachten, so Barschel-Ermittler Heinrich Wille, sei bereits vor dem Tippen der Endfassung in Ostberlin gewesen: »Ich bekam einen Hinweis, dass der Obduzent Oldrich Fryc selbst die undichte Stelle gewesen sein muss. Über Fryc gelangte das Gutachten zum MfS.«[356] Allerdings war Walter Katzung nach eigener Darstellung zu keinem Zeitpunkt eingebunden. Die Beschaffung sei über die Hauptverwaltung Aufklärung von Markus Wolf gelaufen. Für die operative Arbeit zur Untersuchung von Straftaten war General Ewald Pyka zuständig, der stellvertretende Leiter der Hauptabteilung IX. Dies war die zentrale Untersuchungsabteilung des MfS, die auch über eine eigene Mordkommission verfügte. Pyka habe auch im Ältestenrat des Ministeriums gesessen, so die Stern-Autoren, den Mielke-Stellvertreter Gerhard Neiber bei Bedarf einberufen habe. Unklar ist, ob inoffizielle Aktionen wie Mordaufträge in Neibers Zuständigkeit fielen. In jedem Falle oblag seiner Abteilung XXIII die Terrorbekämpfung. Die Abteilung IV S war, so Walter Katzung, für Sonderaufgaben wie Entführungen und Sprengstoffangelegenheiten zuständig. Die Genfer Obduktionsergebnisse kamen auf den Tisch von Georg Radam, einem Oberarzt am Gerichtsmedizinischen Institut und Professor für Kriminalistische Medizin der Humboldt-Universität. Der Toxikologe Walter Katzung erklärt, er habe Radam um den Bericht gebeten, weil er aus privatem Interesse dem Todesfall Barschel nachgehen wollte. Er geht in seinem Gutachten vom Dezember 1992 von Mord aus:

> »Es sollte von einer ›3+1‹-Aufnahme ausgegangen werden. In diesem Falle kommen neben zentraldämpfenden auch die weiteren pharmakologischen Eigenschaften der 4 Wirkstoffe wechselseitig vorteilhaft zur Geltung. (…) Die aufgenommene Menge Cyclobarbital sollte nach vorsichtiger Schätzung für eine nicht mehr erweckbare Vergiftung deutlich über 2 Gramm, etwa bei 4–6 Gramm gelegen haben. Die hohe nicht resorbierte Menge im Magen läßt zudem auf ein ›auf Sicherheit‹ bedachtes Vorgehen schließen.«[357]

Zur Verfügbarkeit der Medikamente hielt Katzung fest, dass das Schlafmittel Pyrithyldion 1987 in Westdeutschland und auf Gran Canaria nicht mehr im Handel war, wohl aber – bis 1990 – in der DDR. Er schränkte allerdings ein, dass es Restbestände in Hausapotheken gegeben haben kann, dass das Sedativum auch über Pharma-Versandhäuser möglicherweise hätte beschafft werden können und dass der Wirkstoff in sogenannten K.-o.-Tropfen im kriminellen Milieu des Westens eingesetzt worden ist. Dennoch ist die eingeschränkte Verfügbarkeit ein wichtiges Indiz.

Tatsächlich hatte sich Erich Mielke, der Minister für Staatssicherheit der DDR, mit dem Befehl Nr. 107 schon im Jahr 1964 eine Sondertruppe namens »Arbeitsgruppe Minister« geschaffen. Der Leiter war General Alfred Scholz. Zu dieser Arbeitsgruppe gehörte die Abteilung IV S. Das »S« stand für Sonderaufgaben. Langjähriger Leiter dieser Abteilung war Heinz Stöcker, anfangs Oberstleutnant, später Generalmajor. In dieser geheimen Verschlusssache verlangte Mielke die »weitere Erhöhung der Schlagkraft und Einsatzbereitschaft der Organe des Ministeriums«, um jederzeit »aktive Maßnahmen gegen den Feind und sein Hinterland erfolgreich durchführen zu können«.[358] Die AGM/S wurde mit Befehl Nr. 4/86 zu einer selbständigen Abteilung, der Abt. XXIII.

Das gelangte auch den Lübecker Barschel-Ermittlern zur Kenntnis. Doch was jetzt folgt, wird für sie zur absurden Irrfahrt durch die Welt der Geheimdienste. Im Zentrum steht dabei die Aussage von W. am 2. Dezember 1994.[359] Ausgangspunkt der Ermittlungen war ein streng vertrauliches Schreiben des BND vom 15. November 1994 an die Staatsanwaltschaft Lübeck. Darin wurden die Ermittler zunächst auf Informationen hingewiesen, denen zufolge der MfS-Offizier Peter Feuchtenberger mit Barschel wenige Tage vor seinem Tod im Genfer Hotel Beau-Rivage zusammengetroffen sein soll. Wille und sein Team hören, dass sich ein K. und seine Frau aus Langenhagen-Schulenburg, beide offenbar langjährige BND-Informanten, beim Bundesnachrichtendienst gemeldet hätten. Bei ihrer späteren Vernehmung gaben die Eheleute zu Protokoll, dass ihnen ein W., ehemaliger Mitarbeiter ihres Betriebes, von noch bestehenden Stasi-Seilschaften und deren Verstrickung in kriminelle Handlungen erzählt habe. Dieser W. betreibe nunmehr in Halle eine Vertretung für Baugeräte und sei offenbar mit einer ehemaligen MfS-Mitarbeiterin mit dem Decknamen »Pia« liiert. Diese habe einen Schwager oder Ex-Schwager namens R., geb. K., der als Stasi-Oberst den Decknamen »Poseidon« gehabt und Gerüchten zufolge Mordaufträge für das MfS erledigt habe. Daraufhin befragten die Lübecker Ermittler im Dezember 1994 W. Der gab an, im Frühjahr 1991 erstmals Kontakt zum damals untergetauchten R. bekommen zu haben. Durch R. habe er von der Existenz der Arbeitsgruppe Mielke (ARGE M) gehört, die eingebunden gewesen sei in Drogenhandel und Geldwäsche. W. kam in diesem Zusammenhang auch auf die Sondereinheit AGM/S mit einer Stärke von 40 Personen zu sprechen. Ihr hätten angehört: der bereits erwähnte R.; R., vermutlich seine Frau und damit die Schwester von »Pia«; Z., der Kopf der Organisation, der nun eine Baufirma in Berlin habe und sich häufig in Merseburg aufhalte; G., mittlerweile Geschäftsführer eines Autohauses in Halle und Vorgesetzter von R.; Herr W., der mittlerweile verstorbene Ehemann von »Pia«, der ein hohes Tier beim MfS gewesen und 1990 durch Selbstmord ums Leben gekommen sein soll.[360]

W. erzählte den Barschel-Ermittlern weiter, dass nach Angaben von R. die AGM/S unter anderem auch an der Ermordung von Uwe Barschel beteiligt gewesen sein soll. R. habe ihm erzählt, »daß ein Mitarbeiter der bulgarischen Botschaft in Wien mit dem Namen Protopov den Mordauftrag unterschrieben haben soll. Es könnte aber auch der Name Popov sein.« Auch Frau R. berichtete den Staatsanwälten, mit ihrem Mann über den Tod von Barschel gesprochen zu haben:

»Ich habe Holger konkret gefragt, ob die ›Firma‹ ihre Finger da mit im Spiel hätte. Ich glaube, ungefähr zu diesem Zeitpunkt war es auch, daß Holger mir von Kontaktgiften und lautlosem Töten erzählt hatte. Als ich Holger auf den Tod von Dr. Uwe Barschel ansprach, zuckte er nur mit den Achseln und lächelte. (…) So reagierte er fast immer, wenn er nichts sagen wollte. Er hat aber auch nichts abgestritten. (…) So habe ich das Gefühl, daß Holger in der Planung des Todes von Dr. Barschel bestimmt die Finger mit im Spiel hatte.«[361]

Allerdings könne sie nicht mehr sagen, wo ihr Mann am 10. und am 11. Oktober 1987 gewesen sei. Jedenfalls sei er oft über mehrere Tage verreist, ohne dazu Angaben zu machen, und habe eine Pistole dabei gehabt.

Die Lübecker Ermittler erfuhren nun vom Ehepaar K., W. habe seine Informationen in einem zweiseitigen Schreiben dargelegt. Diesen Brief habe er an Frau K. übergeben. W. habe Angst gehabt und sie gebeten, das Schreiben einem Anwalt auszuhändigen, falls ihm etwas passieren würde.

Einerseits sind an dieser Darstellung Zweifel angebracht. Denn K. bezeichnet W. als überdrehten Aufschneider. Es fällt auch auf, dass nach seiner Darstellung praktisch alle Angehörigen der Lebensgefährtin von W. der AGM/S angehört haben sollen. Zudem habe der BND, so Abteilungsleiter Volker Foertsch, seine Kontakte zum Ehepaar K. abgebrochen – was wiederum ein merkwürdiger Umstand ist. Denn K., der seit Jahren mit dem BND zusammengearbeitet hatte, übergab das Schreiben von W. nicht einem Anwalt, sondern seinem Kontaktmann »Max«. Der kam zu einem persönlichen Gespräch vorbei und bezeichnete W. als »Spinner«, mit dem Schreiben sei nicht viel anzufangen. Frau K. fragte Max, ob sie weiter Kontakt mit W. halten und ihn ausfragen sollten. Max riet ihr, sich nicht mehr um die Sache zu kümmern, und sagte beim Abschied: »Pass auf dich auf.« Danach wurde das Ehepaar vom BND abgeschaltet. K. und seine Frau glauben, dass der BND mehr in Sachen Barschel wisse und verhindern wolle, dass die beiden mehr erfahren.[362]

Hinweise der Journalistin Christina Wilkening aus Berlin bestätigen viele dieser Angaben. Sie sagte in ihrer Vernehmung als Zeugin der Lübecker Barschel-Ermittler aus, dass nach Darstellung von Wolfgang Kotz, dem früheren Chef der KoKo-Firma IMES, Herr W. zum »Heer der Embargo-Beschaffer« von Gerhard Ronneberger (IM »Saale«) gehört habe, dem Vizechef des Handelsbereichs 4 im AHB (Außenhandelsbetrieb) Elektronik, der Beschaffungsfirma der KoKo für durch die CoCom-Liste gesperrte Produkte.[363] Herr W. habe für das Gespann Peter Feuchtenberger, Heinz Stöcker und Günther Forgber rechnergestützte militärische Anlagen besorgt und sei in den Verdacht geraten, auch mit dem BND in Verbindung zu stehen. Dabei habe er mit einem F. von der Firma AB Dick, einem Waffenhändler namens Sch. im belgischen Spa, mit einem R. aus Kiel und einem S. zusammengearbeitet. Insbesondere der russische Geheimdienst habe bei W. Nachtsichtgeräte und Feuerleitsysteme bestellt. Dieser habe die Ware im Lager einer Firma Teichmann in Mannheim besorgt. W. habe ihr auch bestätigt, dass der Mordauftrag von einem bulgarischen Geheimdienstoffizier namens Protopov gekommen sei. Dieser Protopov arbeite eng mit der staatlichen bulgarischen Import-Export-Firma Kintex zusammen, die Waffengeschäfte mit Israel, Syrien, Jordanien, Iran und Irak betreibe. Er habe eine Residenz im bulgarischen Warna und sei auch häufig im Ostberliner Palast-Hotel gewesen. Der Grund für den Mordauftrag: Barschel habe Embargogüter für Bulgarien und Rumänien versprochen, aber nicht geliefert.[364]

Wilkening zufolge sei R. im Besitz eines Koffers mit Datenträgern, die Angaben zu Finanzströmen, Lieferwegen, Personen und vor allem zu verantwortlichen Politikern enthielten. Diesen Koffer habe ihm der Leiter der HA XVIII (Volkswirtschaft) des MfS, Generalleutnant Alfred Kleine, übergeben. Daraus gehe hervor, »daß mit der DDR und der Bundesrepublik und den europäischen Ländern und den USA und vor allem Israel in Zusammenarbeit mit dem Mossad sehr enge Geschäfte praktiziert worden sind. Demzufolge (…) ist Barschel natürlich ein Mitwisser erster Sorte.«[365] R. habe ihr auch berichtet, Barschel habe in Potsdam auf einer Yacht Herrn W. einen Koffer »mit Geld in einem mehrstelligen Millionenbetrag« übergeben. In der Folge will Christina Wilkening in den Archiven des russischen Militärgeheimdienstes GRU und des KGB recherchiert und auch dort eine Akte zum Fall Barschel entdeckt zu haben. Sie stützt sich dabei unter anderem auf verschlüsselte Schreiben eines KGB-Informanten, der Barschels Tod mit »der Diskonspiration im Zusammenhang gewisser Embargogeschäfte« in Verbindung bringt. Die Echtheit der Schreiben konnte allerdings nicht überprüft werden.[366]

Beim KGB habe sie, so Wilkening, zudem eine Akte einsehen können, die der GRU angelegt habe und die aus einem roten Kennungsheft und zwei grauen Ordnern bestehe. Danach habe Barschel den Decknamen »Graf« getragen und schon 1979 in Potsdam einen Vertreter der Waffenhandelsfirma des sowjetischen Verteidigungsministeriums getroffen. »Graf« habe unter anderem am 6. Juni 1984 Herrn W. in Potsdam getroffen und eine Bestellliste für konventionelle Waffen übergeben. Bei seiner Vernehmung bestätigte K. (R.) die Angaben über Waffengeschäfte. Im Sommer 1985 oder 1986 will er zusammen mit W., einem Tschechen und einem Russen auf seiner Segelyacht über Hightech-Deals gesprochen haben. K. kann sich an eine Bemerkung von W. in Verbindung mit Barschel erinnern: »Jetzt haben wir einen Kontakt zur Hochpolitik.«[367] K. bestreitet, für die Stasi oder gar eine Spezialeinheit gearbeitet zu haben. Was den Tod von Herrn W. betrifft, so äußert er Zweifel, dass dieser bei seinem vermeintlichen Selbstmord von einem Hoteldach gesprungen sei. Auch Frau R. wundert sich über den Obduktionsbericht. Das Protokoll hält bei dem Toten eine Größe von 1,73 Meter fest. Herr W. war aber 1,90 Meter groß. Daraufhin werten die Ermittler die Stasi-Akte von W. bei der BStU aus. Kontakte zu F. finden sich darin, allerdings keine Angaben zu Barschel. Am Ende stehen die Lübecker Ermittler mit leeren Händen da. Es kommen Zweifel an der Glaubwürdigkeit von Christina Wilkening auf. Und die Staatsanwälte fragen sich, ob sie vom BND an der Nase herumgeführt wurden.[368]

Die Staatsanwaltschaft Lübeck bekommt bei weiteren Vernehmungen aber wichtige Informationen. So erklärt Major Willy Koch, der dem BND die Disketten von Artur Wenzel übergab, dass darin auch Hinweise auf mögliche Embargogeschäfte von Uwe Barschel zu finden sein müssten. In den 5000 Blatt Papier in der Aktentasche von Wenzel sei er über einen Vorgang gestolpert. Dabei sei es um einen Iraner namens Ali Moradian gegangen, der mit Dieter Uhlig und Erhard Wiechert, den Chefs der Firma IMES, im Hotel Neptun in Warnemünde Waffengeschäfte rund um SDI gemacht hatte. Sein Chef Artur Wenzel sei damals öfter zusammen mit Major Rolf Ungermann, damals verantwortlich für Militärtechnik, nach Warnemünde gereist. Willy Koch will gehört haben, »dass Barschel (…) auch an diesen Treffen im Hotel ›Neptun‹ teilgenommen haben soll. (…) Barschel soll sich u.a. mit den Iranern sowie Uhlig, Wiechert und vermutlich auch Wenzel, evtl. war Ungermann auch bei den Gesprächen dabei, im Hotel ›Neptun‹ getroffen haben.«[369] Wolfgang Kotz, Erhard Wiechert und Peter Feuchtenberger streiten allerdings ab, irgendetwas mit Uwe Barschel zu tun gehabt zu haben. Wolfgang Kotz will aber von Günter Husemann, dem Chef der AG Beschaffung der IMES, gehört haben: »Immer wenn Barschel kommt, gibt es viel Arbeit.«[370] Doch Husemann selbst kann sich an nichts erinnern.

Dafür bietet Christina Wilkening weitere Informationen an. Wolfgang Kotz habe ihr berichtet, im Rahmen von Barschels Embargogeschäften sei es auch um Raketengeschosse gegangen. Ansprechpartner der Firma IMES im Westen sei die Firma eines Herrn Zwieahmer aus Lüneburg gewesen. Sein Klarname sei Hartmut Werner Fritz Gävert. Die Ermittlungen ergeben, dass Gävert am 1. Februar 1992 verstorben ist. Unter Bezug auf die angeblichen KGB-Akten zu Uwe Barschel bringt Christina Wilkening noch einen Namen ins Spiel: Fürbecker – der angeblich »für den BND (…) von Düsseldorf aus die Waffengeschäfte mit der DDR und Uwe Barschel getätigt oder koordiniert« habe.[371] Und wieder sollen es Waffengeschäfte mit dem Iran gewesen sein. Dabei sei das Geld über die Genfer und Zürcher Niederlassungen der Banque Nationale de Paris geflossen. Auch der Embargohändler Richard Müller habe geschäftliche Beziehungen zu Barschel gehabt.

Als die Lübecker Ermittler Wolfgang Kotz erneut vernehmen, erklärt der, Schalck-Golodkowski, Ronneberger und Uhlig würden vom BND geschützt. Kotz informiert über Einzelheiten der Iran-Geschäfte: Mohsen Rafiq-Dust, der Chef der iranischen Revolutionären Garden, habe ihm gedroht, ihn zu erschießen, wenn er nicht liefere. Munition und Teile für Heckler&Koch-Gewehre aus der Bundesrepublik; Pulver von Dynamit Nobel aus Schweden in die Bundesrepublik, dann nach Salzburg, von da aus nach Rostock und dann per Schiff in den Iran: »Das geschah alles mit Wissen der Bundesrepublik Deutschland, denn diese Transporte waren anmeldepflichtig (…) Mir kann heute kein

Mensch erzählen, daß der BND das nicht gewusst hat.«[372] Dies bestätigt auch Peter Feuchtenberger. Er erwähnt, »dass die Firma Wild Leitz zum Beispiel Nachtsichtgeräte in die DDR geliefert hätte. Diese Nachtsichtgeräte wären sehr wichtig gewesen für die Entwicklung von Feuerleitsystemen.« Was den Tod in Genf betrifft, so geht er davon aus, »daß Uwe Barschel in einer sog. ›grauen Zone‹ umgekommen sei. In dieser ›grauen Zone‹ würde die Mafia agieren.« Er könne sich vorstellen, »daß jemand ›aus dem Ruder‹ gelaufen sei«.[373] Markus Wolf, der ehemalige Chef der HVA, lässt den Ermittlern über seinen Anwalt mitteilen, dass er zum Gegenstand der Ermittlungen nichts sagen könne.

Der frühere Stasi-Major Eckardt Nickol stützt die Version von W., Frau R. und K. Nickol behauptet, »dass es auch aus Unterlagen der HVA ersichtlich ist, dass Oberst Feuchtenberger, Oberst Artur Wenzel und Forgber zum Zeitpunkt des Todes (von Barschel) in Genf waren. (…) Die vorliegenden Unterlagen beweisen, dass über Peter Feuchtenberger durch eine Arbeitsgruppe unter Führung von Herrn W. der Mord vorbereitet wurde. Hierzu gehörte auch ein R. (…) W., der angeblich von einem Hochhaus gefallen sein soll, Version Selbstmord, lebt heute unter anderem Namen in Polen, davor in der ČSSR.«[374] Offensichtlich verwendet Nickol hier den falschen Vornamen. Gemeint ist Herr W. Tatsächlich wurde W. am 5. Mai 1995, also lange nach seinem angeblichen Selbstmord, in Halle von R.s Arzt wiedererkannt. Weiteren Zeugen zufolge soll W. unter dem Namen X. in Prag gelebt und mit einer Prager Zahnärztin ein Kind haben. Später soll er in Warschau aufgetaucht sein.[375] Insgesamt erscheint Nickols Erklärung als logisch und durchdacht. Sie bietet eine Mordversion an, die viele Detailergebnisse der Ermittlungen integriert.

Nickol geht davon aus, dass eine ganze Reihe bundesdeutscher Politiker wirtschaftliche Kontakte zur DDR aufbauen wollten. Er nennt zum Beispiel den Lübecker Müllunternehmer und FDP-Politiker Adolf Hilmer, der sich über seine Firma Hanseatisches Baukontor als Makler am Müllexport auf die DDR-Deponie Schönberg beteiligte und dabei Millionen verdiente.[376] Barschel sei daran interessiert gewesen, »auch Geschäfte am Rande der Legalität auf wirtschaftlichem Gebiet zu unterstützen … in Übereinstimmung und mit Unterstützung höchster politischer Personen der Bundesregierung und der Wirtschaft«.[377] Nickol verweist dabei auf die Angaben von Ingolf Weniger, der von 1968 bis 1985 bei der HVA-Firma »INTRAC« tätig war, 1985 wegen Wirtschaftsspionage in der DDR festgenommen, zu neun Jahren Haft verurteilt und ein Jahr später ausgetauscht wurde. Weniger war ein Doppelagent für MfS und BND.[378] Weniger berichtet, Barschels

> »Besuche in der DDR, speziell die auf Einladung zum sog. Warnemünder Kreis, sind aber nur Fassade. Dr. Barschel wird als politisches Schutzschild gebraucht, um in Wirklichkeit Waffen- und Embargogeschäfte unter dem Deckmantel halboffizieller wirtschaftspolitischer Kontakte zu kaschieren. Die HVA hat alle wichtigen Leute im Außenwirtschaftsministerium geworben oder sie sind direkte Mitarbeiter der HVA im Außeneinsatz. Außer der HVA weiß niemand so richtig, wie viele Firmen für das MfS, (die) KOKO und (die) Partei im Westen arbeiten (Schweiz, Österreich, Liechtenstein, Holland, England, Dänemark, Belgien und Griechenland). Das Motiv des Ministerpräsidenten in diesem Fall ist, so mitzumischen wie Strauß, Stoltenberg und andere und sich den Einfluss der Wirtschaftselite in Schleswig-Holstein für die nächste Wahl zu sichern. Dr. Uwe Barschel nimmt Engholm als politischen Gegner sehr ernst und vermutet, dass dieser von der DDR-Seite politisch unterstützt wird«.[379]

Wichtig ist, dass führende Mitarbeiter der KoKo wie Axel Pösz (INTRAC), der Direktor der BERAG Export-Import GmbH Hans-Joachim Menzel (IMB »Peter Reimann«) und Schalck-Stellvertreter Manfred Seidel – genauso wie Uwe Barschel – Kontakte zur CIA hatten.[380]

Die westdeutschen Dienste, so Nickol, hätten sich nach der Wende um Abschattung dieser Zusammenhänge bemüht. In Vorbereitung auf den zweiten Kieler Untersuchungsausschuss ab 1994 seien die zum Verfassungsschutz übergelaufenen ehemaligen Mitarbeiter der HA III des MfS, Hans-Joachim Lehmann (CM »Häuserkampf«), Michael Menzel (CM »Wimpel«) und Ralph-Dieter Schlunzig (CM »Trosse«), beauftragt worden, alte Kameraden der HA III aufzusuchen und diese dazu zu bringen, über ihr Wissen Stillschweigen zu bewahren.[381] Alle drei hätten beim Verfassungsschutz umfangreich zu Abhörmaßnahmen des MfS bei Uwe Barschel, Björn Engholm und Reiner Pfeiffer ausgesagt und Disketten mit Mitschnitten übergeben – für ein Agentenhonorar von etwa 300 000 D-Mark. Außerdem hätten bereits zu Beginn des Jahres 1990, so Eckardt Nickol, Mitarbeiter des BND und des Bundesamts für Verfassungsschutz (BfV) damit begonnen, die Archive des DDR-Geheimdienstes zu durchkämmen und Unterlagen zu Franz Josef Strauß, Holger Pfahls, Karlheinz Schreiber, Björn Engholm und Uwe Barschel zu entnehmen, und zwar mit Rückendeckung der Bundesregierung.[382]

Was die Umstände von Barschels Tod angeht, so identifiziert Nickol den mysteriösen Robert Rohloff als den Embargohändler Ottokar Hermann aus der Schweiz, einen IM der HA XVIII. Über dessen Tätigkeit war der BND seit 1983 informiert und ordnete ihm ein weitgespanntes Geflecht von Tarnfirmen zu. Ottokar Hermann habe Barschel »Entlastungsmaterial« anbieten wollen. Diese Unterlagen sollten beweisen, dass die HVA Pfeiffer auf Barschel angesetzt habe, »um Engholms Wahlchancen zu verbessern«. Ein Inoffizieller Mitarbeiter der HVA beim *Spiegel* habe Pfeiffer kontaktieren sollen. Weiter sollten sie Belege dafür enthalten, dass er, Ottokar Hermann, »Peter Feuchtenberger, HVA, und Günter Forgber am 8.10. und 10.10.87 in Genf gesehen« habe.[383] Dabei verweist Nickol auf Informationen des früheren Ostberliner Rechtsanwalts und Notars Manfred Wünsche, der im Juli 1994 unter ungeklärten Umständen verstarb, dessen Wohnung durchsucht wurde und dessen Unterlagen verschwunden sind.[384] Er stützt sich weiter auf Notizen von Oberst Artur Wenzel, der sich am 5. Dezember 1989 in der Untersuchungshaft erhängte und dessen Wissen über illegalen Technologietransfer auf 92 Disketten beim BND gelandet ist.[385] Wenzel und Wünsche standen in engem Kontakt. Weiter nennt er die streng geheimen Protokolle der Befragung von Erwin Mattauch durch den Verfassungsschutz im Oktober 1990. Mattauch war von 1979 bis 1988 persönlicher Mitarbeiter des Leiters der HVA, Abteilung XVI, Oberst Rudi Genschow, und hatte in dieser Funktion mit der KoKo, den Außenhandelsbetrieben und der »Abschöpfung von bundesdeutschen Gesprächspartnern« zu tun. Schließlich führt er an, dass der nach der Wende zum BND übergelaufene Oberst der HVA Heinz Busch »nicht nur alle Informationen über den Mord an Uwe Barschel auf seinem Tisch hatte, sondern auch innerhalb der Auswertungsabteilung der HVA eine exponierte Stellung einnahm«.[386]

Ottokar Hermann habe aufgrund seiner besonderen Stellung innerhalb des Systems KoKo, im MfS und in den Parteifirmen Informationen erhalten, die er mosaikartig zusammensetzen konnte. Als Motiv dafür nennt Nickol dessen

> »Abneigung gegen die Personen Feuchtenberger und Eike Barschel, die er mehrfach als brutal und zu allem fähig beschrieb. (…) Er hasste Eike Barschel, dessen Geldgier. (…) Er wusste von einem privaten Konto des Peter Feuchtenberger über ca. 4 Millionen DM in der Schweiz.«[387]

Eike Barschel konnte sich auch über das gesamte Thema Embargohandel nicht zu einem Gespräch entschließen.[388]

Nickol bietet auch eine Antwort auf die Frage an, warum der Genfer Obduzent Oldrich Fryc im Oktober 1987 keine Spuren von Fremdeinwirkung erkennen wollte:

> »Dr. Oldrych Fryc, verheiratet mit Marika Iwanowna Fryc, geb. Bartos, kam 1968 im Auftrag des Auslandsgeheimdienstes der ČSSR, StB, in die Schweiz. Seine Aufgabe war es, sich von seinem Schwiegervater, Robert Bartos, Mitarbeiter der CIA-Residentur an der amerikanischen Botschaft in der Schweiz, anwerben zu lassen. Die Möglichkeit ist nicht auszuschließen, dass die HVA über die Leitung des StB auf den Einsatz von Fryc und auf die Erstellung des ersten Gutachtens Einfluss genommen hat.«[389]

Nickol meint, Fryc habe den Auftrag gehabt, den Mord an Barschel zu verschleiern. Diese Version wird gestützt von Barschel-Ermittler Heinrich Wille. Auch Wille zufolge gab es bei der Obduktion Sabotage: Urin und Mageninhalt des Toten wurden weggeschüttet. Dies sei ein weiterer Hinweis darauf, dass Fryc eine Doppelrolle gespielt habe – Obduzent und Fälscher.[390]

Nach der Wende, so Nickol, haben westdeutsche Dienste versucht, bei Überläufern alle Informationen auszufiltern, die BRD-Politiker und ihre Parteien betrafen. Ziel war, »alle Hinweise auf Parteienfinanzierungen« und »Bestechungen von ranghohen Politikern« zu erhalten, die eine »direkte Beeinflussung durch das MfS belegen und den unmittelbaren Einfluss der Wirtschaft der BRD auf die aktuelle Politik bestätigen«.[391] Dabei habe der IM der HVA Peter Lüdemann, Deckname »Kaufmann«, Registriernummer XV 454/68, eine wesentliche Rolle gespielt. Lüdemann, »einer der Hauptakteure im illegalen Waffenhandel«, habe von Heinz Behrend, dem stellvertretenden Minister für Außenhandel der DDR, den Auftrag erhalten, »Kontakte mit Barschel aufzubauen und auszubauen«.[392] Nachdem sich Barschel nach seinem Rücktritt als Ministerpräsident in das Ferienhaus seines Freundes L. auf Gran Canaria zurückgezogen hatte, sei es ihm zunächst gar nicht darum gegangen, Verstrickungen in illegalen Waffenhandel oder Embargogeschäfte aufzuklären. Das Treffen mit Rohloff sei kurzfristig zustande gekommen. In Genf habe Barschel deshalb statt bei seinem Bruder im Beau-Rivage gewohnt, um ein Zusammentreffen von Rohloff und Eike Barschel zu vermeiden. Entsprechende Notizen am oberen Rand seines Kalenders seien später abgerissen worden. Barschel habe lediglich Informationen zum Zustandekommen der Kieler Affäre erhalten wollen. Diese Affäre sei auf das MfS zurückzuführen, das die politische Landschaft in Schleswig-Holstein verändern wollte. Deshalb habe der DDR-Geheimdienst Kontakt zur Kieler SPD-Spitze gesucht. Pfeiffer sei Barschel untergeschoben worden. Er selbst sei kein IM gewesen, dafür habe ihm die charakterliche Eignung gefehlt. Seine Maßnahmen seien nicht mit Barschel abgestimmt gewesen. Die SPD-Spitze sei zu jeder Zeit über die schmutzigen Aktionen gegen ihn im Bilde gewesen. Nickol fährt fort: »Am Tod von B. hatte einzig und alleine das MfS größtes Interesse. Die Vermutungen und Aussagen bezüglich der Täterschaft anderer Geheimdienste waren vom MfS gestreut, ebenso alle Informationen, die eine aktive Beteiligung Barschels an illegalen Waffen- und Embargogeschäften zum Inhalt hatten.« Die westdeutschen Dienste hätten zwar nichts mit dem Mord zu tun, »entsprechend ihrer Aufgabenstellung (…) mussten sie aber alles tun, um die Mitwirkung führender Politiker der BRD an derartigen Geschäften zu vertuschen«. Barschels Tod, so fährt Nickol fort, »hängt nicht mit illegalem Waffen- und Embargohandel zusammen, sondern einzig und alleine damit, dass er (…) führenden Politikern der BRD gefährlich werden konnte«, dass er die Kontakte der SPD zum MfS möglicherweise enttarnt und »vor allem Stoltenberg« wegen des U-Boot-Deals mit der DDR »stark belastet hätte«.[393]

Weitere Belege für seinen Ansatz kann Eckardt Nickol nicht mehr vorlegen. Wie der Zufall so spielt: In der Nacht vom 5. auf den 6. April 2008 starb er überraschend in seinem Häuschen auf einer Ferienanlage in Dänemark. Offizielle Todesursache: ein Zuckerschock. Nickol war zwar in der Tat Diabetiker, aber medizinisch gut eingestellt. In den Tagen zuvor hatte er einen früheren Angehörigen des sowjetischen Militärgeheimdienstes GRU auf Bornholm getroffen. Bei seiner Rückkehr stellte er fest, dass sein Apartment durchsucht und seine Sammlung wichtiger Dokumente aus dem MfS entwendet worden war.[394] Schon ein Jahr zuvor, im September 2006, war Nickol massiv bedroht worden. In einem anonymen Brief an seinen Anwalt heißt es:

»Wir wissen von Berliner Bekannten, dass er ein Buch über Dr. Dr. Uwe Barschel veröffentlichen will. Er ist der einzige, der Kenntnisse und Dokumente hat, die das ermöglichen könnten. Teilen Sie ihm bitte mit, dass wir ihm dringend davon abraten. (…) Herr Nickol findet uns jederzeit in Skandinavien. Er kann auch über Journalisten in Berlin Kontakt zu uns aufnehmen. Er kennt die Namen. Sollte er sich nicht an unseren Vorschlag halten, sehen wir uns gezwungen, die Veröffentlichung mit anderen Mitteln zu verhindern. Mit freundlichen Grüßen P.F./ V.H./ Y.H.«[395]

So bringt die Stasi-Spur eine Vielzahl von Hinweisen ans Tageslicht, die sich mit den Forschungsergebnissen über Waffengeschäfte hinterm Eisernen Vorhang und über die Beteiligung westlicher Dienste decken. Die meisten dieser Angaben sind sehr konkret und detailliert. Ein wichtiges Indiz für eine mögliche Verstrickung des MfS in den Tod von Uwe Barschel ist aber rein toxikologischer Natur: Anders als im Westen war 1987 das in Barschels Körper gefundene Schlafmittel Pyrithyldion im Osten noch erhältlich. Aber wie von unsichtbarer Hand gelenkt kommen alle Recherchen ins Stocken, bevor klare Beweise für einen möglichen Mord an Uwe Barschel vorliegen. Offensichtlich hat dies seine Ursache darin, dass Geheimdienste den Ermittlern ins Handwerk gepfuscht haben.

Heinrich Wille beschreibt in seinem Buch noch weitere »Grenzen des Rechtsstaates«. Die Lübecker Staatsanwälte hatten am Beispiel der Barschel-Besuche in Jena Hinweise darauf, dass die BStU einen Teil der Barschel-Unterlagen zurückhält. Gegen eine Hausdurchsuchung legte Joachim Gauck, der damalige Leiter der BStU, Beschwerde ein. Der schleswig-holsteinische Generalstaatsanwalt lenkt schließlich ein – für Wille »ein Indikator für die mangelnde Bereitschaft (…), das Ermittlungsverfahren zu unterstützen«.[396] Auch das Schicksal von Schalck-Golodkowski wirkte Wunder: Der ruhige Lebensabend des ehemaligen KoKo-Chefs am Tegernsee machte jedem MfS-Offizier klar: Wer sich vom BND abschöpfen lässt und dann für immer den Mund hält, dem wird nichts geschehen. Die Wirkung dieses Beispiels wird ergänzt durch eine dunkle Ahnung: Denn bemerkenswert ist die unerklärliche Häufung mysteriöser Todesfälle immer da, wo Informationen auf den Kern des möglichen Tatgeschehens verweisen.

In der Fülle der Informationen, welche die Stasi-Spur anbietet, droht aber unterzugehen, dass auch deren Reichweite begrenzt ist. So macht sie Barschels belegte Kontakte zur CIA nicht plausibel. Ihre Vertreter verzichten auch darauf, eine Erklärung für die intensiven Verbindungen des Notariats von Moll und Barschel zu Vertretern des Iran oder für die Beziehung von Barschel und Kashoggi anzubieten. Offen bleibt auch, wie die Hinweise auf Robert Gates und die Iran-Contra-Aktivitäten dazu passen. Doch damit sind die Ermittlungsansätze noch längst nicht erschöpft.

Die Iran-Spur

Seit Oktober 1991 ermittelte der Genfer Privatdetektiv Jean-Jacques Griessen im Auftrag von Eike Barschel im Todesfall dessen Bruders. Ganz fremd ist ihm der Fall nicht. Griessen war bereits im März 1987 von Werner Mauss engagiert worden, als es um die Befreiung deutscher Geiseln im Libanon ging. Vier- oder fünfmal begab sich Griessen in den Libanon und verhandelte dort mit Vertretern von Hamas und Hisbollah. Offenbar stellte er dabei fest, dass auch Barschel in dieser Sache als Vermittler tätig war.

In Beirut lernte Griessen unter anderem Jacques-Marie Bourget kennen, einen Reporter des Pariser Magazins *Paris Match*. Der sagt über ihn:

> »Das war einer, der seine Nase in viele Sachen steckte, der sich austauschte mit Leuten im Nahen Osten und in Westeuropa, einer mit Kontakten ins Milieu der Geldwäscher, der Drogen- und der Waffenhändler. Dennoch hat er sich nie die Finger schmutzig gemacht. Er war absolut seriös, und wenn er unter Verfolgungswahn gelitten hätte, wäre er heute nicht tot. Er hatte überhaupt nicht den Charakter eines Verräters. Absolut nicht.«[397]

Griessen berichtete weiter, er wolle am 11. Oktober einen Anruf von Werner Mauss bekommen haben. Der deutsche Agent hätte ihn angeblich beschworen, in seiner Genfer Wohnung zu bleiben und sich bereitzuhalten, da etwas passiert sei. Griessen sei sich sicher gewesen, dass er auf diese Weise während der Entdeckung der Leiche vom Ort des Geschehens ferngehalten werden sollte. Für ihn hätte aufgrund der Hintergrundgeräusche beim Telefonat kein Zweifel bestanden, dass der Anruf aus dem Beau-Rivage gekommen sei. Griessen erzählte weiter, dass er im Auftrag von Mauss bereits vor dem Tode von Uwe Barschel verschiedentlich Zimmer im Beau-Rivage präpariert habe – und zwar »sowohl im Hinblick auf Abhörgelegenheiten als auch im Hinblick auf verdeckte fotografische Aufnahmemöglichkeiten«.[398] Kann das stimmen?

Auch im Fall Barschel arbeitet der Detektiv mit unkonventionellen Methoden. Griessen zeichnet seine Gespräche heimlich auf. Informanten werden abgeschöpft, ohne dass sie es merken. So versucht der Detektiv, dem Geschehen rund um Barschels Tod auf den Grund zu gehen. Denn Griessen, so berichtet er kurz vor seinem Tod seinem Freund Kenneth R. Timmerman, ist überzeugt: Auch Uwe Barschel war als eine Art Notar in die Befreiung der deutschen Geisel eingebunden:

»Griessen glaubte, dass Barschel ermordet wurde. Und er glaubte«, so Kenneth R. Timmerman, »dass Barschel als Vermittler tätig war. In Verhandlungen mit den Geiselnehmern, sicher aber mit einem Vertreter des iranischen Revolutionsrates, Rafiq-Dust. Griessen glaubte, dass es eine Verbindung gab zwischen diesen Leuten, Waffenlieferungen an den Iran und der Geiselbefreiung, bei der möglicherweise falsch gespielt wurde.«[399]

Griessen stellte den Tod von Uwe Barschel in einen Zusammenhang mit den Tauschgeschäften »Geiseln gegen Waffen«, die zu einem großen Teil die Iran-Contra-Affäre prägten: »Es sind immer dieselben Leute, die drinhängen in allen diesen zwielichtigen Deals: Drogen, Terrorismus, Waffen, Geiselnahme. Und sie tummeln sich alle hier in Genf.«[400] Damit traf er den Nagel auf den Kopf. Denn im Rahmen der Iran-Contra-Affäre fanden wesentliche Verhandlungen in der Schweiz statt, und die Geldtransfers liefen in erster Linie über Schweizer Konten. Griessen ging davon aus, dass irgendwo bei Zwischenhändlern und Vermittlern eine Lösegeldsumme von vielen Millionen Dollar spurlos verschwunden war. Barschel, so Griessen, sei nach Genf gekommen, um an den Verhandlungen zur Befreiung von Rudolf Cordes, dem Repräsentanten der Frankfurter Hoechst-Werke im Libanon, teilzunehmen. Cordes war am 17. Januar 1987 von dem zur Hisbollah gehörenden Hamadi-Clan entführt worden. Mit dieser Geiselnahme wollte der Clan sein Mitglied Mohammed Ali Hamadi freipressen. Der war kurz zuvor in Frankfurt festgenommen worden, weil er versucht hatte, Sprengstoff in die Bundesrepublik zu schmuggeln. Vier Tage nach Cordes wurde eine zweite deutsche Geisel entführt, der Siemens-Techniker Alfred Schmidt. Der kam dann im September 1987 gegen ein Lösegeld seines Unternehmens in Millionenhöhe frei. Cordes indes musste anderthalb Jahre in der Geiselhaft ausharren, bis ihn seine Entführer im September 1988 auf offener Straße aussetzten.

Im April 1987 reiste Griessen in den Südlibanon. Es war ihm gelungen, Kontakt zur Hamadi-Familie herzustellen. Im Beiruter Royal Garden Hotel traf er nachts mehrfach Clanchef Abdelhadi Hamadi und weitere Hisbollah-Führer. Als Lebenszeichen der Geiseln erhielt er die Armbanduhren von Cordes und Schmidt sowie Kopien ihrer Pässe. Daraufhin stellten die Unternehmen Hoechst und Siemens zusammen mit der Bundesregierung ein hohes Lösegeld in Aussicht. Timmerman berichtet, nach der Vorarbeit von Griessen habe Werner Mauss durch die Vermittlung von Ali Hijazi in Genf 50 Millionen Dollar transferiert. Allerdings beteuern die Hamadi-Familie und ihr Anwalt in Beirut, Fadel Adham, dass »sie niemals auch nur einen Cent davon gesehen haben«.[401]

Monate nach Barschels Tod, nach langen Recherchen in Visa-Unterlagen und Polizeiakten, stellte sich für Griessen heraus: Als Barschel sich in Genf aufhielt, fand nur wenige Schritte vom Beau-Rivage entfernt, im Hotel Noga Hilton, ein Treffen von Waffenhändlern auch aus dem Iran statt. Vom 9. bis zum 11. Oktober 1987 verhandelten, so schreibt Timmerman unter Bezug auf Griessen, Mohsen Rafiq-Dust, der Chef der iranischen Revolutionsgarden, der Sohn des Ayatollah Ahmed Khomeini, Adnan Kashoggi, der Waffenhändler und Hauptvermittler in der Iran-Contra-Affäre, der deutsche Agent Werner Mauss und der Starnberger Waffenhändler Joseph Messerer – dessen Aufzeichnungen das Treffen bestätigen, allerdings ohne Mauss. Belege für seine tatsächliche Anwesenheit sind allerdings nicht bekannt.[402]

Griessen glaubte, dass Barschel eine Nachricht der Bundesregierung an Rafiq-Dust und den libanesischen Geschäftsmann Ali Hijazi überbracht hatte. Hijazi kann als einer der wichtigsten Unterhändler zwischen den USA und europäischen Regierungen auf der einen Seite und terroristischen Gruppen im Libanon auf der anderen Seite bezeichnet werden. Durch seine Hände gingen Lösegelder in Millionenhöhe für die Freilassung der südkoreanischen Geisel Do Chae-Seung, der Deutschen Rudolf Cordes und Alfred Schray sowie der Schweizer Geisel Peter Winkler. Allein für die Geisel Do Chae-Seung, so Griessen, habe Hijazi von Richard Lawless, einem alten CIA-Kollegen von Donald Gregg, dem damaligen Sicherheitsberater von George H.W. Bush, drei Millionen Dollar als Lösegeld bekommen. Diese Summe wurde offenbar auf einem von Hijazi kontrollierten Nummernkonto der Banque Méditerranée in Genf zwischengelagert. Griessen sammelte daneben auch Informationen über die Aktivitäten des libanesischen Juweliers Victor Chayto in Genf. Denn er war überzeugt, dass Genfer Finanziers aus dem Libanon über geheime Schweizer Konten die Wahlkampagne von George W. Bush mitfinanzierten. Offenbar vermutete Griessen ein Kick-back-Geschäft: Aus dem Lösegeld könnten Wahlkampfhilfen abgezweigt worden sein.

Barschel habe, so Griessen, Rafiq-Dust und Hijazi am Abend des 10. Oktober in seinem Hotel getroffen. Die iranische Seite forderte Waffenlieferungen als Gegenleistung für die Freilassung von Geiseln. Barschel, so Griessen, überbrachte die ablehnende Haltung Bonns. Weiter stieß Griessen auf Hinweise, dass große Lösegeldbeträge die Hamadi-Familie niemals erreichten, sondern auf den Nummernkonten der Zwischenhändler verschwanden. Barschel könnte gedroht haben, die Unterschlagung in Bonn zu enthüllen. Möglicherweise, so Griessen weiter, ist er deshalb zum Schweigen gebracht worden.

Zentraler Bestandteil seiner Recherche ist ein anonymer Brief, der aus Marseille an die für den Fall Barschel zuständige Ermittlungsrichterin Carole Barbey geschickt wurde. Darin bezeichnet sich der anonyme Schreiber als »Auftragsmörder eines Netzwerks«, der »eigenhändig« Barschel ermordet habe. »Man habe erwartet, dass er materielle und finanzielle Hilfe mit nach Genf bringt, doch er habe sein Versprechen gebrochen.« Zunächst hätten die Täter Barschel mit einem Wahrheitsserum zum Reden bringen wollen – vergebens. Zwei Stunden später habe man ihm dann das tödliche Gift verabreicht.[403]

Eine Reise nach Zürich im November 1992 sollte die endgültige Lösung des Falles bringen. Wollte Jean-Jacques Griessen, wie Eike Barschel sagt, einen deutschen oder einen israelischen Agenten treffen oder, wie Jacques Barillon, der Anwalt der Familie Barschel, behauptet, drei Informanten, die ihm helfen sollten, den Fall aufzuklären?[404]

Am 9. November 1992 starb Griessen gegen 22:35 Uhr im Zimmer der Prostituierten Saida Keller in der Hohlstraße 7 nahe dem Zürcher Hauptbahnhof. Die offizielle Todesursache ist ein Herzversagen. Die Angehörigen, Freunde und Bekannte misstrauten der offiziellen Version, so auch Jacques-Marie Bourget:

> »Er hat mir erzählt: ›Morgen habe ich den Fall gelöst.‹ Er ist dann nach Zürich gereist, wo er glaubte, den Schlüssel für seine Geschichte zu finden. Doch in Zürich wurde seine Leiche gefunden. Und zwar im Zimmer einer Prostituierten. Das ist sehr dubios. Denn in der Nacht davor hatte Griessen Zahnfleischbluten. Er musste sogar in einer Klinik genäht werden. Außerdem war er nicht der Typ, der zu Prostituierten geht. Keiner, der ihn kannte, will diese Geschichte glauben. Das ist völlig abwegig.«[405]

Griessen, der nie ohne Waffe unterwegs war, hatte seine Pistole in seinem Auto zurückgelassen. »Der Obduktionsbericht ist ganz eindeutig«, so der Genfer Journalist Frank Garbely: »Herzinfarkt. Der Mann hat sich übertan – im Puff. Aber ich habe da sehr große Zweifel. Sehr, sehr große Zweifel. Ich glaube, da muss jemand nachgeholfen haben.«[406]

Das Büro von Griessen in der Genfer Rue Mont Blanc wurde durchsucht und Unterlagen wurden beschlagnahmt – aber nicht vom Zürcher Untersuchungsrichter, sondern von der Genfer Untersuchungsrichterin Carole Barbey, die für den Fall Barschel zuständig war und der die Familie Barschel vorwirft, die Freigabe von Autopsie-Unterlagen und Urinproben zu blockieren. Die beschlagnahmten Unterlagen bleiben verschwunden. Die Prostituierte Saida Keller ist 1952 als Egue Abdi vermutlich im afrikanischen Dschibuti geboren und lebte in Altendorf in der Schweiz. Den Unterlagen der Meldebehörden zufolge verließ sie 1997 die Schweiz ohne Hinweis auf ihren Verbleib.[407]

Griessen ist nicht der Einzige, der mit den Geiseldeals zu tun hatte und unter mysteriösen Umständen starb. Der Schweizer Manager der Banque Libanaise pour le Commerce, Aldo Hugnin, wurde tot in einem Wald bei Genf gefunden – angeblich Selbstmord. Am 14. Oktober 1988 kam der Schweizer René Ruerge in einem Hotel bei Bern unter ungeklärten Umständen ums Leben, der für Griessen mit Mauss, Barschel und Hijazi sowie dem Lösegeld zu tun hatte. Der Libanese Antoine Makdessi, ein eher unbedeutender Agent des französischen Geheimdienstes Direction de la Surveillance du Territoire (DST), wurde am 22. Juli 1989 in Paris vor einem Hotel erschossen. Griessen glaubte, dass Mauss ihn als Kurier nutzte und dass er »Löcher in den Taschen« hatte.

Griessen steht mit seinen Hinweisen nicht allein, dass Barschel ermordet wurde und damit die deutsche Mitwirkung an der Iran-Contra-Affäre vertuscht werden sollte. Auch der Starnberger Waffenhändler Joseph Messerer behauptet, Barschel habe sich finanziell absichern wollen. Deshalb habe er von dem Waffenschieber Ali Mojahedi, den er zuvor oft in der iranischen Botschaft in Bonn und auf dem kleinen Flugplatz Hartenholm getroffen habe, zehn Millionen Dollar gefordert, andernfalls werde er sein Wissen preisgeben. Mojahedi habe nach dem Erpressungsversuch das Bundeskanzleramt und den BND gebeten, das »Problem Barschel« zu lösen. Doch es sei keine Antwort gekommen. Deshalb habe Ahmed Khomeini seinen nordkoreanischen Partner in Sachen Waffenhandel, Professor Li Chong Man, mit der Erledigung beauftragt. Daraufhin habe Nordkorea die zehn Millionen Dollar für Barschel vom »Bankhaus Leuys« – gemeint ist vermutlich die Bank Leu in Zürich – besorgt. Das weitere Vorgehen sei mit dem BND abgestimmt gewesen. Das alles habe ihm Li Chong Man so erzählt.

Schließlich hätten Li Chong Man und ein Gesandter der nordkoreanischen Botschaft Barschel vom Flughafen erst abgeholt und zum Hotel gebracht und ihn später dann am Abend zusammen mit einem namentlich nicht genannten Iraner aufgesucht. Li Chong habe den Geldkoffer an Barschel übergeben, der sich »jeden 1000er-Geldschein einzeln angesehen haben« soll. Man habe zusammen Rotwein getrunken:

»Laut Angabe von Prof. Li Chong wurden in das Rotweinglas von Dr. Uwe Barschel Medikamente in hoher Konzentration gegeben. (…) Da Barschel an Medikamente gewöhnt war, soll zunächst bei ihm keine körperliche Reaktion erkennbar gewesen sein. Daher wurde eine zweite Medikamentenverabreichung (…) durchgeführt, diesmal in die kleine Whiskyflasche aus der Minibar. Nach einiger Zeit hätten die Medikamente dann Wirkung gezeigt und Uwe Barschel wurde in ›dösigem‹ Zustand und bekleidet vorsichtig in die Wanne gelegt.«[408]

Dann, so will es Messerer von Li Chong erfahren haben, soll kaltes Wasser eingelassen worden sein. Eine vierte Person, ein Iraner, sei ab und zu ins Zimmer 317 gekommen. Zwei Koreaner hätten auf dem Flur die Aktion abgesichert. Der von der Tat gedrehte Super-8-Film existiere in sechs Exemplaren, unter anderem auch beim BND und im Kanzleramt: »Soweit ich weiß, ist der Bewegungsablauf des Falles Barschel voll dokumentiert und auch dem Bundeskanzleramt und dem BND übergeben worden«.[409] Messerer selbst habe eine Kopie sicher im Ausland gelagert. Aufgetaucht ist allerdings keine einzige.

Messerers Version wirkt abenteuerlich. Die Existenz des Professors aus Nordkorea ist sonst nirgendwo bezeugt. Aber tatsächlich stellten die Ermittler in der kleinen Whiskeyflasche Spuren von Diphenhydramin fest. Ob der Zeuge glaubwürdig ist, bleibt für die Ermittler fraglich.

Der frühere iranische Regierungschef Abolhassan Banisadr wurde im Herbst 1996 vom Kammergericht Berlin im Prozess um den Anschlag auf das Restaurant Mykonos vom 17. September 1992 als Zeuge vernommen. Banisadr lieferte entscheidende Hinweise zur Aufklärung des Attentats. Mitglieder des iranischen Geheimdienstes konnten überführt werden, vier iranisch-kurdische Exilpolitiker erschossen zu haben. Banisadr sagte aus, dass der iranische Geheimdienstminister Ali Fallahian den Prozess mit der Drohung beeinflussen wollte, der Iran könne Informationen über die deutsche Beteiligung an verdeckten Waffenlieferungen im Rahmen der Iran-Contra Affäre veröffentlichen. Deutschland sei die Drehscheibe, Barschel der zentrale Vermittler zwischen USA und Iran gewesen.

»Im September 1979«, so Banisadr, »hat der Leiter des Auslandsdienstes des Mossad, David Kimche, eine Geheimoperation aufgebaut, um Waffen und Ersatzteile an den Iran zu liefern. (…) Nach meinen Informationen lief das alles über Deutschland. Ich war der erste, der dargelegt hat, dass Barschels Tod kein Selbstmord war, sondern ein Mord im Zusammenhang mit den Waffengeschäften mit dem Iran.«

Barschel sei nicht nur über diese Waffengeschäfte informiert, sondern einer der zentralen Akteure gewesen. Die Deals seien auch über die DDR gelaufen. Der damalige deutsche Außenminister Genscher habe diese Waffenverkäufe politisch abgesichert. »Barschel wusste davon, denn ein Großteil dieser Verkäufe wurde von Schleswig-Holstein aus geliefert. Deswegen war er informiert, und er hat gedroht. Meine Informationen aus dem Iran besagen, dass er einer der Organisatoren war.« Tatsächlich habe Barschel die von Messerer und Griessen erwähnten Personen in Genf getroffen, darunter auch seinen alten Partner Adnan Kashoggi, den Chef der iranischen Revolutionsgarden Mohsen Rafiq-Dust und den Sohn des Ayatollah:

»Ahmed Khomeini war quasi der Stellvertreter seines Vaters. Also spielte er eine Rolle bei der Waffenbeschaffung. Man sagt, dass er sogar einen Teil der Provisionen erhielt. Nach meinen Informationen stand er in Kontakt mit Barschel und hat ihn in der Schweiz getroffen. Als Barschel getötet wurde, befand er sich ja auch in Genf. Es ist kein Zufall, dass er sich gerade in der Schweiz befand, Robert Gates ebenfalls in der Schweiz war und Barschel in der Schweiz ermordet wurde. Das sagt viel.«

Dabei glaubt Banisadr auch das Motiv zu kennen: »Barschel ist ermordet worden, weil er gedroht hat, alles aufzudecken. Er wusste viel. Denn ein Großteil der Waffengeschäfte lief über Schleswig-Holstein. Er kannte die Zusammenhänge, und den Israelis schien das Risiko sehr hoch, dass alles auffliegen könnte.«[410]

Banisadr bleibt auch einen Hinweis auf die möglichen Hintermänner von Barschels Tod nicht schuldig. Damit weicht er aber von Griessens Version deutlich ab: Barschel

»traf die iranischen Abgesandten (…) in der Schweiz; dabei handelte es sich insbesondere um die Herren Tabatabai und Rafiq-Dust. Nach seiner Ermordung wurde uns von im Iran verbliebenen Quellen mitgeteilt, daß Khomeini folgende Anordnung gegeben hatte: Wenn jemand etwas über die Rolle Deutschlands bei den Waffenkäufen an den Iran offenlegen würde, so müsse er wegen der wichtigen Rolle, die Deutschland in dieser Sache spielte, beseitigt werden. Als Herr Barschel tot aufgefunden wurde, habe ich von meinen iranischen Quellen erfahren, daß er ermordet worden sei, weil er die Absicht hatte, die ganze Affäre offenzulegen.«

Er selbst sei inzwischen mehrfach bedroht worden.

»Ich weiß nicht, wer diesen Mord letzten Endes begangen hat, aber die Identität der Auftraggeber ist mir bekannt. Zunächst ist da natürlich der Imam Khomeini; Chef der Streitkräfte war aber damals Rafsandjani, daher war auch er es, der mit allem zu tun hatte, was die Bewaffnung betraf. Er brauchte jedoch die Zustimmung von Ahmad Khomeini. Letzterer hatte (…) seine Villa in Zürich. Tabatabai hatte sein Büro in Genf. Rafiq-Dust war am Todestag von Barschel in Genf.«[411]

Bansisadr benennt weitere mögliche Zeugen, darunter vor allem Mesbahi Aboulghassem. Dieser frühere Mitarbeiter der Zentrale des iranischen Geheimdienstes in der Schweiz befindet sich nach seiner entscheidenden Aussage als »Zeuge C« im Prozess um den Mordanschlag auf das Berliner Restaurant Mykonos möglicherweise in einem Zeugenschutzprogramm und hat auf Nachfrage erklärt, zum Fall Barschel keine Kenntnis zu haben.[412]

Insgesamt führt die Iran-Spur als potentiell Verantwortlichen für einen Mord nun erstmals den Empfänger umfangreicher Waffenlieferungen ein: die Regierung in Teheran, die in einen langwierigen und blutigen Krieg mit dem Irak verstrickt war und deshalb dringend Nachschub an Militärgütern brauchte. Dies gibt der Iran-Spur Plausibilität und liefert zugleich ein Motiv: Die Art und Weise der Waffenkäufe musste geheim bleiben. Denn für die Islamische Republik Iran wäre es schwierig gewesen zu vermitteln, dass man ausgerechnet vom jüdischen Erzfeind Israel Waffen beziehe. Banisadr zitiert Khomeini: »Man kann selbst vom Satan Waffen kaufen, um Krieg gegen den Angreifer zu führen.«[413] Nur musste geheim bleiben, dass Israel der Lieferant und die Bundesrepublik die Drehscheibe war. Für die Iran-Spur spricht auch die hohe Glaubwürdigkeit des Hinweisgebers Banisadr. Im Mykonos-Prozess hat er den entscheidenden Zeugen benannt: Mesbahi Aboulghassem. Der Hinweis von Messerer, in das Whiskyfläschchen aus der Minibar sei Gift eingeträufelt worden, hat die Staatsanwaltschaft Lübeck zur erneuten Untersuchung des Flüssigkeitsrestes veranlasst und sich als Treffer erwiesen. Verhandlungen in Genf über die Freilassung von Geiseln und die Lieferung von Waffen können als belegt gelten. In der Iran-Contra-Affäre wurden beide Verhandlungsstränge miteinander verknüpft. Die entscheidenden Akteure – wie Ahmed Khomeini – befanden sich teilweise dauerhaft vor Ort. Auch in anderen Fällen wie dem erwähnten Anschlag auf das Restaurant Mykonos hat die Führung in Teheran nachweislich Mordaufträge erteilt.

Allerdings entspricht ein Giftmord nicht der sonst üblichen Methode des iranischen Geheimdienstes: Gemeinhin bevorzugte man Schusswaffen. Daneben handelt es sich bei den Hinweisgebern ausnahmslos um Zeugen vom Hörensagen. Das relativiert ihre Aussagekraft.

Eine Frage allerdings bleibt offen: Kann denn, wie Messerer behauptet, ein Mord überhaupt in Zimmer 317 geschehen sein? Denn dies lässt die vom Hotelpersonal wahrgenommenen Schleifspuren unerklärt.

Die CIA-Spur

Im Kern geht die CIA-Spur zurück auf die Angaben des südafrikanischen Geheimagenten und Waffenhändlers Dirk Stoffberg. Er ist mehrfach in Verbindung gebracht worden mit dem Mordanschlag, dem Dulcie Evonne September, eine Repräsentantin des African National Congress (ANC), am 29. März 1988 in Paris zum Opfer fiel. Nach den Erkenntnissen der südafrikanischen Wahrheitskommission war er Teil der Befehlskette. Bereits zuvor hatten US-Dienststellen deutsche Zollfahnder um verdeckte Ermittlungen gegen Stoffberg gebeten. Sie sahen Belege, dass der Südafrikaner versucht habe, im Auftrag des Iran Zünder für Panzerabwehrraketen vom Typ TOW zu beschaffen – Waffen dieses Typs waren auch Liefergegenstand in der Iran-Contra-Affäre. Chefermittler Heinrich Wille: »Stoffberg war also eingebunden in die Iran-Contra-Geschäfte. Dies spricht für seine Glaubwürdigkeit.«[414]

Zum Fall Barschel gab Dirk Stoffberg gegenüber dem Journalisten Peter F. Müller eine eidesstattliche Erklärung zur Vorbereitung einer Pressepublikation ab – allerdings nur im Entwurf. Daneben führte Müller im April 1992 auch ein ausführliches Interview mit ihm. Beides stellte er der Staatsanwaltschaft Lübeck zur Verfügung. Im Entwurf der eidesstattlichen Versicherung erwähnt Stoffberg ein Treffen im Genfer Hotel Splügenschloss mit dem deutschstämmigen J. alias Rolf König. J., mittlerweile australischer Staatsbürger, war nach eigenen Angaben Leiter der Firma Adler Research in Boston gewesen, wo auch Stoffberg bis 1986 unter Vertrag gewesen sein will. Bei Adler Research, angeblich eine Unternehmensberatung, handelte es sich um eine Tarnfirma der CIA, zu deren Geschäftsmodell auch Auftragsmorde gehört haben sollen.[415]

Stoffberg will von Rolf König gehört haben, dass der spätere CIA-Direktor Robert Gates Barschel nach Genf bestellt habe. Dort hätten am Wochenende von Barschels Tod zwei Meetings von Waffenhändlern im Hilton stattgefunden. An einem habe er, Stoffberg, selbst teilgenommen. Der persönliche Anruf von Gates habe Barschel auf Gran Canaria erreicht:

»Er wurde gerufen, um an dem Treffen teilzunehmen. (…) Uwe Barschel musste nach Genf kommen, um ein(ig)e Probleme auszuräumen, das war auch eine sehr sensible Situation, und Barschel hatte auch Angst. (…) Ja, Uwe Barschel hatte sehr aufdringliche Drohungen vom CIA erhalten. (…) Uwe Barschel hatte die Absicht, darüber zu sprechen, er wurde bedroht, er wollte umfangreiche Fälle von Korruption in der deutschen Regierung aufdecken, die von den Amerikanern kontrolliert wurden. (…) Barschel war in verschiedene Waffenhandelsgeschäfte verwickelt, sogar mit unserem Land hier. Er konnte mit seinem Gewissen nicht länger die amerikanische Außenpolitik vereinbaren, die darin bestand, Kontrolle über bestimmte Personen in der deutschen Regierung auszuüben, er wollte diese Bedrohung, die über ihm schwebte, abwerfen und bestimmte Enthüllungen machen, die einige Politiker der Regierungen bloßgestellt hätten. Im Waffenhandelsgeschäft macht man so etwas nicht, und es ist die Vorgehensweise aller Geheimdienste, dass Menschen, die aus der Reihe tanzen, so wie es auch in der Mafia-Politik gehalten wird, eliminiert werden. (…) Uwe Barschel wurde nach Genf zitiert, um einige Fragen zu beantworten, man hatte den Eindruck, dass er eine Bedrohung für die Sicherheit war, weil Geheimnisse über Waffengeschäfte mit bestimmten Staaten an ihn weitergegeben worden waren. (…) Uwe Barschel war zu diesem Zeitpunkt sehr nervös, er wollte einige Enthüllungen machen, die sehr unangenehme Dinge über die deutsche Regierung beinhalteten und die amerikanische Regierung und viele andere. Er wurde zu einem sehr hohen Grade erpresst. Er hatte das Gefühl, den Druck nicht länger ertragen zu können. Außerdem war Barschel ein sehr habgieriger Mann, er wollte aus der Bedrängnis herauskommen, er wollte nach Kanada weggehen, er brauchte Geld, und ich glaube, er ging deshalb dort hin, um diese Probleme zu lösen.«[416]

Wenn die Darstellung von Stoffberg stimmt – und wenn der B. Gates, der am 6. Oktober 1987 in derselben Maschine von Frankfurt nach Genf wie Uwe Barschel saß, tatsächlich identisch ist mit dem damaligen »Second in Command« der CIA, dann zeigt dies, wie wichtig Barschel war. Denn dann war nicht etwa der »CIA Station Chief« der US-Botschaft in Bonn sein »Case Officer«, sondern Robert Gates selbst. Stoffberg erklärte weiter, Uwe Barschel sei unter anderem als Vermittler von Nukleartechnologie für den Iran und den Irak tätig gewesen: »Die CIA war nach meiner Kenntnis beunruhigt darüber, dass Barschel die Wege der Atomgeschäfte offenlegen und Regierungsvertreter und Länder nennen wollte, die in die Deals verwickelt waren.«[417] Auf Nachfrage ergänzte Stoffberg, er gehe davon aus, dass Uwe Barschel auch in den U-Boot-Deal zwischen Deutschland und Südafrika verwickelt gewesen sei. Er habe zudem den Verkauf von Panzern an den Iran und Irak durch die Firma »Asco« mit Hauptsitz in Brüssel und Tochterfirma in La Valetta auf Malta vermittelt. Barschels Tod »war kein Selbstmord, es war, nennen wir es ›ein amerikanischer Entscheidungsfeldzug‹«.[418] Die Amerikaner seien in den Tod Barschels verwickelt gewesen, wie sie in viele Ermordungen in der ganzen Welt verwickelt gewesen seien. Man solle mit dem Finger auf Killerschwadronen der CIA zeigen.

Stoffberg machte auch Angaben über den möglichen Täter:

»Bei einem neuen Treffen mit J. – ich glaube, dass es am Sonntagabend war – erfuhr ich von ihm, dass Ross Wood (alias Tom Sunde) ›seine Aufgabe erledigt‹, habe. Ich selbst kenne Wood aus geheimdienstlichen Operationen in Fernost (Hongkong) und weiß, dass er ein ›hitman‹ für amerikanische Geheimdienste (CIA, NSA) war. Das bedeutet, dass W. im Auftrag von Nachrichtendiensten die Beseitigung von missliebigen Personen organisiert hat. (...) J. konnte wissen, dass Wood Barschel getötet hat. Er war Leiter der Firma ›Adler Research‹/Boston, USA, und Wood gehört zu seinen Mitarbeitern. Bei diesem Unternehmen handelt es sich um eine Tarnorganisation der CIA, die Killer-Aufträge ausgeführt hat. Durch die enge Beziehung zu J. war ich darüber informiert, dass die Adler-Gruppe Mordaufträge für den CIA ausführt. J. selbst hat mir berichtet, dass er Barschel unter dem Decknamen Rolf König angerufen hat – in Genf.«[419]

Dirk Stoffberg konnte seine eidesstattliche Erklärung nicht mehr unterzeichnen. Am 20. Juni 1994 kam er zusammen mit seiner deutschen Lebensgefährtin Susanne Tanzer unter bislang nicht ganz geklärten Umständen ums Leben. Angeblich handelte es sich um einen Doppelselbstmord. Heinrich Wille sieht das anders: »Die CIA hatte ein Motiv, Stoffberg aus dem Weg zu räumen. Denn er war eingebunden in Iran-Contra und gab Informationen über die Rolle von Robert Gates weiter.«[420]

Wie die Glaubwürdigkeit so mancher Zeugen ist auch die von Dirk Stoffberg umstritten. Der Genfer Journalist Frank Garbely kannte ihn persönlich: »Das war schon ein Mann, der mit Nachrichtendiensten zu tun hatte. Aber Stoffberg hat uns damals auch Informationen verkaufen wollen, gegen viel Geld, und diese Informationen waren frei erfunden. Der steckte in Geldschwierigkeiten und hat irgendwas erzählt, nur um Geld zu bekommen.«[421] Ganz anders beurteilt der Lübecker Barschel-Ermittler Heinrich Wille die Glaubwürdigkeit von Stoffberg: »Er hat gewusst, dass Uwe Barschel den Plan hatte, nach Kanada zu gehen. Das war für mich elektrisierend und ein klares Indiz dafür, dass der Mann Insiderkenntnisse hatte, auch was Uwe Barschel anging. Denn das wusste ja keiner, das war nicht bekannt.«[422] Weil Stoffberg nicht mehr vernommen werden konnte, schaltete Wille den Psychologen Hermann Wegener von der Uni Kiel ein, der nach gründlicher Prüfung des Interviews und eingehender Befragung von Peter F. Müller in einem Gutachten vom 13. November 1995 Stoffberg hohe Glaubwürdigkeit bescheinigte.[423]

Letztlich erfolglos blieben die Versuche der Lübecker Ermittler, J. alias Rolf König direkt zu vernehmen. Zunächst ließ König über Peter F. Müller, der in den Jahren 1995 und 1996 mehrfach persönlichen Kontakt zu ihm hatte, erklären, er sei zu einer Vernehmung bereit. Er wolle aber zunächst Fragen zu seiner Sicherheit klären. Denn es gebe ein Auslieferungsbegehren der USA, das allerdings durch das zuständige australische Gericht abgewiesen worden sei. Gegen König hatte das US-Distriktgericht für Südflorida in Miami am 29. März 1991 Haftbefehl wegen Beihilfe zur Einfuhr von Haschisch erlassen. Er war daraufhin international zur Festnahme ausgeschrieben worden. Am 30. Januar 1993 wurde König bei seiner Einreise in die Bundesrepublik verhaftet und durch Beschluss des Oberlàndesgerichts Frankfurt am 3. Februar 1993 in vorläufige Auslieferungshaft genommen, fünf Wochen später aber doch aus der Untersuchungshaft entlassen. Mitte August setzte sich König ab, vermutlich Richtung Philippinen. Daraufhin hob das OLG am 15. September 1993 den Verschonungsbeschluss auf und setzte den Auslieferungshaftbefehl wieder in Vollzug. Bei einer Wiedereinreise nach Deutschland erwartete König also die Festnahme, sofern ihm nicht freies Geleit zugesichert werden würde. Im April 1997 schrieb ihn die Staatsanwaltschaft Lübeck über seinen Anwalt David A. Chaikin in Sydney an. Daraufhin ließ König am 21. Mai 1997 schriftlich mitteilen, dass er zu einer Vernehmung nicht bereit ist, nicht einmal durch australische Behörden. Zum einen habe er nur indirekte Kenntnisse über den Fall Barschel. Zum anderen fürchte er Gefahren für sich und seine Familie, da eine Aussage den Weg zu anderen Regierungen finden würde.

Auch diese Spur verläuft also letztlich im Sand.[424]

Für Stoffbergs Überzeugung, Barschel sei im Rahmen der Iran-Contra-Affäre bei einer »Reinigungsoperation« ermordet worden, sprechen allerdings weitere Indizien. Dazu gehört, dass sich ein Mister B. Gates am 6. Oktober 1987 in derselben Lufthansa-Maschine befand, mit der Uwe und Freya Barschel auf dem Weg Richtung Gran Canaria nach Genf flogen. Pilot Reiner Dethmers hat – wie bereits zu Beginn dieses Kapitel erwähnt – als Beweis eine Kopie des Flugtickets vorgelegt. Ein wichtiger Hinweis ist auch, dass Dethmers und seine Familie anschließend massiv bedroht wurden.

Für Stoffbergs Version spricht ferner der Hinweis von Eckardt Nickol auf die fragwürdige Rolle des Obduzenten Oldrich Fryc, der bei Barschel keine Hinweise auf Fremdeinwirkung festgestellt haben will und weitere Untersuchungen sabotiert hat. Wenn Fryc tatsächlich 1968 im Auftrag des tschechoslowakischen Geheimdienstes StB in die Schweiz gekommen ist, um sich von seinem Schwiegervater Robert Bartos, einem Mitarbeiter der CIA-Residentur an der US-Botschaft, anwerben zu lassen, dann muss Fryc ein Doppelagent gewesen sein. Er kann also möglicherweise auch den Auftrag der CIA gehabt haben, bei der Erstellung des Gutachtens die wahre Todesursache zu verschleiern.[425]

Nickol und anderen Quellen zufolge haben sich zum Zeitpunkt von Barschels Genfer Aufenthalt, am Abend des 10. Oktober, mehrere Waffenhändler und Geheimdienstler im benachbarten Hilton getroffen: John de la Roque alias John Hortrich, ein Verbindungsmann des Mossad und wahrscheinlich auch der CIA[426]; Alex Illitsch, ein US-Sizilianer und Nickol zufolge ebenfalls ein Mossad-Mitarbeiter; ein US-Amerikaner namens Cinetti aus Las Vegas; der Jordanier Mansur Bilbassy mit Wohnsitz in Palma de Mallorca; Ahmed Khomeini; die CIA-Vertreter Hank Greenspan und Richard Lawless, damals Agent für Sonderaufgaben und Griessen zufolge derjenige, der in Genf Lösegeld in Millionenhöhe für eine Geisel im Libanon an Ali Hijazi weitergeleitet hat.[427] Andere Quellen ergänzen die Liste um Adnan Kashoggi und Mohsen Rafiq-Dust.[428] Von der Journalistin Christina Wilkening kommt der Hinweis, »daß am 10.10.1987 ein CIA-Agent mit dem Namen Ed Ruben eine Feier in der CIA-Zentrale in Genf abgehalten hat. Auf dieser Feier sollen sich u.a. Waffenhändler und Leute aus den Geheimdiensten getroffen haben«.[429] Ein illustres Figurenarsenal der geheimdienstlichen Halbwelt also, das sich zwanglos mit der Iran-Contra-Affäre in Verbindung bringen lässt. Uwe Barschel, so behauptet Nickol, »begab sich dann um 19:25 Uhr unbemerkt zum Noga Hilton«.

Doch womit hätte Barschel drohen können? Was machte seine Rolle für die CIA so brisant? Glaubt man Nickol, dann ging es um die verdeckte Lieferung von Panzerabwehrraketen vom Typ TOW an den Iran – tatsächlich ein gefährlicher Deal. Nickol zufolge war der schleswig-holsteinische Ministerpräsident erfolgreich: »In den Jahren 1984 und 1985 vermittelt Dr. Uwe Barschel seinen wohl größten Deal. Hintergrund war, dass der Iran sowohl israelische Bürger wie auch amerikanische Bürger gefangen hielt. Als Gegenleistung für deren Freilassung verlangte der Iran den Verkauf von 5 000 TOW-Raketen.«

Auch der britische Waffenhändler Leslie Aspin verhandelte im Auftrag der USA. Er traf am 20. November 1984 seine »Kollegen« Manucher Ghorbanifar und Ben Banerjee im Hamburger Hotel Atlantic, vereinbarte am 12. Dezember 1984 in der iranischen Botschaft in Bonn die Lieferung der verlangten 5 000 TOW-Raketen, tauchte am 19. Dezember 1984 in Frankfurt, am 20. Dezember in Hamburg auf. Im März 1985 schied er wegen eines Schlaganfalls aus. Im Dezember 1985, so Nickol, »platzt das ganze Geschäft«. Doch: »Das beste an der ganzen Aktion war, dass die ganze Zeit schon Lieferungen der TOW-Raketen über die DDR erfolgten, was Klengel von der IMES gegenüber einem Agenten der HVA bestätigte. Die Schlüsselstellung bei der Aktion mit der Lieferung der TOW-Raketen in den Iran nahm die Firma WITRA ein. Diese wurde für spezielle Sonderaufgaben von der HVA, Sektor Wissenschaft und Technik, Arbeitsgruppe 3, gegründet.«[430]

Stimmen die Angaben von Nickol, dann scheint Barschel also Erfolg gehabt zu haben. Darin kann die doppelte Brisanz seines Wissens gelegen haben: Er hatte Kenntnis von der Verschiebung westlicher Waffentechnologie über die DDR und war Vermittler der CIA in einem Deal, den US-Präsident Ronald Reagan persönlich genehmigt hatte.

Dass dies alles keine Hirngespinste sind, belegt auch jenes geheime Besprechungsprotokoll der NATO vom 15. Dezember 1985, auf das wir bereits im Palme-Kapitel eingegangen sind. Wegen seiner Bedeutung auch für den Fall Barschel fassen wir den Inhalt noch einmal kurz zusammen. Das Papier stammt aus den Leitungsgremien der NATO-Geheimarmee Stay-behind, dem Allied Clandestine Committee (ACC)/ Special Operations Planning Staff (SOPS) und ist gekennzeichnet als »Cosmic – Top Secret«, der höchsten NATO-Sicherheitsstufe. Es zeigt, dass die CIA und der britische MI6 gemeinsame Geheimoperationen durchgeführt haben.[431] Dies entsprach durchaus der Funktion der Geheimorganisation Stay-behind, die im Falle einer sowjetischen Invasion einen Guerillakrieg anzetteln sollte. Außerdem war ihr Auftrag, im Inneren im Falle eines »nationalen Notstandes« einzugreifen – was immer das heißen mag. Im ACC stimmten sich die nationalen Vertreter der NATO-Geheimdienste und der Dienste »befreundeter« Länder unter Führung der CIA ab. Dabei informierten sie sich gegenseitig über verdeckte Operationen, Personal und Ausrüstung.[432] Über das ACC leitete der US-Geheimdienst den SOPS, der diese verdeckten Operationen ausführte. Die geheimdienstlichen Treffen finden monatlich statt. Die Existenz des SOPS ist belegt durch Dokumente aus dem norwegischen

Verteidigungsministerium.[433] Schweden gehört zwar als neutrales Land der NATO nicht an, war aber in das Stay-behind-Netzwerk eingebunden und in den Lenkungsorganen ACC und SOPS vertreten.

Der wichtigste Punkt in diesem SOPS-Abstimmungsprotokoll ist aber die sogenannte Operation Tree – nach übereinstimmender Auffassung des Dokumentarfilmers Allan Francovich, des Journalisten Göran Beckerus und des früheren CIA-Agenten Oswald LeWinter der Code für den Mord an Olof Palme.[434] Das Dokument nennt als Decknamen des Auftragsmörders »Nass Beirut« und geht darauf ein, dass der Anschlag beim »nächsten Yggdrasil-Treffen, das im Januar 1986 in einem Landhaus« in »Wiltshire, Großbritannien stattfindet«, besprochen werden soll. Wir erinnern uns: Bei Yggdrasil handelt es sich dem britischen Journalisten Duncan Campbell sowie dem ehemaligen CIA-Agenten Trowbridge Ford zufolge um einen Unterausschuss von SOPS, nämlich um ein internationales Kartell von Rüstungsunternehmen, die verdeckte Waffentransporte im Rahmen des Iran-Contra-Deals durchführten. Auf Nass Beirut sind wir bereits im Palme-Kapitel eingegangen.

Das geheime SOPS-Dokument geht auf den Fall Barschel nicht ein. Aber es verweist auf zwei Schauplätze von Barschels Doppelleben: Kiel und die Stasi-Firma IMES, die in Kavelstorf ihr Waffenlager hatte. In dem Papier geht es auch um eine illegale schwedische Lieferung von waffenfähigem Uran »WG 235 nach Neu Delhi«. Diese Unterstützung des indischen Atomprogramms war ein schwedischer Alleingang und insbesondere den USA ein Dorn im Auge.[435] Das Protokoll hält fest, »dass die Verschiffung über Kiel (BRD) läuft, damit die Ladung veränderte C/O-Zertifikate erhält und die schwedische Herkunft vor der IAEC und der örtlichen Presse geheimgehalten wird«. Der BRD-Vertreter bittet um »Einzelheiten der Transaktion, speziell was die Rolle des IMES-Chefs und der bundesdeutschen Polizei bei der Beförderung der Ladung« betrifft. Der bundesdeutsche Repräsentant »unterstrich die Notwendigkeit absoluter Geheimhaltung der Re-Involvierung von Kiel«. Die Runde »bittet übereinstimmend um einen vollständigen Kurzbericht zum Kontakt in dieser Sache mit dem ostdeutschen Ministerium für Staatssicherheit«. Der britische Repräsentant beklagt sich darüber, dass »die Regierung Kohl nicht in der Lage sei, die Abenteuer mit den DDR-Devisenbeschaffern einzuschränken«. Alle wesentlichen Stichwörter fallen: die IMES, die Kommerzielle Koordinierung, das Ministerium für Staatssicherheit, der verdeckte schwedische Waffen- und Embargohandel, Kiel als Umschlagplatz, die Umdeklarierung der Endverbleibszertifikate, der Waffenhändler und Barschel-Bekannte Adnan Kashoggi. Nur der Name Barschel fällt nicht.

Wenn das Dokument des SOPS echt ist, wie es unsere Quellenanalyse ergeben hat, dann ist dies nicht nur der Beleg, dass der Mord an Olof Palme von westlichen Geheimdiensten unter Führung der CIA und des MI6 über die Stay-behind-Kommandozentrale ACC/SOPS geplant und organisiert wurde. Es belegt auch, dass westliche Dienste einen schwunghaften illegalen Waffenhandel über Kiel und mit Hilfe der Staatssicherheit der DDR betrieben haben, dessen Spur zu Uwe Barschel führt. Damit ist das SOPS-Papier ein wichtiges Kettenglied zur Verbindung der beiden Todesfälle. Es ist ein Dokument, das einen »amerikanischen Entscheidungsfeldzug« glaubhaft erscheinen lässt. Nickol urteilt:

> »Der BND muss bis heute diese Fakten vertuschen, weil er gegen alle Gesetze, Weisungen und Kontrollrichtlinien verstoßen hat. Nicht der ganze BND, die Seilschaften, die von Franz Josef Strauß kontrolliert wurden und hinter dem Rücken der Regierung Kohl diese Geschäfte betrieben – (Karlheinz) Schreiber, (Dieter) Holzer, (Ludwig-Holger) Pfahls u.v.m (…) Der Quellenschutz war und ist notwendig, um weitere, von der Politik eingeleitete illegale Transfers zu decken und vor allem das System der Parteienfinanzierung wasserdicht zu halten.«[436]

Das Besprechungsprotokoll des ACC/SOPS-Treffens vom 15. Dezember 1985 schweigt sich über den Fall Barschel aus. Aber es beschreibt ganz deutlich die Vorgehensweise bei gezielten Tötungen: Die eigentlich verantwortlichen Geheimdienste halten die Ausführung der Tat auf Abstand und lagern sie an Subunternehmer aus. Dadurch ist gewährleistet, dass die Strippenzieher nicht in Haftung genommen werden können. Genau in diese Richtung weisen auch im Falle Barschel die Angaben von Dirk Stoffberg. Von Rolf König hat er gehört, dass Ross Wood alias Tom Sunde, ein Mitarbeiter von dessen Firma Adler Research, Barschels Mörder gewesen sein soll.

Es lohnt sich, dieses Beratungsunternehmen Adler Research etwas näher zu betrachten. Der Gründer und Namensgeber, Rechtsanwalt David Adler aus Boston, kann der CIA zugeordnet werden. Er gehörte zu den wenigen Anwälten, die eine Berechtigung zur Einsicht in interne geheimdienstliche Unterlagen hatten, und war der Verteidiger des kriminellen Agenten, CIA-Subunternehmers und Waffenhändlers Edwin P. Wilson, der wiederum eng mit Ted Shackley verbunden war und dessen Secret Team angehörte. Es gibt also eine Verbindung zwischen Adler Research und Ted Shackley.[437]

Im Jahr 1987 stand Shackley – wie die gesamte informelle Befehlskette George H.W. Bush, Robert McFarlane, Oliver North, William Casey, Robert Gates – mächtig unter Druck. Die Iran-Contra-Ermittlungen erreichten ihren ersten Höhepunkt. Zwar hielten sowohl der Untersuchungsausschuss des Kongresses als auch Ermittlungsrichter Lawrence D. Walsh Shackley für eine Randfigur, dennoch wurde er im September 1987 zwei Tage lang unter Eid vernommen. Shackley stritt alles ab. Waffenlieferungen an die Contras? Keine Ahnung. Das Treffen mit Ghorbanifar und anderen Waffenschiebern in Hamburg? Reine Privatsache. Ein Secret Team, also eine geheime Killertruppe mit dem Decknamen »Fish Farm«, wie es der frühere CIA-Agent Gene Wheaton behauptet hat? Nie gehört. Seit seinem Ausscheiden aus der CIA 1979 wollte Shackley mit der Agency nichts mehr zu tun gehabt haben. Der Ausschussvorsitzende Cameron Holmes glaubte ihm nicht. Wie kann es sein, dass alle Personen um Shackley herum in die Affäre verstrickt waren, nur er selbst nicht? Am Ende hatten die Ermittler nichts gegen ihn in der Hand. Doch etwas zu oft betonte Shackley, dass er keine Ahnung hatte. Das zeigt, wie nervös er war.[438] Es gab allen Grund, Mitwisser zum Schweigen zu bringen. Wenn Dirk Stoffberg die Wahrheit sagt, dann ist Adler Research das Bindeglied zwischen Shackley und dem Fall Barschel.

Ed Wilson hatte über David Adler einen Draht zur CIA und zu Ted Shackley. Umgekehrt hatten die CIA und Shackley einen Draht zu Wilson, David Adler und Adler Research. Dies spricht dafür, dass die Informationen von Dirk Stoffberg einen realen Hintergrund haben. Die Befehlskette von George W. Bush bis zu Shackley und Adler Research stand im Zentrum der Iran-Contra-Ermittlungen. Es war eine Frage des politischen Überlebens, rechtzeitig Spuren zu verwischen. Tatsächlich ging es auch in diesem Sinne, wie Stoffberg es formulierte, um einen »amerikanischen Entscheidungsfeldzug«. Wir haben gezeigt – gestützt insbesondere auf die Hinweise von Kenneth R. Timmerman, Ari Ben-Menashe und Hermann Moll –, dass der Waffenhandel im Rahmen der Iran-Contra-Affäre weit größere Dimensionen hatte, als vom US-Kongress und Lawrence D. Walsh aufgeklärt wurde. Das Besprechungsprotokoll von ACC/SOPS vom 15. Dezember 1985 belegt, dass die geheimdienstliche Führung der NATO-Geheimarmee »Stay-behind« diesen Waffenhandel – auch jenseits des Eisernen Vorhangs – koordiniert hat. Das Dokument weist auch darauf hin, dass es dabei genauso Verbindungen zu Olof Palme wie auch zu Schauplätzen von Uwe Barschels Doppelleben gibt. Stimmen die Hinweise von Eckardt Nickol, war Barschel in den Verkauf der TOW-Raketen aus NATO-Beständen eingebunden. Weiter belegt das Geheimpapier, dass der Mord an Olof Palme von der CIA über SOPS geplant und von einem Subunternehmer mit dem Decknamen Nass Beirut ausgeführt wurde, deshalb liegt der Verdacht nahe, dass auf diese Weise auch der Mord an Uwe Barschel geplant und organisiert worden ist.

Erinnern wir uns, dass auch für Hans Brandenberger nach den Ergebnissen der toxikologischen Untersuchungen von einem professionellen Killerteam ausgegangen werden muss. Das ACC/SOPS könnte sich dabei das im Geheimpapier beschriebene Verfahren zunutze gemacht haben: »Die Tat wird vor Ort gesteuert, die Fachleute reisen ein.«[439] Denn dieses Leitungsgremium tauschte Agenten und Technik zwischen den nationalen Nachrichtendiensten aus und erhielt bei Operationen Unterstützung durch die lokalen Stay-behind-Leute. Weil das Gladio-Netzwerk auch in der Schweiz existierte, liegt eine solche Unterstützung auch beim Tod von Uwe Barschel in Genf nahe.

Auch wenn in der Schattenwelt geheimdienstlicher Subunternehmer schwer herauszufinden sein dürfte, wer Barschel ermordet hat – es ergibt sich ein klares Bild der Hintergründe und Motive. Es ist bei einem hochrangigen Verbindungsmann und Vermittler des US-Geheimdienstes wie Barschel schwerlich denkbar, ihn ohne den ausdrücklichen Befehl, den erklärten Willen, zumindest ohne die stillschweigende Billigung der CIA »aus dem Spiel zu nehmen«. Vieles spricht dafür, dass SOPS den Mord an Barschel organisiert hat, um die konzertierte Staatskriminalität des illegalen Waffenhandels zu kaschieren. Als ausführender Subunternehmer kommen dann die CIA-Tarnfirma Adler Research in Boston – möglicherweise mit dem Strippenzieher Ted Shackley im Hintergrund – oder ein anderer Geheimdienst in Frage. Oswald LeWinter zufolge – so berichtet Abi Melzer – waren mehrere Geheimdienste in den Mord an Uwe Barschel verwickelt. Danach hatte die CIA die Supervision, die Ausführung lag beim Mossad.[440] Hans-Georg Wieck, von 1985 bis 1990 Präsident des BND, erklärte im persönlichen Gespräch am Rande einer Tagung zu den Vertuschungsmaßnamen im Falle Barschel: »Das ist Staatsräson. Aber vielleicht musste dabei nicht der BND geschützt werden.«[441]

Unterstützung vor Ort unterstellt, ergibt sich für das Tatgeschehen ein neues Szenario: Der Tatort ist hergerichtet. Uwe Barschel starb woanders.

Wenn die Überlegung von Eckardt Nickol richtig ist und Uwe Barschel gegen 19:25 Uhr das Beau-Rivage unbemerkt Richtung Noga Hilton verlassen hat, dann muss Zimmer 317 gar nicht der Tatort gewesen sein. Wir wissen nur: Dort hat Sebastian Knauer die Leiche gefunden. Doch was er gesehen hat, war möglicherweise eine Inszenierung, die einen Freitod glaubhaft erscheinen lassen sollte. Nickol präsentiert ein anderes Szenario[442].

Demzufolge erreicht Uwe Barschel das Noga Hilton. Durch die Lobby begibt er sich zum Fahrstuhl und fährt in die erste Etage. Er geht zu dem Zimmer, in dem die Übergabe des versprochenen Entlastungsmaterials stattfinden soll. Die Zimmertür ist nur angelehnt. Er betritt das Zimmer, schließt die Tür hinter sich, geht am Bad vorbei durch den kurzen Flur Richtung Wohnraum. Doch das Treffen entpuppt sich als Falle: Er bemerkt nicht, wie sich hinter ihm die Badezimmertür öffnet. Ein Mann umfasst ihn von hinten, hält ihm mit der rechten Hand den Mund zu. Barschel ist überrascht, er wehrt sich, versucht die Hand von seinem Mund wegzuschieben. Der Fremde erhöht den Druck, rutscht ab, erwischt seine Stirn. Barschel gerät in Panik. Er spürt nicht, dass ihm die Nadel einer Spritze von hinten in den Oberschenkel gerammt wird. Das Gift lähmt ihn in wenigen Sekunden. Er bemerkt, wie ein zweiter Mann dem ersten hilft, ihn in das Zimmer zu schleifen. Er sieht auch den dritten Mann, der den Schreibtischstuhl in die Mitte des Zimmers gerückt hat. Barschels Körper ist gelähmt, er kann nicht sprechen, sich nicht rühren. Die Männer gehen ruhig und überlegt vor. Sie lösen Tabletten in warmem Wasser auf und flößen ihm das Gemisch vorsichtig ein. Sie achten darauf, dass er sich nicht übergibt. Die Medikamente machen ihn jetzt müde und schlapp. Leblos hängt er auf dem Stuhl. Man hat ihn so behandelt, dass eine Selbstvergiftung angenommen werden kann.

Frühmorgens gegen 3:30 Uhr am 11. Oktober 1987 öffnet sich vorsichtig die Zimmertür im Noga Hilton. Ein Mann tritt hinaus und wendet sich zum Notausgang. Er kontrolliert und horcht. Alles ruhig. Die beiden anderen haben Barschel unter den Armen gefasst und schleifen ihn jetzt an den Hinterausgang. Dort wartet bereits ein Auto, ein Lieferwagen mit der Aufschrift einer Genfer Wäscherei. Mit dem fahren sie am Hintereingang des Beau-Rivage vor. Die drei Männer bringen Barschel jetzt auf sein Zimmer. Einer geht vor und späht. Die beiden anderen schleifen den Bewusstlosen durch den Flur. Sie schleifen ihn in Zimmer 317, entkleiden ihn im Vorraum zum Badezimmer. Dabei reißen sie einen Hemdknopf, den zweiten von oben, ab. Sie bemerken es nicht. Denn jetzt müssen sie schnell sein, sie haben nicht die Zeit, die sie im Hilton hatten, auch nicht die Sicherheit. Im Auto hat man ihnen gesagt, dass zwei Reporter aus Deutschland in der Halle warten. Sie stehen unter Stress, obwohl sie wissen: Die Nachbarzimmer sind leer. Sie sind unsicher, wie sie weiter vorgehen sollen. Einer der Männer holt das Fläschchen mit dem Dimethylsulfoxid heraus, macht sich an Barschels Schuhen zu schaffen. Der erste verschüttet die Flüssigkeit, versucht eine Reinigung mit dem Badvorleger. Als sie den leblosen Körper in das Badezimmer schleifen, verliert er den rechten Schuh. Im Bad streifen sie den linken ab. Es ist jetzt schon kurz nach 4:00 Uhr. Barschel liegt in der Wanne. Aber sie können ihn nicht fixieren. Immer wieder rutscht sein Kopf ins Wasser. Die Zeit verrinnt. Im Wohnzimmer zerbricht ein Glas. Einer der drei wischt überall die Fingerabdrücke ab, kontrolliert und systematisch. Der letzte Trank wird Barschel in der Wanne eingeflößt. Dann wird die kleine Whiskyflasche ausgespült. Jetzt nichts wie raus hier. Aus der Empfangshalle dringen Geräusche nach oben. Wieder sichert einer den Flur, die anderen beiden folgen. Der Letzte zieht die Tür ins Schloss. Dabei wendet er achtlos das Türschild. Kurz vor halb fünf sind die Männer aus dem Hotel. Jetzt sind es nur noch wenige Minuten bis zur französischen Grenze. Von dort reisen sie als Touristen zurück in ihr Heimatland. Es ist die Zeit, als ein Reporter Uwe Barschels Leiche findet.

Kapitel 3
William Colby

Als William Egan Colby im April 1996 im Alter von 75 Jahren starb, konnte der ehemalige CIA-Chef auf ein langes, interessantes und erfülltes Leben voller Herausforderungen zurückblicken.

Colby besaß ein Wochenendhaus gegenüber Cobb Island in Maryland, ungefähr 100 Kilometer südlich von Washington DC, nicht weit von der Stelle, an der der Fluss Wicomico in die Chesapeake Bucht mündet. Am 27. April 1996 war er alleine zu Hause, denn seine Frau besuchte ihre Mutter in Texas. Er hatte den ganzen Tag in einem nahegelegenen Yachthafen mit Arbeiten auf seinem Segelboot verbracht, um es für den bevorstehenden Sommer in Schuss zu bringen. Um 19:00 Uhr rief er seine Frau an und sagte ihr, er würde sich ein paar Muscheln kochen, duschen und dann zu Bett gehen. Sein Gärtner kam kurz vorbei und machte ihn mit seiner Schwester bekannt. Etwa zur selben Zeit sah ihn sein Nachbar seinen Weidenbaum gießen. Das war gegen 19:15 Uhr. Die Sonne ging um 19:57 Uhr unter. Als er mehr als eine Woche später in Ufernähe tot im Wasser aufgefunden wurde, hieß es, er sei bei Anbruch der Dunkelheit mit seinem Kanu aufs Wasser hinausgepaddelt und ertrunken. Womöglich habe er beim Paddeln einen Herzinfarkt erlitten und sei über Bord gefallen.

Als Colby am nächsten Tag fehlte, riefen argwöhnische Nachbarn die Polizei. Als sie das unabgeschlossene Haus betraten, fanden sie eine angefangene Mahlzeit mit einem nicht ausgetrunkenen Glas Wein vor, außerdem sein Portemonnaie mitsamt Führerschein, seine Schlüssel, Kreditkarten, einen Kamm und einen Aktenordner. Die Nachbarn zweifelten an einer Spazierfahrt mit dem Kanu, denn zu dem Zeitpunkt, an dem er sein Abendessen zubereitet und halb aufgegessen haben konnte, war bereits die Dunkelheit hereingebrochen. Seine Essensreste nicht wegzuräumen, das passte nicht zu William Colby, einem akkuraten und vorsichtigen Mann, der auf Ordnung bedacht war. Auch hatte er eine Leiter, die er gewöhnlich zum Besteigen seines Bootes benutzte, nicht an ihren Platz im Schuppen zurückgebracht. Wiederum einen Tag später fand Kevin Akers, ein arbeitsloser Schreiner, der mit seinem Boot unterwegs war, Colbys Kanu ganz in der Nähe von dessen Haus. Es lag auf der Seite und war voller Sand – viel mehr Sand, als zwei Gezeitenwechsel verursacht haben könnten. Akers und seine Frau benötigten fast eine Stunde, um das Kanu vom Sand zu befreien. Jemand hatte sich wohl große Mühe gegeben, das Boot hier ans Ufer zu bringen. Akers kannte die Strömungen vor Ort gut. Er war davon überzeugt, dass das Kanu unmöglich aus freien Stücken ohne einen Insassen an dieser Stelle angetrieben sein konnte. Weit und breit waren zudem weder eine Rettungsweste, die Colby immer mitnahm, noch ein Paddel zu sehen.

Am folgenden Montag wurde eine großangelegte Suchaktion nach der Leiche gestartet. Mehr als ein Dutzend Marinetaucher, zwei Hubschrauber und etwa hundert freiwillige Helfer in Booten und zu Fuß beteiligten sich an der Suche. Sie benutzten sogar Schleppnetze auf beiden Strecken, die Colby nach Aussagen seiner Frau bei Kanuausflügen gewöhnlich abfuhr. Man fand über ein halbes Dutzend Rettungswesten. Keine davon gehörte Colby. Seine Leiche wurde neun Tage später etwa 40 Meter von der Stelle entfernt gefunden, an der Kevin Akers das Kanu entdeckt hatte. Dieser Bereich war zuvor mehrere Male von Tauchern abgesucht worden.

Die örtliche Polizei führte eine lediglich oberflächige Untersuchung durch und vergaß anscheinend, in Colbys Haus nach Fingerabdrücken zu suchen. Die Autopsie ergab einen unbestimmten Befund. Vermutet wurde ein Herzinfarkt. Der amtliche Leichenbeschauer ignorierte den relativ guten Zustand der Leiche bei ihrer Entdeckung, obwohl der darauf hindeutete, dass der Leichnam sich nur kurze Zeit im Wasser befunden haben konnte und nicht auch nur annähernd neun Tage. Sowohl das FBI als auch die CIA lehnten es ab, an den Ermittlungen teilzunehmen. Als Zalin Grant, ein ehemaliger Reporter des *Time Magazine*, der schon aus Vietnam berichtet und dabei Colby persönlich kennengelernt hatte, später den Fall untersuchte, zeigte sich dessen Frau bei wichtigen Fragen am Telefon alles andere als kooperativ.[1] Die Anrufe wurden automatisch von Cobb Island zur Wohnung der Colbys in Washington weitergeleitet. Die Gründe dafür sind nicht klar. Vielleicht wurde Colbys Frau unter Druck gesetzt.

Bei der Rekonstruktion des Mordes schlug Grant – und Randall B. Woods, Colbys Biograf, pflichtet ihm bei – das folgende Szenario vor:

Ein Kommando von drei bis fünf Personen habe den Mord ausgeführt. Colby, der seine Tür nie abschloss, wurde offensichtlich beim Abendessen überrascht, entführt und in einem Auto weggefahren. Möglicherweise wurde er erstickt und neun Tage lang versteckt. Ausgeschlossen ist ebenso wenig, dass er erst festgehalten und verhört wurde. Dann hat man seine Leiche am Ufer ins Wasser geworfen, nur 40 Meter von der Stelle, an der das Kanu acht Tage vorher gefunden worden war. Grant glaubt, dass zwei oder drei andere Personen des Killerteams ein Boot mitbrachten, mit dem sie Colbys Kanu von seinem Anlegeplatz lösten, es das Ufer entlangzogen und dann mit so viel Sand füllten, dass es selbst bei hoher Flut nicht abtreiben konnte. Denkbar ist, dass jemand die ganze Aktion mit dem Fernglas vom Yachthafen aus dirigiert hat. Dann machte sich der Teil des Killerteams auf dem Boot aus dem Staub.

Aus Grants Rekonstruktion der Mordszene ergeben sich mehrere Fragen. Nicht alle hat er selbst aufgeworfen. Erstens geht er davon aus, dass der Mord von einem professionellen Killerteam ausgeführt wurde, vielleicht von der CIA selber oder auch von Auftragsmördern. Trotz des Erfolges und der Effizienz des Mordplans wirkt er dennoch etwas amateurhaft, was vielleicht auf Stress und Panik zurückzuführen ist. Denn offenbar wurde das Seil, mit dem Colbys Kanu am Kai festgebunden war, abgerissen und nicht einfach losgebunden. Zweitens blieb ein Schlepptau am Kanu zurück – ein fast lächerlicher Schnitzer. Dies ist fast schon der Beweis für einen Mord, denn Colby hat nie ein Schlepptau benutzt. Die Tatsache, dass der überraschend frische und nicht aufgedunsene Leichnam an eine Stelle zurückgebracht wurde, wo er aufgrund der Lage des gestrandeten Kanus von alleine nicht hätte hintreiben können, ist ein weiterer wichtiger Beweis für ein Verbrechen. Wollten die Mörder vielleicht, dass es nach einem Mord aussah? Eher nein – es scheint vielmehr eine Vertuschungsaktion gewesen zu sein.

Die laschen Untersuchungen der Obduzenten und das mangelnde Interesse von FBI und CIA deuten darauf hin, dass es Druck von oben gab, den wahren Hergang zu vertuschen. Diese Frage wird von Grant und Woods nicht weiter erörtert. Colbys Frau, Sally Shelton, wollte Grants Nachforschungen ebenfalls nicht wirklich unterstützen. Vielleicht wurde auch sie unter Druck gesetzt und zum Schweigen gebracht. Jedenfalls bot man ihr eine noch höhere Stelle im Außenministerium an. Unter dem Strich ist klar: Es handelt sich hier um Mord und nicht um

Freitod oder einen durch einen Herzinfarkt verursachten Bootsunfall. Colby wurde tatsächlich »um die Ecke gebracht«, wie Grant es trocken formuliert.

Die große Frage ist und bleibt, wer Colby getötet hat und warum.

Eine Karriere mit dunklen Flecken

Colbys Lebensweg hätte tatsächlich eine wunderbare Reise sein können, wären da nicht doch ein paar dunkle Flecken.[2]

Sein Vater hatte beim Militär Karriere gemacht. Zu Beginn des Zweiten Weltkrieges absolvierte Colby in Princeton sein Bachelor-Examen. Während des Krieges gehörte er dem von William Joseph (»Wild Bill«) Donovan geleiteten Office of Strategic Services (OSS) an, dem indirekten Vorläufer der CIA. Er war einer der sogenannten Jedburghs, die in der Nähe dieser schottischen Stadt für paramilitärische Einsätze trainierten, und sprang mit dem Fallschirm über dem besetzten Frankreich ab, um den französischen Maquis – die Partisanen der Résistance – zu unterstützen. Dann nahm er im besetzten Norwegen an einem verdeckten Einsatz zur Sprengung von Eisenbahnbrücken teil. Dieses Kommandounternehmen sollte die Rückkehr der in der letzten Phase des Krieges ins Reich zurückflutenden deutschen Truppen behindern. Nach dem Krieg studierte er Jura an der Columbia Universität, doch die Beschäftigung mit gewöhnlichen juristischen Fragen langweilte ihn. In den frühen 50er Jahren wurde er von der CIA angeworben und verbrachte lange Zeit in Schweden mit verdeckten Operationen. Zu den interessantesten Geheimprojekten zählten der Aufbau der NATO-Geheimarmee Stay-behind, die von der CIA geschaffen worden war, um im Falle einer sowjetischen Besetzung einen Guerillakrieg hinter den feindlichen Linien zu führen und bei außergewöhnlichen politischen Notlagen auch im Inneren einzugreifen.[3] Dieses Netzwerk wurde später nach seiner italienischen Gliederung auch Gladio genannt.

Danach lebte William Colby in Italien, wo er den Großteil der 50er Jahre als verdeckter Agent des US-Außenministeriums in Rom verbrachte. Dort leitete er zahlreiche politische Geheimoperationen der CIA zur Unterstützung vor allem der Christdemokraten gegen die Kommunistische Partei des Landes. In Rom traf er auch auf James Angleton, der später die Leitung der CIA-Spionageabwehr übernehmen und zu einem gefürchteten Langzeitrivalen werden sollte. In den Jahren 1959 bis 1962 diente Colby als stellvertretender Leiter der vietnamesischen CIA-Zentrale in Saigon. Er übernahm diese Aufgabe, kurz bevor die USA 1964/65 ihr Engagement verstärkten. Er beteiligte sich an verdeckten Operationen gegen Nordvietnam und an der Bekämpfung innerer Unruhen im Süden. Im Gegensatz zu General William Westmoreland, dem Oberbefehlshaber der US-Truppen in Vietnam, der nach der Strategie *search and destroy* vorging, legte Colby größeren Wert auf Befriedungsmaßnahmen, um die einheimische Bevölkerung zu gewinnen.

1962 kehrte William Colby zurück nach Washington. Dort arbeitete er zunächst als Stellvertreter, dann als Leiter des Fernost-Referats in der Planungsabteilung der CIA. Damit betreute er alle CIA-Operationen von Indonesien bis Japan. Er war tief in den geheimen Krieg in Laos verwickelt, bei dem die USA die Volksgruppe der Hmong unter der Führung von Vang Pao unterstützten. 1966 berief Colby Theodore Shackley zum neuen Stützpunktleiter in Laos. Seither blieben ihre beruflichen Wege lange Zeit eng miteinander verflochten. In seinem Buch *Lost Victory* erwähnt er ihn jedoch nicht, weil sich beide später angesichts strategischer Fragen in Laos und Vietnam überwarfen. Zwei unvereinbare Denkschulen standen sich gegenüber: Die eine zielte ab auf Aufstandsbekämpfung und *Nationbuilding*, die andere setzte auf traditionelle Kriegsführung oder *search and destroy*.

Im Jahr 1968 erfolgte Colbys zweiter Einsatz in Saigon. Dort war er zunächst Vizedirektor und dann Direktor von CORDS (Civil Operations and Revolutionary Development Support), dem US-vietnamesischen Spionageabwehr- und Befriedungsprogramm unter Robert Komer. In dieser Zeit waren Colby und Shackley an der berüchtigten Operation Phoenix beteiligt, bei dem unbestätigten Berichten zufolge mindestens 20 000 Dorfchefs und andere Personen ermordet wurden, die mit den Vietcong verbündet waren oder gar nur im Verdacht standen, mit ihnen zu sympathisieren.[4] Als die Lage der Amerikaner in Vietnam immer kritischer wurde, kehrte Colby nach Langley in die CIA-Zentrale zurück, die damals unter der Leitung von Richard Helms stand – eine weitere prägende Persönlichkeit der Agency, zu der Colby ein eher durchwachsenes Verhältnis hatte.

Unter der Leitung von Helms wurde Colby 1971 zum geschäftsführenden Direktor der CIA befördert. Als Helms nach der Watergate-Affäre 1973 von Nixon gefeuert wurde, unterstützte Colby dessen Nachfolger James Schlesinger beim Versuch, die internen Strukturen der

CIA zu reformieren, was unter anderem zu einer Welle von Entlassungen führte. Anfang 1973 wurde Colby die Leitung der Hauptabteilung Verdeckte Operationen anvertraut. Als dann Schlesinger zum Verteidigungsminister ernannt wurde, übernahm Colby schließlich die Leitung der CIA.

Seine Amtszeit währte nur zweieinhalb Jahre, doch sie verlief turbulent und war geprägt von den Ermittlungen zweier Untersuchungsausschüsse des Kongresses (benannt nach ihren Vorsitzenden Church und Pike), in denen es um geheime Aktivitäten der US-Regierung vor dem Hintergrund des Vietnamkrieges ging. Colby kooperierte mit diesen Ausschüssen und entschloss sich, Teile der sogenannten *family jewels* preiszugeben. Dazu gehörte im CIA-Jargon die lange Serie von politischen Mordanschlägen, illegalen Überwachungsmaßnahmen im Inland oder der Sturz der demokratisch gewählten Regierung von Salvador Allende in Chile. Colby war überzeugt, nur solche Aktivitäten enthüllt zu haben, die keine großen politischen Auswirkungen nach sich ziehen würden. Damit versuchte er, die CIA zu schützen und vor der Auflösung zu bewahren in einer Phase, in der sich das innenpolitische Klima wandelte, die Macht des US-Kongresses stärker war denn je, in der nach dem Vietnamkrieg eine Neue Linke entstand, die Öffentlichkeit durch den Watergate-Skandal sensibilisiert war und mit Black Power eine machtvolle antirassistische Bewegung Boden gewann.

Auch außenpolitisch war seine kurze Zeit als CIA-Chef ereignisreich. Der Yom-Kippur-Krieg Ende 1973 brachte Israel für eine kurze Zeit an den Rand des Untergangs, weil die amerikanischen und israelischen Geheimdienste versagt hatten und vom arabischen Angriff überrascht wurden. Dazu kam der Krieg in Angola und die Niederlage in Vietnam – harte Schläge auch für Colby. Belastend waren zudem die Streitigkeiten innerhalb der US-Regierung bei den SALT-Verhandlungen mit der UdSSR zur Begrenzung strategischer Atomwaffen.

1975 drängte der damalige US-Außenminister Henry Kissinger Präsident Gerald Ford, Colby zu entlassen und ihn durch George H.W. Bush zu ersetzen. Bei diesem sogenannten *Halloween Massacre* wurde auch Verteidigungsminister Schlesinger durch Donald Rumsfeld ersetzt. Colby sollte mit dem Amt des US-Repräsentanten bei der NATO abgefunden werden. Er lehnte ab und verließ die CIA.

Colbys Karriere nach seiner CIA-Zeit bis zu seinem Tod dauerte etwa 20 Jahre. Sie ist geheimnisumwittert, denn offensichtlich blieb er geschäftig. In Washington gründete er unter seinem Namen eine Anwaltskanzlei. Der englischsprachigen Wikipedia zufolge »arbeitete er an öffentlichen politischen Angelegenheiten, die in Einklang standen mit seinen liberalen Überzeugungen«.[5]

In diesem Rahmen kam er auch mit der Anti-Atom- und der Friedensbewegung in Kontakt.[6] Er arbeitete als Anwalt, hatte Lehraufträge an Universitäten und schrieb ein paar Bücher, unter anderem seine Memoiren. In seinem bereits erwähnten Buch *Lost Victory* vertrat er die Auffassung, Südvietnam hätte überleben können, wenn es von den USA nach den Pariser Verträgen weiterhin angemessen unterstützt worden wäre – alles andere als eine gängige Ansicht der politischen Linken. Er fing an, mit dem ehemaligen und heute in den USA lebenden KGB-Obersten Oleg Kalugin Geschäfte zu machen, einem überzeugten Gegner von Wladimir Putin. So beriet ihn Colby inhaltlich bei der Entwicklung eines Computerspiels namens *Spycraft*.

Am bedeutsamsten ist aber, dass Colby als Rechtsberater in die berühmt-berüchtigte, mit der CIA verbundene Nugan Hand Bank einstieg. Sie hatte ihren Sitz in Australien, ihr Personal jedoch rekrutierte sich zu großen Teilen aus ehemaligen CIA- und US-Militärangehörigen. 1980 brach sie in einem großen Skandal zusammen. In unmittelbarem Zusammenhang mit der Insolvenz kam Frank Nugan, ein australischer Rechtsanwalt und einer der beiden Gründer, unter ungeklärten Umständen ums Leben. Er wurde erschossen in seinem Wagen aufgefunden. Der andere, Michael Jon Hand, ein ehemaliger US-Special-Forces-Soldat verschwand spurlos. Offenbar lebt oder lebte er mit einer anderen Identität in den USA, wo er erst 2015 unter falschem Namen in Idaho wieder auftauchte. Colby kannte Michael Hand gut, da der bereits in Laos verdeckt unter ihm gearbeitet hatte.[7]

In Colbys hier sehr verkürzt wiedergegebener Karriere gibt es einige Besonderheiten, die eine Erklärung liefern können für einen Tod durch Fremdeinwirkung. Zunächst fällt auf, dass Colby ständig als Liberaler oder gar als »liberaler Internationalist« beschrieben wird. Diese Bezeichnung hat ihre Ursache darin, dass ihm Aufstandsbekämpfung und Befriedung wichtiger waren als die *search and destroy*-Strategie und er damit eine weniger militärzentrierte Perspektive einnahm. Des Weiteren kann man festhalten, dass Colby bei der Restrukturierung der CIA Wert auf eine relative Offenheit legte. Er verspürte eine Abneigung gegen die extreme Geheimnistuerei und Abschottung des Dienstes. Vielleicht betrachtete er die illegalen Tätigkeiten der Agency im Nachhinein auch mit einigen Skrupeln.

All dies steht im Gegensatz zu der Rolle, die er unter anderem bei den brutalen Morden des Phönix-Programms, dem geheimen Krieg in Laos oder der Manipulation italienischer Politiker spielte. Einige seiner Kritiker haben ihn als weich bezeichnet, obwohl er in der Vergangenheit als Fallschirmjäger bei Kommandounternehmen eingesetzt wurde und auch in Laos und Vietnam viel Mut bewiesen hatte. Er war eine durchaus widersprüchliche Persönlichkeit. Einige Beobachter gehen davon aus, dass sein katholischer Glaube und damit verbundene Schuldgefühle ihn dazu veranlasst hätten, sein Gewissen zu erleichtern, indem er den »Familienschmuck« preisgab.[8] Nach seiner CIA-Karriere verstärkte sich offenbar sein »liberaler Internationalismus«, der dem »konservativen Internationalismus« seiner Langzeit-Feinde Angleton und Helms diametral entgegenstand. Bei Angleton kam noch eine persönliche Rivalität dazu, die in den 1950er Jahren in Italien entstanden war und über Colbys Demission hinaus andauerte. Doch Colby hatte auch gute Kontakte zu dem farbigen CIA-Offizier Lou Conein, einem Freund von Ted Shackley, mit dem Colby durch die Bars von Saigon gezogen war. Mag er für viele in der CIA als ein Liberaler mit katholischem Gewissen gegolten haben, so war er doch auch ein harter Bursche.

Was seine politischen Positionen angeht, erwähnen Woods und diverse weitere Autoren seine Abneigung gegen Israel. Falls dies stimmt, würde es gut zu seiner Feindschaft mit Angleton passen, der bei der CIA lange Zeit für den Bereich Israel zuständig und als Israel-Freund bekannt war, obwohl er früher in Italien Verbindungen zu Faschisten gepflegt hatte.[9] In Washington gibt es schon seit langer Zeit eine tiefe Spaltung zwischen pro- und anti-israelischen Haltungen, und es ist nicht immer einfach, dies mit politischen Ideologien zu erklären. So wurde George H.W. Bush vor und nach seiner Präsidentschaft als anti-israelisch bezeichnet, ebenso wie Robert Gates, der angeblich sogar als »Staatsfeind von Israel« angesehen wurde. Woods misst den anti-israelischen Neigungen vieler CIA-Spezialisten für den Nahen Osten eine geringe Bedeutung zu. Doch jeder, der wie Robert Harkavy längere Zeit in der Sphäre der Washingtoner Außenpolitik zugebracht hat, weiß, dass diese Abneigung auch im Auswärtigen Amt teilweise bis heute existiert. Diese Tatsache könnte für den Fall Colby ein interessantes Erklärungsmuster darstellen; wir werden darauf noch zurückkommen.

Mutmaßungen und mögliche Motive

Es gab und gibt unzählige Theorien und Mutmaßungen, eine wilde Gerüchteküche im Internet, die Spekulationen trieben teilweise bizarre Blüten. Ursprünglich ging Zalin Grant davon aus, dass die Motive für einen Mord jahrelang in weiter Vergangenheit zu finden sind: in den Massenentlassungen in der Abteilung für verdeckte Operationen. Colby und Schlesinger hatten 1973 die CIA von Tausenden von Mitarbeitern »gesäubert«. Dem Colby-Biografen John Prados nach handelte es sich um 1 000 bis 1 800 Entlassungen, etwa sieben bis zehn Prozent des gesamten CIA-Personals.[10] 70 Prozent der Gefeuerten waren CIA-Mitarbeiter auf höherer und höchster Ebene, über 45 Jahre alt, und zu großen Teilen länger als 20 Jahre beim Geheimdienst. Dies findet Bestätigung in Äußerungen wie jenen von Lou Conein. Der alte CIA-Veteran hatte gewettert, Colby habe die CIA durch die Preisgabe der »Family Jewels« regelrecht »zerstört«. Grant schreibt: »Jetzt endlich waren sie gekommen, um mit ihm abzurechnen.« Wenn es um mangelhafte Sicherheitsvorkehrungen wie etwa die unzureichenden Schlösser in seinem Haus ging, soll Colby stets gesagt haben: »Wenn sie mich kriegen wollen, dann sollen sie mich holen.« Warum also in steter Angst und übertriebener Sorge um seine Sicherheit leben? Grant glaubt, dass sich Colby bei seiner Entführung stoisch weigerte, sich zu wehren. Es wäre für einen 76 Jahre alten Mann, wiewohl er für sein Alter recht sportlich war, auch nicht leicht gewesen.

Aber ist das plausibel? Kann es wirklich sein, dass es drei, vier oder fünf CIA-Veteranen 20 Jahre nach den Massenentlassungen und vermutlich lange nachdem sie neue Jobs gefunden und Karriere gemacht hatten, immer noch so sehr nach Rache dürstete, dass sie sich an einem organisierten Mord beteiligten – ganz zu schweigen von der sicher erforderlichen Unterstützung durch die CIA selbst? Man kann sich vielleicht einen einzelnen Unzufriedenen vorstellen, einen, der es nicht geschafft hat, seiner Karriere eine neue Richtung zu geben, der vielleicht seine Frau verlor und Alkoholiker wurde. Er könnte mit einer Pistole aufgetaucht sein und sich gerächt haben wollen. Aber drei bis fünf Personen, die sich erst nach 20 Jahren zu einer gemeinsamen Tat verabredeten? Diese Leute wären allesamt in die Jahre gekommen und vielleicht physisch gar nicht mehr in der Lage, eine solche Tat auszuführen. Außerdem hätten sie bei einem solchen geplanten Mord eine lebenslange Haft- oder gar die Todesstrafe riskiert, wenn sie gefasst worden wären. Das alles für die verspätete Rache einer organisierten Gruppe? Das ist möglich, aber sehr unwahrscheinlich.

Außer dem in den 1970er Jahren gefeuerten CIA-Personal gibt es sowohl auf persönlicher als auch auf politischer Ebene kaum Hinweise auf Personen, die sich an Colby hätten rächen wollen. Äußerstenfalls hätten Helms oder Angleton vielleicht Gründe gehabt, auch noch nach ewigen Zeiten ein Rachekommando aufzustellen, doch ist diese Theorie völlig aus der Luft gegriffen. Helms war 1996 zum Zeitpunkt des Mordes 83 Jahre alt, Angleton bereits 1987, lange vor Colbys Tod, mit 69 Jahren gestorben.

Auch dürfte die Colby zugeschriebene Israel-Gegnerschaft keine Rolle gespielt haben. Zwar hatte die CIA vor dem Yom-Kippur-Krieg im Herbst 1973 versagt, weil sie die syrisch-ägyptischen Kriegsvorbereitungen nicht mitbekommen und daher die Israelis nicht gewarnt hatte, aber Colby hatte die Leitung des Geheimdienstes damals gerade erst übernommen. Auch das zeitweise Zögern der USA, Israel wieder mit Waffen zu versorgen, steht nicht mit Colby in Verbindung, denn diese Entscheidungen liefen meist über Kissinger. Dessen Stellvertreter Brent Scowcroft, ein Israel-Gegner, hatte anscheinend keinen großen Einfluss auf Entscheidungen, die mit den Geheimdiensten oder der Wiederaufnahme der Waffenlieferungen zusammenhingen.

Viel eher könnte es bei dem Mord von Colby darum gegangen sein, einen Mann zum Schweigen zu bringen, von dem man argwöhnte, dass er, von Schuldgefühlen getrieben, Geheimnisse verraten könnte – oder anders ausgedrückt: einen Mann, von dem man befürchtete, dass er seine »Familienschmuck«-Enthüllungen von 1975 in anderer Weise wiederholen könnte. Vielleicht kannte er noch Geheimnisse, die im Zuge der Ermittlungen des US-Kongresses in den 1970er Jahren verschwiegen worden waren, oder wusste er von neuen Geheimoperationen, die nach seiner Entlassung 1976 stattgefunden hatten.

Könnte also Colby – vielleicht präventiv – zum Schweigen gebracht worden sein? Im Internet existiert eine Eintragung des *American Chronicle*, in der es heißt: »20 Jahre später sollte Colby wieder vor dem Kongress sprechen.« Gemeint ist hier: 20 Jahre nach den Massenentlassungen.[11] Doch worüber sollte er reden und vor welchem parlamentarischen Untersuchungsausschuss?

Eine Suche nach möglichen Motiven ergibt folgende, gar nicht einmal vollständige Liste von problematischen Bereichen, über die Colby möglicherweise hätte reden können:

Er kann möglicherweise Informationen über den Mord an John F. Kennedy, die Rolle der CIA dabei und die Vertuschung des Mordes gehabt haben.

Aus seiner Zeit als Hauptberater der Nugan Hand Bank muss er Kenntnis gehabt haben über verdeckte Aktionen wie Drogenschmuggel, Waffenhandel oder politische Morde.

Er kann über einige Aspekte des Iran-Contra-Skandals Bescheid gewusst haben.

Er dürfte einige unliebsame Kenntnisse bezüglich des Skandals um die Franklin Community Federal Credit Union gehabt haben (wir kommen darauf zurück), zum Beispiel die Verwicklung von hochgestellten Persönlichkeiten in Washington mit einem Kinderprostitutionsring in Omaha, Nebraska.

Möglicherweise wusste er auch etwas über die Morde an Olof Palme und Uwe Barschel. In diesem Fall hätte es sich wiederum um »Familienschmuck« gehandelt, allerdings von weit größerer Tragweite als die von der CIA lediglich geplanten, aber nie ausgeführten Morde an Patrice Lumumba und Fidel Castro. Kann Colby – wie Barschel – vor Freunden oder Geschäftspartnern erwähnt haben, dass er vorhatte, neue Enthüllungen zu machen? Waren sein fortgeschrittenes Alter und sein sogenanntes katholisches Gewissen ein Auslöser? Man stelle sich alleine vor, wie viele Personen wahrscheinlich in den Mord an John F. Kennedy verwickelt waren. Immerhin wurden zwei mit diesem Mord in Verbindung gebrachte Figuren, der Mobster Carlos Marcello und der CIA-Mann E. Howard Hunt, kurz vor ihrem Tod noch redselig.

Zumindest müssen wir bei allen Rätseln um Colbys Tod immer die Einsicht berücksichtigen, die sein Biograf Woods so formuliert hat: »Kein hochrangiger Beamter kann die CIA jemals wirklich verlassen, vor allem dann nicht, wenn er sie geleitet hat.«[12]

Der Mord an John F. Kennedy

Es ist kaum zu glauben, dass mehr als 50 Jahre nach dem Mord an John F. Kennedy im November 1963 in Dallas noch immer darüber gestritten wird, wer den Anschlag begangen haben mag und warum. Hierbei handelt es sich gewiss um den rätselhaftesten aller ungeklärten Mordfälle. Es gibt Hunderte von Büchern und Artikeln, unendliche Ergüsse von Blog-Einträgen im Internet, fast jede auch nur erdenkliche Konspirationstheorie, und dennoch sind sich weder die öffentliche Meinung noch auch kriminalistische Experten darüber einig, was eigentlich geschah. Die geteilten Meinungen gehen dabei quer durch die politischen Lager. Handelte Lee Harvey Oswald alleine? War er überhaupt der Täter oder war er nur ein Sündenbock? War Oswald ein kubanischer oder ein sowjetischer Agent, oder handelte es sich in Wirklichkeit um einen langjährigen CIA-Agenten? Hatte der Mord etwas mit den Versuchen der USA zu tun, Castro zu töten? Oder mit dem Ausgang der Raketenkrise in Kuba? Mit dem Fiasko in der Schweinebucht? Oder rächte sich die Mafia an JFK und seinem Bruder Robert dafür, dass sie Schlüsselfiguren der Mafia jagten? Waren es drei Schüsse, vier Schüsse oder fünf? Vizepräsident Lyndon B. Johnson und FBI-Chef J. Edgar Hoover – spielten sie im Zusammenhang mit dem Mord und in den darauffolgenden Untersuchungen eine Rolle, und wenn ja: welche? Welche Rolle spielten der Mafia-Boss Meyer Lansky oder die Tatsache, dass Kennedy versuchte, Israels Atompläne zu durchkreuzen? War der Bericht der Warren-Kommission ein ehrlicher Aufklärungsversuch, eine Art Vertuschung oder nur ein auf mangelnden Informationen und schlechten Analysen basierendes Debakel? So geht es immer weiter, es bleiben Fragen über Fragen.

Im Grunde gibt es zwei unterschiedliche Theorien. In der einen kommt die Warren-Kommission ganz gut davon, weil ihr als richtiger Befund zugutegehalten wird, dass Kennedy von dem Einzeltäter Oswald ermordet wurde, einem erbärmlichen Loser mit Verbindungen zur UdSSR und nach Kuba, die aber beide mit dem Mord nichts zu tun hatten. Auch Jack Ruby, der dann Oswald erschoss, tat das bloß aus Rache und ohne jegliche Unterstützung der Mafia, der Polizei oder sonstiger Dritter.

Die Alternativtheorie hat unendlich viele Varianten. Sie geht im Wesentlichen davon aus, so die beiden Autoren Lamar Waldron und Thom Hartmann, dass der Mord von der Mafia organisiert wurde, das heißt von Carlos Marcello, Santo Trafficante, Johnny Roselli und Jimmy Hoffa. Einige nachgeordnete CIA-Agenten und ihre Auftragnehmer spielten dabei eine wichtige Rolle. Manche lebten in einer Art Grauzone zwischen dem Geheimdienst und organisierter Kriminalität, wie zum Beispiel John Roselli, der beides war: CIA-Agent und Mafioso.[13] Nach dieser Version war Oswald ein langjähriger CIA-Mitarbeiter, der seine Unterstützung für Castro und Kuba nur vortäuschte, in Wahrheit aber von dem CIA-Offizier George de Mohrenschildt aus Dallas geführt wurde. In dieser Sicht trank Oswald zum Zeitpunkt des Mordes gerade eine Cola im Depotgebäude der Texas Bank, kann also nicht der Schütze gewesen sein. Diese These wird dadurch gestützt, dass Carlos Marcello, der Hauptverschwörer und Mafia-Boss von New Orleans, zu dessen Territorium Dallas gehörte, vor seinem Tod angeblich einem Undercover-Agenten des FBI mit verstecktem Mikrofon im Gefängnis seine Rolle bei dem Mord gebeichtet haben soll.[14]

Man weiß heute, dass es damals eine Halbwelt oder Grauzone gab, in der sich CIA- und Mafia-Aktivitäten überlappten. CIA-Agenten hatten enge Kontakte zur Mafia, und Mafiosi arbeiteten verdeckt für die CIA.[15] All dies kumulierte in gemeinsamen CIA- und Mafia-Verschwörungen, die einen Mord an Fidel Castro zum Ziel hatten. Ein Beispiel dafür ist die Operation Mongoose, die im November 1963 begann und bei der es um eine Reihe von Sabotageaktionen in Kuba ging. Viele beteiligte Personen waren in das Schweinebucht-Fiasko verwickelt, später in die Watergate- und dann in die Iran-Contra-Affäre. Viele wurden selbst ermordet, begingen auf mysteriöse Weise Selbstmord oder starben unter ungeklärten Umständen, ähnlich wie beim Mordfall Palme oder beim Tod von Uwe Barschel.

In der Literatur wurden unter anderen folgende Namen als offene oder verdeckte Mittäter zitiert: William Harvey, Leiter des CIA-Büros in Miami; Ted Shackley, Leiter der CIA-Niederlassung in Miami; E. Howard Hunt, später bekannt geworden durch seine Beteiligung an der Watergate-Affäre, der Helms nahestand; Frank Sturgis, der ebenfalls in die Watergate-Affäre verstrickt war und vielleicht doch einer der unerkannt gebliebenen Schützen gewesen ist; der CIA-Mitarbeiter David Morales, der in das Schweinebucht-Desaster verwickelt war, Kennedy hasste und enge Verbindungen zur Mafia hatte; Chauncey Holt, der sowohl für die CIA als auch für die Mafia arbeitete; George de Mohrenschildt, der möglicherweise Oswalds CIA-Kontaktmann war und dann Selbstmord beging; Johnny Roselli, ein wichtiger Mafioso aus Chicago mit CIA-Verbindungen, dessen verstümmelter Körper später in einem Ölfass im Hafen von Miami gefunden wurde; Sam Giancana, ein Gangsterboss aus Chicago ebenfalls mit CIA-Verbindungen, der sich mit John F. Kennedy dieselbe Mätresse teilte und ebenfalls ermordet wurde; Frank Nicoletti, ein Gangster aus Chicago mit Verbindungen zur CIA, der sich am Tag des Mordes in Dallas aufgehalten haben soll; Oswald selber, der sehr wahrscheinlich ein CIA-Mitarbeiter war; sein Mörder Jack Ruby, der selbst wiederum Verbindungen zur Mafia hatte; John Martino, der zwischen CIA und Mafia vermittelte; David Ferrie mit seinen Verbindungen zur CIA und zu Marcello; Santo Trafficante und Marcello selbst, die Kontakte zur CIA, zu Gangsterbossen in Tampa, New Orleans und Dallas hatten; David Atlee Philips, der der CIA angehörte und vor seinem Tod von einer Verschwörung sprach; der CIA-Offizier Bernard Barker, der mit der Mafia zu tun hatte und in die Watergate-Affäre verwickelt war.

Colby war zur Zeit des Mordes stellvertretender Leiter der Abteilung Ferner Osten der CIA-Planungsabteilung. Er hatte weder etwas mit den Mordverschwörungen von CIA und Mafia gegen Castro zu tun noch mit der Ermordung Kennedys. Doch damals wie auch in den Jahren danach hatte er aufgrund seiner Position die Möglichkeit, Dinge zu erfahren, sei es nur Klatsch an der Kaffeemaschine, im Flur oder in den Bars von Northern Virginia, in denen es von CIA-Leuten nur so wimmelte. Er arbeitete eng mit Helms zusammen, der tief in die Castro-Mordpläne von CIA und Mafia verwickelt war. Helms wird von vielen verdächtigt, die Vertuschungsaktionen geleitet zu haben, bei denen wichtige interne Informationen vor der Warren-Kommission und anderen Kongressuntersuchungen des Mordes an John F. Kennedy zurückgehalten wurden. Kann Helms oder einer seiner Mitarbeiter Colby etwas erzählt haben? Später war Colby kommissarischer Leiter der Planungsabteilung und schließlich Direktor der CIA. Wer weiß, was er gehört haben mag, ob er in geheimen Akten stöberte oder was auch immer?

Schwer zu glauben, dass er nicht mehr über den Kennedy-Mord wusste, als die Warren-Kommission herausbekommen hatte, die ja das Komplott von CIA und Mafia gegen Castro ebenso wie die gegenseitige Durchdringung von Geheimdienst und Mob weitgehend ignorierte. Sollte Colby wirklich nicht gewusst haben, dass Helms, einer seiner künftigen Angstgegner, tief in die weitgespannte Vertuschungsaktion nach dem Kennedy-Mord verwickelt war?[16] Sollte es Colby nach 1963 über 30 Jahre lang niemals in den Sinn gekommen sein, sich mit – zum Teil verrückten – Theorien zu beschäftigen, die widerlegten, dass Oswald ein Einzeltäter und Kommunist gewesen war?

Der Skandal um die Franklin Credit Union

Die nächste mögliche Erklärung, die Colbys Tod als einen Versuch behauptet, ihn zum Schweigen zu bringen, stellt den sehr bizarren Skandal um die Franklin Community Federal Credit Union mit Sitz in Nebraska und die gleichermaßen bizarre Beteiligung von Colby an dieser Bank in den Mittelpunkt.[17]) Diese Affäre ist von manchen als der schlimmste Skandal um ein pädophiles Netzwerk in der amerikanischen Geschichte bezeichnet worden. Andere behaupteten exakt das Gegenteil – es handele sich schlicht um eine Falschmeldung.

Die Franklin Community Federal Credit Union in Omaha wurde von Larry King geleitet, einem Afroamerikaner, der heftig mit den Republikanern sympathisierte, nicht zu verwechseln mit dem ehemaligen CNN-Kommentator. 1988 sang er dem Republikanischen Parteikongress die Nationalhymne vor. King landete im Gefängnis, weil er 40 Millionen Dollar der Franklin Community Federal Credit Union unterschlagen hatte. Er bediente sich dabei eines raffinierten Schneeballsystems. Doch noch wichtiger ist, dass er angeblich ein ausgeklügeltes Netzwerk von Kinderprostitution leitete. Die Kinder- und Familienorganisation Boys Town in Nebraska sowie viele bekannte Persönlichkeiten in Omaha waren darin verwickelt, unter anderen Politiker, Geschäftsleute, Zeitungsreporter, Polizisten, möglicherweise auch ein Verwaltungsleiter der Universität von Nebraska.

Kings pädophiles Netzwerk reichte anscheinend bis nach Washington DC zu hochgestellten Persönlichkeiten auf dem Capitol Hill sowie in und um das Weiße Haus. Man verkuppelte Jungen und veranstaltete ausgeklügelte Sex- und Drogenorgien. Wahrscheinlich war Kings Partner ein gewisser Craig Spence, ein hochrangiger Parteifunktionär der Republikaner und möglicherweise auch ein Mitarbeiter der CIA. Angeblich soll er einige der Jungen auf mitternächtliche Besuche ins Weiße Haus mitgenommen haben. Einer der vielen schlüpfrigen Aspekte dieser Affäre ist, dass angeblich Vizepräsident George H.W. Bush an einigen dieser Sex-Partys mit Jungs teilgenommen haben soll.[18] Genauso frappierend sind auch die umfangreichen Bemühungen von Bundesbehörden und Verantwortlichen in Nebraska, die Affäre zu vertuschen.

Was hatte William Colby mit diesen Dingen zu tun? Sie ereigneten sich mehr als zehn Jahre nach seinem Rückzug aus der CIA in den Ruhestand. Eine Verbindung gibt es durch John DeCamp, einen republikanischen Politiker und Mitglied des Parlaments von Nebraska, der es sich zur Aufgabe machte, diese Affäre aufzuklären. Er schrieb ein Buch darüber und produzierte einen Dokumentarfilm.[19] Wie sich herausstellte, kannten sich beide aus gemeinsamen Zeiten in Vietnam und hatten seither ihre Freundschaft aufrechterhalten. Irgendwie wurde Colby in DeCamps Nachforschungen verwickelt. In dem Dokumentarfilm warnt er DeCamp vor den Gefahren, denen er sich aussetzen würde, wenn er sich in einen Skandal um so hohe Persönlichkeiten einmischte. Anscheinend vertrat Colby den Fall auch gegenüber der Justizverwaltung. Unklar ist, ob er dabei auch die angebliche Verstrickung von George H.W. Bush, seinem Nachfolger bei der CIA, zur Sprache brachte. Der erstklassige Staatsanwalt Gary Caradori wurde vom Parlament in Nebraska gebeten, diese Behauptungen zu überprüfen. Kurz danach kam er mit seinem jungen Sohn bei einem mysteriösen Flugzeugunglück ums Leben, bei dem die Maschine in der Luft explodierte. Es heißt, Caradori solle Fotos dieses pädophilen Netzwerkes bei sich getragen haben. Damals wurde vermutet, Spence habe bei den Sex-Partys versteckte Kameras aufgestellt. Es setzte damit zahlreiche prominente Persönlichkeiten der Gefahr einer Erpressung aus. Zwei Kinder, beide Opfer des Missbrauchsskandals, wurden vor Anklagejurys geschleppt und wegen Meineides verurteilt. Sie wurden dazu benutzt, die ganze Geschichte wie eine Falschmeldung aussehen zu lassen. Zudem wurde Larry King,der Kopf des Pädophilenrings, in einigen Blogs des Drogenhandels mit Zentralamerika bezichtigt.

Was wusste Colby darüber? Kann eine Mitwisserschaft ein Grund für einen Mord gewesen sein? Nick Bryant resümiert in einem Artikel, dass »Spence wie auch Colby zweifellos eine große Anzahl von Geheimnissen mit ins Grab genommen haben«.

Die Nugan Hand Bank

Nach seinem Rückzug aus der CIA hatte Colby eng und auf geheimnisvolle Weise mit der skandalumwitterten Nugan Hand Bank zu tun. Diese australische Handelsbank brach 1980 unter aufsehenerregenden Umständen zusammen. Sehr früh gab es Hinweise auf Verbindungen zur CIA, zum organisierten Verbrechen, zu Drogenkurieren, Geldwäschern, zu Scharlatanen und Betrügern. Die Nugan Hand Bank war 1973 von dem australischen Anwalt Frank Nugan und von Michael Jon Hand gegründet worden, einem, wie bereits erwähnt, ehemaligen Soldaten der Green Berets, also des Luftlande-Sondereinsatzkommandos des US-Heeres, der in Vietnam und Laos gedient hatte. Hand hatte in Laos Verbindungen zur CIA und zu Ted Shackley gehabt und war in den Heroinhandel im Goldenen Dreieck verwickelt gewesen.

Die Geschichte der Nugan Hand Bank von 1973 bis 1980 hat in allen reißerischen Details der Reporter Jonathan Kwitny in seinem Buch *The*

Crimes of Patriots erzählt.[20] Von Australien ausgehend weitete sich die Nugan Hand zu einem globalen Netzwerk mit Büros auf den Kaiman-Inseln, in Chiang Mai, Manila, auf Hawaii, in Kapstadt, Hongkong, Taiwan und in Washington aus. Sie scheint die Nachfolge der Castle Bank and Trust auf den Bahamas übernommen zu haben, die angeblich in Steuerhinterziehungen verwickelt war und vor allem von der CIA dazu benutzt wurde, Geld für verdeckte Operationen weiterzuleiten. Die Castle Bank and Trust war 1960 von Paul Holliwell, einem Mitarbeiter des ehemaligen Office of Strategic Services (OSS), gegründet worden und brach 1977 zusammen. Zu den Aktivitäten der Nugan Hand Bank zählten vor allem Drogen- und Waffenhandel, Steuervermeidungsstrategien, die Finanzierung von verdeckten CIA-Aktivitäten, Warentermin-Spekulationen, Geldwäsche vor allem von Profiten aus dem Drogenschmuggel in Südostasien und aus der Veruntreuung von Kapitalanlagen vor allem von dort stationiertem amerikanischen Militärpersonal. Michael Hand hatte Freunden erzählt, es sei sein Ziel, aus der Nugan Hand die Bank der CIA zu machen.

Die Bank gewann ein gewisses Ansehen, indem sie hochrangige Persönlichkeiten des US-Militärs und der Geheimdienste aus dem Ruhestand holte. Konteradmiral Earl P. Yates, ehemaliger Kommandeur des Flugzeugträgers USS John F. Kennedy, wurde zum Präsidenten der Bank ernannt. General Edwin F. Black, ein ehemaliger Kollege von Allen Dulles und Richard Helms, leitete das Büro der Nugan Hand in Hawaii, General Earle Cocke Jr. das Büro in Washington. Walter MacDonald, ehemaliger stellvertretender Leiter der CIA-Wirtschaftsabteilung, wurde Berater der Nugan Hand. Dale Holmgren, früherer Leiter der CIA-Fluggesellschaft Air America, leitete das Nugan-Hand-Büro in Taiwan. Auch Ted Shackley war tief in die Machenschaften der Nugan Hand Bank verwickelt, er kann sogar als eine Schlüsselfigur gelten. Das Gleiche gilt für Thomas Clines, den ehemaligen Special-Operations-Mann, der mittlerweile das Waffenunternehmen Research Associates International leitete. Sein alter Freund Bernie Houghton war der mysteriöse Strippenzieher hinter der Nugan Hand. Auch Edwin Wilson hatte in seiner Anfangsphase mit der Bank zu tun. Später betrieb er Waffenhandel in Afrika, vor allem mit Angola und Libyen. William Colby, Chefjustiziar der Nugan Hand, muss als Leiter der Rechtsabteilung über die meisten, wenn nicht alle ihre kriminellen Aktivitäten gut Bescheid gewusst haben.

Vor allem die Verbindungen der CIA zur Nugan Hand Bank sind hier von Bedeutung. Man kann fast behaupten, dass die Bank in Wirklichkeit ein Teil der CIA war oder zumindest als ihr verlängerter Arm funktionierte. Kwitny nennt neben Colby als Schlüsselfiguren Guy Pauker, Walter McDonald, Ted Shackley und Donald Beazley. Pauker bestritt später, ein CIA-Berater gewesen zu sein, doch viele glauben, dass seine Stellung bei der RAND Corporation nur ein Deckmantel für geheimdienstliche Aktivitäten war. McDonald hatte seit 1952 bei der CIA Karriere gemacht und der Agency in etwa 40 Ländern gedient, die Wirtschaftsabteilung geleitet und berichtete direkt an den damaligen Leiter der CIA, James R. Schlesinger. Danach verbrachte er den Großteil seiner Zeit bei der Nugan Hand.

Kwitny schreibt, dass »McDonald und Yates dafür sorgten, dass der ehemalige CIA-Chef William Colby Justiziar der Nugan Hand wurde«.[21] McDonald und Frank Nugan nahmen Colby zum Segeln mit und beschlossen bei einem ihrer Törns, dass Colby die Nugan Hand vertreten sollte. Colby selbst erklärte, seine Arbeit für die Nugan Hand sei stets gesetzestreu und professionell gewesen. Er stritt ab, etwas über ihre Verwicklungen in Drogengeschäfte gewusst zu haben. Über die Rolle von Shackley haben wir bereits berichtet. Er soll engen Kontakt zu Michael Hand gepflegt haben, seinem alten Bekannten aus Laos und den Jahren der Nugan Hand Bank. Beazley arbeitete mit der National Bank of Homestead zusammen, die wiederum Verbindungen zur CIA hatte. Daher kannte er auch den CIA-Mitarbeiter Paul Holliwell, der seinen Anteil an Homestead verkaufte und Vorstand und Geschäftsführer der Nugan Hand wurde.

Wir wissen nicht, was Colby genau für die Nugan Hand Bank getan hat, von welchen ihrer Aktivitäten er Bescheid wusste und mit wem er zu tun hatte. Es ist aber belegt, dass er für seine Rechtsberatung mindestens eine Rechnung über 45 504 Dollar stellte. Er muss eine Vielzahl von Geschäften mit Shackley gemacht haben, was nach ihrem schwierigen Verhältnis in Vietnam seltsam anmutet. Dennoch kreuzten sich ihre Wege immer wieder.

Als Nugan auf einer Straße außerhalb von Sydney tot in seinem Auto gefunden wurde, trug er eine Visitenkarte von Colby mit handgeschriebenen Notizen bei sich. Wir wissen bis heute nicht, ob Nugan ermordet wurde oder ob er Selbstmord beging. Währenddessen verließ Hand fluchtartig Australien mit einer Menge Geld und wichtigen Unterlagen. Er soll in die USA zurückgekehrt sein und verschwand dann vollständig. Lange Zeit wusste man nicht, ob er ermordet wurde oder ob er sich einer neuen Identität bediente. Erst 2015 tauchte er plötzlich in Idaho unter einem Decknamen wieder auf. Es gibt Beweise für einen Besuch von Bernie Houghton in Edwin Wilsons Büro in der Schweiz, die Brieftasche voller Bank-Papiere. Ein Zeuge sah, wie Thomas Clines in Wilsons Büro durch diese Unterlagen blätterte und alles herausnahm, was mit ihm und General Richard Secord zu tun hatte.

Was kann Colby von alledem gewusst haben?

Neben seiner Arbeit für die Nugan Hand Bank und später für John DeCamp scheint Colby in der Zeit zwischen seinem Rückzug aus der CIA und seinem Ableben weitere Engagements gehabt zu haben, von denen viele noch im Dunkeln liegen.[22] Offenbar hat er Risikoanalysen für Großunternehmen durchgeführt. Es wird ein Bergbauprojekt in der Mongolei erwähnt sowie nach 1990 die Unterstützung von Geheimdiensten ehemaliger kommunistischer Länder in Osteuropa. Insgesamt scheint er sich auf Europa konzentriert zu haben. Prados zufolge bestand

> »Colbys Arbeit nach seiner CIA-Zeit aus Rechtsangelegenheiten und Risikoanalysen, bei denen er die politische Stabilität von Ländern für potentielle Investoren einschätzte. Colby arbeitete dabei für die Washingtoner Firma International Business Government Counsellors Incorporated, für seine eigene Firma Colby, Bailey, Werner und Partner und für einen Kapitalanlagen-Newsletter, den er für Unternehmensberater schrieb. Er besaß Anteile an Entwicklungsprojekten auf den Philippinen, in Thailand und in Malaysia. Er arbeitete außerdem als offizieller Lobbyist für die japanische Regierung.«[23]

Mit Verweis auf Richard Helms, der im Rentenalter ähnliche Arbeit verrichtete, schreibt Prados lakonisch: »Normale Arbeit für einen Geheimdienstler im Ruhestand.«[24]

Auch hier darf man spekulieren, was er bei all diesen Reisen und Projekten wohl in Erfahrung gebracht haben mag. Er fand daneben genug Zeit, um, wie erwähnt, ein paar Bücher zu schreiben und sich in der Anti-Atomwaffen-Bewegung sowie in den politisch-ideologischen Auseinandersetzungen der 1980er Jahre zu engagieren, in denen er sich den nationalen Sicherheitseliten entgegenstellte. Vielleicht wurde er dabei von seinem Nach-Nachfolger Stansfield Turner, der wie Colby eine Reihe von CIA-Agenten entlassen hatte, unterstützt. Colby soll sich angeblich gut mit Turner und auch mit der Carter-Regierung verstanden haben. Zumindest in ihrer Israel-kritischen Haltung stimmten Carter und Colby überein.

Sofern er über seine Rechts- und Beratungsaktivitäten hinaus tief in die perversen Abgründe und die dunklen Geschäfte sowohl der Franklin als auch der Nugan Hand Bank verstrickt gewesen sein sollte, könnte irgendwer tatsächlich gefürchtet haben, Colby könne reden. Doch wir wissen nur wenig über seine Tätigkeiten Anfang bis Mitte der 1980er Jahre: die Periode der Iran-Contra-Affäre, der Tode von Olof Palme und Uwe Barschel, des Iran-Irak-Kriegs, des Bürgerkriegs in Nicaragua. In keiner der beiden Biografien von John Prados und Randall Woods wird die Iran-Contra-Affäre auch nur erwähnt. Der »Schattenkrieger«, als den ihn Woods bezeichnet, scheint im Schatten und außer Sicht geblieben zu sein.

Doch es gibt Ausnahmen: die Blogger David Guyatt und Christopher Ruddy und die Enthüllungen von Gene »Chip« Tatum, der als langjähriger CIA-Agent Colby in Laos und Vietnam kennengelernt hatte. Tatum selbst gibt an, er sei 1970 von Colby in die Operation Pegasus eingeführt worden. Der gehörten unter anderen an: Casey, Colby, Bush, Kissinger, Haig, Secord, Gregg, North und Clinton, Ted Shackley und Félix Rodríguez.[25] Unter der Leitung von Norths Enterprise ging es dabei hauptsächlich um Kokainlieferungen von Süd- und Zentralamerika in die USA, die der Finanzierung von Waffenkäufen für die Contras dienten.

Colby, Palme und Barschel

Was können wir aus alledem schliessen? Einige Autoren gehen zu Recht davon aus, dass ein Motiv für Colbys Tod in seiner Mitwisserschaft lag – und in der Gefahr, er könnte auspacken. Wenn die Informationen von Chip Tatum über Pegasus stimmen, dann bedeutet das, dass Colby zur Zeit des Mordes an Olof Palme und des Todes von Uwe Barschel mit North, Shackley, Secord, Clines und vielleicht sogar seinem Nachfolger Bush in Kontakt stand.

Colby hatte Verbindungen nach Schweden, Osteuropa und Deutschland. In den 1950er Jahren baute er als Leiter des Stockholmer CIA-Büros die ersten Netze der NATO-Geheimarmee Stay-behind in Schweden auf. Dies führte er dann mit dem Aufbau der Gladio-Organisation in Italien weiter, die später nachweislich mit dem berüchtigten Licio Gelli und seiner rechtsstehende P2-Geheimloge in Verbindung stand.

Unsere Analyse des Palme-Mordes konzentriert sich auf die Rolle des Stay-behind-Personals in Schweden im Zusammenhang mit der NATO-

Strategie. Sogar noch in den 1980er Jahren konnte Colby Kontakte zu den Leuten haben, mit denen er in den 50ern in Stockholm zusammengearbeitet hatte. Außerdem diente Colbys langjährige Assistentin Jenonne Walker von 1981 bis 1983 als CIA-Agentin in der amerikanischen Botschaft in Stockholm – unter der Legende »politische Beraterin«. Später gehörte sie zu Präsident Clintons Personal im National Security Council. Wer weiß, was sie Colby über den Mord an Palme berichtet haben kann? Vielleicht hatte es etwas mit der Operation Staunch zu tun? Und schließlich kann Colby auch in den 1990ern als Berater der erneuerten Geheimdienste in Osteuropa Einblicke in längst vergangene Aktivitäten erhalten haben – zum Beispiel auch in die geheimen Waffengeschäfte über Warnemünde und Kavelstorf.

Es gibt keine Beweise dafür, dass Colby etwas mit dem Mord an Olof Palme und dem Tod von Uwe Barschel zu tun hatte. Aber wenn unsere Analyse stimmt, dass die CIA oder ihr Ableger »The Enterprise« etwas damit zu tun hatten, dann handelt es sich in der Tat um den streng geheimen »Familienschmuck«. Seine Kontakte, sein Hintergrund und seine Verbindungen zu Stay-behind machen es möglich, dass er Kenntnisse über solche Geheimoperationen erlangt hat oder in die verdeckten Geschäfte der Nugan Hand Bank eingebunden war. Eine bevorstehende Anhörung durch den Kongress kann in geheimdienstlichen Kreisen für Nervosität gesorgt haben, hatte er doch sein Gewissen bereits vor den Church- und Pike-Untersuchungsausschüssen erleichtert.

Colbys langjähriger Schützling, der ehemalige CIA-Agent für verdeckte Operationen und Angehörige des geheimen Pegasus-Teams Chip Tatum, gab bei einem Interview mit Robert Harkavy 2014 in Florida an, die Befehlspyramide für den Palme-Mord habe von unten nach oben gelesen aus Oliver North, Ted Shackley, William Colby und George H.W. Bush bestanden. Eine erstaunliche Aussage für einen Mann, der aufgrund seiner Position gut Bescheid wusste und wegen Abtrünnigkeit schonungslos von der US Regierung gehetzt und sogar ins Gefängnis gesperrt worden war. Wenn das stimmt, dann war Colbys Ruhestand eher eine Art Tarnung für verdeckte Aktivitäten. Dann hat er als Justiziar der Nugan Hand Bank nicht nur nach »kaufmännischen Regeln« gehandelt, sondern genau gewusst, dass diese Bank eine Tarnfirma der CIA ist. Dann hatte er Einsicht in die Bücher, kannte die Rolle der Bank als Waschanlage für Drogengelder und wusste um die Funktion ihrer Niederlassungen – wie der F. A. Neubauer Bank in Hamburg.

Wenn der Hinweis von Chip Tatum stimmt, dann muss Colby noch in Kontakt gewesen sein zu Vertretern des Stay-behind-Netzwerkes, das er dreißig Jahre zuvor in Schweden geschaffen hat. Wenn es richtig ist, dass – wie es das Sitzungsprotokoll des »Special Operations Planning Staff« vom 15. Dezember 1985 belegt – Stay-behind den Palme-Mord organisiert hat, dann war dies nur möglich mit Wissen des schwedischen Armes der Geheimarmee. In diesem Falle muss Colby auch gewusst haben, dass der Leiter der Mordermittlungen im Falle Palme, Hans Holmér, selbst einer Teilorganisation von Stay-behind angehörte.[26] Wenn Colby tatsächlich Teil der Befehlskette war, dann kann er seine alten Verbindungen nach Schweden genutzt haben, um die lokale Unterstützung für das Killerteam zu organisieren.

Dies wäre dann ein so brisantes Wissen, dass es – aus Sicht der CIA – nicht vor einem Ausschuss des Kongresses hätte preisgegeben werden dürfen. Deshalb liegt es nahe, dass die CIA – und damit ein anderer Angehöriger der Pegasus-Befehlskette, Ted Shackley – hinter dem Mord an William Colby steht. Shackley hasste Colby – auch dafür, dass dieser CIA-Chef wurde, was ihm selbst verwehrt blieb. Er war überzeugt, dass Colby die CIA mit seinen Aussagen ernsthaft beschädigen würde. Und schließlich stellte Colbys Wissen auch für ihn selbst eine Bedrohung dar, denn er war in zahlreiche illegale Aktivitäten tief verstrickt. Doch es fehlen wichtige Belege. Noch bleibt William Colby ein Schattenkrieger.

Ausblick: Ein amerikanischer Schattenkrieg

Olof Palme, Uwe Barschel, William Colby – drei Männer, die zu verschiedenen Zeiten an verschiedenen Orten und auf verschiedene Weise starben. Und doch: Es gibt viele Gemeinsamkeiten – und einen immanenten Zusammenhang.

Olof Palme wurde auf offener Straße erschossen. Dennoch konnte der Mörder entkommen. Bei Uwe Barschel und William Colby deutet die Indizienkette auf Mord. Doch es fehlen Kettenglieder. Der Grund liegt in einem Umstand, der alle drei Morde verbindet: In allen drei Fällen haben Regierung und Geheimdienste die Ermittlungen massiv beeinflusst. Palme, Barschel, Colby – nach jedem einzelnen Anschlag gab es regierungsamtliche Vertuschungsaktionen. Zahlreiche Belege machen plausibel, dass die Ausführung der Morde an Subunternehmer ausgelagert wurde. Dokumente und Hinweisgeber aus mehreren Geheimdiensten belasten die CIA schwer: Die Indizienkette – davon sind die Autoren überzeugt – zeigt in Richtung Langley. Wir haben es zu tun mit gezielten Tötungen. Sie waren Teil einer großangelegten »Säuberungsaktion«, bei der missliebige Zeugen aus dem Weg geräumt wurden, die der Spitze der Befehlskette hätten gefährlich werden können. Interne Dokumente zeigen: Das logistische Zentrum bildeten die Führungsgremien der geheimen NATO-Armee Stay-behind.

Hintergrund 1: Kalter Krieg

Die CIA ist ein Produkt des Kalten Krieges. Sie wurde gegründet mit den Direktiven des National Security Council NSC 4/A vom Dezember 1947, NSC 10/2 und 10/5 von Juni 1948 und Oktober 1951, NSC 158 vom Juni 1953 und NSC 5412 vom März 1954. Damit wurde die Agency in den Propagandakrieg gegen den Kommunismus eingebunden, die verdeckte Kriegsführung definiert, als ihr Ziel die innere Zersetzung der kommunistischen Staaten festgelegt und faktisch der »totale« Geheimdienstkrieg gegen den Kommunismus verkündet. Im letzten Jahrzehnt des Kalten Krieges kam diesen Zielen erneut besondere Bedeutung zu. »Der umfassende Auftrag«, so der Zeithistoriker Bernd Stöver, »bestimmt bis heute das Selbstverständnis. Der Kalte Krieg wurde auch und gerade in der CIA als ›Krieg‹ und damit als Freibrief für den Einsatz (fast) aller Mittel begriffen.«[1] Der Agent der CIA sah sich selbst – so der Titel der Autobiografie von William Colby – als einer der *Honorable Men* – und nicht so sehr als »Schattenkrieger«.[2]

In der Endphase des Kalten Krieges sahen sich beide Seiten in besonderer Weise als »Schattenkrieger« in einer geteilten Welt. Auf sowjetischer Seite galt die Breschnew-Doktrin: Was wir einmal haben, geben wir nicht mehr her. Auf US-Seite kam es mit dem Amtsantritt von Ronald Reagan zu einer Neuauflage des Rollback. Nach der Reagan-Doktrin sollte die Sowjetunion um fast jeden Preis zurückgedrängt werden: »Die zwei Werkzeuge (…) sind unsere eigene militärische Stärke und die Vitalität unserer Wirtschaft.«[3] Dazu gehörten nicht nur militärische, sondern auch propagandistische und geheimdienstliche Mittel.

Aus den in diesem Buch vorgelegten Dokumenten geht hervor, dass Olof Palme ermordet wurde, weil er diesen Schattenkriegern in die Quere gekommen ist. In ihren Augen waren seine Pläne für ein neutrales Skandinavien eine Bedrohung der NATO-Nordflanke. Barschel war eingebunden in den Iran-Contra-Waffenhandel und wurde nach seinem Sturz zur Gefahr. Denn für die außenpolitische Strategie der Vereinigten Staaten war Entspannung eine Waffe. Im Ergebnis haben die Vertreter des Rollback den Kalten Krieg gewonnen und vielen Menschen in Osteuropa die Freiheit gebracht. Aber beim neoliberalen Experiment in den Transformationsgesellschaften Osteuropas sind die sozialen Grundrechte vielerorts bis heute nicht erreicht. Palme, Barschel, Colby – drei gezielte Tötungen, deren Motiv aus den verdeckten Operationen der CIA in der Endphase des Kalten Krieges erwächst.

Hintergrund 2: Die Iran-Contra-Affäre

Die Iran-Contra-Affäre bildet die weltpolitische Rahmenhandlung und das verbindende Glied zwischen dem Fall Barschel und dem Fall Palme. In den Jahren 1985 und 1986 erreichten die verdeckten Deals ihren größten Umfang. Der zeitweise Stopp der schwedischen Waffenlieferungen an Teheran, wie ihn Olof Palme angeordnet hatte, gefährdete die millionenschweren Deals von Bofors und Karl-Erik Schmitz sowie die Mitteloststrategie der Vereinigten Staaten.

Im Jahr 1987 setzten die Iran-Contra-Ermittlungen des US-Kongresses die Regierung Reagan erheblich unter Druck. CIA-Direktor William J. Casey, ein enger Freund des Präsidenten, sah sich zum Rücktritt gezwungen. Dennoch blieb ein großer Teil jener Waffentransporte im Dunkeln, welche die Enterprise-Gruppe um Oliver North an ausländische Subunternehmer vergeben hatte. »Der Tower-Bericht war nichts als Augenwischerei (...) Während im Februar 1987 die Tower-Untersuchungskommission einen kleineren Teil der Waffenverkäufe unter die Lupe nahm«, so Ari Ben-Menashe, »organisierte die israelisch-iranische Lenkungsgruppe zusammen mit Robert Gates die größten Waffenlieferungen an Teheran, die es jemals gegeben hat.«[4]

In den Kreis der Beteiligten gehörte nach unseren Recherchen auch das Notariat Barschel-Moll. Wir haben gezeigt, dass Uwe Barschel als Verbindungsmann der CIA sehr hoch angebunden war. Hätte er ausgepackt, wäre auf dem Höhepunkt der Iran-Contra-Untersuchungen in Washington das ganze Ausmaß der Waffenlieferungen an den Iran und an Südafrika öffentlich geworden. William Colby war eine Bedrohung, weil er – neben anderen »dirty tricks« der CIA – die Auftraggeber und die Befehlskette bei beiden Morden kannte. Vor dem Hintergrund des Kalten Krieges und der Iran-Contra-Affäre weisen die Mordfälle Olof Palme, Uwe Barschel und William Colby eine Reihe von gemeinsamen Merkmalen auf.

Gemeinsamkeit 1: Stay-behind

Niemand sonst steht so sehr wie der spätere CIA-Direktor William Colby für den Aufbau der NATO-Geheimarmee Stay-behind. Ihr Ziel war es, bei einem kommunistischen Überfall einen Guerillakrieg hinter den feindlichen Linien zu entfachen. Ihre zweite Aufgabe bestand darin, im Falle eines innenpolitischen Notstandes einzugreifen – was immer das heißen mag. William Colby beschreibt in seinen Memoiren, wie er im offiziell neutralen Schweden diese Geheimarmee organisierte. Auch im Italien der 1950er Jahre war er mit dem Gladio-Netzwerk befasst. Colbys Verbindungen nach Schweden dürften bis in die 1980er Jahre fortexistiert haben. Das spricht für die Darstellung des

CIA-Whistleblowers Gene »Chip« Tatum, dass Colby beim Mord an Olof Palme Teil der Befehlskette war. Auf die Zusammenhänge zwischen Stay-behind in Schweden und den Schüssen am Sveavägen haben wir hingewiesen.

Die CIA begann mit dem Aufbau der NATO-Geheimarmee unmittelbar nach dem Zweiten Weltkrieg in der Bundesrepublik. Das geteilte Deutschland war zum Frontstaat auch der Geheimdienste geworden: »Hier war im Vergleich viel mehr als anderswo möglich, weil sogar Bonn wegschaute. (…) Insofern war die Bundesrepublik auch die beste Basis für Geheimoperationen in Ostmitteleuropa.«[5] Die Regierung Adenauer ignorierte sogar eindeutige Informationen über Folterungen der CIA in der Villa Schuster in Kronberg. Der Unterstützung des BND durfte die Agency sicher sein, denn er ist bis heute die verlängerte Werkbank der CIA. Dies erklärt, dass in den 1980er Jahren auch heimlich Waffen aus NATO-Lagern teilweise mit israelischen Endverbleibszertifikaten an den Iran verkauft wurden. Genauso werden so Hinweise plausibel, Barschel habe im Auftrag der Bundesregierung verdeckte Waffengeschäfte eingefädelt.

Gemeinsamkeit 2: Covert Action

Seit der Gründung 1947 gehören verdeckte Operationen zur Aufgabe der CIA – wie bei jedem anderen Geheimdienst auch. Organisatorisch angesiedelt sind diese Aufgaben im Operations Directorate, die neben dem Intelligence Directorate, dem Science and Technology Directorate und dem Administrative Directorate eine von vier Hauptabteilungen ist. Der Deputy Director Operations – von 1976 bis 1979 war dies Ted Shackley – ist zuständig für Agentenführung, Telekommunikations- und Postüberwachung, Satellitenaufklärung, Horchposten, Spionageabwehr und paramilitärische Aktionen. Seine Aufgaben überschneiden sich teilweise mit denen der Defense Intelligence Agency (DIA, der militärische Nachrichtendienst), des National Reconnaissance Office (NRO, heute National Geospatial-Intelligence Agency) und der National Security Agency (NSA, Kommunikationsüberwachung), die dem Pentagon unterstellt sind, sowie dem Bureau of Intelligence and Research (INR), das zum State Department gehört. Die Mitarbeiter des Operations Directorate der CIA tragen den Spitznamen »Animals« – im Unterschied zu den »Professors« der Hauptabteilung Intelligence. Zu ihren Aufgaben gehören auch Sabotage und Subversion – wie der Umsturz im Iran 1953 oder der Putsch gegen Salvador Allende. Sie starteten Mordaktionen wie das Phoenix-Programm in Vietnam, bei dem mindestens 20 000 Menschen getötet wurden und für das William Colby und Ted Shackley mitverantwortlich waren. Sie unterstützen Guerilleros wie die Contra-Rebellen in Nicaragua oder den Iran in den 1980er Jahren durch illegale Waffenlieferungen – was Uwe Barschel als eine Art Treuhänder hinter den Eisernen Vorhang führte. Sie führten Wirtschaftskriege wie die Einschleusung schadhafter Technologien oder Softwareprogramme in den Ostblock, was die verdeckten Reisen von Barschel nach Jena erklären kann: eine verdeckte Operation zur Schwächung des Ostblocks. Sie setzen Politiker wie den schwedischen Premierminister Olof Palme unter Druck, wenn sie diesen verdeckten Operationen Einhalt gebieten wollen. Sie betreiben Propaganda und versuchen, den Ruf von Whistleblowern und Kritikern zu beschädigen, wie es der ehemalige CIA-Mitarbeiter Oswald LeWinter und einer der Autoren, Robert Harkavy, erlebt haben.

Die CIA wollte über den Secret Operations Planning Staff (SOPS) von Stay-behind verhindern, dass Schweden waffenfähiges Uran an Indien liefert – ein weiterer Grund für den Mord an Olof Palme. Doch wenige Jahre zuvor hatte Washington selbst Saddam Hussein die Grundstoffe für jene Massenvernichtungswaffen geliefert, die 2003, also lange nach dem Kalten Krieg, als Begründung für den dritten Golfkrieg herhalten mussten – Covert Action und ihre Folgen.

Gemeinsamkeit 3: Secret Service Subcontracting

Zu den verdeckten Aktivitäten der CIA zählen auch Kooperationen mit Privatunternehmen oder gar kriminellen Organisationen – das sogenannte Secret Service Subcontracting. Die Auslagerung insbesondere von illegalen Aktivitäten an solche Subunternehmer und Akteure im Ausland dient auch der Abschattung der eigenen Beteiligung und trägt dazu bei, insbesondere Mordanschläge oder Putschversuche jederzeit abstreiten zu können. Gleichzeitig entzieht die CIA solche Aktionen dem Verantwortungsbereich des US-Kongresses.

In allen drei dargelegten Fällen deuten die Fakten darauf hin, dass der Mordauftrag »fremdvergeben« wurde. So spricht vieles dafür, dass der Anschlag auf Olof Palme von einer Spezialeinheit von *Techni-*

cians unter anderem aus Südafrika übernommen wurde, während sich in Stockholm eine Gruppe rechtsextremer schwedischer Polizisten um das »Management« vor Ort kümmerte. Im Falle Barschel nennen Hinweisgeber das Bostoner Unternehmen Adler Research, das als Tarnfirma der CIA ihrem »Blond Ghost« Ted Shackley eng verbunden gewesen ist.

Das Secret Service Subcontracting ist hochaktuell. Aus dem CIA-Folterreport von 2014 geht hervor, dass die Agency »ab 2008 die Führung von 85 Prozent aller Verhöre privaten Vertragspartnern« überlassen hat.[6] So wird Geheimdienstarbeit jenseits von Recht und Gesetz zu einem profitgetriebenen Gewerbe.

Gemeinsamkeit 4: Plausible Deniability

In letzter Konsequenz, so Bernd Stöver, »meint ›covert‹ bis heute alles, was der US-Präsident öffentlich überzeugend abstreiten kann«.[7] »Plausible Deniability« – so steht es wörtlich in einem von uns zitierten Dokument des »SOPS der NATO-Geheimarmee Stay-behind vom 15. Dezember 1985, in dem die Planungen für den Mord an Olof Palme dargestellt werden. Die Autoren haben die Quelle geprüft und halten dieses Protokoll für echt. Es geht darum, schmutzige Tricks anzuordnen und gleichzeitig die eigenen Hände in Unschuld zu waschen. So handelt die CIA bis heute – nicht nur in den drei untersuchten Fällen.

Ähnlich verhielten sich auch Bundesregierung und BND, als es um die verdeckten Waffengeschäfte über die DDR und die heimlichen Reisen von Barschel in den Osten ging. Denn den Eisernen Vorhang zu durchschreiten bedurfte einer geheimdienstlichen Abdeckung – von beiden Seiten. Ohne die klandestine Mitwirkung des Ministeriums für Staatssicherheit der DDR und des Bundesnachrichtendienstes sind Barschels Reisen bei Nacht und Nebel in die DDR in dieser Selbstverständlichkeit schlicht nicht vorstellbar. Auch wenn der damalige Bundeskanzler Helmut Kohl eine Mitwisserschaft noch Jahre später abgestritten hat, so ist doch klar, dass die Bundesregierung davon Kenntnis gehabt haben muss.

Auch heute werden die Aktivitäten der CIA beispielsweise in der Ukraine oder in Syrien schlicht geleugnet, Hinweise von der Mainstream-Presse kaum aufgegriffen.

Gemeinsamkeit 5: Targeted Killings

Gezielte Tötungen gehörten seit ihrer Entstehung zum Standardrepertoire der CIA. Dazu zählten zunächst vor allem Attentate auf missliebige Politiker und Einzelpersonen. Deshalb bilden Palme, Barschel und Colby nicht die Ausnahme, sondern eher die Regel. Ungeklärt ist, wie viele Regierungsangehörige, Whistleblower oder Journalisten zum Ziel wurden. Während des Vietnamkrieges stieg seit Mitte der 1960er Jahre im Rahmen der »Operation Phoenix« die Zahl der gezielten Tötungen stark an. Durch CIA-Agenten angeleitete Südvietnamesen folterten und töteten zwischen 1967 und 1973 vermutlich mehr als 20 000 Menschen, um die Vietcong zu schwächen. Einige der Phoenix-Spezialisten wie der verschiedentlich erwähnte Félix Rodríguez wurden weltweit eingesetzt. Er kann dem Secret Team von Ted Shackley zugerechnet werden, dem gezielte Tötungen nachgesagt werden. In allen drei behandelten Beispielen fällt der Verdacht auch auf dieses mutmaßliche »Hit-Team«.

Das Targeted Killing ist hochaktuell, wie man an der – von der CIA geleiteten und längst verfilmten militärischen Operation »Neptun's Spear« – gezielten Tötung von Osama Bin Laden am 2. Mai 2011 sehen kann. Die Zahl solcher Operationen hat nicht ab-, sondern vielmehr zugenommen. Das zeigen die Drohnenangriffe des US-Militärs in Afghanistan und im Jemen. Hier wird auch das langfristige Problem solcher Maßnahmen deutlich: Finale Lösungen dieser Art produzieren häufig Kollateralschäden, aus denen die Probleme von morgen hervorgehen. In breiterem Maßstab kann man hier an die finanzielle und militärische Unterstützung der Mudschaheddin in Afghanistan denken, aus denen Al-Qaida hervorgegangen ist, oder an den Überfall auf den Irak, der den Islamischen Staat erst möglich gemacht hat. Solchen gezielten Maßnahmen sind die Bürgerinnen und Bürger schutzlos ausgeliefert. Ein Beispiel ist der deutsche Staatsbürger Khaled al-Masri, der 2003 unschuldig in die Hände der CIA fiel, nach Afghanistan entführt und mehrere Monate misshandelt wurde – möglicherweise mit Hilfe des BND. Die Bundesregierung war frühzeitig informiert, ließ ihren Staatsbürger aber im Stich.

Gemeinsamkeit 6: Clean-up Operations

Die Ermordung von Olof Palme und Uwe Barschel war Teil einer weltweiten Säuberungsaktion, bei der Mitwisser und lästige Verräter der Iran-Contra-Affäre ausgeschaltet wurden. Der »Murder Trail« umfasst nicht nur diese drei Männer. Ihre Leichen sind Teil einer Blutspur, die insgesamt Tausende Menschen und im engeren Umfeld dieser Fälle eine halbe Hundertschaft umfasst. Es handelt sich um eine Vielzahl mysteriöser Todesfälle, bei denen neben der CIA vermutlich auch andere Geheimdienste die Finger im Spiel hatten: Der Filmemacher Allan Francovich stirbt bei seiner Befragung durch US-Behörden am Flughafen von Houston/Texas. Der Genfer Privatdetektiv Jean-Jacques Griessen stirbt angeblich durch einen Herzinfarkt im Bordell. Die Stockholmer Journalistin Cats Falck wird nach Recherchen zum schwedischen Waffenschmuggel über die DDR in ihrem Wagen auf dem Grund des Hammarby-Kanals gefunden – vermutlich eine Stasi-Aktion. Der für Rüstungsexporte zuständige Admiral Carl-Fredrik Algernon »stürzt« im Stockholmer Hauptbahnhof vor einen Zug; Zeugen, die Tatverdächtige gesehen haben, ziehen ihre Aussagen zurück. Möglicherweise gehören Agenten des MfS oder der schwedischen Säpo dazu. Die Reihe ließe sich fortsetzen. Mindestens fünfzig myteriöse Todesfälle stehen in Verbindung mit dem Iran-Contra-Waffenhandel. Auch beim Mord an William Colby darf man vermuten, dass es darum ging, einen Mitwisser und Kenner der Befehlskette zu beseitigen.

Gemeinsamkeit 7: Coverups

In allen drei hier behandelten Beispielen haben staatliche Stellen – Regierungen und Geheimdienste – massiv die Ermittlungen beeinflusst und im Nachhinein großangelegte Vertuschungsmaßnahmen ergriffen. Im Falle Palme konzentrierten sich die Ermittler auf die Einzeltäter- und auf die Kurden-Spur. Hinweise auf die Verstrickung von Polizeibeamten oder die Rolle Südafrikas wurden nachrangig oder gar nicht ermittelt. Dies ist auch nicht verwunderlich, gehörte doch Ermittlungsleiter Hans Holmér – ein Mann mit Verbindungen zur CIA – selbst dem Stay-behind-Netzwerk an. Wie Holmérs wahrer Aufenthaltsort wurden die Spuren von der schwedischen Säpo verwischt. Wir haben dargestellt, dass im Falle Barschel die deutschen Behörden die Ermittler in der Schweiz gedrängt haben, den Toten im Beau-Rivage zum Selbstmörder zu erklären. Von einem früheren Offizier des MfS kam der Hinweis, dass der Genfer Obduzent Oldrich Fryc möglicherweise für die CIA gearbeitet hat. Dies mitbedacht wirken manche »Ermittlungsergebnisse« nicht mehr überraschend. Im Falle Colby folgten die US-Bundesbehörden allzu gerne den Resultaten der Ermittler vor Ort. Wie bereits Jahre zuvor beim Mord an John F. Kennedy gehört das Verwischen der Spuren zum Standard solcher Geheimdienstaktionen.

Gemeinsamkeit 8: CIA-Recruitment

Im Kapitel über die Studienjahre von Uwe Barschel haben wir versucht zu zeigen, wie die CIA an Universitäten Nachwuchskräfte anwirbt. Dies ist auch durch die Biografien zahlreicher CIA-Offiziere wie Duane Clarridge, Philip Agee oder James Angleton belegt. Eine ganze Reihe amerikanischer Universitäten wie die Fletcher School in Boston oder Yale sind dafür auch bekannt. In der Palme-Literatur gibt es Überlegungen, ob der spätere schwedische Ministerpräsident während seiner College-Jahre in den USA von der CIA angesprochen wurde. Wenn ja, dürfte der Versuch wenig erfolgreich gewesen sein. Die Verlegung der Summer Seminars von Colorado nach Kiel war eine Reaktion auf das Bekanntwerden der CIA-Rekrutierungsbemühungen und der finanziellen Förderung von Seminaren an US-Universitäten. Wie Anwerbungen an der Christian-Albrechts-Universität zu Kiel liefen, haben wir am Beispiel Barschel gezeigt. Klar ist, dass Professoren wie Werner Kaltefleiter genauso Geheimdienstkontakte hatten wie Absolventen dieser Universität. Ein Beispiel hierfür ist neben Uwe Barschel der Notar und Barschel-Partner Hans-Michael Moll.

Eine berüchtigte Ausbildungseinheit der CIA trägt den Namen The Farm. Eine Vielzahl von Agenten wurde dort in geheimdienstlichen Fertigkeiten unterrichtet. Ob auch gezielte Tötungen dazu gehören, ist nicht bekannt. Es gibt jedoch Hinweise – von Allan Francovich oder Ole Dammegard –, dass der Mörder von Olof Palme – Deckname Nass Beirut – von der CIA ausgebildet worden ist. Das zeitweilige Verschwinden von Uwe Barschel während eines Treffens der Parlamentarischen Versammlung der NATO 1985 in San Francisco ist ein Hinweis auf ein verdecktes Briefing. Es ist davon auszugehen, dass die CIA an deutschen Universitäten weiter rekrutiert.

Gemeinsamkeit 9: Pegasus

Wir haben am Beispiel des Ministeriums für Staatssicherheit der DDR versucht zu zeigen, dass Geheimdienste keine monolithischen Blocks darstellen. Wie in allen Bürokratien gibt es auch unter Geheimdienstmitarbeitern Konkurrenten, Seilschaften und Interessengruppen. So existierte bei der Stasi eine Führungsgruppe, die eine Entspannungspolitik zusammen mit der SPD in der Bundesrepublik anstrebte, und eine andere um Alexander Schalck-Golodkowski, die subkutane Finanztransaktionen zusammen mit Franz Josef Strauß und Uwe Barschel bevorzugte.

Die Strategie der klandestinen Pegasus-Gruppe, deren Existenz Chip Tatum bestätigt und belegt hat, darf deshalb nicht mit der Strategie der gesamten CIA gleichgesetzt werden. Dennoch ist glaubhaft, dass die Befehlskette George H.W. Bush, Robert Gates, Oliver North, Ted Shackley, William Colby und ihre Subordinierten auf eigene Faust Operationen durchführen konnte. Die Rolle von Robert Gates in der Iran-Contra-Affäre blieb umstritten. Es gibt aber Hinweise, dass er mit Uwe Barschels Tod zu tun gehabt haben kann. Über William Colby und Oliver North streckte Pegasus seine Tentakel aus nach Schweden und Skandinavien und, wenn man Chip Tatum Glauben schenkt, bis zum Mord an Olof Palme.

Nach dem Kalten Krieg

Olof Palme, Uwe Barschel, William Colby – drei Menschen, die nach unseren Recherchen im Schattenkrieg der Geheimdienste in der Endphase des Kalten Krieges ermordet wurden, damit verdeckte Operationen und ihre Befehlskette vertuscht werden konnten. Auch nach dem Ende des Kalten Krieges haben diese Beispiele bis heute nichts an ihrer Aktualität verloren. Nach dem Anschlag auf das World Trade Center in New York am 11. September 2001 stellte die US-Regierung der CIA geradezu einen Freibrief aus. In allen westlichen Ländern wurden die gesetzlichen, finanziellen und operativen Befugnisse der Geheimdienste ausgeweitet. Mehr denn je gehören heute Covert Action, Secret Service Subcontracting, Targeted Killings, Plausible Deniability, Coverups und Clean-up Operations zu ihrem Werkzeugkasten. Der Schattenkrieg geht weiter. Seit den Morden an Olof Palme, Uwe Barschel und William Colby ist wenig besser, aber Vieles schlimmer geworden.

Dieses Buch haben ein überzeugter amerikanischer Konservativer und ein – nach amerikanischem Sprachgebrauch – überzeugter deutscher Liberaler geschrieben. Aus Respekt, Toleranz, Ehrlichkeit und Verlässlichkeit wurde eine Freundschaft. Die Autoren sind überzeugt, dass dies der Menschheit mehr dient als die klandestinen Machenschaften entfesselter Geheimdienstler.

Patrik Baab und Robert E. Harkavy
Bonity Springs und Kiel, Januar 2011 – September 2017

Dank

Wir danken:
Herwig Ahrendsen; Olle Alsén †; Bo G. Andersson; Hannelore Asmus †; Rudolf Asmus †; Tammi Aumiller; Abolhassan Banisadr; Hans-Peter Bartels; Lars Borgnäs; Jacques-Marie Bourget; Bernt Carlsson †; Ole Dammegard; Frank Döbert; Ingemar Dörfer †; Wolfgang Dudda; Frank Ebert; Sarah Eichhoff; Renato Ferreira; Allan Francovich †; Ola Frithiosfson; Norbert Gansel; Frank Garbely; Anneli Görlitz; Donna Grantham; Heinz Günther; Michael Günther; Klaus L. Helf; Horst Jungmann; Walter Katzung; Ed Keynes †; Wilhelm Knelangen; Jürgen Koppelin; Stephan Lamby; Ulrich Matthée; Abraham Melzer; Jochen-Carl Müller; Otfried Nassauer; Eckardt Nickol †; Micke Olander; Frederik Petersohn; Krister Petersson; Hans-Georg Piroth; Sanya Popovic; Richard Reeves; Isolde Ritter; Ritva Rönnberg; Sneaky Pete's Team; Ricardo Tarli; Gene »Chip« Tatum; Teresa Lehman; Kenneth R. Timmerman; Ola Tunander; Wolfram Vormelker; Connie Wall; Vaclav Wallis; Jürgen Weber; Bettina Wildi; Heinrich Wille.

Des Weiteren danken wir:
der Alexander-von-Humboldt-Stiftung; dem Berliner Informationszentrum für Transatlantische Sicherheit; der Friedrich-Ebert-Stiftung; dem Institut für Sozialwissenschaften der Christian-Albrechts-Universität zu Kiel; der Robert-Havemann-Gesellschaft; dem Stockholm International Peace Research Institute; der Wenner-Gren Stiftelserna.

Bonita Springs und Kiel, März 2019
Prof. Dr. Robert E. Harkavy und Patrik Baab

Anmerkungen

Vorwort

1 Gesprächsnotiz Connie Wall, 28.11.2018
2 Vgl. Baab, Patrik und Robert E. Harkavy 2018
3 Gesprächsnotiz Krister Petersson, August 2018; vgl. auch Jan Stocklassa: *Stieg Larssons Erbe*, Berlin 2018, S. 14
4 Anderson, John, Tony Widing, Anders Leopold
5 Der Begriff stammt von Guillaume Paoli; 2017, S. 7
6 William Hermann hasste die CIA, obwohl er mit ihr zusammen arbeitete, und zwar aus gutem Grund: Als er in Großbritannien wegen Waffenschmuggels verhaftet wurde, lehnte es die CIA ab, ihm zu helfen.
7 Gesprächsnotiz Krister Petersson, 31.8.2018
8 S. Potschien, Günther u. Gabriele Schreib 2018 und die Besprechung von Norbert F. Pötzl, 7.8.2018
9 S. Stocklassa 2018 und Peter Walker, 25.2.2014
10 Gesprächsnotiz Quelle W.D., Dezember 2018; Mail Robert E. Harkavy, 24.12.2018
11 Paoli 2017, a.a.O., S. 38
12 S. Popper, Karl R. 1962, S. 123; www.rosenfels.org/Popper.pdf
13 S. CIA Document 1035-960 »Concerning Criticism of the Warren Report«, 01.4.1967; www.jfklancer.com/CIA.html
14 S. Waldron, Lamar u. Thom Hartmann 2009
15 S. u.a. Walsh, Lawrence D., Norton 1998
16 S. Draper, Theodore: «A Very Thin Line. The Iran-Contra Affairs", New York 1992
17 S. Bergman, Ronen 2018, S. 20
18 S. Stöver, BerndBeck 2017, S. 11
19 S. z.B. Schlögel, Karl 2008
20 S. z.B. Goldhagen, Daniel Jonah 1998
21 S. Hedeler, Wladislaw (Hg.) 2002 und Jakowlew, Alexander 2004
22 S. Wildt, Michael (Hg.) 2003 und Rürup, Reinhard (Hg.) 1991
23 S. Neskovic, Wolfgang (Hg.), Frankfurt am Main 2015, S. 9

Einleitung

1 Woods, Randall B.: *Shadow Warrior. William Egan Colby and the CIA,* New York 2011, besonders in den Kapiteln 14 und 15.

2 In E-Mails an Robert Harkavy widerrief Grant seine Position in diesem Punkt und legte den Verdacht nahe, das Motiv für den Mord an Colby könnte auch mit seinen Aktivitäten nach dem Ausscheiden aus der CIA im Zusammenhang stehen.

3 Colby stellte seine Erfahrung und seinen Sachverstand zur Verfügung, so Kalugin, Oleg: *Spycraft. The Great Game.* https://en.wikipedia.org/wiki/William_Colby. Vgl. auch Melton 1996 sowie Interviews Robert Harkavy mit Vincent Cannistraro, 1990 und 1991.

Kapitel 1: Olof Palme

1 Gesprächsnotiz Robert E. Harkavy, 19.9.2018

2 Harkavy, Robert E. 1989

3 Die Literatur zum Mordfall Olof Palme füllt Regale. Die meisten Bücher sind in Schwedisch geschrieben. Hier die besten englischsprachigen Publikationen: Bondeson 2005 und Dammegard 2015 (2 Bde. in übergreifender Paginierung, daher i.F. ohne Bandnummer angegeben). Von den Presseartikeln in englischer Sprache sind empfehlenswert: Reeves 1987; »Years later« 1992; »Palme Case« 1989/1 und 2; »Sweden Uneasy Over Failure« 1987; »Case of slain premier not resting in peace« 1986.

4 Gesprächsnotiz Krister Petersson, 30.8.2008. Vgl. auch Anwar, André 2018; Arvidsson, Bengt 2018, S. 8. Die Namensähnlichkeit ist rein zufälliger Natur.

5 Zit. n. Bondeson 2005, S. 6

6 Emma Rothschild war eine linksorientierte Politikwissenschaftlerin, die Palme nahestand und dem Vorstand des Stockholmer SIPRI angehörte. Mit ihrem Vater Victor Rothschild, einem Atomphysiker an der Universität Cambridge, verband sie ein enges Verhältnis. Er seinerseits ist von Robert Perry beschrieben worden als sowjetischer Spion oder auch als sowjetisch-israelischer Doppelagent, der möglicherweise das israelische Atomwaffenprogramm unterstützte. Siehe dazu Perry 1994, S. 221–224 und 294 f.

7 Gesprächsnotiz Lars Borgnäs u. Ola Frithiofson, 1.9.2018

8 Siehe Bondeson 2005, Kapitel 14: »Kannte Palme seinen Mörder?«

9 Siehe Dammegard 2015, S. 21–31. Im Fortgang der Argumentation führt er einige Klarnamen an, die er für die möglichen Namen des Mörders hält – einen Araber oder einen Kurden. Auf S. 732 präsentiert er Fotos von mutmaßlichen Angehörigen des internationalen Mordkommandos, dem er Deutsche, einen Araber, Südafrikaner, einen Chilenen, einen Argentinier, einen Norweger und einige Schweden zurechnet.

10 Bondeson zufolge (2005, S. 31) lehnte es Lisbet Palme im Krankenhaus ab,

mit einem Ermittler, einer Polizistin oder einem Polizeipsychologen zu sprechen. Sie hegte den Verdacht, Separatisten der kroatischen Ustascha seien an dem Attentat beteiligt gewesen. Vgl. auch Dammegard 2015, S. 121 f. und 256–261

11 Gesprächsnotiz Krister Petersson, 31.8.2018

12 Dammegard 2015, S. 582 f.

13 GN Juval Aviv, GN Vincent Cannistraro, Frühjahr 1992. Ronen Bergmann bezweifelt, dass Juval Aviv für den Mossad gearbeitet hat. S. Bergman 2017, S. 768 f.

14 Mail Lars Borgnäs, v. 10.6.2018, sowie Gesprächsnotiz Lars Borgnäs u. Ola Frithiofson, 1.9.2018

15 Anderson, Christina u. Alan Cowell 2018

16 Bondeson 2005, S. 87

17 Gesprächsnotiz Krister Petersson, 31.8.2018

18 Robert Harkavy erinnert sich, dass in der US-Offiziersausbildung die Offiziersanwärter lernen, alle wichtigen Handfeuerwaffen mit Augenbinde und in Minutenschnelle zu zerlegen und wieder zusammenzusetzen, einschließlich des Colts 45. Sobald der Mörder vom Tatort verschwunden war, hätte er dazu genügend Zeit gehabt.

19 Wir stützen uns in diesem Abschnitt auf Dammegard 2015, S. 330–367.

20 Gesprächsnotiz Krister Petersson, 31.8.2019

21 Gesprächsnotiz Krister Petersson, 31.8.2019

22 Interview mit dem Angehörigen der Palme-Ermittlungsgruppe Bengt Odmark, 1991

23 Vgl. zur Kurdenspur Bondeson 2005, Kapitel 7: »Hans Holmér behauptete, dass er schon sehr früh die PKK in Verdacht hatte, Palme in einer Art Racheakt ermordet zu haben. … Holmér erfuhr, dass PKK-Mitglieder kurz vor der Tat darüber gesprochen haben, eine Hochzeit auf dieser Straße zu feiern. Er glaubte, dies sei der Deckname für den geplanten Mord gewesen.«

24 Gesprächsnotiz Krister Petersson, 31.8.2018

25 Gesprächsnotiz Krister Petersson, 1.9. 2018

26 Ebd., S. 557–559 zu Marten Palmes mysteriösem Besuch in der Wohnung seiner Eltern unmittelbar nach dem Mord.

27 Diese Version wurde von dem Ermittler Juval Aviv, einem früheren Mossad-Agenten und späteren Chef einer New Yorker Sicherheitsfirma, bei verschiedenen Gelegenheiten vertreten. Vgl. dazu auch Francovich 1994; Miller 1989; Mahar 1990; Kupperman/Kupperman 1991; »Israelis Remain Convinced« 1991;» Why Did they Die?« 1992; Picton 1992

28 Interview Robert E. Harkavy mit Chip Tatum, November 2014

29 Interview Robert E. Harkavy mit Ritva Rönnberg, Stockholm, Herbst 1990

30 Interview Robert E. Harkavy mit Harold Musser, Pennsylvania, 1998

31 Dieses »Bekenntnis» legte Roland Segerman, ein Mitglied der Palme-Er-

mittlungsgruppe, bei einem Treffen mit Robert E. Harkavy am Hauptbahnhof von Stockholm im Jahr 2002 ab.

32 Telefonat mit Richard Reeves in seinem Haus in Los Angeles 2010. Reeves hatte bereits zuvor geäußert, dass er sich wegen seiner Recherchen im Mordfall Palme bedroht fühlte. In diesem Zusammenhang erwähnte er auch einen Besuch der schwedischen Sicherheitspolizei SÄPO in seinem Hotelzimmer in Singapur während seiner Recherchen. Schweden lieferte auch Waffen über Singapur an den Iran.

33 Harkavy hat Popovic in den frühen 2000er Jahren mehrmals in New York getroffen. Dabei ging es auch um ihre Reise nach Lockerbie und ihren vergeblichen Versuch, die persönlichen Habseligkeiten von Carlsson zu finden. Siehe auch: *The Crash of Flight 103* 1988

34 Interview mit Ingemar Dörfer vor seinem Tod und E-Mail-Verkehr mit Linton Brooks, 10.5.2010

35 Interview Robert E. Harkavy mit Chip Tatum, Florida, November 2014

36 Bondeson 2005, S. 1

37 Ebd., S. 3: »Meist im Alleingang machte er Schweden weltbekannt als einen entwickelten demokratischen Wohlfahrtsstaat, der für Gleichheit, Mitgefühl und menschliche Werte steht. Seine Unterstützung für das Kuba Fidel Castros und das sandinistische Regime in Nicaragua warfen jedoch in den USA dunkle Schatten auf seinen Namen.«

38 Siehe Gerstenfeld 2015. Palme wird in diesem Artikel vorgeworfen, Israel mit Nazi-Deutschland verglichen zu haben: »Jahrzehntelang haben die Sozialdemokraten eine anti-israelische Stimmung mitgeschaffen.«

39 Bondeson 1985, S. 1 f.

40 Vgl. dazu vor allem Hattendorf 2004; *The Maritime Strategy, Supplement* 1986 und Lehman 1988

41 Diese Frage hat Robert Harkavy in den frühen 1990er Jahren auch mit dem Enthüllungsjournalisten Carl Bernstein am Telefon erörtert.

42 Zu diesen Rechercheuren, die von gezielten Täuschungsmanövern der NATO ausgehen, gehören Tunander 2010 und Pohlmann 2015.

43 Interview mit dem schwedischen Journalisten Ulf Nilsson. Paris, November 1991

44 Siehe Andersson/Stenquist 1988. Darin findet sich auch im Anhang eine Übersicht der schwedischen Waffenlieferungen an den Iran, S. 315–318. Vgl. auch Timmerman 1988, Kapitel 7 und 8

45 Zit. n. Bondeson 2005, S. 198

46 Zit. n. ebd., S. 206

47 Sieht dazu Harkavy 1977 (3) und Harkavy 1981

48 Zur Operation Staunch siehe Burleigh 1990. Anonymen Quellen zufolge war der schwedische Diplomat Jan Eliasson der wichtigste Verbindungsmann dieser Operation.

49 Siehe Reeves 1987

50 Die Kontroverse um diese vermeintliche oder tatsächliche »October Surprise« ist dargestellt u.a. bei Sick 1991 und Honegger 1989. Mehreren Untersuchungsausschüssen des US-Kongresses ist es nicht gelungen, den Verdacht einer »October Surprise« zu beweisen. Trotzdem findet die Theorie weiter Anhänger wie z.B. Robert Parry (der ebenfalls zu diesem Thema publiziert hat), Duane Clarridge und Abolhassan Banisadr.

51 Peter Ford, 2012

52 Interview mit Chip Tatum, November 2014 in Spring Hill, Florida

53 Gesprächsnotiz Lars Borgnäs u. Ola Frithiofson, 1.9. 2018

54 Siehe Ben-Menashe 1992, Kapitel 5, und Parry 2006

55 Siehe Ben-Menashe 1992, S. 73 ff.

56 Siehe ebd., S. 305 f.

57 Ebd., S. 115

58 Ebd., S. 117

59 Ebd., S. 126

60 Ebd., S. 111

61 Ebd., Kapitel 11

62 Ebd., S. 171

63 Timmerman 1987 (2)

64 Ebd. Vgl. auch Broder 1987. Dort wird berichtet über Dokumente, die der schwedische Zoll bei Razzien in den Büros von Karl-Erik Schmitz, Chef der Scandinavian Commodities Corp. in Malmö, beschlagnahmt hat. In dem Zeitungsartikel »Iran-arms defendant linked to CIA« (1987) werden geheime Dokumente erwähnt, die zeigen, dass Karl-Erik Schmitz 1985 zweimal zwei Boeing 707 von St. Lucia Airways charterte, um 33 Tonnen Sprengstoff von Frankreich in den Iran zu schmuggeln. Diese Fluggesellschaft wurde kontrolliert von der CIA, und die Geschäfte wurden eingefädelt von Oliver North.

65 Siehe Reeves 1987

66 S. Engdahl 1987 (1)

67 Ebd.

68 Dirk Pohlmann, 2015

69 Ola Tunander, 2004, S. 283–314

70 In den frühen 90er Jahren traf Harkavy zweimal mit Herrmann zusammen, einmal bei ihm zu Hause in New Jersey und ein weiteres Mal in Washington, als Herrmann im US-Justizministerium zu den Iran-Contra-Waffengeschäften befragt wurde.

71 Polly S. Nayak, 2006

72 Seale, Patrick: Abu Nidal: A Gun for Hire. The Secret Life of the World's Most notorious Terrorist, New York 1992. Auch Ronen Bergman weist darauf hin, dass die CIA Verbindungen zur PLO und der britische Ge-

heimdienst einen Doppelagenten in der Organisation von Abu Nidal hatte. S. Bergmann 2018, S. 305 u. 402

73 Gesprächsnotiz Krister Petersson, 31.8.2018

74 Brief von Menachem Amir an Robert E. Harkavy vom 16.9.1990, Privatarchiv Robert E. Harkavy

75 Der frühere iranische Regierungschef Abolhassan Banisadr gibt allerdings an, von einem solchen Deal keine Kenntnis zu haben. Interview Abolhassan Banisadr, 24.9.2016

76 Siehe Reeves 1998

77 Interview mit dem schwedischen Journalisten Ulf Nilsson in Paris 1991. Nilsson war mit Palme eng befreundet. Er berichtete Harkavy, dass Palme dem damaligen Volvo-Chef Pehr Gyllenhammar sehr nahestand. Gyllenhammar ermöglichte den Verkauf von Dual-use-Lkw in großen Stückzahlen, ein Geschäft im Volumen von möglicherweise mehr als einer Mrd. Euro. Gyllenhammar wurde später Vizepräsident der Großbank Rothschild Europe.

78 Freeman 1988

79 Zur Geschichte von Cats Falck siehe Dammegard 2015, S. 340–342. Hier S. 355: »Ihre Aufzeichnungen und Tonbandaufnahmen wurden niemals gefunden. Warum wohl?«

80 Christoph S. Andersson, 2013 und Andreas Förster, 1995 (3)

81 Interview Patrik Baab und Robert Harkavy mit dem schwedischen TV-Journalisten Mikael Olander. Malmö, 10.8.2013

82 S. Förster, Andreas, 2016

83 Siehe Dammegard 2015, S. 599–671 zur möglichen Rolle Südafrikas an der Ermordung von Olof Palme. Vgl. auch Bondeson 2005, S. 172–174. Als mögliche Angehörige des Killerteams werden genannt: Eugene de Kock, Dirk Coetzee, Craig Williamson, Johan Coetzee, Anthony White, Prime Minister Pik Botha und Peter Casselton. Kurz vor seiner Aussage vor der Wahrheitskommission wurde Casselton von einem Lkw überfahren und kam ums Leben – ein weiterer mysteriöser Tod.

84 Zit. n. Dammegard 2015, S. 647

85 Vgl. zur Rolle von de Kock ebd., S. 605–608 und 639 f. Eine Quelle für seine Aussage war Peter Casselton, der später unter ungeklärten Umständen ums Leben kam.

86 Robin Binckes, 2018, S. 72

87 Ebd., S. 72f.

88 Ebd.

89 Ebd., S. 75

90 Ebd., S. 76

91 Potgieter, de Wet, 2008, hier zit. n. Binckes 2018, S. 77

92 Binckes 2018, S. 78 f.
93 Ebd., S. 32, 35 f.
94 Ebd., S. 79
95 Ebd., S.66-71
96 Stocklassa 2018, S. 456
97 Siehe Guyatt 1997
98 Zit. n. ebd.
99 Zit. n. Paivarinta 2012
100 Ford/Ruppert 2014. Vgl. auch Anderson, John P. 2013
101 NATO – Allied Clandestine Committee (ACC)/Special Operations Planning Staff (SOPS): N2 QR/D 128515 Cosmic – Top Secret, COM O2, quarterly review vom 15. Dezember 1985, S. 1 u. 2 v. 9. Privatarchiv Patrik Baab. Die Zitate sind diesem Dokument entnommen.
102 S. Stato Maggiore della Difesa – Servizio Informazioni della Forze Armate. Officio «R» – Sezione «SID»: Il «Fozie Speciali» del Sifar e l'Organizione «Gladio». Roma, li 1 Giugno 1959. Vietata Divulgazione. In: Ganser/Deland S. 22. Siehe zu Gladio allgemein: Ganser 2008
103 S. Wolbert Klaus Smidt, 2018, S. 195 – 200
104 S. Ola Tunander, 2018, S. 2
105 Siehe Ganser/Deland 2010, S. 35; Beckerus 1992. Die Glaubwürdigkeit von Oswald LeWinter ist umstritten. Siehe Anderson, John, Tony Widing, Anders Leopold u.a. o.J.
106 Zit. n. Dammegard 2015, S. 457
107 NATO – Allied Clandestine Committee (ACC)/Special Operations Planning Staff (SOPS): N2 QR/D 128515 Cosmic – Top Secret, COM O2, quarterly review vom 15. Dezember 1985, cont'd, S. 1 u. 2 v. 9. Privatarchiv Patrik Baab. Die Zitate sind diesem Dokument entnommen.
108 Gesprächsnotiz Lars Borgnäs, Stockholm, August 2018
109 Siehe Campbell 1988 und Ford 2004 (2)
110 S. Tunander 2018, S. 1
111 Beckerus 1992
111a Nach Angaben seines besten Freundes Abraham Melzer hat ihn damals die CIA angeworben. Der Grund: LeWinter verfügte über ein fotografisches Gedächtnis, eine seltene Eigenschaft, die einem Geheimdienst sehr nützlich sein kann. Die Angency bot ihm das Dreifache seines Universitätsgehaltes. LeWinter brauchte das Geld, weil er seinen behinderten Bruder pflegen musste. Gesprächsnotiz Abraham Melzer vom 13.10.2017
112 Siehe Loeb/Miller 2001
113 Siehe *Final Report of the Assassination Records Review Board*, 1998, S. 110
114 Lenzner 2013 und Gesprächsnotiz Abraham Melzer v. 13.10.2017
115 Ford 2004 (2). Vgl. auch Dammegard 2015, S. 523 f.
116 Zit. n. Anderson u.a. o.J.

117 Tunander 2018, S. 1 und Gesprächsnotiz Lars Borgnäs u. Ola Frithiofson, 1.9.2018
118 S. Tunander 2018, S. 1 u. Mail von Lars Borgnäs, 27.12.2018
119 Zit. n. ebd.
120 Siehe Amaral 2010
121 Siehe Sá Fernandes 2001
122 Siehe LeWinter 2001 (1 und 2)
123 Gesprächsnotiz Abraham Melzer, 13.10.2017
124 Siehe Harkavy, Robert: Mail an Patrik Baab vom 14.5.2017
125 Siehe Dammegard 2015, S. 527
126 Siehe Schreiben des BND vom 23.2.1994. Privatarchiv Patrik Baab
127 Tunander 2018, S. 1 sowie Ola Tunander gegenüber Lars Borgnäs und Patrik Baab, 10.2.2018
128 Mail an Robert E. Harkavy, 2.2.2018
129 Dammegard, Ole: Mail an Patrik Baab vom 4.4.2017. Privatarchiv Patrik Baab. Vgl. auch ders. 2015, S. 517
130 Gesprächsnotiz Krister Petersson, 31.8.2018
131 Siehe Annerud 1999 und Östberg 2008, S. 171
132 Zit. n. Kanger/Hedin 1998
133 Siehe Ganser/Deland 2010, S. 32
134 Zit. n. Francovich 1992 (2)
135 Zit n. Ganser/Deland 2010, S. 33
136 Zit. n. ebd., S. 35
137 Zit. n. Tunander 2018, S. 3
138 Zit. n. Tunander 2018, S. 3
139 Ebd.
140 Ben-Menashe 1992, S.111 f.
141 Gesprächsnotiz Krister Petersson, 31.8.2018
142 Wir stützen uns in diesem Abschnitt wiederum weitgehend auf Dammegard 2015, ohne das im Einzelnen kenntlich zu machen.
143 Zit. n. ebd., S. 511
144 Zit. n. ebd., S. 79
145 Zit. n. ebd., S. 377
146 Ebd., S. 731
147 Zit. n. Tunander 2018, S. 4
148 Ebd.
149 Ebd.
150 Ebd.
151 Ebd.
152 Tunander 2018, S. 6f.
153 Ebd.
154 Gesprächsnotiz Krister Petersson, 31.8.2018

155 Stocklassa 2018, S. 217
156 Zit. n. Dammegard 2015, Bd. 1, S. 375
157 Ebd., S. 376
158 Mail v. Lars Borgnäs an Patrik Baab, 27.12.2018
159 Siehe dazu auch Anderson, John, Tony Widing, Anders Leopold u.a. o.J.
160 https://www.dsca.mil/programs/international-military-education-training-imet
161 http://securityassistance.org/programs
162 Mail v. Robert E. Harkavy, 28.1.2019
163 Mail v. Kenneth R. Timmerman, 29.1.2019
164 Gesprächsnotiz Krister Petersson, 31.8.2018

Kapitel 2: Uwe Barschel

1 Zit. n. Baab u.a. 2008 und 2016
2 Zit. n. Mueller u.a. 2007, S. 256, 270
3 Gesprächsnotiz Heinrich Wille, 18.7.2018
4 Wir folgen hier im Wesentlichen der Darstellung von Wille 2013. Vgl. dazu auch Baentsch 2008, S. 29 f., und in einzelnen Punkten abweichend: »Ich habe daran zu knapsen.« 1987
5 Zit. n. Baab u.a. 2008
6 Siehe Mueller u.a. 2007, S. 260 ff., 267. Vgl. auch: »Der Ehering in der Tasche, die verschwundene Rotweinflasche, die Fingerabdrücke im Bad«. I. Teil der Ermittlungsakte des Corp de Police, Sureté, Genf, 26.1.1988. In: Knauer 2009, S. 15–66
7 Mueller u.a. 2007, S. 268
8 Zit. n. ebd., S. 252
9 Gesprächsnotiz Heinrich Wille, 18.7.2018
10 Schreiben des Ltd. Oberstaatsanwalts der Staatsanwaltschaft beim Amtsgericht Lübeck an Juge d'Instruction Mlle. Nardin v. 11. Januar 1988, AZ: 03 AR 269/87, und Bericht des Hauptinspektors Fleury und des Inspektors Mossier an den Leiter der Kriminalpolizei, Republik und Kanton Genf, 27. Januar 1988, Ordner Nr. 2, Blatt 589 u. 590. Privatarchiv Patrik Baab. Vgl. auch Mergen, Armand: *Tod in Genf. Ermittlungsfehler im Fall Barschel*. Heidelberg: Kriminalistik Verlag 1988, S. 21. Die Firma EVB wird in der Ermittlungsakte ohne weitere Angaben genannt.
11 Siehe Hotel Beau-Rivage, Meldescheine Suzanne B. Mayer und Dolly Warner; Fernschreiben Polizeikommandant Genf Insp. Fleury an Interpol Washington vom 26.10.1987, Ordner Nr. 2, Blatt 557, und Antwort Interpol Washington, Ordner Nr. 2, Blatt 558–563. Privatarchiv Patrik Baab
12 Zit. n. Mueller u.a. 2007, S. 272 f.
13 Zit. n. ebd., S. 292
14 Ebd., S. 278 und Aussage Eike Barschel. Republik und Kanton Genf, Justiz-

gewalt, Untersuchungsrichter Cl.-Nicole Nardin, 22.2.1988. Ordner Nr. 2, Blatt Nr. 654–657. Privatarchiv Patrik Baab

15 Zit. n. Darnstädt 42/1997, S. 204

16 Zit. n. Wille 2013, S. 25–28. Siehe auch Knauer 2009, S. 67–70

17 Siehe Darnstädt 42/1997, S. 202 ff.

18 Zit. n. Baab u.a. 2008

19 Zit. n. Nachlass Eckardt Nickol: Chronologie der Ereignisse, o.O. o.J. Privatarchiv Patrik Baab. Vgl die abweichende Darstellung des Vorgangs bei Darnstädt 42/1997, S. 201

20 Wille 1998, S.151.

21 Baentsch 2008, S. 161

22 Zit. n. Darnstädt 41/1997, S. 47

23 Zit. n. ebd., S. 55

24 Gesprächsnotiz Heinrich Wille, 18.7.2018

25 Zit. n. ebd., S. 61

26 Zit. n. ebd., S. 65

27 Zit. n. Baab u.a. 2008. Zu den Flugreisen von Werner Mauss siehe Aust 1988, S. 387 f.

28 Siehe Parket van de Prokureur des Konings TE 1000-Brussel Nr: 107/90 v. 21. März 1990, Tribunal de Première Instance. Cabinet de M. le Juge d'Instruction B. Bulthe, Commission Rogatoire, S. 6, Privatarchiv Patrik Baab, und Timmerman 1992/2, S. 5

29 Zit. n. Baab u.a. 2008

30 Zit. n. Darnstädt 3/1997, S. 168

31 S. Staatsanwaltschaft Stuttgart: Niederschrift der Vernehmung des Zeugen Werner Mauss aufgrund der Rechtshilfeersuchen des Untersuchungsrichteramts Genf vom 9. Oktober 1991, 25. November 1991 und 15. September 1992. Stuttgart, den 11.1.1993, AZ 8 AR (Rh) 1305/91. Privatarchiv Patrik Baab

32 Aust 1988, S. 389

33 Ralf Wiegand, 2017 und Reiner Burger, 2019

34 Interview Hans-Georg Wieck, 19.1.2019

35 Zit. n. Darnstädt 3/1997, S. 184

36 Zit. n. Darnstädt 1/1997, S. 70

37 Dieser Kalender sowie Messerers Zeugenvernehmung, ein Schreiben von ihm an die Polizeidirektion München Verkehr und seine Verwarnung: Privatarchiv Patrik Baab. Vgl. auch Wille 2007, S. 169 ff.

38 Bundesnachrichtendienst, Abteilungsleiter Sicherheit/Abwehr, Schreiben vom 22.12.1994 an die Staatsanwaltschaft bei dem Landgericht Lübeck, Vorgang Dr. Uwe Barschel, AZ 50A/44–10/5–0382/94 VS; Zit. n. Knauer 2009, S. 340 f.

39 Zit. n. Darnstädt 2/1997, S. 197
40 Zit. n. ebd., S. 198
41 Brandenberger 1994, S. 20, und Katzung 1992, S. 12. Privatarchiv Patrik Baab
42 Siehe Wille 2013, S. 149 f. Vgl. auch Katzung 1992 und Gesprächsnotiz Walter Katzung v. 30.10.2017.
43 Ebd., S. 336 f.
44 Zit. n. Baab u.a. 2008
45 Zit. n. ebd.
46 Zit. n. ebd.
47 Zit. n. ebd.
48 Zit. n. Baentsch 2008, S. 116
49 Zit. n. Baab u.a. 2008
50 Zit. n. Baentsch 2008, S. 112. Vgl. auch Erich Böhme in Baab u.a. 2008: »Der Antrieb war von sozialdemokratischer Seite, uns die Augen zu öffnen, was da läuft. Und die haben uns ja den Mann dann auch geliefert. Geliefert, die haben gesagt: Hier, an der Kirche steht einer, geht mal da hin, und der erzählt euch dann die ganze Geschichte. Man wusste das ja alles, es lief, es hört sich ja an wie eine Räuberpistole.«
51 Zit. n. Baab u.a. 2008
52 Zit. n. Baab u.a. 2009
53 Zit. n. ebd.
54 Zit. aus Herrmanns Aussage, in: Schlussbericht des LKA Kiel vom 21.9.1995 zu den Abhörmaßnahmen des MfS – Vernehmungen, zur Soko Genf gehörig, an Sta Lübeck, Herrn Sela, betr. Mordsache, Privatarchiv Patrik Baab. Siehe auch Baentsch 2008, S. 94
55 Siehe Mueller u.a. 2007, S. 195 f.
56 Zit. n. Baab u.a. 2008
57 Zit. n. ebd.
58 Antwort von Sabine Leutheusser-Schnarrenberger vom 19.7.1993 auf die schriftliche Anfrage des SPD-Bundestagsabgeordneten Norbert Gansel vom 8.7.1993, Frage-Nr. 7/122 an das Bundeskanzleramt. Privatarchiv Patrik Baab
59 Marxen/Werle 2004, S. 543
60 Der Vorgang ist bei der Stasi unter dem AZ XV/2564 registriert. Siehe »Björn und die Detektive« 1993 und Jach 1993
61 Zit. n. Staatsanwaltschaft Lübeck, EG Genf: Vernehmung des Hinweisgebers in einem Ermittlungsverfahren 705 Js 33247/87. Hamburg, den 15.12.1994. Ermittlungsakte, S. 2398. Der Name ist den Autoren bekannt. Privatarchiv Patrik Baab
62 S. Mueller et al., a.a.O., S. 300
63 Philipp 2007, S. 183

64 Siehe Pohlmann 2008

65 »Engholm gewinnt Klage gegen *Focus*« 2003

66 Bundesnachrichtendienst, Abteilungsleiter Sicherheit/Abwehr, Schreiben vom 22.12.1994 an die Staatsanwaltschaft bei dem Landgericht Lübeck, Vorgang Dr. Uwe Barschel, AZ 50A/44–10/5–0382/94 VS – Vertr. Zit. n. Knauer 2009, S. 351

67 Siehe Müller-Enbergs 2011, S. 208

68 Staatsanwaltschaft Lübeck, EG Genf: Vernehmung des Hinweisgebers in einem Ermittlungsverfahren 705 Js 33247/87. Hamburg, den 15.12.1994. Ermittlungsakte S. 2398. Der Name ist den Autoren bekannt. Privatarchiv Patrik Baab. Beim SDI-Programm handelte es sich um die Strategic Defense Initiative, dem von US-Präsident Ronald Reagan in den 80er Jahren angekündigten weltraumgestützten Raketenabwehrsystem.

69 Siehe Nickols »Notizen« und seine »Chronologie der Ereignisse u. Gesamtdarstellung« (jeweils undatiert), Privatarchiv Patrik Baab. Die Glaubwürdigkeit von Nickol ist allerdings umstritten. Siehe Wegener Friis/Müller-Enbergs 2008 und Hufelschulte 2010

70 Siehe »Engholm soll als Stasi-Mitarbeiter registriert worden sein« 2000 und Förster 2005

71 Siehe Wegener Friis/Müller-Enbergs 2008 und Hufelschulte 2010 sowie Lisbeth Jessen und Johannes Nichelmann: »Tod eines Stasi-Agenten«, WDR5, Folgen 1-6 am 11.06., 18.06., 25.06., 02.07., 09.07., 16.07.2017, jewels ca. 25 Minuten

72 Zit. n. Baab u.a. 2008

73 S. Nickol, Nachlassfragment o. O. und o. J., S. 4 und Chronologie, Privatarchiv Patrik Baab

74 »Offen für alles« 1995

75 Siehe Knauer 2009, S. 349

76 Staatsanwaltschaft Lübeck, EG Genf: Vernehmung des Hinweisgebers in einem Ermittlungsverfahren 705 Js 33247/87. Hamburg, den 15.12.1994. Ermittlungsakte S. 2399. Der Name ist den Autoren bekannt. Privatarchiv Patrik Baab

77 Zit. n. Wille 2007, S. 124

78 Nickol, Privatarchiv Baab

79 Siehe Koch 1992, S. 71 f.

80 Vermutlich war Ottokar Hermann nach dem Ende der DDR auch in die Verschiebung des SED-Vermögens eingebunden. Siehe »Der geht niemanden etwas an.« 1992

81 Köppe 1994, S. 134. Vgl. auch Koch 1992, S. 80 ff.

82 Ebd. S. 106, 109, 133, 135 f.

83 Zit. n. Mueller u.a. 2007, S. 18

84 Gesprächsnotizen Gansel, 24.8.2007 und Jungmann, 28.4. und 20.5.2014, Privatarchiv Patrik Baab
85 Mueller u.a. 2007, S. 47
86 Backhaus in Knelangen/Stein 2013, Fußnote 93
87 Gesprächsnotiz Frederik Petersohn, 7.5.2018
88 Kelly 1981
89 Siehe Mackenzie 1997 und Agee 1991
90 Prados 2006, S. 369
91 AStA-Info der CAU Kiel, August 1988
92 Siehe »Landesregierung streicht Mittel« 1988
93 AStA-Info vom 18.8.1988
94 »In Memoriam: William Van Cleave, 77«, *USC Dornsife*, 21.3.2013; https://dornsife.usc.edu/news/stories/1348/in-memoriam-william-van-cleave-77/
95 Pfaltzgraff/van Cleave 2001
96 Gesprächsnotiz Frederik Petersohn vom 30.7.2015
97 Schumacher 1983
98 McDonnell 2001 und Feldman 1989, S. 166 f.
99 Der Zeuge ist den Autoren bekannt.
100 Corn 1994, S. 360
101 Gesprächsnotiz Frederik Petersohn vom 1.7.2013
102 Ebd.
103 AStA-Info, August 1988
104 Siehe *Final Report* 1993
105 Gesprächsnotiz Frederik Petersohn v. 7.5.2018 unter Bezug auf Äußerungen von Prof. Ed Keynes
106 Siehe Dettmer u.a. 2007
107 Zit. n. Mueller u.a. 2007, S, 48f.
108 Dettmer u.a. 2007, S. 52
109 Interview mit Ulrich Matthée am 9.11.2015
110 Dettmer u.a. 2007, S. 54. Unsere Darstellung folgt insgesamt diesem Bericht.
111 Zit. n. ebd., S. 55
112 Siehe Wille in Knauer 2009, S. 169 ff.
113 Siehe Information G. Höring betr. Pia Vesta vom 18.7.1986 und Schreiben AKB IMES an Staatssektretär Dr. Schalck vom 19.6.1986, persönlich – streng vertraulich. Als ungeschwärztes Exemplar im Privatarchiv der Autoren
114 Siehe Draper 1991, S. 36 f.
115 Die CIA besteht aus vier Hauptabteilungen: Directorate of Operations, Directorate of Intelligence, Directorate of Science and Technology and Administrative Directorate. Im Bereich Intelligence arbeiten die Auswerter (»Professors«), die überwiegend von Elite-Universitäten kommen, im Ope-

rations Directorate die Spione, Mitarbeiter der Spionageabwehr und die Einsatzkräfte für verdeckte Aufgaben (»Animals«).

116 Simkin 2005, S. 1

117 Corn 1994, S. 324

118 Zit. n. ebd., S. 328

119 Ebd., S. 348

120 Siehe Simkin, 27.12.2005.

121 Corn 1994, S. 326

122 Interview Trutz Graf Kerssenbrock, 9.11.2015

123 Eidesstattliche Erklärung Karl Dieckelmann, August 2007; Gesprächsnotiz Karl Dieckelmann mit Patrik Baab, September 2007; Gesprächsnotiz Karl Dieckelmann mit Robert Harkavy, 13.7.2013

124 Interview Heinrich Wille, 13.11.2015

125 Ben-Menashe 1992, S. 133f.

126 Connolly, John, 1992

127 Ebd.

128 Ben-Menashe 1992, S. 134

129 Siehe Dettmer u.a. 2007, S. 55

130 Köppe 1994, S. 161

131 Dettmer u.a. 2007, S. 56

132 Köppe 1994, S. 68

133 Ebd., S. 156

134 Zit. n. Dettmer u.a. 2007, S. 56

135 Ebd.

136 Förster 1995 (1)

137 Dettmer u.a. 2007, S. 56

138 Köppe 1994, S. 160f.

139 Förster 1995 (1); vgl. auch Timmerman 1989

140 Köppe 1994, S. 105

141 Zit. n. Hauck 1994

142 Alle Zitate dieses Abschnitts aus Interviews mit Rudolf und Hannelore Asmus, 19.7.2007

143 Interview mit Trutz Graf Kerssenbrock, 9.11.2015

144 Interviews mit Rudolf und Hannelore Asmus, 19.7.2007

145 Interview mit Abolhassan Banisadr, 24.9.2016

146 Siehe den Kalender von Josef Messerer, Auszug vom 9.10.1998. Privatarchiv Patrik Baab

147 Siehe Timmerman 1992 (2)

148 Draper 1991, S. 123–125

149 Ebd., S. 120–136

150 Siehe Knauer 2009, S. 154 und Mueller u.a. 2007, S. 69

151 Ermittlungsakten der Staatsanwaltschaft Lübeck zum Todesermittlungsverfahren Uwe Barschel, S. 2397 f.
152 Nickols Angaben im Privatarchiv Patrik Baab
153 Die Darstellung folgt hier vor allem Mueller u.a. 2007, S. 88–108.
154 Zit. n. Wille 2013, S. 181
155 Moll 1988, S. 65
156 Siehe Awford 2015 und Butt 2015
157 Siehe Kwitny 1987
158 Ebd., S. 305
159 Ebd., S. 261
160 Wiegrefe, Klaus 2018, Nr. 12, S. 52 f.
161 Siehe Sheehan 1986
162 Ben-Menashe 1992, S. 115
163 Siehe Burdman 1988 und Aspin 1989
164 Siehe Corn 1994, S. 375, und *Report of the Congressional Committees* 1987, S. 164
165 Siehe Corn 1994, S. 378
166 Siehe Corn 1994, S. 378
167 Siehe Draper 1991, S. 126
168 Siehe Mueller u.a. 2007, S. 138 und 156
169 Sandmeyer 2007
170 Siehe Wille 2013, S. 225 ff.
171 Zit. n. Mueller et. al., a.a.O., S. 320 und Timmerman, Kenneth R.: Iranian link to Barschel murder. In: The Iran Brief v. 5. Januar 1995
172 Siehe Draper 1991, S. 280–289 und 452–456
173 Ostrovsky 1996, S. 286. Die weitere Darstellung folgt diesem Buch.
174 Siehe Ben-Menashe 1992, S. 80 f. und 99; Marshall u.a. 1987, S. 169 ff.
175 Siehe »Aggressives Angebot« 1993 und »Trio Iranale« 1993
176 Ostrovsky 1996, S. 289 f.
177 Gesprächsnotiz Wolfgang Dudda vom 30.3.2016
178 Staatsanwaltschaft 1998
179 Zit. n. Wille 2013, S. 323 f. Ähnlich auch Gesprächsnotiz Banisadr vom 24.9.2016
180 Siehe Gesprächsnotiz Gene »Chip« Tatum vom November 2014. Der CIA-Whistleblower Tatum bezieht seine Erläuterung dieser Befehlskette konkret auf den Mord an Olof Palme.
181 Siehe Krumrey 1994
182 Interview Rudolf Asmus, 19.7.2007
183 Interview mit Norbert Gansel, 16.7.2007
184 Zit. n. Wille 2013, S. 66
185 Gansel, Norbert: Rede auf der 90. Sitzung des durch die Resolution 421

(1977) zur Südafrikafrage eingesetzten Sicherheitsausschusses. Mittwoch, 27.9.1989. Übersetzung 105–89/4453. Privatarchiv Patrik Baab

186 Zit. n. Mueller u.a. 2007, S., 117

187 S. Gansel 1989. und Interview mit Norbert Gansel, 16.7.2007

188 Siehe Eid/Krämer 1989

189 Baentsch 2008, S. 122; Förster 1995 (4); Wille 2013, S. 66

190 Mueller u.a. 2007, S. 182. Diese Studie vollzieht den U-Boot-Deal detailliert nach.

191 Bundesamt für Verfassungsschutz an den Generalbundesanwalt, Köln, 13.2.1991, AZ: IV B 1r-129-S-110 012–64/91. Privatarchiv Patrik Baab

192 Zit. n. Baab u.a. 2008. Siehe auch »Barschels größtes Geheimnis« 1991

193 Zit. n. ebd. Vgl. auch Schütte 1992

194 Siehe Förster 1995 (2)

195 Siehe Nickols Aufzeichnungen im Privatarchiv Patrik Baab

196 Zit. n. Knauer 2009, S. 362 f. Vgl. auch Mueller u.a. 2007, S. 146, und Wille 1998, S. 136

197 Zeugenvernehmung Dr. Claus-Dieter Junge. Deutscher Bundestag, 12. Wahlperiode, 1. Untersuchungsausschuss »Kommerzielle Koordinierung«, Sten. Protokoll der 123. Sitzung, Bonn, 10.3.1993, S. 257 f.

198 Zit. n. Köppe 1994, S. 51

199 Ebd., S. 51 f.

200 Mueller u.a. 2007, S. 338

201 Die Datumsangaben weichen voneinander ab. Der *Stern* nennt den Buß- und Bettag, also den 17.11.1982: Lambrecht u.a. 1997, S. 44. An anderer Stelle datieren die *Stern*-Autoren das Geschehen auf den 16.11.1982: Mueller u.a. 2007, S. 74 ff. Horst Rissmann selbst legte die Reise bei seiner Vernehmung fälschlich auf Anfang 1982: Wille 2013, S. 198.

202 Zit. n. Wille 2013, S. 199

203 Zit. n. ebd., S. 200 f.

204 Siehe Lambrecht u.a. 1997, S. 45

205 Zit. n. Wille 2013, S. 202 ff.

206 Interview mit Trutz Graf Kerssenbrock, 9.11.2015

207 Interview mit Norbert Gansel, 17.7.2007

208 Timmerman 1992 (2), S. 5

209 Siehe Ford 2004 (1)

210 Ebd.; vgl. zu Felipe Vidal: Scott, Peter Dale und Jonathan Marshall: *Cocaine Politics: Drugs, Armies, and the CIA in Central America.* Berkeley: University of California Press 1998, S. 120

211 Siehe Gesprächsnotiz Gene »Chip« Tatum vom 11.11.2015

212 Interview mit Abolhassan Banisadr, 24.9.2016

213 Timmerman 1987 (2), S. 50

214 Nickol: »Chronologie der Ereignisse«, darin: Das geheimdienstliche Geflecht, S. 1, Privatarchiv Patrik Baab
215 Ben-Menashe 1992, S. 103
216 So die Bezeichnung von 2009
217 Siehe Mueller u.a. 2007, S. 69 ff.
218 Zit. n. Wille 2007, S. 204 f.
219 VPKA Eisenach, Abt. Kriminalpolizei, AG I, Eisenach, den 5.8.84: Information zur Zusammenkunft mit der Ritz, Silvia, gebn. Weyh, 7.8.57, gez. Hauptmann Nowatzki, Blatt 1 und 2
220 Ebd.
221 VPKA Eisenach, Abt. Kriminalpolizei, AG I, Eisenach, den 24.11.84: Leiteinformation zur Person: Ritz, Silvia gebn. Weyh, geb. am 7.8.57, gez. Hauptmann Nowatzki, Blatt 1
222 Ebd., Blatt 2
223 Zit. n. »Barschels Objekt der Begierde« 1991
224 VPKA Eisenach, 24.11.84, Blatt 2
225 Ebd.
226 Ebd., Blatt 3.
227 Erich Schmidt-Eenboom weist auf seiner Website darauf hin, dass Schreiber den BND-Mann Werner Ströhlein (Decknamen »Palme« und »Schottler«) als Türöffner bei Waffengeschäften benutzt hat; siehe www.geheimdienste.info/texte/bnd.htm. Vgl. außerdem Goetz u.a. 2000 und Förster 2010
228 Siehe Staatsanwaltschaft Lübeck 1994. Vgl. auch Wille 2013, S. 94 ff.
229 Ebd., S. 3, Blatt 2397
230 Siehe »Offen für alles« 1995
231 Staatsanwaltschaft Lübeck, 1994, S. 4, Blatt 2398
232 Ebd.
233 Brief Klaus Wenzel aus dem Jahr 2007 (ohne genaueres Datum). Siehe auch Baab u.a. 2008
234 Staatsanwaltschaft Lübeck 1994, S. 4, Blatt 2398
235 Siehe »Gewehr im Papier« 1991
236 Zit. n. Mueller u.a. 2007, S. 70 f.
237 Engdahl 1987 (1)
238 Zit. n. Timmerman 1987 (1), S. 48
239 Ebd.
240 Siehe Engdahl 1987 (2)
241 Timmerman 1987 (1)
242 Siehe Engdahl 1987 (1), S. 30
243 Brief des schweizerischen Botschafters Jean-Jacques Indermühle an die schweizerische Bundesanwaltschaft, 12.1.1989. Schweizerisches Bundesarchiv, Dossier Schmitz, Karl, Signatur E4320C#1994/74#1151*
244 Ebd., S. 31 f.

245 Zit. n. Wille 2013, S. 205. Vgl. auch Baab u.a. 2008
246 Interview mit Torsten Wilhelms, 21.7.2007
247 Gesprächsnotiz Wolfram Vormelker, 27.7.2013
248 Interview mit Wolfram Vormelker, 21.7.2007
249 Siehe »Geheimtreffen Barschel–Schalck« 1991
250 Siehe Pond 1994, S. 142
251 Gesprächsnotiz Wolfram Vormelker, 27.7.2013
252 Siehe Haglund 1987, S. 36 f.
253 Zit. n. Engdahl 1990, S. 60
254 Ebd.
255 Covici 1994
256 Siehe *Report of the Congressional Committees* 1987, S. 332
257 Siehe ebd., S. 367 ff.
258 Zit. n. Draper 1991, S. 340
259 Siehe AHB IMES, 19.6.1986 an Staatssekretär Genossen Dr. Schalck, streng vertraulich, persönlich, gez. Wiechert
260 AHB IMES, 19.6.1986 an Staatssekretär Genossen Dr. Schalck, streng vertraulich, persönlich, gez. Wiechert, Privatarchiv Patrik Baab
261 Zit. n. Engdahl 1990, S. 61
262 Siehe »CIA schmuggelte Waffen« 1986 und Small 1986, S. 62
263 Interview mit Heinrich Wille, 13.11.2015
264 Interview mit Abolhassan Banisadr, 24.9.2016
265 Zit. n. Nickol: *Chronologie*, Privatarchiv Patrik Baab. Vgl. Mueller u.a. 2007, S. 145, und Wille 2007, S. 140–143
266 Zit. n. Förster 1995 (4)
267 Zit. n. ebd.
268 Ebd.
269 Siehe Döbert 2016
270 Zit. n. ebd.
271 Staatsanwaltschaft Lübeck 1994 Blatt 2396 f.
272 Döbert 2016
273 Zit. n. ebd.
274 Staatsanwaltschaft Lübeck 1994, Blatt 2396
275 Döbert 2016
276 Wir folgen hier der Darstellung von Baentsch 2008.
277 Staatsanwaltschaft Lübeck 1994, Blatt 2395 f.
278 Siehe »Exporte liefen wie geschmiert« 1994
279 Zit. n. Staatsanwaltschaft Lübeck 1994, Blatt 2396–2399
280 Zit. n. Mueller u.a. 2007, S. 262
281 Siehe. Köppe 1994, S. 49
282 Ebd., S. 115 und 155
283 Vgl. Reed 2004

284 Ebd.
285 Weiss 2008. Siehe auch Schweitzer 1995; vgl. auch Schweitzer 1995
286 Nickol im Privatarchiv Patrik Baab
287 Zit. n. Knauer 2009, S. 345
288 Nickol im Privatarchiv Patrik Baab
289 E-Mail von L. an die Autoren, 2007
290 Mueller, Michael, Rudolf Lambrecht, Leo Müller: *Der Fall Barschel – ein tödliches Doppelspiel*. Berlin 2007, S. 199
291 Staatsanwaltschaft Lübeck 1994, Blatt 2397
292 Interview mit Heinrich Wille, 13.11.November 2015
293 Zit. n. Wille 1998, S. 120 f.
294 Gesprächsnotiz Hans-Peter Scheel, 13.12.2018
295 Bezpecnostni Informacni Sluzba, Analyticky Odbor, C.j.: AO-0029/83/97, V. Praze 15.9.1997, Prisne Tajne, Analyticka Informace Nelegaini obchod se zbranemi – JZD AK Slusovice (Geheimdienstlicher Informationsdienst, Auswertungsabteilung, Informationsauswertung über illegalen Waffenhandel – JZD AK Slusovice) Das Dokument aus dem StB-Archiv wurde vom Nachrichtendienst der Tschechischen Republik nachbearbeitet und trägt das Datum der Übergabe. Es handelt sich um das Deckblatt eines 19-seitigen Dossiers.
296 Draper 1991, S. 88
297 Ben-Menashe 1992, S. 143
298 Ebd., S. 152–155
299 Ebd., S. 155
300 Holst, Andreas: Uwe Barschel reist in die DDR, Barschel/Engholm Material, per Fax an Tango, z. Hd. Hans Hermann Tiedge, Brüssel, 28.12.1994, S. 2
301 Siehe »Verwöhnte Kunden« 1983
302 Nickol im Privatarchiv Patrik Baab
303 Interview mit Abolhassan Banisadr, 24.9.2016
304 Timmerman 1992 (2)
305 Heinrich Wille hat aus eigener Erfahrung dargestellt, wie seine Ermittlungen behindert und Dokumente von der BStU zurückgehalten wurden. Siehe Wille 2013, v.a. S. 108 ff. und 234 ff.
306 Mergen 1988, S. 73
307 Zit. n. Baab u.a. 2008
308 Ebd.
309 Mergen 1988, S. 64
310 Zit. n. Baab u.a. 2008
311 Zit. n. ebd.
312 Gesprächsnotiz Heinrich Wille, 18.7. 2018
313 Demartin, Louis: Protokoll über die Sitzung am 16.10.1987 im Rahmen der

Sache Uwe Barschel. Vertraulich. Ordner Nr. 1, Blattnr. 85–94, hier: S. 12. Privatarchiv Patrik Baab. Siehe auch Mergen 1988, S. 37–44

314 Mergen 1988, a.a.O., S. 43

315 Zit. n. Wille 2013, S. 308

316 Beide zit. n. Baab u.a. 2008

317 Interview mit Trutz Graf Kerssenbrock, 9.11.2015

318 Wille 2013, S. 336

319 Zit. n. Mueller u.a. 2007, S. 284 f.

320 Zit. n. Baab u.a. 2008

321 Zit. n. der inhaltlich gleichlautenden Aussage Marion Herrmann, in: Schlussbericht des LKA Kiel vom 21. September 1995 zu den Abhörmaßnahmen des MfS – Vernehmungen, zur Soko Genf gehörig, an Sta Lübeck, Herrn Sela, betr. Mordsache, Privatarchiv Patrik Baab. S. auch Wille 2013, a.a.O., S. 297

322 Eid/Krämer 1989, S. 2

323 Ebd., S. 119

324 Ebd., S. 32

325 Ebd., S. 32 ff.

326 Siehe Mueller u.a. 2007, S. 33

327 Zit. n. ebd., S. 81

328 Ebd., S. 99

329 Ebd., S. 142, und Bundesamt f. Verfassungsschutz an den Generalbundesanwalt, Köln, 13. Februar 1991, AZ: IV B 1r-129-S-110 012-64/91. Privatarchiv Patrik Baab

330 Siehe Mueller u.a. 2007, S. 143 und 159

331 Ebd., S. 144

331a Gesprächsnotiz Walter Katzung v. 30.10.2017.

332 Ebd., S. 162

332a Gesprächsnotiz Walter Katzung v. 30.10.2017.

333 Ebd., S. 181

334 Ebd., S. 341

335 Zit. n. ebd., S. 343 f.

336 Zit. n. Wille 2007, S. 195

337 McGreal, Chris 2010

338 Ziegler, Charles A. and David Jacobson, 1995; uand James Schultz, 2000

339 Die Autoren folgen der hervorragenden Darstellung von Amin Aboufalezi, 2008, S. 63–69. Vgl. zum israelischen Atomwaffenprogramm auch Central Intelligence Agency, »New Information on South Africa's Nuclear Program and South African-Israeli Nuclear and Military Cooperation«, Memorandum vom 30.3.1983, veröffentlicht un-ter dem Freedom of Information Act, am 28.4.1997

340 Harkavy, Robert E., 1977 (2). Vgl. auch Cohen, Avner, 1998. Vgl. des Weiteren Pohlmann, Dirk 2012

341 Vgl. 1978

342 Siehe Gesprächsnotiz Informant H., 26.10.2018. Diese An-gaben konnten bis zum Zeitpunkt der Drucklegung nicht durch weitere Quellen erhärtet werden

343 Wille 2013, S. 184f.

344 Ostrovsky 1996, S. 298 f.

345 Brandenberger 2010

346 Siehe Wille 2007, S. 191–194

347 Ulfkotte 1998, S. 19 f.

348 Wille 2007, S. 208 f.

349 Ostrovsky 1996, S. 293 f.

350 Ebd., S. 294 f.

351 Mueller u.a. 2007, S. 268

352 Ben-Menashe, 1992, S. 68. Siehe auch S. 53

353 Bergmann 2018, S. 802

354 Ebd.

355 Siehe Lambrecht u.a. 1993. Lambrecht stützte sich auf ein Interview mit Walter Katzung, das diesem trotz Zusage nicht zur Autorisierung vorgelegt wurde und das er sinnentstellend zitierte. Vgl. Gesprächsnotiz Walter Katzung v. 30.10.2017

356 Gesprächsnotiz Heinrich Wille, 18.7.2018

357 Katzung 02.12.1992, a.a.O., S. 12f

358 Zit. n. Wille 2007, S. 97. Vgl. auch Gesprächsnotiz Walter Katzung v. 30.10.2017.

359 S. Wille 1998, a.a.O., S. 92–94, VS-Vertraulich, Exemplar ohne Schwärzungen, Privatarchiv Patrik Baab. Die Autoren folgen dieser Darstellung. Vgl. auch in Klarschrift Knauer 2009, a.a.O., S. 330–333

360 Alle Klarnamen auch bei Knauer 2009, S. 331

361 Zit. n. Wille 2007, S. 100

362 Siehe ebd., S. 99 f.

363 Siehe ebd., S. 104. Zu Gerhard Ronneberger siehe auch Macrakis 2008, S. 122, und Ronneberger 1999. Danach war das Außenhandelsministerium von MfS-Leuten durchsetzt.

364 Siehe Wille 2007, S. 105. Zur Kintex s. Sterling 1985, S. 84 ff.

365 Wille 2007, S. 107

366 Koordinator Generaloperativ: In Sachen »Zürich«. Fax vom 23.1.1995 und 25.1.1995 v. RUP Praga. Gez. »Adolf Otto«, versehen mit der Bemerkung: »Aus Sicherheitsgründen werden die entsprechenden ›beweislichen Unterlagen‹ als geltende Dokumente ›versiegelt‹ mit ›Entsieglungsberechtigung‹ nachgereicht.« Und Fax vom 9.1.1995, RUP Praga, in Sachen: Treffen zwi-

schen Sir X und Enkel, Blatt 3 und 4, Entschlüsselung gemäß Stufe C/ DSKS-GSD. Eine Abklärung der Quelle war nicht möglich.

367 Zit. n. Wille 2007, S. 111

368 Siehe ebd., S. 115

369 Zit. n. ebd., S. 122

370 Zit. n. ebd., S. 126 f. Zur Rolle von Günter Husemann siehe auch Rathmer 2015, S. 132

371 Ebd., S. 129

372 Zit. n. ebd., S. 134

373 Ebd., S. 136

374 Nickol, Nachlass, im Privatarchiv Patrick Baab

375 Siehe Wille 2007, S. 112 ff.

376 Siehe »Der Müll und die Moneten« 1994. Laut Nickol wurde Adolf Hilmer vom MfS als IMB (Inoffizieller Mitarbeiter zur Bearbeitung im Verdacht der Feindtätigkeit stehender Personen) »Siegfried« unter der Registriernummer XV 2424/62 von der HVA-Abteilung II/6 geführt. Siehe BStU, MfS AG BKK Operativ-Vorgang »Wanderer«

377 Bericht von Adolf Hilmer über ein Gespräch mit Dr. Peter Uwe Konrad, Ministerialdirigent im Landesumweltministerium Schleswig-Holstein am 17.11.1983. IMB »Siegfried«, Registriernummer XV 2424/62, HVA-Abteilung II/6. Siehe BstU, MfS AG BKK Operativ-Vorgang »Wanderer«

378 S. Köppe, Abweichender Bericht, 1994, a.a.O., S. 19–22 und S. 41–43 und BstU, IMB »Buntspecht«, Registriernummer XV 14/76, HVA II.

379 Nickol, Nachlass, a.a.O.

380 S. Köppe, Abweichender Bericht, 1994, a.a.O., S. 6.

381 Siehe Köppe 1994, S. 44, und Förster 1994 (1)

382 Nickol, Nachlass

383 Nickol, Nachlass, a.a.O.

384 S. Förster, Andreas: »Stasi-Anwalt Manfred Wünsche starb in Berlin. Dubiose Geldgeschäfte bis kurz vor dem Tod«. In: *Berliner Zeitung* vom 12. August 1994.

385 S. Scheuer, Thomas: »Heiße Stasi-Scheiben«. In: *Focus* Jg. 1994, H. 41 vom 10. Oktober 1994.

386 Köppe, Abweichender Bericht, a.a.O., S. 48 und Nickol, Nachlass, a.a.O. Zu Heinz Busch s. Sontheimer, Michael: »Das Ende einer Legende. Als die DDR unterging, versuchten Offiziere der HVA, möglichst alle Dokumente, Dateien und Akten spurlos verschwinden zu lassen«. In: *Der Spiegel* Jg. 1999, H. 3, S. 40–51.

387 Ebd.

388 »Ich sehe heute auch nicht die Notwendigkeit eines kurzfristigen Kennenlernens.« So in einer E-Mail von Eike Barschel, 2.4.2007, 13:45 Uhr. Privatarchiv Patrik Baab

389 Nickol, Nachlass
390 Gesprächsnotiz Heinrich Wille, 18.7.2018
391 Ebd.
392 Ebd. Siehe auch Köppe 1994, S. 63 f.
393 Ebd.
394 Angaben gegenüber den Autoren, September 2007
395 Brief der Unterzeichner, 8.9.2006. Privatarchiv Patrik Baab
396 Wille 2013, S. 124
397 Zit. n. Baab u.a. 2008
398 Wille 2007, S. 211, und Baentsch 2006, S. 216
399 Zit. n.Zit. n. Baab, Kirsch, Lamby 2008, a.a.O.
400 Zit. n. Timmerman 1992 (2)
401 Zit. n. Timmerman 1992, a.a.O.
402 Siehe Timmerman 1992 (2) und Kalender von Josef Messerer vom 9.10.1987; Zeugenvernehmung Josef Messerer, Polizeidienststelle Fürstenfeldbruck, 10.2.1988; Schreiben Josef Messerer an Polizeidirektion München Verkehr, Starnberg, 28.10.1987; Polizeidirektion München Verkehr, Verwarnung Josef Messerer, 24.10.1987; Privatarchiv Patrik Baab. Vgl. auch Wille 2007, S. 169 ff.
403 Timmerman 1992 (2)
404 Siehe die Aussage von Didier Griessen (Sohn von Jean-Jacques Griessen) beim Polizeikorps Genf am 9.3.1996, in: Knauer 2008, S. 383
405 Zit. n. Baab u.a. 2008
406 Zit. n. ebd.
407 Siehe Knauer 2008, S. 375
408 Zit. n. Wille 2007, S. 162 f.
409 Zit. n. ebd., S. 168
410 Interview mit Abolhassan Banisadr, 24.9.2016
411 Zit. n. Wille 2007, S. 182 f.
412 Siehe Wille 2013, S. 325 und Garbely, Frank: Témoin C., 1:03:00, TSR 2 v. 8. Mai 2011. https://www.youtube.com/watch?v=Mz6cd3EryL0.
413 Interview mit Abolhassan Banisadr, 24.9.2016
414 Gesprächsnotiz Heinrich Wille, 18. 7.2018
415 Siehe Baentsch 2006, S. 265 ff.
416 Interview Peter F. Müller mit Dirk Stoffberg, Zit. n. Wille 2013, a.a.O., S. 186 f., und gleichlautend Wille 2007, S. 144–151
417 Entwurf der eidesstattlichen Erklärung von Dirk Stoffberg, Zit. n. Wille 2013, S. 184 f. und 188
418 Ebd., S. 187
419 Ebd., S. 184 f.
420 Gesprächsnotiz Heinrich Wille, 18.7.2018

421 Zit. n. Baab u.a. 2008

422 Zit. n. ebd.

423 Siehe Wille 2013, S. 188 ff.

424 Siehe ebd., S. 152 ff.

425 Siehe Nickol, Nachlass

426 S. ebd.; vgl. zu John de la Roque auch Ben-Menashe 1992, a.a.O., S. 108: »He was one of the few outsiders we recruited who would not be duped.« Hermann Moll bezeichnet John de la Roque als »sachkundigen, aber mysteriösen« Franzosen, »der ausgezeichnete Verbindungen in Washington hatte, vermutlich auch zur CIA«. Weil er sich mit einem US-Diplomatenpass identifizierte, glaubte Moll, dass er »für die National Security Agency arbeitete und an einer verdeckten Operation beteiligt war, um als Teil einer geheimen US-Initiative dem Iran Waffen zu liefern«. S. Moll 1988, a.a.O., S. 76, S. 97.

427 S. Timmerman 1992, a.a.O., S. 5

428 S. Iran-Contra tied Barschel case reopened in Germany. In: EIR v. 17. April 1992, S. 51

429 Staatsanwaltschaft Lübeck, EG Genf: Vernehmung des Hinweisgebers in einem Ermittlungsverfahren 705 Js 33247/87 v. 15. Dezember 1994, S. 5. Ermittlungakte, Blatt 2394–2399, hier: Blatt 2399. Privatarchiv Patrik Baab.

430 Ebd.

431 NATO – Allied Clandestine Committee (ACC)/Special Operations Planning Staff (SOPS): N2 QR/D 128515 Cosmic – Top Secret, COM O2, quarterly review vom 15.12.1985, cont'd, S. 1 u. 2 v. 9. Privatarchiv Patrik Baab. Die Zitate sind diesem Dokument entnommen.

432 Siehe Inzerilli 1995, S. 61 ff., und Ganser 2008, S. 21

433 Siehe Ganser/Deland 2010, S. 33, Riste/Moland 1999 und Kanger/Hedin 1998

434 Siehe Ganser 2010, S. 35, Beckerus 1992 und *It must not always be Gladio* 1996. Vgl. auch Ford 2004 (2) und LeWinter 2001

435 Siehe Mosey 1985

436 Nickol, Nachlass

437 Siehe Ruppert 2000 und Hull 2003

438 Siehe Corn 1994, S. 390

439 NATO – Allied Clandestine Committee (ACC)/Special Operations Planning Staff (SOPS): N2 QR/D 128515 Cosmic – Top Secret, COM O2, quarterly review vom 15. Dezember 1985, S. 2 v. 9. Privatarchiv Patrik Baab.

440 Gesprächsnotiz Abraham Melzer v. 13.10.2017.

441 GN Walter Katzung v. 30.10.2017.

442 Siehe Nickol, Nachlass

Kapitel 3: William Colby

1 Siehe Grant 2011. Grant und Harkavy korrespondierten mehrfach, dann brach der Kontakt ab, möglicherweise weil Grant Angst davor hatte, das Thema zu vertiefen.

2 Zum Leben von William Colby siehe Woods 2011, Prados, 2003 und Colby 1978. Woods und Prados decken im Wesentlichen dieselben Fragen ab, Colbys Autobiografie endet vor der Iran-Contra-Affäre.

3 Colby 1978 gibt in Kap. 3: »A Scandinavian Spy« einen ausgezeichneten Überblick über die verdeckten Aktivitäten und geht auf die Frage ein, welche Teile des von ihm geschaffenen Stay-behind-Netzwerks zum Zeitpunkt des Mordes an Olof Palme 30 Jahre später noch aktiv waren. Der Teil des Netzwerks, der im offiziell neutralen Schweden aktiv war, trug den Decknamen Sveaborg.

4 Zur Operation Phoenix siehe Woods 2013, Kap. 14 und 15

5 Wikipedia, »William E. Colby«, https://en.wikipedia,org/wiki/William_Colby#After_the_CIA. In dem ungleich kürzeren Eintrag in der deutschsprachigen Wikipedia findet sich zu dieser Zeit nichts.

6 Siehe Woods 2013, S. 468

7 Siehe Kwitny 1987, wo der Nugan-Hand-Skandal in allen Einzelheiten geschildert wird. Zu Michael Jon Maud siehe Awford 2015.

8 Siehe zu Colbys Glauben und seiner politischen Gesinnung Woods 2013, S. 81 f.

9 Siehe ebd., S. 380 f., und Blitzer 1985, S. 89

10 Siehe Prados 2005, S. 256

11 Siehe Bond 2010: »Vielleicht war die Bereitschaft, dem Kongress Rede und Antwort zu stehen, sein schwerster Fehler. … 20 Jahre später wurde Colby vom Kongress vorgeladen, und die Schlapphüte in Langley wollten es vermeiden, dass die Perlen aus dem Familienschatz vor die Säue geworfen werden.« Dort im Kommentar Mike Kenney: »Was sonst hätte Colby noch ausplaudern können an seinem Lebensabend? John F. Kennedy, Robert F. Kennedy, Martin Luther King, das Sperrgebiet Area 51 in Nevada, Panama, Iran/Contra? Möglich ist es.» Und wieder Tony Bond: »Die Tatsache, dass Colby vom Kongress vorgeladen worden war, um auszusagen über eine ganze Reihe von Fragen bzgl. der Geheimdienste, ließ beim Bush-Syndikat die Alarmglocken läuten. Es gibt eine lange Liste von Zeugen, die kurz vor ihrer Befragung durch den Kongress ums Leben kommen.«

12 Woods 2011, S. 472

13 Siehe Waldron/Hartmann 2006

14 Ebd., S. 818

15 Siehe ebd., Kap. 37

16 Helms hielt Colby für ein sowjetisches U-Boot, und Angleton war ähnlicher Auffassung. Siehe »Dead CIA Chief« 1996

17 Das Internet ist voller Material über den Franklin-Bank-Skandal. Siehe aber vor allem »A Lurid, Mysterious Scandal Begins to Take Shape« 1994

18 Siehe »Homosexual prostitution inquiry ensnares VIPs with Reagan, Bush« 1989

19 In seinem Film erwähnt DeCamp seine Freundschaft mit Colby und wie dieser ihm im Franklin-Bank-Skandal geholfen habe. DeCamp war überzeugt davon, dass Colby ermordet wurde. Siehe auch DeCamp 2006 und Bryant 2012

20 Kwitny 1987. Unsere Darstellung folgt diesem Werk. Vgl. auch McCoy 2016, Kap. 7

21 Ebd., S. 289

22 Siehe Woods 2013, S. 465

23 Prados 2003, S. 337

24 Ebd.

25 »Stand Pegasus hinter dem Mord an Bill Colby?« Gepostet am 29.8.2012. Darin wird berichtet, dass Colby neben seinen anderen Tätigkeiten auch für *Strategic Investment* arbeitete, einem von William Rees-Mogg herausgegebenen Newsletter.

26 Siehe Wilson 2016, S. 179 – siehe Wilson, Eric (Hrsg.) : The Dual State: Parapolitics, Carl Schmitt and the National Security Complex. London und New York : Routledge 2016, S. 179

Ausblick: Ein amerikanischer Schattenkrieg

1 Stöver 2017, S. 18

2 Ebd., S. 68

3 Siehe Colby, 1978 und die Biografie von Woods 2011, S. 68. Randall B., 2013

4 Ben-Menashe 1997, S. 191

5 Stöver 2017, S. 30

6 Ebd., S. 27

7 Ebd., S. 21

Literatur

Aboufalezi, Amin: Südafrikas Atomwaffenprogramm: Gründe, Anfänge, Verlauf, Ende. Magisterarbeit, Universität Wien, Wien 2008

Adams, James: »London house was HQ for Iran arms deal«. In: *The Sunday Times*, 30.11.1986, S. 2

Adorno, Theodor W. u.a.: *The Authoritarian Personality*. New York 1950

Agee, Philip: »The National Student Association Scandal«. In: *Campus Watch*, Herbst 1991, S. 12 f.

Agee, Philip: *Inside the Company. CIA Diary*. London: Penguin 1975

»Aggressives Angebot«. In: *Der Spiegel* Nr. 46/1993, S. 97–99

»A Lurid, Mysterious Scandal Begins to Take Shape«. In: *New York Times*, 15.12.1994

Alpher, Yossi: *Periphery: Israel's search for Middle East Allies*. Lanham, MD: Rownan and Littlefield 2015

Amaral, Diogo Freitas do: *Camarate: um caso ainda em aberto: apelo de um cidadão*. Lisboa: Bertrand 2010

Anderson, Christina u. Alan Cowell: Was the Killer of Sweden's Leader in 1986 Under Investigators' Noses All This Time? In: The New York Times, 24.5.2018

Andersson, Christoph: Operation Norrsken: om Stasi och Sverige under kalla kriget. Stockholm: Nostedts 2013

Anderson, John Lee: *Che Guevara. A Revolutionary Life*. New York: Grove Press, 1998

Anderson, John P.: »George Bush and the CIA behind the assassination of prime-minister Olof Palme«. In: *Leopoldreport*, 19.1.2013; www.leopoldreport.com/JohnA.html

Anderson, John, Tony Widing, Anders Leopold: »Disinformant Oswald LeWinter. FBI lied about the CIA agent who did most damage to the Palme murder investigation«. In: *Leopoldreport*, o. J.; www.leopoldreport.com/LRsajt74.html

Anderson, John, Tony Widing, Anders Leopold: Professional American Disinformation Agent sabotaged the investigation into the murder of Swedish Prime Minister Olof Palme. In: Leopold-Report o.O. o.J., http://www.leopoldreport.com/LRsajt71.html

Andersson, Bo G. und Bjarne Stenquist: *Wapensmugglarna*. Stockholm: Författarförlaget 1988

Aner, Sven: *Polisspåret: Mordet pa Olof Palme*. Stockholm: Bokskogen 1988

Annerud, Annika: »Palme hade närä samarbete med IB. Avslöjande in TV-4 film. Statsministern bagatelliserade sin roll i svenk underrättelsetjänst«. In: *Dagens Nyheter*, 16.4.1999

Anwar, André: Steht Palme-Mordkommission vor Durchbruch? In: Stuttgarter Nachrichten, 28.2.2018

»A Private Probe's Startling Findings on Pan Am Flight 103«. In: *Barron's*, 17.12.1990, S. 10

Arvidsson, Bengt: Neue Hoffnung bei Palme-Ermittlungen. In: Neues Deutschland, 05.3.2018, S. 8

Aspin, Leslie Alan: »CIA sanctioned Irangate deals. Statement for the Tower Commission«. In: *Executive Intelligence Review* (*EIR*) Vol. 16, Nr. 14, 31.3.1989

Aust, Stefan: *Mauss. Ein deutscher Agent*. Hamburg: Hoffmann und Campe 1988

Awford, Jenny: »One of Australia's most wanted fugititives, Michael Hand, is ›tracked down in the U.S.‹ after 35 years on the run following the collapse of the infamous Nugan Hand Bank and apparent suicide of its co-founder«. In: *Daily Mail*, 8.11.2015; www.dailymail.co.uk/news/article-3309110/Michael-Hand-tracked-35-years-collapse-Nugan-Hand-Bank.html

Baab, Patrik, Andreas Kirsch, Stephan Lamby: *Der Tod des Uwe Barschel – die ganze Geschichte*. 88'50. NDR Fernsehen, 1.1.2008

Baab, Patrik, Andreas Kirsch, Stephan Lamby: *Der Tod des Uwe Barschel – Skandal ohne Ende*, 43'30, Das Erste, 24.9.2007

Baab, Patrik und Robert E. Harkavy: Im Spinnennetz der Geheimdienste. Uwe Barschel, die Uni Kiel, Geheimdienste und politische Morde im Kalten Krieg. Vortrag an der CAU Kiel, 11.7.2018 https://www.nachdenkseiten.de/upload/pdf/180727_CAU-BrownBag_Westend_Baab-Harkavy.pdf

Baab, Patrik und Stephan Lamby: *Uwe Barschel – das Rätsel*. 30'00, Das Erste, 6.2.2016

Baentsch, Wolfram: *Der Doppelmord an Uwe Barschel*. München: Herbig 2008

Banse, Dirk und Lucas Wiegelmann: »Uwe Barschel, der Tote in Zimmer 317. Spur nach Israel«. In: *Die Welt am Sonntag*, 21.11.2010; www.welt.de/11104929

Barschel, Uwe: *Die Stellung des Ministerpräsidenten von Schleswig-Holstein unter besonderer Berücksichtigung der Lehre von der Gewaltenteilung*. Inaugural-Diss., Kiel 1971

Barschel, Uwe et. al.: *Was wir wünschen. Junge Bundesbürger über die Zukunft ihres Staates*. Köln 1974

Barschel, Uwe und Helmut Lemke (Hg.): *Festschrift für Helmut Lemke zum 70. Geburtstag*. Neumünster 1977

»›Barschels größtes Geheimnis‹. Duldete die Bundesregierung ein getarntes Dreiecksgeschäft zwischen Kiel, Rostock und Pretoria?« In: *Der Spiegel* Nr. 34/1991, S. 30–34

»Barschels Objekt der Begierde«. In: *Superillu*, Jg. 1991, H. 38, S. 15 f.

Baum, Karl-Heinz: »Neue Anschuldigungen gegen Stasi-Killer Jürgen G.«. In: *Frankfurter Rundschau*, 14.10.2003

Bearden, Milt und James Risen: *The Main Enemy: The Inside Story of the CIA's Final Showdown with the KGB*. New York: Random House 2003

Beckerus, Göran: »Ett topphemligt underrättelseorgan inom den västliga försvarsalliansen Nato lag bekom mordet pa Olof Palme«. In: *Dagens Nyheter*, 28.4.1992

Ben-Menashe, Ari: *The Profits of War*. New York: Sheridan Square Press, 1992

Bergman, Ronen: Der Schattenkrieg. Israel und die geheimen Tötungskommandos des Mossad. München: DVA 2018

Binckes, Robin: Vlakplaas. Apartheid Death Squads 1979 – 1984. Barnsley: Pen and Sword Books 2018

»Björn und die Detektive. Der Sozialdemokrat Engholm im Visier der Geheimdienste«. In: *Der Spiegel* Nr. 23/1993, S. 72–80

Blitzer, Wolf: *Between Washington and Jerusalem*. New York: Oxford University Press 1985

Bolsinger, Walter: *Deutschland – die Drehscheibe des Waffenhandels*. Hamburg: Books on Demand 2013

Bond, Tony: »Colby«. *American Chronicle*, 21.2.2010; http://theamericanchronicle.blogspot.com/2010/02/who-killed-william-colby.html

Bondeson, Jan: *Blood on the Snow: The Killing of Olof Palme*. Ithaca, NY: Cornell University Press 2005

Borfeldt, Wolfram und Friederike Pohlmann: *Hotel der Spione. Das »Neptun« am Ostseestrand*. 45'00. Phoenix, 6.2.2010

Borgnäs, Lars: En iskall vid drog genom Sverige. Stockholm: Norstedts 2006

Brandenberger, Hans J.: »Das Gutachten im Fall Barschel«. In: *Die Welt am Sonntag*, 21.11.2010

Brandenberger, Hans J.: *Barschel-Gutachten*. Zürich, 25.5.1994

Broder, Jonathan: »New Israel-Iran Revelations«. In: *Chicago Tribune*, 4.12.1987, S. 27

Bryant, Nick: *The Franklin Scandal: A Story of Power Brokers, Child Abuse, and Betrayal*. New York: Trine Day 2012

Burdman, Mark: »London court case focuses on Irangate's Gary Howard«. In: *EIR* Vol. 15, Number 13, 25.3.1988, S. 49 f.

Burger, Reiner: Im Dienste seiner Bonität. Warum der Bundesgerichtshof das Urteil gegen den früheren Agenten Mauss aufgehoben hat. In: Frankfurter Allgemeine Zeitung, 11.1.2019

Burleigh, Peter: »Lessons of Operation Staunch for Future Conflicts«. In: Eric Arnett (Hg.): *Lessons of the Iraq-Iran War: Mediation and Conflict Resolution*. Washington, D.C.: American Association for the Advancement of Science 1990, S. 9–14.

Buthmann, Reinhard: *Hochtechnologien und Staatssicherheit. Die strukturelle Verankerung des MfS in Wissenschaft und Forschung der DDR*. Berlin: BStU 2000; www.bstu.bund.de/DE/Wissen/Publikationen/Publikationen/E_buthmann_hochtechnologien.pdf?__blob=publicationFile

Butt, Peter: *Merchants of Menace*. Bayswater, Vic: Port Campbell Press 2015

Campbell, Duncan: »MI6, Whistleblowers in Baltic Battle«. In: *New Statesman*, 17.6.1988, S. 7

»Case of slain premier not resting in peace«. In: *Chicago Tribune*, 28.9.1986, S. 5

Central Intelligence Agency, New Information on South Africa's Nuclear Program and South African-Israeli Nuclear and Military Cooperation. Memorandum vom 30.3.1983, veröffentlicht unter dem Freedom of Information Act am 28.4.1997, http://www.foia.cia.gov/browse_docs.asp?doc_no=0000107418&no_pages=0004&showPage=0001 (21.12.2007)

Červenka , Zdenek und Barbara Rogers: The Nuclear Axis. Secret Collaboration between West Germany and South Africa. London: J. Friedmann 1978

»CIA schmuggelte Waffen«. In: *Der Spiegel* Nr. 35/1986, S. 16 f.

Clarridge, Duane R.: *A Spy for All Seasons. My Life in the CIA*. New York: Scribner 1997

Cohen, Avner: Israel and the Bomb. New York: Columbia University Press 1998

Colby, Carl: *The Man Nobody Knew: In Search of My Father, CIA Spymaster William Colby*. Dokumentarfilm, 134'00, 2011

Colby, William: *Honorable Men. My Life in the CIA*. New York: Simon and Schuster 1978

Connolly, John: Wackenhut – Inside the Shadow CIA, in: SPY Magazine, Vol. 6.9.1992, http://www.bibliotecapleyades.net/sociopolitica/esp_sociopol_wackenhut06.htm

Corn, David: *Blond Ghost. Ted Shackley and the CIA's Crusades*. New York: Simon and Schuster 1994

Covici, John: *Why we must defeat Ollie North*, Chapter 6: »Ollie and the East Bloc«. In: Alt.Activism, 9.8.1994; https://groups.google.com/forum/#!topic/alt.activism/JUIGFVc2C1U

Dammegard, Ole: *Coup d'Etat in Slow Motion. The Murder of Olof Palme*. 1+2 Bde., o.O.: Moonrock Books, 2015

Darnstädt, Thomas: »Aktenzeichen 33247/87 ungelöst. Die letzten Tage im Leben des Uwe Barschel (I)«. In: *Der Spiegel* Nr. 41/1997, S. 44–70

Darnstädt, Thomas: »Aktenzeichen 33247/87 ungelöst. Barschel-Affäre (II): Wie starb Uwe Barschel vor zehn Jahren in seinem Hotel in Genf und warum?« In: *Der Spiegel* Nr. 42/1997, S. 190–205

Darnstädt, Thomas: »Aktenzeichen 33247/87 ungelöst. Barschel-Affäre (III)«. In: *Der Spiegel* 43/1997, S. 168–185

»Das Gutachten im Fall Barschel. Der Schweizer Toxikologe Hans Brandenberger erklärt, welche chemischen Hinweise auf professionelle Täter deuten«. In: *Die Welt am Sonntag*, 21.11.2010; www.welt.de/11107132

»Dead CIA Chief Was Set to Finally Blow Lid on JFK Assassination«. In: *The Sun*, 20.8.1996

DeCamp, John: *The Franklin Cover-up. Child Abuse, Satanism, and Murder*. Lincoln: AWT 2006

Décimo Comissão Parlamentar De Inquérito à Tragédia de Camarate: Relatório Final, S. 102–111; http://app.parlamento.pt/webutils/docs/doc.pdf?path=6148523063446f764c3246795a5868774d546f334e7a67774c336470626d6c7561574e70595852706 46d467a4c31684a535339305a58683062334d76634770794e4445784c56684a535638784c6e426b5a673d3d&fich=pjr411-XII_1.pdf&Inline=true

»›Der geht niemanden etwas an.‹ Hat Schäuble im Schalck-Ausschuss die Unwahrheit gesagt?«. In: *Der Spiegel* Nr. 6/1992, S. 25 ff.

»Der Müll und die Moneten«. In: *Der Spiegel* 8/1994, S. 52–60

»Der Zorn wird täglich größer«. In: *Der Spiegel* 50/1989, S. 30–37
Dettmer, Markus, Sven Röbel, Britta Sandberg: »Der Tote von Zimmer 317«. In: *Der Spiegel* Nr. 41/2007, S. 46–66
Döbert, Frank: »Der ›Hecht‹ in der Jenaer Leninstraße: Die merkwürdigen Besuche des Uwe Barschel in Jena«. In: *Thüringische Landeszeitung*, 12.2.2016, S. 19
Dörfer, Ingemar: *The New Western Security Regime*. Washington, D.C.: Woodrow Wilson Center Press 1997
Douglas, B.: Bitter Attack on Lockerbie Film. In: *The Herald*, 27.7.1994
Dowd, Ann Reilly und Lucretia Marmon: »How U.S. Arms Dealers are making a Killing«. In: *Fortune Magazine*, 16.2.1987; http://archive.fortune.com/magazines/fortune/fortune_archive/1987/02/16/68671/index.htm
Draper, Theodore: *A Very Thin Line. The Iran-Contra-Affairs*. New York: Simon and Schuster 1992
Eid, Uschi und Reinhard Krämer: *Der U-Boot-Skandal. Zwischenbilanz eines schmutzigen Geschäftes mit Südafrika. Dokumentation*. Bonn: Die Grünen im Bundestag 1989
Emerson, Steven and Brian Duffy: *The Fall of Pan Am 103*. New York: Penguin Books 1990
Engdahl, William: »East German dirty-arms trail leads to Iran-Contra«. In: *EIR* Vol. 17, Number 3, Jan. 12.1.1990, S. 58–61
Engdahl, William: »The European ›Irangate‹ cartel of Karl-Erik Schmitz«. In: *EIR* Vol. 14, Number 46, 20.11.1987 (1)
Engdahl, William: »Karl-Erik Schmitz's operation in West Germany«. In: *EIR* Vol. 14, Number 46, 20.11.1987, S. 33 (2)
»Engholm gewinnt Klage gegen ›Focus‹«. In: *Frankfurter Allgemeine Zeitung*, 18.9.2003
»Engholm soll als Stasi-Mitarbeiter registriert worden sein«. In: *Rheinische Post*, 2.12.2000; www.rp-online.de/politik/engholm-soll-als-stasi-mitarbeiter-registriert-worden-sein-aid-1.2267323
Feldman, Jonathan: *Universities in the Business of Repression. The Academic-Military-Industrial Complex and Central America*. Cambridge, Mass.: South End Press 1989
»Film Maker Searches for Truth on Lockerbie«. In: *The Herald*, 29.7.1994
Final Report of the Assassination Records Review Board. Washington, D.C.: United States Government Printing Office, 1998
Final Report of the Independent Counsel For Iran/Contra Matters, Vol. I: *Investigations and Prosecutions, Lawrence E. Walsh, Independent Counsel*. 4.8.1993, Washington, D.C
Förster, Andreas: Attentat auf Olof Palme – So nah war die Stasi am Mordverdächtigen dran. In: Cicero, 12.3.2016. https://www.cicero.de/aussenpolitik/mordfall-olof-palme-zum-30-jahrestag-des-schwedischen-kennedy-attentats/60604
Förster, Andreas: »Der Amigo und die Mäuse«. In: *Frankfurter Rundschau*, 18.1.2010
Förster, Andreas: »Das Stasi-Dossier über Björn Engholm lässt Fragen offen, befreit den SPD-Politiker aber vom IM-Verdacht. ›Hecht‹ statt ›Erdmann‹«. In: *Berliner Zeitung*, 16.11.2005

Förster, Andreas: »Das ungelöste Rätsel um den Toten von Genf«. In: *Berliner Zeitung*, 10.10.1997

Förster, Andreas: »Mit der Operation ›Häuserkampf‹ auf der Jagd nach Barschel-Akten. Die Stasi-Fotos vom Familientreffen sind verschwunden«. In: *Berliner Zeitung*, 19.4.1995 (1)

Förster, Andreas: »›Durch Erhängen mit seinem Hosengürtel am Fenstergitter‹, Teil 4: Der »Warnemünder Kreis« sammelte brisante Informationen über Geschäftspartner – auch gegen Barschel?«. In: *Berliner Zeitung*, 18.4.1995, S. 16 (2)

Förster, Andreas: Die Toten aus dem Stockholmer Hammarby-Kanal. In: Berliner Zeitung, 15.4.1995. www.berliner-zeitung.de/teil-3--1984-stiess-eine-schwedische-journalistin-auf-brisante-spuren--die-bis-nach-kiel-fuehrten---von-andreas-foerster-die-toten-aus-dem-stockholmer-hammarby-kanal-17393184 (3)

Förster, Andreas: »Spionage-Thriller um U-Boote und Traumschiffe«. In: *Berliner Zeitung*, 13.4.1995, S. 16 (4)

Förster, Andreas: »Stasi-Anwalt Manfred Wünsche starb in Berlin. Dubiose Geldgeschäfte bis kurz vor dem Tod«. In: *Berliner Zeitung*, 12.8.1994 (1)

Förster, Andreas: »BfV und BND empfingen nach der Wende Überläufer mit offenen Armen und prallen Bankkonten«. In: *Berliner Zeitung*, 4.6.1994 (2)

Ford, Peter: CIA Agent Chip Tatum bekräftar Pelmemöte met Oliver North. Interview m. Chip Tatum, 30.5.2012, Radio KIEV, Los Angeles. www.whitetv.se/sv/palmemordet/315-f-d-cia-agent-chip-tatum-bekraeftar-palmemoete-med-oliver-north.html

Ford, Peter und Mike Ruppert; Interview mit Gene Tatum. Zit. n. Leopold, Anders: »Palme ermordet«. In: *Leopoldreport* v. 4.10.2014, ttp://www.leopoldreport.com/LRsajt94.html

Ford, Trowbridge H.: »Olof Palme's Assassination (Operation Tree). Why a British Gamekeeper Turned Poacher«. In: *Codshit*, 22.6.2004 (1); http://codshit.blogspot.de/2004/06/olof-palmes-assassination-operation.html

Ford, Trowbridge H.: »The NSC's Lt. Colonel Oliver North: From Key Operative to Iran-Contra Scapegoat«. In: *Codshit*, 11.2.2004 (2); http://codshit.blogspot.com/2004/02/nsc-s-lt-colonel-oliver-north-from-key.html

Fraktion Die Grünen im Bundestag (Hg.): *Der U-Boot-Skandal. Zwischenbilanz eines schmutzigen Geschäfts mit Südafrika*. Bonn, Oktober 1989

Francovich, Allan: *The Maltese Double Cross*. Dokumentarfilm, 157'00, 1994

Francovich, Allan: *Operation Gladio. 3-Part Series on the Clandestine »Stay-Behind« Operation of CIA and NATO*. UK: BBC 1992; https://archive.org/details/operationgladio

Francovich, Allan: *The Puppeteers*. Part 2 of *Operation Gladio*. BBC, 17.6.1992 (2)

Freeman, Ruth: *Death of a Statesman: Solution to the Murder of Olof Palme*. London: Robert Hale Ltd. 1988

Fromm, Erich: *Die Furcht vor der Freiheit*. München: dtv 1995

Gaffney, Frank J.: »Unsung hero of the Cold War. William Van Cleave was the mastermind of ›peace through strength‹«. In: *Washington Times*, 25.3.2013

Ganser, Daniele: Illegale Kriege. Wie die NATO-Länder die UNO sabotieren. Eine Chronik von Kuba bis Syrien. Zürich: Orell Füssli 2016

Ganser, Daniele: *NATO-Geheimarmeen in Europa. Inszenierter Terror und verdeckte Kriegsführung*. Zürich: Orell Füssli 2008

Ganser, Daniele und Mats Deland: »NATO's Secret Army in Neutral Sweden«. In: *Journal for Intelligence, Propaganda and Security Studies (JIPSS)*, Jg 2010, H. 4, Nr. 2, S. 20–39

Garbely, Frank: *Témoin C. – Genève, Ville des Ombres*. Dokumentarfilm, 52'00, Télévision Suisse Romande, 8.5.2011; https://www.youtube.com/watch?v=Mz6cd3EryL0

Garbely, Frank: *L'affaire Barschel – Silence de mort*. Dokumentarfilm, 60'00, Télévision Suisse Romande, 15.10.2007

»Geheimtreffen Barschel–Schalck«, *Superillu*, Jg. 1991, H. 38, S. 15 f.

Geraghty, Tony: *The Bullet Catchers: Bodyguards and the World of Close Protections*. London: Grafton 1989

Gerstenfeld, Manfred: »Decades of Anti-Israel Hate by Swedish Social Democrats«. *Arutz Sehva*, 2.4.2015; www.israelnationalnews.com/Articles/Article.aspx/16413

»Gewehr im Papier. Der engste Berater des DDR-Devisenbeschaffers Schalck-Golodkowski hat bei den Ermittlern ausgepackt«. In: *Der Spiegel* 26/1991, S. 30 ff.

Godson, Roy (Hg.): *Intelligence Requirements for the 1980's: Clandestine Collection*. National Strategy Information Center (NSIC) 1982

Goetz, John, Conny Neumann und Oliver Schröm: *Allein gegen Kohl, Kiep & Co. Die Geschichte einer unerwünschten Ermittlung*. Berlin: Chr. Links Verlag 2000

Goldhagen, Daniel Jonah: Hitlers willige Vollstrecker. Ganz gewöhnliche Deutsche und der Holocaust. Berlin: Siedler 1998

Goos, Diethart: »Agentenprozess eröffnet. Hat Fernsehredakteur Bernd Michels für die Stasi spioniert?« In: *Die Welt*, 6.11.1996

Grant, Zalin: *Who Murdered The CIA Chief? William E. Colby: A Highly Suspicious Death*. Reston, VA: Pythia Press 2011; www.pythiapress.com/wartales/colby.htm

Guyatt, David G.: »The Pegasus File. A former CIA deep-cover agent turns whistleblower at great risk«. In: *Nexus Magazine* Jg. 1997, Band 4; www.whale.to/b/guyatt.html

Haglund, Göran: »The Yugoslaw deal and Karl-Erik Schmitz«. In: *EIR* Vol. 14, Number 46, 20.11.1987, S. 36 f.

Harkavy, Robert E.: *Bases Abroad: The Global Foreign Military Presence*. Stockholm International Peace Research Institute. New York: Oxford University Press 1989

Harkavy, Robert E.: Pariah states and nuclear proliferation. In: Nuclear proliferation: breaking the chain. A special issue of International Organization, edited by George H. Quester, Vol. 35, No. 1, winter 1981, p. 135 – 163

Harkavy, Robert E.: Preemption and Two-Front Conventional Warfare. A Comparison of 1967 Israeli Strategy with the Pre-World War One German Schlieffen Plan. Jerusalem Papers On Peace Problems, No. 23. Jerusalem: The Hebrew University 1977 (1)

Harkavy, Robert E.: Spectre of a Middle East Holocaust: The Strategic and Diplomatic Implications of the Israeli Nuclear Weapons Program. Denver CO: University of Denver Press 1977 (2)

Harkavy, Robert E.: »The Pariah State Syndrome«. In: *Orbis* Jg. 1977, Band 21, Nr. 2, S. 623–649 (3)

Harkavy, Robert E. and Geoffrey Kemp: Strategic Geography and the Changing Middle East. Washington: Brookings Institution Press 1997

Harkavy, Robert E. and Stephanie G. Neuman: Warfare and the Third World. New York: Palgrave 2001

Harkavy, Robert E. and Stephanie G. Neuman (Eds.): The Lessons of Recent Wars in the Third World. Approaches and Case Studies, Vol. 1. Lexington: D.C. Heath 1985

Hattendorf, John E. (Hg.): *The Evolution of the U.S. Navy's Maritime Strategy 1977–1986*. Newport, RI: Naval War College Press 2004

Hauck, Christian: »Eine Spur ins Kieler Rathaus? Dossier soll Hinweise auf Waffengeschäfte von Ex-Barschel-Sozius Moll liefern«. In: *Kieler Nachrichten*, 24.12.1994

Hedeler, Wladislaw (Hg.): Stalinscher Terror 1934 – 1941. Eine Forschungsbilanz. Berlin: Basisdruck 2002

Herman, Edward S. und Frank Brodhead: *The Rise and Fall of the Bulgarian Connection*. New York: Sheridan Square Publications 1986

»Hohe Gewinne, kleines Risiko. Staatsanwälte, Zollfahnder und der Generalbundesanwalt haben ein dunkles Kapitel der deutsch-deutschen Wirtschaftsbeziehungen aufgearbeitet«. In: *Der Spiegel* Nr. 2/1996, S. 74–82

Holleman, Edith und Andrew Love: *Inside the Shadow Government*. Washington, D.C.: Christic Institute 1988

Holmer, Hans: *Olof Palme has been Shot* (in Schwedisch). Stockholm: Wahlstrom and Widstrand 1988

»Homosexual prostitution inquiry ensnares VIPs with Reagan, Bush«. In: *Washington Times*, 29.6.1989, S. 1

Honegger, Barbara: *October Surprise. Did the Reagan-Bush election campaign sabotage President Carter's attempts to free the American hostages in Iran?* New York: Tudor 1989

Hufelschulte, Josef: »›Die machen mich fertig!‹ Wie der Anti-Terror-Chef des BND unter Verdacht geriet, ein polnischer Top-Agent zu sein«. In: *Focus* Nr. 16/2010, S. 40–43

Hufelschulte, Josef und Uwe Münster: »Eine verhängnisvolle Affäre: Wie der US-Geheimdienst CIA in Moskau die komplette Agentendatei der DDR-Auslandsspionage erbeutete«. In: *Focus* 5/1999, S. 32 ff.

Hull, Bryson: »CIA lies exposed in Libya arms case«. In: *Fairfax Digital*, 30.10.2003; http://fddp.theage.com.au/articles/2003/10/29/1067233244563.html?from=storyrhs

»›Ich habe daran zu knapsen.‹ Wie der Journalist Sebastian Knauer den toten Uwe Barschel in der Badewanne fand«. In: *Der Spiegel* 43/1987 http://magazin.spiegel.de/EpubDelivery/spiegel/pdf/13525387

Inzerilli, Paolo: *Gladio. La Veritá negata*. Bologna: Edito da Analisi 1995

»Iran-arms defendant linked to CIA«. In: *Chicago Tribune*, 9.11.1987, S. 21

»Iran-Contra-tied Barschel case reopened in Germany«. In: *EIR*, 17.4.1992, S. 51

»Israelis Remain Convinced Syria Downed Flight 103«. In: *New York Times*, 21.11.1991, S. A14

»It must not always be Gladio. Attacks – Arms – Depots – Memory Glitches – Stay Behind. Anthology«. In: *Zoom* 4–5/1996

Jach, Michael: »Klaus Nilius war eine Stasi-Quelle«. In: *Focus* Nr. 11/1993

Jakowlew, Alexander: Ein Jahrhundert der Gewalt in Sowjetrussland. Berlin: Berlin Verlag 2004

Jenkins, Philip: »The Assassination of Olof Palme: Evidence and Ideology«. In: *Contemporary Crises*, Jg. 1989, Band 13, S. 15–33

Jessen, Lisbeth u. Johannes Nichelmann: Tod eines Stasi-Agenten. WDR 5 Tiefenblick, Folgen 1-6 am 11.06., 18.06., 25.06., 02.07., 09.07., 16.07.2017, jewels ca. 25'

Kalugin, Oleg: *Spycraft. The Great Game*. CD-ROM-Spiel (s. dazu https://en.wikipedia.org/wiki/Spycraft:_The_Great_Game)

Kanger, Thomas und Oscar Hedin: »Erlanders hemliga gerilla. I ett ockuperat Sverige skulle det nationella motstanded ledas fran Äppelbo skola i Dalarna«. In: *Dagens Nyheter*, 4.10.1998

Katzung, Walter: *TOXDAT. Untersuchungen zu chemischen Substanzen mit besonderer kriminalistischer Relevanz*. Unveröffentlichte Studie/Datenbank. Berlin 1988

Katzung, Walter: *Medikamentenvergiftung Barschel. Vergleichende Darstellung ausgewählter Aspekte*. Unteröffentlichtes Gutachten. Berlin 02.12.1992

Kelly, Phil: »An Unholy Alliance«. In: *The Leveller*, 52/1981; www.wcml.org.uk/about-us/redirect-page

Kennedy-Minott, Rodney: *Lonely Path to Follow: Non-Aligned Sweden, United States/NATO and the USSR*. Palo Alto, CA: Hoover Institution Press 1990

Knauer, Sebastian (Hg.): *Barschel – die Akte. Originaldokumente eines ungelösten Kriminalfalls*. Berlin: Siebenhaar 2009

Knelangen, Wilhelm und Tine Stein (Hg.): *Kontinuität und Kontroverse. Die Geschichte der Politikwissenschaft an der Universität Kiel*. Essen 2013

Koch, Egmont R.: *Lizenz zum Töten: Die Mordkommandos der Geheimdienste*. Berlin: Aufbau Verlag 2013

Koch, Egmont R.: *Das geheime Kartell. BND, Schalck, Stasi & Co*. Hamburg: Hoffmann und Campe 1992

Köhler, Ingo: *Die »Arisierung« der Privatbanken im Dritten Reich. Verdrängung, Ausschaltung und die Frage der Wiedergutmachung*. München: Beck 2005

Köppe, Ingrid: *Abweichender Bericht der Berichterstatterin der Gruppe Bündnis 90 / Die Grünen im 1. Untersuchungsausschuss Ingrid Köppe MdB*. Berlin 1994

Kompa, Markus: »Tod eines Politikers«. In: *Telepolis*, 16.7.2012; www.heise.de/tp/artikel/37/37272/1.html

Krumrey, Henning: »109 Millionen Mark abgetaucht«. In: *Focus* Nr. 44/1994

Kupperman, Robert und Tamara Kupperman: »Pan Am 103: Facts vs. Politics«. In: *New York Times*, 16.11.1991

Kwitny, Jonathan: »The CIA's Secret Armies in Europe. An International Story«. In: *The Nation*, 6.4.1992, S. 444–448

Kwitny, Jonathan: *The Crimes of Patriots. A True Tale of Dope, Dirty Money and the CIA*. New York: W.W. Norton 1987

Lambrecht, Rudolf, Leo Müller, Peter Sandmeyer: »Die Mörder vom Dienst«. In: *Stern* 7/1993

Dies.: »Der lange Weg zur Wahrheit«. In: *Stern* 42/1997, S. 42–50

Lamby, Stephan: »Der Top-Agent. Das geheime Leben des Werner Mauss«. Dokumentarfilm, 80'00, MDR/ARD 1998

»Landesregierung streicht Mittel für Kaltefleiters Sommerkurse«. In: *Kieler Nachrichten*, 22.7.1988

Langels, Otto: »Gefangen im Libanon. Vor 20 Jahren wurde Rudolf Cordes entführt«. Deutschlandfunk, 17.1.2007; www.deutschlandfunk.de/gefangen-im-libanon.871.de.html?dram:article_id=125756

Lehman, John: *Command of the Seas*. Newport, RI: Bluejacket Books 1988

Leitenberg, Milton: *Soviet Submarine Operations in Swedish Waters: 1980–1986*. New York: Praeger 1981

Lenzner, Terry: *The Investigator. Fifty Years of Uncovering the Truth*. New York: Penguin Group 2013

Leopold, Anders: *The Swedish Tree Shall be Brought Down*. Stockholm 2008

LeWinter, Oswald: *Desmantelar A América. Os Ensaios de Lisboa de Oswald Le Winter no Exílio*. Lisboa: Publicacoes Europa-Amérika 2001 (1)

LeWinter, Oswald: *Democracia E Secretismo*. Lisboa: Publicacoes Europa-Amérika 2001 (2)

Lewis, Neil A.: »Lawrence E. Walsh, Prosecutor in Iran-Contra Scandal, Dies at 102«. In: *New York Times*, 20.3.2014

Livingston, Robert Gerald und Jörg Mascolo: »›Das sind die Kronjuwelen‹«. In: *Der Spiegel* Nr. 16/2005, S. 50 f.

Loeb, Vernon und Bill Miller: »Tinker, Tailor, Poet, Spy? He's Played the Part of an Ex-CIA Agent for Years Now. It's a Convincing Act«. In: *Washington Post*, 15.2.2001

Lüders, Michael: *Die den Sturm ernten. Wie der Westen Syrien ins Chaos stürzte*. München: Beck 2017.

Mackenzie, Angus: *Secrets. The CIA's War at Home*. Berkeley: University of California Press 1997

Macrakis, Kristie: *Seduced by Secrets: Inside the Stasi's Spy-Tech World*. New York: Cambridge University Press 2008

Mahar, Maggie: »Unwitting Accomplices? A Private Probe's Startling Findings on Pan Am Flight 103«. In: *Barron's*, 17.12.1990, S. 10

Malmborg, Mikael af: *Neutrality and State Building in Sweden*. New York: Palgrave 2001

Mangold, Tom: *Cold Warrior James Jesus Angleton: The CIA's Master Spy Hunter*. London: Simon & Schuster 1991

Marshall, Jonathan, Peter Dale Scott, Jane Hunter: *The Iran-Contra Connection: Secret Teams and Covert Operations in Reagan Era*. Montreal: Black Rose Books Ltd. 1987

Marxen, Klaus und Gerhard Werle: *Strafjustiz und DDR-Unrecht: Spionage*. Berlin: De Gruyter 2004

McCoy, Alfred W.: *Die CIA und das Heroin. Weltpolitik durch Drogenhandel*. Frankfurt a.M.: Westend Verlag 2016

McCoy, Alfred W., *Interview*, 9.11.1991, von Paul DeRenzio auf Bearcave.com; www.bearcave.com/bookrev/nugan_hand.html

McDonnell, Jeff: »The Counter-terrorists at the Fletcher School: The Reagan administration's new terrorism policy«. In: *Boston Review*, Okt./Nov. 2001; http://bostonreview.net/archives/BR11.4/mcconnell.html

Melton, Keith: *The Ultimate Spy Book*. New York, NY: Darling Kindersey 1996

Mergen, Armand: *Tod in Genf. Ermittlungsfehler im Fall Barschel*. Heidelberg: Kriminalistik Verlag 1988

Meyer, Cord: *Facing Reality: From World Federalism to the CIA*. New York: University Press of America 1982

Miller, William G.: »Lockerbie Revisited«. In: *Boston Globe*, 20.12.1989

Moll, Hermann: *Broker of Death. An insider's story of the Iran arms deals*. London: MacMillan 1988

Mosey, Chris: »Secret nuclear weapons row breaks in Sweden«. In: *The Observer*, 28.4.1985, S. 17

Mueller, Michael, Leo Müller, Rudolf Lambrecht, Peter F. Müller: *Der Fall Barschel. Ein tödliches Doppelspiel*. Berlin: Propyläen 2007

Müller-Enbergs, Helmut: »Rosenholz«. Eine Quellenkritik. Berlin: BStU 2007

Müller-Enbergs, Helmut: *Inoffizielle Mitarbeiter des Ministeriums für Staatssicherheit. Teil 2: Anleitungen für die Arbeit mit Agenten, Kundschaftern und Spionen in der Bundesrepublik Deutschland*. Berlin: Ch. Links Verlag 2011

Münster, Uwe: »Todesurteil aus Ostberlin. Ein penibler Mordplan der DDR-Staatssicherheit gegen einen Deserteur der Armee belegt erstmals die Existenz staatlicher Killerkommandos«. In: *Focus* Nr. 12/1997

Nayak, Polly: Prospects for US – India Counterterrorism Cooperation – an American View. In: Ganguly, Sumit, Brian Shoup u. Andrew Scobell (Ed.): US – Indian Strategic Cooperation into the 21st. Century: More than Words. New York: Routledge 2006

Naylor, R. T.: *Patriots and Profiteers, Economic Warfare, Embargo Busting, and State Sponsored Crime*. Montreal & Kingston: McGill-Queen's University Press 2008

Neskovic, Wolfgang (Hg.): Der CIA-Folter-Report. Der offizielle Bericht des US-Senats zum Internierungs- und Verhörprogramm der CIA. Frankfurt a.M.: Westend 2015

Nickol, Eckhardt (ehemaliger MfS-Major): »Notizen«, o.O. o.J., S. 4 (Privatarchiv Patrik Baab)

Nickol, Eckhardt: »Chronologie der Ereignisse und Gesamtdarstellung«, o.O. o.J. (Privatarchiv Patrik Baab)

»Nuno Melo ouvido hoje na comissao ao caso Camarate«. In: *Noticias ao Minuto*, 14.2.2013; https://www.noticiasaominuto.com/pais/45550/nuno-melo-ouvido-hoje-na-comiss%c3%a3o-ao-caso-camarate

Östberg, Kjell: *I takt med tiden. Olof Palme 1927–1969*. Stockholm: Leopard förlag 2008

»Offen für alles. Am Runden Tisch in Lübeck, der den Tod Uwe Barschels aufklären soll, gibt es schon Krach, bevor das Gremium überhaupt getagt hat«. In: *Der Spiegel* Nr. 2/1995, S. 30 ff.

Ostrovsky, Victor: First-Hand Accounts of Pro-Israel McCarthyism: When Israel's Mossad Set Out to ‚Break' Me, It Founds Ist Helpers Here at Home. In: Washington Report on Middle East Affairs, Okt./Nov. 1997, S. 37

Ostrovsky, Victor: *Geheimakte Mossad. Die schmutzigen Geschäfte des israelischen Geheimdienstes*. München: Goldmann 1996

Paoli, Guillaume: Die lange Nacht der Metamorphose. Über die Gentrifizierung der Kultur. Berlin: Matthes&Seitz 2017

Paivarinta, Tiina: »Behind the Assassination of Olof Palme«. In: *OPC Global. News and Media*, 1.6.2012; www.onlinepublishingcompany.info/content/sitenews-readmore/infobox/news/template/default/active_id/539

»Palme Case Causes Swedes to Soul-Search«. In: *Washington Post*, 29.7.1989, S. A11 (1)

»Palme Case: A Field Day for the Conspiracy Set«. In: *New York Times*, 28.9.1989 (2)

Parry, Robert: *The Original October Surprise*. In: Truthout Archives 26.,27., 29.10.2006, http://www.truth-out.org/archive/item/66408-robert-parry--part-i-the-original-october-surprise, http://truth-out.org/archive/component/k2/item/66464:robert-parry--part-ii-the-original-october-surprise, http://www.truth-out.org/archive/item/66408-robert-parry--part-i-the-original-october-surprise

Parry, Robert: *Trick or Treason. The October Surprise Mystery*. New York: Sheridan Square Press 1993

Perry, Roland: *The Fifth Man*. London: Pan Books 1994

Persson, Leif: *Between Summer's Longing and Winter's Cold* (in Schwedisch). Stockholm: Pirateforlaget 2003

Pfaltzgraff, Robert L. und William van Cleave (Hg.): *Strategy and International Politics. Essays in Memory of Werner Kaltefleiter*, Frankfurt a.M. 2001

Pfaltzgraff, Robert L. und Richard H. Shultz, Jr.: »International Security Studies: Looking Back and Moving Ahead«. In: *Fletcher-Forum* Vol. 37:3, Special Edition 2013, S. 95–109

Philipp, Michael: *Persönlich habe ich mir nichts vorzuwerfen. Politische Rücktritte in Deutschland von 1950 bis heute*. München: Süddeutsche Zeitung Edition 2007

Piccolillo, Virginia: »›Dossier Stasi conferma pista bulgara‹. Il KGB ordinò l'attentato a papa Wojtyla, gli 007 bulgari lo eseguirono, la Stasi collaborò«. In: *Corriere della Sera*, 30.3.2005; www.corriere.it/Primo_Piano/Cronache/2005/03_Marzo/30/stasi.shtml

Picton, John: »Pan Am 103 – U.S. accused of cover-up in Lockerbie Plane Crash«. In: *Toronto Star*, 26.4.1992, S. A2

Pötzl, Norbert F.: Barschels schmutzige Tricks der Siebzigerjahre. In: Spiegel Online, 7.8.2018

Pohlmann, Dirk: *Operation Täuschung – Die Methode Reagan*. 52'13, ARTE, 05.5.2015, https://www.youtube.com/watch?v=rc0jThe2F4Q

Pohlmann, Dirk: Israel und die Bombe. Ein radioaktives Tabu. 51'41. ARTE, 15.8.2012. Online unter https://www.youtube.com/watch?v=D_oQPZiiqKs

Pohlmann, Friederike: *Hotel der Spione: Das »Neptun« in Warnemünde*. Schwerin: Landesbeauftragte Mecklenburg-Vorpommern für die Unterlagen des Staatssicherheitsdienstes der DDR 2009

Pond, Elizabeth: *Beyond the Wall. Germany's Road to Unification*, Washington, D.C.: Brookings 1994

Popper, Karl R.: Conjectures and Refutations. The Growth of Scientific Knowledge. New York u. London: Basic Books 1962. http://www.rosenfels.org/Popper.pdf

Potgieter, de Wet: Total Onslaught: Apartheid's Dirty Tricks Exposed. London: Zebra Press 2008

Potschien, Günther u. Gabriele Schreib: Der Fall Barschel: Unveröffentlichte Interna – der Wahrheit einen bedeutenden Schritt näher. Bad Homburg: VAS Verlag 2018

Potthoff, Klaus: »Politik, Wissenschaft, Macht, Karriere«. In: *Kieler Rundschau*, 29.7.1988

Poutiainen,Kari und Pertti: Inuti Labyrinten (*Within the Labyrinth*). Stockholm: Grimur 1994

Prados, John: *Safe for Democracy: The Secret Wars of the CIA*. Chicago: Ivan R. Dee 2006

Prados, John: *Lost Crusader: The Secret Wars of CIA Director William Colby*. Oxford: Oxford University Press 2003

Ranelagh, John: *The Agency: The Rise and Decline of the CIA*. New York: Simon and Schuster 1987

Rathmer, Matthias: *Alexander Schalck-Golodkowski: Pragmatiker zwischen den Fronten. Eine politische Biographie*. Berlin: epubli 2015

Reed, Thomas C.: *At the Abyss: An Insider's History of the Cold War*. New York: Ballantine Books 2004

Reeves, Richard: »The Palme Obsession«. In: *New York Times Magazine*, 1.3.1987, S. 20 ff.

Report of the Congressional Committees Investigating the Iran-Contra Affair with Supplemental, Minority and Additional Views. Washington, D.C. November 1987

Reuth, Ralf Georg: »›Erschießen, Erstechen, Verbrennen, Strangulieren …‹ Mit der Verhaftung des mutmaßlichen Stasi-Killers Jürgen Grothe rückt das düsterste Kapitel der DDR in den Blickpunkt: Die staatlich angeordneten Morde«. In: *Die Welt*, 28.9.2003

Rex, Erhard: *Mord oder Selbstmord? Der Tod des ehemaligen Ministerpräsidenten des Landes Schleswig-Holstein, Dr. Dr. Uwe Barschel, am 11.10.1987 in Genf*. Beitrag von Generalstaatsanwalt Erhard Rex vom 16.10.2007. Schleswig: Schriftenreihe des Generalstaatsanwalts 2007

Riste, Olaf und Arnfinn Moland: *The Norwegian Intelligence Service 1945–1970*. London: Frank Cass 1999

Ronneberger, Gerhard: *Deckname »Saale«. High-Tech-Schmuggler unter Schalck-Golodkowski*. Berlin: Dietz Verlag 1999

Rürup, Reinhard (Hg.): Topographie des Terrors. Gestapo, SS und Reichssicherheitshauptamt auf dem »Prinz-Albrecht-Gelände«. Eine Dokumentation. Berlin: Arenhövel 1991

Ruppert, Michael C.: »Who Did Edwin Wilson Really Work For? Ed Wilson's Revenge: The Biggest CIA Scandal in History Has Its Feet in the Starting Blocks in a Houston Court House«. In: *From The Wilderness*, Sherman Oaks, CA Januar 2000

Sá Fernandes, Ricardo: *O crime de Camarate*. Lisboa: Bertrand 2001

Sanders, Jerry: *Peddlers of Crisis: The Committee on the Present Danger and the Politics of Containment Militarism*. Boston, MA: South End Press 1983

Sandmeyer, Peter: »Deal mit Todesfolge«. In: *Stern*, 17.9.2007
Scheuer, Thomas: »Heiße Stasi-Scheiben«. In: *Focus* Jg. 41/1994
Scheuer, Thomas: »100 Million Dollars – ›more or less‹«. In: *taz*, 7.9.1990, S. 12
Schlögel, Karl: Terror und Traum. Moskau 1937. München: Hanser 2008
Schütte, Walter: »Der kleine Junge vom großen Devisenbeschaffer«. In: *Norddeutsche Neueste Nachrichten*, 30.1.1992
Schultz, James: Bomb Squad. How airborne detectives collect evidence from a cloud of atomic debris. In: Air&Space Magazine, July 2000, https://www.airspacemag.com/military-aviation/bomb-squad-51534355/?all
Schumacher, Ulrike: *Rüstungskontrolle als Instrument der Außenpolitik*. Herford 1983
Schweitzer, Peter: Victory: *The Reagan Administration's Secret Strategy that hastened the Collapse of the Soviet Union*. New York: Atlantic Monthly Press 1995
Scott, Peter Dale u. Jonathan Marshall: *Cocaine Politics: Drugs, Armies, and the CIA in Central America*. Berkeley: University of California Press 1998
Seale, Patrick: *Abu Nidal: A Gun for Hire. The Secret Life of the World's Most notorious Terrorist*. New York: Random House 1992
Sheehan, Daniel P.: *Affidavit*, filed on December 12, 1986 (Minor Revisions January 31, 1987). Washington, D.C.: The Christic Institute; http://jfk.hood.edu/Collection/Weisberg%20Subject%20Index%20Files/C%20Disk/Christic%20Institute%20Affidavit%20Sheehan%20Daniel%20P%20Avirgan%20Lawsuit/Item%2003.pdf
Sick, Gary: *October Surprise: America's Hostages in Iran and the Election of Ronald Reagan*. New York: Random House 1991
Silverstein, Richard: »Die Welt on Uwe Barschel's Murder and Possible Mossad Connection«. Tikun-Olam-Blog, 21.11.2010; https://www.richardsilverstein.com/2010/11/21/die-welt-on-uwe-barschels-murder
Simkin, John: »William Colby«. Education Forum 15.6.2006; http://educationforum.ipbhost.com/topic/7144-william-colby/
Simkin, John: »Ted Shackley and the Secret Team«. Education Forum, 10.12.2005; http://educationforum.com/ipbhost.com.index.php?showtopic=5597
Simkin, John: »The CIA and the Nugan Hand Bank«. Education Forum, 27.12.2005; http://educationforum.ipbhost.com/index.php?/topic/5740-the-cia-and-the-nugan-hand-bank/
Simoes, Fernando Farinha: *Toda a verdade sobre Camarate*; www.lusopt.pt/portugal/238-fernando-farinha-simoes-toda-a-verdade-sobre-camarate.html
Sklar, Holly: *Washington's War on Nicaragua*. New York: Barnes and Noble 1988
Small, Gretchen: »Fidel Castro's friend Vesco aids the Contras«. In: *EIR* Vol. 13, Number 50, 19.12.1986, S. 60 ff.
Smidt, Wolbert Klaus: The German Stay-Behind-Organisation (SBO) – From US-patronage to a secret cooperation project of the Western Allies. In: ders.: Nachrichtendienste im Spannungsfeld der Demokratie. Einsichten aus dem Inneren internationaler Geheimdienstarbeit. Berlin: LIT-Verlag 2018, S. 195 – 200

Sontheimer, Michael: »Das Ende einer Legende. Als die DDR unterging, versuchten Offiziere der HVA, möglichst alle Dokumente, Dateien und Akten spurlos verschwinden zu lassen«. In: *Der Spiegel* Nr. 3/1999, S. 40–51

»Soviet U-137 submarine incident in Swedish waters 1981«; https://www.liveleak.com/view?i=c2e_1414337339

Staatsanwaltschaft bei dem Landgericht Lübeck: *Gesamtbericht in dem Ermittlungsverfahren gegen Unbekannt wegen Verdachts des Mordes an Dr. Dr. Uwe Barschel*. Lübeck 1998; www.schleswig-holstein.de/GSTA/DE/Informationsmaterial/Dokumentation/Beitrag_LOStA_Wille/doku_wille1.html

Staatsanwaltschaft Lübeck, EG Genf, Betr.: Vernehmung des Hinweisgebers in einem Ermittlungsverfahren, 705 Js 33247/87, Hamburg, den 15.12.1994, Blatt 2394–2399

Sterling, Claire: *The Time of the Assassins*. New York: Holt, Rinehart, Winston 1985

Stern, Sol: »The Ramparts I Watched«. *City Journal*, Winter 2010; www.city-journal.org/2010/20_1_ramparts.html).

Stocklassa, Jan: Stieg Larssons Erbe. Berlin: Europa Verlag 2018

Stockwell, Norman: »The exposure of Eugene Hasenfus«. In: *Tico Times*, 6.10.2014; www.ticotimes.net/2014/10/06/the-exposure-of-eugene-hasenfus

Stöver, Bernd: *CIA. Geschichte, Organisation, Skandale*. München: Beck 2017

»Studenten. Wehrpolitik: Im Séparée«. In: *Der Spiegel* 36/1965, S. 60 f.

Ströbele, Christian: »Als Geheimnisträger fühlt man sich beschissen«. Interview Plutonia Plarre und Stefan Reinecke. In: *taz*, 2.6.2017, S. 3

Sundelius, Bengt: *The Committed Neutral: Sweden's Foreign Policy*. Boulder CO: Westview 1989

»Sweden Uneasy Over Failure to Solve Palme's Assassination«. In: *Los Angeles Times*, 2.2.1987, S. 6

Tarli, Ricardo: Operationsgebiet Schweiz. Die dunklen Geschäfte der Stasi. Zürich: Orell Füssli 2015

Task Force to Investigate Certain Allegations Concerning the Holding of American Hostages by Iran in 1980 (October Surprise Task Force): *Joint report of the Task Force to Investigate Certain Allegations Concerning the Holding of American Hostages by Iran in 1980*. Washington, D.C.: United States Government Printing Office 1993

»The Crash of Flight 103. In Scottish Village, Numbed Disbelief«. In: New York Times, 23.11.1988, S. A16

»The Maritime Strategy, Supplement«. In: *Naval Institute Proceedings*, Jan. 1986

Ther, Philipp: Die neue Ordnung auf dem alten Kontinent. Frankfurt: Surhkamp 2016

Timmerman, Kenneth R.: »Iran and the Supernotes. Testimony on S.277 before Congressman Spencer Bachus, Chairman, Subcommittee on General Oversight and Investigations of the Committee on Banking and Financial Services«, 27.2.1996

Timmerman, Kenneth R.: »Iranian link to Barschel murder«. In: *The Iran Brief*, 5.1.1995

Timmerman, Kenneth R.: »The Murder Trail«. In: *Mednews*, 7.12.1992 (1)

Timmerman, Kenneth R.: »Iran-contra killing in Switzterland?« In: *Mednews*, Vol. 6, Nr. 5, 7.12.1992 (2)

Timmerman, Kenneth R.: *La Grande Fauche: La Fuite des Technologies vers l'Est*. Paris: Editions Plon 1989

Timmerman, Kenneth R.: Öl ins Feuer. *Internationale Waffengeschäfte im Golfkrieg*. Zürich: Orell Füssli 1988 [*Fanning the Flames: Guns, Greed & Geopolitics in the Gulf War*. New York: New York Times Syndication Sales 1987]

Timmerman, Kenneth R.: »Ollie North's Swedish Connection«. In: *Middle East Defense News (Mednews)*, Vol. 1, Nr. 6, 14.12.1987 (1)

Timmerman, Kenneth R.: »Europe›s Arms Pipeline to Iran«. In: *The Nation* Nr. 18 v. 25.7.1987 (2)

Toland, John: *The Rising Sun: The Decline and Fall of the Japanese Empire 1936–1945*. New York: Random House 1970

»Trio Iranale«. In: Der Spiegel Nr. 48/1993, S. 36 f.

Tunander, Ola: Some comments on the ACC/SOPS document and other issues. Brief an Ola Frithiofson, 16.8.2018 (unveröffentlichter Text)

Tunander, Ola: *Some Remarks on the U.S./U.K. Submarine Deception in Swedish Waters in the 1980s*. Oslo: International Peace Research Institute 2010

Tunander, Ola: The secret war against Sweden: US and British submarine deception in the 1980s. London u. New York: Frank Cass 2004. Https://www.amazon.de/Secret-War-Against-Sweden-Submarine/dp/0714682756#reader_0714682756 oder https://books.google.de/books?id=cN-ETroO0zEC&printsec=frontcover&hl=de&source=gbs_ge_summary_r&cad=0#v=onepage&q&f=false

Ulfkotte, Udo: *Verschlusssache BND*. Leipzig: Koehler und Amelang 1998

»Verwöhnte Kunden. Wer immer in Prag Waffen en gros kaufen möchte, kann sie haben. Voraussetzung: Er zahlt mit Dollar«. In: *Der Spiegel* Nr. 8/1983, S. 118–121

Waldron, Lamar u. Thom Hartmann: Legacy of Secrecy: The Long Shadow of the JFK Assassination. Berkeley: Counterpoint Publishers 2009

Waldron, Lamar und Thom Hartmann: *Ultimate Sacrifice: John and Robert Kennedy, the Plan for a Coup in Cuba and the Murder of JFK*. Berkeley: Counterpoint 2006

Walker, Peter: From beyond the grave, Larsson names his suspect in murder of Swedish PM. In: The Guardian, 25.2.2014

Wall, Gunnar: Mordgatan Olof Palme. Stockholm: Semic 2010

Wall, Gunnar: Mörkläggning: Statsmakten och Palmemordet. Göteborg: Kärret 1996

Walsh, Lawrence E.: *Final Report of the Independent Counsel for Iran/Contra Matters, Vol. 1: Investigations and Prosecutions*. Washington, D.C., 4.8.1993

Walsh, Lawrence E.: *Firewall: The Iran-Contra Conspiracy and Cover-up*. New York: W. W. Norton 1998

Wegener Friis, Thomas und Helmut Müller-Enbergs: »Grenzlandpolitiker als Stasi-Spione? Analyse und Hintergrund einer Aufsehen erregenden Fälschung«. In: *Geschichte für heute*, 1/2008, S. 21–36

Weiner, Tim: *CIA. Die ganze Geschichte*. Frankfurt a.M.: Fischer 2012

Weiss, Gus W.: «The Farewell Dossier. Duping the Soviets", 27.6.2008. Siehe https://www.cia.gov/library/center-for-the-study-of-intelligence/csi-publications/csi-studies/studies/96unclass/farewell.htm

»Who is Richard Mellon Scaife?«, in: *EIR* Vol. 24, Nr. 15, 4.4.1997, S. 63–67; www.larouchepub.com/eiw/public/1997/eirv24n15-19970404/eirv24n15-19970404_063-who_is_richard_mellon_scaife.pdf,)

»Why Did they Die?«. In: *Time Magazine*, 27.4.1992

Wiegand, Ralf: Ex-Geheimagent Mauss darf ein wenig aufatmen. In: Süddeutsche Zeitung, 9.1.2017

Wiegrefe, Klaus: Unter Kollegen. Reinhard Gehlen, Gründer des Bundesnachrichtendienstes, spannte Unternehmen zu Spionagezwecken ein. In: Der Spiegel Jg. 2018, Nr. 12, S. 52 f.

Wildt, Michael (Hg.): Nachrichtendienst, politische Elite und Mordeinheit. Der Sicherheitsdienst des Reichsführers SS. Hamburg: Hamburger Edition 2003

Wille, Heinrich: *Ein Mord, der keiner sein durfte. Der Fall Uwe Barschel und die Grenzen des Rechtsstaates*. München: Droemer Knaur 2013

Wille, Heinrich: *Gesamtbericht in dem Ermittlungsverfahren gegen Unbekannt wegen des Verdachts des Mordes an Dr. Dr. Uwe Barschel*, Staatsanwaltschaft bei dem Landgericht, Lübeck, 27.4.1998, AZ 705 Js 33247/87. Schleswig: Schriftenreihe des Generalstaatsanwalts 2007

Wines, Michael: »Portrait of Pan Am Suspect, Affable Exile, Fiery Avenger«. In: *New York Times*, 24.12.1989, S. 1

Woods, Randall B.: *Shadow Warrior: William Egan Colby and the CIA*. New York: Basic Books 2011

»Years later, Olof Palme Street Keeps Its Secret«, in: *New York Times*, 28.2.1992

Ziegler, Charles A. and David Jacobson: Spying without Spies. Origins of America's Secret Nuclear Surveillance System. Westport: Praeger 1995

Rechte Seite
Der Tatort Sveavägen/Ecke Tunnelgatan.
Quelle: Dammegard 2015, S. 75

25) Jan Wiklund sieht einen Mann mit schwarzem Haar und schwarzem Schnauzer aus einem Wagen mit mehreren Männern aussteigen. 26) Mysteriöser Mann auf dem Friedhof. 27) Eine Frau sieht an der Ecke Tunnelgatan/Olofsgatan einen Mann mit Waffe. 28) Gunnar Roth sieht ein auffällig geparktes leeres Auto. 29) Ein roter PKW mit drei bis vier Insassen rammt den Bordstein, bremst, fährt wieder an. 30) Unmittelbar vor dem Mord parkt hier ein Polizeiwagen. 31) Passanten beobachten ein Polizeiauto mit ausgeschalteten Scheinwerfern. 32) Zeuge Wiklund sieht einen Mann, der Ausschau in Richtung Kino hält. 33) Lars Jeppsen hört zwei Schüsse und sieht einen großen, sportlichen Mann die Stufen der Tunnelgatan hochrennen. 34) Polizisten an einer Tankstelle. 35) Sigge Cedergren sieht eine Gruppe von vier Personen, eine davon trägt ein Funkgerät. Ein Volvo blockiert seinem Wagen die Durchfahrt. 36) Benny P. hört zwei Schüsse und stößt kurz darauf mit einem schnell laufenden Mann mit Militärmütze und Militärjacke zusammen. 37) Christer K. macht eine Vollbremsung, als ihm ein Mann bei der Johannes-Feuerwehrstation vor den Wagen läuft. X) Tatort. Gestrichelte Linie: Der Fluchtweg des Mörders.

Anhang

1. Karten von Stockholm

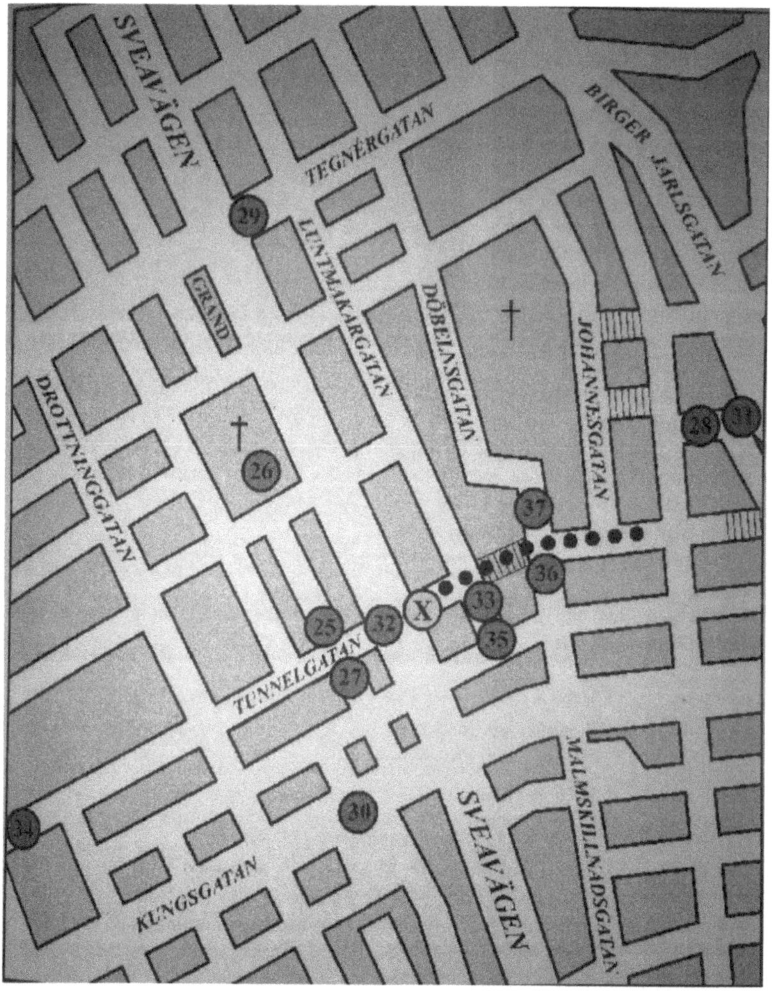

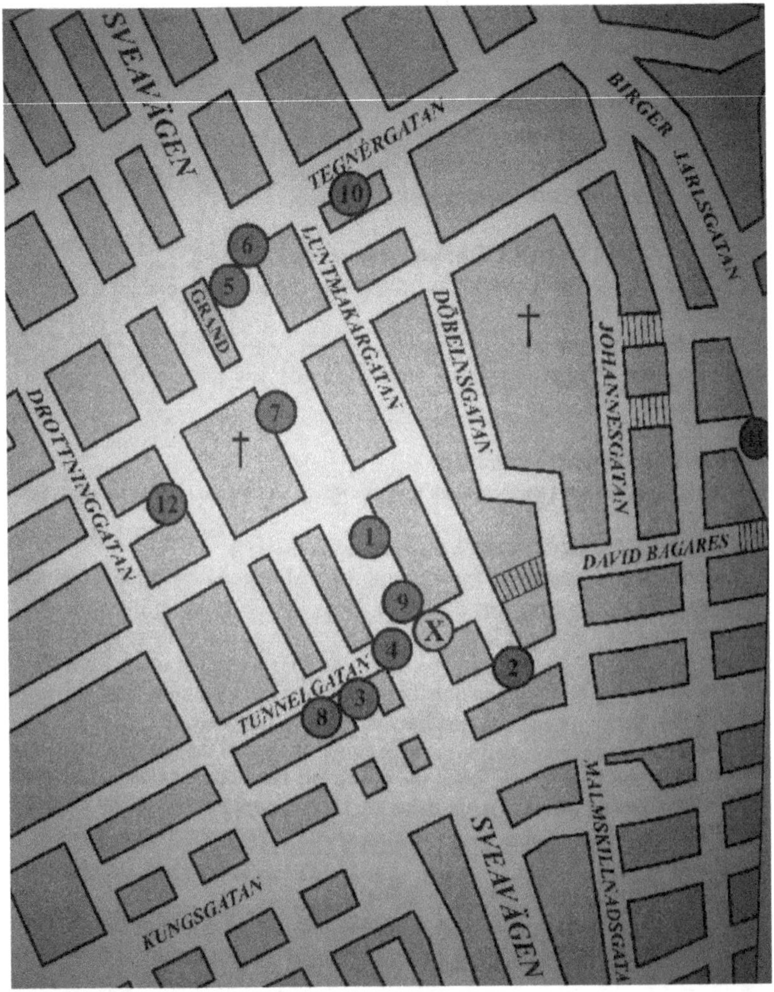

Männer mit Funkgeräten rund um den Tatort.

Quelle: Dammegard 2015, S. 52

1) Mann mit Funkgerät. 2) Männer mit Funkgeräten. 3) Mann mit Funkgerät. 4) Mann mit Funkgerät. 5) Kino Grand. 6) Zeugin Eva F. will hier Christer Pettersson gesehen haben. 7) Mann mit Funkgerät. 8) Mann mit Funkgerät. 9) Mann mit Funkgerät. 10) Taxifahrer Lennart G. will unter Drogeneinfluss Christer Pettersson gesehen haben. 11) Anders Synnelius und seine Freunde sehen mehrere Polizeiautos ohne Licht, die offensichtlich Passanten auf Abstand halten. 12) Passanten sehen zwei Männer in einem Auto ohne Licht in einer Seitenstraße sitzen. X) Der Tatort.

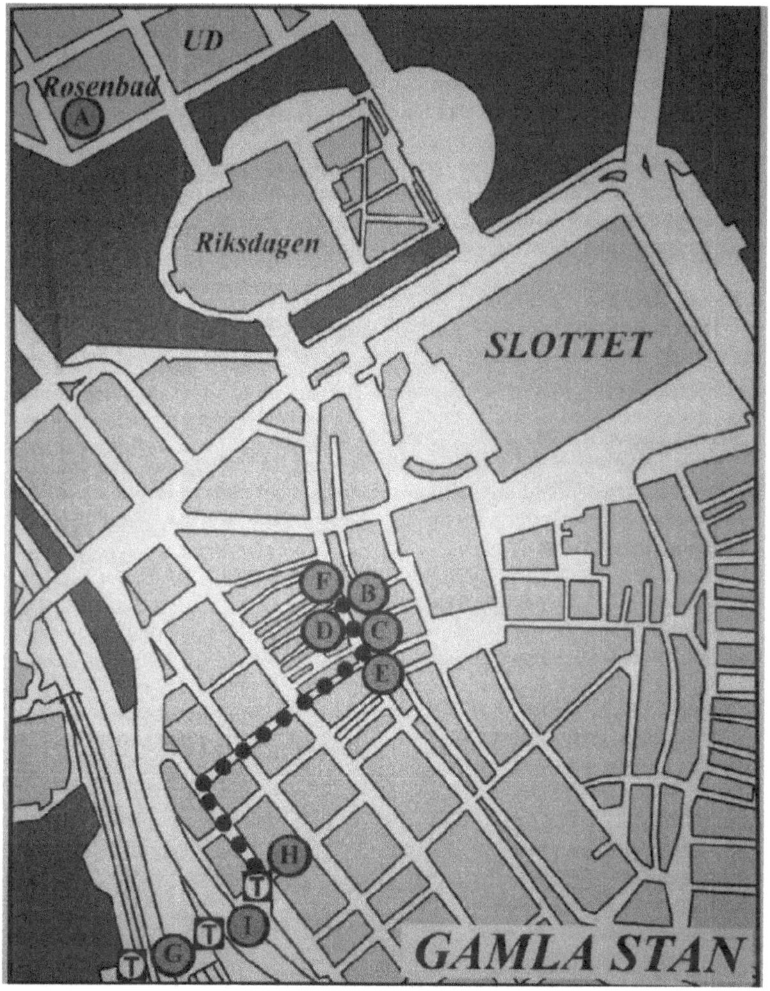

Männer mit Funkgeräten rund um Palmes Arbeitsplatz Rosenbad.

Quelle: Dammegard 2015, S. 47

A) Palmes Arbeitsplatz Rosenbad. B) Ulla Strömbeck-Larsson sieht einen großen blonden Mann mit Funkgerät 18 Meter hinter dem Ehepaar Palme C) Furchteinflößender Mann vor Palmes Wohnung. D) Mann mit Funkgerät. E) Mann mit Funkgerät. F) Auffälliger Mann mit Funkgerät nahe der U-Bahn-Station Gamla Stan. G) Mann mit Funkgerät. H) Mann mit Funkgerät. I) Ein Zeuge sieht einen geheimnisvollen Mann.

2. Abu Talb/Hamid Dadashniejad

Foto 1: Foto von Mohammed Abu Talb während seines Gefängnisaufenthalts.
Quelle: Polizei Stockholm, zur Verfügung gestellt von Ole Alsén

Foto 2: Foto der *New York Times*, angeblich Mohammed Abu Talb. Ist es in Wahrheit Nass Beirut?
Quelle: New York Times, von Reuters

Foto 3: Foto von Hamid Dadashniejad, angeblich ein 1953 in Teheran geborener iranischer Kurde.
Quelle: Allan Francovich

3. BfV, Quelle Glasschüssel

Quelle Glasschüssel berichtet dem Bundesamt für Verfassungsschutz über Barschels Verstrickung in Waffengeschäfte.

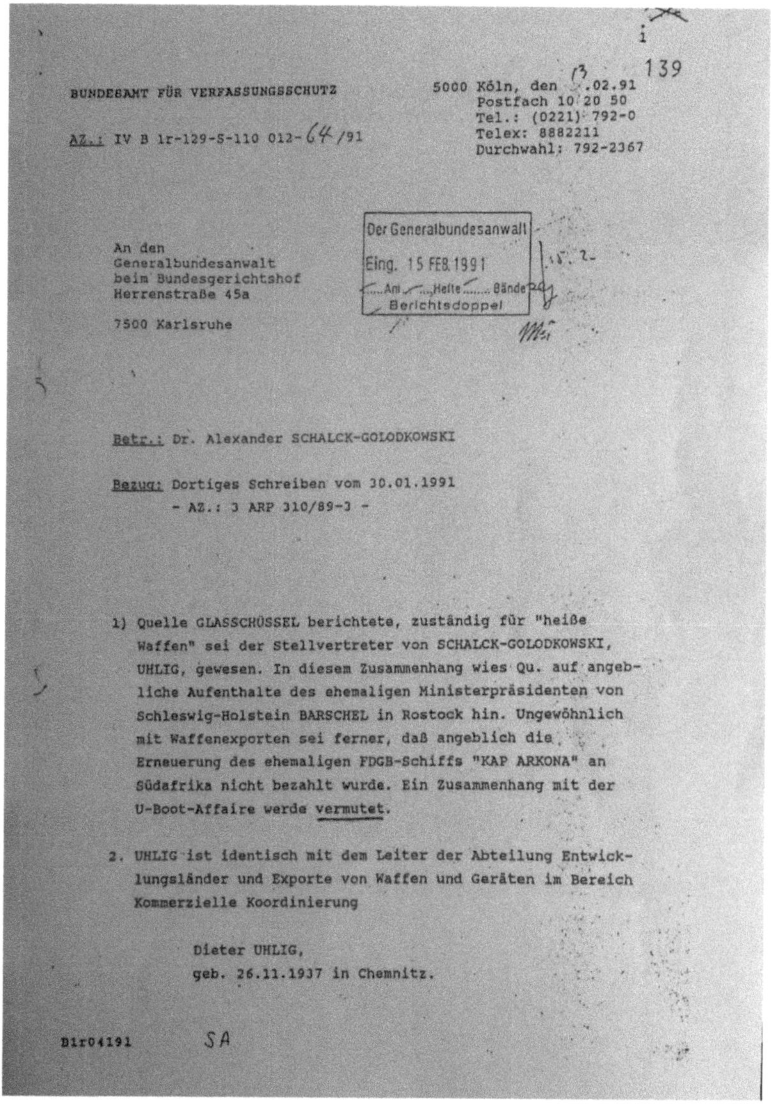

i

139

BUNDESAMT FÜR VERFASSUNGSSCHUTZ

5000 Köln, den 13.02.91
Postfach 10 20 50
Tel.: (0221) 792-0
Telex: 8882211
Durchwahl: 792-2367

AZ.: IV B 1r-129-S-110 012-64/91

An den
Generalbundesanwalt
beim Bundesgerichtshof
Herrenstraße 45a

7500 Karlsruhe

Der Generalbundesanwalt
Eing. 15 FEB. 1991
...Am ...Hefte ...Bände
Berichtsdoppel

Betr.: Dr. Alexander SCHALCK-GOLODKOWSKI

Bezug: Dortiges Schreiben vom 30.01.1991
- AZ.: 3 ARP 310/89-3 -

1) Quelle GLASSCHÜSSEL berichtete, zuständig für "heiße Waffen" sei der Stellvertreter von SCHALCK-GOLODKOWSKI, UHLIG, gewesen. In diesem Zusammenhang wies Qu. auf angebliche Aufenthalte des ehemaligen Ministerpräsidenten von Schleswig-Holstein BARSCHEL in Rostock hin. Ungewöhnlich mit Waffenexporten sei ferner, daß angeblich die Erneuerung des ehemaligen FDGB-Schiffs "KAP ARKONA" an Südafrika nicht bezahlt wurde. Ein Zusammenhang mit der U-Boot-Affaire werde vermutet.

2. UHLIG ist identisch mit dem Leiter der Abteilung Entwicklungsländer und Exporte von Waffen und Geräten im Bereich Kommerzielle Koordinierung

Dieter UHLIG,
geb. 26.11.1937 in Chemnitz.

B1r04191 SA

2

140

Über ihn ist bekannt, daß er seit 1968 im Range eines Oberstleutnants OibE des ehemaligen MfS war.

Im Auftrag

(SCHAPER)

4. Eine Kellnerin meldet Barschels Aktivitäten im Hotel Neptun

VPKA Eisenach
Abt. Kriminalpolizei
AG I

Eisenach, den 5.8.84

I n f o r m a t i o n

zur Zusammenkunft mit der Ritz, Silvia, gebn. Weyh, 7.8.57

I. Treffort und Treffpunkt

Am 3.8.84 meldete die R. sich um 0.45 Uhr telefonisch beim K-Dienst, Ultn. Braun, Peter. Sie wollte sofort Kontakt zum Unterzeichner, da sie nach ihren Angaben wichtige Informationen hätte.
Der Unterzeichner wurde I.00 Uhr von Ultn. Braun telefonisch informiert. Die R. hatte die Eisenacher Telefonnr. 5453 hinterlassen, unter der sie ständig erreichbar sei.
Der Unterzeichner setzte sich mit ihr in Verbendung und vereinbarte eine Zusammenkunft für 3.00 Uhr auf dem Parkplatz bei der Volksbildung, Bahnhofstr..
Die R. erschien pünktlich. Wir fuhren zum Parkplatz, Hotel Hohe Sonne.

2. Inhalt des Gespräches

Die R. berichtete über folgendes:

a. Derzeit arbeite sie im Restaurant Teepott in Warnemünde. Ihre freien Tage nutze sie, um ihre Eltern und ihren Sohn, der zur Zeit bei ihren Eltern sei, zu besuchen. Am 6.8.84 müsse sie wieder in Warnemünde sein.
b. Sie habe nur einen befristeten Arbeitsvertrag für die Hauptsaison, hoffe jedoch, der würde verlängert. Die Verdienstmöglichkeiten seien sehr gut. Vor allem bekomme sie sehr viel Trinkgeld, ca. 1000 Mark im Monat.
c. Sie lebe alleine und habe ein kleines Zimmer bei einer Bekannten gemietet.

Befragt nach der Dringlichkeit der Zusammenkunft erklärte die R.:

Ende Juli 84 habe sie in der Storchenbar in Rostock, Lange Str., einen BRD- Bürger kennen gelernt. Dieser sei sehr spendabel gewesen. Im Verlaufe des Abends habe er ziemlich viel Rotwein getrunken, auch Bier. Nach dem Besuch der Storchenbar habe er sie in die Hotelbar des Interhotel Warnow eingeladen. Dort habe er ihr erzählt er sei ein hoher Politiker aus der BRD. Sein Aufenthalt in Rostock sei sozusagen in geheimer Mission. Auf die Frage der R. nach seinem Namen reagierte er so, er könne den eigentlich nicht nennen. Die R. sagte ihm, da könne ja jeder BRD- Bürger behaupten, er sei ein hoher Politiker, um sich bei Frauen interessant zu machen. Daraufhin habe er ihr ins Ohr geflüstert, er sei der Ministerpräsident von dem BRD- Land Schleswig- Holstein. Sein Name sei Dr. Barschel. Die R. erklärte, sie hätte das erst nicht geglaubt. Sie fragte ihn, wo er wohne und er erklärte ihr, er habe ein Appartement im Neptun- Hotel in Warnemünde.
Nachts gegen 3.00 Uhr sei eine männl. Person erschienen, ein DDR-Bürger, der mit Berliner Akzent geredet habe. Der DDR- Mann und B.

-Blatt 2-

seien vor die Hoteltür gegangen und hätten sich ca. 5 min. unterhalten. Barschel sei zurückgekommen und habe erklärt, sein Freund Kalle sei gekommen, er müsse ins Hotel. Er übergab der R. eine Telefonnr., sie solle ihn am Nachmittag anrufen.
Die R. erklärte dem Unterzeichner, sie habe die BRD- Person für einen Spinner und Angeber gehalten, der sich interessant machen wollte, um mit ihr ins Bett zu gehen.
Am nächsten morgen habe sie ihre Freundin angerufen. Diese arbeite an der Rezeption des Neptun- Hotel. Ihre Freundin habe ihr bestätigt der Dr. Barschel wohne im Hotel. Das wäre jedoch streng geheim.Die R. erzählte ihrer Freundin, der Dr. Barschel wolle sich am Nachmittag wieder mit ihr Treffen. Die Freundin habe ihr gesagt, der Dr. B. habe immer Frauen, wenn er im Neptun sei. Sie solle aber vorsichtig sein und sich nicht im Neptun mit ihm treffen, weil hier jede Menge Stasi sei.
Am Nachmittag rief die R. den B. an und sie verabredeten ein Treffen im Warnow- Hotel in Rostock.
Der Dr. Barschel erwartete sie schon im Hotel. Nach dem Abendessen erklärte er der R. er fahre noch am Abend nach Kiel zurück. Er sagte zur R. wörtlich: Ich habe dringende Geschäfte, na, sie wissen schon.

Dr. Barschel erläterte, er werde demnächst wieder in Rostock sein. Er fragte die R., wie er sie erreichen könne. Da die R. kein Telefon besitzt, schlug sie ihm vor, er könne sie im Teepott anrufen. Dr. Barschel sagte ihr, er könne sich doch nicht mit seinem Namen melden. Seine Besuche in Rostock seien mehr oder weniger privater Natur. Eigentlich dürfe er gar keine privaten Kontakte haben, aber sie wisse ja.
Die R. sagte ihm, er könne sich doch als ihr Couin Bernd melden. Der rufe wirklich häufig bei ihr an der Arbeitsstelle an, weil er in Kühlungsborn wohne und öfter für Bekannte Plätze im Teepott bestelle. Diese seien normal ganz schwer zu bekommen, besonders an den Wochenenden.
Dr. Barschel wollte sich daran erinnern, wenn er wieder nach Rostock käme.
Nach dem Essen verabschiedete er sich, erklärte, er habe sich gefreut, eine so charmante Frau kennengelernt zu haben.

3. Persönliche Einschätzung zum Gespräch

Die R. erzählte fliessend, ohne Widersprüche. Sie schien ein wenig aufgeregt und fragte den Unterzeichner ein paarmal, ob er ihr das glauben würde.
Auf die Frage des Unterzeichners, warum sie das jetzt erzählen würde, wo sie doch eine Zusammenarbeit abgelehnt habe, erklärte die R. sie habe ein wenig Angst bekommen. Auf die Frage warum, sagte sie, sie könne sich nicht vorstellen, der Barschel sei ohne Wissen des MfS privat in der DDR. Da habe sie geglaubt, der B. hätte irgendwelche geheimen Aufträge, wie er auch im betrunkenen Zustand gesagt habe, die sie nicht wissen dürfe. Sie wolle keine Konflickte mit der Stasi.
Auf meine Frage, warum sie solche befürchte, erklärte sie mir, ihre Freundin Marion Schätzle arbeite für das MfS und daher kenne sie die Stasi- Leute ein wenig.
Meine Frage, was die Freundin für das MfS arbeite, beantwortete die R. so, sie solle einen Schweizer heiraten und dann in die Schweiz übersiedeln und dort als Agentin für die Stasi arbeiten. Auf meine Frage, wo ihre Freundin wohne, erklärte die R., sie habe sie längere Zeit nicht mehr gesehen. Zuletzt habe sie in Oberhof gewohnt, ca. Ende 83.

-Blatt 3-

Auf ihre Frage, wie sie sich verhalten solle, erklärte ihr der Unterzeichner, sie solle auf die Kontakte eingehen, sich aber nicht mehr in den Interhotels mit ihm treffen, falls er Kontakt aufnehme. Nach dieser Auskunft schien die R. beruhigter zu sein. Es wurde vereinbart, die R. solle sich sofort telefonisch beim Unterzeichner melden, wenn es zu einem Kontakt käme. Neben der bekannten Telefonnr. gab der Unterzeichner ihr seine private Telefonnr. in Stockhausen.

Dem Unterzeichner erscheint die Information der R. glaubhaft, da sie bereits in der Vergangenheit sehr gute Kontakte zu BRD- Personen herstellen konnte. Ihr attraktives Aussehen und ihre gute Bildung lassen sie für einen Mann interessant erscheinen. Dazu tragen auch ihre sehr guten Umgangsformen bei.

4. Aufgaben

a. Übergabe der Information an Leiter der Kreisdienststelle Eisenach, Gen. Oberstleutnant Kästner durch den Leiter des VPKA Eisenach, Gen. Oberstleutnant Wirth
b. Aktivierung der Vorlaufakte zur R. durch Gen. Hptm. Nowatzki, KI
c. Evtl. Kontaktaufnahme zur R., bei der ein Genosse des MfS mit anwesend ist
d. Erarbeitung der KMK- Angaben zu der genannten Person Marion Schäle und Information an MfS.

Leiter der AG I , K

Nowatzki, Hptm.

VPKA Eisenach
Abt. Kriminalpolizei
AG -I-

Eisenach, den 24.II.84

L e i t e r i n f o r m a t i o n

zur Person: R i t z, Silvia gebn. Weyh, geb. am 7.8.57

I. Treffort und Treffpunkt

Die R. meldete sich am 22.II.84 telefonisch beim Unterzeichner. Für den 23.II.84, 14.00 Uhr wurde die Zusammenkunft im VPKA Eisenach vereinbart.
Zur Legendierung der Zusammenkunft erhielt die R. eine Vorladungskarte der Verkehrspolizei des VPKA Eisenach, die vom Unterzeichner persönlich in ihren Briefkasten eingeworfen worden war.

2. Ziel und Inhalt der Zusammenkunft

Das Ziel der Zusammenkunft bestandin:

a. Der Erarbeitung weiterer Informationen zur Person Dr. Barschel, Ministerpräsident des Landes Schleswik-Hohlstein
b. Der Feststellung der Eignung der R. zur konspirativen Zusammenarbeit mit den Sicherheitsorganen der DDR.

Am Treff nahm Gen. Mj. Robus, Stellvertreter des Leiters der Kreisdienststelle des MFS Eisenach teil. Gen. Mj. Robus wollte nicht als Mitarbeiter des MFS vorgestellt werden.
Der Treff wurde in einem vorbereitenden Zimmer im VPKA Eisenach durchgeführt, die R. erschien pünktlich.

Nach der persönlichen Begrüssung ging der Unterzeichner auf ihren damaligen Kontakt zu Dr. Barschel ein. Zu diesem Pkt. führte Gen. Mj. Robus die Aussprache. Er bezweifelte die Richtigkeit der Angaben der R. zu diesem Komplex. Von seiten der R. war die Reaktion, sie könne dannjja gleich wieder gehen. Daraufhin versuchte Gen. Mj. Robus die Äusserung als einen Scherz darzustellen. Er forderte die R. auf, über diesen Sachverhalt zu berichten.
Folgende Informationen wurden erarbeitet:

a. Zu einem neuen Kontakt zu Dr. Barschel kam es seit diesem Zeitpkt. nicht. Von ihrer Freundin, Claudia Richnow, Mitarbeiterin an der Rezeption des Neptun- Hotels, habe sie jedoch die Information erhalten, der Dr. B. sei im Oktober eine Nacht im Hotel gewesen. Das habe die Freundin auch nur durch Zufall erfahren, da eine Zimmerbuchung für Dr. B. nicht erfolgt sei. Nach Aussagen einer Kollegin sei auch der Hotelleiter von seiner Ankunft überrascht gewesen. Er habe Dr. B. ein Appartement aus dem Sonderkontigent überlassen und dann in Berlin angerufen.
   Nach Information der Freundin sei kein Hotelmeldeschein ausgefüllt worden. Der Fahrer von Herrn Barschel sei in einem anderen Zimmer einquartiert worden.
b. Die R. habe ihre Freundin gebeten, ob sie vielleicht den Grund für die plötzliche Ankunft des Dr. B. in Erfahrung bringen könnte. Ihre Freundin habe ihr bei einem Besuch einige Tage später in ihrer

Wohnung erzählt, der Dr. B. habe sich erneut mit den zwei männlichen Personen aus Berlin getroffen, mit denen er schon mehrfach im Hotel zusammengetroffen war. Diese Personen arbeiteten beim Aussenhandelsministerium der DDR. Beide hielten sich ohne Anmeldung im Hotel auf. Nach Angaben ihrer Freundin reisten sie mit einem PKW Citrön BX, dunkelblau, Berliner kennzeichen an. Die Namen der beiden DDR- Bürger habe sie nicht erfahren.

c. Ihre Freundin vermute jedoch, die beiden männlichen Personen seien Mitarbeiter des MFS aus Berlin. Eine Kollegin der Richnow habe den Hotelleiter einmal wegen der Abrechnung der Kosten für diese Personen befragt. Daraufhin sei sie einige Tage später in das Interhotel nach Rostock versetzt worden.

d. Ihre Freundin habe ihr auch berichtet, der Barleiter habe ihr gegenüber geäussert, die Stasi habe wenig Interesse, die Besuche des Dr. B. im Hotel würden bekannt. Die Richnow und der Barleiter hätten ein Verhältnis, dieser habe ihr im Bett anvertraut, er arbeite für das MFS und erhalte dafür Geld. Deshalb konnte die Freundin auch einige andere Informationen erhalten. So zum Beispiel, der Dr. B. lege immer Wert auf Kontakte zu attraktiven jungen Frauen, die er auch mit auf sein Zimmer nehme.Er treffe sich im Hotel nicht nur mit den beiden Personen aus Berlin, sondern bei diesen Zusammenkünften seien auch Personen aus der BRD anwesend, die aber keine Zimmer im Neptun gebucht hätten. Er habe bereits zwei von diesen Herren aus der BRD kennen gelernt. Nach seiner Ansicht seien sie aus Süddeutschland. Einer wurde vom Dr. Barschel mit herr Schreiber angesprochen. Der andere BRD- Bürger habe einen komischen Namen, Huxelberg o.ä.. Der wohne jedoch in Frankfurt am Main und habe dort eine Firma.
Die Richnow berichtete der Ritz auch darüber, der Freund habe ihr erklärt, die Stasi würde bei jeder wichtigen Person aus der BRD das ganze Hotel besetzen. Alles würde vorher und hinterher kontrolliert. Bei Dr. B. wäre das überhaupt nicht der Fall, im Gegenteil, alle täten so, als ob es das nicht gebe. Nur Dr. Barschel selber halte sich nicht an die Geheimhaltung. Unter Alkoholeinfluss habe er schon mehrfach seine Identität preis gegeben.
Der Freund der Richnow schätzte den Dr. B. als überheblich, geltungssüchtig und geil ein.
Er bemerkte noch, es sei mit Sicherheit keine saubere Sache, die zwischen Barschel, den Westbürgern und den DDR- Leuten abliefe. Di DDR- Leute jedenfalls seien beim MFS.

e. Der Freund der Richnow habe ihr erzählt, der Dr. B. fahre auch man mal mit den DDR- Leuten in deren PKW weg und käme erst nach Stunden zurück. Auch sei er schon in Gera und Jena gewesen. Dies habe er bei einem Gespräch des Dr. B. mit dem BRD- Bürger Schreiber an der Hotelbar mitbekommen. Allerdings nur diese Bemerkung, als er die beiden bediente, hätten sie ihr Gespräch sofort unterbrochen. Der Freund habe sich auch gewundert, der Dr. B. würde niemals seine Frau mitbringen, was bei anderen BRD- Politikern nicht üblich sei.

f. Der Freund der Richnow habe einen sehr engen Kontakt zum Leiter des Hotels. Dieser habe ihm im Vertrauen und mit Hinweis auf die absolute Geheimhaltung erzählt, Dr. B. würde illegale Geschäfte mit der DDR im Auftrag der BRD- Regierung vorbereiten. Er vermute, diese laufen über das MFS. Jedenfalls habe er schon gesehen, wie Diplomatentaschen ausgetauscht würden, allerdings nicht mit Dr. B., sondern mit den BRD- Personen.
Der Hotelleiter erklärte seinem Freund, er habe ihm dies erzählt, um ihn zu warnen. Er müsse im Barbereich vorsichtig mit diesen

Leuten umgehen, keine Fragen stellen. Sonst bekäme er Ärger.

9. Auf die Frage des Gen. Robus, ob sie damit rechne, der B. würde wieder Kontakt zu ihr aufnehmen, erklärte die R., sie würde eigentlich damit rechnen. Aber sie könne nicht dafür garantieren, wenn die Informationen ihrer Freundin stimmen würden. Gen. Robus fragte sie dann nach der Glaubwürdigkeit der Informationen ihrer Freundin. Hierzu gab die R. an, sie habe keinerlei Grund an den Worten ihrer Freundin zu zweifeln. Dazu hätten sie beide schon zuviel alleine erlebt.
   Auf die Frage, woher sie die Richnow kenne, erklärte die R., die Richnow stamme aus Eisenach und sie seien zusammen in die Schule gegangen und hätten auch das Abitur zusammen abgelegt. Ihre Freundin habe ihr auch die Arbeitsstelle im Teepott beschafft.

Nach diesem Teil des Gespräches befragte Gen. Mj. Robus die R. nach ihren persönlichen und beruflichen Plänen. Hierzu erklärte die R.:

a. Sie wolle versuchen, mindestens noch bis September 86 diese Arbeitsstelle zu behalten. Hier wolle sie genügend Geld verdienen, um im September 86 mit einem Stdium an der Fachschule für Hotelwesen in Leipzig zu beginnen.
b. Sie habe auch versucht, über ihre Freundin eine Arbeitsstelle im Neptun oder im Warnow zu bekommen. Aber dazu hätten die Beziehungen nicht ausgereicht.
c. Die jetzige Arbeit und ihre finanziellen Möglichkeiten hätten ihr erlaubt, sich einen PKW Trabant zu kaufen. Dadurch könne sie jetzt in der Nachsaison öfter nach Eisenach fahren.
d. Nach Möglichkeit wolle sie aber nach ihrem Studium wieder nach Hause zurück, zumindestens nach Thüringen. Ihr Traum wäre es, eine eigene kleine Gaststätte zu eröffnen.

Gen. Mj. Robus übergab am Ende der Zusammenkunft 200,00 Mark an die R. und begründete dies damit, sie habe Auslagen im Zusammenhang mit der Zusammenkunft gehabt.

3. Einschätzung zur Zusammenkunft

Die R. trat aufgeschlossen und selbstbewusst auf. Ihre Formulierungen waren klar und exakt. Es ergaben sich keine wiedersprüchlichen Angaben. Ihr Auftreten war ruhig, aber konsequent. Es zeigte sich, ihr Beruf als Kellnerin brachte ein hohes Mass an Menschenkenntnis ein.

Der Unterzeichner schätzt ein,

a. die R. ist auf Grund ihrer Persönlichkeitseigenschaften für eine konspirative Zusammenarbeit geeignet, besonders ihre Umgangsformen und ihre Allgemeinbildung sind hervorzuheben
b. Anzeichen auf eine Dekonspiration in der jetzigen Phase der Zusammenarbeit gibt es nicht
c. Basis einer eventuellen konspirativen Zusammenarbeit sind folgende Motive
   . Abenteuerlust
   . materielle Interessiertheit
   . Unterstützung bei der beruflichen Entwicklung
   . positive Einstellung zu den gesellschaftlichen Verhältnissen in der DDR.

Es kann davon ausgegangen werden, die R. hat keine Probleme mit einer evtl. Zusammenarbeit mit dem MFS.

- Blatt 4 -

4. Festlegungen

In Absprache mit dem stellvertretenden Leiter der KD Eisenach, Gen. Mj. Robus, wurden folgende Festlegungen getroffen:

a. Übergabe der Information an die KD Eisenach unter strengster Einhaltung der Konspiration. Der Unterzeichner wurde nochmals durch Gen. Robus darauf hingewiesen.
b. Erarbeitung eines ausführlichen Persönlichkeitsbildes zur R. unter Nutzung aller vorhandenen Aufklärungsergebnisse.
c. Zum Komplex Dr. Barschel dürfen keinerlei Informationen in der Akte der R. auftauchen. Möglichst auch keinerlei Hinweise über Aufenthaltsort und Arbeitsstelle der R..
d. Vorgangs- fürender und damit registrierter Mitarbeiter bleibt Oltn Breitbarth. Dieser wird davon nicht in Kenntnis gesetzt, nur wenn Gen. Robus es anweist.
e. Alle Unterlagen zur R. werden sofort an Gen. Robus übergeben. Die Registrierung bleibt jedoch bei der KI.
f. Der Unterzeichner führt eine Handakte, die grundsätzlich nur in seinem Panzerschrank aufzubewahren ist.
g. Bei evtl. Fragestellungen zur R. durch andere Mitarbeiter der KI, die sie kennen, ist sie als negativ- dekadente Person, indifferent und wenig glaubwürdig darzustellen.
h. Mit der R. dürfen keine Treffs im VPKA, der Stadt Eisenach oder im Kreisgebiet mehr durchgeführt werden.
i. Alle Kontaktaufnahmen der R. zum Unterzeichner sind Gen. Mj. Robus sofort mitzuteilen. Während der Dienstzeit über Telefon, nach der Dienstzeit über den OpD der Kreisdienststelle. Im Falle der Abwesenheit des Gen. Mj. Robus (Urlaub, Krankheit) ist der Leiter der Kreisdienststelle, Gen. Oberstleutnant Kästner, unverzüglich zu informieren.
j. Der Unterzeichner wird vom Gen. Mj. Robus beim Amtsleiter des VPKA sofort für eine Prämierung vorgeschlagen.

Leiter der AG I, K

Nowatzki, Hptm.

5. Auswertungsbericht des STB, nachbearbeitet vom Nachrichtendienst der Tschechischen Republik Bezpenostní informaní služba

BEZPEČNOSTNÍ INFORMAČNÍ SLUŽBA
DOŠLO 18 9 1997
ČÍSLO IV 0014/27/97
PŘÍLOHY 10/0

BEZPEČNOSTNÍ INFORMAČNÍ SLUŽBA

ANALYTICKÝ ODBOR

Č.j.: AO-0029/83/97 V Praze 15.9.1997

PŘÍSNĚ TAJNÉ

Počet listů: 10
Počet výtisků: 1

ANALYTICKÁ INFORMACE

Nelegální obchod se zbraněmi - JZD AK Slušovice.

Podle někdejšího podplukovníka XII. správy StB v Bratislavě Štefana SVOBODY, který s causou Uwe Barschel přišel v souvislosti se Slušovicemi na jaře 1987 do kontaktu, peníze, které Uwe Barschel získal jako podíl na provizi z ilegálního prodeje západoněmeckých zbraní do Chile a Předního východu, prý použil na volební kampaň CDU v Holštýnsku-Šlesvicku, která probíhala v létě 1987. Štefan Svoboda to tvrdil v soukromném rozhovoru v září 1988 na léčení v lázních federálního ministerstva vnitra v Kašperských horách explukovníkovi XI. správy StB, později FBIS a BIS Václavu WALLISOVI. Barschel zřejmě nebyl spokojen s provizemi, které z oněch obchodů dostával, začal proto od roku 1985 vydírat a hrozil vyzrazením zmíněných obchodů. V reakci na to STASI (zřejmě po dohodě s BfV zorganizovala akci s Pfeifferem. Barschel si uvědomil, o co jde, vynutil si tedy schůzku ve Slušovicích za účasti Čuby, Podlešáka (v té době už nepracoval na I. správě StB, ale na její XI. správě - ochraně ekonomiky, zřejmě tedy zastupoval na jednání ve slušovickém hotelu Všemina Joachima Gerlacha), rezidenta STASI podplukovníka Fleischmanna a rezidenta KGB Vinogradova (ten pouze monitoroval, nezúčastnil se přímo jednání. Zda KGB o těchto obchodech věděla či v nich do té doby participovala, těžko říct, později se ale zapojila také.).

Barschel přijel na jaře 1987 na Slovensko a ubytoval se v Piešťanech v hotelu Thermia. Od hranic ho tam dopravil podplukovník XII. správy StB v Bratislavě Štefan Svoboda (Pišta Búči), který před Barschelem vystupoval jako osobní sekretář předsedy DAK Slušovice docenta Ing. Františka Čuby, CSc. Svoboda také převezl po několika dnech Barschela z Piešťan do Slušovic, údajně při tom použil služebního řidiče StB a reprezentační černou Tatru 613, která rovněž patřila StB (Slušovice vozy tohoto typu nevlastnily). Na schůzce ve Slušovicích měl být Barschelovi slíben větší podíl, ale 31. května s ním havarovalo jeho soukromné letadlo. Havarii jako jediný, i když těžce zraněný, přežil.

Geheimdienstlicher Informationsdienst
Auswertungs-Abteilung

C.j.: AO-0029/83/97
15.9 1997

Auswertungs-Bericht

Über illegalen Waffenhandel – JZD AK Slusovice

Nach Angaben des ehemaligen Oberstleutnants der Abteilung XII des STB in Bratislava Stefan Svoboda, der mit der Person Uwe Barschel in Slusovice im Frühjahr 1987 in Verbindung getreten ist, setzt Uwe Barschel Gelder, die er als Provision für illegale westdeutsche Waffenverkäufe an Chile und in den Nahen Osten bekam, für die Wahlkampf-Kampagne der CDU in Schleswig-Holstein im Sommer 1987 ein. Stefan Svoboda führte dies bei einem vertraulichen Gespräch im September 1987 im Kurheim des föderalen Innenministeriums in den Kaspersker Bergen gegenüber dem ehemaligen Oberst der Abteilung XI des STB und späteren Angehörigen des FBIS und BIS, Vaclav Wallis, aus. Barschel war mit den an ihn gezahlten Provisionen offenbar sehr unzufrieden und hat deshalb von 1985 an begonnen zu erpressen und drohte, künftige Geschäfte zu verraten. Als Reaktion darauf organisierte die Stasi offenbar in Absprache mit dem BfV die Aktion mit Pfeiffer. Barschel war sich darüber im Klaren, worum es geht. Nun versuchte er, zusammen mit Cuby, Podlesak (der zu diesem Zeitpunkt nicht mehr für die Abteilung I, sondern für die Abteilung XI, Wirtschaftsspionage zuständig war) zu erpressen. Er bestand offenbar auf einem Treffen im Hotel Slusovice mit dem mächtigen Joachim Gerlach, dem Stasi-Residenten Oberstleutnant Fleischmann und dem KGB-Residenten Vinogradow, der das Treffen arrangierte, aber nicht persönlich teilnahm. Ob der KGB über diese Geschäfte bereits informiert war oder daran mitwirkte, ist schwer zu sagen. Später beteiligte er sich jedoch daran. Im Frühjahr 1987 reiste Barschel in die Slowakei und stieg in Pistany im Hotel Therina ab. Von der Grenze bis zum Hotel begleitete ihn Oberstleutnant Stefan Svoboda von der Abteilung XII des STB in Bratislava. Stefan Svoboda trat dabei Barschel gegenüber unter Decknamen auf, als Sekretär für Sonderaufgaben des Vorsitzenden der DAK Slusovice, des Dozenten Ing. Frantisek Cuby. Svoboda fuhr auch an mehreren Tagen mit Barschel nach Slusovice. Dabei nutzte er einen Fahrer des STB mit Dienstwagen, einem repräsentativen schwarzen Tatra 613. Slusovice verfügte damals nicht über ein solches Fahrzeug. Bei einem Treffen in Slusovice sollte Barschel eine höhere Dividende zugesagt werden. Er hatte jedoch am 31. Mai 1987 einen Flugzeugunfall, den er als Einziger schwer verletzt überlebt hat.

6. Protokoll des »Secret Operations Planning Staff« (SOPS) von Stay-behind vom 15.12 1985 zum geplanten Mord an Olof Palme

[illegible]/SOPS-N2 [illegible]

(COM [illegible])
(summary, cont'd)

Till hör Olle A.

COSMIC
TOP SECRET
Auth: LT Date
ITAC/NATO

X
X
X

N-13: INGEBRITSEN TO PUBLISH SERIES IN AFTENPOSTEN STRESSING NECESSITY OF NAVAL BUILD-UP IN NORWEGIAN SEA BETWEEN LOFOTEN AND JAN MAYEN TO INTE[illegible]CT ACCESS OF SOV NORTHERN FLEET, I.e. TYPHOONS BASED ON KOLA INTO ATLANTIC.XX

N-14: WILLOCH WILL USE INGEBRITS SCRIPT TO COMPROMISE NORSE SOCIAL DEMS. ALL DELEGS FEEL IT IMPERATIVE THEY BE DENIED POWER SINCE BRUNTLAND PARTY AGAINST LEHMAN PLAN AND LIKELY PRO-SOV.XX

N-15: NORSE CONTACT WITH HOFSTEN AND HIS GROUP HAS BEEN ESTABLISHED BY BULL-HANSEN STAFF TO WARM CAMPAIGN FOR SWEDEN TO JOIN NATO AND DESTAB SWEDISH POLIT SCENE. FUNDS FROM PARGESA AS NEEDED. (RE: THUNHOLM).XX

SWEDEN:

INVITED PARTICIPANTS: ADM C. ALGERNON IN BEHALF OF GEN. LJUNG.XX
DISCUSSION CENTERED ON CONDITIONS RESULTING FROM FURTHER DEMILIT OF FINNMARK WHICH MAKES NORTHERN SWEDEN CRUCIAL FOR TRACKING TRAFFIC OF KOLA STATIONED SSBNS. MONITORING OF GREMIKHA ACTIVITY GIVEN TOP PRIORITY. FRG DELEGATE FEELS THAT ENTIRE NORTHERN FLANK IN DANGER DUE TO SPMS INTENT TO SEEK NFZ IN SCANDINAVIA. UK DELEGATE SEES SPM TRIP TO MOSCOW SP-86 AS POSING GREATEST DANGER TO NATO CTMT POLICY IF AS REPORTED BY INTELCENT SPM TO DISCUSS NATO EXIT OF NORWAY AND DENMARK. BELG.(CHAIR) PROPOSES INCREASED INTEL ACTIVITY RE: SPM STAFF TO ASCERTAIN RELIABILITY OF INTELCEN REPORT.XX
DANISH REP. CONFIRMS INCREASED ACTIVITY IN SD PARTY VS. NATO. NORSE REP INTENDS TO SUPPLY SOPS NAMES OF LEADING OSLO ANTINATO ACTIVISTS CHAIR REITERATED SERIOUSNESS OF ITEM UNDER DISCUSSION. ALL REPS AGREE. SWEDISH REP. STATED POSITION OF LJUNG AND KEY STKHOLM FRIENDS THAT SOPS CONSIDER SPM INTERNAL SWEDISH PROBLEM TO BE HANDLED BY SWEDISH INTERESTS. SOPS AGREES SO LONG AS THREAT TO NORTH FLANK IS DEALT WITH SUCCESSFULLY. STOCKHOLM REP TO KEEP SOPS CURRENT VIA OSLO.XX
ITAC INTRODUCED REPORT FROM TEL-AVIV RE SPM ACTIVITY IN INDIA FOR BOFORS WHICH WASCONFIRMED BY PARIS. DEAL OFFERED INDIA BY BOFORS REPORTED TO INCLUDE LG QUAN WG 235. ITAC REQUESTED BY CHAIR TO OBTAIN CONFIRMATION. NASS TO ATTEND NEXT SESSION TO REPT RE MUSKÖ AND KARLSKRONA INCL RENEWED EFFORTS BY SPM TO DENY NATO SUB FLEET ACCESS TO BOTH BY 1986.XX

X
X

SUMMARY AND CONCLUSIONS(07):

X

S-01: CN TO PRSENT SOPS WITH FEASIBILITY STUDY LATEST 4/86 RE ELSURV STATION TO MONITOR GREMIKHA FROM KEBNEKAJSE AREA.XX

S-02: SOPS TO COORDINATE THREAT REDUCTION PLAN RE SPM MOSCOW TRIP.XX

S-03: NATO EXIT PLANS IN NORWAY AND DENMARK MUST BE FOILED BAMN.XX

S-04: POSS. SHPMT OF WG 235 MUST BE INTERDICTED OR CONTND.XX

[illegible]/BAC-5-7 CONTD P.7X[illegible]

ACC/SOPS-N2 MSAU [unleserlich]
(handschriftlich: [unleserlich] Olle A.) COSMIC TOP SECRET Auth: LT Date ITAC/NATO
COM 06 (summary, [unleserlich])
N-13 Ingebritsen veröffentlicht im Aftenposten eine Serie, in der sie die Notwendigkeit einer Marineaufrüstung vor Norwegen zwischen den Lofoten und [der Insel] Jan Mayen hervorhebt, um den Zugang der sowjetischen Nordmeerflotte zu unterbrechen, das heißt die Zufahrt von Typhoons von der U-Boot-Basis Kola in den Atlantik.
N-14: Willoch wird das Manuskript von Ingebritsen nutzen, um den norwegischen Sozialdemokraten zu schaden. Alle Delegierten halten es für zwingend erforderlich, dass diesen der Zugang zur Macht versperrt wird da sich die Partei von Bruntland gegen den Lehman-Plan stellt und sich wahrscheinlich pro-sowjetisch orientiert.
N-15: Der nordische Kontakt mit Hofsten und seiner Gruppe ist von (General) Bull-Hansens Stab aufgebaut worden, um eine Kampagne für Schwedens Beitritt zur NATO einzuleiten und die politische Szene in Schweden zu destabilisieren. Das Geld kommt von Pargesa je nach Bedarf (bzgl. Thunholm).
Schweden:
Eingeladene Teilnehmer: Admiral C. Algernon im Namen von General Ljung. Die Diskussion konzentrierte sich auf die Umstände, die sich aus der weiteren Entmilitarisierung der Finnmark ergeben, die Nord-Schweden ausschlaggebend werden lässt für die Verfolgung der auf Kola stationierten U-Boote mit ballistischen Raketen (SSNB's). Die Beobachtung der Aktivität im Hafen Gremicha erhält höchste Priorität. Der Delegierte der Bundesrepublik Deutschland sieht die gesamte Nordflanke in Gefahr, aufgrund der Absicht des schwedischen Premierministers in Skandinavien eine atomwaffenfreie Zone zu schaffen. Der Delegierte des United Kingdom sieht die Reise des schwedischen Premierministers nach Moskau im Frühjahr am 6. April 1986 als größtmögliche Gefahr für die CTMT Politik der NATO, wenn, wie INTELCENT berichtet, dabei über den Austritt von Norwegen und Dänemark aus der NATO verhandelt werden soll. Der belgische Vorsitzende schlägt vor, die Geheimdienstaktivitäten bzgl. des Schwedischen Premierministers Palme zu verstärken mit dem Ziel die Verlässlichkeit des INTELCENT-Berichts zu überprüfen.
Der Vertreter von Dänemark bestätigt die wachsenden Aktivitäten in der Sozialdemokratischen Partei gegen die NATO. Der norwegische Repräsentant beabsichtigt, SOPS Namen von führenden Anti-NATO Aktivisten in Oslo zur Verfügung zu stellen. Der Vorsitzende unterstreicht den Ernst der diskutierten Punkte. Alle Vertreter stimmen dem zu. Der schwedische Repräsentant betont die Position von Ljung und den wichtigsten Freunden in Stockholm, dass SOPS den Schwedischen Premierminister als innerschwedisches Problem betrachtet, das mit schwedischer Beteiligung bewältigt werden muss. SOPS stimmt dem zu, soweit die Bedrohung

der Nordflanke erfolgreich behandelt wird. Der schwedische Vertreter hält SOPS über Oslo auf dem Laufenden.

ITAC legte einen Bericht von Tel Aviv vor hinsichtlich der Aktivitäten des Schwedischen Premierministers Palme für Bofors in Indien, der von Paris bestätigt wurde. Das Geschäft, das Bofors Indien vorschlägt, schließt dem Bericht zufolge große Mengen von WG 235 (waffenfähigem Uran 235) ein. ITAC wird vom Vorsitzenden aufgefordert sich um eine Bestätigung zu bemühen. Näss wird an der nächsten Sitzung teilnehmen, um über Muskö und Karlskrona zu berichten, einschliesslich der Bemühungen des schwedischen Premierministers, der NATO-Teilflotte den Zugang zu beiden (Stüzupunkten) zu verbieten durch [unleserlich].

Zusammenfassung und Ergebnisse

S-01: CN legt SOPS eine aktuelle Machbarkeitsstudie vor, in der die Beobachtung von Gremkha aus der Region Kebenekajse und von der Elsury Station berücksichtigt wird.

S-02: SOPS koordiniert einen Plan zur Verringerung der Bedrohung bzgl. der Moskau-Reise des schwedischen Premierministers

S-03: Die Pläne in Norwegen und Dänemark zum Ausstieg aus der NATO müssen mit allen Mitteln vereitelt werden

S-04: Die mögliche Verschiffung von WG 235 (waffenfähigem Uran 235) muss untersagt oder verhindert werden.

Fortsetzung auf S. 7

ACC/SOPS-N2 QR/D 128515
COSMIC
Seite 2 von 9

(COM O2)
COSMIC
(Quartalsbericht, Fortsetzung)

Zu diesem Ereignis. SOPS hat einhellig die Entscheidung gebilligt, dass SOPS zwei Vertreter einschließlich ITAC CO zum nächsten Yggdrasil-Treffen im Januar 1986 im Country House Wiltshire im Vereinigten Königreich entsendet. Die Stockholmer Vertreter (nur zur Einsicht, Identitätsschlüssel hängt an) sind: Gastgeber P, P.G., C.N., Göran E., Mats L. für C.U.W., P.W., P.S. und der General. Der wichtigste Punkt der Tagesordnung wird der Bericht über die Tätigkeit von (Per) Näss in Beirut bezüglich des Schwedischen Premier-Ministers sein. Der Repräsentant aus Rom zeigt Interesse an der aufgelösten GM/P-2 (-Loge). Der Vorsitzende sagt zu, Rom weiter auf dem Laufenden zu halten. Thema der Besprechung war auch die Schließung (der Marinestützpunkte) von Muskö und Karlskrona und das Überführen der SIGINT-Abhöranlagen zum Skagerrak. Die weitere Diskussion konzentriert sich auf die Reorganisation von ESSPPPP, um neue Möglichkeiten einer Kooperation mit Südafrika und Israel zu schaffen, damit der Einfluss auf Afrika und die Golfregion da wächst, wo die Interessen von Kartell- und Mitgliedsstaaten übereinstimmen. Der Vertreter der USA erinnert den Vorsitzenden daran, dass die amerikanisch-britischen Bemühungen zum Erhalt einer Kopie der Tagesordnung für die Moskau-Reise des schwedischen Premierministers im Frühjahr 1986 zum Ergebnis hatten, dass aus dem Stab des schwedischen Premierministers der bereits früher geäußerte Verdacht des britischen Repräsentanten eine Bedrohung der nördlichen NATO-Flanke bestätigt wurde (Quelle: MS/7851).. Die aktuelle Lage macht es zwingend erforderlich, dass die »Operation Tree« erfolgreich durchgeführt wird. Dabei wurde SOPS versichert, dass die Aktion an einen Subunternehmer ausgelagert wird, damit eine Beteiligung jederzeit dementiert werden kann. Die Organisation des Projekts findet vor Ort statt, die Spezialisten werden eingeflogen. SOPS verlangt, dass mit den Einzelheiten so umgegangen wird, dass alle Beteiligten nur die für ihre Arbeit zwingend erforderlichen Informationen erhalten.

Der Vertreter der Niederlande betont erneut, dass die Verbindung zwischen SOPS und der Yggdrasil-Gruppe rein informell stattfindet und von den Regierungen der Mitgliedsländer offiziell weder zur Kenntnis genommen noch genehmigt wurde. Der Vorsitzende ließ die Runde abstimmen. Er stellte fest, dass alle dieser Doppelstrategie zustimmen (Quelle: 98514).

ACC/SOPS-N2 QR/D 128515 COSMIC page 2of 9

(COM Ø2)
(quarterly review, cont'd) COSMIC

X
X
X
IN THAT EVENT. THE DECISION HAS BEEN APPROVED UNANIMOUSLY BY SOPS
THAT IT WILL SEND TWO REPS, INCL. ITAC CO TO THE NEXT YGGDRASIL MEETING
TO BE HELD Ø1/86 IN WILTSHIRE U.K. COUNTRY HOUSE. STKHLM ATTENDEES
(EYES ONLY ID KEY APPENDED) ARE: HOST P., P.G., C.N., GÖRAN E., MATS L. for
C.U.W., P.W., P.S., AND THE GENERAL. TOP ITEM ON AGENDA WILL BE REPT ON
NASS BEIRUT ACTVITY W RESPECT TO SPM. ROME REP. INDICATED INTEREST
OF GM/P-2 IN SOLUTION. CHAIR PROMISES TO KEEP ROME INFORMED. ALSO ON
TABLE ARE SHUTDOWN OF MUSKO AND KARLSKRONA AND REMOVAL OF SIGINT
DEVICES TO SKAGERRAK. FURTHER DISCUSSION WILL CENTER ON ESSPPPP
REORGANIZATION TO CREATE POSSIBILITIES FOR COOPERATION WITH SA AND
ISRAEL INTERESTS AS A MEANS OF INCREASING INFLUENCE IN AFRICAN AND
GULF AREAS WHERE INTERESTS OF CARTEL AND MEMBER GOVTS COINCIDE.
CHAIR IS REMINDED BY US REP THAT JOINT US-UK EFFORT HAS RESULTED IN
OBTAINING COPY OF SECRET SPM AGENDA FOR MOSCOW MTG IN SPRING 86
FROM CONTACT ON STAFF OF SPM. AGENDA CONFIRMS PRESUMPTIONS MADE
EARLIER THIS YEAR (REF: MS/7851Ø) BY UK REP RE: THREAT TO NATO NORTHERN
FLANK. CURRENT STATUS OF ABOVE MAKES IT IMPERATIVE THAT "OPERATION
TREE" BE CARRIED OUT SUCCESSFULLY. SOPS HAS BEEN ASSURED THAT ARMS
LENGTH WILL BE MAINTAINED TO INSURE DENIABILITY. PROJECT MANAGEMENT
IS LOCAL, TECHNICIANS IMPORTED. SOPS REQUIRES DETAILS TO BE KEPT FULLY
COMPARTMENTED ON NEED TO KNOW BASIS. XX
X
DUTCH REP. FEELS IT NECESSARY TO REITERATE THAT CONNECTION BETWEEN
SOPS AND YGGDRASIL GROUP IS COMPLETELY INFORMAL AND NOT OFFICIALLY
ACKNOWLEGED OR SANCTIONED BY MEMBER GOVTS. CHAIR POLLED TABLE
AND REGISTERED UNANIMOUS CONSENT FOR BIVALENT POSITION (REF: 98514)XX
X
UK REP OFFERED CONFIRMATION OF SWEDISH SHIPMENT OF WG 235 TO NEW
DELHI. SIS REPT STATES SHIPMENT MADE VIA FRG (KIEL) IN ORDER TO PROVIDE
SHIPMENT WITH ALTERED C/O CERTIFICATE AND KEEP SWEDISH ORIGINS OF THE
MATERIAL SECRET FROM IAEC AND LOCAL MEDIA. FRG REP ASKED TO QUERY
FIS FOR DETAILS OF TRANSACTION SPECIFICALLY ROLE OF IMES CHIEF AND
FRG POL IN EXPEDITING SAME. FRG REP AFFIRMED IMPORTANCE OF MAINTAINING
COMPLETE SECRECY RE INVOLVEMENT OF KIEL SHD TRANSACTION BECOME
KNOWN TO MEDIA IN ORDER TO PREVENT PUBLIC ASSUMPTION FRG OFFICIALLY
INVOLVED. SOPS SUGGESTED FRG REP IMPLEMENT WHATEVER MEANS MAY
BECOME NECESSARY TO INSURE SILENCE OF PARTIES INVOLVED. TABLE
UNANIMOUSLY REQUESTED COMPLETE BRIEFING ON FIS CONTACT WITH GDR/
MSS IN MATTER UNDER DISCUSSION. FRG REP REQUIRES CONSULTATION WITH
HIS CHANCELLERY BEFORE COMPLYING. XX
X
BELGIAN REP INTRODUCED EXTENDED REPORT OF ACTIVITIES OF FORMER REP
TO SOPS FRANS REYNIERS WITH ADNAN KASHOGGI THROUGH GENEVA WHICH
MAY HAVE DESTABILIZING RESULTS IN NEAR EAST WITH POSSIBLE INFLUENCE
ON NATO. US REP. SPMS ROLE IN INDIAN WEAPONS PURCHASES AS WELL AS
HIS DUBIOUS ROLE IN IRAN CONFLICT HIGHLY ALARMING. UK REP DITTO AND
ALSO VOICED HMGS CONCERN TOWARD FRG REP FOR KOHL GOVTS INABILITY TO
CURTAIL ADVENTURES WITH GDR FOREIGN CURRENCY OFFICE. FRG REP NOTED
OBJECTIONS AND VOICED INTENTIONS OF BONN TO BRING MATTERS UNDER

Der britische Repräsentant kann bestätigen, dass Schweden angereichertes Uran 235 nach Neu-Delhi verschifft. Der Vertreter von SIS (Secret Intelligence Service MI6, d. A.) informiert, dass der Seetransport über Kiel (BRD) läuft. Die Ladung werde dort mit ausgetauschten Endverbleibszertifikaten ausgestattet, um die schwedische Herkunft vor der Internationalen Atomenergiebehörde und der örtlichen Presse geheim zu halten. Der Vertreter der Bundesrepublik bittet um Erlaubnis, den FIS (Foreign Intelligence Service, gemeint vermutlich der BND, d. A.) um Einzelheiten der Transaktion zu ersuchen, insbesondere was die Rolle des IMES-Chefs und der bundesdeutschen Polizei bei der Beförderung der Ladung betrifft. Dabei weist der Repräsentant der Bundesrepublik auf die Notwendigkeit absoluter Geheimhaltung bei der Einbindung von Kiel in die Aktion hin, um Berichte in den Medien und ein Bekanntwerden der bundesdeutschen Beteiligung zu verhindern. SOPS schlägt vor, dass der Vertreter der Bundesrepublik alle nur erdenklichen Vorkehrungen trifft, um bei allen Beteiligten eine Geheimhaltung sicherzustellen. Die Runde bittet um einen kurzen Bericht über den FIS-Kontakt mit dem ostdeutschen Ministerium für Staatssicherheit in dieser Frage. Der Vertreter der Bundesrepublik muss zunächst Kontakt mit der deutschen Botschaft aufnehmen, bevor er diesem Wunsch nachkommen kann. Der belgische Repräsentant fügt einen ausführlichen Bericht über die Aktivitäten des früheren Verbindungsmannes zu SOPS Frans Reyniers zusammen mit Adnan Kashoggi in Genf an, die destabilisierende Folgen auf den Nahen Osten und damit potentiell auch Einfluss auf die NATO haben können. Der US-Repräsentant hält die Rolle des schwedischen Premierministers bei den Waffengeschäften mit Indien für äußerst alarmierend. Dem stimmt der Vertreter Großbritanniens zu. An die deutsche Seite gerichtet zeigt er sich sehr besorgt über die Unfähigkeit der Regierung Kohl, die Abenteuer mit den ostdeutschen Devisenbeschaffern einzuschränken. Der bundesdeutsche Vertreter ist anderer Auffassung und verweist auf die Bemühungen Bonns, die Angelegenheit unter Kontrolle zu bringen.

Namensregister

ca. 272 Seiten
ISBN 978-3-86489-272-1
Auch als E-Book erhältlich

Erscheint im Oktober 2019

Nach 30 Jahren kommt endlich Licht ins Dunkel eines politischen Mordes – der Fall Herrhausen steht prototypisch in der Reihe vieler weiterer Fälle.

Olof Palme, Uwe Barschel, Ivo Nutarelli in Ramstein und auch Alfred Herrhausen mussten sterben, weil sie den Interessen der politischen und wirtschaftlichen Eliten zuwider handelten oder aus Sicht ihrer Gegner die bestehende Struktur aus dem Gleichgewicht zu bringen drohten. Dirk Pohlmann widmet sich seit Jahren in vielen Dokumentarfilmen der Aufklärung von Begebenheiten, die wir als Bürger möglichst nie erfahren sollen, bzw. über die uns eine andere Wahrheit erzählt wird – im Fall Herrhausen der Versuch, die RAF für den Mord an dem wohl innovativsten Deutsche-Bank-Chef verantwortlich zu machen.